高麗時代 戶長層 研究

高麗時代 戶長層 研究

강은경 지음

혜안

책머리에

본서는 필자의 박사학위논문 「高麗後期 戶長層의 變動 研究」에 그후에 발표한 논문 몇 편을 더한 것이다. 부족하나마 거의 10년에 걸친 연구성과를 이같이 한 권의 책으로 묶어 내게 되니, 비로소 한 사람의 역사학사로 독립한 느낌이다.

어렸을 적부터 사학자를 꿈꾸었는데 그때의 역사 공부는 호기심에서 출발한 것 같다. 우연히 화보를 통해 본 거대한 이집트의 피라미드와 스핑크스, 우주인이 남겼을지도 모른다는 잉카의 유적지 등이 '불가사의'를 꼬리에 달고 나타나자, 그 불가사의를 풀고 싶어 온갖 서적을 뒤적이며 가슴 두근거렸던 기억은 아직도 잊기 어렵다.

그 호기심 덕분에 중·고등학교 시절 역사는 늘 즐거운 과목이었고, 대학에서는 아무 망설임 없이 당연히 사학과를 택했다. 이제는 단순한 호기심이 아니라 바로 그러한 유적과 유물을 남긴 사람들과 사회에 대한 이해로 역사 공부의 폭을 넓힐 수 있게 되었다. 인간과 사회를 이해하기 위한 하나의 방법론이 된 것이다.

특별히 고려사에 관심을 갖게 된 것은 학부 3학년 때이던가. 하현강 선생님의 『고려사』강독 시간으로 기억한다. 주로 관련 논문이나 저서를 읽어야 했던 일반 수업과는 달리 사료를 직접 보게 된 것은 새로운 경험이었다. 교과서의 박제된 고려시대의 역사가 생생한 경험으로 다가왔다.

돌이켜보면 그때까지는 고려시대에 대하여 무슨 특별한 지식이 있던 것도 아니었다. 고려는 3성 6부의 중앙 정치구조, 5도 양계의 지방제도, 전시과 토지제도 등 조선과 거의 비슷한 체제를 갖고 있었으며, 다만 조선에 비해 상대적으로 중앙집권화가 부진하다는 정도였다. 따라서 고려국가는 조선의 완전한 중앙집권화체제로 가기 위한 과도기로 알고 있었다.

하지만 수업이 진행되는 가운데 조선을 통해서 고려를 보던 시각에서 벗어나 고려를 통해 조선을 보는 방법을 어렴풋이 깨달았으며, 몇 개의 용어로 간단히 표현되는 고려의 국가체제는 다양한 지방세력을 인정하는 가운데 공존이 모색된 복잡한 구조였음을 알게 되었다. 그 중에 관심을 갖게 된 분야가 지방통치체제로서 지방제도와 향리제였다. 이는 고려사회가 한국사에서 중세국가의 전형적인 분권적 정치체제가 가장 뚜렷이 드러나는 시대로 평가되는 주요한 근거였기 때문이다.

특히 고려의 향리는 중인신분으로 격하된 조선의 향리와는 다른 존재였고, 조선의 새로운 정치세력인 신진사대부가 대부분 향리 출신이라는 사실은 매우 혼란스러웠다. 어떻게 해서 고려의 향리가 조선의 중인으로 격하될 수 있었을까 하는 의문은 학부 이후 지금까지의 연구과제가 되었다.

그 결과 향리직을 맡은 지방세력의 내부에는 몇 가지 계층이 존재했으며, '호장직에 오를 수 있는' 계층은 한정되어 있음에 주목하게 되었다. 호장은 향리직에서도 중앙 정부가 직접 관리하던 대상으로 고려 지방통치체제의 핵이었다.

필자는 우선 호장직을 세습해 온 호장층을 하나의 계층으로 파악하고, 이 틀을 이용하여 고려사회와 이후 변동하는 사회를 이해하려고 하였다. 그 첫 번째 결과물이 고려후기 호장층이 분화하여 在地閑散이라는 새로운 지방세력을 형성하였음을 밝힌 석사학위 논문 「高麗後期 在地閑散에 관한 研究」였다.

이후 좀더 구체적인 연구를 위하여 지방사회의 자료를 최대한 이용하고, 기존에 이용되었던 자료들도 새로운 시각에서 꼼꼼히 재해석하려고 노력했다. 박사학위논문은 자료가 보다 풍부한 고려후기의 변동에 초점을 맞추고, 후에 고려전기 호장층 연구를 보완하기로 하였다. 그리하여 1997년 12월에 「高麗後期 戶長層의 變動 研究」를 발표할 수 있었다.

하지만 고려초 호장층의 구체적인 모습을 찾는 작업은 만만치 않은 일

이었다. 몇 편의 연구논문을 준비하는 데 어느새 5년이 흘렀다. 이제야 호
장층의 형성과정을 연구한 「高麗初 州官의 形成과 그 構造」(『한국중세사
연구』6, 1999)와 「高麗 戶長制의 成立과 戶長層의 形成」(『한국사의 구조
와 전개』, 혜안, 2000), 호장층의 지위와 역할을 밝히고자 했던 「高麗時期
鄕吏 公服制」(『한국사상과 문화』4, 1999), 「고려 戶長層의 형성과 本貫
制」(『한국중세사연구』12, 2002)를 간신히 준비하여 본서에 추가할 수 있
었다.

여전히 밝혀지지 않은 부분이 많아서 마음에 걸리지만, 학위논문을 발표
한 지 너무 오래되어 부족하나마 우선 이 정도에서 책을 발간하기로 결심
하였다. 하나의 책으로 묶는 이상 내용을 전체적으로 재구성해야 마땅하겠
으나 박사학위논문 준비과정에서 계획한 주제들이었기에 크게 고치지 않
았다. 다만 학위논문 중 이미 발표한 부분이나 후에 추가된 논문에서 겹치
는 부분을 약간 손질하는 정도로 그쳤다.

처음 연구논문을 책으로 엮어 내게 되니 그동안 많은 도움을 주셨던 선
생님들이 떠오른다. 학부 이후 박사과정까지 한결같이 지도교수를 맡으셨
고, 당신의 의견을 강요하기보다는 아직 거칠기만 한 제자의 주장을 듣고
틀을 잡아 주셨던 하현강 선생님, 수업과 개인적인 대화를 통해 줄곧 가르
침을 주셨던 고 이종영 선생님, 김용섭 선생님, 황원구 선생님, 이희덕 선
생님, 학위논문을 꼼꼼하게 봐 주셨던 김광수 선생님과 고 김준석 선생님.
그리고 박사후과정의 지도를 기꺼이 맡아 주셨던 박종기 선생님께 뒤늦게
나마 지면을 빌어 감사인사를 드린다.

무엇보다 긴 세월 '사서 고생하는' 딸을 안타까워하며 물심 양면으로 도
와 주시고 묵묵히 지켜봐 주신 부모님께 감사드리고 싶다.

끝으로 게으른 탓에 미루기만 하다가 이제야 서두르는 필자를 탓하지
않고, 흔쾌히 연말의 바쁜 시간을 쪼개어 이 책을 출판하도록 도와주신 혜
안의 식구들에게도 미안함과 고마움을 함께 전한다.

2002년 12월 세밑에

차 례

서 론

1. 연구의 필요성

한국사에서 高麗社會는 중세국가의 전형적인 특성의 하나인 分權的 政治構造가 가장 뚜렷이 드러나는 시대로 평가된다. 그 중요한 근거가 되는 것이 신라말 각 지방에서 등장하여 고려의 새로운 정치세력으로 성장한 地方豪族의 존재이다. 따라서 이들을 중앙정치에 편제하는 과정으로서의 地方統治體制의 정비는 高麗國家의 性格을 논하는 데 주요한 주제의 하나였다.

고려의 지방통치체제는 크게 두 가지의 특성이 있다. 하나는 郡縣을 비롯해서 鄕·所·部曲 등 다양한 종류의 지방통치의 단위들이 있는데 그 대부분이 지방관이 파견되지 않는 屬縣이었다는 점이며, 또 하나는 主縣·屬縣에 상관없이 鄕吏制를 통해 지방세력이 각 지방의 통치에 참여할 수 있었다는 점이다.[1] 전자와 관련하여 다양한 지방통치기구들이 중앙 정

---

1) 이러한 통치체제를 어떻게 해석하느냐에 따라 고려국가의 성격에 관한 논쟁도 두 갈래로 나뉜다. 속현이 다수 존재함에 중점을 두어 중앙집권화의 미숙과 지방호족의 분권성으로 보는 豪族聯合政權說과, 태조 23년의 '改州府郡縣號'를 적극적으로 해석하여 이 때에 郡縣制의 개편과 土姓 分定이 이루어졌다고 보면서 高麗初부터 중앙집권화가 강력히 추진되어 어느 정도 성과를 거둔 것으로 파악하는 입장이 있다. 前者는 高麗初期 중앙정부의 集權化 정책을 부정하는 것은 아니나, 그 과정에서 호족세력을 통치구조에 편제하는 것이 상당히 어려웠음을 강조한다. 대표적인 논문은 다음과 같다. 河炫綱, 「지방세력과 중앙통제」, 『한국사 5』, 국사편찬위원회, 1975 ; 河炫綱, 「고려왕조의 성립과 호족연합정권」, 『한국사 4』, 국사편찬위원회, 1977 ; 河炫綱, 「지방 통치조직의 정비와 그 구조」, 『한국사 13』, 국사

부와 어떤 형식으로 연결되었으며 또 그들 상호간은 어떠한 서열로 연계
되는지 등이 주요 논점이 되었고, 후자와 관련해서는 주로 鄕吏制의 성립
과정과 운영면이 집중적으로 연구되었다.

따라서 鄕吏制에 관한 연구는 고려의 지방통치체제를 이해하기 위한 하
나의 출발점이 되었다. 그리하여 향리의 연원은 나말여초 호족이며, 이들
호족세력이 고려국가의 집권화 과정에서 지방 행정을 담당, 보조하는 향리
로 편제되었다는 기본틀이 마련되었다.[2]

하지만 이같이 중앙집권화의 입장에서 이해할 경우 나말여초 변동기의
상황에 다양하게 대응, 변화했던 지방세력의 구체적인 모습을 파악하기 어
렵다. 이는 현재 남아 있는 대부분의 자료가 중앙 정부의 입장에서 정리되
었고, 반면에 그러한 체제가 이루어져야 했던 배경으로서 지방세력의 다양
한 존재 형태는 간과되었기 때문이다. 사실 '鄕吏'라는 용어도 이들을 지방
지배의 담당자로 보았던 중앙의 입장에서 사용된 것으로, 이를 담당하는
지방세력이 '家風'에 따라 향리직의 初職과 승진과정이 다를 정도로 계층
화했음을 고려하지 않은 개념이다.

향리직을 맡은 지방세력의 내부에는 몇 개의 계층이 존재했으며, 최고의
상층만이 '戶長職에 오를 수 있는' 계층으로 한정되었음은 이미 알려져 있
는 사실이다. 戶長은 鄕吏職에서도 중앙 정부가 직접 관리하던 대상이었
으며, 이들에게 그 이하의 향리들이 맡겨진 상태였다. 고려 정부는 戶長에
게 중앙 관리와 마찬가지로 職牒과 職田을 주었고, 은퇴해서 安逸戶長이
되어도 職田을 보장해 주었다. 이러한 조치는 戶長이야말로 고려 지방통

─────────────────────

　　편찬위원회, 1993.
　　후자는 羅末麗初의 호족이 고려의 중앙집권화 과정에서 향리로 편제되었다는
　향리 연구의 초기 성과에 기초하여, 고려초에 중앙집권화가 상당히 진전되었다고
　본다. 대표적인 논문은 다음과 같다. 李樹健, 『韓國中世社會史硏究』, 일조각,
　1984 ; 具山祐, 「高麗前期 鄕村支配體制 硏究」, 부산대 박사학위논문, 1995 ; 金
　日宇, 「高麗 太祖代 지방지배질서의 형성과 국가지배」, 『史學硏究』 52, 1996.
2) 초기의 대표적인 연구는 다음과 같다. 有井智德, 「高麗の鄕吏について」, 『東洋學
　論集』 3, 1954 ; 金成俊, 「其人의 性格에 대한 고찰 (上)·(下)」, 『歷史學報』 10·
　11, 1958·1959.

치체제의 핵이었음을 역설적으로 드러내주고 있다.

그럼에도 기존의 연구에서는 향리에 관한 포괄적인 연구가 주류를 이루고 있으며, 戶長層에는 그다지 주목하지 않았다. 호장층을 언급한 대부분의 경우도 '戶長職을 할 수 있는 계층'이 아니라 '戶長職에 있는 자'로서 언급되었다. 그 중에서 현재까지 戶長 및 호장층과 관련된 내용은 다음의 몇 가지로 정리된다.

먼저 戶長의 연원에 관하여 武田幸男은 고려의 군현제가 族團의 신분적 편성이라는 旗田巍의 논리3)에 기존의 성씨 연구를 결합시켜, 若木郡司의 戶長·副戶長이 각 성씨집단의 유력자층임을 밝히고자 하였다.4) 戶長에 대한 이러한 이해는 李樹健의 土姓 硏究로 발전했다.5) 고려초의 戶長은 나말여초 각 읍을 대표하던 호족 출신 또는 그 후예인데, 호족은 촌락의 혈연단체인 성씨집단의 수장이라는 것이다.6) 따라서 後三國時代 호족의 후예가 호장층 및 土姓의 주체가 되었으며,7) 고려 邑司의 구성원은 각 군현의 지방세력을 대표했던 호장층이라는 주장이다.8)

고려정부가 나말여초의 호족을 통치구조에 편입시키는 과정에 관한 연

---

3) 旗田巍, 「高麗王朝成立期の'府'と豪族」, 『法制史硏究』 10, 1960(『朝鮮中世社會史の硏究』, 1972에 재수록).

4) 武田幸男, 「淨兜寺五層石塔造成形止記の硏究」, 『朝鮮學報』 25, 1962.

5) 다음과 같은 일련의 土姓 硏究에서 고려시대 관직자가 대부분 토성 출신임을 밝혀냈다. 「'土姓' 硏究 (其一)」, 『東洋文化』 16, 1975 ; 「後三國時代 支配勢力의 姓貫分析」, 『大丘史學』 10, 1976 ; 「高麗時代 '土姓' 硏究 (上)」, 『亞細亞學報』 12, 1976 ; 「高麗前期 土姓 硏究」, 『大丘史學』 14, 1978 ; 「高麗後期 '土姓' 硏究」, 『東洋文化』 20·21合, 1981(이상은 이수건, 『韓國中世社會史硏究』, 일조각, 1984에 재수록).

6) 李樹健, 「朝鮮朝 鄕吏의 一硏究 - 戶長에 대하여 - 」, 『文理大學報』 3, 영남대, 1974. 戶長이 土姓이라는 성씨집단의 首長이라는 견해는 高麗社會를 未分化된 社會로 보는 旗田巍의 이론에 근거한 것이어서 논란의 여지가 많다.

7) 李樹健, 「土姓의 형성과정과 내부구조」, 『韓國中世社會史硏究』, 일조각, 1984.

8) 李樹健, 「高麗時代 邑司 硏究」, 『國史館論叢』 3, 1989. 이에 따르면 高麗 邑司의 연원을 新羅時代 330邑의 官府에서 찾았다. 外官은 후삼국시대에 모두 소멸되었지만 그 관부시설은 존재하여, 後三國을 통일한 뒤부터 각 邑司가 형성되었을 것으로 추론하였다.

구는 주로 향리제의 성립을 중심으로 이루어졌는데,[9] 그 과정에서 호장도 함께 언급되었다. 金鍾國은 成宗 2년 이전의 吏職名인 堂大等·兵部·倉部 등 신라의 중앙관제에 비견되는 관직명을 사용했던 지방세력이 고려의 향리로 연결되었음을 지적했다.[10] 또한 朴敬子는 이 때 호장이라는 職號를 사용하기 시작한 것이 호족세력이 강등되는 기점이라고 보았다.[11] 戶長職은 성종 2년에 처음 설치된 것이 아니라는 의견도 제시되었다. 李純根은 『慶州戶長先生案』의 서문을 근거로 경주 지역에서는 이미 광종대에 戶長制가 실시된 것으로 보았다.[12] 이어 李勛相은 이렇게 정비된 향리제가 고려중기에는 上戶長과 詔文記官 등이 설치되면서 다시 한번 체제변화를 겪게 되었다고 보았다.[13]

후대의 각 족보와 『掾曹龜鑑』 등에서 가문의 시조가 신라말 호족이나 고려초의 戶長임을 언급한 것으로 보아, 이상의 연구 성과에서 고려초 호장직을 맡았던 자들의 상당수가 호족에서 유래했다는 지적에는 수긍이 간다. 향리제의 성립과정 역시 비교적 정리가 잘 되어 있다. 그럼에도 신라말 호족이 어떻게 고려의 향리제로 편제되었는가 하는 의문은 여전히 풀리지 않는다. 즉 강력한 각 지방의 호족세력이 이른바 지위 격하를 가져온 향리제에 과연 모두 편제될 수 있었으며, 만일 그렇다면 향리제의 戶長·副戶

---

9) 豪族과 鄕吏의 관련성에 관하여 深谷敏鐵,「高麗初期の鄕吏について」(『鈴木俊教授還曆紀念東洋史論叢』, 1964)는 豪族에서 鄕吏로의 변화를 土地制度의 變化의 측면에서 접근하였으며, 金光洙,「羅末麗初의 豪族과 官班」(『韓國史研究』23, 1979)은 官班의 성립과 관련시켜 이해하였다. 한편 金光洙,「中間階層」,『한국사 5』, 국편위, 1975, 221~224쪽에서는 胥吏·下級將校·南班·鄕吏 등을 새로운 관료적 지배계층의 범주이면서도 그 하부를 이루는 실무담당의 중간계층으로 정리하면서, 이들의 연원을 新羅末 권력의 주재자인 城主·將軍級의 大土豪 휘하의 실무자였던 일반 村主級의 群小 土豪로 보았다.

10) 金鍾國,「高麗時代の鄕吏について」,『朝鮮學報』25, 1962. 지역별 鄕吏組織의 차이와 鄕吏의 職務·待遇 등을 상세히 다루는 등 鄕吏를 본격적으로 연구하여 이후 鄕吏 研究의 골격을 제시한 논문이라고 할 수 있다.

11) 朴敬子,「高麗 鄕吏制度의 成立」,『歷史學報』63, 1974.

12) 李純根,「高麗初 鄕吏制의 成立과 實施」,『金哲埈博士華甲紀念史學論叢』, 지식산업사, 1983.

13) 李勛相,「高麗中期 鄕吏制度의 變化에 대한 一考察」,『東亞研究』6, 1985.

長의 吏職이 이전의 堂大等·大等과 직결되는 것인가 하는 문제가 남아
있다.

또한 모든 土姓吏族을 같은 계층으로 파악할 수 있는지도 문제이다. 土
姓에는 人吏姓·次吏姓·百姓姓이 별도로 존재하는데 이 차별성을 어떻
게 설명할 수 있을지 의문이다. 이와 관련하여 일찍부터 文宗 5년의 鄕吏
승진규정[14]이 주목되었다.

金鍾國은 文宗 5년의 규정을 근거로 향리는 家格에 따라 승진의 코스가
달라지는데, 상층 집단은 兵·倉史를 거쳐 戶長이 될 수 있었고 하층은 諸
壇의 '史'로부터 '正'까지만 승진할 수 있었다는 논지를 폈다. 하지만 향리
의 직무·대우·達官의 항목에서는 이러한 분류를 전제하지 않았다.[15] 이
에 반하여 李樹健은 호장이 되는 것은 家格의 차이가 아니라 그때 그때
家風의 성쇠에 따라 달랐다고 보았다. 『慶州戶長先生案』을 분석하여 몇몇
土姓吏族이 호장 세계를 독점했음을 밝혀냈는데, 그 원인을 家風의 성쇠
로 보았다. 같은 土姓吏族이라도 兵·倉正이나 戶正에서 출발하여 戶長
이 되기도 하고, 말단의 後壇史에서 출발하여 州縣史나 副兵倉正에 머무
르는 경우도 있다는 것이다.[16]

문종 5년의 규정은 당시 정부가 향리를 맡는 지방세력에 다양한 계층이
있었음을 인정하고 반영한 결과였는데, 이에 대한 규명이 잘 이루어지지
않은 상태에서 조선시대 향리 연구가 결합되면서 더욱 혼동을 가져왔다.
李成茂는 조선 세종대의 기사[17]를 근거로 고려시대 이래 향리는 戶長層·
記官層·色吏層으로 구분되어 있었고 조선시대로 내려오면서 각각의 역
할과 비중이 변화한다는 주장을 폈다.[18] 향리를 세 계층으로 나눈 용어는
이후 그대로 이용되어, 향리의 직급인 戶長·正(記官)·史의 서열이 향리

---

14) 『高麗史』 권75, 選擧志 3, 鄕職條. 文宗五年十月判.
15) 金鍾國, 앞의 논문, 1962.
16) 李樹健, 「朝鮮朝 鄕吏의 一研究 - 戶長에 대하여 - 」, 『文理大學報』 3, 영남대,
    1974.
17) 『世宗實錄』 권81, 世宗 20년 4월 甲寅.
18) 李成茂, 「朝鮮初期의 鄕吏」, 『韓國史研究』 5, 1970.

의 계층과 혼용되었다.[19] 하지만 이 세 직급은 모두 戶長層이 가능한 吏職
이므로, 향리 계층의 분류가 아니라 향리 직급의 분류로 파악해야 한다.

이와 같이 아직은 戶長層에 관한 개념 규정이 미흡하여 그 개념을 개별
연구에 적용하기 어려웠다. 그 결과 고려말 지방세력의 재편기에 이르러
관인층으로 상승하는 향리와 몰락·유리하는 향리 등 다양한 변화양상에
대하여 外官의 파견 및 군현제의 개편과 그에 따른 향리의 이동 등 중앙집
권화에 따라 향리의 지위가 낮아졌음을 지적할 뿐, 상승 또는 하락하는 변
화의 주체를 제대로 밝히지 못하였다.[20] 따라서 고려시대 지방통치구조와

---

19) 그 결과 記官層이 戶長이 되거나 史에서 正으로 승진하기도 하고, 고려말 戶長層
   이 免役·避役을 주도하게 되면서 실무 종사자인 記官層이 戶長層을 대신하게
   되었다는 모순된 설명이 나왔다(羅恪淳,「高麗 鄕吏의 身分的 特性과 그 變化」,
   『史學研究』 45, 1992).

20) 그 변화에 주목한 대표적인 연구는 李佑成의 일련의 논문을 들 수 있다. 그는 「麗
   代百姓考」(『歷史學報』 14, 1961)에서 고려후기의 신흥관료가 대개 지방 향리층
   내지 촌락 民長系 출신이고 이들이 그대로 조선의 士大夫로 발전하였음을 지적
   하고,「高麗朝의 '吏'에 대하여」(『歷史學報』 23, 1964)에서는 고려 후기에 향리층
   이 정치적 진출을 할 수 있었던 것은 당시 사회적·경제적 변동 때문이었는데 특
   히 무신집권기에 '能文能吏'의 새로운 관인형이 형성되면서 이들이 대량으로 관
   료 진출이 가능했음을 지적하였다. 이후 지방 향리의 변화에 관해서는 대체로 두
   가지 방향으로 정리되었다. 즉 관직에 진출하여 조선사회의 새로운 지배세력 '兩
   班'으로 성장하는 과정과, 여전히 鄕吏로 남아 조선의 중인신분으로 고착되는 과
   정에 관한 연구이다. 전자와 관련된 논문은 다음과 같다. 李成茂, 『朝鮮初期 兩班
   研究』, 일조각, 1980 ; 許興植,「高麗의 國子監試와 이를 통한 鄕吏의 신분상승」,
   『高麗科擧制度史研究』, 1981 ; 洪承基,「高麗後期 事審官制度의 운용과 鄕吏의
   중앙진출」,『東亞研究』 17, 1989 ; 羅恪淳,「高麗 鄕吏의 身分變化」,『國史館論
   叢』 13, 1990 ; 羅恪淳,「高麗 鄕吏의 身分的 특성과 그 變化」,『史學研究』 45,
   1992.
   후자와 관련하여 고려후기 및 조선초 향리의 신분 변화에 초점을 맞춘 논문은
   다음과 같다. 武田幸男,「高麗·李朝時代の邑吏田」,『朝鮮學報』 39·40合, 1966
   ; 李成茂,「朝鮮初期의 鄕吏」,『韓國史研究』 5, 1970 ; 李樹健,「朝鮮朝 鄕吏의
   一研究 - 戶長에 대하여 - 」,『文理大學報』 3(영남대), 1974 ; 北村秀人,「高麗末·
   李朝初期의鄕吏」,『朝鮮史研究會論文集』 13, 1976 ; 李勛相,「高麗中期 鄕吏制
   度의 變化에 대한 一考察」,『東亞研究』 6, 1985 ; 李惠玉,「高麗時代의 鄕役」,
   『梨花史學研究』 17·18合, 1985 ; 朴敬子,「高麗時代鄕吏研究」, 1986, 숙명여대
   박사학위논문 ; 朴敬子,「高麗 鄕吏의 경제적 기반」,『國史館論叢』 39, 1992 ; 朴

이후 변동기의 성격 변화를 파악하기 위해서는 고려초 지방세력과 향리 내부의 계층에 관한 좀더 구체적인 연구가 필요하며, 특히 '戶長職에 오를 수 있는' 계층, 즉 호장층에 관한 새로운 이해가 요구된다.

본고는 고려사회에서 호장층이 지방통치체제의 핵심을 이루는 한편, 관직으로 진출할 수 있는 일정한 통로도 보장되어 있던 존재였다는 데 주목하였다. 사실 고려에서 조선으로 넘어가는 변동기에 지배세력을 비롯해서 지방지배체제까지 변화할 수 있었던 저변에는 바로 이들 호장층의 대변동이 진행되고 있었다. 고려후기 이래 향리의 지위가 변화하는 이면에는 호장층의 역할의 감소와 그에 따르는 그 지위의 변화, 그러한 변화가 초래한 관직 진출과 在地閑散化, 이주와 유망, 그리고 몰락에 이르기까지 호장층의 다양한 분화가 있었다. 또한 그렇기 때문에 이에 대한 정부의 대책도 流移者와 散職者에 대한 還本 정책을 비롯해서, 在地閑散에 대한 역의 부과, 그리고 이들에 대한 신분의 辨正과 양반 진입에 대한 엄격한 통제 등 다양하게 시도되었으나, 기존의 관점으로는 이러한 정책의 시행과 그 의미를 파악하기에 미흡할 수밖에 없었다.

2. 연구의 내용과 방법

호장층의 형성과정과 그 변동에서 좀더 역동적인 모습을 파악하기 위하여 당시 지방사회에서 작성된 자료를 재검토하여 이용하였다. 現傳하는 경상도 지방의『慶州戶長先生案』,『(慶尙道)道先生案』,『掾曹龜鑑』과 전라도 지방의『錦城日記』는 戶長層 및 邑司의 역할과 지위를 파악하는 직접적인 자료가 되었다. 조선후기의 자료지만「安東府安逸班謄錄」,「慶州府司安逸房考往錄」,「豊基郡司謄錄」등도 보조 자료로 사용했다. 무엇보다도『世宗實錄地理志』의 姓氏條를 최대한 분석하여 자료로 이용했다.『世

恩卿,「高麗後期 鄕吏層의 變動」,『震壇學報』64, 1996(『高麗時代 鄕村社會研究』, 1996 재수록).

宗實錄地理志』姓氏條는 관찬자료이지만 기초 자료는 각 邑司에서 작성되었으므로, 이를 통해 戶長層의 현황 및 변동의 흐름을 추정할 수 있었다. 또 '李太祖戶籍原本'[21]도 중앙의 입장에서 정리된 것이지만 고려후기 戶長層의 변동하는 모습, 즉 在地閑散化와 이동하는 모습이 그대로 드러난 생생한 자료가 되었다.

본고는 고려 호장층의 성격을 규명하고 고려후기 이후 호장층의 변화와 그것이 당시 사회에 끼친 영향을 살펴보기 위하여 크게 세 부분으로 나누어 서술하고자 한다.

먼저 제1부에서는 호장층의 형성과정과 고려사회에서 그들의 지위를 살펴보고자 한다. 호장제가 처음 등장하는 것은 성종 2년이지만 국초부터 고려의 각 지방에는 다양한 지방세력과 지방통치기구가 존재하였다. 이들을 중앙 정부는 어떻게 통일된 통치기구로 편제하였으며, 그 과정에서 등장한 호장제는 어떠한 성격을 띠는지 살펴보려 한다. 또한 호장제를 통하여 형성된 호장층은 고려사회에서 어떠한 지위에 있었으며, 중앙 정부와의 관계는 어떠했는지 아울러 파악하려 한다.

제2부에서는 고려후기 호장층 변동의 배경으로서 고려후기 사회에서 호장층의 역할 약화와 그에 따르는 지위 변화를 고찰하고자 한다. 우선 호장층의 지위 변화는 국가와의 관계에서 성립된 제도의 변화에서 드러나는데, 흔히 토착세력의 성씨로 알려진 土姓의 변화상과, 향리제 및 공복제에서 드러나는 호장의 지위 변화를 통해 살펴보려 한다. 두 번째는 호장층의 지위가 변화하는 가운데 이전과 달리 관직 진출의 급증과 散職化의 경향, 그리고 토착기반을 떠나 이주·유망·몰락하는 모습이 보이는데, 강력한 토

---

21) 『指定文化財解說 - 國寶·寶物篇』(文化公報部, 文化財管理局藏書閣事務所)에 國寶 131호로 '李太祖戶籍原本'이 올라 있다. 許興植, 「국보 131호 고려말 호적의 자료비판」, 『한국의 古文書』, 1988, 185~186쪽에 의하면, 이 명칭은 본 호적이 보관된 족자에 붙은 별지에서 유래한 것이다. 물론 본 호적은 李成桂家의 호적이 아니며, 이성계가 태조가 되기 이전에 작성되었으므로 '李太祖戶籍原本'이라는 명칭은 적합하지 않다. 이제까지는 이를 '國寶戶籍', '兩班戶籍', '國寶 131호 戶籍' 등 다양하게 호칭했으나, 본고에서는 국보 지정 때의 공식 명칭인 '李太祖戶籍原本'으로 통일해서 사용했다.

착세력인 호장층이 다양하게 분화해가는 구체적인 실상을 분석하고자 한다. 그리고 그 결과 지방사회와 지방세력이 어떻게 변화했는지 살펴보려 한다.

마지막으로 제3부에서는 이러한 호장층의 변동에 대한 정부의 대책과 그 성과를 살펴봄으로써 고려의 호장층이 조선사회에서 어떻게 변화되었는지, 그리하여 조선사회의 지방세력이 어떻게 재편되는지도 알아보려고 한다.

이에 따라 제1부 제1장에서는 호장층이 고려의 지방통치체제에서 어떠한 의미를 갖는지 파악하기 위해 그 형성과정을 검토하고자 한다. 이를 위해 먼저 성종 2년 호장제가 정비되기 이전에 고려초 지방통치체제를 살펴보았다. 통일 이전의 각 지방세력의 존재형태와 그 통치기구를 분석하고, 이를 바탕으로 통일 이후 지방통치기구로서 州官의 형성과정과 그 구조를 고찰하려 한다. 또 다양한 지방통치기구를 지방제도와 향리제로 통일시키는 과정을 살펴봄으로써, 고려적인 지방운영체제가 전체 사회에 어떻게 자리잡아 갔는지를 밝히고자 한다.

고려초의 지방통치체제는 성종대에 들어서면서 새로운 국면을 맞는다. 이에 성종 2년의 吏職 개편을 중심으로 이전의 堂大等·大等 체제가 戶長·副戶長 체제로 변화하게 된 의미를 살펴보고, 아울러 邑司의 지위와 역할을 비롯해서 其人·貢擧制·地方軍 將校職 등의 규정을 분석함으로써 정부가 호장층에게 준 혜택의 의미를 파악하고자 한다.

제2장에서는 고려초 지방통치체제의 정비과정에서 형성된 호장층이 당시 고려사회에서 어떠한 지위에 있었는지 살펴보려 한다. 당시 사회에서 호장층은 지방사회 유력자로서의 지위와 향리직을 담당하는 관리로서 국가 관료체제에서의 지위를 동시에 갖고 있었다. 전자를 밝히기 위해 本貫制의 시행과정에서 변화하는 호장층의 지위를 추적하고, 후자를 밝히기 위해 공복제도가 정비되는 가운데 향리 공복의 지위를 분석함으로써 호장층의 지위를 추정하려 한다.

제2부 제3장에서는 고려후기에 대대적으로 진행된 호장층의 변동을 살

펴보려 한다. 호장층의 변동을 선도한 것은 호장층의 지위 변화였다. 이는 당시 토착세력에 대한 인식에서도 잘 나타난다. 『世宗實錄地理志』의 姓氏條에는 고려의 토착세력이 土姓으로 정리되어 있는데,[22] 그 기초자료인 '古籍'은 13세기 경에 작성된 것으로 土姓을 가끔 人吏姓과 次吏姓·百姓姓으로 구별하기도 한다. 이러한 인리성과 차리성·백성성이 어떻게 토성으로 통합되었는지 그 과정을 추론함으로써, 중앙의 호장층에 대한 인식의 변화를 살펴보려 한다. 그 배경에는 중앙관인층과 지방세력의 분리, 그리고 지방통치에서 호장층의 독자성이 점차 축소되는 상황이 있었다. 토성이라는 개념의 대두는 그 자체가 이미 호장층의 변화를 시사해준다.

호장층의 지위 변화는 향리제와 향리 공복 등 제도의 변화에서도 나타난다. 고려의 지방통치는 호장 중심의 邑司를 통해 이루어졌는데, 고려후기 外官 파견이 증가되면서 외관과 읍사의 이중적인 통치체제로 바뀌었고 향리제도 三班制로 변화되었다. 고려후기 읍사의 역할과 지위의 변화를 통해 호장의 지위를 살펴보되, 특히 외관 휘하의 記官 및 營吏와 비교하여 호장의 상대적인 지위가 어떻게 변화했는지 살펴보려 한다. 이러한 호장의 지위 변화는 향리 공복의 변화로 나타났다. 전체 관직자의 공복제에서 향리 공복이 차지하는 위치와 의미를 파악해보려 한다.

제4장과 제5장에서는 호장층의 지위 변화가 끼친 영향으로서 고려후기 호장층의 구체적인 변동 모습을 살펴보고자 한다. '李太祖戶籍原本', 『慶州戶長先生案』, 『錦城日記』, 『世宗實錄地理志』의 姓氏條 등의 자료에는 호장층의 주거 이동과 신분 분화의 양상이 잘 드러나 있다. 이를 통해 호장층의 이주와 散職化의 경향, 그리고 심지어 몰락, 유망하기까지 다양하게 분화된 실상을 분석하고자 한다. 호장층의 주거 이동과 신분 분화는 이후의 사회구조와 지방통치체제에도 영향을 끼쳤는데, 그 결과 지방사회와 지방세력이 어떻게 변화했는지 살펴보려 한다.

---

22) 『世宗實錄地理志』의 姓氏條는 고려 이래 지배세력의 성씨를 총정리한 것으로 관심이 집중되어 왔다. 이제까지의 연구에서는 姓氏條가 당시 해당 군현에 사는 사람들의 본관이라는 견해와, 邑司 구성원이라는 견해로 나누어져 있다. 이에 관해서는 본문에서 자세히 다루었다.

　마지막으로 제3부 제6장에서는 고려후기 이래 호장층의 변동이 이후 어떻게 정리되었는지를 그에 대한 정부의 대책을 통해 분석하려 한다. 당시 향리직에서 이탈, 분화된 戶長層을 다시 國家役體系에 편제하는 문제를 비롯해서 이미 다양하게 분화된 流移鄕吏와 在地閑散, 중앙 관직자에 이르는 이들에 대하여 정부는 구체적으로 어떤 정책을 취했으며, 성과 및 결과는 어떠했는지 살펴보려 한다. 고려 충렬왕대 이후 조선초까지 정부는 변함없이 '향리의 還本'을 주장했으나, 향리직에서 이탈하여 여전히 지방사회에서 토착기반을 유지하고 있었던 다수의 산직자에 대해서 새로운 방법이 강구되어야 했다. 토지제도를 정비하는 과정에서도 '時散을 勿論'하고 科田을 분급하고자 했는데, 이들 다수의 散職者를 어떻게 처리할 것인가가 문제였다.

　이러한 문제들은 고려말 조선초의 개혁 논의에서 빠질 수 없었다. 호장층 변동에 대한 대책이 개혁 논의 과정에서 다루어진 군제·토지제의 개혁안과 어떻게 연관되는지와 관련하여, '兩班·鄕吏戶籍'의 정리를 비롯하여 科田法에서 軍田의 지급과 無受田牌의 성립 등을 살펴보려 한다. 그리고 그것이 조선의 새로운 사회체제에 어떤 영향을 끼쳤는지 전망해보고자 한다.

　이상과 같이 고려의 지방통치체제의 정비과정에서 나타난 호장층의 형성과 그에 따라 정립된 호장층의 지위를 규명함으로써 고려 향리제의 성격, 나아가서는 고려 지방통치체제의 성격을 보다 분명히 밝힐 수 있을 것으로 기대한다. 또한 고려후기 이래 광범하게 진행된 호장층의 변동 과정에서 지방사회에서 전개되었던 지방세력의 재편과 그로 인한 지방통치체제의 변화, 그리고 호장층이 士族 및 在地閑散과는 점차 분리되어 향리 신분으로 고착하는 모습을 고찰함으로써 궁극적으로는 고려·조선 두 사회의 구조적 차이도 살펴볼 수 있으리라 생각한다.

제1부 고려 戶長層의 형성과 그 지위

제1장 지방통치체제의 정비와 戶長層의 형성과정

　고려사회에서 호장은 향리제의 최고위직으로서, 州·府·郡·縣 등 지방행정구획의 邑司[1]를 중심으로 지방통치기구를 형성하였다. 호장직이 처음 제도화한 것은 성종 2년의 吏職 개편 때였다. 이는 단순한 이직명의 개정이 아니었다. 고려가 통일한 지 거의 50년이 흘렀고, 신라말 이래 다양했던 각 지방의 통치기구가 堂大等·大等 체제를 거쳐 최종 戶長·副戶長 체제로 정리된 것이다.

　고려초의 지방세력은 각각의 통치기구를 유지하고 있었는데, 통일된 체제가 아니었으므로 그 명칭과 구조가 다양했다. 통일 이전에는 지방통치에서 주로 각 군현, 특히 城 단위의 將軍·城主가 나타났으나 통일 이후에는 州官·輔州官班·官班 등의 통치기구가 보인다.[2] 특히 일부 巨邑의 州官에서 戶長制 이전의 堂大等·大等 체제가 나타나는데, 堂大等·大等 체제는 바로 향리제로 연결되고 있어 이러한 州官이야말로 고려의 특성이 잘 드러난 지방통치기구라 할 수 있다.

---

1) 邑司라는 명칭은 이수건, 「高麗時代 '邑司' 연구」, 『국사관논총』 3, 1989, 59쪽의 견해를 따랐다.

2) 본고는 이들을 '州官'이라는 용어로 통일해 사용했다. 이들 巨邑은 몇 개의 군현을 거느리는 州로서 이는 고려초 소규모의 군현들을 승격시킨 주와는 다르다. 弓裔와 태조는 영토의 확장과정에서 귀부 또는 협조한 지역에 州를 설치하여 호족을 회유하는 한편 자신의 세력으로 편입했다. 이 때의 주는 군현 단위 그대로였다. 하지만 『高麗史』 地理志에 태조 23년에 개명된 것으로 나타난 州는 대부분 9州 5小京 지역이며, 이들은 大邑으로 군현 단위의 주와는 邑格이 달랐다. 이상은 金甲童, 「'高麗初'의 州에 대한 고찰」, 『고려사의 제문제』, 1985, 273~274쪽 및 288 ~289쪽 참조. 본고에서 州官의 州는 후자의 의미로 사용했다.

본 장에서는 먼저 통일 이전에 각 지역별 지방세력의 존재형태와 그 통치기구를 분석하고, 이를 바탕으로 통일 이후 지방통치기구로서 州官의 형성과정과 그 구조를 고찰하고자 한다. 또 다양한 지방통치기구를 지방제도와 향리제로 통일시키는 과정을 살펴봄으로써, 고려적인 지방운영체제가 전체 사회에 어떻게 자리잡아 갔는지를 밝히고자 한다.

고려 국가가 체제를 정비함에 따라 지방세력도 그 통치체제 안에 편제되어 갔다. 특히 성종 2년에는 고려의 전형적인 향리제가 갖추어졌다. 이렇게 성립된 호장·부호장 체제는 지방통치체제에서 어떠한 의미를 갖는지 살펴보려 한다. 여기에는 호장이 중심이 되었던 邑司의 역할 또한 분석할 필요가 있다. 이를 통해 호장제의 성격을 파악할 수 있을 것이다.

고려사회에서 호장은 향리라면 누구나 오를 수 있는 향리직은 아니었다. 문종대의 기록에는 호장직에 오를 수 있는 집안이 제한되었음을 시사하는 부분이 있다.[3] 그럴 경우 호장직이 제한된 몇몇 집안에 세습되기 쉽고, 그에 따라 향리직을 담당하는 지방세력 중에서도 호장직까지 오를 수 있는 하나의 계층, 즉 戶長層이 형성될 수 있었다. 또한 戶長層이 향리제만을 매개로 하여 하나의 계층으로서 유지할 수 있었던 것은 아니다. 여기에는 정부의 다양한 제도적인 뒷받침도 있었다. 이와 관련하여 其人·貢擧制·地方軍의 將校職 등의 규정을 분석하고자 한다. 이 같은 규정을 통해 고려 정부가 戶長層에게 준 혜택의 의미를 파악하고자 한다.

1. 고려초 州官의 형성과 그 구조

1) 통일 이전의 지방통치체제

(1) 城主·將軍의 등장

기존의 연구에서 신라말 호족은 城主·將軍이라 칭했으며, 이들은 村主層의 상층부였다고 정리된 바 있다.[4] 실제로 고려의 건국 초기부터 통일까

---

3) 『高麗史』 권75, 選擧志 3, 鄕職, 문종 5년 10월, (中) 654쪽.

지 지방세력의 존재형태를 알 수 있는 자료는 거의 없고, 後百濟의 甄萱과
경상도·충청도 일대에서 접전을 벌이던 과정에서 발생하는 지방세력의
귀부·투항의 동향이 주로 남아 있다. 미흡하나마 이러한 자료를 바탕으로
지방세력의 동향을 살펴보았다.

　<표 1-1>은 일찍이 궁예의 기반이었던 강원도·충청도 일부와 王建의
기반인 경기·서해 지역의 자료이며, <표 1-2>는 후백제 지역과 고려의
건국 이후 귀부 기사가 특히 많았던 경상도 지역을 정리한 것이다.

　<표 1-1>과 <표 1-2>에서 눈에 띄는 것은 진성여왕 8년(894)에 궁예가
북원에서 下瑟羅로 진입하면서 '자칭 將軍'으로 등장한 시기를 기점으로
지방세력의 칭호가 달라진다는 점이다. 이전의 지방세력으로는 주로 왕건
의 집안에 관련된 인물들이 보이는데, 이들은 신라의 관등을 칭하였다. 康
忠은 松嶽郡의 上沙粲 또는 阿干이었고, 왕건의 祖인 作帝建 시대에 劉相
晞는 白州의 正朝였으며, 作帝建의 妻父인 豆恩坫은 平州의 角干이었다.
이는『高麗史』高麗世系의 기사를 근거로 한 것이어서 그대로 믿기는 어
려우나, 왕건의 父인 王隆이 궁예에게 귀부할 때 송악군의 沙粲이었으므
로 그 집안이 송악군에서 上沙粲·沙粲 등의 職銜을 가졌던 것은 사실인
것 같다. 上沙粲·沙粲은 신라 촌주의 관등에서 유래되었고, 그 자체가 관
직의 성격을 갖기도 했다.5)

　궁예가 등장한 이후에 지방세력은 궁예나 왕건에게 귀부하거나 대항한
사건에서 나타나는데, 이 때의 칭호는 주로 將軍이었다. 904년 弓裔에게
항복한 弘奇는 公州의 장군이었으며, 905년에 궁예에게 항복한 黔用은

---

4) 金光洙,「羅末麗初의 豪族과 官班」,『한국사연구』23, 1979 ; 尹熙勉,「신라하대
　의 城主와 將軍」,『한국사연구』39, 1982 ; 金周成,「新羅下代의 地方官司와 村
　主」,『한국사연구』41, 1983 ; 浜中昇,「新羅 末期·高麗 初期의 城主·將軍에 대
　하여」,『李佑成敎授 停年紀念論叢』上, 1990.
5)「竅興寺鐘銘」(허흥식 편,『韓國金石全文』古代, 아세아문화사, 1983, 176~177쪽)
　은 제작 연대가 신라 문성왕 18년(856)으로 추정되는데, 여기의 '上村主 三重沙
　干, 第二村主 沙干, 第三村主 乃干'을 근거로 신라말 지방세력이 띠었던 上沙粲
　·沙粲을 신라 하대 이래 촌주제의 발전선상에서 해석하기도 한다. 이에 관해서
　는 金光洙, 앞의 논문, 1979, 119~126쪽 참조.

<표 1-1> 궁예·왕건의 지배지역에 나타난 지방세력

地名	時期	人名	職銜	典據
松嶽郡	王建의 4代祖	康忠	上沙粲 阿干	『高麗史』高麗世系 『高麗史』高麗世系
白州	作帝建 시대	劉相晞	正朝	『高麗史』高麗世系
平州	作帝建 시대	豆恩坫	角干	『高麗史』高麗世系
(철원)	894년 10월	弓裔	(自稱) 將軍	『三國史記』신라 진성여왕 8년 ; 弓裔傳
松嶽郡	896년	王隆	沙粲, 金城太守	『高麗史』世家 1
松嶽	896년	王建	城主	『高麗史』世家 1
公州	904년 7월	弘奇	將軍	『三國史記』弓裔傳
平壤	905년	黔用	城主將軍	『三國史記』弓裔傳
靑州	918년 7월 太祖 초기	堅金 堅金 部將 連翌·興鉉	領軍將軍	『高麗史』世家 1 『高麗史』堅金傳
靑州	918년 10월	陳瑄 其弟 宣長	靑州帥 波珍粲	『高麗史』世家 1
鶻巖城(登州) 鹽州	918년 8월	尹瑄	城帥	『高麗史』世家 1 『高麗史』尹瑄傳
溟州	922년 7월 927년 1월 889~930년경 936년 9월	順式 王荀息 王順式	將軍 知當州軍州事太匡 大匡	『高麗史』世家 1 「地藏禪院 郎圓大師悟眞塔碑」 『高麗史』世家 2
命旨城 (抱州?)	923년 3월	城達 弟 伊達·端林	將軍	『高麗史』世家 1
買曹城 (買省城:見州의 舊名 買省郡)	925년 9월	能玄	將軍	『高麗史』世家 1
命旨城	928년 8월	王忠	將軍 元甫	『三國史記』新羅 景順王 2年 『高麗史』世家 1
溟州	889~930년경	閔規	關粲	「地藏禪院 郎圓大師悟眞塔碑」
溟州	936년 9월	王乂 仁一	大相 元甫	『高麗史』世家 2

평양성주 장군이었다. 태조 원년 7월에 來見한 청주의 堅金은 領軍將軍이었으며, 8월에 來歸한 尹瑄은 朔方 鶻嵒城帥였고, 10월에 모반죄로 伏誅당한 波珍粲 陳瑄은 靑州帥였다. 태조 5년 7월에 溟州의 장군 順式이 아들을 보내어 降附했으며, 태조 6년 3월에는 命旨城의 將軍 城達이 來附했고, 태조 8년 9월에는 買曹城의 將軍 能玄이 사신을 보내어 항복을 요청했다. 이들이 장군의 칭호를 사용한 것은 당시 지방세력이 강력한 군사적 지도자임을 드러내준다.

고려가 후백제의 견훤과 대치하는 가운데 충청도·경상도는 그 접경으로서 치열한 접전지였다. 그에 따라 고려에의 귀부를 중심으로 그 동향이 잘 나타나 있다.

<표 1-2>는 주로 신라 지배지역이 많은데, 장군과 함께 城主가 많이 나타난다는 점이 특기할 만하다. 장군과 성주는 신라의 관제에서는 구별되었겠지만,[6] 金官城의 忠至와 義城府의 洪術은 아예 '城主將軍'으로 칭하고 있으며 昧谷城主 龔直은 本邑將軍으로도 불리는 등 장군과 성주는 혼용되기도 하여 그 차이를 구별하기 어렵다. 다만 성주라는 칭호가 많은 것은 신라 지배지역이었던 것과 연관되지 않을까 짐작해볼 뿐이다.

이러한 경향은 이 지역 지방세력이 자칭했던 직함에서도 알 수 있다. 西□大將軍着紫金魚袋蘇判이었던 阿叱彌, 金海府의 知府 蘇忠子와 領軍인 律熙, 進禮城諸軍事 金律熙, 知金海府進禮城諸軍事明義將軍 金仁匡, 知基州諸軍事 康公萱과 같이 新羅의 官等과 官職을 가진 자들이 나타난

---

6) 全基雄, 「羅末麗初의 지방사회와 知州諸軍事」, 『경남사학』 4, 1987, 24쪽에서는 城主를 진성여왕 이후 지방관들이 군사지휘관의 성격을 띤 것으로 보았고 金甲童, 「豪族聯合政權說의 檢討」, 『羅末麗初의 豪族과 社會變動 硏究』, 1990, 271~273쪽에서는 중앙에서 파견되어 통치·지역방어의 중심인 城에서 民을 통치했던 자로 보았다. 한편 鄭敬淑, 「新羅時代의 將軍의 성립과 변천」, 『한국사연구』 48, 1985에서는 신라에서 將軍은 중앙뿐 아니라 慶州 부근 및 尙州·廣州·全州·江陵·春川 등 지방의 군단에도 있었는데, 이것이 新羅末 지방세력이 將軍을 칭하는 계기가 되었다고 한다. 특히 진성여왕대에 지방관을 제대로 파견하지 못하는 상황에서 지방의 통치가 大臣 출신이나 吏職者에게 맡겨져 이들이 豪族化하여 城主·將軍을 자칭하고 新羅나 高麗의 추인을 받았으며, 군사적 요충지의 城主를 將軍으로 임명하기도 했다는 것이다.

다.7) 아직은 이들의 지배지역이 신라에 속해 있었을 때였으므로, 최소한 신라정부로부터 추후라도 승인을 받는 관계에 있지 않았나 생각한다.8)

신라의 지배지역에 있다 하여 지방세력이 신라정부의 직접적인 지시와 통제를 받은 것은 아니었다. 康州의 王逢規는 927년 이전까지는 신라의 지배지역에 있었지만,9) 924년에 後唐에 使臣을 보내어 토산물을 바쳤고 927년 3월에는 後唐의 明宗으로부터 懷化大將軍을 수여받았으며, 같은 해 4월에 使臣 林彦을 후당에 보내 조공했다. 泉州節度使라는 비신라적인 관직도 후당에서 받은 것으로 추정된다. 權知康州事라는 관직도 군이 '權'을 덧붙인 것으로 보아 자칭한 게 아니며, 시기적으로 볼 때 신라보다는 후당에서 받은 관직으로 짐작된다.10) 王逢規는 康州에서 유력한 지방세력으로 신라의 지배지역에 있었지만, 독자적으로 후당과 외교관계를 맺고 있었던 것이다.

<표 1-1>과 <표 1-2>에서 지방세력의 존재양태를 분석해본 결과, 영향력 있는 지방세력이 이전에는 신라 촌주제의 발전 선상에서 上沙飡·沙飡 등을 띠었지만, 후삼국의 전쟁기에는 장군이라는 군사적 칭호로 바뀌었음을 알 수 있다. 당시 각 군현은 지역적 특성에 따라 몇 개의 성으로 나뉘었

---

7) <표 1-1>에서는 溟州의 王順式만이 知當州軍州事를 띠었다.

8) 최병헌,「新羅末 金海地方의 豪族勢力과 禪宗」,『한국사론』4, 1978, 426~431쪽 참조. 한편 全基雄, 앞의 논문, 1987, 1~20쪽에서는 신라말 각 지방에 나타난 知州諸軍事는 국가와의 公的 關係에서 비롯된 관직으로서, 진성여왕대를 기점으로 州의 都督이 소멸된 후 개혁성향의 6두품 지식인들이 唐制를 받아들여 설치한 州郡의 통치권을 갖는 공식 명칭으로 보았다.

9) 金甲童,「지방세력과 지방제도」, 앞의 책, 1990, 103쪽에서는 王逢規의 사신으로 갔던 林彦이 927년에 高麗의 使臣으로 되어 있고, 그 해 康州 소관의 轉伊山·老浦·平西山·突山 등 4鄕이 귀순했다는 기록이 있는 것으로 보아 927년경에는 王逢規와 康州가 高麗의 세력권에 포함되었을 것으로 추정하였다. 이후 928년 甄萱의 공격으로 康州 將軍 有文이 항복했는데, 王逢規도 이때에 희생된 것으로 보았다.

10) 全基雄, 앞의 논문, 1987, 12~13쪽에서는 王逢規가 신라의 공식 칭호가 아닌 泉州節度使에서 權知康州事로 변한 것은 신라정부와 연관되었기 때문이라고 보았다.

<표 1-2> 후백제·신라 지배지역의 지방세력

地名	時期	人名	職銜	典據
金官城	신라말	忠至	匝干, 城主將軍	『三國遺事』駕洛國記
金海府	907	蘇忠子	知府	「太子寺朗空大師白月栖雲塔碑」
		弟 律熙	領軍	「太子寺朗空大師白月栖雲塔碑」
進禮城	924년 이전	金律熙	進禮城諸軍事	「國師諡眞鏡大師寶月塔碑」;『신증동국여지승람』김해도호부
	924년 이전	金仁匡	知金海府進禮城諸軍事·明義將軍	「國師諡眞鏡大師寶月塔碑」
尙州	918년 9월	阿字蓋	賊帥	『高麗史』世家 1
康州(晉州)	920년 1월	閏雄	將軍	『三國史記』新羅 景明王 4년
		子 一康	阿粲	『高麗史』世家 1
下枝城	922년 1월	元逢	將軍	『三國史記』新羅 景明王 6년
下枝縣(順興)	922년 6월	元奉	將軍	『高麗史』世家 1;『고려사절요』太祖 6년 3월
	923년 3월		元尹	
順州(順興)	929년 7월		將軍	『三國史記』新羅 景順王 3년
眞寶城	922년 11월	洪術	城主	『高麗史』世家 1
(→甫城府)	923년 11월	洪術	城主	
		子 王立	元尹	
義城府	929년 7월	洪術	城主 將軍	
義城縣	고려 태조	金洪術	吏→城主 將軍	『慶尙道地理志』義城縣
碧珍郡	923년 8월	良文	將軍	『高麗史』世家 1
(→京山府)		姪 圭奐	元尹	
京山府(星州)	923년 7월	良文	將軍	『三國史記』新羅 景明王 7년
碧珍郡	938년 7월	李忽言	將軍	『高麗史』世家 2
加恩縣(문경)	924년	阿叱彌	西□大將軍着紫金魚袋蘇判	「鳳巖山寺智證大師寂照塔碑」
		熙弼	加恩縣將軍	

地名	時期	人名	職銜	典據
康州	924년 1월	王逢規	泉州節度使	『三國史記』 新羅 景明王 8년
	927년 3월		權知康州事, 懷化大將軍(後唐)	『三國史記』 新羅 景哀王 4년
高鬱府(영천)	925년 10월	能文 盃近 明才·相述·弓式	將軍 侍郎 大監	『高麗史』 世家 1
骨火縣 金剛城		皇甫能長	將軍(佐丞)	『慶尙道地理志』 安東府 永川郡
高思葛伊城 (문경)	926년 8월	興達	城主	『高麗史』 世家 1
康州	928년 5월	珍景 有文	元甫 將軍	『高麗史』 世家 1；『三國史記』 新羅 景明王 2년
草八城 (草溪)	928년 1월	興宗	城主	『高麗史』 世家 1
基州 (풍기)	909~929년	康公萱	知基州諸軍事	「菩提寺大鏡大師玄機塔碑」
	942년 936년 9월	公萱 公萱	佐丞 大將軍 大相	『高麗史』 世家 2
載巖城 (甫城府)	930년 1월	善弼	將軍	『高麗史』 世家 1
古昌郡 (安東府)	930년 1월	郡人 金宣平 權幸·張吉	城主, 大匡 大相	『高麗史』 世家 1；地理志 2, 경상도 안동부
北彌秩夫城 南彌秩夫城 (興海)	930년 2월	萱達	城主 城主	『高麗史』 世家 1
昧谷城 (회인현)	太祖 초기	昧谷人 景琮 箕達 龔直 龔直	 馬軍 昧谷城主 本邑 將軍	『高麗史』 林春吉傳
	932년	龔直 子 咸舒	大相, 佐丞 佐尹	『高麗史』 龔直傳
運州	927년 3월 936년 9월	兢俊	城主 大相	『高麗史』 世家 1 『高麗史』 世家 2

고[11] 그 군사적 지도자가 성주·장군을 칭했던 것으로 보인다. <표 1-1>
의 鵠巖城帥, 命旨城 將軍, 買曹城 將軍, <표 1-2>의 金官城 城主將軍,
下枝城 將軍, 眞寶城 城主, 進禮城 諸軍事, 知金海府進禮城 諸軍事明義
將軍, 骨火縣의 金剛城 將軍, 載巖城 將軍, 北彌秩夫城 城主, 南彌秩夫城
城主 등에 보이듯이 성주·장군은 개별 성의 유력한 지방세력이었다. 이러
한 경향은 후백제의 지배 지역도 마찬가지였다.[12] 태조 원년에 林春吉의
모반에 가담했던 昧谷人 景琮의 누이의 남편인 龔直은 昧谷城主였고,[13]
태조 10년에 태조가 運州에 들어가 격파했을 때 兢俊은 운주의 성주였다.
    성주·장군은 왕건의 집안과 같이 그 지역 토착세력도 있지만, 鵠巖城
帥 尹瑄과 같이 이주자도 있었다.[14] 그 출신은 다양하지만 성주·장군이
된 이후는 그 지역의 대표적인 지방세력이라고 할 수 있다.
    이러한 성격은 청주의 지방세력에서도 잘 드러난다. 고려초에 청주는 왕
건에 저항하거나 비협조적이었다.[15] 결국 태조 원년 9월의 徇軍吏 임춘길

---

11) 金日宇, 「高麗初期 郡縣의 主屬 관계 형성과 지방통치」, 『민족문화』 12, 1989, 5
    ~7쪽에서 통일전쟁기 지방사회가 城의 형태로 존재하고 있었음을 지적하였고,
    윤경진, 「高麗 太祖代 郡縣制 개편의 성격」, 『역사와 현실』 22, 1996, 133~140쪽
    에서는 이러한 형태가 신라 중고기에서 유래한다고 보았다.
12) 『高麗史』 권1, 世家 1, 太祖 10년 8월 병술에 '왕이 康州를 순행하는데 高思葛伊
    城 城主 興達이 이 틈에 귀순했다. 이에 百濟 여러 城守가 투항했다'고 한다. 후
    백제 역시 城 단위로 이루어졌음을 나타내준다.
13) 『高麗史』 권127, 列傳 30, 桓宣吉附 林春吉傳. 이에 대하여 金甲童, 「高麗建國期
    의 淸州勢力과 王建」(『한국사연구』 48, 1985) 및 「羅末麗初 地方勢力의 動向」
    (앞의 책, 1990), 42쪽에서는 이들이 弓裔의 잔당이나 지지세력이 아니라, 904년에
    있었던 청주인의 鐵原 徙民에 대한 반발이었을 것으로 보기도 한다.
14) 『高麗史』 권92, 列傳 5, 王順式附 尹瑄傳. 鵠巖城帥 尹瑄은 본래 鹽州人이었는데
    弓裔를 피하여 그 무리를 이끌고 북방 국경으로 도망하여 2천여 명의 부하를 모
    집했다. 鵠巖城을 근거로 黑水의 蕃衆을 불러들여 오랫동안 국경 고을에 해를 끼
    쳤다.
15) 朴敬子, 「淸州豪族의 吏族化」, 『원우논총』 4, 1986, 212쪽 및 鄭淸柱, 「弓裔와 豪
    族勢力」, 『전북사학』 10, 1986/『新羅末 高麗初 豪族硏究』, 1996, 81~84쪽에서 淸
    州는 900년에 弓裔에게 투항하여 그의 중요한 세력이 되었으며, 904년에 새로운
    수도 철원에 淸州人戸 1千을 이주시켰던 것도 궁예의 주요한 세력을 부식시켜 왕
    권을 확립하고자 했기 때문으로 이해했다.

의 모반 사건과 10월의 靑州帥 陳瑄·宣長 형제의 모반 사건이 연이어 일어났다. 그 모반과정에서 관련된 지방세력의 모습이 보인다. 청주의 領軍將軍 堅金은 왕건이 즉위하면서 청주인들의 變詐에 대비하고자 청주의 동향을 알아보게 했던 인물이다. 그만큼 청주에 정통한 지방세력이었고, 領軍將軍이라는 칭호도 가능했을 것이다.16) 靑州帥 陳瑄은 아우 宣長과 함께 伏誅당했는데, 일찍이 왕건이 여러 차례 공적을 세워 波珍粲의 관계를 받았음을 감안하면17) 陳瑄도 파진찬을 받을 정도로 청주에서 강력한 지방세력이었음을 알 수 있다.

임춘길의 모반 사건에서 함께 언급된 <표 1-2>의 昧谷城主 龔直은 회인현 일대의 강력한 지방세력이었다. 昧谷城은 매우 견고하여 빼앗기 어렵고 또 賊境과 인접해 있어서, 고려 정부는 공직이 反할 것을 두려워하여 모반에 가담했던 昧谷人 景琮을 용서하자는 건의가 나올 정도였다.18)

독립적으로 성주·장군으로 자처하던 지방세력은 고려에 귀부하면서 고려의 관계를 받았다. <표 1-1>에서 태조 11년 8월 王忠은『三國史記』에서는 命旨城 將軍으로,『高麗史』에서는 命旨城 元甫로 불린다. 본래는 장군으로 칭했다가 고려에 귀부하면서 받은 관계가 원보였다. 왕충은 견훤이 장군 官昕을 시켜 陽山에 성을 쌓자 태조의 명에 따라 이를 공격하여 패주케 하였다. 왕건의 명에 따라 군사를 동원했다면 그들 사이에는 이미 군신관계가 성립되었고, 관계의 수여는 그 상징이었다. 溟州 將軍 順式도 태조 11년에야 직접 來朝했는데, 이 때 최고의 관계인 大匡과 王氏姓을 받아

---

16)『高麗史』권92, 列傳 5, 王順式附 堅金傳. 金甲童, 앞의 논문, 1985, 39~40쪽에서 제거의 대상이었던 金勤謙·寬駿·金言規 등 金氏 일족은 眞骨 출신으로 이질적이었고, 堅金과 部將 連翌·興鉉은 淸州의 토착세력은 아니나 민심을 대변하는 세력으로 보았다. 이 중 領軍將軍 堅金은 淸州에 주둔하고 있던 公兵 집단의 우두머리로 추정하였다.

17)『高麗史』권1, 乾化 3년(913)에 太祖가 波珍粲으로서 侍中을 겸하게 되었는데, 이때 그 지위가 百僚의 冠이 되었다고 한다. 波珍粲은 태봉 이래 高麗初까지 상당히 고위의 官階였음을 알 수 있다.

18)『高麗史』권92, 龔直傳, (下) 76~77쪽. 龔直은 신라말에 本邑 將軍이 되었는데, 견훤의 심복이었다가 태조 15년에 아들 英舒와 함께 태조에 내조했으므로, 임춘길의 모반 당시에는 아직 후백제의 진영에 있었다.

'知當州軍州事太匡 王公荀息'이 되었다. 후백제 및 신라 지배지역이었던 <표 1-2>에서 지방세력의 직함 중에 보이는 고려의 관계도 역시 귀부할 때 받은 것이었다.

이상에서 신라말에 등장한 지방세력은 궁예정권 이전에는 上沙粲·沙粲 등을 칭했지만, 그 이후 장군이라는 군사적 칭호로 바뀌었음을 보았다. 지방세력은 주로 각 군현, 특히 성 단위의 장군·성주로 나타나는데, 이는 당시가 전쟁기였기 때문이라고 생각한다.

(2) 지방통치기구와 그 역할

신라말부터 각 지방에서 등장한 장군·성주 등의 지방세력은 그 휘하에 자체적인 통치기구를 갖추고 있었다. 장군·성주의 휘하에서 가장 주요한 구성원 중의 하나는 혈연적인 친족이었다. 그것이 가장 극명하게 드러난 예가 <표 1-2>에서 金海府의 蘇忠子와 그의 아우 律熙이다. 둘은 907년에 각각 金海府의 知府와 領軍을 맡았는데, 소율희가 920년대에 進禮城諸軍事 金律熙로 나타나고 있어 지방통치기구의 직책이 세습되었음을 알 수 있다.

또한 <표 1-1>에서 왕륭이 궁예에게 귀부했을 때 궁예가 그의 아들 왕건을 송악의 성주로 삼았던 것이나, 태조 5년에 명주장군 순식이 아들을 보내어 항부한 것, 태조 6년 3월에 命旨城 將軍 城達과 그 아우 伊達·端林이 내부한 것 등도 당시 지방통치기구의 구성원을 잘 나타내준다. <표 1-2>의 지방세력도 주로 자신들의 아들이나 조카 등 친족을 보내어 고려에 귀부하였다. 920년에 康州將軍 閏雄이 아들 一康을 인질로 보냈으며, 923년에는 眞寶城主 洪術이 그 아들 王立을 보내어 갑옷 30벌을 헌납했고, 碧珍郡 將軍 良文도 그 생질 圭奐을 보내어 항복했다. 이들은 물론 고려에 대한 인질의 성격을 띠고 있지만 여기서 끝나는 것은 아니었다. 견훤의 심복이었던 昧谷城主 龔直이 태조 15년에 고려에 내조했을 때, 공직과 그 아들 咸舒에게 大相과 佐尹이 각각 수여되었다. 아들 咸舒가 공직의 휘하에서 일정한 역할을 하고 있었기 때문이다.

장군·성주의 휘하에는 혈연적 친족뿐 아니라 다양한 직책이 있었다.
<표 1-1>에서 청주의 領軍將軍 堅金과 함께 來見했던 部將 連翌·興鉉
은 堅金의 휘하에 있었다. <표 1-2>에서는 康州의 元甫와 高鬱府의 侍郎
·大監 등의 직책이 보인다. 康州의 元甫 珍景은 태조 12년에 古子郡에
양곡을 운반하러 간 사이에 견훤이 강주를 습격하자 돌아와서 싸웠으나,
將軍 有文은 견훤에 항복했다고 한다. 珍景이 양곡 운반의 임무를 띠었고
강주의 방어를 위해 돌아온 것을 보면, 지방 토착세력으로서 장군 有文의
휘하에 있었던 것 같다. 그가 띠었던 원보는 장군 유문과 함께 고려에 귀
부할 때 받은 것으로 보인다. 또한 高鬱府의 侍郎·大監 등은 장군 能文
의 휘하에 있었다. 시랑과 대감은 본래 신라의 중앙 관직이었다. 지방세력
은 신라와 같은 직제를 마련하여 그 지역을 통치했다.[19]

앞에서 지적했듯이 각 군현은 지역적 특성에 따라 몇 개의 성으로 나뉘
었고, 성마다 유력한 지방세력 몇몇이 독립적으로 존재했다. 따라서 장군
·성주의 통치기구는 군현 단위가 아니었다. 지방세력이 고려에 귀부할 때
그 단위는 주로 성이었다. 군현 전체를 통제할 기구가 형성되지 못한 상황
에서 한 군현에 속한 성일지라도 개별적으로 움직일 수밖에 없었다.

가-(1) 新羅末에 骨火縣의 金剛城將軍 皇甫能長이 高麗 太祖가 勃興하
　　는 것을 보고 천명과 인심이 돌아갈 바를 알아, 드디어 무리를 들어
　　助順하니 太祖가 기뻐하여 佐丞을 제수하고 能長의 출신지 骨火
　　등 4縣을 합해 永州라 했다. (『慶尙道地理志』, 安東府 永川郡)

　(2) 太祖 5년(922) 11월 辛巳, 眞寶城主 洪術이 使臣을 보내어 請降하
　　자 元尹 王儒와 卿 含弼 등을 보내어 慰諭했다. (『高麗史』권1, 태
　　조 5년)
　　景順王 4年(930) 정월, 載巖城 將軍 善弼이 高麗에 항복하니 太祖
　　가 두터운 예로써 대우하고 尙父로 칭했다. 일찍이 太祖가 新羅와
　　우호를 통하려 할 때 善弼이 인도해주었다. (『三國史記』권12, 新
　　羅本紀)

---

19) 金光洙, 앞의 논문, 1979, 123쪽.

(3) 太祖 13년(930) 2월 庚子, 北彌秩夫城主 萱達과 南彌秩夫城主가
    來降했다.(『高麗史』 권1, 태조 13년)

사료 가-(1)에서 당시 대표적인 지방세력인 皇甫能長은 金剛城의 將軍
이었다. 金剛城은 骨火縣을 이룬 몇 개의 성 중의 하나였다. 후에 永州가
骨火縣을 비롯한 4개의 현을 합한 것이므로, 영주에는 다수의 지방세력이
존재했음을 알 수 있다. 皇甫能長의 귀부로 4개의 현을 합했다면, 그 일대
의 지방세력이 함께 귀부했던 것 같다. 강력한 장군이나 성주가 귀부하면
대개는 그 일대가 함께 움직였다. 사료 가-(3)의 北彌秩夫城主 萱達과 南
彌秩夫城主도 함께 내항했다. <표 1-2>에서 運州의 경우도 비슷한 상황
이었다. 성주 兢俊이 태조 10년에 태조와 접전한 기록이 보이는데, 一利川
전투에서는 고려의 大相으로서 참가하였다. 934년에 운주의 30여 개의 군
현이 태조에 항복했다는 기록으로 미루어보건대,[20] 운주의 강력한 지방세
력인 궁준이 투항하자 이 지역 다른 군현도 더 이상 버티지 못하고 함께
항복한 게 아닐까.

그러나 어느 유력한 지방세력이 한 군현의 모든 성을 통제할 수 있는 것
은 아니었다. 사료 가-(2)의 載巖城과 眞寶城은 甫城府를 이루는 성이었
다. 眞寶城主 洪術이 태조 5년에 투항했지만, 載巖城 將軍 善弼은 태조
13년에야 항복했다. 재암성과 진보성은 각각 독립적으로 움직였던 것이다.

비록 명확히 여러 성으로 구별되어 있지는 않았어도, 한 군현 내에 여러
지방세력이 독립적으로 존재했다. 이러한 현상은 특히 주요 거읍에서 나타
난다. <표 1-1>에서 溟州의 경우 최고의 관계인 '知當州軍州事太匡'을 띤
왕순식이 가장 강력한 지방세력이었음이 분명하다.[21] 그런데 동일한 시기
에 '當州 慕法弟子'인 閔規가 있었고, 그 역시 명주의 지방세력으로서 關
澣이라는 관계를 띠었다.[22] 閔規도 중앙의 고위 관계를 받은 강력한 지방

---

20) 『三國史記』 권12, 신라본기, 景順王 8年(934) 9월.
21) 이 시기 溟州勢力에 관해서는 鄭淸柱, 앞의 논문, 1982 및 金甲童, 앞의 논문,
    1990 참조.
22) 『高麗史』 권1, 世家 1, 天復 3년(903)에 '太祖가 변경을 안정시키고 국경을 개척

세력이었지만, 동일 자료에서 왕순식과의 관련성은 보이지 않는다. 곧 명주에는 왕순식 외에도 민규라는 또 다른 지방세력이 있었다는 증거다.[23]

청주에도 지방세력으로서 領軍將軍 堅金과 靑州帥 波珍粲 陳瑄이 있었다. 견금은 태조가 즉위하면서 청주의 동향을 알아보게 했던 인물이고, 진선은 태조 즉위초에 모반 사건으로 伏誅당했다. 같은 시대에 동일 지역의 지방세력이었지만, 양자는 이해관계에 따라 그 입장이 매우 달랐다. 그것은 이들이 본래 청주 내에서도 각각 독립적으로 있었기 때문에 오는 차이가 아닐까 생각한다.

<표 1-2>에서 康州에는 將軍 閏雄・權知康州事 王逢規・將軍 有文 등의 지방세력이 있었다. 閏雄은 태조 3년에 아들 일강을 인질로 보내어 관계를 받았으나, 그 뒤 어떻게 되었는지 더 이상 기록이 없다. 그런데 태조 10년(927)에 강주 관할의 4개 향이 태조에 귀부했으며, 당시 강주에는 924년 이래 後唐과 외교관계를 맺었던 王逢規가 있었다.[24] 즉 920년에 閏雄이 고려에 귀부했지만, 그와는 별도로 王逢規는 927년에서야 고려에 귀부했다. 그 뒤 928년에 有文이 견훤에 항복하기 전까지 강주는 고려에 속했다. 閏雄・王逢規・有文 등의 지방세력은 몇 년 사이에 순차적으로 강주를 지배했다기보다는, 같은 시기에 독립적으로 존재했다고 보는 게 타당하다고 생각한다.

碧珍郡에는 將軍 良文과 將軍 李忩言이 있었다. 良文은 태조 6년에 항복했는데, 李忩言 역시 벽진군에 성을 중심으로 방어를 책임지고 있었다. 李忩言은 태조의 권유로 아들에게 군사를 이끌고 정벌에 참여하게 하여 本邑 將軍이 되었다.[25] 같은 벽진군의 지방세력이었지만 良文과 李忩言이 별도로 고려에 귀부한 것은, 이들이 서로 다른 성을 거점으로 했기 때

할 방책을 진술하니 좌우의 많은 사람들이 그를 주목하게 되었고, 弓裔도 기특하게 여겨 階를 높여 闕粲으로 삼았다'고 한다. 閔規도 弓裔 政權에서 闕粲을 받았을 가능성이 많다.

23) 金甲童, 앞의 논문, 1990, 73~76쪽에서는 閔規 闕粲을 王順式 이전에 溟州를 지배했던 세력으로 파악했다.

24) 『三國史記』 권12, 新羅本紀, 景明王 8년 正月 및 景哀王 4년 3월 기사 참조.

25) 『高麗史』 권92, 列傳 5, 王順式附 李忩言傳.

문이다.

한 군현에 독립적으로 존재했던 성 중심의 지방세력은 고려에 귀부하기 이전에도 유력한 지방세력을 중심으로 통합되어 갔다. 대표적인 예가 <표 1-2>의 金律熙와 金仁匡의 경우이다.[26] 金律熙의 형인 蘇忠子는 907년에 金海府 知府로 나오지만 신라말에 金官城을 공취하여 성주장군이 되었으므로 이들의 본래 근거지는 김해의 금관성이었다. 반면 金仁匡은 김해에서도 進禮城을 중심으로 성장했다.[27] 이후 金律熙 형제가 進禮城까지 장악함으로써 금관성과 진례성을 통합하여 김해부의 기반을 마련하지 않았나 생각한다.

이와 같이 신라말 고려초 장군·성주로 칭해졌던 지방세력은 성 또는 군현을 단위로 통치기구를 갖추고 각 지역을 통치했다. 송악 일대에서 上沙粲·沙粲·正朝 등을 띤 지방세력은 군현 단위로 그 지배력을 행사했다. 송악군의 沙粲 왕륭은 궁예에게 군을 가지고 귀부했다. 왕륭은 군현의 대사를 결정, 시행하는 데 주도적인 위치에 있었다. 白州의 正朝 劉相晞가 4개 주와 3개 현의 사람들을 데리고 作帝建을 위해 영안성과 궁실을 건축했다는 것은, 지방세력이 인근 백성의 노동력을 동원했음을 나타낸다. 또한 그것은 7개 고을의 노동력을 동원할 수 있는 조직 또는 기구가 있었음을 의미한다. 성과 궁실 건축에는 그 재료도 필요했을 것이고, 이에 대한 징수도 있었음을 짐작할 수 있다. 이러한 역할은 통상적으로 지방통치기구의 기능에 속한다.

<표 1-2>에서 龔直의 사례는 후삼국이 대치하고 있었던 당시에 장군 또는 성주를 자처했던 지방세력이 자임했던 역할을 잘 드러내준다. 932년에 후백제에 속했던 昧谷城主 龔直이 고려에 귀부하자, 매곡현의 접경에

---

26) 『三國遺事』 권2, 駕洛國記 및 『신증동국여지승람』 권32, 김해도호부, 고적조 참조.

27) 최병헌, 앞의 논문, 1978, 403~408쪽에서는 金仁匡은 진성여왕 말년에서 효공왕 초년 사이에 등장했고, 金律熙 형제는 효공왕 10년 전후에 등장하여 金仁匡을 몰아낸 것으로 보았다. 하지만 이들의 본래 근거지가 각각 金官城과 進禮城이라면, 김해의 서로 다른 城을 거점으로 등장했다고 보아야 한다.

있던 후백제의 一牟山郡이 항상 침략하여 백성이 생업에 안착할 수 없었다. 이에 공직이 매곡현의 백성들이 農桑에만 힘쓰도록 하기 위해 一牟山郡을 공격, 점령하겠다고 건의하여 허락받았다. 장군 또는 성주는 자신들의 고을을 통치할 뿐 아니라, 침탈당하지 않도록 방어를 하거나 다른 고을을 공격하기도 했던 것이다.

2) 州官의 형성과 발달

(1) 자료의 검토

성종 2년에 12牧의 설치와 지방관의 파견, 이직 개편이 단행되기 이전까지 각 지방에는 지방세력의 통치기구가 다양하게 존재했다. 하지만 현재 남아 있는 문서 자료에는 고려초의 지방통치기구의 변화상이 거의 나타나지 않는다. 다만 몇몇 금석문을 통해 그 일단을 짐작할 수 있을 뿐이다.

대표적인 금석문이 통일 직후부터 활발하게 조성된 禪師들의 비문이다. 그 대부분이 왕건을 비롯한 고려 왕실과의 관련성이 언급되었다.[28] 중앙의 협조 아래 세워진 만큼 중앙의 고위 관직자들이 주로 참여했고, 지방세력과 그들의 통치기구는 두드러질 수 없었다. 또한 성종 이전의 판독 가능한 19개의 비문 중 경기·황해도 지역에 건립된 것이 5개, 충청도 지역이 3개, 강원도 지역이 3개, 경상도 지역이 5개, 전라도 지역이 3개인데[29] 이 중 12

---

28) 이는 당대 최고의 선사들을 왕실과 연결시키려 했던 의도도 작용했던 것으로 보인다. 고려왕실과의 관련성이 나타나지 않는 것은 瑞雲寺·地藏禪院·興寧寺·太子寺뿐이다. 그것도 地藏禪院의 郎圓大師를 제외하면 선사의 죽은 연대가 신라지배기였고 비문도 신라왕의 명으로 찬술되었다. 瑞雲寺 了悟和尙碑는 立碑가 이미 신라말에 이루어졌으며, 興寧寺의 澄曉大師는 900년에 죽었고 太子寺의 朗空大師는 916년에 죽었다.

29) 成宗 이전의 禪師 碑文 중 비교적 해독 가능한 19개의 사례는 다음과 같다.
  황해도 : 海州의 廣照寺 眞澈大師碑
  경기도 : 개풍의 瑞雲寺 了悟和尙碑, 양평의 菩提寺 大鏡大師碑, 개풍의 五龍寺 法鏡大師碑, 廣州의 高達院 元宗大師碑
  강원도 : 溟州의 地藏禪院 郎圓大師塔碑, 原州의 興法寺 眞空大師碑, 寧越의 興寧寺 澄曉大師碑

개가 궁예 이래 고려의 지배 지역에 속했다.[30] 특히 통일 이후부터 혜종대까지의 비문 10개는 모두 이에 해당한다.[31]

고려의 건국 이후부터 성종 이전까지 탑비의 건립에 관계한 세력을 분류해보면 <표 1-3>과 같다.[32]

<표 1-3>에서 '毗盧庵 眞空大師碑'는 참여자의 명단을 기록하지 않았고 '瑞雲寺 了悟和尙碑'는 기록의 누락이 심해서 건립 세력을 알 수 없지만, 대부분의 탑비는 그 문하제자들이 정부에 요청하면 왕명에 의해 비문이 찬술되고 중앙의 관직·관계를 가진 자들이 참여하는 형식을 밟았다. 따라서 탑비 건립에 참여한 세력은 문하제자 및 사원관계자와, 在家弟子 또는 俗弟子로 크게 분류된다. 재가제자에는 '境淸禪院 慈寂禪師碑'의 神聖大王을 비롯해서 左丞相·前王子·前侍中·廣評侍郎 등 왕족과 중앙 최고위 관직자들이 있었는데, 이는 당시의 일반적인 추세였다.

충청도 : 中原府(忠州)의 淨土寺 法鏡大師碑, 槐州의 覺淵寺 統一大師碑, 서산의 普願寺 法印國師碑

경상도 : 풍기의 毗盧庵 眞空大師碑, 尙州의 境淸禪院 慈寂禪師碑·鳳巖寺 靜眞大師碑, 봉화의 太子寺 朗空大師碑, 康州의 智谷寺 眞觀禪師碑

전라도 : 강진의 無爲寺 先覺大師碑, 武州의 大安寺 廣慈大師碑, 光州의 玉龍寺 洞眞大師碑

30) 경기·황해·충청·강원도의 11개 사례 중 서산을 제외하면 모두 弓裔 이래 고려의 지배지역이었으며, 경상도의 豊基와 尙州도 王建이 집권한 高麗初에 歸附한 것으로 나타난다.

31) 주29)의 사례 중 혜종대까지 건립된 탑비는 다음과 같다.
廣照寺 眞澈大師碑, 瑞雲寺 了悟和尙碑, 菩提寺 大鏡大師碑, 五龍寺 法鏡大師碑, 地藏禪院 郎圓大師塔碑, 興法寺 眞空大師碑, 興寧寺 澄曉大師碑, 淨土寺 法鏡大師碑, 毗盧庵 眞空大師碑, 境淸禪院 慈寂禪師碑

32) <표 1-3>에 이용된 자료는 다음과 같다.
「廣照寺 眞澈大師塔碑」, 『韓國金石全文』中世上, 280~286쪽;「瑞雲寺 了悟和尙塔碑」, 286~290쪽;「菩提寺 大鏡大師塔碑」, 293~296쪽;「毗盧庵 眞空大師塔碑」, 296~303쪽;「地藏禪院 郎圓大師塔碑」, 305~307쪽;「境淸禪院 慈寂禪師塔碑」, 317~318쪽;「淨土寺 法鏡大師塔碑」, 322~328쪽;「五龍寺 法鏡大師塔碑」, 328~337쪽;「興寧寺 澄曉大師塔碑」, 340~345쪽.「興法寺 眞空大師塔碑」, 『朝鮮金石總覽』上, 149쪽.

<표 1-3> 高麗初 禪師 塔碑의 건립 세력

塔碑名	건립연대	撰者	塔碑 建立勢力
廣照寺眞澈大師碑	937 立碑	崔彦僞	在家弟子：左丞相 前王子 前侍中 廣評侍郎 등
瑞雲寺了悟和尙碑	新羅末 撰 937 後記	미상 崔彦僞 추정	사원 관계자：院主僧 典座僧 維那僧
菩提寺大鏡大師碑	939 立碑 942 陰記	崔彦僞	道弟子 三剛典/ 在家弟子：佐丞 元甫 元尹 正朝 正衛 村主 執事
毗嚧庵眞空大師碑	939 立碑	崔彦僞	記錄 無
地藏禪院 郎圓大師塔碑	940 立碑	崔彦僞	사원관계자：院主僧 典座僧 都維那 當州 관계자
興法寺眞空大師碑	940 立碑	王建	在家弟子 누락, 州官
境淸禪院 慈寂禪師碑	941 立碑 943이후 陰記	崔彦僞	國主神聖大土, 節三剛/ 在家弟子：佐丞 人 相 元甫 正甫 元尹 正位 大卿 등, 輔州官班 및 縣官班
淨土寺法鏡大師碑	943 立碑 944 陰記	崔彦僞	中原府 道俗二官：大德 大統, 佐丞 元輔 元 尹 佐尹 阿粲 大等 侍郎 卿, 執事郎中 史 兵 部卿 倉部卿, 인근 지방세력
興寧寺澄曉大師碑	924 撰述 944 立碑	崔彦僞	僧俗弟子：王堯君 王照君, 大匡 正匡 大承 蘇判 佐丞 元甫 大相 阿湌 등 중앙관직자 및 인근지방세력/ 三剛典
五龍寺法鏡大師碑	944 立碑	崔彦僞 추정	사원관계자 在學弟子：神聖大王 太匡 佐丞 元甫 元尹 侍郎 등

그러한 가운데서도 애초에 기록이 없거나 누락된 부분이 많은 '廣照寺 眞澈大師碑', '毗嚧庵 眞空大師碑', '瑞雲寺 了悟和尙碑', '五龍寺 法鏡大 師碑'를 제외하면, 비의 건립에 지방세력의 통치기구 및 그 성원이 참여한 기록이 보인다. 특히 溟州의 '地藏禪院 郎圓大師塔碑'는 중앙의 지시에 의 한 것이라고는 하나, 실제로는 명주의 지방세력만이 보인다. 지방사회가 주체가 되어 건립한 것이다.

양평의 '菩提寺 大鏡大師碑' 건립에는 지방통치기구의 일원으로 보이는 村主·執事가 참여하였고, 原州의 '興法寺 眞空大師碑'와 尙州의 '境淸禪 院 慈寂禪師碑'에는 州官·輔州官班·縣官班이라는 구체적인 지방통치기구가 거론되었으며, 中原府의 '淨土寺 法鏡大師碑'에도 이와 비슷한 기구의 구성원이 보인다. 寧越의 '興寧寺 澄曉大師碑'는 중앙의 관직자들 뿐 아니라 인근의 溟州·原州·竹州·公州·堤州 등의 지방세력이 대거 참여했다는 점에서 특기할 만하다.

그에 비해 定宗代 이후에 건립된 탑비는 중앙 정부의 후원으로 이루어졌음에도 지방세력은 거의 언급되지 않았다.[33] 탑비 건립과정에서 점차 지방세력의 비중이 감소했음을 의미한다. 바꾸어 말하면 고려초에는 지방사회에서 중앙과 연계하여 사업을 추진할 때, 지방통치기구를 형성한 구성원의 존재와 역할도 중앙의 관직자에 못지 않게 중요했음을 알 수 있다.

선사들의 탑비가 중앙과의 연계 속에서 건립되었던 반면에, 소규모의 鐘이나 鐵幢은 지역사업으로 이루어졌다. 청주의 「龍頭寺鐵幢記」, 홍해의 「退火郡大寺鐘記」, 영암의 「古弥縣 西院鑄鐘記」에는 여기에 참여한 지방세력이 잘 나타나 있다. 이러한 자료들을 통해 고려초 지방통치기구의 구조와 그 역할을 살펴볼 수 있다.

---

33) 그 중 판독이 가능한 塔碑의 건립세력은 다음과 같이 나타나 있다.

塔碑名	건립 연대	건립 장소	건립 세력
無爲寺 先覺大師塔碑	946년	전남 강진	記錄 無
大安寺 廣慈大師塔碑	950년	武州 (곡성)	福田, 土地, 奴婢 등만 기록
太子寺 郎空大師塔碑	917년 이전 954년 後記	경북 봉화	句當事僧 刻字僧 院主僧 典座僧 維那僧 史僧 直歲僧
玉龍寺 洞眞大師塔碑	958년	光州 (광양)	記錄 無
覺淵寺 通一大師塔碑	958~960년 추정	槐州	弟子 : 忠原府 上廳 下廳(승려) 三剛 : 直歲僧 典座僧 院主僧 都維那 內議省令 內奉省令 侍中 侍郞 등
鳳巖寺 靜眞大師塔碑	965년	尙州 (문경)	중앙의 지시로 건립
高達院 元宗大師塔碑	975년 977년 陰記	廣州	門下弟子(道俗 5百), 三剛典, 塔名使, 送葬使, 齋使, 修碑使, 掌持筆硯官
普願寺 法印國師塔碑	978년	충남 서산	記錄 無
智谷寺 眞觀禪師塔碑	981년	康州 (晉州)	記錄 無

(2) 村主·沙干 중심의 州官

통일 이전의 지방통치기구는 주로 장군·성주 중심으로 나타났지만, 통일 이후에는 다양한 형태의 지방통치기구가 보인다. 다음의 <표 1-4>와 <표 1-5>는 현전하는 기록에서 지방통치기구의 구조를 알 수 있는 자료를 정리한 것이다.[34) <표 1-4>는 군현 및 군현 단위의 소규모 州의 통치기구를, <표 1-5>는 군현을 거느린 巨邑으로서의 州의 통치기구인 州官을 대상으로 하였다.[35)

<표 1-4> 각 군현 단위의 통치기구

地名	연대	지방통치기구의 官職 및 官階	출전
陽平	942년	村主(1), 執事(1)	「菩提寺 大鏡大師塔碑」
寧越 (奈生郡)	944년	村主(1) (屬縣) 酒淵縣 村主(1)	「興寧寺 澄曉大師塔碑」
竹州 (目竹縣)	944년 943년	沙干(2) 村主(1)	「興寧寺 澄曉大師塔碑」 「淨土寺 法鏡大師塔碑」
堤州	944년	村主(1), 一吉干(1)	「興寧寺 澄曉大師塔碑」
鎭州 (新知縣)	944년	沙干(1)	「興寧寺 澄曉大師塔碑」
冷州 冷水縣	944년	村主(1), 大監(1)	「興寧寺 澄曉大師塔碑」
當城(남양)	943년	卿(1)	「淨土寺 法鏡大師塔碑」
退火郡 (興海)	956년	弼造都領(1)-佐丞 都監典 : 村主(1), 卿(1), 典(1), 覘(1)	「退火郡大寺鐘記」
靈巖郡	963년	(屬縣) 古弥縣 卿(2), 沙干(1)	「古弥縣 西院鑄鐘記」

* ( ) 안의 숫자는 해당 관직자의 수

---

34) <표 1-4>와 <표 1-5>에 이용된 자료는 주32) 및 다음을 참조. 「龍頭寺鐵幢記」, 『韓國金石全文』 中世上, 374~376쪽 ; 「退火郡大寺鐘記」, 366~367쪽 ; 「古弥縣 西院鑄鐘記」, 376~377쪽 ; 한국역사연구회편, 『譯註 羅末麗初金石文』上(原文校勘), 혜안, 1996, 256~258쪽.
   <표 1-5>에서 '大才'으로 표기된 것을 이제까지는 붙여쓴 '大末(秂)' 또는 '大奈末'로 판독했는데, 여기서는 '才'을 '等'의 草書體에서 나온 俗字로 보았다. 이에 관한 자세한 설명은 河日植, 「新羅統一期 王室 直轄地와 郡縣制」, 『東方學志』 97, 1997, 24~27쪽 참조.
35) 그 구별에 대해서는 주2) 참조.

<표 1-5> 巨론의 州官

地名	연대	州官의 官職 및 官階	출전
溟州	940년	當州都令佐丞(1) 執事郎中(2) 員外(1) 色執事(2)	「地藏禪院郎圓大師塔碑」
	944년	阿干(1) 大木(1) 卿(1) 大監(1) (屬縣)又谷縣 沙干(2)	「興寧寺澄曉大師塔碑」
原州 (元州)	940년	州官：郎中(2)-枲 侍郎(2)-枲 上大木(1)-大木	「興法寺眞空大師塔碑」
	943년	員外(1)	「淨土寺法鏡大師塔碑」
原州	944년	大木(1)	「興寧寺澄曉大師塔碑」
尙州	943년 5월	輔州官班：上沙喰(1) 第二(1) 第三(1)/ 寺卿村主(1)	「境淸禪院 慈寂禪師塔碑」
	이후	縣官班：上沙喰(1) 第二(1) 第三(1)/ 村主(3)	
忠州 (中原府)	944년	俗官：佐丞(2) 元輔(2) 元尹(4) 佐尹(3) 阿粲(5) 大木(6) 侍郎(10) 卿(11)/ 執事郎中(1) 史(1) 兵部卿(2)-卿 倉部卿(3)-卿	「淨土寺法鏡大師塔碑」
淸州	943년	侍郎(1)	「淨土寺法鏡大師塔碑」
	962년	檀越兼令：堂大等(1)-正朝賜丹銀魚袋 大等(3) 監司：前侍郎(1)-枲 前兵部卿(1)-枲 學院卿(1)-柰末 前司倉(1)-大舍 學院郎中(1)	「龍頭寺鐵幢記」

* ( )안의 숫자는 해당 관직자의 수

    <표 1-4>와 <표 1-5>에서 현재 남아 있는 자료의 대부분이 태조 말년과 혜종대의 것이어서, 지방관이 파견되기 이전 지방통치기구의 모습을 파악하기에 적합하고 같은 시기의 지역별 특성을 비교하는 데도 무리가 없다. 지역별로는 강원도 3개, 충청도 5개, 경기도 2개, 경상도 2개, 전라도 1개여서 후삼국 분열시 고려의 지배지역이 대부분이다. 당시 전체 군현 수에 비해 극히 적고 그것도 기구의 일부에 불과하지만, 고려의 지방통치기구를 살펴보는 데는 그나마 다행이라 생각한다.

    <표 1-4>와 <표 1-5>에서 주목되는 것은 통일된 이후에는 장군·성주의 칭호가 보이지 않는다는 점이다. 각 지역의 유력한 지방세력이었던 장군·성주는 귀부 당시에 당사자뿐 아니라 그 측근까지 大匡·大相·佐丞·元尹 등의 고려의 官階를 받았기 때문이다. 통일 이전에는 관계와 장군·성주의 칭호가 혼용되다가 통일 이후에야 고려의 관계가 통용되었다. 지

방세력이 중앙의 官階를 받았다고 해서 지방사회와 분리되는 것은 아니었다. 이들은 여전히 지방통치기구에 참여하고 있었다.

또 하나 주목되는 것은 소규모 군현 단위의 지방통치기구에는 堂大等·大等이 보이지 않는다는 점이다. 흔히 성종 2년의 吏職 개편 기사를 근거로 호장 이전의 직명이 堂大等이라고 한다. 하지만 현전하는 자료에서 당대등이 나타난 사례는 청주뿐이며, 대등은 <표 1-4>와 <표 1-5>의 14개 지역 중 명주·원주·충주·청주 등의 주관에서만 보인다. 상주의 주관은 그 구성원이 비교적 상세히 기록되어 있음에도 대등이 보이지 않는다. 고려초 군현 단위의 지방통치기구는 沙喙·沙干 및 村主가 주류를 이루었다. <표 1-4>에서 陽平·寧越·竹州·堤州·新知縣(鎭州)·古弥縣 등에는 모두 村主 또는 沙干이 보인다.

이러한 군현 단위의 지방통치기구가 어떤 구조였는지 <표 1-4>의 退火郡의 사례에서 살펴볼 수 있다. 退火郡 鐘의 발원자는 正朝 壽剛인데, 그는 '女弟子 明好'의 아들이었다. 壽剛의 집안은 경제적으로 매우 부유하여 母가 이 지역의 대시주자였던 것 같다. 退火郡은 고려의 興海郡이며,[36] 弼造都領인 佐丞 鄭喧達은 興海의 지방세력이었다.[37] 발원자나 弼造都領이 退火郡의 지방세력이었다면, 공사를 맡은 都監典에는 이 지방의 통치조직이 가담했음에 틀림없다. 都監典에는 村主와 그 예하의 卿·典·覝 등이 있었다. 즉 村主가 중심이 되어 공사를 진행, 감독하는 체제였다. 道俗 300여 명을 동원했던 이 공사는 城主 鄭喧達의 세력 기반이었던 北彌秩夫城을 중심으로 이루어졌고, 명문에 나오는 촌주제는 이 성의 통치기구였다.

<표 1-5>의 州官에서도 상주는 沙喙·村主 중심의 구조였다. '境淸禪院 慈寂禪師塔碑'의 건립은 都評省의 지시로 14개 주군현의 功夫를 동원

---

36) 『三國史記』 권34, 지리지 1, 良州 義昌郡 및 『고려사』 권57, 지리지 2, 경상도 東京留守官 慶州, 興海郡. 본래는 退火郡이었는데 신라 경덕왕대 義昌郡으로 바뀌었고, 고려시대에는 興海郡으로 고쳤다.

37) 『고려사』 권1, 世家 1, 太祖 13년 2월 庚子, '(고창전투 직후) 北彌秩夫城主喧達 與南彌秩夫城主 來降'이라는 기록이 있으며 『신증동국여지승람』 권22, 興海郡 郡名, 退火 彌秩夫城·義昌·曲江·鰲山이라고 되어 있어 鄭喧達이 이 지역 호족 출신임을 알 수 있다.

하는 등 그 규모가 대단히 크고 조직적으로 진행되었는데, 아직 지방관이 파견되지 않은 상황에서 輔州官班과 縣官班으로 불리는 기구가 실무를 담당했다.[38] 輔州官班은 말 그대로 '州를 보좌하는 官班'이고, 그 휘하에 사찰이 있었던 縣의 官班이 있었다. 境淸禪院은 慈寂禪師碑에서 '高麗國 尙州 鳴鳳山 境淸禪院'이라 했고 또 陰記에 赤牙縣 鷲山에 조성했다고 하므로, 尙州 赤牙縣에 있었다고 본다.[39] 즉 尙州와 그 속현인 赤牙縣에는 輔州官班과 縣官班이라는 지방통치기구가 있었다. 그 구조는 촌주 위에 上沙喰·第二·第三이 있는 형태였다. 上沙喰·第二·第三은 이미 신라의 관등체계에서 벗어난 것이며,[40] 輔州官班과 縣官班에서 촌주층보다 상위에 있었다.

비록 분명히 언급되지는 않았지만 <표 1-4>의 古弥縣의 사례에서도 州官의 구조를 짐작할 수 있다. 古弥縣 西院鐘의 주조를 담당했던 大百士가 羅州의 只未 伐이고 百士[41]는 當縣의 沙干 聰規였다. 百士가 古弥縣의 沙干이라면 大百士는 나주에서 보다 상위의 지방세력이었을 것이다. 고려 초 고미현은 영암군의 속현이라고 하지만,[42] 종의 주조에는 나주의 지방세

---

38) 기존의 연구에서는 '縣官班'을 '官班'으로 해독하였으나 윤경진, 앞의 논문, 1996, 165~166쪽에서 '縣官班'으로 해독했으며, 지금은 '縣官班'으로 확인되었다.

39) 『高麗史』권57, 지리지 2, 경상도 안동부, 殷豊縣條 및 基陽縣條에 의하면 甫州와 赤牙縣은 顯宗 9년에 安東府의 속현이 되었다. 赤牙縣은 신라 경덕왕때 醴泉郡 領縣이 되었으므로 그 영속관계가 고려초까지 유지되었을 가능성이 높긴 하다. 하지만 비가 세워진 태조 24년은 아직 고려의 지방제도가 유동적일 때이므로『고려사』의 기록을 그대로 받아들이기 어렵다. 이와는 달리 '輔州'를 鳴鳳山이 있는 醴泉郡의 당시 지명인 '甫州'로 보아서 甫州와 그 영현인 赤牙縣의 官班으로 보는 입장과(北村秀人,「高麗初期の在地支配機構管見」,『人文硏究』36-9, 1984, 581~582쪽), 甫州와 赤牙縣은 모두 안동부의 속현으로 아무런 영속관계가 없다는 입장이 있다(具山祐, 앞의 논문, 1995, 216~217쪽). 한편 전기웅, 앞의 논문, 1987, 30~36쪽에서는 輔州官班은 州政을 보좌하고 官班은 郡政을 담당하는 군현의 조직이며, 州治는 별도의 조직으로서 신라의 執事省, 고려의 廣評省과 같이 令(侍中)·卿(侍郎)·郎中·員外郎·執事(史)를 갖추었다고 한다.

40) 金光洙, 앞의 논문, 1979, 119~126. 자세한 설명은 주5) 참조.

41) 百士는 '埴'와 같은 것으로 종을 만든 기술자로 추정됨.

42) 『三國史記』권36, 지리지 3, 武州 潘南郡 領縣 昆湄縣 및 『高麗史』권57, 지리지

력이 참여했다. 그렇다면 함께 언급된 欣直 卿 · 乂言 卿도 나주 일대의 상층 지방세력이었을 가능성이 높다. 이에서 고미현이 속한 나주 州官의 존재를 짐작할 수 있다.

뿐만 아니라 <표 1-5>의 溟州의 속현인 又谷縣의 사례에서 알 수 있듯이 대등 · 당대등이 나타난 州官도 그 하부조직은 촌주 · 사간이었다. 촌주와 사간으로 이루어진 지방통치기구는 당시 전국적으로 보편적이었다. 신라말 이래 발전해왔던 지방세력의 통치기구는 촌주제를 바탕으로 하였고, 지방의 상황에 따라 상층 구조가 약간씩 다르지만 가장 일반적인 경향은 尙州와 같이 사간을 발전시킨 형태였다. 그리고 그 상위에는 중앙의 관계를 받았으나 여전히 지방사회에 남아 있던 징군 · 성주 등이 위치했다. 退火郡의 佐丞 鄭喧達과 正朝 壽剛 등이 바로 그러한 지위였다.

(3) 大等과 堂大等의 등장

고려초 지방세력의 통치기구는 촌주제를 바탕으로 하여 沙干 중심의 州官으로 발전하였다. 그 과정에서 명주 · 원주 · 충주 · 청주 등 일부 지역에서는 촌주 · 사간의 상위에 대등과 당대등이 등장했다. 그런데 이 주관도 처음부터 대등과 당대등이 있었던 것은 아닌 것 같다. 자료가 극히 제한된 것이지만 현전하는 주관에서 대등은 상당수 보여도 당대등은 광종대의 청주에만 나타난다. 이는 주관의 발달과정에서 대등과 당대등이 지역적 · 시간적 차이를 두고 등장했기 때문으로 보인다. 사실 堂大等이란 용어 자체가 大等에서 발전한 형태이다.

신라사회에서 대등은 '도리' 또는 '等'으로 표기되는 고유어에서 유래된 것으로, 漢語로는 '公' 또는 '臣'이라는 의미를 가졌다. '等'이 官名化한 것이 大等으로, 대등은 국정의 중대사를 논의 · 결정하는 회의체의 구성원이었다.[43] 이러한 大等이 고려초에는 명주 · 원주 · 충주 · 청주 등 주요 거읍

2, 전라도 나주목 영암군 昆湄縣 참조. 古彌縣은 본래 백제의 古彌縣으로, 新羅 경덕왕 때 昆湄縣으로 고쳐서 高麗까지 지속되었다. 그런데도 여전히 백제의 地名을 쓰고 있는 것은 이 지역의 토착세력과 관련된다고 생각한다.

43) 이후 중앙관제가 정비되어서도 고위 관직에 오를 수 있는 관료 예비군이 골품제

의 주관에서 발견되었다. 여기에는 몇 가지 공통점이 있다.

먼저 이들 지역은 주요 거읍으로 일찍이 통일신라의 군사적·문화적 중심지였던 小京이었다. 명주는 선덕여왕 때 北小京이 되었으며 원주도 신라 문무왕 때 北原小京을 설치해서 고려 태조 23년까지 지속되었고,[44] 충주는 신라 진흥왕 때 小京을 두었고 경덕왕이 中原京으로 고쳐 고려 태조 23년까지 유지되었다.[45] 청주 역시 통일신라 때부터 西原京이었다.[46]

신라의 小京에는 지방장관으로 仕大等이 파견되었고, 仕大等은 직접 국왕의 명령을 받아 집행했다.[47] 물론 仕大等을 지방세력으로서의 大等과 직접 연결시키는 것은 무리이다. 고려초 주관에서 대등은 중앙의 관직·관계를 띤 자들보다 하위에 있었기 때문이다. 하지만 특별히 小京을 중심으로 대등·당대등이 먼저 등장한 것은 신라 소경제도의 영향이 일정하게 있었던 것으로 추정된다. 소경의 사대등은 관제가 정비되던 초기에는 대등이 맡았다.[48]

대등이 발달한 지역의 또 하나의 공통점은 일찍부터 궁예의 세력권에 들었던 곳이라는 점이다. 명주의 경우 중앙에서 밀려난 金周元이 이 곳에 낙향하자 溟州郡王에 봉했는데, 이 때부터 河西國이라 불릴 정도로 신라 왕실에 위협적인 존재로 성장하였다. 그 후 진성여왕 8년에 北原의 梁吉로

에 의해 결정되었던 만큼 大等의 정치운영에서의 영향력은 일정하게 유지되었을 것이며, 통일 이후에도 그러한 사정은 크게 변하지 않았다. 大等에 관해서는 다음의 논문을 참조. 李基白, 「大等考」, 『歷史學報』17·18合, 1962(『新羅政治社會史研究』, 1974에 재수록) ; 金光洙, 「新羅 官名 '大等'의 속성과 그 史的 展開」, 『歷史敎育』59, 1996, 53~61쪽 ; 河日植, 「신라 정치체제의 운영원리」, 『역사와 현실』20, 1996, 15~20쪽.

44) 『高麗史』권56, 지리지 1, 양광도 原州條, (中) 262쪽. 고려 태조 23년에 原州로 개칭되었다.

45) 위의 책, 地理志 1, 楊廣道 忠州牧, (中) 261쪽.

46) 위의 책, 地理志 1, 楊廣道 淸州牧, (中) 263쪽. 高麗 太祖 23년에 淸州로 개칭되었다.

47) 이인철, 「신라 중고기의 지방통치체제」, 『신라정치제도사연구』, 1993, 184~193쪽 참조.

48) 李基白, 앞의 논문, 1962에서 官府가 설치되기 이전에는 大等이 典大等·使大等·仕大等 등의 특정 직무를 분담했다고 한다.

부터 군사를 받은 궁예가 들어옴으로써 그 세력권에 들어갔다.[49] 원주도 궁예가 竹州의 기훤을 거쳐 최종 의탁했던 양길의 거점이었다. 궁예의 이러한 행로는 그의 세력권과 밀접한 관련이 있었던 것으로 보인다.[50] 충주와 청주는 신라말에 궁예의 명을 받은 왕건에게 廣州·唐城(南陽)·槐壤(槐山) 등과 함께 복속되었다.

신라의 대등을 고려한다면, 당시 지방세력이 대등을 칭한 것은 자신들의 지위를 신라의 진골귀족과 동등하게 생각했음을 시사해준다.[51] 따라서 일찍부터 궁예정권의 지배 아래 있어 신라와 독립적으로 존재했던 명주·원주·청주·충주 등의 주관에서 대등의 칭호가 먼저 등장할 수 있었다. 상주의 주관에 대등이 보이지 않는 것도 같은 이유로 생각할 수 있다. 상주는 태조 즉위 후에야 귀부했고 그만큼 신라의 영향을 받았던 곳이다.

대등 체제가 먼저 발달한 지역은 고려의 지배지역에서도 거읍으로서 州의 규모가 매우 컸고, 그만큼 다양한 지방세력이 서로 독립적으로 존재했던 곳이다. 신라말 이래 독립적으로 존재하던 각 성의 지방세력은 고려가 안정되어 감에 따라 州의 대단위로 통합, 편제되어야 했다.[52] 대등과 당대

---

49) 『三國史記』 권11, 新羅本紀, 진성여왕 8년 10월 및 『三國史記』 권50, 弓裔傳에 당시 溟州에 들어온 궁예가 이끈 군사는 불과 600명이었는데 그 직후 명주의 군사가 3,500명이었다는 기록이 있다. 이에 대한 이해는 金甲童, 앞의 논문, 1990, 64~71쪽 참조. 명주에는 군사가 많았는데도 궁예에게 저항하지 않고 합류한 것이나, 왕건의 즉위 초기에 명주의 지방세력이 적대적 태도를 보인 것, 명주의 가장 강력한 지방세력 王順式의 아버지가 고려왕실의 內院의 승려로 있었던 것도 궁예와의 밀접한 관계에 있었기 때문으로 보았다.

50) 金甲童, 위의 논문, 65~66쪽 참조. 寧越의 興寧寺 澄曉大師塔碑 건립에 忠州·原州·溟州·竹州·堤州 등 인근의 지방세력이 참여했던 것도 이전부터 弓裔와 일정한 관계를 맺었기 때문이라 한다.

51) 小京에는 진골귀족 출신이 있어 이들이 大等을 칭했다고 볼 수도 있으나, 뒤에 언급할 사료 다-(2)의 中原府의 사례를 보면 지방사회에서 大等은 최고의 지위가 아니었다. 大等은 지방세력 독자의 직함이었다.

52) 金日宇, 앞의 논문, 1989/『고려초기 국가의 지방지배체계 연구』, 일지사, 1998, 92~97쪽에서는 고려초의 州를 강력한 호족세력이 있었던 곳으로 인근의 郡縣들과 연합관계를 형성했음을 지적했으나, 윤경진, 앞의 논문, 1996, 142~146쪽 및 156~157쪽에서는 高麗가 강역으로 확보된 지역에 대해 주요 城邑을 州로 설정하고

등은 바로 주 단위의 통치기구인 주관의 형성과정에서 등장한 것으로 추정된다.

모든 군현에 대등이 있었던 게 아니듯이 당대등 역시 마찬가지이다. 현존하는 기록에서 당대등의 초기 모습은 원주의 주관에 나타난 '上大才'(上大等)에서 찾을 수 있으며, 당대등은 광종대 청주에서 유일하게 나타난다. <표 1-5>에서 혜종 원년(944)에 中原府에 세워진 '淨土寺 法鏡大師碑'에는 그 지역의 지방세력이 거의 망라되어 있다. 여기서 대등은 6명인데 당대등이 보이지 않는다. 후대의 호장과 같이 당대등도 지방통치기구에서 최고직이었다면, 지방세력이 망라되어 지역사회의 대사업을 하는 데 누락된 것이 납득하기 어렵다. 충주의 주관에서 대등은 일찍부터 등장했으나 당대등은 혜종초까지도 없었던 게 아닐까. 당대등은 대등과 동시에 설치된 것이 아니라 대등의 회의체가 발전되는 과정에서 서서히 등장한 것으로 보아야 한다.[53]

이와 같이 일부 지역의 주관에 등장한 대등·당대등이 이후 고려사회에서 어떻게 자리잡아 성종 2년에 대표적인 吏職으로서 개칭의 대상이 되었는지 그 과정에 대한 기록은 전혀 없다. 다만 이와 관련하여 다음의 기록이 참고할 만하다.

나-(1) 至正二十一年辛丑正月日 慶州司首戶長行案
…… 太祖統合三韓敎是時 率領百官 郊迎順命 始終輔佐敎等用良 新羅乙良 京號不動 東京留守官, 州號乙良 慶州爲等如 說排敎是旀 千丁巳上乙 束給敎是遣 堂祭十乙 爻定敎是良, 光宗朝良中 堂祭乙段 號戶長 爻八乙 制定敎 事是置□□□□□ 首戶長姓名乙

이를 중심으로 주변 城邑에 대한 지배를 관철한 것으로 보았다. 본고는 後者의 견해에 동의한다.

53) 金甲童, 「호족연합정권설의 검토」, 앞의 책, 1990, 279쪽에서는 당대등 체계는 태조 18년 경순왕이 고려에 귀부하자 경주에 堂祭 10명을 둔 데서부터 시작되었고, 이를 시작으로 신라시대 9州 5小京이었던 지역을 거쳐 전국으로 확산된 것으로 이해했다. 당대등의 설치 지역이 고려 통일 이후부터 확대되었다고 보는 이러한 견해에는 동의하지만, 그 설치 주체와 시기에 대해서는 의견이 다르다.

順音可施行 流傳爲臥乎[54]

(2) …… 天福五年庚子 廣評省吏白文色 以除羅號 爲安東大都護府 邑
號慶州司都督府 大改差慶州堂祭拾[55]

사료 나-(1)은 공민왕 10년에 작성된 『慶州戶長先生案』의 서문이다. 이
에 따르면 태조가 통일한 후 경주에 堂大才 10명을 두었고, 광종조에 이를
호장으로 부르고 8명으로 제정했다. 통일한 지 얼마 안되어 경주에 당대등
10명을 두었다는 것이다. 이는 사료 나-(2)에서 확인된다. 사료 나-(2)는
『慶州府尹先生案』의 서문에 해당하는 '東都歷世諸子記'인데, 경주에 당대
등 10명을 둔 것은 태조 23년이며 그 과정에는 廣評省吏 白文色이 언급되
고 있다. 여기서 대등·당대등이 제도화되어 가는 과정을 짐작할 수 있다.
　우선 경주의 당대등 10명은 지방세력이 스스로 만든 것이 아니라, 廣評
省吏로 표현되는 중앙 정부가 설치했음을 알 수 있다. 또한 정부가 관심을
가지고 그 수를 정했던 대상은 대등이 아니라 당대등이었다. 당대등은 대
등보다 상위 지방세력이기도 했지만, 다수의 대등 중에서 대표성을 가졌기
때문이다. 이는 이후 고려의 향리제 운영에서 호장이 중심이 되는 것에서
도 알 수 있다.
　정부는 이전까지 고려의 지배지역에 한정되었던 당대등을 통일 이후 다
른 지역으로 확산시키려 했고, 그 첫 대상이 경주였던 것으로 보인다. 고려
의 통일 이후에는 경주도 하나의 지방 거읍에 불과하게 되었고, 그에 맞는
통치기구를 설치해야 했다. 당시 당대등은 신라 小京이었던 지역의 주관의
직이었으므로 경주의 지배세력에게 이를 적용하는 것은 큰 무리가 없었을
것이다. 당대등의 설치는 경주의 지배세력을 다른 지역과 같이 지방세력으
로서 편제함을 의미한다.
　통일 직후에는 오랫동안 고려의 지배지역이었던 巨邑에서도 州官이 통

---

54) 허홍식 편, 『한국중세사회사자료집』, 59~62쪽. 여기서 '堂祭'는 '堂大才'의 誤記로
　　본다.
55) 허홍식 편, 위의 책, 156쪽.

일되지 못한 상황이었다. 그러한 가운데 정부는 고려의 주요 지배지역의
주관에서 발달하기 시작한 당대등 체제를 경주와 같이 다른 거읍에도 적
용시키려고 했다. 그리하여 당대등·대등 중심의 주관 구조는 정부의 정책
으로 이후 짧은 시간 안에 신라와 후백제의 지배지역까지 확산될 수 있었
다. 이는 고려적인 지방통치기구로의 통일과정이기도 했다.

3) 州官의 구조와 大等·堂大等

(1) 대등·당대등이 나타난 州官의 구조

고려초의 州官은 각 지방에 따라 그 구성이 달랐다. 일찍부터 고려의 지
배지역이었던 명주·원주·충주·청주 등의 주관에서는 촌주·사간의 상
위에 대등과 당대등이 등장했다. 이들 주관은 신라의 執事省에 해당하는
관직도 갖추었다.

<표 1-5>에서 溟州의 경우 當州 都令의 휘하에 執事郎中·員外·色執
事 등이 보인다. '當州 都令'의 휘하이므로 이들도 명주 독자의 관직이었
다. 즉 명주의 지방세력은 執事郎中·員外·色執事 등 신라의 執事省과
같은 기구를 갖추고 있었다.[56]

원주의 州官에는 郎中·侍郎·上大等이 보인다. 여기서 郎中·侍郎은
그 구체적인 관부가 명시되지 않았지만 명주의 執事郎中과 같이 執事省의
일원으로 추정된다. 인근 충주의 '淨土寺 法鏡大師塔碑'를 건립하는 데 참
여한 '元州 仁人 員外'도 그 일원이었다. '元州'는 原州의 또 다른 표기이
고, '員外'는 執事省의 員外郎에 해당한다. 원주에도 지방세력들이 신라의
執事省과 유사한 체제를 갖추고 지방통치를 관할하고 있었다. 충주 역시
執事郎中이 있어 동일한 체제였음을 알 수 있다.

비슷한 시기 청주의 주관에서는 '淨土寺 法鏡大師塔碑'의 건립에 참여
한 '靑州 釋希 侍郎'밖에 없는데, 이 侍郎도 執事省의 관직으로 보인다. 이

---

56) 신라 관직체제에서는 執事省 侍郎이 차관급이고, 郎中은 3등 관직, 員外郎은 4등
   관직이다.

는 보다 발달한 광종대의 주관에서 확인된다. 고려초 지방세력 휘하의 執事省 체제는 광종대까지 존속하여 이후 향리제에 일정한 형태로 남았다.

고려초 州官에 나타난 執事省은 물론 신라에도 있었다. 신라의 집사성은 왕의 가신적 전통을 이은 稟主에서 유래되었고, 왕정의 주요한 기밀에 참여하는 왕의 직속기관이었다.[57] 또 집사란 자체가 왕의 가신적 성격을 띤 것이므로, 고려초 지방세력의 執事省도 이러한 성격에서 크게 다르지 않을 것이다. 즉 신라의 왕과 같이 그 직속에 설치하여 실무를 담당하게 했던 기구였다.

이와 같이 신라에서 일종의 귀족회의체를 구성했던 대등, 그리고 왕의 직속으로 있던 執事省과 유사한 기구가 명주·원주·충주·청주 등 주요 巨邑의 주관에서 발견되었다. 이는 이 지역 지방세력이 독자적으로 중앙에 필적할 만한 통치체제를 갖추었음을 시사해준다.

주관에서 대등과 집사성이 나타난 지역은 강력한 지방세력이 다수 등장했던 곳이다. 따라서 그들의 지배구조도 상당히 복잡하게 형성될 수밖에 없었다. 명주는 고려초 왕건에게 비협조적이었던 王順式이 지배했던 지역으로 유명하다. 여기에는 王順式 외에도 다른 지방세력이 있었다.

　　다-(1) 文德 2년(889) 當州慕法弟子閔規闕粲 …… 亦有知當州軍州事·太
　　　　匡王公荀息 鳳毛演慶 ……
　　　　(陰記)
　　　　當州都令　佐丞 王乂
　　　　執事郎中　俊文
　　　　執事郎中　官育

---

57) 신라의 執事省은 진덕왕 5년에 執事部로, 흥덕왕 4년에 執事省으로 격상했다. 이 상은 다음의 논문을 참조. 李基白, 「新羅 執事部의 成立」, 『新羅政治社會史硏究』, 일조각, 1974 ; 李基白, 「新羅 下代의 執事省」, 위의 책 ; 李基白, 「통일신라의 전제정치」, 『한국사상의 정치형태』, 일조각, 1993 ; 하일식, 앞의 논문, 1996.
　　그래서 執事省을 왕명출납을 관장한 조선의 승정원에 비기거나, 국왕의 비서기관으로 보기도 한다(이인철, 『신라정치제도사연구』, 1993 및 「8·9세기의 신라의 지배체제」, 『한국고대사연구』 6, 1993).

員外   金乂
色執事   仁悅·順忠(태조 23년, 「地藏禪院 郎圓大師悟眞塔碑」)

　사료 다-(1)에서 溟州의 郎圓大師塔碑에는 王苟息이 知當州軍州事太
匡으로서 명주의 군사력을 장악하고 있으면서 동시에 중앙 최고의 관계를
가지고 있는 것으로 나타난다. 동일한 시기에 閔規 關粲이 있었다. 중앙의
관계를 받았지만 '當州'의 인물, 즉 명주의 지방세력이었다.

　그런데 탑비의 음기에 쓰인 當州 都令 이하의 직책은 탑비를 건립하는
데 실무를 담당했던 執事省의 조직이고, 當州 都令은 실무의 책임자였다.
王乂는 태조 19년에 후백제를 총공격할 때 大匡 王順式과 함께 大相으로
참여하였고[58] 이후 관계가 佐丞에 올랐다. 벼슬이 內史令에 이르렀고, 그
딸이 태조의 제14부인 大溟州院夫人 王氏였다. 溟州에서는 대표적인 지방
세력의 하나였다. 王乂는 중앙에 진출하여 관직과 관계를 받았지만 명주의
都令으로서 여전히 이 지방에서 군사력을 유지하고 있었다.[59] 그리고 그
예하에 執事省과 유사한 기구를 두었다. 탑비 건립의 실무도 執事省이 중
심이 되었고, 王乂는 명주 都領으로서 공사를 직접 지휘했던 모양이다. 즉
중앙에 필적할 만한 기구를 갖추어 명주의 통치에 직접 관여하고 있었
다.[60]

　또한 사료 다-(4)의 '興寧寺 澄曉大師碑' 陰記에는 溟州의 '剋奇 大乂'
이 보인다. 고려초 명주의 주관에는 중앙으로 진출한 강력한 몇몇 지방세
력과 그 예하의 執事省, 그리고 大等이 있었다.

　고려초의 지방세력은 중앙에 진출했어도 그 지방에 대한 지배력을 여전
히 유지하고 있었다. 따라서 고려 정부는 중앙과 연관된 지방세력으로 하

---

58) 『高麗史』 권2, 世家 2, 太祖 19년 9월.
59) 溟州는 신라 때부터 군사적 요지였고, 都領 王乂는 그 지역의 군사적 책임자였다.
　　그러나 『高麗史』 권83, 兵志 3, 州縣軍條에 溟州에는 都領이 없는 것으로 보아,
　　제도화된 것이 아니라 溟州의 지방세력에게 임시로 준 우대조치로 보인다. 김갑
　　동, 「고려시대의 都領」, 『한국중세사연구』 3, 1996, 70~71쪽 참조.
60) 王乂의 이러한 지위는 王順式과의 세력교체를 의미하는지, 또는 王順式 휘하로서
　　인지 분명하지 않다.

여금 지방의 통치를 담당하게 하는 정책을 취하지 않을 수 없었다.[61] '州官'이라 함은 그것이 실제적인 관직체계로서 인정되기 때문에 가능했던 표현이다.

고려초 州官의 복잡한 구조는 中原府 俗官의 명단에서 더욱 잘 드러난다.

다-(2) ······ 仍于中州淨土蘭若 ······ 當州聞風而悅詣者百千
    ······ 爰有佐丞劉權說者 殷傅說之流也 於國忠信 在家弟子 ······
    (陰記)
    維天福九季 歲次甲辰(944) 六月一日辛丑 立碑記事
    爰有中原府道俗 _官 公卿大老·黎人士庶 共是歸仰 虔爲大師弟子
    大師弟子 □載此碑 略題名字

權說 佐丞	堅書 佐丞	邈讓 元輔	
弼良 元輔	龍希 元尹	朴謙 元尹	
舒兢 元尹	崔律 元尹	義貞 佐尹	
孔融 佐尹	俊弘 佐尹	張希 阿粲	
奉希 阿粲	萱直 阿粲	崔儒 阿粲	
新城 阿粲	崔忠 大木	春一 大木	
崔貞 大木	國奉 大木	仁鏡 大木	
乂奉 大木	官訓 侍郎	龍侞 侍郎	
堅訓 侍郎	奉立 侍郎	金侞 侍郎	
仁往 侍郎	夐儒 侍郎	彥猶 侍郎	
聰明 侍郎	直奉 侍郎	夐奉 卿	
□寶 卿	崔讓 卿	居律 卿	門侞 卿
由信 卿	必奉 卿	廳讓 卿	信興 卿
漢乃達 卿	金達 卿		
執事郎中 □□□□ 玄魏			
史 秀貞	兵部卿 忠	式卿□□卿	
倉部卿 彥	書卿 孔	律卿 幸規	

---

61) 이후 중앙정부는 이러한 중앙 진출 관인들과 지방의 연계를 분리시키려고 부단히 노력하게 되고, 지방의 관리인 鄕吏는 중앙 관인층과 점차 분리되어 간다.

大師門下僧 …… 等 三百餘人
……
諗德山人 靑州 釋希 侍郞
元州 仁人 員外   當城 幸璘 卿
目竹縣 聰乂 村主 (혜종 즉위년(943), 「淨土寺 法鏡大師碑」)

사료 다-(2)의 '淨土寺 法鏡大師碑'는 中原府에 세워졌는데, 碑의 陰記
는 혜종 원년에 立碑하면서 새긴 글로서 대사의 弟子名이 실려 있다. 그
표현에 의하면 中原府 道俗二官 公卿夫老·黎人士庶가 모두 대사의 제자
가 되었다고 한다. 이 중 俗官은 中原府의 인물이면서 관직 또는 관계를
가진 자들을 가리킨다. 여기에는 중앙의 관계뿐 아니라 지방 자체의 관직,
그리고 실무기구인 執事省도 포함되어 있다. 그 규모는 크지만 사료 다
-(1)의 명주의 州官과 비슷한 구조이다.

中原府의 주관은 몇 단계의 부류로 나뉘는데, 가장 상위는 佐丞·元輔
·元尹·佐尹·阿粲 등 중앙의 관계를 받은 자들이다. 대표적인 사례가
佐丞 劉權說이다. 유권열은 본래 中州 사람으로 918년에 侍郞의 지위에
있었고, 922년에 명주장군 왕순식이 복속하지 않을 때 그 계책을 세운 바
있다. 924년경에는 前侍中으로 나타나며, 五龍寺 法鏡大師碑와 興寧寺 澄
曉大師塔碑 건립에도 참여하는 등 상당히 영향력 있는 중앙의 관료였
다.62) 法鏡大師碑에도 中原府 俗官의 가장 선두에 기록되어 있다.

佐丞 堅書는 후삼국 통일전쟁 때 大相으로 활약했으며, 侍郞 堅訓과 함
께 충주의 來姓에 속한다. 본래의 토착세력은 아니었지만, 이즈음 충주에
자리잡아 지방세력으로 성장한 집안이었다. 佐尹 俊弘은 958년에서 960년
사이에 內奉省令,63) 960년에 大相으로 나타나지만 광종의 호족 탄압과정
에서 제거되었다.64) 新城 阿粲은 광종의 配享功臣인 劉新城으로 추정된

---

62) 「廣照寺 眞澈大師塔碑」 및 「五龍寺 法鏡大師碑」(『韓國金石全文』 中世上, 282쪽
및 333쪽). 그의 집안은 高麗初期 왕위계승에서 막강한 실력을 과시한 이른바 3王
后族의 하나인 忠州 劉氏이다. 채상식, 「정토사지 법경대사비 陰記의 분석」, 『한
국사연구』 36, 1982 참조.
63) 「覺淵寺 通一大師塔碑」, 『한국금석전문』 中世上, 409쪽.

다.[65] 劉新城은 혜종대에 중앙 관계를 갖고 있긴 했지만, 중앙의 관료로 진출했는지 또는 지방사회에 머물렀는지는 알 수 없다. 忠州 劉氏가 광종의 외가로서 그 즉위에 절대적인 지원을 했고, 광종이 즉위한 이후에 劉新城은 忠州 劉氏의 중심 인물로 떠올랐다.

이들이 모두 충주 출신임을 볼 때, 그밖에 중앙의 관계를 가진 佐丞 2명, 元輔 2명, 元尹 4명, 佐尹 3명, 阿粲 5명도 충주 출신이었음을 짐작할 수 있다. 이들이 중앙의 관계를 가졌음에도 中原府의 俗官이라 한 것은, 이들이 중원부 출신일 뿐 아니라 중원부 주관을 형성했기 때문이다. 이들은 중앙으로 진출했어도 당시 중원부의 지방세력으로서 지방 통치에 참여하였던 것으로 보인다.

중원부의 주관에서 두 번째 부류는 중앙의 관계를 받은 자들과 실무적인 執事省 조직 사이에 중앙의 관계와는 별도의 직함을 가진 자들이다. 大木(大等) 6명, 侍郎 10명, 卿 11명은 중앙의 官階보다 서열상 하위에 있는 지방 자체의 직함이었다. 이들은 그 뒤에 이어지는 執事郎中을 비롯한 史·兵部卿·倉部卿 등의 실무직과도 구별된다. 그리고 가장 뒤에 실려 있는 執事郎中을 비롯한 史·兵部卿·倉部卿 등이 바로 지방통치의 실무를 담당한 행정조직이었다.

중원부에도 명주·원주와 같이 執事省이 중심이 되고 그밖의 다양한 관부가 설치되어 있었다. 중원부의 집사성을 총괄하는 세력은 명주의 王乂와 같이 뚜렷이 부각되어 있지는 않다.

고려초에 원주·중원부·명주·청주 등의 주관은 중앙의 관직 및 관계 또는 지방 자체의 관직을 띤 지방세력이 상위의 그룹을 형성하는 한편, 그 예하에 실무기구인 執事省과 각 部로 이루어졌다.

(2) 대등·당대등의 지위와 역할

고려초에 堂大等과 大等은 명주·원주·충주·청주 등 일부 지역의 州

---

64) 『高麗史』 권2, 世家 2, 光宗 11년 3월
65) 『高麗史』 권3, 世家 3, 성종 13년 4월 갑진 및 구산우, 앞의 논문, 1995, 219쪽.

官에서 먼저 나타난다. 초기의 주관에서 당대등과 대등의 지위와 역할을
살펴보려 한다.

다-(3) (陰記)
　　　　在家弟子 : (中缺) 州官
　　　　郎中 旻會朶 金舜朶
　　　　侍郞 興林柰 秀英柰
　　　　上大木 信希大木 (태조 23년, 「興法寺 眞空大師塔碑」)

　　(4) (陰記)
　　　　謹錄賢哲僧俗弟子尊位排在於後
　　　　……
　　　　乎(平)直 阿干 (溟州)
　　　　剋奇 大木 (溟州), 金芮 卿 (溟州), 連世 大監 (溟州)
　　　　王侃 大木 (原州), 德榮 沙干 (竹州), 弟從 沙干 (竹州)
　　　　宋嵒 史上 (公州), 平直 村主 (提州), 貴平 一吉干 (提州)
　　　　堅必 村主 (冷州), 堅奐 沙干 (新知縣), 越志山人 (新知縣)
　　　　哀信 沙干 (又谷縣), 能愛 沙干 (又谷縣), 世達 村主 (奈生郡)
　　　　式元 大監 (冷水縣), 明奐 村主 (酒淵縣), 康宣 助 (別斤縣)
　　　　全立房所郞吉舍村主 丹越駟崔山 大木听
　　　　當時三綱典名位列 ……
　　　　　(新羅 景明王 8년(924)撰, 惠宗 1년(944)立 「興寧寺 澄曉大師寶
　　　　　印塔碑」)

　　사료 다-(3)의 '興法寺 眞空大師塔碑'는 原州에 있는 것인데, 그 州官에
郎中・侍郞・上大木(上大等)이 명시되어 있다. 郎中・侍郞은 原州 州官
에서 執事省의 일원이었는데, 이를 맡은 자들은 각각 신라 11관등의 朶(奈
麻)와 10관등의 柰(大奈麻)였다. 그렇다면 大木(大等)은 官階에, 上大等은
官職에 해당한다. 또 大等은 郎中・侍郞을 맡은 자보다 높은 관계였다. 그
리고 고려초 주관에서 上大等은 대등과 차등적인 지위가 아니라, 대등의
자격을 가진 자가 맡은 것으로 보인다.

비슷한 시기에 사료 다-(4)의 '興寧寺 澄曉大師塔碑'의 건립에는 주변 고을의 지방세력도 대거 참여하였다. 그 중 원주인으로 비 건립에 참여한 '王侃 大木(大等)'이 있었다. 원주에는 대등이 여러 명 있었고, 그 중 일부가 上大等 信希와 같이 주관의 실무진에 참여하였다. 바꾸어 말하면 대등 중에서는 주관의 실무진에 참여하지 않은 자들도 있었다.

이는 명주도 마찬가지였다. 사료 다-(1)에서 명주의 주관에는 대등이 보이지 않았으나, 영월의 澄曉大師塔碑 건립에 참여한 명주인으로 '剋奇 大木'이 있다. 그가 같은 시기의 州官에서 보이지 않았던 것은 주관의 실무진에 포함되어 있지 않았기 때문이다. 명주의 주관에도 실무를 담당하지 않는 다수의 대등이 있었음을 짐작할 수 있다. 澄曉大師塔碑에는 그밖에도 명주 지방세력으로서 乎(平)直 阿干, 金芮 卿, 連世 大監 등이 보인다. 명주에는 阿干·卿·大監 등 다양한 지방 관직도 있었다. 溟州의 지방세력 중 일부는 阿干·大木·卿·大監 등의 직위를 가지고 보다 상층의 기구를 이루고 있었고, 일부는 執事郎中·員外·色執事 등의 실무적인 執事省을 이루었다.

고려초 주관에서 大等은 실무 담당기구인 執事省보다 상위였다. 사료 다-(2)의 中原府 州官에서 대등은 당시 지방세력 자체의 관계로서, 실무 담당자들보다는 상위에 있었지만 중앙의 관직·관계를 받은 자들보다는 하위에 있었다. 신라사회에서 대등 본래의 성격을 생각해보면, 대등은 주관에서도 상위 회의체에 참여할 수 있는 자격이 아니었을까. 각 지방세력이 성주·장군을 칭하며 독립적인 통치기구를 갖추고 존재했지만, 州로 통합되면서 중대사를 의논, 결정하는 일종의 회의체가 필요했을 것이다. 그 회의체의 구성원이 신라와 같이 대등을 칭한 것으로 보인다. 그 중에는 중앙의 官階를 받은 자들도 있어서 그들은 가장 상위에, 그 뒤에 대등만 띤 자들과 侍郎·卿 등을 적었던 것이다.

고려 정부는 귀부한 각 지방의 성주·장군과 그 친족 및 휘하에게 가장 높게는 大匡을 비롯해서 佐丞·大相·元甫·元尹 등의 高麗의 官階를 준 바 있다. 중원부의 俗官에 등장하는 佐丞 堅書, 佐尹 俊弘, 佐丞 劉權說,

阿粲 新城 등도 바로 그러한 과정을 밟은 사람들이었다. 이들이 중앙의 관 직과 관계를 가졌음에도 여전히 中原府의 俗官에 참여할 수 있었던 것은 대등의 자격을 가졌기 때문이다. 사료 다-(1)에서 명주의 왕순식·민규· 왕예 등이 州官에 관여할 수 있었던 것도 大等의 자격으로서였다.

이렇게 볼 경우 고려초 州官에는 대등의 자격을 띤 지방세력이 매우 많 았다. 사료 다-(5)에 나타난 청주의 주관은 기구의 일부였는데도 대등이 3 명이나 보인다. 이들은 堂大等과 함께 실무를 맡은 侍郎·兵部卿·學院卿 ·前司倉 등보다 상위에 있었다. 또한 사료 다-(2)의 '靑州의 釋希 侍郎' 이 사료 다-(5)의 '龍頭寺鐵幢記'에서는 대등으로 나타나는데, 이는 실무 진이었던 侍郎에서 회의체의 구성원인 大等으로 승격한 것이다.

대등의 회의체에서 시작된 당대등은 처음부터 후대의 호장과 같은 지위 는 아니었다. 원주의 주관에서 상대등은 郎中·侍郎의 상위에 있었다. 낭 중과 시랑이 주관의 실무를 담당한 執事省의 구성원이었고, 상대등은 그 실무의 책임자일 가능성이 높다.66) 아직은 중앙의 관직과 관계를 가진 유 력한 지방세력이 지방통치기구를 직접 장악하던 때였으므로, 지방사회에 서 상대등의 지위는 상대적으로 미약했다.

대등의 회의체가 발달하면서 보다 상위의 당대등이 등장하였다. 이제 당 대등은 주관에서 최고위직으로 나타난다.

> 다-(5) ······ 예전에 堂大等 金芮宗이라는 사람이 있었는데, 州里의 豪家
> 이며 鄕閭의 冠族이었다. 우연히 染疾에 들어 佛天에 약속하기를
> 鐵幢을 敬造하고 玉利을 莊嚴하게 하겠다고 하였다. 그러나 흐르
> 는 시간을 머물게 할 수 없어 죽고 말았다. 이미 몇 년 동안 지연되
> 었는데, 그 從兄 堂大等正朝賜丹銀魚袋 金希一 등이 還願을 위해
> 이를 이어서 드디어 三十段의 鐵筒을 鑄成하였다.

---

66) 上大等의 이러한 성격은 후에 호장 체제로 개편되었을 때의 上戶長 또는 首戶長 에 해당한다고 생각한다. 윤경진, 「고려전기 鄕吏制의 구조와 戶長의 직제」, 『한 국문화』 20, 1997, 113~117쪽에서는 당대등을 수호장에, 대등을 호장에 비정하였 다.

當寺令 釋紬 大德, 檀越兼令 金希一 正朝, 金守宗
大等, 金釋希 大等, 金寬謙 大等, 監司 上和尙 信學,
前侍郎 孫熙 秌, 前兵部卿 慶柱洪 秌, 學院卿 □朋
寔 奈未, 前司倉 慶奇俊 大舍, 學院郎中 孫仁謙, 鑄大□□
峻豊三年 三月 二十九日 鑄成 (「龍頭寺鐵幢記」67))

　　사료 다-(5)는 광종 13년(962)에 세운 청주 龍頭寺 철당간의 설립 경위
와 그 참여자의 명단을 적은 글이다. 설립을 주도한 당대등 金希一은 죽은
당대등 金芮宗의 從兄이었는데, 金芮宗은 州里豪家이며 鄕閭冠族이었다.
당대등은 그 지방에서 豪家 또는 冠族으로 불릴 정도의 유력한 지방세력
이 맡았다. 김희일도 철당간 설립 당시에 당대등이어서, 양가는 청주 지방
에서 함께 당대등을 할 정도로 토착기반이 강력한 지방세력이었음을 알
수 있다.
　　용두사 철당간은 김예종 개인의 기원을 위한 것이며, 그 詞에서도 '兄弟
兩家 令修善業'이라 하여 양가의 융성을 기원하였다. 그런 만큼 여기에
참여한 사람들도 양가와 밀접한 관계가 있는 자들이었을 것이다. 대등 金
守宗·金釋希·金寬謙 등은 모두 김희일·김예종과 같은 성씨여서 한 집
안으로 보인다. 監司로서 실무를 담당했던 前侍郎·前兵部卿·前司倉·
學院郎中 등은 그 성씨가 孫·慶氏로서 청주의 대표적인 土姓이었다.68)
이들이 김희일·김예종 집안을 위해 참여한 것은, 그만큼 청주 지방사회에
서 김예종 집안이 주도적 지위였음을 의미한다. 적어도 당대등·대등을 했
던 집안은 유력한 지방세력이었다.
　　또한 건립에 참여한 인사 중에서 前侍郎·前兵部卿·前司倉 등 전직자
가 많고 그에 상응하는 현직자가 없는 것으로 보아, 이 사료에 청주 지방
의 모든 지방세력이 망라된 것은 아님이 분명하다. 여기에 나오는 당대등

---

67) 人名과 官職·官等의 판독은 최근에 다시 정밀 검토한 河日植의 견해를 따랐음
　　을 밝혀둔다.
68) 『世宗實錄地理志』, 忠淸道 淸州牧, 353쪽. 金氏는 이 지역 土姓 12개 중에서 서
　　열이 세 번째였으며, 孫·慶氏는 5, 6위의 서열에 있다.

1명과 대등 3명은 청주의 州里豪家이며 鄕閭冠族인 한 집안 출신이므로,
다른 豪家와 冠族에서도 당대등과 대등으로서 주관에 참여했음을 짐작할
수 있다. 청주의 주관에는 몇몇의 당대등과 다수의 대등이 있었다.

청주의 주관에서 현직자가 다수 빠지긴 했지만 태조·혜종대와 같이 중
앙의 관계를 가진 자나 대등과 유사한 지방의 관계를 가진 자들이 나타나
지 않는 것도 주목할 만하다. 이제 청주의 주관에서는 당대등이 최고직이
었다. 당대등 김희일과 김예종은 이 지역의 강력한 지방세력의 하나로서
지방통치기구를 주도할 수 있었다. 하지만 그 지위는 예전과 같지는 않았
다.

당대등 김희일은 지방세력이면서도 賜丹銀魚袋를 띠고 있었다. 김희일
이 丹衫에 銀魚袋을 띤 것은 그의 관계가 正朝였기 때문이다. 그가 비록
지방세력으로서 당대등이었지만, 중앙과 연결되어 있어서 이러한 관계를
받을 수 있었다.[69] 당간기의 撰者 金遠이 前 翰林學生인데, 역시 중앙과
연관되는 인물로 짐작된다.[70] 성씨로 보아 撰者나 金希一은 같은 집안일
가능성이 크다. 당시 당대등을 맡은 집안은 여전히 중앙과 일정한 관계를
유지하고 있었다. 하지만 그 官階가 고려초에 성주·장군이 받았던 大匡
·佐丞·大相·元甫·元尹 등과 비교할 때 매우 낮아졌다. 그만큼 중앙
정부가 지방세력을 우대할 필요성이 줄었기 때문이다. 하지만 아직은 지방
통치가 주관을 통해서 이루어지고 있었던 만큼, 지방세력과의 일정한 연계
는 여전히 필요했다.

고려초 중앙 정부가 지방세력의 통치기구를 州官 또는 輔州官班·縣官
班으로 승인하는 가운데, 각 지방의 공신들은 지방통치기구에 직접 참여할
수 있었다. 고려의 事審官도 이러한 지방통치체제의 일환으로 해석할 수
있다. 고려초에 공신들이 각 주의 事審이 되었다는 기록은 이렇게 중앙의

---

69) 『慶州戶長先生案』에 현재 남아 있는 고려후기 이래 首戶長은 모두 戶長正朝 또
   는 正朝戶長으로 불리는데, 이 때의 正朝는 수호장으로서 받은 향직이었다.
70) 김영미, 「나말여초 연구와 금석문」, 『譯註 羅末麗初 金石文(上)』, 혜안, 1996, 19
   ~20쪽에서 翰林院의 전신인 元鳳省에는 令·大學士·學士·知事·待詔와 아울
   러 學生이 있었으므로 이와 관련된 인물로 추측하였다.

관계를 가진 자들이 출신 군현에 그대로 남아 事審이 된 것을 의미하며, 이 때의 사심은 외관인 동시에 후대의 호장과 같은 위치가 아니었을까 추측해본다. 사심이 부호장 이하를 관장했다는 기록은,[71] 지방세력의 관계인 대등을 띤 자들을 관장했던 것으로 볼 수 있지 않을까.

차츰 중앙과 지방의 통치체제가 안정되면서 在京勢力이 州官에서 분리되었고, 현종대에는 사심관과 호장으로 분리, 정리될 수 있었다.

이상에서 보았듯이 향리제가 성립되기 이전에는 다양한 지방통치기구가 존재하였고 이를 일정한 하나의 제도로 편제하는 것이 고려초의 과제였다. 그러나 그것은 이전의 체제와의 일방적인 단절이 아니라 일정한 부분을 계승, 발전시킨 형태였다. 그 계승의 연결점이 되는 것이 주관과 당대등·대등 체제라고 할 수 있다.

먼저 신라말 지방사회에서 등장한 성주·장군의 경우 당시 각 군현은 지역적 특성에 따라 몇 개의 성으로 나뉘어 있었는데 이들의 통치기구는 주로 성을 단위로 했다. 통치기구에는 혈연적인 친족뿐 아니라 신라의 관제와 유사한 다양한 직책이 있어서 지방통치기구의 역할을 담당하였다.

성종 2년에 일련의 지방제도를 마련하기까지 지방세력의 통치기구는 다양했다. 소규모 군현 단위의 지방통치기구는 沙喙·沙干 및 村主가 주류를 이루었고, 명주·원주·충주·청주 등 일부 거읍의 주관에는 당대등·대등이 나타났는데 그 하부조직은 역시 촌주·사간이었다. 그밖의 주관은 사식·촌주 중심의 구조였다. 촌주와 사간으로 이루어진 지방통치기구는 전국적으로 보편적이었다.

정부는 고려의 주요 지배지역의 주관에서 발달하기 시작한 당대등 체제를 경주와 같이 다른 거읍에도 적용시키려고 했다. 그리하여 당대등·대등 중심의 주관 구조는 정부의 정책으로 이후 짧은 시간 안에 신라와 후백제의 지배지역까지 확산될 수 있었다. 이는 고려적인 통치기구로 통일되는 과정이기도 했다.

대등·당대등이 나타난 주관은 강력한 지방세력이 다수 있었기 때문에

---

71)『高麗史』권75, 選擧志 3, 事審官.

그 지배구조도 단순하지 않았다. 주관에는 대등을 비롯한 지방 자체의 관직을 띤 자들뿐 아니라, 중앙의 관직 및 관계를 가진 강력한 지방세력도 포함되었다. 그 본래의 성격을 생각해보면, 대등은 주관의 회의체에 참여한 자들을 통칭하는 용어였을 것이다. 중앙의 관직을 가진 지방세력이 주관에 포함된 것은 이들이 대등의 자격을 가졌기 때문이다. 대등의 회의체 아래에는 실무기구로서 신라 執事省에 해당하는 직과 각 부를 두었다. 고려초 지방세력의 주관은 중앙에 필적할 만한 통치기구였다.

아직은 중앙의 관직과 관계를 가진 유력한 지방세력이 지방통치기구에 참여하던 때였으므로, 주관에서 당대등의 지위는 상대적으로 미약했다. 광종대에 이르면 중앙의 통치체제가 정비되면서 在京勢力이 주관에서 분리되었고, 비로소 당대등이 최고직으로 나타난다.

성종 2년의 吏職 개편은 고려 지배지역의 거읍에서 형성된 당대등·대등 중심의 주관을 호장·부호장 중심으로 개편하되, 그 체제는 계승하도록 한 것이다. 이를 통해 고려초의 다양한 주관을 전국적으로 향리제로 통일하려 했다. 따라서 고려초의 주관은 신라식의 지방운영체제가 무너진 후 고려식 지방통치체제의 출발점이 되었다. 외형상으로는 신라의 군현제와 읍사가 그대로 유지된 것처럼 보이나, 그 운영원리는 고려적인 것으로 변화한 것이었다.

2. 戶長制의 성립과 戶長層의 형성

1) 호장제의 성립과 邑司

(1) 성종 2년 吏職改編과 호장제의 성립

향리제에서 호장이라는 吏職이 공식 언급된 것은 고려 성종 2년의 이직 개편 때였다. 이전까지 각 지방은 다양한 지방통치기구를 가지고 있었는데, 대체로 村主와 沙干을 근간으로 하였고 堂大等·大等은 巨邑인 몇몇 주관에만 나타났다. 여러 지방세력이 주관을 형성하는 과정에 참여하는 형

식이 대등이었으며, 대등의 회의체 아래에는 실무기구로서 신라 집사성에
해당하는 부서를 비롯하여 여러 부가 있었다. 고려초의 주관은 중앙에 필
적할 만한 통치기구였다. 고려 정부는 당대등·대등 체제를 경주와 같이
다른 거읍에도 적용시키려고 했다. 이후 당대등·대등 중심의 주관 구조는
짧은 시간에 신라와 후백제의 지배지역까지 확산될 수 있었다.[72]

호장제 역시 성종 2년에 일제히 실시된 것 같지는 않다.

가-(1) 至正二十一年辛丑正月日 慶州司首戶長行案
……太祖統合三韓教是時 率領百官 郊迎順命 始終輔佐教等用良
新羅乙良 京號不動 東京留守官, 州號乙良 慶州爲等如 說排教是
㫆 千丁已上乙 束給教是遣 堂祭十乙 爻定教是良,
光宗朝良中 堂祭乙段 號戶長 爻八乙 制定教事是置□□□□□ 首
戶長姓名乙 順音可施行 流傳爲臥乎等□□□□ 審難便爲置有良
이 一任爲乎 所不喩是㫆,……(『慶州府戶長先生案』[73])

(2) 成宗二年 改州府郡縣吏職 以兵部爲司兵 倉部爲司倉 堂大等爲戶
長 大等爲副戶長 郎中爲戶正 員外郎爲副戶正 執事爲史 兵部卿爲
兵正 筵上爲副兵正 維乃爲兵史 倉部卿爲倉正[74]

(3) 顯宗九年 定凡州府郡縣千丁以上 戶長八人 副戶長四人 兵正副兵
正各二人 倉正副倉正各二人 史二十人 兵倉史各十人 公須食祿史
各六人 客舍藥店司獄史各四人. 五百丁以上 戶長七人 副戶長二人
兵正副兵正倉正副倉正各二人 史十四人 兵倉史各八人 公須食祿
史各四人 客倉藥店司獄史各二人. 三百丁以上 戶長五人 副戶長兵
倉正副兵正各二人 史十人 兵倉史各六人 公須食祿史各四人 客
舍藥店司獄史各二人. 百丁以下 戶長四人 副戶長兵倉正副兵倉正
各一人 史六人 兵倉史各四人 公須食祿史各三人 客舍藥店史各一
人. 東西諸防禦使鎭將縣令官千丁以上 戶長六人 副戶長兵倉正副

72) 이상은 강은경, 「高麗初 州官의 形成과 그 構造」, 『한국중세사연구』 6, 1999 참조.
73) 허홍식 편, 『한국중세사회사자료집』, 아세아문화사, 1972, 59~62쪽.
74) 『高麗史』 권75, 選擧志 3, 鄕職, (中) 653쪽.

兵倉正各二人 史十人 兵倉史各六人 公須史各四人 客舍藥店司獄
史各二人. 百丁以上 戶長四人 副戶長以下同千丁以上州縣. 百丁
以下 戶長二人 副戶長兵倉正副兵倉正各一人 史六人 兵倉史各四
人 公須客舍藥店司獄史各二人[75]

(4) 顯宗十三年四月 崔士威奏 鄕吏稱號混雜 自今 諸州府郡縣吏仍稱
戶長 鄕部曲津驛吏只稱長 從之[76]

(5) ……예전에 堂大等 金芮宗이라는 사람이 있었는데, 州里의 豪家이
며 鄕閭의 冠族이었다. …… 그 從兄 堂大等正朝賜丹銀魚袋 金希
一 등이 還願을 위해 이를 이어서 드디어 三十段의 鐵筒을 鑄成하
였다.……
當寺令 釋紬 大德, 檀越兼令 金希一 正朝, 金守宗
大等, 金釋希 大等, 金寬謙 大等, 監司 上和尙 信學,
前侍郞 孫熙 朶, 前兵部卿 慶柱洪 朶, 學院卿 □朋
寔 朶未, 前司倉 慶奇俊 大舍, 學院郞中 孫仁謙, 鑄大□□
峻豊三年 三月 二十九日 鑄成 (「龍頭寺鐵幢記」[77])

戶長制의 시행에 관한 기록으로는 사료 가-(1)의 『慶州府戶長先生案』
[78]의 서문과 사료 가-(2)의 『고려사』 選擧志의 기사가 전부이다. 두 기사
를 비교해보면 호장제의 시행 시기에 관해서 약간의 차이가 있다. 사료 가
-(1)에서는 고려 태조가 통일 후 1千丁 이상을 묶어 당대등[79] 10명을 두었
고, 광종조에 당대등을 호장으로 부르고 그 수는 8명으로 제정하도록 했다
고 되어 있다. 반면에 사료 가-(2)에서는 성종 2년에 당대등을 호장으로 고
쳤다고만 기록하고 있다. 그리고 사료 가-(3)의 『고려사』에는 호장의 정원

---

75) 『高麗史』 권75, 選擧志 3, 鄕職, (中) 653쪽.
76) 『高麗史』 권75, 選擧志 3, 鄕職.
77) 허흥식 편, 『韓國金石全文』 中世上, 아세아문화사, 1984, 374~376쪽.
78) 여기에는 충렬왕 7년(1281)부터 조선 숙종 39년(1731)까지 경주부의 首戶長을 역
임한 이들을 기록했는데, 432년간 총 256명이 수록되어 있다.
79) 원문에는 '堂祭'라 되어 있으나 이는 堂朶, 즉 堂大等의 오기로 보았다. 이에 관해
서는 강은경, 앞의 논문, 1999 참조.

은 현종 9년에 정했는데, 1천 정 이상의 州府郡縣은 호장 8명을 두도록 되어 있다. 여기서 호장제의 시행 과정에서 그 수효는 일치하지만 호장제의 시행과 호장 정원의 규정 시기에는 차이가 있음을 알 수 있다. 이러한 기록의 차이는 어디서 오는 것일까.

사료 가-(1)은 고려 공민왕 10년(1361)에 당시 慶州司의 首戶長 李弼 등이 작성한 것으로, 비록 후대의 기록이긴 하지만 邑司 운영의 주체였던 향리들의 기록이라는 점을 충분히 고려해야 한다. 사료 가-(2)와 사료 가-(3)이 중앙 정부의 입장에서 기록된 국가정책 차원의 기록이라면, 사료 가-(1)은 지방사회 자체의 실제적인 기록이라고 할 수 있다. 특히 '堂祭'라는 표기는 '堂桼'을 그대로 베끼는 과정에서 일어난 誤記로 보이는데, 이를 통해 사료 가-(1)은 당시까지 慶州司에 전해온 기록을 그대로 옮기려 했던 기록자들의 입장을 잘 알 수 있다.

이를 근거로 적어도 경주에서는 광종대에 호장제가 시행된 것으로 보는 것도 타당하다.[80] 반면에 같은 시기에 사료 가-(5)의 청주에서는 당대등·대등제가 여전히 존재하였다. 일부 지역에서 시행되던 당대등·대등제가 점차 확산되어 갔듯이 호장제 역시 그러한 과정을 밟았고, 그 결과 같은 시기에 서로 다른 제도가 공존했던 것으로 보인다.[81]

호장제가 확산되었던 계기는 성종 2년의 吏職 개편이었다. 이때는 12목을 설치하고 외관을 파견하는 등, 지방 토착세력에 대해서 서서히 규제를 시작하던 때였다. 아울러 호장제를 전국적으로 시행하려고 했다. 하지만

---

80) 이러한 견해를 처음 밝힌 논문은 李純根의 「高麗初 鄕吏制의 成立과 實施」(『金哲埈博士華甲紀念史學論叢』, 지식산업사, 1983)이다. 『慶州府戶長先生案』의 서문을 근거로 고려 태조대에 이미 丁數에 따른 堂祭(堂大等)가 있었고 특히 경주에서는 광종대에 당제를 호장으로 고쳤다는 주장을 한 바 있다.

81) 이에 관해서 윤경진, 「고려 군현제의 구조와 운영」, 서울대 박사학위논문, 2000, 116~122쪽에서는 각 지역별로 邑司의 구조가 달랐는데, 이 중 대표적인 형식이 당대등-대등 체제였고 각 지역에는 이에 상응하는 직제가 있었던 것으로 보았다. 따라서 성종 2년에 당대등을 호장으로, 대등을 부호장으로 바꾸도록 했던 것은 지역에 따라 당대등과 대등에 상응하는 다양한 직제를 호장과 부호장으로 통일했던 것으로 이해했다. 그리고 호장의 전신을 당대등보다는 대등일 것으로 추정했다.

성종 2년에도 호장제가 전국적으로 시행되었는지는 의문이다. 사료 가-(4)의 현종 13년 4월 기사에서 崔士威가 향리의 호칭이 혼잡하니 州·府·郡·縣吏는 '戶長'으로, 鄕·部曲·津·驛吏는 '長'으로 칭하자고 건의하고 있다. 이는 현종 9년에 지방제도의 대대적인 정비가 이루어졌음에도 여전히 향리의 호칭이 통일되지 않았음을 드러낸다. 그만큼 향리제의 정비는 매우 긴 시간이 걸리는 일이었다.

어쨌든 성종 2년에 호장·부호장 등으로 개칭함으로써, 고려의 지방통치기구가 당대등 중심에서 호장 중심으로 바뀌었다. 吏職名이 하위 명칭으로 개정되었다는 자체가 이전 체제와는 달랐음을 의미한다.

성종 2년 이전의 지방통치기구가 나타나 있는 자료가 사료 가-(5)이다. 여기에는 광종 13년(962)에 세운 청주 용두사 철당간의 설립에 참여한 사람들의 명단이 들어 있다. 청주 지역에서는 광종대에 성종 2년에 개칭되었다는 '司倉'의 칭호를 이미 사용하였고 규정에 보이지 않는 '學院卿'도 있었다. 즉 성종 2년에 개정된 향리직제는 각 지방세력이 임의로 쓰던 관직명을 하나의 원칙 아래 전국적으로 통일시킨 것이며,[82] 개칭된 관직명에는 '司倉'처럼 기존에 쓰이던 것도 포함되었던 것이다.

또한 사료 가-(5)에서 철당간 건립에 참여한 인사 중 前侍郎·前兵部卿·前司倉 등 전직자가 많고 그에 상응하는 현직자가 없는 것으로 보아, 이 사료에 청주 지방의 모든 지방세력이 망라된 것은 아니다. 그런데 당대등은 1~2명이고 대등은 3명으로 나타난다. 대등이 모두 당대등 김희일·김예종과 같은 성씨이므로 실제로 청주 지역의 대등은 이보다 더 다수였을 것이다. 따라서 청주의 지방통치기구에는 소수의 당대등과 그보다 많은 다수의 대등이 있었음을 추측할 수 있다. 이는 사료 가-(3)에서 현종 9년에 제정된 향리 정원에서 호장이 4~8명이고 부호장이 2~4명인 것과 대조된다.

사료 가-(1)의 경주의 사례에 비추어보면, 당대등의 수가 호장의 수와 크게 다르지 않았을 것으로 추정된다.[83] 그렇다면 성종대에서 현종대에 걸

---

82) 李純根, 「高麗初 鄕吏制의 성립과 실시」, 1983, 210~218쪽 참조.

처 추진된 吏職의 정비과정에서 당대등은 그대로 유지되었던 반면, 다수의
대등은 소수의 부호장으로 축소된 것으로 볼 수 있다. 향리 정원에 대한
규제는 그만큼 국가의 통제력이 邑司에 미쳤음을 뜻한다. 그 방향은 당대
등의 지위는 유지시키되 그 이하는 대폭 축소시키는 것이었다. 호장·부호
장 체제는 이전의 당대등·대등 체제와는 그 성격이 달랐다.

성종 2년의 吏職 개정은 질적인 변화도 있었지만, 이전 체제의 성격이
상당히 남아 있었다. 그 한 예가 郎中·員外郎이다.[84] 성종 2년의 호장 중
심의 체제에서는 戶正·副戶正으로 개칭되어 兵正·副兵正이나 倉正과
동일하게 보이지만, 당대등 중심의 체제에서는 兵部·倉部와는 달리 당대
등 직속이었다. 고려초 주관에서 이들은 낭대등 휘하에서 실무를 담당하는
執事省의 구성원이었다.[85] 그렇기 때문에 호장·부호장 체제에서도 戶正
·副戶正은 향리 공복이나 승진 규정에서 차별되었다.[86]

성종 2년의 吏職 개편은 당대등·대등 중심의 州官을 호장 중심으로 개
편하되, 그 체제는 계승하도록 한 것이다. 이를 통해 고려초의 다양한 주관

---

83) 이에 대하여 李勛相,「高麗中期 鄕吏制度의 變化에 대한 一考察」,『東亞研究』6,
    1985, 315~317쪽에서는 당대등 1인의 독자적 지배력 행사로 해석하면서, 현종 9
    년의 향리 정원 중 호장이 다수인 것은 다수의 호장들로 향리의 상층부를 재편하
    여 당대등 1인의 독자성을 견제하려는 의도로 보기도 한다. 하지만 대개는 당시에
    관행되었던 제도를 추인, 정비한 것으로 보아야 하지 않을까 생각한다.

84) 河炫綱,「지방세력과 중앙통제」,『한국사 5』, 1975, 76~78쪽에서는 호장의 직속으
    로 있던 郎中·員外郎은 중앙의 廣評省에 있던 관직명으로, 지방세력의 지배체제
    에서도 광평성에 해당하는 기구를 상정한 바 있다. 또한 堂大等·大等·郎中·員
    外郎이 동일 계열이라는 사실은 吏職 개정에서 각각 호장·부호장·호정·부호
    정이 되어 '戶'자의 공통성을 가진다는 점에서도 파악할 수 있다고 하였다.

85) 강은경, 앞의 논문, 1999 참조.

86) 향리 公服이 별도로 정해진 것은 현종 9년이었다.『高麗史』권72, 興服志, 冠服,
    長吏公服, (中) 565쪽에 "顯宗九年 定長吏公服 州府郡縣戶長紫衫 副戶長以下兵
    倉正以上緋衫 戶正以下司獄副正以上綠衫竝靴笏 州府郡縣史深靑衫 兵倉史諸
    壇史天碧衫無靴笏"이라 하여 향리 공복은 鄕吏職制에 따라 5단계로 나뉘었는데,
    여기서 戶正과 副戶正의 公服은 兵·倉正보다 한 단계 아래의 綠衫이었다. 이상
    鄕吏 公服에 관해서는 강은경,「高麗時期 鄕吏 公服制」,『한국사상과 문화』4,
    1999 참조.

을 전국적으로 하나의 체제로 통일하려 했다.

호장 중심의 이직으로 개편한 이후, 중앙 정부는 호장에 대해서는 부호장과도 확연히 구별하여 우대하였다. 적어도 호장은 중앙의 관리에 준하는 대우를 받았다.

가-(6) 是年(顯宗 9년)判 諸道外官戶長擧望時 考其差年久近 壇典行公年
　　　數 具錄申省 方許給牒87)
　　　考本邑陳省 給攝戶長 · 正朝戶長 · 安逸戶長帖88)

　　(7) 穆宗元年三月 判 諸州縣戶長 年滿七十屬安逸89)
　　　穆宗元年三月 賜郡縣之安逸戶長職田之半90)

　　(8) (顯宗)十六年二月 判 諸州縣長吏 病滿百日 依京官例 罷職收田91)
　　　文宗三十五年二月 制 諸州縣長吏武散階者 小喪依制給暇 以下 以
　　　導信義 葬時給暇92)

사료 가-(6)에 나타나듯이 호장은 중앙의 尙書省에서 공식으로 직첩을 받도록 하였는데, 攝戶長부터 그 대상이었다. 처음부터 호장에 임명되는 것이 아니라 섭호장을 거쳐 호장에 이르는 일정한 단계가 있었음을 나타낸다. 이러한 승진의 절차는 호장이 하나의 관직으로 취급되었음을 뜻한다. 반면에 부호장 이하는 직첩의 대상이 아니었다. 이들은 향리직제에서 단순히 호장의 아래 직위에 있는 것이 아니라, 관리로서 대우받지 못한다는 근본적인 차이가 있었다.

호장에게는 직첩을 준 만큼 그에 따라 職田도 주었다. 사료 가-(7)에 따르면 호장이 70세가 되면 安逸戶長이 되고 직전의 반을 보장받았다. 한번

---

87)『高麗史』권75, 選擧志 3, 鄕職.
88)『經國大典』권1, 吏典, 鄕吏條, 아세아문화사(영인본), 1983, 165쪽.
89)『高麗史』권75, 選擧志 3, 鄕職.
90)『高麗史』권78, 食貨志 1, 田制, 田柴科.
91)『高麗史』권75, 選擧志 3, 鄕職.
92)『高麗史』권64, 禮志 6, 五服制度, 凶禮.

호장이 되면 70세까지 그 지위와 함께 職田이 유지되었고, 이후에 安逸戶長으로 은퇴해도 직전이 보장되었던 것이다.

직첩과 직전을 받는 호장은 정부의 규정에 따라 邑司에 근무할 의무가 있었다. 호장은 질병으로 인한 휴무가 제한되었으며, 각종 喪葬時의 휴가기일도 별도로 정해졌다. 사료 가-(8)에서 호장이 질병으로 1백 일 이상 자리를 비우게 되면 그 직책을 파하고 아울러 직전도 몰수하도록 하였다.[93] 당시 중앙의 관리들은 자신의 질병으로 관청을 비우는 것에 대하여 엄격히 규제를 받았다. 질병으로 휴가를 청하면 태의감의 진찰을 받은 후 휴가를 받을 수 있었으며, 그 휴가기일은 100일을 넘지 못하도록 하였다. 만일 그 이상이 되면 관직에서 파하도록 하였다.[94] 각 군현 읍사의 호장에게도 京官과 마찬가지로 바로 이러한 규정을 적용한 것이다.

또한 호장의 소상에는 규정에 의한 휴가를 주도록 하였다. 당시 중앙의 관리들은 상사를 당하면 휴가를 주되 大祥·小祥에는 7일간, 禫祭에는 5일간, 忌日 제사와 매달 초하루 및 보름 제사에 1일의 휴가를 받을 수 있었다.[95] 이에 비해 호장에게는 武散階를 가진 자에 한하여 小喪에 휴가를 주도록 하였다. 그나마 호장 이하는 장례 때만 휴가를 주도록 하였다. 사실 성종대에 관리들에게 각종의 제사에 참여할 수 있도록 휴가를 준다는 규정이 이미 정해졌음에도 문종대에 지방에 재직중인 外任官에게 대상제 휴가를 주겠다고 한 것으로 보아,[96] 성종대의 규정은 중앙 관리들에 한한 것

---

93) 사료 가-(8)에 나오는 諸州縣의 長吏는 戶長을 가리킨다. 윤경진, 「고려전기 戶長의 기능과 外官의 성격」, 『국사관논총』 87, 1999, 70~76쪽 참조.

94) 『高麗史』 권84, 刑法志 1, 公式, 官吏給暇, 宣宗 3년 2월에 外官에 새로 임명된 자가 몸이 아파 휴가를 청하면 常參 이상은 태의감이 진찰한 후 휴가를 주도록 하였으며, 『高麗史』 권84, 刑法志 1, 公式, 職制, 宣宗 10년 判에 휴가를 청하여 1백일 된 자는 '解官'하라고 되어 있다. 또한 『高麗史』 권84, 刑法志 1, 公式, 官吏給暇, 睿宗 4년에 6품 이상이 아프다고 하면 10일간의 휴가를 주고, 7품 이하는 태의감이 진찰한 후 휴가를 주되 모두 1백일이 넘지 못하도록 하였다.

95) 『高麗史』 권64, 禮志 6, 五服制度. 이에 따르면 小祥祭는 장례를 치른 후 13개월에, 大祥祭는 25개월에 지내며 禫祭는 27개월에 지낸다고 되어 있다. 휴가 규정은 성종 15년에 정해졌는데, 이와 동일한 기사가 『高麗史』 권84, 刑法志 1, 公式, 官吏給暇 기사에 있다. 이러한 다양한 휴가는 부모상일 경우였다.

임을 알 수 있다. 지방에 있는 관리들에 대한 규정은 이후 차츰 이루어졌다.

이와 같이 향리직에서도 호장은 중앙 정부가 직접 관리하던 대상이었다. 그리고 그 이하의 향리는 호장에게 맡겼던 것으로 보인다.

> 가-(9) 麗朝十八年 羅王金傅降 除國爲慶州 使傅爲事審 知副戶長以下官
> 職等事 然則 戶長之尊於事審也明矣 (『掾曹龜鑑』 권1, 吏職名目
> 解)

사료 가-(9)에 따르면 태조 18년에 신라왕 金傅를 경주의 事審으로 삼고 부호장 이하 관직 등의 일을 주관하도록 했는데, 이러한 事審의 역할은 부호장 이하를 관장한다는 점에서 호장과 동일했다. 따라서 향리들의 기록인 위의 『掾曹龜鑑』에서는 이러한 국초 호장의 지위가 사심과 같다고 하였다.[97]

(2) 邑司의 구성과 호장

邑司는 고려의 지방통치에서 실제적인 관청의 구실을 했으므로, 이를 위해 다양한 부서를 갖추었다. 주요 부서로 司兵·司倉을 들 수 있고, 그 밖에 公須·食祿·客舍·司獄·藥店 등 다양한 부서들이 있었다. 이 중 사병·사창의 책임자인 병정·창정은 다른 기관의 책임자보다 상대적으로 직급이 높았고, 호정·부호정 등은 소속 부서가 별도로 언급되어 있지 않다. 호정·부호정 등은 고려초 州官에서 집사성의 기능을 계승하여 여전히 호장의 직속으로 존재했기 때문이다.[98]

---

96) 『高麗史』 권64, 禮志 6, 五服制度, 凶禮, 문종 33년 8월조.
97) 顯宗 9년에 마련된 '長吏公服'을 보아도 戶長은 중앙관리에 비견되는 존재였다. 戶長의 公服은 紫衫으로 중앙의 최고 官品에 해당하는 服色이었다. 그에 비해 당시 文宗代부터 파견되기 시작했던 縣令·縣尉는 각각 7품 이상이거나 8품직이었으므로(『高麗史』 권77, 百官志 2, 外職, (中) 696~701쪽), 이들은 綠衣·木笏만 허용되는 지위였다. 이 정도 지위의 지방관이 각 郡縣의 戶長을 독점 세습하고 있는 戶長層을 어느 정도나 제어할 수 있었는지 의문이 든다.

호장과 그 예하 직속기구는 각 邑司에서 중요한 일을 의결, 처리하였다.
다음은 현종대 경산부의 임내였던 若木郡司의 사례이다.

나-(1) 郡百姓 光賢이 天僖 3年(顯宗 10) 10月에 國家의 霸業이 길이 흥
하고 큰 기틀이 永固하며 긴 세월 보존하여 寶祚가 무궁히 이어지
고 長吏 등이 이로 인해 災殃이 없고 福壽가 더하기를 기원하면서
…… 石塔 5層을 이루고자 하였다. 太平 2年(顯宗 13) 5月 7日에
身病으로 죽자, 同生兄 副戸長 禀柔가 公山의 新房依止修善僧 覺
由에게 勸善하여 食 102石으로 받게 하였다.
太平 3年 6月, 淨兜寺에 安置하기로 결정하였다. ……
太平 7年 12月, 僧俗等 一千여명을 戸長 柳瓊이 左徒, 副戸長 承
律이 右徒로 나누었다.
太平 10年 12月 7日, 寺의 마땅한 곳에 세우기로 결정한 牒을 작성
하였다. ……
12月 12日, 正位□ 隊正 嵩函·式奐이 一品軍 21명으로 五尺石을
堀取하여 세움.
시주자 명단 : 戸長 柳瓊·神彦
副戸長 肯礼·叔光, 副戸長 禀柔, 副戸長 承律, 副戸長 賢質
戸正 成允·漢器
正 窓雄·眞漢, 副正 元白·智白·師行·順男
官史 元道·洪漢
兵正 佐宜, 副兵正 元行
散員 積宜, 隊正 式奐 (淨兜寺五層石塔造成形止記[99])

(2) 太平 3年(顯宗 14) 6月, 淨兜寺에 安置하기로 결정
郡司戸長 仁勇校尉 李元敏

---

98) 河炫綱,「高麗初期의 地方統治」,『韓國中世史研究』, 1988, 190~194쪽에서는 이
기구를 兵·倉部보다 상위의 부서로서 태봉시대부터 있었던 廣評省과 같은 기구
로 추측하고, 堂大等을 侍中으로, 大等을 侍郎으로 이해하였다.
99) 許興植,『韓國中世社會史資料集』, 아세아문화사, 1972, 62~65쪽 ; 許興植,『韓國
의 古文書』, 민음사, 1988, 64~89쪽.

副戶長 應律·李成·稟柔·神彦
戶正 宏運, 副戶正 成廩, 官史 光策

(3) 太平 10年(顯宗 21) 12月 7日, 寺의 마땅한 곳에 세우기로 결정한
牒 작성.
郡司戶長 別將 柳瓊
攝戶長 金甫, 戶正 成允, 副戶正 李希, 書者 承福

淨兜寺 5층 석탑은 현종 22년(1031)에 若木郡에 세워진 것으로, 사료 나
-(1)에는 그 건립 경위가 상세히 적혀 있다. 이 탑은 현종 10년에 郡百姓
光賢이 발원했는데, 현종 13년에 光賢이 죽자 同生兄 부호장 稟柔가 다시
건립을 주도하여 현종 22년에 완성된 것이다. 그 과정에서 현종 14년 6월
에 5층 석탑을 淨兜寺에 안치하기로 결정하는 데 참여한 邑司의 구성원이
기록되어 있으며, 또 淨兜寺에 탑을 세우기로 한 현종 21년 12월 7일자 牒
에는 邑司에서 문서를 작성한 책임자들이 기록되어 있다. 그 상세한 내용
을 사료 나-(2)와 나-(3)으로 각각 분리하였다.
탑의 건립을 발원한 郡百姓 光賢은 부호장 稟柔의 同生弟라고 하므로,
부호장 稟柔와 같은 신분에 속하는 사람이었다. 同生兄 稟柔가 부호장을
맡았기 때문인지 본인은 향리직을 갖지 못했고, 따라서 '百姓'으로 불렸
다.[100] 또 그 발원의 내용도 국가의 무궁함과 長吏의 복을 비는 등 개인적
인 공사가 아니라 지방사회 전체를 위한 기원을 담았다. 그렇기 때문에 郡
百姓이 발원했음에도 同生兄인 副戶長 稟柔는 물론이고 若木郡의 전체
鄕吏 조직이 참여하여 일을 추진하였다.
사료 나-(2)는 향리 전체가 참여하는 이 사업을 결정한 若木郡司의 鄕
吏組織이다. 현종 14년에 석탑을 淨兜寺에 안치하기로 결정하는 데 참여
한 邑司의 구성원은 郡司戶長 仁勇校尉 李元敏, 副戶長 應律·李成·稟
柔·神彦, 戶正 宏運, 副戶正 成廩, 官史 光策 등이다. 郡司戶長 1명, 副

---

100) 이 때의 百姓은 이우성, 「麗代 百姓考」, 『역사학보』 14, 1961에서 말하는 말단의
촌락지배층이 아니라, '향리직이 없는 자'를 의미하는 것으로 보아야 한다.

戶長 4명, 戶正 1명, 副戶正 1명, 官史 1명으로 구성되어 있다. 邑司의 주요 부서의 책임자인 倉正・兵正은 제외되어 있고, 戶正 계열만 참여하고 있다. 邑司에서도 주요한 사업을 의결하는 조직은 호장과 그 예하 직속기구였음을 알 수 있다.

또한 시주자 명단에는 正・副正, 兵正・副兵正의 향리직과 散員・隊正 등의 장교직이 보이긴 하지만, 그밖에 公須・食祿・客舍・藥店・司獄正 등은 전혀 보이지 않는다.101) 부호장이 4명인 것으로 보아 若木郡은 1千丁 이상의 巨邑에 해당한다. 若木郡이 비록 속현이고 지역에 따라 다소의 차이가 있다 하더라도, 公須・食祿・客舍・藥店・司獄正이 동일한 지위의 직책이었다면 이렇게 전혀 언급되지 않을 수 있을까. 한 군현의 주요한 의사결정이나 사업을 진행하는 것은 철저히 호장 중심으로 이루어졌다고 해도 별 무리가 없을 듯하다.

사료 나-(1)에서 주목되는 것은 당시 각 군현의 호장이 복수로 규정되어 있음에도, 邑司에서 실무를 주도하는 호장은 한 명이라는 점이다. 若木郡에서도 현종 21년에 확인되는 호장이 柳瓊・神彦 2명이지만, 邑司의 의사결정 과정에는 柳瓊만이 참여하고 있다. 호장 柳瓊은 현종 18년에 僧俗 1천 명을 이끌고 공사를 주도하였고, 神彦은 현종 14년에 부호장으로 邑司의 구성원이었다. 따라서 호장 柳瓊은 神彦보다 먼저 호장직에 올랐고, 首戶長의 역할을 한 것으로 볼 수 있다. 현종 14년의 郡司戶長 李元敏과 현종 21년의 호장 柳瓊은 仁勇校尉 또는 別將 등 武散階나 將校職을 띠고 수호장과 같은 지위에서 고을의 주요 사업을 주관했다. 이는 수호장이 제도화하기 전에 이미 그 단초가 있었음을 보여준다.102) 지방관이 없는 군현

---

101) 이들도 邑司에 소속되어 실무를 담당하긴 했으나, 戶長層이 아니었기 때문에 시주자 명단에 끼지 못한 것 같다. 이 중 客舍正은 조선후기까지 존속하였다. 이상은 「安東府安逸班膽錄」, 32쪽 및 「慶州府司安逸房考往錄」, 118~119쪽(영남대 민족문화연구소 편, 『朝鮮後期 鄕吏關係資料集成』, 1990 영인) 참조.

102) 李勛相, 앞의 논문, 1985에서는 上戶長制度가 신설되는 것은 예종대 監務 파견과 함께라는 추정을 하고 있다. 하지만 이러한 양상은 鄕吏制가 성립하기 이전에도 있었다. 광종 13년에 세워진 청주 龍頭寺 鐵幢竿의 건립 때에 대등은 4~5명이었는데, 일을 주도하는 堂大等은 한 명이었다. 이러한 당대등이 후대의 상호장에 해

에서 首戶長은 지방관의 역할을 했을 것이다.

호상과 그 직속기구는 邑司에서 주요 문서의 작성과 관리의 책임도 가지고 있었다. 사료 나-(3)은 현종 21년에 작성된 牒인데, 여기에는 郡司戶長 別將 柳瓊, 攝戶長 金甫, 戶正 成允, 副戶正 李希, 書者 承福 등이 기록되어 있다. 이들이 이 문서 작성에 관여하였다. 여기에도 호장 1명과 戶正 계열만이 언급되어 있다.

邑司 조직의 이러한 성격은 고려후기에도 변함없이 유지되었다.

> 나-(4) 慶州司戶長正朝 李弼
>   戶長正朝 金學
>   戶長正朝 崔益
>   戶長正朝 金光叔
>   攝戶長 金諫
>   攝戶長 金
>   攝戶長 李
>   攝戶長 朴
>   副戶長 孫
>   副戶長 崔
>   副戶長 崔
>   副戶長 金
>   戶正
>   戶正
>   副戶正
>   副戶正
>   詔文州史 孫
>   (至正二十一年辛丑正月日慶州司首戶長行案[103])

사료 나-(3)이 고려전기의 자료인 데 비해, 사료 나-(4)는 고려말 공민왕

당하는 역할을 했던 것으로 보인다.
103) 許興植,『韓國中世社會史資料集』, 59~62쪽.

10년(1361) 때 慶州司의 首戶長 行案을 작성한 책임자들의 명단이다. 자료를 보면 '慶州司首戶長行案'을 작성할 때도 戶正 계열이 중심이 되었는데, 이들이 이 문서의 작성과 보관의 책임을 진 기구이다. 다만 다른 것은 正朝戶長·攝戶長 등 戶長級 전원이 참여했다는 점이다. 이는 首戶長 명단의 작성이라는 매우 중요한 일이었기 때문이 아닌가 한다.

또한 이 문서는 비록 『고려사』에 남아 있는 공문서 서명 양식과는 정반대의 형식을 취하고 있긴 하지만, 공문서 서명 규정을 나름대로 지킨 공식 문서였다. 본래 공문서 서명 양식에는 낮은 관직에서 고위직으로 올라감에 따라 內位와 성명을 다 쓰는 경우, 성과 서명을 하는 경우, 서명만 하는 경우로 구별되어 있었다.[104] 사료 나-(4)의 문서는 상위의 戶長正朝 4명과 攝戶長 1명은 성명을 다 쓰고 攝戶長 3명과 부호장 4명은 성만 썼으며, 호정·부호정은 직위만 쓰고 있다. 이러한 문서 작성양식을 통해서도 고려시대 邑司의 운영은 호장에게 임의로 맡겨진 것이 아니라, 전국적인 행정체계 속에서 운영되었음을 알 수 있다.

그런데 이 명단의 순서는 이들의 서열에 따른 것이었다. 위의 戶長 명단 중 성명이 기록된 자들은 거의 모두 『慶州戶長先生案』의 首戶長 명단에 나온다. 그리고 명단의 순서가 이들이 수호장을 맡은 순서와 일치하고 있다.[105] 攝戶長 金諫은 섭호장 중에서 가장 앞에 이름이 놓여 있으므로 섭호장 중에서 가장 상위이며, 또 戶長正朝와 같이 성명을 함께 기록한 것으로 보아 비록 섭호장이지만 그 서열은 호장정조와 같았음을 나타낸다. 같은 호장직에도 그 안에는 나름대로 서열이 있었다.

또한 1천 정 이상의 군현에는 호장 8명이 정원이었는데, 사료 나-(4)에서 경주의 읍사에도 戶長正朝 4명, 攝戶長 4명 등 모두 8명의 호장이 보인다. 그렇다면 '慶州司首戶長行案' 작성에는 경주 읍사의 모든 호장이 참여한 셈이다. 즉 읍사의 중요한 일에는 모든 호장이 참여하였고 그 결정과정

---

104) 『高麗史』 권84, 刑法志 1, 公式公牒相通式. 이 규정이 언제 제정되었는지 나타나 있지 않지만 중앙기관 사이에, 또는 지방기관 사이에 문서가 유통될 때 모두 이 양식을 적용하도록 하였다.

105) 뒤의 <표 2-1> 참조.

은 합의체적인 성격을 띠었다고 볼 수 있다.

2) 호장층의 형성 과정

(1) 호장층의 형성

고려초 邑司는 실제적인 지방관청의 역할을 담당하였고, 각 지방의 호장들은 그 읍사를 운영하는 주체로서 중앙의 관리와 같이 규정에 따른 대우와 규제를 받았다. 이러한 호장직에 오를 수 있는 집안은 제한되어 있었다.

다음은 잘 알려져 있듯이 고려 정부가 당시 지방의 토착세력을 향리제로 편제해가는 과정에서 향리직의 승진단계를 규정한 내용이다. 아울러 고려사회에서 지방세력의 차등을 드러내는 기록이기도 하다.

다-(1) 文宗五年(1051)十月判 諸州縣吏 初職後壇史 二轉兵倉史 三轉州府郡縣史 四轉副兵倉正 五轉副戶正 六轉戶正 七轉兵倉正 八轉副戶長 九轉戶長. 其公須食祿正准戶正 副正准副兵倉正 客舍藥店司獄正准副戶正 副正准州府郡縣史 以家風不及戶正副兵倉正者差之. 若累世有家風子息 初授兵倉史 其次初授後壇史[106]

이 승진 규정은 兵正·倉正·戶正 계열을 중심으로 9단계로 나뉘어 있다. 그밖에 各司의 正·副正은 戶正과 副兵正·副倉正을 기준으로 삼아구별하였다.[107] 그런데 누구나 初職을 後壇史에서 시작하여 戶長에 이르는 것은 아니었다. 같은 지방세력이더라도 '家風'[108]에 따라 初職이 달랐

---

106) 『高麗史』 권75, 選擧志 3, 鄕職, (中) 654쪽.

107) 여기서 兵·倉正이 아닌 戶正이 기준이 된 것은, 당시 兵·倉正이 副戶長보다 한 단계 낮은 서열이지만 거의 같은 지위로 취급되었기 때문인 것 같다. 이는 顯宗 9년의 鄕吏服制에서 副戶長과 兵·倉正이 동일하게 緋衫으로 규정된 것에서도 짐작할 수 있다.

108) 蔡雄錫, 「高麗時期 '本貫制'의 施行과 地方支配秩序」, 서울대 박사학위논문, 1995, 103~106쪽에서는 '家風'을 本貫 지역에서 명망을 바탕으로 한 지배층으로서의 家格으로 보았고, 朴恩卿, 「高麗時代 事審官의 性格」, 『高麗時代 鄕村社會

다. '累世有家風子息'이면 두 번째 단계인 兵史·倉史부터 시작하지만, 그에 못미치는 '其次'는 첫 번째 단계인 後壇史에서 출발하게 되어 있다.

이러한 구별은 초직에만 적용되는 게 아니었다. 각 읍사의 휘하에는 실무를 담당하는 다양한 부서가 있었는데, 그 부서에 따라 正·副正의 직위가 달랐다. 公須司·食祿司의 경우 그 副正은 副兵倉正에 준하였지만 그 正의 직위가 戶正에 해당한다고 되어 있다. 호정은 별도의 부서를 이루고 있지 않으므로 각 부서의 기준은 兵司·倉司라고 할 수 있다. 즉 公須司·食祿司의 正은 兵司·倉司의 正보다 한 단계 아래에 해당한다. 또한 客舍·藥店·司獄司의 경우 그 正은 副戶正에, 副正은 州府郡縣史에 준한다고 되어 있어, 公須司·食祿司보다 다시 한 단계 아래에 해당한다. 이를 정리해보면 읍사에는 호장 직속으로 읍사 전반의 실무를 담당하는 호정 계열이 별도로 존재하고, 각 분야의 일을 담당하는 各司가 나름대로 서열을 갖추고 있었다. 各司에서는 兵司·倉司가 가장 상위의 부서였고 公須司·食祿司가 그 다음의 지위였으며, 客舍·藥店·司獄司가 가장 낮은 지위에 있었다.

그런데 본 규정에서 이러한 公須·食祿·客舍·藥店·司獄(司)의 正·副正에는 '家風이 戶正·副兵倉正에 미치지 못한 자'를 임명한다고 되어 있다. 하지만 公須·食祿(司)의 正·副正은 戶正·副兵倉正과 그 직급은 동일하였다. 동일한 지위의 향리직이라도 호정·부병창정을 맡는 자들과 그밖의 부서를 맡는 자들은 '家風'에 따라 구별되었다.

호정·부병창정을 맡는 자들이 각사의 정·부정보다 '가풍'이 우월했다면, 이들이 바로 초직을 병·창사에서 시작하는 '累世有家風子息'임에 틀림없다. 그리고 호정·부병창정 등의 향리직은 이들 '累世有家風子息'만이 맡을 수 있는 향리직이었다. 문종 5년의 승진 규정은 바로 이들 '累世有家風子息'을 중심으로 정리된 것이었고, 이들이야말로 최종 戶長까지 할 수 있는 계층이었다. 반면에 後壇史에서 출발한 자들은 같은 正·副正이라도

研究』, 1996, 100~106쪽에서는 지방사회내 豪族을 중심으로 자연스럽게 형성되어 인정되고 있던 신분질서로 보았다.

公須・食祿・客舍・藥店・司獄司의 鄕吏職에 제한되었다.109) 고려의 지
방세력은 '家風'에 따라 크게 두 부류로 구별되었고, 그것이 향리직의 승진
규정으로 나타난 것이다.

　이러한 규정은 정부가 일방적으로 만든 것이 아니라, 당시 지방사회의
관례가 반영된 것이다. 고려가 통일된 지 120년, 각 지방세력은 호족적 성
격이 약화되었고, 그간 지방사회에서 잡은 기반에 따라 '累世有家風子息'
과 '家風不及者'로 구분되었다. 최종 호장까지 이를 수 있는 자들은 '累世'
에 걸쳐 家風을 유지한 집안이었고, 그 집안의 자손은 당연히 호장직까지
오를 수 있었다.110) 그리하여 군현마다 몇몇 집안이 '累世有家風'의 집안
으로서 호장직을 대대로 이어갈 수 있었다. '累世有家風'의 집안은 이러한
호장직의 세습을 통해 戶長層이라는 하나의 계층을 형성하여 지방사회에
서의 지위를 더욱 공고히 할 수 있었다. 반면에 '累世有家風'의 집안에 못
미치는 '家風不及者' 또는 '其次'는 戶正 계열이나 兵司・倉司의 鄕吏職을
제외한 各司의 향리직을 담당하면서『世宗實錄地理志』의 '次吏層'을 형성
하였다.111)

　사료 나-(4)에서 살펴본 '慶州司首戶長行案'은 고려사회에서 일부 지방
세력이 호장직을 독점적으로 이어가고 있음을 잘 보여준다. 그 구체적인

---

109) 羅恪淳,「高麗鄕吏의 身分的 特性과 그 變化」,『史學硏究』45, 1992, 63쪽에서는
　　이를 郡吏系와 戶長系의 차등으로 이해하였다.
110) 후대의 자료이긴 하지만 고려말 조선초의 戶口單子나 戶籍, 戶長先生案 등을 보
　　면 戶長職은 각 집안에서 거의 세습되고 있었다. 대표적인 사례가『慶州戶長先生
　　案』, 88~89쪽의 戶長正朝 李秀民의 사례이다. 李秀民은 庚辰年(1460) 2월 12일
　　에 開印行公하는데, 賤妾對坐로 인해 長子인 記官 希元戶에서 迎印하였다는 기
　　록이 있다. 首戶長의 有故時에 首戶長의 職印을 맞이하는 공식행사를 다른 戶長
　　이 아닌 현재 記官인 長子가 代行했음을 알 수 있다. 그것은 首戶長의 職도 각
　　가문에서 세습되었기 때문이 아닐까 생각한다.
111) 戶長層과 次吏層의 차이에 관해서는 姜恩景,「高麗後期 戶長層의 變動과 '世宗
　　實錄地理志'의 土姓・亡姓」,『東方學志』99, 1998, 57~66쪽 참조. 고려후기 '古
　　籍'을 기본 자료로 편찬된『世宗實錄地理志』에는 '古籍' 이전의 모습을 드러내는
　　표현들이 곳곳에 남아 있는데, 人吏姓이나 土姓과는 차등적으로 구별되는 百姓姓
　　이나 次姓・次吏姓 등이 바로 次吏層에 해당하지 않을까 생각한다.

양상을 살펴보기 위해 다음과 같이 사료 나-(4)의 '慶州司首戶長行案' 서
문에 성명이 기록된 자들을 『慶州戶長先生案』과 비교해 보았다.

<표 2-1> 1361년 慶州司의 首戶長 현황[112]

戶長 명단	首戶長 역임 시기	가 계
戶長正朝 李弼	1355년 1359년 1362년	父 戶長芮, 祖 戶長正朝暉, 曾祖 副戶長幹, 高祖 副戶長大與, 5代祖 副戶長世才, 外祖 兵正李守
戶長正朝 金學	1361년	父 副戶長仁, 祖 副戶長元鼎, 曾祖 戶長正朝貞孝, 外祖 戶長鄭甫
戶長正朝 崔益	1361년 1367년	父 副戶長之玉, 祖 權知戶長冲茂, 曾祖 戶長松, 外祖 權知戶長李桂
戶長正朝 金光叔 (一名 君子)	1363년 1369년 1374년 1376년 1379년 安逸戶長	子 戶長正朝金漢良, 父 副戶長道, 祖 戶長中尹益暉, 曾祖 戶長公器, 外祖 戶長鄭習圭, 妻父 戶長金旦
攝戶長 金諫	首戶長 역임 기사는 없음. 安逸戶長.	子 副戶長關, 孫 戶長公, 曾孫 首戶長金瑩(1447), 孫妻父 左右衛保勝別將金萬興

위의 표는 『慶州戶長先生案』에서 1361년 경주 읍사의 호장직을 가지고
있었던 사람들에 대하여 그 수호장 역임 시기와 가계를 살펴본 결과이다.
攝戶長 金諫을 제외하면 이들은 1361년 이전이나 1361년 당시에, 또 그 이
후라도 모두 首戶長을 역임하였다. 이들의 四祖는 거의 대부분이 호장 또
는 부호장이었고, 그 후손도 호장직을 계속 이어갔으며 상당수는 수호장을
맡았다.

대표적인 사례로 李弼과 金光叔의 경우를 들 수 있다. 확인 가능한 자료
상으로 이 집안은 5대조부터 부호장을 하다가 그의 祖에 이르러 호장정조
가 되었다. 그의 父는 호장이었지만 父와 형제인 李蘭이 1330년에 수호장
을 한 것으로 보아, 이 때쯤이면 경주 戶長層에서도 상당한 세력이 있는
집안이 되었음을 알 수 있다. 그 결과 李弼 자신도 수호장을 세 차례나 맡
을 수 있었다. 金光叔도 1363년부터 1376년까지 네 차례에 걸쳐 수호장을

112) 「慶州戶長先生案」, 『韓國中世社會史資料集』, 64~85쪽.

맡았다. 그의 가까운 선대에는 수호장을 맡았던 기록이 없으나, 그의 아들 金漢良은 몇 차례 수호장을 한 기록이 있다. 그에 비해 攝戶長 金諫은 자신은 首戶長을 역임하지 않았더라도 그 자손이 모두 戶長·副戶長職에 올랐고, 증손 金瑩이 1447년에 首戶長職을 맡았다.

적어도 慶州 邑司의 首戶長을 맡은 집안에서는 그 四祖가 호장·부호장이 아닌 경우가 거의 없었다. 예외인 경우에도 지방군의 別將이거나 兵正이었고, 고려말에는 貢士 또는 檢校職·同正職인 경우가 몇몇 있을 뿐이다.

따라서 향리직에서 특히 호장직의 세습에 대한 규정은 없었지만, 각 군현에서 호장직에 오를 수 있는 사람은 몇몇 집안에 제한되어 실질적으로 세습되었음을 알 수 있다. 그리고 호장직의 세습화를 통해 戶長層이 형성될 수 있었다. 고려의 지방사회에서는 戶長層이 각 군현마다 형성되어 邑司의 주요 구성원이 되었고, 읍사는 고을의 의사결정 기구로서의 역할을 담당하였다.

(2) 호장층의 관직 진출

고려사회에서 戶長層은 향리직을 통해 지방통치체제에 참여할 뿐 아니라, 관직에 진출할 수 있는 일정한 통로가 마련되어 있었다. 그 대표적인 사례가 貢擧·其人·一品軍 將校職 등에서 鄕吏職者에게 주는 혜택이었다. 여기서는 향리 직위에 따른 자격을 일일이 규정하였는데, 이는 지방세력 중에서도 향리직을 수행하는 자들에게만 혜택을 주겠다는 의도로 보인다. 이 제도들은 대체로 향리직이 중앙 정부에 의해 제도화되었던 문종대에 이루어졌다.

지방에서 중앙 관직으로 진출할 수 있는 가장 확실한 길은 과거를 통한 것이었으며, 중앙 정부는 지방세력이 과거에 응시할 수 있도록 각 지방에서 貢擧를 하도록 하였다.

다-(2) 文宗二年十月判 各州縣副戶長以上孫·副戶正以上子 欲赴製述·

明經業者 所在官試貢京師 尙書省國子監審考 所製詩賦違格者 及
明經不讀一二机者 其試貢員科罪. 若醫業須要廣習 勿限戶正以上
子 雖庶人 非係樂工·雜類 並令試解[113]

위의 사료는 문종 2년(1048)에 정한 각 주현에서 貢擧할 때의 규정이다.
이에 앞서 현종 15년에 諸州縣의 歲貢을 1千丁 이상이면 3명, 5百丁 이상
이면 2명, 그 이하는 1명으로 정하고 界首官이 시험쳐 선발하여 서울에 보
내면 국자감에서 다시 시험하여 입격한 자는 科擧를 보도록 허가하고 나
머지는 本處로 돌려보내도록 한 바 있다.[114] 그런데 界首官의 시험이 제대
로 시행되지 않았던 모양이다. 문종 2년에는 국자감에서 다시 시험을 보아
부적격자는 科罪하겠다는 방침을 밝히고 있다. 이러한 결정은 계수관과 결
탁하여 쉽게 진출하는 것을 통제하려는 의도였다고 생각한다.

지방사회에서 계수관과 결탁하여 공거를 받는 자들은 어떤 계층이었을
까. 문종 2년의 규정에서는 歲貢의 대상을 부호장 이상의 孫과 부호정 이
상의 子로 구체적으로 명시하여, 貢擧의 대상을 명확히 하였다. 그 한계로
명시된 부호장과 부호정은 戶長層 내에서의 직위의 차별이며, 부호정 이상
이라고 해서 그와 같은 직위인 公須·食祿·客舍·藥店·司獄正 등까지
포함하는 것은 아닌 듯하다. 비슷한 시기 문종 5년의 규정인 사료 다-(1)에
서 公須·食祿·客舍·藥店·司獄正의 鄕吏職을 '累世有家風子息'에 못
미치는 '家風不及者'가 했다면, 이러한 차등의 기준은 여기서도 적용되었
을 것이다. 같은 家風의 副兵倉正이 제외되고 있는데, 향리 직위가 같다고
해서 '家風不及者'에게 동일한 기회를 주었다고 보기는 어렵기 때문이다.

지방사회에서 戶長層이 貢擧를 통해 중앙관직으로 진출하는 것은 그리
어려운 일이 아니었다. 그 결과 인종 18년(1140)에는 明法科에 貢士의 지
원을 금하자는 건의가 나오게 된다. 당시 明法科는 율령만을 읽게 하므로
급제하기 쉽고, 급제하면 지방관직에 임명하므로 양반 자제와 貢士가 다수
지원하였다고 한다.[115] 특별히 貢士의 지원을 금하려고 한 것은 이들이 戶

---

113) 『高麗史』 권73, 選擧志 1, 科目 1, (中) 590쪽.
114) 위의 책, 選擧志 1, 科目 1, 顯宗 15년 12월, (中) 590쪽.

長層 출신으로 쉽게 貢擧되었기 때문이다. 즉 세공의 대상을 戶長層으로 하되, 그 중에서도 향리직이 부호정 이상인 자들에 한해서 공거의 혜택을 주었던 것으로 보인다. 호장과 함께 사실상 최고 상위 향리직을 이루는 부호장에게는 그 孫까지 공거의 자격을 주었고, 그 이하 兵倉正·戶正 및 副戶正에게는 그 자식에게만 공거의 자격을 주었다.

醫業의 경우 이전에는 호정 이상으로 제한하여 명경·제술과보다 그 자격이 더 엄격했다. 이는 의업을 통해 관직을 쉽게 얻을 수 있었기 때문이다.116) 문종대에는 그 제한을 없애고 庶人이라도 樂工·雜類에 연계되어 있지 않으면 시험에 응시하도록 하였다. 여기서 戶正 등의 향리직을 가진 자는 庶人과 구별되는 계층이었는데, 문종대에 향리직에 따른 각종 관직진출의 특혜가 마련되자 의업에서는 더 이상 제한을 두지 않았음을 알 수 있다.

戶長層에게는 貢擧를 통한 과거 응시가 아니더라도 관직에 진출할 수 있는 공식 통로가 있었다. 그것은 其人을 통한 同正職의 획득이었다.

다-(3) 國初 選鄉吏子弟 爲質於京 且備顧問其鄉之事 謂之其人
　　　文宗三十一年判 凡其人 千丁以上州 則足丁四十以下·三十以上者 許選上. 以下州 則半足丁勿論兵倉正以下·副兵倉正以上富强正直者 選上. 其足丁限十五年 半丁限十年 立役 半丁至七年 足丁至十年 許同正職 役滿加職117)

　　(4) 謹按清道郡司籍 …… 正豊六年辛巳(本朝毅宗卽位十六年也)九月郡中古積裨補記准 清道郡前副戶長禦侮副尉李則楨戶 在古人消息及諺傳記載 致仕上戶長金亮辛 致仕戶長旻育 戶長同正尹應 前其人珍奇等 與時上戶長用成等言語 時太守李思老 戶長亮辛年八十九 餘輩皆七十已上 用成年六十已上……118)

---

115) 위의 책, 選擧志 1, 科目 1, 仁宗 18년 윤6월, (中) 593쪽.
116)『高麗史』 권75, 選擧志 3, 鄕職, 恭愍王 12년 5월, (中) 654쪽.
117) 위의 책, 選擧志 3, 其人, (中) 652쪽.
118)『三國遺事』 권4, 寶讓梨木, 최남선 편, 서문문화사, 185쪽.

본래 其人이란 향리의 자제를 중앙에 불러올려 '其鄕之事'를 顧問하게 한 자들이었다. 현종대까지만 해도 其人·百姓이 事審官을 擧望했다고 하므로, 그 자문의 역할이 매우 컸음을 짐작할 수 있다.[119] 그러나 각 군현에 外官이 파견되면서 차츰 그 역할이 축소되었는데, 이러한 상황에서 문종 31년(1077)에 其人의 자격에 관한 규정이 나왔다.

其人의 자격은 1千丁 이상의 고을과 그 이하로 나누어 정했는데, 1千丁 이상이면 足丁으로 나이 30세에서 40세 사이의 사람이어야 하지만, 1千丁 이하의 고을은 半丁·足丁 상관 없이 兵·倉正 이하, 副兵倉正 이상의 富强正直者로 選上하도록 하였다. 이 문맥으로 미루어보면 이전에는 1천 정 이상과 이하의 구별 없이 兵·倉正 이하, 副兵倉正 이상의 足丁을 대상으로 했음을 추정할 수 있다. 따라서 현재에도 1천 정 이상의 고을에서는 其人의 대상이 副兵倉正 이상에서 兵·倉正 이하의 足丁으로, 나이도 30세에서 40세 사이로 제한되었다. 副兵倉正 이상에서 兵·倉正 이하라면, 사료 다-(1)에서 소위 '累世有家風子息', 즉 戶長層만이 가능한 향리직이었다.

이러한 기준은 초기에는 당연한 조건이었는데, 문종대에 이르면 1千丁 이하의 고을에서는 조건에 맞는 사람을 選上하는 것이 어려웠던 모양이다. 그 결과 문종 31년의 判이 나오게 되었다. 즉 1천 정 이상의 고을은 예전대로 시행하되, 1천 정 이하의 고을은 그 기준을 완화시켜 주었다. 그래서 半丁도 가능하게 되었다. 1천 정 이하의 고을의 戶長層에는 반정도 포함되어 있었다.

사료 다-(4)는 당시 지방의 읍사에서 其人의 지위가 어떠했는지 잘 나

---

119) 『高麗史』 권75, 選擧志 3, 事審官, 顯宗 10년(1019) 判, (中) 652쪽에 '凡差事審官 從其人百姓擧望 其擧望雖小 如朝廷顯達累代門閥者 並奏差'라 하였다. 즉 事審官의 임명은 其人百姓의 擧望에 따르는 것이 통례였는데, 이제 '朝廷顯達累代門閥者'도 아울러 奏差하도록 했던 것이다. 이는 其人의 역할이 차츰 축소되었음을 의미한다. 하지만 『高麗史』 권73, 選擧志 1, 科目1, 睿宗 11년(1116) 11월 判, (中) 591쪽에 '遭父母喪者 屬部·坊·里典 及本鄕其人·事審官處問戲……'이라 하여, 睿宗代까지도 其人은 그 고을의 중요한 일에 事審官과 함께 자문했음을 알 수 있다. 其人의 지위는 여전히 事審官에 필적하였다.

타난 자료이다. 이 자료는 淸道郡司籍에서 발견된 이야기를 옮긴 글이다. 의종 15년에 청도군에 있는 古積裨補記를 준거하였다고 하므로 淸道郡司의 존재를 짐작할 수 있다. 당시 淸道郡司에는 前副戶長禦侮副尉 李則楨과 致仕上戶長 金亮辛, 致仕戶長 昊育, 戶長同正 尹應과 함께 前其人 珍奇 등이 있었다. 물론 이들은 대개 70세 이상의 인물로서 대부분 현직에서 물러난 원로로 보인다. 하지만 이들은 군의 중요한 일에는 여전히 참여하였다.

그런데 珍奇라는 사람이 '前其人'이라고 기록되어 있다. 진기는 중앙에서 기인을 한 사람인데, 다시 지방에 내려와 청도군 읍사의 논의에 참여하고 있었다. 기인이 청도군의 최고 원로인 前副戶長・致仕上戶長・致仕戶長・戶長同正 등과 함께 의논에 참여할 수 있다는 것은 기인의 지위가 이들과 동등했기 때문에 가능했을 것이다.

其人이란 戶長層에서도 상위 향리직자가 담당했던 중앙에 대한 役이었다.[120] 따라서 그들에게는 그에 상응하는 혜택이 주어졌다. 족정은 15년을, 반정은 10년을 立役하되 족정이 10년, 반정이 7년이 지나면 同正職을 주었고, 役이 끝나면 加職하도록 했다. 따라서 其人은 지방사회의 戶長層이 중앙의 관직을 얻을 수 있는 한 방편이 될 수 있었다.[121]

科擧 응시 및 同正職과 아울러 戶長層이 관직을 얻을 수 있는 또 하나의 방편은 지방군의 將校職이었다. 역시 문종대에 지방의 一品軍 將校職의 자격이 규정되었는데, 여기에서는 戶長層의 가풍에 못미치는 次吏層에

---

120) 金成俊, 「其人의 성격에 대한 고찰(下)」, 『歷史學報』 11, 1959, 87~88쪽에서는 비교적 하급 향리에서 선정한 것으로 보았다. 다만 10~15년씩 役을 지게 한 것은 향리의 이용가치를 나타낸다는 지적을 하였다.

121) 金光洙, 「高麗時代의 同正職」, 『歷史敎育』 11・12合, 1969, 172~173쪽에서는 鄕吏의 同正職・檢校職 제수를 관인 신분의 취득으로 이해하였다. 이는 고려말에야 나타나는 현상이 아니라, 고려초부터 호족형 지배층이 관인형 지배층으로 전화하는 과정이었다고 보았다. 그러나 같은 논문, 145~146쪽에서는 그 관직이 향리 계통의 同正職으로서 중앙의 이직이 아니었을 것으로 추정하였다. 어떻든 이러한 동정직의 취득은 이후 중앙 實職에 나아갈 수 있는 발판이 되었을 것이다. 金光洙, 「高麗時代의 胥吏職」, 『韓國史硏究』 4, 1969 참조.

게도 기회가 주어졌다.

다-(5) 文宗二十三年三月判 諸州一品 別將則以副戶長以上 校尉則以兵
倉正・戶正・食祿正・公須正 隊正則以副兵倉正・副戶正・諸壇
正 試選弓科而差充[122]

문종 23년(1059)에 一品軍의 將校를 弓科를 試選하여 差充하되 이에
응시할 수 있는 자격을 제한하였다. 別將은 부호장 이상이어야 하고, 校尉
는 兵倉正・戶正・公須正・食祿正, 隊正은 副兵倉正・副戶正・諸壇正
등이 응시할 수 있었다. 여기서 일품군의 지휘권자인 별장은 호장・부호장
만이 가능했고, 그 밖의 장교직에는 좀더 많은 鄕吏職者가 응시할 수 있었
다. 사료 다-(1)에서 말하는 '家風不及戶正・副兵倉正者', 즉 次吏層이 차
정되었던 公須正・食祿正 및 諸壇正에 이르기까지 正級 이상의 향리직자
면 장교직 선발에 응시할 수 있었다.

이러한 일품군의 장교직은 사료 다-(1)에서도 확인된다. 僧俗等 1천여
명을 호장 柳瓊과 부호장 承律이 나누어 거느렸는데, 호장 유경은 바로 뒤
에 郡司戶長 別將이라는 직함으로 나온다. 일품군의 최고 지휘권자인 별
장은 邑司에서 首戶長의 역할을 하던 호장이 겸했음을 알 수 있다. 또한
호장 유경과 함께 僧俗을 거느렸던 부호장 승률도 역시 일품군의 장교직
을 띤 게 아닐까. 당시에 적어도 4명의 부호장이 있었는데도 승률이 호장
과 함께 일을 나누어 맡은 것을 보면, 부호장에서도 서열이 높았던 것으로
보인다. 향리직에 따른 지방군 장교직도 戶長層 내부의 서열에 따라 임명
되었던 것이다.

당시 고려 정부는 지방세력 중 특히 戶長層에게 관직 진출의 다양한 기
회를 부여함으로써 戶長層이 향리직을 지속적으로 담당할 수 있도록 제도
적으로 보장하였다. 그 결과 이는 戶長層이라는 하나의 계층을 재생산할
수 있는 기반이 되었다.

---

122) 『高麗史』 권81, 兵志 1, 兵制, (中) 779쪽.

이상 본 장에서는 호장제가 등장하기 이전 각 지방에 존재했던 다양한 지방세력과 지방통치기구가 어떻게 향리제라는 하나의 통일된 통치기구로 편제되었으며, 그 과정에서 등장한 호장제와 戶長層이 고려통치체제에서 어떠한 역할을 담당하였는지 분석해 보았다.

성종 2년에 일련의 지방제도를 마련하기까지 지방세력의 통치기구는 다양했는데, 고려의 통일과정을 거치는 동안 차츰 州官으로 자리잡게 되었다. 고려초의 주관은 지방통치체제가 아직 정비되지 못한 상황에서 공식적인 관의 성격을 띠었다. 향리제의 시발이 되었던 堂大等·大等 체제는 바로 州官에서 등장한 것이다. 고려초 당대등·대등은 명주·원주·충주·청주 등 주로 거읍의 주관에서 확인되는데, 이를 통해 일찍부터 궁예의 세력권에 들어 신라로부터 독립된 지역에서 대등이 먼저 등장하였음을 추정할 수 있었다.

이들 거읍은 州의 규모가 매우 컸고, 그만큼 여러 지방세력이 독립적으로 존재했다. 각 성의 지방세력은 고려가 안정됨에 따라 州의 대단위로 통합, 편제되어야 했다. 대등은 주 단위의 통치기구인 주관의 형성과정에서 등장했다. 그리고 대등의 회의체에서 당대등이 나타난 것이다. 이후 당대등·대등 중심의 주관 구조는 짧은 시간 안에 신라와 후백제의 지배지역까지 확산될 수 있었다. 이는 고려적인 통치기구로 통일되는 과정이기도 했다.

대등·당대등이 나타난 州官은 강력한 지방세력이 다수 있었기 때문에 그 지배구조도 단순하지 않았다. 주관에는 대등을 비롯한 지방 자체의 관직을 띤 자들뿐 아니라, 중앙의 관직 및 관계를 가진 강력한 지방세력도 포함되었다. 그 본래의 성격을 생각해보면, 대등은 주관의 회의체에 참여한 자들을 통칭하는 용어였을 것이다. 대등의 회의체 아래에는 실무기구로서 신라 執事省에 해당하는 직과 각 부를 두었다. 고려초 지방세력의 주관은 중앙에 필적할 만한 통치기구였다.

아직은 중앙의 관직과 官階를 가진 유력한 지방세력이 지방통치기구에 참여하던 때였으므로, 주관에서 당대등의 지위는 상대적으로 미약했다. 광종대에 이르면 중앙의 통치체제가 정비되면서 在京勢力이 州官에서 분리되었고, 비로소 당대등이 최고직으로 나타난다. 이와 같이 고려초의 주관은 신라식의 지방운영체제가 무너진 후 고려식 지방통치체제의 출발점이 되었다. 외형상으로는 신라의 군현제와 읍사가 그대로 유지된 것처럼 보이나, 그 운영원리는 고려적인 것으로 변화한 것이었다.

성종 2년의 吏職 개편은 고려 지배지역의 거읍에서 형성된 당대등·대등 중심의 주관을 호장·부호장 중심으로 개편하되, 그 체제는 계승하도록 한 것이다. 하지만 호장·부호장 체제는 이전의 당대등·대등 체제와 그대로 직결되는 것은 아니었다. 성종 2년의 이직 개편은 단순한 이직명의 개칭에 그치는 것이 아니라, 이전의 주관에서 무원칙으로 쓰이던 관직명을 하나의 원칙 아래 통일시킨 것이며 고려의 주요 거읍에서 발전한 당대등 체제를 전국적으로 확대시켜 간 것이었다. 이를 통해 지방통치기구의 질적인 변화를 꾀한 것이었다. 고려 정부는 유력한 지방세력을 중심으로 자치적으로 운영되었던 주관을 개편하여 향리제라는 통일된 조직으로 편제시키려 했던 것이다.

고려의 戶長·副戶長 체제는 堂大等·大等 체제와 같이 유력한 지방세력을 중심으로 이루어졌고 당대등 직속의 조직은 그대로 유지되었으나, 그 성격이나 지위가 상당히 변화한 것이었다. 정부는 향리직의 최고직인 호장에게 중앙 관리와 마찬가지로 대우하여, 직첩과 직전을 주었으며 휴가기일과 휴무도 제한했다. 호장은 각 군현의 실질적인 지배자였다.

지방사회에서 이러한 호장직까지 승진할 수 있는 집안은 제한되어 있었고, 이들은 고려사회에서 戶長層을 형성했다. 戶長層은 정부의 차별적인 법제 속에서 貢擧·其人·지방군 將校職 등을 통해 관직에 나아갈 수 있는 각종 특혜를 받았다. 이를 통해 더욱 기반을 공고히 할 수 있었고 그만큼 차등도 심화되었다. 이러한 토착세력의 차등화는 국가가 유력한 성씨를 파악하는 데서도 드러나, 13세기 '古籍'에서 土姓으로 통합되기 이전에 각 군현의 지방세력은 人吏姓과 次吏姓·百姓姓 등으로 구별되어 파악되었던 것이다.

하지만 戶長層은 법적인 신분으로 보장된 것은 아니었다. 다만 필요에 따라 국가가 여러 제도적인 장치를 마련함으로써 유지될 수 있었다. 따라서 통치구조가 본격적으로 변화하기 시작하는 고려후기 사회에서는 이들도 변화하지 않을 수 없게 된다.

제2장 戶長層의 지위

　고려의 호장층은 모든 지역에 外官이 파견되지 못한 지방통치체제에서 실질적인 지방통치기구의 역할을 담당하였던 邑司의 최고의 향리직을 세습하였던 계층이었다. 따라서 당시 사회에서 호장층의 지위는 두 가지 측면을 포함하고 있다. 즉 지방사회 유력자로서의 지위를 갖는 동시에 향리직을 담당하는 관리로서 국가관료체제에서의 지위도 갖고 있었다.

　본 장에서는 먼저 지방사회의 유력자로서의 지위를 밝히기 위하여 이들의 근거지인 本貫에서의 역할과 지위를 살펴보고자 한다. 本貫制는 고려의 지방제도가 정비되기 전에 이미 등장하였고, 군현 단위의 본관은 戶長層과 마찬가지로 중앙관직자들의 근거지이기도 했다. 중앙관직자들은 사심관의 역할을 맡아 자기의 본관에 개입할 수 있도록 보장받고 있었다. 따라서 본관에서 戶長層의 지위는 事審官과 서로 보완 또는 대립하는 가운데 설정되는 것이다.[1] 고려의 지방제도는 고려초 州官을 거쳐 점차 정비

---

1)　이제까지는 本貫制 연구에서 戶長層과 事審官이 분리되어 이해되어 왔다. 고려의 지방통치체제에서 戶長層은 지방세력의 측면에서 이해되었고, 事審官은 중앙정부의 입장에서 이해되었다. 본고는 戶長層과 事審官이 本貫制 운영에서 중요한 축을 담당하였음에 주목하였다. 현재 本貫 관련 논문 중 대부분은 주로 土姓과 관련하여 연구되었고, 지방통치체제 측면에서 접근한 연구로는 다음과 같은 것이 있다. 허흥식, 「고려시대의 본과 거주지」, 『고려사회사연구』, 1981 ; 김수태, 「고려 本貫制度의 성립」, 『진단학보』 52, 1981 ; 김수태, 「고려초기의 本貫制度」, 『한국중세사연구』 8, 2000 ; 채웅석, 「고려전기 사회구조와 本貫制」, 『고려사의 제문제』, 1985 ; 채웅석, 「고려시대 本貫制의 시행과 지방지배질서」, 서울대 박사학위논문, 1995(『고려시대의 국가와 지방사회』, 서울대출판부, 2000 재수록) ; 강은경, 「고려 戶長層의 형성과 本貫制」, 『한국중세사연구』 12, 2002.

되었으며, 戶長制가 마련되고 戶長層이 형성되면서 그 체제를 갖추었다. 戶長層의 형성 이후 본관제 운영에서 戶長層의 지위는 어떻게 변화하였으며, 또한 그것이 지방통치체제의 정비과정에서 어떠한 의미가 있었는지 살펴보려 한다.

다음으로 호장층의 국가관료체제에서의 지위를 밝히기 위해서는 고려의 공복 체계에서 호장의 공복이 갖는 의미를 찾아보고자 한다. 전근대 사회에서 복식은 단순히 경제적 능력의 문제가 아니라, 사회적 신분과 계급이 반영된 형식이었다. 따라서 중앙 정부가 제정한 服制는 당시 사회에서 갖는 각 신분의 지위를 드러내는 지표였다. 특히 공복이란 전체 권력체계 가운데 차지하는 지위를 그대로 드러내는 것이어서, 호장의 공복은 전체 관료체제에서 호장층이 갖는 지위를 가리키는 지표가 될 수 있다. 따라서 고려의 공복 체계에서 향리 공복, 그 중에서도 호장의 공복이 어떠한 위치에 있었는지 살펴봄으로써, 고려사회에서의 호장층의 지위를 좀더 명확히 하려고 한다.

1. 本貫制下 事審官과 戶長層

1) 고려초 本貫制의 시행

(1) '본관'의 승인과 그 의미

고려사회에서 本貫이라는 용어는 商旅와 승려, 과거응시자 등의 신원 확인, 州鎭에 入居한 군인들의 현 거주지, 在京兩班의 在地基盤, 歸鄕刑의 대상, 鄕貢進士 인원배정의 단위 등 전체 良人을 대상으로 사용되었던 것으로 밝혀져 있다.

고려의 본관은 특정 지역에 籍을 작성함으로써 성립되는 것으로, 이는 국가체제가 정비되던 광종대에서 성종대에 걸쳐 이루어졌다.[2] 하지만 본

---

2) 채웅석, 「신라말 고려초기 지방사회의 변동과 本貫制의 성립」, 『고려시대의 국가와 지방사회』, 서울대학교출판부, 2000, 69~83쪽에서는 고려초 置邑과 籍의 작성

관이라는 용어는 그 이전부터 쓰였던 것으로 보인다. 그것은 고려초 공신들에게 특정 지역을 본관으로 하도록 했다는 국가의 각종 조치에서이다. 고려전기 墓地銘에는 이와 관련된 여러 가지 이야기들이 기록되어 있다. 초가 本貫 관련 기사는 주로 본관으로 인정받게 된 경우에 관한 것이었다. 이는 지방세력이 자신들의 本貫을 인정받는 데에는 별도의 승인절차가 있었음을 시사해준다.3)

다음은 平山 朴氏가 平山을 本貫으로 삼게 된 경위에 관한 다양한 기록이다.

가-(1) 그 선조 北京都尉 赤烏가 신라에서 竹州에 들어와 察山候가 되었다. 또 平州에 들어와 十谷城 등 13城을 설치하고 弓裔에게 귀부하였다. 그 후 자손이 번창하여 太祖가 통합할 때부터 지금까지 후손이 끊이지 않았다. (「朴景仁墓地銘」(1122), 『高麗墓地銘集成』)

(2) 朴氏의 선조는 鷄林人이다. 대개 신라 시조 赫居世의 후예이다. 신라말에 그 후손 察山候 積古의 아들 直胤 大毛達이 平州 관내 八心戶에 이주하여 邑長이 되었다. 따라서 直胤 이하는 平州人이 되었다. 直胤의 아들은 三韓功臣 三重大匡 遲胤이고, 遲胤의 아들은 三韓功臣 大尉 兼侍中 守卿이고, 守卿의 아들은 三韓功臣 司徒 承位이니, (朴景山은) 承位의 4代孫이다. (「朴景山墓地銘」(1158), 『高麗墓地銘集成』)

(3) 朴翛는 平州人이다. 공의 시조는 대개 新羅 貴姓人이며, 玄祖 功臣 三重大匡 守卿은 일찍이 태조가 삼한을 평정할 때 몸소 전쟁에 나가 공을 세웠으므로 平州에 食采를 받고, 드디어 鄕으로 삼으니 후세 자손이 이를 인하였다. (「朴翛墓地銘」(1156), 『高麗墓地銘集成』)

을 本貫制의 성립으로 보았다.
3) 김수태, 앞의 논문, 1981에서 고려초 기록에서 本貫은 그 인물의 出自地名이며, 本貫 사용자들이 스스로 칭함으로써 비롯되었다는 기록은 보이지 않는다고 하면서 本貫은 국가로부터 받게 됨으로써 사용되었다고 하였다.

위의 세 자료는 비슷한 시기의 기록으로 모두 신라말 平州의 지방세력 朴守卿을 선조로 하는 인물들의 墓地銘인데, 이 중에서도 사료 가-(1)의 朴景仁과 사료 가-(2)의 朴景山은 형제이다. 그런데 이 기록들은 약간의 차이를 보이고 있다. 사료 가-(1)에서는 자신의 선조가 신라에서 竹州를 거쳐 최종 平州에 정착하였다고 하지만, 사료 가-(2)와 사료 가-(3)에서는 자신들은 신라의 貴姓이었는데 平州에 정착했다고 한다. 사료 가-(1)의 朴景仁과 사료 가-(2)의 朴景山은 비록 형제이지만 묘지명의 연대가 30년이 넘게 차이가 나는데, 후대의 것인 박경산의 묘지명에서는 竹州로 이주한 것과 궁예에게 귀부한 사실을 빠뜨리고 있다. 그 대신 신라 貴姓의 모습을 갖추려 애쓴 흔적이 보인다. 따라서 사료 가-(1)의 기록이 보다 원전에 가깝다고 볼 수 있다.

사실 朴守卿이 광종 15년(964)에 죽었는데,[4] 가장 빠른 기록인 사료 가-(1)의 朴景仁은 문종 11년(1057)에 태어났으므로 朴守卿과의 시차는 무려 1백년이나 된다. 또한 朴寅亮의 아들로서 형제인 朴景仁과 朴景山의 기록이 약간 다른 것으로 보아, 그 世系에 대한 내용이 기록으로 남은 것은 아니었던 것 같다.[5] 위의 자료들이 정확한 기록이라고 할 수는 없지만, 그 世系와 관련 기사는 고려초의 상황을 반영한 것으로 보인다. 신라의 시조 赫居世의 후예라든지, 신라의 貴姓人이라는 것은 후대에 윤색된 것으로 보이지만, 그 내용을 종합하면 이들 家系의 실질적인 시조는 赤烏이며 그가 竹州로 이주하여 察山候가 되었고, 이후 다시 平州로 移住하여 고려와 인연을 맺게 되었다는 것이다.

사료 가-(1)에 따르면 朴景仁의 선조는 赤烏 이후 平州로 이주하여 十谷城 등 13성을 설치했다고 하는데, 사료 가-(2)에서는 평주로 이주한 사람을 赤烏의 아들 直胤 大毛達이었다고 한다. 그렇다면 이 집안이 竹州를 거쳐 平州에 정착하기까지는 그리 오랜 시간이 걸리지 않았던 것 같다.[6]

---

4) 『고려사』 권2, 세가2, 광종 15년 8월 임자.

5) 이들의 실질적인 시조 察山候의 이름이 사료 가-(1)에서는 赤烏로, 사료 가-(2)에서는 積古로 표기된 것을 보면 그 이름이 口傳으로 내려오다가 이 때에 각기 다르게 표기된 것이 아닌가 생각된다.

여기서 사료 가-(1)에서 赤烏가 '신라에서 竹州로 들어왔다'는 표현에
주목할 필요가 있다. 이는 赤烏가 신라의 지배 영역을 벗어나 竹州로 이주
했다는 뜻이 아닐까. 그렇다면 당시 竹州 지역은 이미 지방세력의 관할 아
래 들어갔던 것으로 보인다. 察山候라는 관직명은 그러한 상황에서 나온
것으로, 지방세력의 독자적인 관직이었을 것이다.[7] 결국 이 집안은 平州에
이주한 이후 弓裔에게 귀부하였다. 인근 송악의 지방세력이었던 왕건의 집
안이 乾寧 3년(896)에 궁예에게 귀부하였으므로,[8] 이들의 귀부도 비슷한
시기에 이루어지지 않았을까 생각한다. 朴守卿이 直胤의 손자이므로, 궁예
에게 귀부한 사람은 박수경의 父 遲胤이거나 祖 직윤이었을 것이다.

이상의 경과를 살펴보면 이 집안은 불과 2代만에 신라의 어느 지역인가
를 출발하여[9] 竹州를 거쳐 平州에 이르렀다. 直胤은 平州 관내 八心戶의
邑長이 되었는데, 이주한 지 얼마 안되어 邑長이 되었다는 것은 이들 집단
이 처음부터 한 고을을 지배할 정도의 경제적 또는 군사적 기반을 유지한
채 이주하였음을 나타낸다고 할 수 있다. 이후 직윤에서 지윤에 이르는 사
이에 평주 지역에 十谷城 등 13성을 설치함으로써, 이제는 그 일대에 영향
력을 행사하는 강력한 세력으로 성장하였다. 이러한 기반을 바탕으로 이

---

6) 鄭淸柱, 「신라말 고려초 호족의 형성과 변화」, 『신라말 고려초 호족연구』, 일조각,
   1996, 38~45쪽에서는 赤烏가 竹州에 들어간 때를 경덕왕대(742~764년)로, 그 아
   들 直胤이 평주에 들어간 때는 패서지방이 개척되던 시기인 748년에서 826년으로
   추정하였다. 이는 이들의 관직 北京都尉, 察山候, 邑長 등을 신라의 관직으로 보
   았기 때문이다. 하지만 이러한 관직은 신라 관직체계에서는 보이지 않는데 이들의
   활동시기를 무리하게 경덕왕대까지 올라갈 필요는 없다. 무엇보다 父子間의 활동
   시기로 보기에는 그 시차가 너무 크다. 直胤의 손자 朴守卿이 920~960년대 활동
   했음을 고려하면, 赤烏의 활동 시기는 9세기 중반에서 후반으로 추정할 수 있다.
7) 이수건, 「고려전기 지배세력의 姓貫 분석」, 『한국중세사회사연구』, 1984, 155쪽 주
   56)에서는 이들이 가졌던 北京都尉, 察山候, 邑長 등의 관직명은 신라 관직체계
   에서는 보이지 않으며, 大毛達은 고구려의 관직명에서 발견되는 것으로 보아 후
   삼국시대 지방호족의 독자적인 관직으로 보았다.
8) 『고려사』 권1, 세가 1, 태조 총서.
9) 정청주, 앞의 논문, 1996에서는 赤烏가 北京都尉였다는 사실에서 이를 유추하였
   다. 즉 北京은 溟州의 또 다른 이름으로 赤烏가 명주의 관직을 역임하였다는 것
   이다. 그렇다면 赤烏의 출발점을 명주로 보아도 큰 무리는 없다고 생각한다.

집안은 궁예에게 귀부하였고, 왕건의 통일전쟁 과정에 적극 참여하여 공을
세울 수 있었다.

그러나 지역사회에 정착했다고 해서 그 지역을 本貫으로 인정받는 것은
아닌 것 같다. 사료 가-(2)에서는 평주에 이주한 直胤 이래 평주인이 되었
다고 한다. 즉 이들이 죽주에서 평주로 이주하여 평주인이 된 것은 고려
건국 이전 궁예 때부터였다.10) 그럼에도 사료 가-(3)의 朴璊 墓地銘에서
는 朴守卿이 平州를 本貫으로 인정받음으로 해서 이후 후손이 平州人이
되었다고 기록하고 있다. 공신 三重大匡 박수경이 통일전쟁에서 공을 세
워 그 공으로 평주에 食采를 받아 鄕을 삼았다는 것이다. 박수경이 평주를
본관으로 삼게 된 것은 통일전쟁 과정에서의 공으로 통일 이후 국가의 승
인을 받음으로써 이루어졌다.

고려초 本貫은 단순히 지방세력의 出自地를 의미하는 것은 아니었다.
신라말 전쟁과 혼란의 시기에 각 지역에서는 많은 이주가 행해졌고, 여기
에는 농민뿐 아니라 일정한 지역을 지배하던 호족도 포함되었다.11) 이들은

---

10) 이와 달리 朴景仁・朴景山의 부친인 朴寅亮에 관한 기록(『高麗史』 권95, 列傳 8,
朴寅亮傳)에는 '竹州人 또는 平州人'이라고 되어 있는데, 이에 대하여 광종대 호
족 억압책으로 朴守卿이 실권하면서 그 손자대부터는 平山(平州)에서 이탈하여
在京仕宦하다가 나중에 전 本貫인 竹州로 이주하였는데, 그 결과 『신증동국여지
승람』에서 朴守卿은 평산부 인물조에, 朴寅亮 이하는 죽산현 인물조에 각각 기재
하였다고 설명하기도 한다(이수건, 앞의 논문, 1984, 154~157쪽).

11) 본문에 인용된 사례 외에도 고려초 명문가를 이룬 집안 중에는 고려초 다른 지역
에서 당시 本貫으로 이주한 사례가 종종 보인다. 예를 들면 仁州 李氏의 경우 「李
子淵 墓地銘」(1061)에는 그 선조가 邵城人이라고 되어 있지만, 그 후손인 「李公
壽 墓地銘」(1138)에는 그 선조가 信州人이었는데 □三世祖 兵馬使大匡 奇平이
邵城에 出守하여 인하여 家를 이루었다고 하면서 邵城은 뒤에 仁州로 고쳐서 지
금은 仁州人이 되었음을 밝히고 있다. 또한 「崔褒抗 墓地銘」(1147)에서도 그 선
조가 狼川郡에서 水州로 이주하여 水州人이 되었다고 기록하고 있는데, 그의 父
인 崔滋盛傳(『고려사』 권98, 열전 11)에서는 수주인이라고만 되어 있다. 그것은
그의 本貫이 水州로 되어 있기 때문일 것이다. 이 역시 이주한 집안이었음을 알
수 있다. 고려 전기 대표적인 문벌로 보이는 광양 김씨의 경우 「金義元 墓地銘」
(1153)에서는 그 선조는 본래 新羅 출신인데 신라말에 가족을 이끌고 난을 피하여
나주 광양현인이 되었다고 한다.

최종 정착한 지역을 실제적으로 지배하고 있었지만, 이에 대하여 本貫으로써 지배하려면 국가의 승인 절차가 필요했던 것 같다.

이 점은 고려의 건국 1등 공신으로 봉해졌던 신숭겸의 사례에서 더욱 분명하게 드러난다. 신숭겸은 平州를 本貫으로 승인받았다.

가-(4) 申崇謙은 본래 전라도 곡성현 사람인데 태조가 이 곳에 姓을 하사하였다. 전하는 말에 의하면 신숭겸이 일찍이 태조를 따라 사냥을 나가서 三灘에 이르러 점심을 먹었다. 그 때 기러기 세 마리가 공중에서 돌았다. 태조가 "누가 쏘겠는가" 하자 신숭겸이 "신이 쏘겠습니다" 하였다. 태조가 활과 화살, 안마를 주었는데, 신숭겸이 "몇 번째를 쏠까요" 하니 태조가 웃으며 "세 번째 기러기의 왼쪽 날개를 쏘아라"고 하였다. 신숭겸이 명령에 따라 쏘았는데 과연 적중하자, 태조가 감탄하여 平州를 鄕으로 삼게 하고 근처 토지 3백 결을 주어 대대로 그 租를 거두도록 하였다. (『신증동국여지승람』 권41, 평산도호부 인물)

(5) 신숭겸 : 세상에 전하기를 숭겸은 죽어서 (곡성)현의 성황신이 되었다. (『신증동국여지승람』 권39, 곡성현 인물)

(6) 申崇謙의 처음 이름은 能山이었으며, 光海州人이다. (『고려사』 권92, 열전 5, 申崇謙傳)

사료 가-(4)의 『신증동국여지승람』에서는 申崇謙이 평주를 본관으로 하게 된 경위를 기록하고 있다. 신숭겸은 본래 곡성현 사람이었는데 고려초 태조가 평주를 鄕으로 삼게 하면서부터 평주인이 되었다고 하였지만, 사료 가-(6)의 『고려사』 申崇謙傳에서는 그가 光海州人이라고 밝히고 있다.

사료 가-(4)에서 申崇謙이 본래 곡성현 사람이라고 한 것을 보면 신숭겸의 家系는 전라도 곡성현 출신이었던 것으로 보인다. 그렇기 때문에 사료 가-(5)에 나타나듯이 신숭겸이 곡성현 출신으로 되어 있고, 곡성현에서는 성황신으로 모시게 되었을 것이다. 그럼에도 신숭겸의 생활기반은 곡성현이나 平州가 아니라 光海州에 있었던 것 같다.[12] 光海州는 신라 경덕왕

이래 고려 태조 23년까지 사용되었던 春州의 地名이다.[13] 따라서 사료 가
-(5)의 '光海州人'이라는 표현은 『고려사』 찬자들의 윤색된 표현은 아니라
고 본다. 신숭겸의 묘를 이 곳에 세운 것도[14] 그의 생활기반이 여기에 있
었기 때문이 아닐까 생각한다.

반면에 신숭겸은 평주에는 연고가 별로 없었던 것 같다. 사료 가-(1)~
(3)의 朴守卿이 평주에 祖·父代에 걸쳐 형성한 세력기반을 가지고 있었
던 것과는 달리, 신숭겸은 이 지역 근처에서 기러기를 맞췄다는 사료 가
-(4)의 이야기 외에는 이 지역과 연관되어 특별히 내세울 조건이 보이지
않는다. 그럼에도 평주가 신숭겸의 본관이 된 것은 국가의 승인에 의해 가
능했던 것이다. 본관은 出自地나 생활 본거지가 아니더라도 인정될 수 있
었다.

本貫 승인과정에서 국가와 승인은 賜籍, 즉 본관 지역에 籍을 올리게 함
으로써 이루어졌다.

가-(7) 申出谷城 麗祖賜籍平山 (「申崇謙忠烈碑」(1612), 『조선금석총람』
        하, 813쪽)

    (8) 系出三韓功臣容式之世譜 而桂陽之金浦縣 卽其桑梓也 (「琴儀 墓
        地銘」(1230), 『高麗墓地銘集成』)

    (9) 本奉化人 後賜籍金浦 (『고려사』 권102, 열전 15, 琴儀傳)

사료 가-(7)은 조선 선조 때 세워진 申崇謙忠烈碑의 글로써, 여기에는
신숭겸이 평주를 본관으로 삼게 된 것을 '賜籍平山'이라고 표현하였다. 본
관의 승인은 그 지역의 籍에 올림으로써 효력을 갖게 됨을 알 수 있다.

---

12) 『신증동국여지승람』 권46, 강원도 춘천도호부, 寓居條에 신숭겸의 이름이 있다.

13) 『고려사』 권58, 지리지 3, 交州道 春州. 경덕왕이 朔州라 고쳤다가 뒤에 光海州라
    고쳤으며, 太祖 23년에 春州라 하였고 成宗 14년에 團練使를 칭하고 安邊府에 속
    하였다.

14) 『신증동국여지승람』 권46, 강원도 춘천도호부, 冢墓.

사료 가-(8)에서 琴儀는 三韓功臣 容式의 가계임을 밝히면서 계양도호부 김포현[15]이 그의 本貫이라고 하였다. 그런데 사료 가-(9)의 『고려사』琴儀傳에서는 그가 본래 경상도 봉화현 출신이라고 되어 있다.[16] 그렇다면 봉화현에서 살았던 琴儀의 집안이 김포현을 本貫으로 하게 된 것은 고려초 인물로 보이는 三韓功臣 容式이 김포를 本貫으로 삼았기 때문이다. 이 집안 역시 앞서 보았던 朴守卿, 신숭겸의 경우와 같이 이주지를 本貫으로 삼고 있는데, 김포를 本貫으로 삼게 된 것을 사료 가-(9)에는 '賜籍金浦'라 표현하고 있다. 즉 이주한 지역을 本貫으로 삼는 과정에서 정부의 허가가 있었음을 나타내고 있다.

그런데 世居地도 아니고 생활기반이 있는 곳도 아닌데 어떻게 이주지역을 本貫으로 할 수 있었을까. 사료 가-(4)의 신숭겸의 경우 本貫의 승인과정에서 국가는 田 300結을 주고 그 租를 대대로 거두도록 하는 조치를 시행했다. 경종대 전시과에서 최고 田 110결, 柴地 110결을 준 것과 비교하면 토지 3백 결은 적은 규모가 아니었다. 지역 연고가 없더라도 이 정도면 경제적 기반을 마련할 수 있었을 것이다.

고려초 국가는 本貫의 승인과정에서 해당자에게 경제적인 토대를 보장해 주었다. 앞서 보았던 사료 가-(3)의 朴守卿도 '平州에 食采를 받고 鄕으로 삼았다'고 한 것으로 보아, 그 역시 본관의 승인과정에서 平州에 食采를 받았음을 알 수 있다.[17]

이러한 현상은 孔巖 許氏의 사례에서도 발견된다.

> 가-(10) 鼻祖 宣文이 麗祖가 三韓을 정할 때 도와서 孔嵒을 食采로 하고 드디어 대대로 陽川人이 되었다. (「許曄神道碑」(1587), 『조선금석총람』 하, 791쪽)

---

15) 『세종실록지리지』, 김포현 및 부평도호부에 의하면 김포현은 고려 현종대 水州 관내에 속하게 했으며, 水州는 고종 2년에 계양도호부로 바뀌었다고 한다.
16) 위의 책, 경기도 김포현 및 경상도 봉화현에 琴氏는 土姓으로 되어 있다.
17) 『고려사』 권92, 열전 5, 朴守卿傳. 朴守卿은 그 공을 인정받아 役分田을 줄 때 田 200結을 特賜받았다고 하는데, 平州의 食采는 바로 이 役分田이 아니었을까 생각한다.

사료 가-(10)에서 許暉의 선조 許宣文은 통일전쟁 과정에서 공을 세워 공암을 食采로 받았고, 드디어 陽川人이 되었다고 한다.[18] 許宣文이 공암현을 本貫으로 인정받는 과정에서도 이 곳을 食采로 받았음이 명기되어 있다. 本貫의 승인은 賜籍과 함께 경제적인 면에서도 실질적인 조치가 함께 따랐던 것이다.

한편 일부 지역에서는 지역의 새로운 재편도 병행하였다.

> 가-(11) 世傳에 太祖 때 夢熊驛吏 韓氏姓 가진 者가 큰 功이 있어 大匡의 號를 賜하고 高丘縣의 땅을 분할하여 縣을 두어 그 鄕貫으로 삼 았다. (『고려사』 권56, 지리지 1, 양광도 洪州 貞海縣)

사료 가-(11)에서 정해현을 韓氏姓 가진 者가 鄕貫으로 삼게 된 것도 태조 때 큰 공을 세웠기 때문이라고 한다. 이에 태조는 고구현의 땅을 분할하여 정해현을 신설하고 鄕貫으로 삼게 했다. 夢熊驛吏였다면 그의 거주지는 당연히 夢熊驛이었을 것이므로, 새로운 縣을 설치하여 지배지역을 확보해 주었던 것이다.

이같이 고려초에 본관을 승인 받는 것은 통일전쟁 과정에서 공을 세운 자들의 몫이었음은 말할 필요도 없다. 사료 가-(3)에서 평산 박씨가 평산을 본관으로 삼을 수 있던 것은 朴守卿이 일찍이 태조가 삼한을 평정할 때 전쟁에 나가 공을 세웠기 때문이라고 기록하고 있으며,[19] 사료 가-(10)에서 許宣文도 통일전쟁에서의 공으로 孔巖을 食采로 받은 것으로 되어 있다. 사료 가-(11)의 夢熊驛吏의 경우도 고위 관계인 大匡을 받은 것으로 보아 아마 통일전쟁 과정에서 큰 공을 세웠던 모양이다.[20] 이에 대하여 국

---

18) 『고려사』 권56, 지리지 1, 水州 孔巖縣. 공암현은 충선왕 2년에 양천현으로 개칭되었다.

19) 『고려사』 권92, 열전 5, 朴守卿傳. 朴守卿은 925년에 후백제와의 曹物郡 전투에서 3軍 中 下軍을 맡아 싸워 홀로 이겼으며, 뒤에 勃城 전투에서 태조가 포위되었으나 힘을 다해 빠져 나왔고, 마지막 후백제와의 전투에도 참여하였다.

20) 太匡은 건국 직후 泰封의 官階를 이어받아 사용하기 시작한 것으로, 문무관에게 수여된 官階 중 실질적으로 최고위에 해당하며 16등급 중 제3위 2品에 해당한다.

가는 기존의 縣을 분할하여 새로운 縣을 만들어 주기까지 하였다.

이상에서 고려 국가는 통일전쟁 과정에서 공을 세운 자들에게 본관을 인정해주었는데, 이는 지방세력의 자율적인 지배권을 인정하는 상징적인 의례가 아니었다. 여기에는 본관의 賜籍 뿐 아니라 食采 賜與 등 경제적 기반의 제공, 군현 영역의 지배지역 조정 등 실질적인 조치가 함께 따랐음을 알 수 있다.

(2) 본관의 운영과 事審

고려초 공신들에 대한 본관의 승인은 그들이 실질적으로 지배하던 곳에 대한 지배권을 인정해주는 절차로서 시행된 것만은 아니있다. 본관의 승인 과정에서 군현의 영역까지 조정하는 것을 보면, 그것은 지방통치 정책과 밀접한 관련이 있었던 조치였다. 그렇다면 고려 국가가 본관 승인의 대가로 공신들에게 원했던 것은 무엇이었을까. 그 단서를 제공하는 자료가 金傳의 예이다.

　나-(1) 太祖 18년에 신라왕 金傳가 來降하자 新羅國을 없애고 慶州로 삼았으며, 金傳를 本州의 事審을 삼아 副戶長 이하 관직 등을 주관하게 하였다. 이에 여러 功臣도 이를 본받아 그 本州의 事審이 되니 事審官은 이에서 비롯하였다. (『고려사』권75, 선거지 3, 銓注, 事審官)

　　(2) 이에 金傳를 政丞을 삼고 태자의 上位에 두어 歲祿 1천 석을 급여하고 神鸞宮을 세워 그에게 내렸다. 그의 시종자들도 아울러 收錄하여 田祿을 넉넉히 내리고 新羅國을 삭제하여 慶州라 하고 이어 食邑으로 삼게 하였다. (『高麗史』권2, 세가 2, 태조 18년 12월 임신)

사료 나-(1)에서 태조 18년(935)에 金傳를 '本州'의 事審으로 삼자 여러 공신들도 이를 본받아 '本州'의 事審이 되었다고 하는데, 여기서 本州는 金傳를 비롯한 공신들의 본관을 의미하는 것으로 보인다. 金傳를 비롯한 공신들이 각각 본관의 事審이 되었던 것이다.

사료 나-(2)도 사료 나-(1)과 같은 상황을 전하는 기록으로서, 金傅가 항복하자 신라국을 없애고 경주로 삼았던 조치가 시행되던 때의 상황이다. 이 때 金傅에게 경주를 식읍으로 삼게 하였다고 하는데, 앞서 본관 승인과 정의 사례에서 살펴보았듯이 食邑의 사여는 본관의 승인과 함께 이루어지는 조치였다. 金傅의 事審 임명은 본관의 승인과 함께 시행되었음을 짐작할 수 있다. 여기서 金傅를 事審으로 임명한 주체는 국가였음이 분명하다. 따라서 뒤이어 여러 공신들이 이를 본받아 본관의 事審이 되었다는 표현을 근거로 그들이 임의로 事審이 된 것으로 이해하는 것은 이러한 상황을 간과했기 때문이 아닌가 한다. 本貫의 事審은 고려초 국가정책의 하나로서 시행된 것으로 보아야 한다.

그런데 공신들이 자신들의 본관 통치에 관여한 것이 이 때 갑자기 이루어진 것은 아니었다. 공신들은 이미 자신들의 지배지역에서 事審의 역할을 하고 있었고, 이를 바탕으로 事審이 될 수 있었다.[21] 고려초 통일된 지방통치체제가 마련되기 전에 각 지방은 제각기 다양한 통치기구를 갖추고 있었다. 그리고 통일 후 국가가 지방통치기구를 州官 또는 輔州官班으로 인정해주는 가운데 공신들은 본관의 지방통치기구인 州官에 관여하고 있었다.

다음은 고려초 溟州의 州官의 구성을 보여주는 자료이다.

> 나-(3) ……當州慕法弟子閔規闕粲 …… 亦有知當州軍州事太匡王公荀息
> 鳳毛演慶……
> (陰記).
> 當州都令　佐丞　王乂
> 執事郎中　俊文
> 執事郎中　官育

---

21) 이순근, 「고려시대 事審官의 기능과 성격」『고려사의 제문제』, 1985, 187쪽. 모든 공신이 일제히 事審이 될 수 있었던 것은 이미 事審으로서 맡게 될 本州에 대한 특정의 권리를 전부터 갖고 있었기 때문으로 보았다.

```
員外        金乂
色執事      仁悅・順忠(태조 23년, 「地藏禪院 郎圓大師悟眞塔碑」)
```

명주는 고려초 강력한 지방세력이었던 王順式이 지배했던 지역이다.[22] 사료 나-(3)에서 명주의 地藏禪院에 郎圓大師塔碑를 세울 때도 당시 王荀息은 知當州軍州事太匡으로서 지방의 군사력을 장악하고 있는 동시에 중앙 최고의 官階를 가지고 있었다. 사료 나-(3)에서 보면 명주에는 王順式 외에도 閔規 關粲과 佐丞 王乂라는 지방세력이 더 있었다. 閔規 關粲의 경우 '當州의 慕法弟子'로 표현된 것으로 보아 명주의 지방세력으로서 중앙의 관계인 關粲을 받았다. 佐丞 王乂 역시 溟州人으로 태조 19년에 후백제를 공격할 때 大匡 王順式과 함께 大相으로 참여하였던 인물로서 명주의 대표적인 지방세력이었다.[23]

그런데 사료 나-(3)의 郎圓大師塔碑의 음기에는 탑비를 건립하는 데 실무를 담당했던 사람들이 쓰여 있는데, 佐丞 王乂가 當州 都令으로서 그 책임자로 나타나고 그 예하에는 執事郎中・員外・色執事 등 신라의 執事省과 같은 조직을 갖추고 있었다. '當州 都令'이라고 한 것을 보면 이 기구는 명주지방의 독자적인 기구였으며, 王乂는 중앙에 진출하여 관직과 관계를 받았지만 명주의 都令으로서 여전히 이 지방의 통치기구에 직접 참여하고 있었음을 알 수 있다.[24] 그가 태조 23년에는 탑비의 건립공사를 직접 지휘했던 모양이다. 이 때에 王荀息도 知當州軍州事였으므로 역시 중앙에 진출했어도 지방의 통치에 관여한 것으로 짐작된다.

이러한 상황이 가능했던 것은 지방세력이 중앙에 진출했어도 그 지방의

---

22) 王荀息은 신라말에 溟州將軍이라 칭했던 王順式과 동일 인물로서, 太祖 19년에 후백제를 공격할 때 溟州에서 騎兵을 이끌고 가담하여 큰 공을 세웠다.

23) 『고려사』권2, 세가 2, 태조 19년 9월에 후백제를 총공격할 때 '溟州 大匡王順式 大相兢俊・王廉・王乂 元甫仁一等 領馬軍二萬'이 여기에 참여했다고 한다. 벼슬이 內史令에 이르렀고, 그 딸이 太祖의 제14부인 大溟州院夫人 王氏였다.

24) 김갑동, 「고려시대의 都領」, 『한국중세사연구』3, 1996, 70~71쪽 참조. 『고려사』권83, 병지 3, 州縣軍條에 溟州에는 都領이 없는 것으로 보아, 이는 제도화된 것이 아니라 溟州의 토착세력에게 임시로 준 우대조치로 보았다.

지배권을 여전히 장악하고 있었기 때문이다.[25] 따라서 고려 정부는 중앙과
연관된 지방세력으로 하여금 지방의 통치를 담당하게 하는 정책을 취하지
않을 수 없었다. 그러한 가운데 事審制를 시행하게 되자 州官에 참여하고
있던 공신 중에서 사심을 맡은 자들이 있었고, 이들 사심은 주관과 중앙
정부를 연결해주는 역할을 했을 것으로 보인다.

하지만 사료 나-(3)의 명주의 州官에 나타나듯이, 고려초 주관에는 중앙
관계를 가진 자들이 다수 있었는데 이들 모두가 事審을 맡을 수는 없었을
것이다. 공신들이 자신들의 世居地 또는 이주지에서 본관의 승인과정을
밟아야 했던 것은 바로 이러한 이유 때문이었다. 국가로부터 本貫의 승인
을 받아야 本貫 事審이 될 수 있었던 게 아닐까 생각한다. 반면에 국가의
입장에서도 필요에 따라 공신들을 世居地가 아닌 이주지에, 또는 아예 연
고가 없는 곳에도 본관을 삼도록 했던 것으로 보인다.

고려 국가가 건국 초기 아직 제도가 정비되기 전에 공신들에게 本貫의
승인이라는 특별한 혜택을 주면서 事審으로 임명했다면, 그것은 당시 상황
에서 특별한 역할을 기대했기 때문이었을 것이다. 당시 事審이 어떠한 역
할을 하였는지에 관해서 사료 나-(1)에서는 '副戶長 이하 관직 등을 주관'
하게 하였다고 하는데, 아직 戶長制가 시행되기 전이므로 그 구체적인 역
할에 대해서는 알기 어렵다. 다만 지방통치와 관련된 역할을 담당하였으리
라 짐작할 뿐이다.

지방통치기구에서 事審이 어떤 지위에 있었으며 그 역할은 무엇이었는
지 좀더 구체적으로 알기 위하여 신라왕 金傳가 사심으로 임명되었을 때
경주의 지방통치기구를 살펴보려 한다.

나-(4) 至正二十一年辛丑正月日 慶州司首戶長行案
······太祖統合三韓敎是時 率領百官 郊迎順命 始終輔佐敎等用良
新羅乙良 京號不動 東京留守官, 州號乙良 慶州爲等如 說排敎是

---

25) 강은경, 앞의 논문, 1999, 39~44쪽 참조. 특히 溟州와 中原府의 사례를 통해 그
지역의 대호족 또는 중앙의 官階를 가진 자들이 州官에 대거 참여하고 있음을 밝
힌 바 있다.

旀 千丁巳上乙 束給教是遣 堂祭十乙 爻定教是良, 光宗朝良中 堂
祭乙段 號戶長 爻八乙 制定教 事是置□□□□□ 首戶長姓名乙
順音可施行 流傳爲臥乎[26]

사료 나-(4)는 공민왕 10년에 작성된 『慶州先生案』의 서문이다. 이 역
시 사료 나-(1), (2)와 같은 상황을 배경으로 하고 있다. 여기에는 태조가
삼한을 통합하였을 때 경주에 대한 정부의 처리방침이 표방되어 있다. 이
에 따르면 州號를 경주로 하고 堂祭 10명을 두었다고 한다. 당시는 사료
나-(1), (2)에서 본 바와 같이 경주를 金傅의 본관으로 삼고 事審으로 임명
했던 때이다. 堂祭란 堂大等의 誤記이므로, 경주에는 사심 金傅 아래에 당
대등 10명을 둔 것이 된다. 다시 말해서 사심과 당대등 10명으로 경주의
지방통치기구가 구성되었던 것이다.

경주는 지방세력이 성장, 지배했던 다른 지역처럼 자체 지방세력이 존재
할 수 있는 조건이 아니었다. 하지만 신라의 항복 이후에는 다른 지역과
마찬가지로 지방통치기구를 설치해야 했다. 이 때 지방통치기구의 원형은
이미 다른 지역에 형성되었던 주관의 구조와 크게 다르지는 않았을 것이
다. 다만 신라의 수도였고 신라왕실의 기반이었던 만큼 국가에서는 다른
지역보다 좀더 발전된 형태의 지방통치기구를 설치하였을 것이며, 그것이
바로 事審과 堂大等의 신설이 아니었을까 생각한다. 물론 일부 지역에서
는 대등·상대등이 이미 존재했지만[27] 이를 좀더 정비하고 발전시킨 형태
가 사심과 당대등 중심의 체제였다.

사료 나-(1)에서 金傅를 事審으로 임명했을 때 다른 공신들도 事審이
되었다고 한다면, 그들 역시 자신들이 참여하고 있던 기존의 州官을 경주
와 같은 체제, 즉 事審과 堂大等 중심의 주관 체제로 정비하였음을 의미한
다. 고려초 주관에서는 사료 나-(3)에서 보았듯이 중앙의 관직이나 官階를
가진 지방세력이 실무 기구의 상위에 존재하며 주관에 참여하고 있었는데,

---

26) 허흥식 편, 『한국중세사회사자료집』, 59~62쪽.
27) 강은경, 앞의 논문, 1999에서 고려초에 명주, 원주, 중원부 등 巨邑에는 이미 州官
이 성립되었고 州官에는 大等이 존재했음을 지적한 바 있다.

이들이 바로 事審과 堂大等을 맡게 되었을 것이다. 후대에 당대등의 후신인 호장은 邑司에서 회의체를 구성하였고 그 중 최고 책임자는 上戶長 또는 首戶長이 되었다.28) 따라서 사심과 당대등도 주관에서 그러한 지위에 있었던 것으로 보아도 무리한 추정은 아닐 것 같다. 事審과 堂大等은 州官에서 상위 그룹을 형성하여 회의체를 구성하였고 그 중 중앙 정부와 연결되어 있는 자가 최고 책임자로서 事審이 되었을 것으로 보인다.

한편 사료 나-(1)에서 事審이 '부호장 이하를 주관한다'고 했는데, 후대의 邑司에서도 실무는 부호장 이하가 담당하였음을 감안하면, 사심과 당대등 아래에도 執事省과 같은 기구를 갖추고 있었음을 알 수 있다. 이들이 지방통치기구에서 실무를 담당하였을 것이다. 事審이 '부호장 이하를 주관한다'는 것은 바로 이 실무기구를 관장한다는 뜻으로 보인다. 그렇다고 해서 사심이 후대에 副戶長 이하를 주관했던 호장과 같은 지위, 즉 당대등과 동일한 지위는 아니었던 것 같다. 사심은 국가로부터 본관에 대한 지배권을 별도의 절차를 받아 승인 받았던 존재였기 때문이다. 事審은 후대의 호장인 당대등보다는 상위에 존재했던 지위였다.

그러한 事審의 지위는 외관이 없었던 시기, 아직 지방통치기구가 정비되지 않았던 시기에 외관의 역할을 담당하지 않았을까 짐작해본다. 고려초 지방관이 파견되지 않은 상태에서 각 지방에서 조세를 거두고 전체 良人을 대상으로 籍을 작성할 수 있었던 것은29) 주관의 실무 담당기구와 그를 관할하는 본관 사심의 역할이 있었기 때문에 가능했던 것이다. 그렇다면 각 군현에는 金傅의 사례와 같이 事審 1명이 담당한 것으로 보아야 하지 않을까 생각한다.30)

---

28) 강은경, 앞의 논문, 2000, 370~374쪽 참조.

29) 고려초 籍의 작성에 대해서는 채웅석, 앞의 논문, 2000, 69~83쪽 참조.

30) 이에 대하여 이순근, 앞의 논문, 1985, 187~189쪽에서는 사심관이 되는 공신은 고려초 三韓功臣으로 불리던 3,200여 지방 토호들이라고 보고, 이들이 임의로 자신의 本州에 대한 지배권을 가졌던 것으로 이해하였다. 그렇게 본다면 군현 총 560여 개에 事審官이 3,200여 명이므로 각 군현에 평균 5, 6명 정도의 사심관이 있었다는 이야기가 된다. 하지만 한 군현에 사심관이 그리 많지는 않았던 것 같다. 물론 성종 15년에 각 군현에 최고 4명에서 최저 2명까지 事審官의 정원을 정하지만

이상에서 고려초 본관의 승인은 지방통치체제의 일환으로 시행되었으며, 본관의 운영은 사심이 담당하였음을 살펴보았다. 당시 사심은 후대의 외관의 역할을 담당하였다. 本貫制는 국가가 지방통치기구를 정비하기에 앞서 운영되었던 지방통치체제였던 것이다.

2) 호장제의 성립과 本貫 운영의 변화

고려초 지방통치체제의 일환으로 운영되었던 本貫制는 外官이 파견되고 각 군현에 호장제가 마련되면서 새로운 국면에 이르게 되었다.

> 다-(1) 성종 15년에 무릇 事審官은 500丁 이상의 州에는 4員으로 하고 300
> 丁 이상의 州에는 3員으로 하고 300丁 이하에는 2員으로 정하였다.
> (『고려사』권75, 선거지 3, 銓注, 事審官)

성종 2년에 州府郡縣의 吏職을 개정하면서 堂大等을 호장으로 개칭하고 그 이하 기구도 대폭 개정하였는데,[31] 이 과정에서 국가는 각 邑司의 호장을 중앙 관인층에 준하여 대우하면서 지방통치기구를 각 邑司의 戶長 중심으로 전환시켰다.[32] 이제 본관의 운영에서 事審의 지위도 변화하지 않을 수 없게 되었다.

성종 15년(996)에 제정된 사료 다-(1)의 事審官의 정원 규정은 이러한 상황을 배경으로 마련된 것이었다. 그 내용을 보면 각 郡縣에 事審官을 2

(『고려사』권75, 선거지 3, 銓注, 事審官), 그 정원대로 사심관을 다 채웠는지는 의문이다. 명종대 청주의 사심관은 慶大升과 大將軍 朴純弼 등 2명이었던 것으로 나타나는데(『고려사』권100, 열전 13, 慶大升傳), 규정이 바뀌지 않았다면 이 곳은 사심관이 4명이어야 했다. 더욱이 이 때면 고관들에게는 3鄕을 선택하여 事審官이 될 수 있도록 했으므로 정원 4명을 채우는 것은 어려운 일이 아니었을 뿐 아니라, 오히려 정원 규제가 없으면 한 지역에 많은 事審官이 범람했을 상황이었다. 그렇다면 사심관의 수효는 정원 내에서 이루어졌던 것으로 보인다.

31) 『고려사』권75, 선거지 3, 銓注, 鄕職.

32) 姜恩景, 「高麗 戶長制의 成立과 戶長層의 形成」, 『한국사의 구조와 전개』, 혜안, 2000, 364~370쪽 참조.

명에서 4명까지 두겠다는 것이다. 事審官 정원에 대한 규정을 마련한 것은
본관의 사심관이 되고자 하는 요구가 그만큼 있었기 때문일 것이다. 고려
가 통일한 지 60년이 흘렀으므로 이제 本貫의 운영에서도 새로운 상황이
전개되고 있었다.

이에 대하여 국가는 아무리 큰 군현이라도 事審官의 수가 4명을 넘지
못하게 한 반면, 아무리 작은 군현이라도 최소한 2명의 사심관을 두겠다고
규정하였다. 각 군현마다 복수의 사심관이 파견된다면, 본관에 대한 사심
관의 권한이 분산되므로 이전과 같이 사심이 외관의 역할을 하는 것은 불
가능한 일이다. 당시는 이미 지방관이 파견되던 상황이었으므로, 지방통치
체제도 그에 맞추어 외관과 호장 중심 체제로 바뀌었던 것이다. 따라서 事
審官에게는 이전과는 다른 역할이 요구되었다. 本貫의 운영에서 그 중심
축이 변화한 것이다.

이제 本貫의 운영에는 외관과 다수의 호장, 복수의 사심관 등 다양한 세
력이 참여하게 되었고, 이를 바탕으로 현종대가 되면 본관 운영의 새로운
틀이 정비되었다.

　다-(2) 현종 9년 2월에 諸州府의 官員이 奉行할 6조를 새로 정하였다. 첫
　　째 民庶의 고통을 살필 것, 둘째 黑綏長吏의 能否를 살필 것, 셋째
　　도적과 姦猾한 자를 살필 것, 넷째 백성의 犯禁을 살필 것, 다섯째
　　백성의 孝悌 廉潔을 살필 것, 여섯째 吏員이 錢穀을 散失하는 것
　　을 살필 것 등이었다. (『고려사』 권75, 선거지 3, 銓注, 選用守令)

　　(3) 이 해에 判하기를 諸道의 外官이 戶長을 擧望할 때에는 그 差遣한
　　　햇수의 久近과 壇典行公의 年數를 상고하여 모두 갖추어 기록하여
　　　省에 上申해야 직첩을 주도록 하였다. (『고려사』 권75, 선거지 3,
　　　銓注, 鄕職, 현종 9년)

　　(4) 현종 10년에 判하여 무릇 事審官을 差遣함에는 其人 百姓의 擧望
　　　을 따르되, 그 擧望이 비록 작더라도 朝廷에 顯達하거나 累代의 門
　　　閥 같은 사람을 아울러 아뢰어 差遣하게 하고, 일찍이 諂曲奸邪의
　　　죄에 걸린 자는 差遣하지 말게 하였다. (『고려사』 권75, 선거지 3,

銓注, 事審官)

사료 다-(2)에서 고려의 지방제도가 그 틀이 잡히던 현종 9년(1018)에 지방에 파견되는 외관의 임무도 새로이 규정되었다. 그 임무 6가지 중 눈에 띄는 것은 邑司의 향리에 대한 감찰 업무이다. 특히 제2조의 黑綬長吏는 호장을 가리키는데 이들의 能否를 살피는 게 외관의 중요 임무로 된 것은 이들의 능부가 읍사의 운영에 중대한 영향을 끼치고 있었기 때문일 것이다. 이를 통해 본관 운영의 주축은 호장이었고, 외관은 이를 총괄하는 지위에 있었음을 알 수 있다. 본관 운영의 이러한 변화에 따라 호장에 대해서도 보다 명확한 지위를 부여할 필요가 있었다.

사료 다-(3)을 보면 현종 9년에는 본관 운영의 새로운 주축이 된 호장에 대한 임명에서도 공식 절차가 완비되었다. 이전에도 호장의 擧望은 외관이 하였던 모양인데 이젠 그 절차를 더욱 철저히 하였다. 外官이 擧望者의 근무연한등 실적을 尙書省에 보고한 후 공식으로 직첩을 받도록 한 것이다. 이러한 절차를 통하여 호장의 지위를 강화시켰고, 아울러 본관의 운영에서 정부의 입장을 보다 체계적으로 반영하는 체제를 갖출 수 있었다.

그런데 같은 시기의 기록인 사료 다-(4)에 따르면 事審官의 임명은 其人의 擧望을 거치도록 하였다. 당시 其人이 戶長層에서 나왔으므로[33] 사심관의 임명에는 각 군현 戶長層의 의견이 반영될 수 있었다. 이는 호장의 임명에 외관의 擧望을 거쳤던 것과는 대조된다. 사심관의 임명에는 호장의 의견이 반영되었던 반면에 호장의 임명에는 사심관의 영향이 미칠 수 없었다. 국가는 본관의 운영에서 事審官보다 호장에 비중을 더 두었던 것으로 보인다. 그만큼 본관에서 사심관의 지위가 고려초와는 많이 달라졌던 것이다.

其人의 擧望을 거쳤던 만큼 戶長層과 事審官이 서로 연계될 수 있었다. 이는 사료 다-(4)에서 잘 드러난다. 기인의 거망이 작더라도 조정 顯達者나 累代 門閥者를 별도로 事審官에 임명하라는 것은 출사한 지 오래된 가

---

33) 강은경, 앞의 논문, 2000, 378~380쪽 참조.

문이 오히려 其人의 舉望에서 누락될 수 있었음을 의미한다. 반면에 현직 호장의 子나 친형제가 사심관이 되는 경우가 있었던 모양이다. 정부는 본관의 운영에서 戶長層과 사심관의 연계를 단절하기 위한 조치를 취해야 했다.

> 다-(5) 현종 初年에 判하여 父 및 親兄弟가 戶長이 된 자는 事審官으로 差遣하지 못하게 하였다. (『고려사』 권75, 선거지 3, 銓注, 事審官)
>
> (6) 인종 2년에 判하여 鄕吏의 자손은 비록 鄕吏를 면하였더라도 그의 親黨이 아직 鄕役을 하고 있는 자는 事審官으로 差遣하지 말도록 하였다. (『고려사』 권75, 선거지 3, 銓注, 事審官)

현종 초에는 사료 다-(5)와 같이 邑司의 호장 직계가 사심관이 되는 것을 금하였고, 인종 2년(1124)에는 사료 다-(6)과 같이 아예 친척 중 향리가 있으면 사심관에 임명하지 못하도록 하였다. 본관의 운영에서 邑司의 戶長層과 사심관이 별도로 움직이도록 하려는 것이다. 이는 각각의 역할에 대한 정부의 의도가 달랐기 때문이다. 호장은 본관의 행정 전반을 책임지며 운영하도록 하였고, 사심관은 부호장 이하만 관장할 수 있었다. 이로써 사심관은 호장과 분립되는 지위에 놓이게 되었다. 호장과 사심관은 직접 연계되지 못하도록 하면서 다만 其人을 매개로 연결되도록 하였다. 사심관과 본관의 연관성이 그만큼 멀어지는 것이다.

본관의 향리와 밀접한 사심관을 배제하는 대신에 중앙 관인층을 사심관으로 임명하여 본관 운영에 참여시켰다. 사료 다-(4)에서 현종 10년에는 其人의 舉望을 받지 못하더라도 朝廷에 顯達하거나 累代의 門閥 출신 인물을 사심관으로 임명하도록 하였다. 이는 本貫의 운영에서 戶長層의 독주를 견제하기 위한 조치로 보인다. 즉 본관에 거주하는 토착세력인 戶長層을 본관 운영의 한 축으로 삼되, 다른 한 축은 정부의 의도에 따라 임명되는 사심관을 참여시키려 했던 것이다. 이러한 정책의 변화는 이미 오래전에 본관을 떠나 중앙에 자리잡은 고위 관인층을 자신들의 본관 운영에 참여시키기 위한 배려이기도 했다.

이후 중앙 관인층의 본관 운영의 참여는 더욱 확대되었다.

> 다-(7) 인종 12년에 判하여 宰樞는 內外鄕 妻鄕 祖曾祖妻鄕 등 5鄕 내에
> 서 3鄕을 겸하여 差遣하고, 上將軍 이하 3품 이상은 內外鄕 祖曾
> 祖妻鄕 등 4鄕 내에서 2鄕을 겸하여 差遣하고, 4품 이상 參上 이상
> 은 內外鄕 祖妻鄕 등 3鄕 내에서 1鄕에 差遣하고, 參外員은 內外
> 鄕 내에서 1鄕에 差遣하되 각각 文武로써 평균으로 교차케 하였다.
> (『고려사』 권75, 선거지 3, 銓注, 事審官)

인종 12년에는 중앙 관인층에게 사심관이 될 수 있는 길을 대폭 확대하
는 조치가 취해졌다. 먼저 사심관으로서 본관 운영에 참여하는 것이 자신
의 본관에만 제한되지 않았다. 최소 參外員은 內外鄕 중 1개를 택할 수 있
으며, 최고위 관직자들에게는 內鄕은 물론 外鄕, 妻鄕, 祖妻鄕, 曾祖妻鄕
등 5향에서 최대 3향을 택할 수 있도록 하였다. 고위 관직자일수록 사심관
선택의 범위를 최대한 넓혀 주었던 것이다. 이는 사료 다-(6)에서 인종 2년
에 친척 중 향리가 있으면 사심관 임명을 못하도록 한 것과는 대조되는 조
치라고 할 수 있다. 사심관이 될 수 있는 범위는 확대하되, 본관의 향리와
의 연계는 방지하려는 의도였다.

이미 이 때가 되면 고려초의 본관 지역 외에도 그 생활기반이 확대되었
기 때문에 外鄕, 妻鄕, 祖妻鄕, 曾祖妻鄕 등이 그 대상이 될 수 있었다. 이
는 혼인으로 인한 생활기반의 이주가 이루어졌음을 알 수 있다. 그에 따라
고려초 본관의 개념이 약화되어 이전의 본관은 이 중 하나인 內鄕으로 인
식되기에 이르렀다. 이러한 상황에서 본관의 운영은 그 곳의 외관과 향리
에게 넘어가는 것이 당연한 현상이라 하겠다.

이러한 사심관제의 운영으로 인해 고려초 본관의 운영은 그 성격이 변
화하지 않을 수 없었다. 이와 관련하여 후대 향리들의 기록이 참고할 만하
다.

麗朝十八年 羅王金傅降 除國爲慶州 使傅爲事審 知副戶長以下官職等事
然則戶長之尊於事審也明矣 (『掾曹龜鑑』권1, 吏職名目解)

위의 사료는 조선후기의 자료이지만 향리의 입장에서 남긴 기록이어서
의미가 있다. 여기서는 事審으로 하여금 부호장 이하 관직 등의 일을 주장
하도록 하였으므로 호장의 지위가 사심과 같다고 하였다. 호장을 사심에
비견한 것으로 보아, 고려초 사심의 역할 중 많은 부분이 호장에게 넘어갔
음을 짐작할 수 있다. 이같이 본관의 운영은 호장이 고려초의 사심처럼 담
당하게 되고 그 최종 책임은 外官이 맡게 됨에 따라, 이제 사심관은 본관
의 운영에서 외관과 호장의 보완적인 역할을 하게 되었다.[34]

이상에서 살펴본 바와 같이 고려초 본관은 단순히 지방세력의 出自地를
의미하는 것은 아니었다. 신라말 전쟁과 혼란의 시기에 각 지역에서는 많
은 이주가 행해졌고, 여기에는 농민뿐 아니라 일정한 지역을 지배하던 지
방세력도 포함되었다. 이들은 최종 정착한 지역을 실제로 지배하고 있었지
만, 이를 본관으로 삼으려면 국가의 승인 절차가 필요했다. 고려 국가는 통
일전쟁 과정에서 공을 세운 자들에게 본관을 인정해주었는데, 이는 지방세
력의 자율적인 지배권을 인정해주는 상징적인 의례가 아니라 본관의 賜籍
뿐 아니라 食采 賜與 등 경제적 기반의 제공, 군현 영역의 지배지역 조정
등 실질적인 조치가 함께 시행되었다.

고려초 공신들에 대한 본관의 승인과정에서 군현의 영역까지 조정하는
것을 보면, 그것은 지방통치 정책과 밀접한 관련이 있었던 조치였다. 통일
후 본관의 승인은 사심의 임명을 동반하였는데, 공신들이 본관 통치에 관
여한 것이 이때 갑자기 이루어진 것은 아니었다. 공신들은 이미 자신들의
지배지역에서 사심의 역할을 하고 있었고, 이를 바탕으로 사심이 될 수 있
었다. 지방세력은 중앙에 진출했어도 그 지방의 지배권을 여전히 장악하고
있었고, 고려 정부는 중앙과 연관된 지방세력으로 하여금 지방의 통치를
담당하게 하는 정책을 취하지 않을 수 없었다. 그러한 가운데 사심제를 시

---

34) 事審官의 역할에 관한 연구로는 다음의 논문에 상세하게 분석되어 있다.
이순근, 「고려시대 事審官의 기능과 성격」, 『고려사의 제문제』, 1985.

행하게 되자 州官에 참여하고 있던 공신 중에서 사심을 맡은 자들이 있었고, 이들 사심은 州官과 중앙 정부를 연결해주는 역할을 하였다.

하지만 三韓功臣 모두가 사심을 맡을 수는 없었을 것이다. 공신들이 자신들의 世居地 또는 이주지에서 본관의 승인과정을 밟아야 했던 것은 바로 이러한 이유 때문이었다. 반면에 국가의 입장에서도 필요에 따라 공신들을 世居地가 아닌 이주지에, 또는 아예 연고가 없는 곳에도 본관을 삼도록 했던 것으로 보인다. 本貫制는 국가가 지방통치기구를 정비하기에 앞서 운영되었던 지방통치체제였던 것이다.

고려초 지방통치체제의 일환으로 운영되었던 본관제는 외관이 파견되고 각 군현에 호장제가 마련되면서 새로운 국면에 이르게 되었다. 본관의 운영에는 외관과 다수의 호장, 복수의 사심관 등 다양한 세력이 참여하게 되었다. 호장은 본관의 행정 전반을 책임지며 운영하도록 하였고, 한편 사심관은 부호장 이하만 관장할 수 있었다. 이로써 사심관은 호장과 분립되는 지위에 놓이게 되었다. 또한 정부는 본관의 향리와 밀접한 사심관을 배제하는 대신에 중앙 관인층을 사심관으로 임명하여 본관 운영에 참여시켰다. 본관의 운영은 호장이 고려초의 사심처럼 담당하게 되고 그 최종 책임은 外官이 맡게 됨에 따라, 이제 사심관은 본관의 운영에서 외관과 호장의 보완적인 역할을 하게 되었다.

이와 같이 건국 초기 고려 정부는 지방통치체제를 정비하기까지 本貫制와 아울러 事審制를 마련하여 지방통치기구의 역할을 하도록 하였고, 이후 정비된 고려의 지방통치기구는 건국 초의 체제를 계승, 발전시킨 것으로 본관을 사심관과 호장의 이중구조로 관할하도록 하였다. 이러한 구조의 변화가 가능했던 것은 지방통치기구의 주요 담당 계층인 戶長層의 형성이 이루어지고 있었기 때문이다. 고려시대 본관제는 戶長層의 형성과 함께 비로소 그 체제를 갖출 수 있었던 것이다.

2. 鄕吏公服制와 戶長層

전근대 사회에서 服飾은 단순히 경제적 능력의 문제가 아니라, 사회적 신분과 계급이 반영된 형식이었다. 특히 公服이란 전체 권력체계 가운데 차지하는 지위를 그대로 드러내는 것이라고 할 수 있다. 따라서 중앙 관료의 공복 체계에서 향리 공복이 어떠한 위치에 있었는지를 살펴보면, 고려 사회에서의 향리의 역할과 지위를 좀더 명확히 할 수 있을 것이다.[35]

고려의 지방통치체제로 존재했던 향리제에 중앙권력이 점차 개입함에 따라 향리의 지위가 저하되었음은 일찍이 많은 연구에서 지적된 바 있다. 향리의 공복에는 이러한 변화상황이 잘 반영되어 있다.

고려의 향리 공복도 긴 세월에 걸쳐 서서히 정비되었다. 특히 이는 지방제도 및 향리제와 밀접한 관련 속에서 변화를 겪었다. 향리 공복이 처음 제정된 것은 현종 9년이지만, 그 이전에도 지방세력은 공복을 입고 있었다. 먼저 현종대 이전에 공복의 정비과정에서 지방세력이 어떠한 대우를 받았는지, 또 그 의미가 무엇인지 살펴보려 한다. 현종 9년의 향리 공복의 제정은 이후 고려후기까지 지속되는 것으로 보인다. 이러한 공복은 당시 지방제도 및 지방세력과 어떤 관계 속에서 이루어졌는지를 살펴볼 필요가 있다.

---

35) 이제까지 고려의 公服制에 관한 연구는 그다지 많지 않다. 더욱이 鄕吏 公服은 전체 公服을 논의하는 가운데 소략하게 다루어질 뿐이었다. 고려시대 公服制를 다룬 논문은 다음과 같다. 末松保和, 「高麗初期の兩班について」, 『東洋學報』 36-1, 1953 ; 金東旭, 「新羅·高麗의 服飾 變遷」, 『(增補)韓國服飾史硏究』, 아세아문화사, 1979 ; 金東旭, 「李朝前期 服飾硏究」, 위의 책, 1979 ; 金東旭, 「'高麗圖經'의 복식사적 연구」, 위의 책, 1979 ; 金東旭, 「고려말 선초의 請冠服과 冠服 정리」, 위의 책, 1979 ; 申虎澈, 「高麗 光宗代의 公服制定」, 『高麗光宗硏究』, 1981 ; 權兌遠, 「"高麗史" 輿服志考」, 『高麗史의 제문제』, 삼영사, 1986 ; 황선영, 「고려 始正田柴科의 재검토」, 『부산사학』 10, 1986 ; 황선영, 「고려초기 公服制의 성립」, 『부산사학』 12, 1987 ; 이현숙, 「신라말 魚袋制의 성립과 운용」, 『사학연구』 43·44합, 1992.

1) 고려초 公服制와 지방세력

고려의 鄕吏 公服이 처음 마련된 것은 지방제도가 어느 정도 정비되었던 현종대에 이르러서였다. 그 이전에는 지방세력들도 중앙 관료와 같은 公服을 입었던 것 같다.

다음은 중앙 관료의 공복이 정해지는 광종대 및 그 이전의 공복과 관련된 자료들이다.

가-(1) 光宗七年 (後)周遣將作監薛文遇 來加冊王 …… 仍令百官衣冠 從華制[36]

光宗十一年(960) 三月, 定百官公服. 元尹以上紫衫 中壇卿以上丹衫 都航卿以上緋衫 小主簿以上綠衫[37]

(2) 門人 正朝上柱國賜丹金魚袋 臣李桓樞 奉敎書幷篆額 (태조 22년, 939)[38]

□□□□兵部大監上柱國賜丹金魚袋 臣李桓樞 奉敎書幷篆額 (태조 22년)[39]

正朝守廣評侍郎柱國賜丹金魚袋 臣柳勳律 敎書 (定宗 1년, 946)[40]

奉議郎正衛翰林學士前守兵部卿賜丹金魚袋 臣李夢游 奉勅撰 (광종 16년, 965)[41]

(3) 通直郎正衛翰林學士賜丹金魚袋 金廷彦 奉制撰 (광종 9년, 958)[42]

通直郎□□□□□□紫金魚袋 臣□□□ 奉□□ …… 遂□翰林學士 金 …… (광종 10년 이후)[43]

光祿大夫太丞翰林學士內奉令前禮部使參知政事監修國史 臣金廷

36)『高麗史』권2, 世家 2, 光宗 7년.
37)『高麗史』권72, 輿服志, 冠服, 公服.
38)「菩提寺 大鏡大師玄機塔碑」,『韓國金石全文』中世上, 291쪽.
39)「毗嚧庵 眞空大師普法塔碑」, 위의 책, 296쪽.
40)「無爲寺 先覺大師遍光塔碑」, 위의 책, 346쪽
41)「鳳巖寺 靜眞大師圓悟塔碑」, 위의 책, 377쪽.
42)「玉龍寺 洞眞大師寶雲塔碑」, 위의 책, 367쪽
43)「覺淵寺 通一大師塔碑」, 위의 책, 401쪽.

彦 奉制撰(광종 26년)44)

(4) 門人 朝請大夫前守執事侍郎賜紫金魚袋 臣崔仁渷 余製 (신라 경
　　명왕 8년, 924)45)
　　門人 翰林學士守兵部侍郎知瑞書院事賜紫金魚袋 臣崔仁渷 奉敎
　　撰 (경명왕대, 917~924)46)
　　朝請大夫守執事侍郎賜紫金魚袋 臣崔彦撝 奉敎撰 (경명왕 8년)47)
　　太相檢校尙書前守執事侍郎左僕射 兼御史大夫上柱國知元鳳省事
　　賜紫金魚袋 臣崔彦撝 奉敎撰 (태조 23년, 940)48)
　　太相前守禮賓令元鳳令 兼知制誥上柱國賜紫金魚袋 臣孫紹 奉敎
　　撰 (광종 원년, 950)49)
　　……賜紫金魚袋 臣張信元書 (경종 4년, 979)50)

(5) 沙湌檢校興文監卿元鳳省待詔 臣仇足達 奉敎書 (태조 23년)51)
　　沙湌前守興文監卿賜緋銀魚袋 臣具足達 奉敎書 (혜종 즉위년,
　　943)52)
　　沙湌□□□監□賜緋魚 …… (광종 원년)53)

(6) 前翰林學生金遠撰兼書 …… 頃有堂大等金芮宗者也 州里豪家 鄕
　　閭冠族 偶因染疾 忽約佛天 …… 於是 從兄 堂大等正朝賜丹銀魚
　　袋□金希一等 彼爲還願 此繼頹緖 遂令鑄成三十段之鐵筒 ……
　　(광종 13년, 962)54)

---

44) 「高達院 元宗大師慧眞塔碑」, 위의 책, 391쪽.
45) 「鳳林寺 眞鏡大師寶月凌空塔碑」, 『韓國金石全文』古代, 256쪽.
46) 「太子寺 郞空大師白月棲雲塔碑」, 『韓國金石全文』中世上, 357쪽.
47) 「興寧寺 澄曉大師寶印塔碑」, 위의 책, 337쪽.
48) 「地藏禪院 郞圓大師悟眞塔碑」, 위의 책, 303쪽.
49) 「大安寺 廣慈大師碑」, 위의 책, 352쪽.
50) 「鷲谷寺 玄覺禪師塔碑」, 위의 책, 420쪽.
51) 「地藏禪院 郞圓大師悟眞塔碑」, 위의 책, 303쪽.
52) 「淨土寺 法鏡大師慈燈塔碑」, 위의 책, 318쪽.
53) 「大安寺 廣慈大師碑」, 위의 책, 352쪽.
54) 「龍頭寺鐵幢記」, 위의 책, 374~375쪽.

(7) 旦越成碣 西□大將軍着紫金魚袋蘇判 阿叱彌 / 加恩縣將軍 熙弼
……(신라 경명왕 8년)[55]

혼히 고려초의 公服은 광종대에 노비안검법·과거제 실시와 함께 왕권
강화책의 일환으로 시행되었다고 본다. 하지만 사료 가-(1)의 광종 7년 기
사에서 後周에서 將作監 薛文遇를 보내어 책봉을 하자 百官衣冠을 華制
를 따르게 했다고 한 것을 보면, 광종 11년 이전에도 公服制가 있었음을
짐작할 수 있다. 실제로 광종 11년의 공복은 이전의 신라 공복이나 이후의
의종대 공복과는 그 체계가 달라 구별되는데, 그 특색이 이미 태조대부터
나타난다.[56]

신라의 公服은 법흥왕대 정해진 紫·緋·靑·黃의 4色 公服 체계였다.
이 체계는 경문왕 12년(872)의 황룡사 찰주본기 때까지 유지되었다가,[57]
신라말에는 당의 영향으로 황색이 없어지고 紫·緋·靑으로 된 것 같
다.[58] 또 고려사회가 안정된 이후에 정비된 것으로 보이는 의종대의 공복
역시 紫·緋·綠인데, 이러한 신라·고려의 공복 체계는 대체로 당·송의

---

55) 「鳳巖寺 智證大師寂照塔碑」, 『韓國金石全文』 古代, 256쪽.
56) 이 점은 황선영, 앞의 논문, 1986, 22~24쪽에서 이미 밝힌 바 있다.
57) 「黃龍寺九層木塔 刹柱本記」, 『韓國金石全文』 古代, 194~195쪽
　　成典
　　……
　　上堂 前兵部大監阿干 臣金李臣
　　倉部卿一吉干 臣金丹書
　　赤位 大奈麻 臣新金賢雄
　　靑位 奈麻 臣新金平矜 ……
　　黃位 大舍 臣金競會 …… .
　　위의 赤·靑·黃位는 관직명으로 쓰였지만 신라 公服色의 赤·靑·黃色 구성과
　　일치하고 있어, 복식과 관련된 것으로 추정된다. 황선영, 앞의 논문, 1987, 5~7쪽
　　참조.
58) 당나라 역시 제도를 정비할 때는 4色 公服이었다가 시간이 흐르면 하위 公服이
　　없어지고 그 하한선이 하향 조정되어 3色 公服으로 변화되곤 하였다. 신라 역시
　　같은 상황이었을 것이다. 이에 관해서는 이현숙, 앞의 논문, 1992, 23쪽의 주18)의
　　표 '唐·宋 公服色' 참조. 또한 『고려사』 권72, 輿服志, 視朝之服條에 의하면 황색
　　은 君主의 服色이므로 당나라부터 士庶에게는 금지되었다고 한다.

영향에서 크게 벗어나지 않은 것이었다.[59]

그러나 그 중간 단계였던 광종 11년의 공복은 하위 관직의 청색이 없는 대신 상위의 공복인 자·비색 사이에 丹色을 첨가시켜 상위 공복을 세분화하고 있는 점이 특색이다. 이는 기본적으로 後周의 영향을 받았던 것 같다.[60] 광종대의 공복은 경종 원년(976)에 시작된 전시과 지급에서도 기준이 되고 있어,[61] 이후에도 상당 기간 계속 유지된 것으로 보인다.[62]

사료 가-(2), (3)과 사료 가-(6)은 광종 11년 이전에 고려초의 특징적인 丹色의 공복이 보이는 사례이다. 사료 가-(2)를 보면 중앙 관료의 관직명에 魚袋와 함께 공복이 명시되고 있다. 하위 관직자에게는 魚袋를 주지 않으므로[63] 모든 官品을 망라하지는 못하지만, 이를 통해서 고려초 상위 관직자의 공복이 紫·丹·緋色이고 자·단색에는 金魚袋를, 비색에는 銀魚

---

59) 사료 다-(1), (2) 참조.

60) 이 때 後周에서 사신으로 왔던 雙箕가 광종대 제도정비에 적극 개입했던 것은 잘 알려진 사실이다. 申虎澈, 앞의 논문, 1981, 85~86쪽에서는 광종대의 공복이 신라의 제도를 기준으로 하지 않았을 것이라 하면서, 바로 그 이전 해인 광종 10년에 後周에 使行을 3차례나 보내고 있음을 지적하였다. 이는 이기백도 「고려초기 五代와의 관계」에서 이미 밝힌 바 있다(같은 책, 143~147쪽). 한편 황선영, 앞의 논문, 1987, 16~24쪽에서는 丹色과 緋色은 같은 붉은 계통의 색으로 차이가 없는 것으로 보았다. 다만 몇몇 사례를 통해 그 차이를 살펴보면 丹衫은 태봉의 관계를 가졌고 緋衫은 신라의 관계를 가진 것으로 나타나는데, 이는 고려 관제 안에 신라계를 포용하면서 이전의 신라 관등 그대로의 사용을 공인한 결과라는 것이다. 따라서 광종대의 공복제는 동급인 丹衫과 緋衫을 구별한 과도적인 제도이며, 다만 丹衫層은 그 勳職에서 보는 바와 같이 태조를 보좌한 건국주체 세력이므로 신라계통의 緋衫層보다 근소한 우위를 차지한 것으로 이해하였다.

61) 토지가 紫衫·丹衫·緋衫·綠衫에 따라 차등 분급되었다. 『고려사』 권78, 식화지 1, 田制, 田柴科 참조.

62) 成宗 14년 처음 文散階를 정했는데, 紫衫以上에게 正階를 주었다고 하여 여전히 光宗代의 체계가 기준이 되고 있음을 알 수 있다. 『고려사』 권77, 백관지 2, 文散階 참조.

63) 魚袋는 唐 高宗 2년(651)에 처음 실시된 것으로, 3품 이상은 金飾, 5품 이상은 銀飾의 魚袋를 지급했으며 시간이 흐르면서 그 하한선에 약간의 변화는 있으나 대체로 유지되었다고 한다(이현숙, 앞의 논문, 1992 참조). 의종대에는 紫衫에게는 金魚袋를, 緋衫에게는 銀魚袋를 주었다. 사료 나-(2) 참조.

袋를 지급했음을 알 수 있다.

사료 가-(2)에서 李桓樞의 경우 上柱國이라는 정2품의 勳職을 가지고 있음에도 賜丹金魚袋인 것은 일단 그의 현직이나 官階와 관련되기 때문으로 추정된다.[64] 그런데 사료 가-(2)의 廣評侍郎 柳勳律이나 翰林學士前兵部卿 李夢游와 마찬가지로 사료 가-(4)의 崔仁渷도 비록 신라의 관직이긴 하지만 翰林學士兵部侍郎知瑞書院事로서 비슷한 관직인데 賜紫金魚袋로 나타난다. 즉 복색과 관직의 관련성이 명확히 드러나지 않는다. 단정지어 말할 수는 없지만, 사료 가-(2)와 사료 가-(3)의 사례에서 이들 賜丹金魚袋의 공통점을 보면, 관직보다는 오히려 관계와의 관련성이 보인다. 이들의 官階는 모두 正朝·正衛로서 이른바 鄕職 7품에 해당하며, 관계에 비해 관직이 높아서 모두 '守'를 붙여 표시하고 있다.

사료 가-(3)의 金廷彦도 마찬가지다. 광종 9년과 10년 이후의 문산계는 通直郎으로서 변함 없고 관직 역시 한림학사로 변함 없는데, '覺淵寺 通一大師塔碑'에서는 賜紫金魚袋로 승격되었다.[65] 그렇다면 이러한 승격에는 관계인 향직이 고려된 것으로 추정할 수 있다.[66] 거의 15년 뒤의 비문이지

---

64) 그의 현직인 兵部大監은 문종대의 侍郎으로 정4품에 해당하고, 관계인 正朝는 鄕職 7품에 불과하다.

65) 葛城末治, 『朝鮮金石攷』, 1935, 662~663쪽에서 金廷彦과 동일 인물로 추정하였다.

66) 광종대의 공복이 관계에 의해 정해졌는지, 또는 관직에 의해 정해졌는지는 경종대의 田柴科와 관련되어 아직도 논란이 되고 있는 문제이다. 황선영은 景宗 원년의 田柴科의 복색과 광종 11년의 복색을 분리, 이해해야 한다고 하면서 田柴科의 복색은 신분제를 표시하는 병렬구조이며, 광종대의 복색은 향직을 대상으로 한 것으로 보았다. 문종 이전에는 관직의 관품이 부여되지 않아 관계가 신분의 고저를 나타내는 징표였다는 것이다(앞의 논문, 1986 및 1987). 여기서 향직을 지방관제로 보는 것이나 문종 이전에는 관품이 없었다는 지적은 동의하기 어려우나, 광종대의 복색을 향직을 대상으로 한 것으로 본 견해는 일리가 있다고 생각한다. 이에 반해 이현숙은 광종대의 복색이 官階가 아닌 관직이 중심이 된 것으로 이해하고 있다. 唐 현종이 정권을 장악하는 과정에서 軍功에 대한 부상으로 공복과 魚袋를 특사 형식으로 남발했는데, 신라 역시 체제정비 과정에서 유교적 소양을 갖춘 지식인 및 실무 관료군에 魚袋가 주어졌음을 지적하면서 魚袋는 관직을 매개로 주어진 것이라는 주장을 하고 있다(앞의 논문, 1992). 기존의 관직·官階 혼용설을 좀더

만 金廷彦이 '高達院 元宗大師慧眞塔碑'에서는 太丞이라는 3품의 향직을 갖고 있어, '覺淵寺通一大師塔碑'에서도 향직의 승급으로 인해 賜紫金魚袋로 승격된 게 아닌가 한다.

이러한 시각에서 사료 가-(4)의 사례도 이해할 수 있다. 앞서 崔仁渷(崔彦撝)의 예를 살펴보았지만, 관직에는 큰 차이가 없으나 이들 賜紫金魚袋의 경우 관계가 太丞·太相으로서 각각 향직 3품과 4품에 해당한다. 이 官階는 賜丹金魚袋의 正朝·正位와 현격한 차이가 나는 것이다. 紫色과 丹色의 경계를 알 수는 없으나, 단색에 주로 7품의 정조·정위가 나타나는 것으로 보아 사료 가-(1)의 광종 11년의 복색에서 '元尹以上 紫衫'이라는 원칙이 이미 시행되고 있었음을 알 수 있다. 고려초에 紫衫은 폭넓게 허용되었다.

사료 가-(5)의 賜緋銀魚袋의 사례는 하나 뿐이어서 보편적인 것으로 보기는 어렵다. 具足達의 관계가 沙湌인데 賜緋銀魚袋를 띠고 있다. 沙湌은 본래 신라의 17관등 중 제8관등이었는데 고려초에도 관계로 계속 쓰였던 것 같다. 또 사료 가-(4)의 崔彦撝가 '興寧寺 澄曉大師寶印塔碑'에서는 신라의 官階인 朝請大夫로서 賜紫金魚袋를 띤 것처럼, 具足達도 신라에서 받은 官階 沙湌을 계속 유지했던 것으로 볼 수도 있다. 守興文監卿이라 한 것을 보면, 沙湌은 興文監卿을 하기엔 낮은 官階였나 보다.[67] 興文監卿이라면 차관급인데도 賜緋銀魚袋를 띠고 있는 건 그의 관계 때문이 아

발전시킨 전기웅은 紫衫과 丹·緋·綠衫을 분리해서 이해했다. 자삼층은 원윤 이상의 국초의 관계를 반영한 것이며, 그외 文班·武班·雜業에는 각각 관직에 따른 丹·緋·綠衫의 구별이 있었다는 것이다. 이들 단·비·녹삼은 관부의 서열은 있으나 관직의 차이는 크지 않아서, 각 服色에는 단층구조가 없었다는 것이다 (「고려성립기 문신관료층의 성장」, 『나말여초의 정치사회와 문인지식층』, 혜안, 1996). 복색과 官職·官階의 관계는 관직이 정비됨에 따라 변화되는 것으로 보아야 하는데, 초기에는 官階 중심이었다가 차츰 官職 중심으로 변화된 게 아닌가 생각한다.

67) 興文監卿은 『삼국사기』 권40, 志 9, 職官下에 나타나는데, 관직 설치의 시초와 관등의 고하를 알 수 없다고 한다. 태봉이나 고려초의 관제일 수도 있지만, 최언위의 경우 신라 관직도 나열되고 있으므로 신라의 관직명으로 볼 수도 있다. 이기동, 「나말여초 近侍機構와 文翰機構의 확장」, 『역사학보』 77, 1978 참조.

닌가 추정된다.

이러한 추정은 사료 가-(6)의 사례에서도 확인된다. 지방세력으로 보이는 堂大等 正朝 金希一이 賜丹銀魚袋를 띠고 있다. 丹衫은 사료 가-(1)의 광종대 공복제에서는 紫衫 다음의 지위에 해당한다. 당대등 김희일은 죽은 당대등 김예종의 종형이다. 이들 형제는 청주 지방에서 대를 이어 당대등을 할 정도로 州里의 豪家이며 鄕閭의 冠族이었다. 즉 그 지방의 강력한 지방세력이었다. 김희일이 중앙의 관직을 가지고 있지 않지만 丹衫에 銀魚袋을 부여받은 것은 그의 관계가 正朝였기 때문이다. 그가 비록 지방세력으로서 당대등이었지만, 중앙과 연계가 있어서 이러한 관계를 받을 수 있었다.[68]

이 당간기의 撰者 金遠이 前 翰林學生인데 중앙과 연관되는 인물로 짐작된다.[69] 성씨로 보아 撰者나 金希一은 같은 집안일 가능성이 크고, 당시 한 지역의 당대등을 하는 정도의 집안은 중앙과 일정한 연관을 가질 수 있었던 모양이다. 김희일이 중앙과 같은 관계를 갖는 것도 그러한 상황에서 가능했을 것이다. 다만 다른 正朝와 달리 金魚袋가 아닌 銀魚袋를 부여한 것은 중앙의 官職이 없었기 때문이다.[70]

고려초 강력한 지방세력에게 公服이 주어진 것은 사료 가-(7)의 사례에도 보인다. 旦越인 西□大將軍蘇判 阿叱彌는 '着紫金魚袋'로 나오는데, 蘇判 阿叱彌는 뒤이어 나오는 加恩縣將軍 熙弼과 함께 尙州 지역의 지방세력이었다. 阿叱彌가 태조 원년 9월에 귀부했던 尙州帥 阿字蓋와 동일인물이라면, 그가 귀부할 때 蘇判이라는 官階와 西□大將軍이라는 관직, 그리

---

68) 이에 관한 자세한 내용은 강은경, 「고려초 州官의 형성과 그 구조」, 1999 참조.

69) 『고려사』에는 翰林院 學生이라는 직책이 없는데, 김영미, 「나말여초 연구와 금석문」, 『역주 나말여초 금석문(상)』, 1996, 19~20쪽에 의하면, 翰林院의 전신인 元鳳省에는 令·大學士·學士·知事·待詔와 아울러 學生이 있었으므로 이와 관련된 인물일 것으로 추측하였다.

70) 이현숙, 앞의 논문, 1992 참조. 魚袋는 唐 高宗 2년(651)에 처음 실시된 것으로 3품 이상은 金飾, 5품 이상은 銀飾의 魚袋를 지급했으며, 시간이 흐르면서 그 하한선에 약간의 변화는 있으나 대체로 유지되었다. 고려 毅宗代에는 紫衫에게는 金魚袋를, 緋衫에게는 銀魚袋를 주었다.

고 紫金魚袋를 받았을 것으로 본다.[71] 이와 같이 고려초 지방세력은 세력의 정도에 따라 관계를 받았고, 관계에 따라 공복 및 어대를 받았다.

사료 가-(6)의 당대등은 후에 정비된 향리제에서 호장으로 개칭되었다. 고려초 지방세력 중에는 중앙의 관계를 받은 자들이 있었고, 이에 따라 중앙의 공복을 허용받은 자들이 있었다. 이 때에는 중앙과 지방의 관계와 공복이 구별되지 않았고, 지방세력들이 맡는 지방사회에서의 역할도 중앙 관직과 같다는 인식을 가졌다.

그러다 보니 지방세력들이 중앙관료와 같은 복식을 하게 되고, 성종초 崔承老는 이 문제를 지적한 바 있다.

> 가-(8) 成宗元年六月, 正匡崔承老上書曰 …… 新羅之時 公卿百僚庶人衣
> 服鞋𩏩薆 各有品色 公卿百僚 朝會則着公襴具穿執 退朝遂便服之
> 庶人百姓不得服文彩 所謂別貴賤辨尊卑也. 由是 公襴雖非土産 百
> 僚(刑法志；百姓)自足用之. 我朝自太祖以來 勿論貴賤 任意服着
> 官雖高而家貧 則不能備公襴 雖無職而家富 則用綾羅錦繡……[72]

고려초에 공복이 제정되긴 했지만 그것이 자리잡기까지는 상당한 시간이 필요했다. 성종초에도 아직 공복제가 자리잡지 못해 '無職의 부유한 자'들이 官職者들과 같은 복식을 입었던 모양이다. 공복이 당시 지방사회의 특정한 세력에게만 허용되었기 때문이 아닐까. 그 결과 허용되지 않은 일부 '無職而家富'한 자들까지 公襴을 입는 상황이 벌어지게 된 것이다. 이들이 바로 후에 호장층을 이루는 지방세력으로 짐작된다

그러나 현종 9년에는 향리직이 중앙의 관직과 분리, 차별되면서 향리 공복도 중앙관료와 다른 체계로 정해지게 되었다.

---

71) 『고려사』권1, 세가 1, 태조 원년 9월조 및 이현숙, 위의 논문 참조.
72) 『高麗史』권93, 列傳 6, 崔承老傳, (下) 85쪽 및 『高麗史』권85, 刑法志 2, 禁令,
   (中) 859~869쪽.

2) 향리 공복의 제정과 호장층의 지위

(1) 현종대의 공복 체계

현종 9년은 주요 군현에 외관이 파견되고 州府郡縣의 丁數에 따라 향리의 정원이 정해졌고, 諸道外官이 호장을 擧望할 때 '其差年久近'과 '壇典行公年數'를 상고하여 尙書省에 올리면 직첩을 주도록 했던 때였다.[73] 각 지방세력이 호장을 중심으로 '鄕吏職'으로 서서히 편제되는 상황이었다. 향리의 공복도 이와 함께 제정되었다. 이는 지방세력에 대한 중앙의 관여가 일정하게나마 이루어지고 있음을 뜻한다.

그러나 공복이 제정되었다 해서 이를 지방세력에 대한 일방적인 통제로만 볼 수는 없다.[74] 오히려 '公服'이라 함은 지방세력을 '地方의 官吏', 즉 '鄕吏'로서 전체 관료체제로 흡수하는 의미에서 사용한 것으로 보인다.[75] 다음은 고려 현종대에서 예종대까지 公服이 나타난 사례들이다.

나-(1) 顯宗九年 定長吏公服 州府郡縣戶長紫衫 副戶長以下兵倉正以上緋衫 戶正以下司獄副正以上綠衫竝靴笏. 州府郡縣史深靑衫 兵倉史諸壇史天碧衫無靴笏.[76]

　　(2) 毅宗朝詳定. 文官四品以上 服紫·紅鞓·佩金魚 常參六品以上 服緋·紅鞓·佩銀魚 官未至而特賜者 不拘此例. 九品以上服綠 閣門班武臣 皆紫而不佩魚……[77]

　　(3) 雍熙四年丁亥(成宗 6) 成宗初踐祚 命儒臣對策 公又中科首 上褒之 制可御事右司員外郞賜緋史館修撰官 又加起居舍人知制誥 又

73) 『高麗史』 권75, 選擧志 3, 鄕職, (中) 653쪽.
74) 河炫綱, 「고려초기의 지방통치」, 『한국중세사연구』, 1988, 203~205쪽에서 公服 制定은 吏職에 대한 체계적인 통제책의 일환으로 제도상 지방관의 행정을 보좌하는 鄕吏의 지위로 전락했음을 의미한다고 보았다.
75) 『高麗史』 권75, 選擧志 3, 事審官, 太祖 18년, (中) 651쪽에서도 '知副戶長以下官職等事'라 하여 鄕吏職을 官職의 일환으로 보았던 당시의 인식을 알 수 있다
76) 『高麗史』 권72, 輿服志, 冠服, 長吏公服, (中) 565쪽.
77) 위의 책, 輿服志, 冠服, 朝服, (中) 565쪽.

加禮部郎中賜紫. 統和十三年乙未(成宗 14)……78)

(4) ……顯宗…… 加右補闕知制誥賜緋. 德宗(1031~1034)繼承 ……
授中樞院右副承宣賜金紫…… (문종 15년, 1061)79)

(5)-① ……金魚□□ 孫夢周敎撰 (현종 8년, 1017)80)
……以蓬萊殿記 亦許致仕翰林學士承旨孫夢周 而紀之矣.(현
종 13년, 1022)81)

② ……聖上(顯宗)卽位 …… 仍遣中樞副使推忠佐理功臣大中大夫
守尙書吏部侍郎上柱國 …… 賜紫金魚袋 尹徵古…… (현종 12
년)82)

③ 中樞副使中散大夫尙書吏部侍郎 兼太子右庶子柱國賜紫金魚
袋 臣金猛奉宣撰 (현종 14년)83)

④ 中樞直學士宣議郎尙書吏部郎中知制誥 兼史館修撰官賜紫金
魚袋 臣崔冲奉宣撰(현종16년)84)
翰林學士宣議郎內史舍人知制誥 兼史館修撰官賜紫金魚袋 臣
崔冲奉宣撰 (현종 17년)85)

(6) 朝請郎禮賓丞賜緋 金巨雄奉宣書幷篆額 (현종 14년)86)
朝請郎禮賓丞賜緋 金巨雄奉宣書幷篆額 (현종 16년)87)

(7)-① □□大夫尙書禮部侍郎知制誥賜紫金魚袋 臣高廳奉□□
儒林郎尙書都官郎中賜緋銀魚袋 臣林顥奉□□ (문종 8년,
1054)88)

---

78) 「柳邦憲墓誌銘」, 『高麗墓誌銘集成』, 16~17쪽.
79) 「李子淵墓地銘」, 위의 책, 21쪽.
80) 「淨土寺 弘法國師實相塔碑」, 『韓國金石全文』中世上, 435쪽.
81) 「玄化寺碑 陰記」, 위의 책, 453쪽.
82) 「玄化寺碑」, 위의 책, 444쪽.
83) 「靈巖寺 寂然國師碑」, 위의 책, 456쪽.
84) 「居頓寺 圓空國師勝妙塔碑」, 위의 책, 461쪽.
85) 「弘慶寺碣」, 위의 책, 469쪽.
86) 「靈巖寺 寂然國師碑」, 위의 책, 456쪽.
87) 「居頓寺 圓空國師勝妙塔碑」, 위의 책, 461쪽.

② ……三十一秩滿歸朝 復爲尙書戶部員外郞 三十二(문종 10년)
加正郞兼賜緋魚 …… 三十五轉尙書右丞 三十六改授尙書吏部
侍郞賜紫金魚袋…… (문종 31년, 1077)[89]

③ 將仕郞尙書兵部員外郞知制誥賜緋□袋 李成美製 (문종 15년,
1061)[90]

(8)-① ……宣宗卽位(1084) …… 不三歲 試閣門祗侯 累遷禮部員外郞
賜緋銀魚 …… 太安十年(선종 11년) 以吏部郞中御史雜端知制
誥 爲中樞院右副承宣賜服金紫…… (예종 12년, 1117)[91]

② 登仕郞尙書戶部郞中知制誥 兼太子司經賜緋魚袋 韓沖撰 (예
종 12년)[92]

사료 나-(1)의 현종 9년의 향리 공복은 이보다 앞서 마련된 사료 가-(2)
의 광종 11년의 百官公服과는 다르나, 사료 나-(2)의 의종대 중앙관료의
공복과는 상부 체계가 紫·緋·綠衫으로 동일하다. 의종대의 공복제는 현
종대 거란의 침입으로 문헌들이 분산, 유실되자 平章事 崔允儀가 祖宗憲
章과 唐制를 뽑아 詳定古今禮를 편찬했다고 하는데,[93] 이 때에 상정한 공
복은 광종조 이후 다시 정리된 것을 참조로 한 것 같다. 그 복색이 송나라
神宗代(1078)에 개정된 服制와 品階의 분류까지 동일하다.[94] 고려 문종
32년에 송나라에서는 복제를 개정했는데, 바로 그해에 고려에 관복을 사여
했다는 기록이 있다. 이후 고려도 宋制와 같은 형식으로 고친 것으로 추정
된다.[95]

---

88) 「浮石寺 圓融國師碑」, 위의 책, 479쪽.
89) 「李頲墓地銘」, 『고려묘지명집성』, 28쪽.
90) 「李子淵墓地銘」, 위의 책, 21쪽.
91) 「任懿墓地銘」, 위의 책, 43~44쪽.
92) 「崔繼芳墓地銘」, 위의 책, 40쪽.
93) 『고려사』 권72, 輿服志
94) 宋의 公服은 초기에는 3품 이상은 紫色, 5품 이상은 朱色, 7품 이상은 綠色, 9품
   이상이 靑色이었는데, 神宗代(1078년)에 靑色을 없애고 3단계로 나누어 4품까지
   紫色, 6품까지 緋色, 9품 이상을 綠色으로 바꾸었다. 사료 다-(2) 참조.
95) 『고려사』 권72, 輿服志, 冠服, 王冠服條에 '文宗 32年 6月 宋神宗賜衣二對 ……

그러나 고려 특유의 복색인 丹色이 빠지고 紫·緋色의 체계가 보이는 것은 이미 성종 초기부터였다.[96] 사료 나-(3)은 문종 5년(1051)에 쓰인 「柳邦憲 墓誌銘」인데, 柳邦憲은 성종 6년에 御事右司 員外郎으로서 緋衫을 받았고, 성종 14년 이전에 禮部郎中으로서 紫衫을 부여받았다. 정6품에 해당하는 御事右司 員外郎에서 종5품의 起居舍人을 거쳐 정5품의 禮部郎中으로 승진하면서 비삼에서 자삼으로 변화되고 있는 것으로 보아, 복색 체계에서 緋衫 다음 단계가 紫衫이었음을 알 수 있다.

성종 6년 이후에서 14년 사이에 중간 단계인 丹色이 빠졌다. 公服 체계에서 丹色의 소멸은 고려사회 자체의 변화상을 반영한 것으로 보인다. 즉 관료체제가 안정되면서 이제 건국 초처럼 丹色을 통해 상급 관료층을 확대할 필요가 없었기 때문에, 공복을 정리하면서 단색을 뺄 수 있었던 것 같다.

이러한 상황은 공복 체계가 관계 중심에서 관직 중심으로 변화한 것에서도 짐작할 수 있다. 사료 나-(3)의 「柳邦憲 墓地銘」에는 관계가 언급되지 않았다. 官階가 있더라도 공복에는 영향을 주지 못했다. 사료 나-(5)-④와 사료 나-(6)의 사례를 비교해 보면, 사료 나-(5)-④의 최충은 문산계는 종7품의 宣議郎이었으나 관직이 정3품의 中樞直學士나 翰林學士였기 때문에 紫衫에 속했다. 이에 비해 사료 나-(6)의 金巨雄은 문산계는 정7품의

'라 하여 宋의 服制가 개정되면서 바로 고려에 그 일부를 보냈으며, 고려에서는 같은 해 10월에 '中書門下省請 依宋制 禁臣民着梔黃淡黃色衣. 從之. (『고려사』권85, 刑法志 2, 禁令)'라 하여 服制를 宋制에 따르기로 정하였다는 기록이 있다.

96) 靖宗 9년(1043) 이후 睿宗 2년(1107) 2월까지 10여 차례에 걸쳐 契丹(遼)에서 冠服을 사여하고 있어, 거란의 영향도 일부 받았으리라는 추정도 있다(金東旭, 「新羅·高麗의 服飾 變遷」, 1979, 194~195쪽). 실제로 요나라 公服 체계와 비교해보면 거의 비슷하다. 『遼史』 권56, 輿服志를 보면, "常服 遼國謂之穿執 起居禮臣僚穿韡執笏也.…… 唐太宗貞觀已後 非元日·冬至受朝及大祭祀 皆常服而已.…… 五品以上幞頭 亦曰折上巾 紫袍·牙笏·金玉帶…… 六品以下 幞頭·緋衣 八品九品 幞頭·綠衣"라고 하고 있어, 官品 분류만 약간 다르다. 하지만 거란의 영향을 받았더라도 거란과의 전쟁이 소강상태로 들어가는 현종 10년 경부터 거란과 우호적 관계를 유지하므로, 현종 10년 이상 거슬러 올라갈 수는 없어 확언할 수 없다.

朝請郎으로 최충보다 높았으나 그의 관직이 종6품의 禮賓丞에 불과했기 때문에 緋衫에 속했다. 이제 官階보다는 현재의 관직이 더 중시되는 관료체제로 변하고 있음을 시사해준다.

이와 같이 의종대 공복의 발단은 이미 성종초에 형성되고 있었다. 5품 이상을 紫衫에 속하게 하여 아직은 紫衫의 범위가 폭넓은데, 이는 紫衫에 丹衫의 관료까지 포함시켜야 했기 때문이다. 사료 나-(3)과 사료 나-(8)-②의 사례를 비교해 보면, 같은 정5품의 郎中인데도 성종대는 紫衫이고 예종대는 緋衫에 속한다. 그만큼 성종대에는 아직 관료체계가 안정적이지 못했기 때문이다.

그러나 차츰 관료체제가 안정되면서 이후 紫衫의 하한선이 올라가는 경향을 보인다. 사료 나-(4)~(6)은 현종대의 사례인데, 사료 나-(4)와 (6)에서 6품이 되면 緋衫에 속하고, 사료 나-(4)와 (5)에서 3품이 되어야 紫衫에 속하였다. 사료 나-(2)의 의종대보다 紫衫의 하한선이 더 올라갔다. 이와 같이 紫·緋·綠色의 公服 체계는 성종초부터 형성되었고, 관료체제가 안정되면서 그 하한선이 상향 조정되는 정도의 변화만 있었을 뿐이다.

이러한 경향은 緋衫에도 적용되어 문종대에는 사료 나-(7)-①과 ②에 보이듯이 정5품의 尙書都官郎中이나 正郎이 되어서야 賜緋魚에 속하고, 좀더 후의 기록이긴 하지만 예종대의 사료 나-(8)-②에서도 정5품의 戶部郎中으로서 緋魚袋를 받고 있다. 緋衫의 하한선이 성종대의 紫衫의 하한선과 같았던 것이다. 그러나 비슷한 시기의 사료 나-(7)-②에서는 정6품의 兵部 員外郎 때 賜緋魚袋를 띠고 있어, 그 기준이 다소 신축적으로 적용되고 있음을 짐작하게 해준다.

같은 시기 紫衫의 하한선은 다시 하향 조정되는 듯하다. 사료 나-(7)-①의 高廳은 정4품의 尙書禮部 侍郎 때 賜紫金魚袋에 속하고 있으며, 나-(7)-②의 李頲은 종3품의 尙書右丞을 거쳐 정4품의 吏部 侍郎 때 紫衫에 金魚袋를 받고 있다. 하지만 선종대 사례인 사료 나-(8)-①을 보면, 정6품의 禮部 員外郎 때 緋衫에 銀魚袋를 받고 정3품의 中樞院 右副承宣 때 '賜服金紫'되고 있어 현종대 기조가 크게 변하지 않고 그대로 유지되고 있

음을 알 수 있다. 즉 緋杉·紫杉의 하한선이 대체로 상향 조정되었다.[97]

  紫·緋·綠色의 공복 체계는 인종 원년의 저서인 <표 3-1>의 『高麗圖經』의 冠服과도 대체로 일치한다. 의종대 공복제의 원형이 이미 성종대부터 마련되어 이후 크게 변하지 않고 지속되었음을 짐작할 수 있다. 『高麗圖經』의 저자 徐兢은 고려의 공복이 宋制와 같다고 하였지만,[98] 그것은 송제의 단순한 추종이 아니라 고려사회의 변화를 반영하여 이미 이전부터 있었던 변화였다.

<표 3-1> 『高麗圖經』의 冠服[99]

	해당 관직	袍	鞓·笏·帶	魚袋
王服		紫羅 公服	象笏·玉帶	
令官服	정1품 종1품	紫文羅袍	玉帶	金魚
國相服		紫文羅袍	毬文金帶	金魚
近侍服		紫文羅袍	御仙金帶	金魚
從官服	종2품 정3품	紫文羅袍	御仙金帶	
卿監服		紫(鄭刻緋)文羅袍	紅鞓·犀帶	銀魚
朝官服	司業博士·史館校書·太醫司天兩省錄事以上	緋文羅袍	黑鞓·角帶	銀魚
庶官服	進士入官·省曹補吏·州縣令尉·主簿·司宰等	綠衣	木笏·幞頭·烏鞓	

  이와 같이 성종대 이후 중앙 공복은 관료제와 긴밀히 연관되는 가운데 정리되고 인종·의종대까지도 큰 변화 없이 유지되었다. 중앙의 관료제가

---

97) 이상의 官職과 官階의 品階는 『한국사 13』, 「중앙의 정치조직」의 표 참조.
98) <표 3-1>의 冠服이 紫·緋·綠袍로 구별되어 있는데, 그에 해당하는 관직은 毅宗代 官品 분류와 일치한다. 徐兢도 "……逮我中朝 歲通信使屢賜襲衣 則漸漬華風 被服寵休 翕研丕變 一遵我宋之制度焉."(『高麗圖經』 권7, 冠服, 35쪽)이라고 하고 있어, 인종대에는 이미 宋制와 거의 일치함을 알 수 있다. 또 비슷한 시기에 김부식이 宋에 사신으로 갔을 때도 "我太祖受命 凡國家法度 多因羅舊 則今朝廷士女之衣裳 皆亦春秋請來之遺制歟. 臣三奉使上國 一行衣冠 與宋人無異……"(『三國史記』 권33, 雜志 2)라 하여, 宋의 복식과 별 차이가 없었다는 기록을 남긴 바 있다. 이상은 金東旭, 「韓國服飾史」 및 「新羅의 服飾」, 앞의 책, 1979 참조.
99) 『宣和奉使高麗圖經』 권7, 冠服, 35~39쪽.

정비되었다면 지방의 관리인 향리제도 그 체계 속에서 정비되지 않을 수 없었다. 따라서 현종 9년의 향리 공복의 제정은 성종초에서 비롯된 중앙의 공복 체계 속에서 이해해야 한다.

(2) 현종 9년의 향리공복제

신라말부터 각 군현에서 등장하였던 지방세력이 중앙과 비견되는 독자적인 邑司를 갖추었다면 공복 역시 중앙과 비슷한 체계를 갖추었을 것이다. 성종대 초기까지도 최승로가 지적했듯이 중앙의 묵인 아래 중앙과 동일한 공복 체계를 유지했다.[100] 그러나 현종 9년에는 '長吏公服'이라 하여 이제 중앙과 분리되어 취급되있다. 공복의 색은 동일하너라도 그 체계가 달랐던 게 아닌가 한다. 이러한 향리 공복의 제도화는 지방에 대한 일방적인 규제가 아니라 지방의 사정을 고려하여 타협적인 입장에서 정리되었다.

사료 나-(1)에서 향리의 공복은 鄕吏職制에 따라 5단계로 나뉜다. 호장은 紫衫, 부호장 이하에서 兵倉正 이상은 緋衫, 戶正 이하에서 司獄副正 이상은 綠衫, 州府郡縣史는 深靑衫, 兵倉史 및 諸壇史는 天碧衫으로 규정되어 있다. 이러한 단계는 후에 마련된 문종 5년(1051) 10월의 鄕吏職 승진체계와 일치한다.[101] 이를 비교하면 다음의 <표 3-2>와 같다.

<표 3-2> 향리직 승진체계와 향리 공복

승진단계	향리직명	服色
9	戶長	紫衫
8	副戶長	緋衫
7	兵正·倉正	
6	戶正·公須正·食祿正	綠衫
5	副戶正·客舍正·藥店正·司獄正	
4	副兵正·副倉正·副公須正·副食祿正	
3	州府郡縣史·副客舍正·副藥店正·副司獄正	深靑衫
2	兵史·倉史	天碧衫
1	諸壇史	

---

100) 사료 가-(8) 참조.
101) 『高麗史』 권75, 選擧志 3, 鄕職, (中) 654쪽.

향리 공복은 중앙의 百官公服의 3단계보다 더 세분화된 것으로, 중앙 공복에 靑·碧色이 추가되었다. 鄕吏 公服의 상위 3단계 服色이 사료 나 -(2)의 의종대 공복과 일치하고 있어, 현종 9년의 향리 공복은 일단 중앙과 동일한 계통의 공복제를 기조로 하였음을 알 수 있다. 호장의 복색은 중앙 의 文官 4품 이상과 같이 紫衫이고, 부호장 이하 兵·倉正 이상은 중앙의 常參 6품 이상과 같이 緋衫이며, 호정 이하 司獄副正 이상은 중앙의 9품 이상과 마찬가지로 綠衫이다. 적어도 각 군현 邑司의 正·副正級까지는 중앙관제에 해당하는 복색이 허락되었다.

이렇게 향리의 공복이 중앙의 공복과 같은 체계였다면, 그만큼 이들의 지위가 중앙관료와 큰 차별이 없었음을 보여주는 게 아닐까. 특히 호장의 복색이 중앙의 최고 官品과 같이 紫衫인 것에서 당시 戶長의 지위를 짐작 할 수 있다. 이는 사료 가-(6)에서 광종대의 당대등이 '賜丹銀魚袋'인 것과 도 비교된다. 당대등을 호장으로 개칭했다고 하므로, 향리제의 정비과정에 서 지방세력의 지위가 오히려 나아진 셈이다. 하지만 이는 또한 향리 공복 이 중앙의 공복과 분리된 체제였음을 보여주는 사례라고 할 수 있다. 즉 전체 관료체제에서는 당대등의 공복이 丹衫이었으나, 향리제 안에서는 호 장에게 최고의 紫衫을 허락한 것이다.

여기에 중앙 공복에 비해 다양한 분류나 복색의 추가는 향리제의 특성 이 고려되었다. 각 군현의 향리제에서 하위의 향리직을 중앙의 官品과 동 일시할 수 없었기 때문에, 이들에 대해서는 별도의 복색을 제정한 것으로 보인다.

추가된 청·벽색은 당 및 송 초기의 복색에서도 발견된다.

다-(1) 羣臣之服二十有一 弁服者 文官九品公事之服也 以鹿皮爲之 通用 烏紗 牙簪導 纓一品九璪 二品八璪 三品七璪 四品六璪 五品五璪 犀簪導 皆朱衣素裳·革帶·鞶囊·小綬·雙佩·白韈·烏皮履. 六 品以下去璪及鞶囊·綬·佩 六品七品綠衣 八品九品靑衣 …… 袴 褶之制 五品以上細綾及羅爲之 六品以下小綾爲之 三品以上紫 五 品以上緋 七品以上綠 九品以上碧.[102]

(2) 凡朝服謂之具服 公服從省 今謂之常服. 宋因唐制 三品以上服紫
五品以上服朱 七品以上服綠 九品以上服靑. 其制 曲領大袖 下施
橫襴 束以革帶 幞頭・烏皮革. 自王公至一命之士 通服之.
神宗 …… 元豊元年(文宗 32) 去靑不用 階官至四品服紫 至六品
服緋 皆象笏・佩魚 九品以上則服綠 笏以木. 武臣・內侍皆服紫
不佩魚. 假版官及技術若公人之人入品者 竝聽服綠 ……103)

사료 다-(1)은 당나라 공복에 관한 기사이다. 문관의 공복은 5품 이상이
朱衣素裳, 6~7품이 綠衣, 8~9품이 靑衣였고, 袴褶은 3품 이상이 紫色, 5
품 이상이 緋色, 7품 이상이 綠色, 9품 이상이 碧色이었다. 이러한 唐의 제
도는 宋에 이어져 사료 다 (2)의 宋의 공복 역시 3품 이상은 紫色, 5품 이
상은 朱色, 7품 이상은 綠色, 9품 이상은 靑色이었다. 따라서 神宗代에 靑
色을 없애고 3단계로 바꾸어 紫・緋・綠色으로 바꾸기 전까지는 唐制가
유지되었고, 고려 현종 9년의 향리 복색은 바로 이를 반영한 것으로 보인
다. 이러한 사정의 일단을 알 수 있는 것이 『高麗圖經』의 기사이다.

다-(3) 吏職之服 與庶官服色不異 但綠衣時有深淺. 舊傳 高麗倣唐制衣碧
今詢之非也. 盖其國貧俗儉 一袍之費動準白金一斤 每經澣濯再染
色深如碧 非是別一等服也. 然省府補吏 不限流品 貴家之子弟 時
亦爲之. 今此靑服當是吏之世襲者耳.104)

(4) 龍虎中猛軍 服靑衣布窄 白紵窮袴 …… 兵仗中 獨此軍最衆 約三
萬人.105)
龍虎上超軍 服靑布窄衣 文羅頭巾 ……
龍虎中猛軍 服靑布窄衣 黃繡盤鵰 紅革銅帶 執朱柄檛. 順天門守
衛二十餘人 每至館會 則列於庭中 酒行則聲喏而退. ……106)

---

102) 『新唐書』 권24, 車服志, 520~521쪽. 中華書局.
103) 『宋史』 권153, 輿服志 5, 諸臣服 下, 公服. 中華書局.
104) 『高麗圖經』 권21, 皁隷, 吏職, 107~108쪽.
105) 『高麗圖經』 권11, 仗衛 1, 龍虎中猛軍, 58~59쪽.
106) 『高麗圖經』 권12, 仗衛 2, 龍虎上超軍 및 龍虎中猛軍, 62쪽.

(5) 領軍郎將騎兵 復飾其等不一. 凡紫羅戰袍 白袴皁履 文羅爲巾 飾
以珠貝者 皆麗人也. 全服靑綠縈絲大化戰袍 其袴或以紫 或以黃
或以皁 髠髮 而巾制不褻 切附於頂聞是契丹降卒[107]
……使者 初至群山島 巡尉將迎舟卒 服靑衣而吹之[108]
……人使 初至境 以迄入城 與諸旗爲前導 其行無次 其建無數 以
靑衣軍執之[109]

사료 다-(3)에서 인종초 당시 吏職의 복색은 庶官과 다를 게 없다고 하
므로,[110] 7~9품에 해당하는 綠衣였다. 그런데 綠衣가 때로 진하고 옅음이
있고, 舊傳에는 唐制의 碧衣를 모방했다고도 하는 모양이다. 이에 대해 서
긍은 袍의 값이 비싸서 세탁할 때마다 염색을 하기 때문에 색이 짙어져 碧
色같이 된 것이라고 하면서 벽색을 녹색과 동일시하였다. 하지만 舊傳에
서 唐制 碧衣를 모방했다는 설을 잘못 전해진 것으로만 볼 수는 없다. 지
방의 향리 복색에는 綠衫과 아울러 碧·靑衫이 있었고, 중앙군사 복색에
도 靑衣가 있었기 때문이다.

고려초에는 공복의 복색에 碧·靑色이 있었고, 이는 아마 하급 향리나
군사 등과 같이 品外의 관직에 해당했던 것 같다. 그 뒤 문종 23년에 宋의
공복제가 개정되고 그에 따라 고려의 공복도 개정되었지만, 여전히 吏職者
들에게는 碧·靑色이 남았다. 따라서 지방 향리의 복색에도 벽·청색이
남을 수 있었다. 서긍은 綠·碧을 혼동하여 같이 취급했지만, 流品을 한하
지 않고 貴家의 자제도 때로 맡았다는 省府補吏는 碧衣를 입었고 吏의 세
습자들은 靑服을 입은 게 아닐까. 이렇게 청복을 입은 吏의 세습자들은 지
방에서도 청복을 입었던 史級의 향리로서, 중앙의 하급 胥吏職에 진출한
자들이었던 것으로 보인다.[111]

---

107) 『高麗圖經』 권12, 仗衛 2, 領軍郎將騎兵, 63~64쪽.
108) 『高麗圖經』 권13, 兵器, 胡笳, 67쪽.
109) 『高麗圖經』 권14, 旗幟, 五方旗, 71쪽.
110) 『高麗圖經』 권7, 冠服, 庶官服, 39쪽. "庶官之服 綠衣木笏 幞頭烏鞓 自進士入官
省曹補吏·州縣令尉·主簿·司宰等 悉服之."
111) 洪承基, 「身分制度」, 『한국사 15』, 국사편찬위원회, 1996, 45쪽에서 貴家子弟가

한편 청복은 향리뿐 아니라 중앙군인의 일부에서도 발견된다. 사료 다
-(4)와 (5)는『高麗圖經』에 보이는 중앙군인 服色 중 靑衣의 사례이다. 중
앙 6軍의 將軍과 檢郎將, 散員 및 대부분의 軍士가 紫文羅窄衣인데 이들
일부 군사는 靑布窄衣로 규정되고 있다.『高麗史』에서는 성종 3년에 처음
으로 군인 복색을 정했다고 하지만,[112] 그 구체적인 내용은 언급되지 않았
다. 그런데 사료 다-(2)의 宋制에서도 '武臣·內侍皆服紫'라고 하여 왕의
측근에 있는 武臣·內侍들은 紫色服이 원칙이었으므로, 고려에서도 예외
는 아니었을 것이다. 그러나 중앙군인 중에서도 다소 하급인 경우엔 靑衣
를 입도록 했던 게 아닐까.[113] 그 구체적인 차이는 알 수 없지만, 사료 다
-(5)의 사례를 통해 미루어 짐작할 수는 있다. 領軍郎將騎兵의 경우 高麗
人은 紫羅戰袍인데, 契丹降卒은 靑綠緊絲大花戰袍를 입고 있다. 그밖에
군산도의 巡尉나 성의 五方旗를 잡는 군인들의 복색에도 청의가 보이는
데, 이들은 일반의 중앙 군사와는 차별되는 존재였다.

宋 神宗代의 복제 개정에서 '靑'이 없어지면서 고려에서도 정식 服制에
서는 靑衣가 사라졌지만, 향리 공복과 중앙의 하급군사의 복색에는 남아
있었다. 그것은 靑·碧衫의 향리는 향리 중에서도 하급 직위이고 중앙군
의 군사 역시 品外였기 때문이다. 이러한 구별은 靴笏에서도 나타난다. 사
료 나-(1)을 보면 戶長부터 각 副正 이상은 靴笏이 허락되지만, 靑·碧衫
의 州府郡縣史와 兵倉史·諸壇史는 靴笏이 불허되었다. 실제로 향리직제
에서 호장부터 각 부정까지는 중앙의 관리에 비견될 정도의 지위를 갖고
있었던 것으로 보인다.

이러한 사실들에서 현종 9년의 향리 공복의 제정은 향리 내부의 직제를
인정하는 가운데 이루어진 것으로서, 당시 고려 정부는 향리제의 운영에서

맡았던 省府補吏는 蔭補로 임명된 것이고, 靑服을 입는 吏의 세습자들은 雜類로
추정하였다. 雜類에 관해서는 洪承基,「高麗時代의 雜類」,『歷史學報』57, 1973,
69~77쪽 참조. 그러나 戶長層의 子弟들이 兵·倉正일 때 其人으로 上京하는 것
과 마찬가지로, 次吏層에서도 '三丁一子 從仕' 원칙에 따라 上京하여 중앙의 하
급 서리직에 진출했고 '靑服을 입는 吏의 세습자'는 바로 이들이 아닐까 생각한다.
112)『高麗史』권85, 刑法志 2, 禁令, (中) 860쪽. '成宗三年 始定軍人服色'
113) 이러한 사례는『高麗史』권72, 輿服志, 儀衛條에서도 다수 발견된다.

지방사회의 사정을 상당히 반영하였다.114) 이는 그만큼 아직은 지방사회를 주도하는 戶長層의 독자성이 유지됨과 아울러 지위도 보장되었음을 나타낸다. 고려 정부는 이들에게 일정한 지위를 보장해주는 대신에 지방사회에 대한 중앙의 통치체제를 갖추어갔다.

따라서 戶長層만이 담당하는 호장직에 대해서는 다른 향리직에 비해 매우 파격적인 대우를 보장해주는 게 당연한 일이었다. 중앙과 지방의 공복체계가 동일하지는 않지만, 戶長의 紫衫은 중앙에서는 최고 官品에 해당하는 복색으로 5품 이상에 비견되는 것이었다. 반면 문종대부터 파견되기 시작했던 縣令・縣尉는 각각 7품 이상이거나 8품직으로서 綠衣・木笏만 허용되던 지위였다.115) 이 정도의 지방관이 각 군현의 호장직을 독점 세습하고 있는 戶長層을 어느 정도나 제어할 수 있었는지는 의문이다.

고려초 호장은 각 군현의 실질적인 지배자였다. 사심관이 부호장 이하 관직등의 일에 한해 주장할 수 있었던 것이나, 父나 친형제가 호장인 자는 사심관에 임명하지 못하도록 한 것도 바로 이러한 사정을 반영한 것이다.116)

이상과 같이 본 장에서는 本貫制와 公服制를 통하여 고려사회에서 戶長層의 지위가 어떠했는지를 살펴보았다.

고려초 본관은 단순히 出自地를 의미하는 것은 아니었다. 신라말 전쟁과 혼란의 시기에 각 지역에서는 많은 이주가 행해졌고, 일정한 지역을 지

---

114) 金潤坤, 「郡縣制度」, 『한국사 13』, 국사편찬위원회, 1993, 228쪽에서는 鄕吏의 公服制定을 鄕吏 계층이 귀족관인층의 아류로서 그 위치를 확고히 한 것으로 보았다. 즉 농민지배를 위한 수단으로 권위의 상징으로 받아들이게 하기 위한 조치의 일단이라고 보았다.

115) 고려초 지방관을 살펴보면, 성종 8년에 설치된 東西北面 兵馬使가 3품으로 紫襟玉帶였고, 성종 14년에 설치한 西京留守官을 비롯한 東京・南京의 知留守事, 문종대의 大都護府使 등 정도가 3품 이상이었다. 이상은 『高麗史』 권77, 百官志 2, 外職, (中) 696~701쪽 및 주110)의 『高麗圖經』 기사 참조.

116) 『高麗史』 권75, 選擧志 3, 事審官, 太祖 18년, (中) 652쪽 및 顯宗 初年 判, (中) 652쪽 참조. 이와 관련해서는 李純根, 「高麗時代 事審官의 機能과 性格」, 『高麗史의 諸問題』, 1986 및 朴恩卿, 「高麗時代 事審官의 性格」, 『仁荷史學』 3, 1995 참조 ; 『高麗時代 鄕村社會研究』, 일조각, 1996 재수록.

배하던 지방세력도 포함되었다. 이들은 최종 정착한 지역을 실제적으로 지배하고 있었지만, 이를 본관으로 삼으려면 국가의 승인 절차가 필요했다. 고려 국가는 통일전쟁 과정에서 공을 세운 자들에게 본관을 인정해주었는데, 이는 상징적인 의례가 아니라 본관의 賜籍과 食采 賜與 등 경제적 기반의 제공, 군현 영역의 지배지역 조정 등 실질적인 조치가 함께 시행되었다.

통일 후 본관의 승인은 事審의 임명을 동반하였는데, 공신들이 본관 통치에 관여한 것이 이때 갑자기 이루어진 것은 아니었다. 공신들은 이미 자신들의 지배지역에서 事審의 역할을 하고 있었고, 이를 바탕으로 사심이 될 수 있었다. 이들은 사심으로서 주관과 중앙 정부를 연결해주는 역할을 하였다.

고려초 지방통치체제의 일환으로 운영되었던 본관제는 외관이 파견되고 각 군현에 호장제가 마련되면서 새로운 국면에 이르게 되었다. 본관의 운영에는 외관과 다수의 호장, 복수의 사심관 등 다양한 세력이 참여하게 되었다. 호장은 본관의 행정 전반을 책임지며 운영하도록 하였고, 한편 사심관은 부호장 이하만 관장할 수 있었다. 이로써 事審官은 호장과 분립되는 지위에 놓이게 되었다. 또한 정부는 본관의 향리와 밀접한 事審官을 배제하는 대신에 중앙 관인층을 사심관으로 임명하여 본관 운영에 참여시켰다. 본관의 운영은 호장이 고려초의 사심처럼 담당하게 되고 그 최종 책임은 外官이 맡게 됨에 따라, 이제 사심관은 본관의 운영에서 외관과 호장의 보완적인 역할을 하게 되었다.

이러한 구조의 변화가 가능했던 것은 지방통치기구의 주요 담당 계층인 戶長層의 형성이 이루어지고 있었기 때문이다. 고려시대 본관제는 戶長層의 형성과 함께 비로소 그 체제를 갖출 수 있었던 것이다.

지방통치체제에서 戶長制가 마련되면서 公服制도 변화하지 않을 수 없었다. 고려초 아직 지방통치체제가 갖추어지지 않은 상태에서 지방사회에서는 토착세력이 중심이 되어 堂大等·大等 중심의 지방통치기구가 있었고 이들은 그만큼 독자성을 인정받고 있었다. 이들은 중앙의 官階를 받았고, 그에 따라 중앙의 公服이 허용되었다. 지방세력이 맡는 지방사회에서의 역할이 중앙 관직과 같다는 인식 아래 중앙과 지방의 관계와 공복이 구별되지 않았던 것이다.

성종대 이후 각 군현에서는 호장 중심의 邑司體制로서 읍사의 관리인 향리제를 매개로 지방통치가 이루어졌다. 각 지방세력들이 호장을 중심으로 '鄕吏職'으로 서서히 편제되는 상황이었다. 이와 함께 향리의 공복이 제정되었다. 이는 지방세력에 대한 중앙의 관여가 일정하게나마 이루어지고 있음을 의미한다.

공복이 제정되었다 해서 이를 지방세력에 대한 일방적인 통제로만 볼 수는 없다. 오히려 '公服'이라 함은 지방세력을 '地方의 官吏', 즉 '鄕吏'로서 전체 관료체제로 흡수하는 의미에서 사용한 것으로 보인다. 중앙과 지방의 공복 체계가 동일하지는 않지만, 호장의 紫衫은 중앙에서는 최고 官品에 해당하는 복색으로 5품 이상에 비견되는 것이었다.

제2부 고려후기 戶長層의 변동

제3장 戶長層의 지위 변화

고려국가가 중앙집권화를 진척시킴에 따라, 국초에 지방사회에서 독자적인 지배력을 행사하였던 戶長層도 그 영향을 받지 않을 수 없었다. 먼저 중앙 정부와의 관계에서 戶長層의 지위가 현저히 하락하였고, 이러한 戶長層 지위의 변화는 그 자체가 戶長層 변동의 내용이었으며, 동시에 함께 진행되었던 戶長層의 이주와 분화, 유망과 몰락 등의 배경이 되었다.

본 장에서는 고려후기에 진행되었던 土姓과 鄕吏制 및 公服制 등에서 드러나는 戶長層의 地位 變化를 고찰하고자 한다.

1. 土姓의 대두와 호장층의 지위 변화

고려의 지방통치체제가 정비되는 가운데, 지방사회의 토착세력이 중심이 되었던 堂大等·大等 중심의 지방통치기구도 성종 2년에는 戶長·副戶長 중심으로 개편되었다. 戶長·副戶長 중심의 체제는 이전보다 그 성격이 변화된 것이었고, 이들의 정치적 지위도 다소 하락한 면을 보인다. 그 대신에 정부는 향리직의 최고직인 호장에게 중앙 관리와 마찬가지로 대우하였다. 그에 따라 지방사회에서 호장직은 몇몇 가문에 세습되면서 戶長層이 형성되었다. 戶長層은 중앙 정부의 차별적인 법제를 통해 관직을 획득할 수 있는 각종 특혜를 누렸으며, 이로써 기반을 더욱 공고히 할 수 있었다. 또 그만큼 지방세력 내부의 차등도 심화되었다.

지방세력의 차등화는 국가가 유력한 성씨를 파악하는 데서 더욱 분명히 드러난다. 13세기 '古籍'에서는 각 군현 토착세력의 성씨가 土姓으로 파악되었지만, 그 이전에는 人吏姓과 次吏姓으로 구별되었다. 姓氏 파악이 土姓으로 통합, 파악된 것은 무엇 때문이며, 당시 戶長層의 地位와는 어떤 관련이 있는지 살펴보고자 한다.

1) 『世宗實錄地理志』 '古籍' 이전의 人吏姓과 次吏姓

고려시대 각 군현에 형성된 戶長層이 어떻게 존재했는지에 관한 자료는 그리 많지 않다. 그런데 『世宗實錄地理志』의 姓氏條에는 고려의 토착세력이 '土姓'으로 정리되어 있다.[1] 『世宗實錄地理志』의 姓氏條는 13세기경에 작성된 '古籍'을 기본자료로 하여[2] 이후 조선초까지의 변화상을 반영한 것

---

1) 『世宗實錄地理志』의 姓氏條는 고려 이래 지배세력의 姓氏를 총정리한 것으로 많은 관심이 집중되어 왔다. 지금까지는 姓氏條가 해당 군현에 사는 사람들의 본관이라는 견해와, 군현의 邑司 구성원이라는 견해로 나뉘어 있다. 관련 논문은 다음과 같으며, 金東洙의 「世宗實錄地理志에 대한 재론」에 연구사가 정리되어 있다. 鄭杜熙, 「朝鮮初期 地理志의 編纂」, 『歷史學報』 69, 1976 ; 吉田光男, 「李朝初の地方支配について」, 『社會經濟史學』 44-5, 1979 ; 李樹健, 「土姓 研究(其一)」, 『亞細亞學報』 12, 1976 ; 李樹健, 「高麗前期 土姓研究」, 『大丘史學』 14, 1978 ; 李樹健, 「高麗後期 土姓研究」, 『東洋文化』 20·21, 1981(이상은 「高麗時代 土姓研究」, 『韓國中世社會史研究』, 일조각, 1984에 재수록) ; 濱中昇, 「'世宗實錄'地理志 姓氏條の基礎的考察」, 『東洋史研究』 43-2, 1984 ; 金東洙, 「世宗實錄地理志 姓氏條의 검토」, 『東亞研究』 6, 1985 ; 濱中昇, 「高麗時代の姓氏の記錄, '古籍'について, '世宗實錄'地理志 姓氏條の史料的 性格」, 『朝鮮學報』 123, 1987 ; 李樹健, 「高麗時代 '邑司' 研究」, 『國史館論叢』 3, 1989 ; 金東洙, 「'世宗實錄' 地理志 姓氏條에 대한 再論」, 『裵鍾茂總長 退任紀念史學論叢』, 1994 ; 李相泰, 「朝鮮初期 地理志 編纂의 再檢討」, 『金甲柱教授 華甲紀念史學論叢』, 1994.

2) '古籍'을 본격적으로 검토한 것은 濱中昇, 앞의 논문, 1987이다. 여기서 '古籍'의 기록인 來姓의 所自來處(本貫) 地名의 연대를 분석하여, '古籍'이 1322~1356년 사이 원 간섭기에 작성된 것으로 추정하였다. 그러나 來姓의 所自來處는 지리지 당시의 地名으로 고쳐쓴 것 외에는 모두 고려초부터의 지명이어서 시기 추정의 근거로는 적합하지 않다고 본다. 그보다는 咸吉道에만 쓰인 入姓의 所自來處에도 고려후기의 지명이 없는데, 이 지역이 1258년에 元 지배로 들어갔으므로 그 이전에 '古籍'이 작성된 것으로 보는 게 타당하다. 따라서 '古籍'은 늦어도 13세기 전반에 작성되었던 것으로 보인다.

이므로, 이를 그대로 고려사회에 적용하면 곤란하다. 고려시대 지방 토착세력의 모습은『世宗實錄地理志』의 기초자료가 된 '古籍'에서 찾아보아야한다.

『世宗實錄地理志』3) 姓氏條에는 다양한 종류의 姓氏들이 분류되어 있는데, 그 중 편찬자가 특별히 설명을 붙여 놓은 姓種이 土姓・亡姓・續姓이다. 그것은 地理志 편찬시 가장 중요한 대상이었기 때문이다. 다음은 각각에 관한 설명이다.

　　가-(1) 土姓 3 …… 加屬姓 3 …… 此六姓 據古籍及本道關錄之 云加屬者
　　　　　　古籍所書也 後皆倣此4)

　　　(2) 凡稱亡姓 謂古籍所有而今無者 後皆倣此5)

　　　(3) 古籍所無 今據本道關續錄 後凡言續姓者 倣此6)

　　당시 중앙에서는 각 도에서 올린 '關'과 고려후기 자료인 '古籍'을 비교해 姓氏條를 작성했다.7) 土姓 및 加屬姓은 두 자료에 다 있는 것이며, '古籍'에는 있지만 편찬 당시에 없는 것은 亡姓, '古籍'에 없어서 道關에 근거하여 속록한 것을 續姓으로 구별하였다. 이와 같이『世宗實錄地理志』姓氏條는 당시의 道關뿐 아니라 '古籍'이 중요한 전거가 되었다. 加屬이라는

---

3)『全國地理志』1책, 아세아문화사, 1983년 영인본 인용.

4)『世宗實錄地理志』, 京畿道 廣州牧, 306～307쪽.

5) 위의 책, 京畿道 廣州牧, 307쪽.

6) 위의 책, 京畿道 楊根郡 迷原庄, 309쪽.

7) 지리지 편찬을 주도했던 春秋館은 各道의 보고서뿐 아니라 자체적으로 자료도 수집했다. 이와 관련하여 "世宗 7년 6월 庚子, 春秋館啓 州府郡縣裨補社創立文籍 本在忠州史庫 去壬午年(太宗 2) 刷出佛書時 幷置觀集寺 前項文籍內 幷錄州府郡縣山川形勢 今地理志撰集時 宜幷參考 今忠州尋覓上送. 從之."(『世宗實錄』권28, 2책 672쪽)라는 기록이 있다. 春秋館이 忠州 史庫에 보관되었던 州府郡縣의 산천형세에 관한 자료를 요청한 것이다.『世宗實錄地理志』는 중앙정부의 입장에서 편찬했는데, 春秋館이 그 중심이 되어 자료를 수집하였고 '古籍'은 그러한 자료 중 姓氏에 관련된 것으로 보인다.

말도 '古籍'에서 쓴 것이라고 한다. 그렇다면 『世宗實錄地理志』의 姓種의 분류에서 亡姓・續姓은 당대의 道關과 비교한 결과이지만, 나머지는 '古籍'의 기록을 그대로 사용한 것으로 볼 수 있다. 그 점은 移住姓의 경우에서도 확인된다.

가-(4) 燕岐縣 : 來姓 1 王(京來) (『世宗實錄地理志』, 忠淸道, 359쪽)
　　　　牙山縣 : 亡來姓 1 林(京來) (忠淸道, 362쪽)
　　　　星州牧 : 本州 來姓 1 林(京來) (慶尙道, 434쪽)
　　　　義城縣 : 京來姓 2 王 柳 (慶尙道, 423쪽)

　　(5) 昌平縣 : 續姓 1 文(開城來, 鄕吏) (全羅道, 514쪽)
　　　　茂珍郡 : 續姓 金(開城) (全羅道, 510쪽)

위의 사료는 來姓과 續姓 중 開京에서 이주해 온 사례이다. 사료 가-(4)는 來姓의 경우이고 사료 가-(5)는 續姓의 경우이다. 來姓과 續姓은 모두 所自來處가 쓰여 있는 移住姓이지만, 그 이주한 시기나 이주하여 토착세력화한 시기는 서로 달랐다. 두 사례에는 來姓과 續姓의 이러한 차이가 잘 나타나 있다.

사료 가-(4)의 『世宗實錄地理志』에서는 '京來'로 표기되었지만, 같은 姓氏가 『新增東國輿地勝覽』[8)에는 '開京'에서 온 것으로 되어 있다.[9) 즉 『世宗實錄地理志』의 '京'은 開京을 가리키는 것으로, 이렇게 '開京'과 '京'을 동일시하는 표현은 고려시대의 것임이 분명하다. 따라서 來姓은 고려시대 어느 때인가 이주하여 고려후기 '古籍'에서 이미 유력한 토착세력으로 파악되었고, 그러한 '古籍'의 표기가 『世宗實錄地理志』에 그대로 인용되었던 것이다. '古籍'의 고려식 표현이 조선 성종대의 『新增東國輿地勝覽』에서야 조선식으로 바뀐 것이다.

이와 대조적으로 사료 가-(5)에서 續姓은 '開城'이라는 지명을 쓰고 있

─────────────────
8) 『全國地理志』 2책, 아세아문화사, 1986년 영인본 인용.
9) 『新增東國輿地勝覽』 권18, 忠淸道 燕岐縣 ; 권20, 忠淸道 牙山縣 ; 권28, 慶尙道 星州牧 ; 권25, 慶尙道 義城縣 姓氏에 모두 '開京來'로 나와 있다.

다. 이는 이주 시기가 조선시대였을 가능성도 있지만, 續姓이 世宗代의 '道關'에 의거했기 때문일 것이다. 續姓은 道關에 근거하여 續錄한 것이므로, 이주 시기야 어떻든 道關이 작성된 세종대에는 그 지역의 유력한 성씨집단으로 파악될 정도로 토착세력화했음을 의미한다.

이상에서『世宗實錄地理志』의 姓氏條는 고려후기 이래의 변화를 반영할 뿐 아니라, 이전의 자료인 '古籍'의 기록을 되도록 충실히 남겼음을 알 수 있다.

來姓이 '古籍'에 전거한 것이라면, 그에 앞서 성립한 토성이라는 姓種도 물론 '古籍'에 있었을 것이다. 따라서 최소한 13세기 '古籍'에서는 토성이라는 개념이 존재했다. 토성이라는 姓種은 거의 모든 군현에서 한결같이 首位에 있으며, 亡姓・續姓과는 달리 변동기에도 변함없이 존속했다. 사료 가-(1), (2), (3)외에는 姓種에 대한 설명이 더 이상 없는 것도 바로 고려후기 이래 존속해온 토성을 기준으로 한 공통된 인식이 있었기 때문이다.

고려후기 '古籍'에서는 토착세력을 土姓으로 정리하였지만,『世宗實錄地理志』에는 '古籍' 이전의 모습을 드러내는 표현들이 곳곳에 남아 있다. 다행히 土姓의 일부 사례에도 '古籍' 이전의 자료가 그대로 인용된 부분이 보인다. 사료 나-(1)~(5)가 바로 그러한 경우이다.

다음은 人吏姓・百姓姓에 관한 사례이다.

> 나-(1) 南原都護府 : 土姓 11(爲人吏姓 3, 百姓姓 8) (『世宗實錄地理志』, 전라도, 496쪽)
>   淳昌郡 : (屬縣)福興姓 2(人吏姓), 亡姓 5(人吏姓 2, 百姓姓 3) (전라도, 497쪽)
>
> (2) 尙州牧 : (屬縣)丹密 人吏姓 1, 村落姓 1 (경상도, 431~432쪽)
>
> (3) 星州牧 : (屬縣)八莒姓 3, 百姓姓 2, 來姓 2 (경상도, 434쪽)
>   巨濟縣 : 本縣 土姓 4, 來姓 1, 續姓 2, 村落姓 2, 百姓姓 2 (경상도, 453~454쪽)
>   平海郡 : 土姓 4, 百姓姓 4, 續姓 4 (강원도, 571쪽)

사료 나-(1)에서 南原都護府와 淳昌郡의 土姓은 '古籍' 이전에는 人吏姓과 百姓姓으로 나뉘어 있었다. 그 중 人吏姓은 사료 나-(1)의 淳昌郡 福興姓이나 사료 나-(2)의 尙州牧 丹密縣의 경우처럼 百姓姓 없이 단독으로 존재하기도 했으며, 사료 나-(3)의 星州牧 八莒縣, 巨濟縣 및 平海郡의 경우처럼 그 자체가 土姓으로 인식되기도 했다.

人吏姓은 각 군현에서 百姓姓과는 달리 반드시 존재했던 姓種으로 百姓姓보다 우월한 위치에 있었으며, 그 자체가 토성으로 인식될 정도로 대표적인 姓氏集團이었다.[10] 고려후기의 '古籍'에서는 人吏姓이 百姓姓과 함께 토성으로 파악되었지만, 본래 인리성과 백성성은 차등적으로 구별되던 성씨였다.[11]

이러한 차등관계는 다음의 土姓과 次吏姓 사이에서도 나타난다.

---

10) 李樹健, 「朝鮮朝 鄕吏의 一硏究 - 戶長에 대하여 -」, 『文理大學報』 3(영남대), 1974, 9쪽에서 '戶長은 토호적 존재인 동시에 그 곳에 거주하는 姓氏集團의 족장급에 해당하며, 이러한 姓氏는 各邑의 土姓인 동시에 그 土姓을 구성하고 있는 人吏姓'이라 해서 막연하게나마 人吏姓을 戶長과 연결시켜 이해했다.

11) 李佑成, 「麗代 百姓考」, 『歷史學報』 14, 1961에서 고려시대에 '鄕吏百姓' '其人百姓' '人吏百姓'에서 쓰인 百姓은 村長・村正으로, 吏屬과 함께 지방토착세력을 구성했으면서도 국가 공적 기구가 주현까지이기 때문에 신분화・직제화되지 못한 축들로 보았다. 武田幸男, 「高麗時代의 百姓」, 『朝鮮學報』 29, 1962 역시 같은 논지였다. 이후 人吏姓은 군현의 향리로, 百姓姓은 村의 촌장・촌정으로 비정되곤 했다. 그러나 사료 나-(3)의 巨濟縣에서는 村落姓과 百姓姓이 구별되고 있어, 이 도식에 대한 의문이 제기되었다. 이러한 논란에 대하여 李成茂, 「朝鮮初期의 鄕吏」, 『韓國史硏究』 5, 1970, 74~75쪽과 鄭杜熙, 앞의 논문, 1976, 92쪽 주23)에서는 소수의 예를 전체로 확대 해석하는 것은 무리라면서, 人吏姓・百姓姓은 고려의 遺制인데 이들이 존속한 몇몇 지역은 고려적인 人吏・百姓의 유대가 강하게 잔존했기 때문으로 보았다. 濱中昇, 앞의 논문, 1987, 23쪽에서는 그 차이점을 시대적 변화상으로 이해했다. 土姓은 12세기 이후의 용어이고 그 내역은 人吏姓・百姓姓이라는 것이다. 고려초에는 邑을 本貫으로 하는 姓氏가 모두 邑司를 구성했으나, 13세기경 姓氏 조사를 할 때 邑을 本貫으로 하는 土姓 중 여전히 邑司를 구성하는 姓氏는 人吏姓(또는 土姓), 그렇지 못한 姓氏는 百姓姓이고 次姓 또는 次吏姓은 百姓姓과 동일한 것으로 추정했다. 이는 고려의 '百姓'을 지배층으로 보지 않는 입장이다.

나-(4) 朔寧郡 : (屬縣)僧嶺姓 1, 亡姓 4, 次姓 1, 來姓 1 (『世宗實錄地理
志』, 경기도, 328쪽)

全義縣 : 土姓 2, 亡姓 1, 次姓 1 (충청도, 359쪽)

藍浦縣 : 土姓 3, 次姓 3 (충청도, 371쪽)

聞慶縣 : (屬縣)加恩姓 4, 次姓 1 (경상도, 441~442쪽)

洪川縣 : 土姓 3, 亡姓 1, 次姓 1, 亡來姓 1, 續姓 2 (강원도, 564쪽)

高城郡 : 土姓 3, 亡次姓 2, 續姓 5 (강원도, 578쪽)

(5) 原平都護府 : (瑞原) 土姓 2, 次姓 1, 村姓 1 (경기도, 315쪽)

通津縣 : 本縣 土姓 2, 亡姓 1, 亡次姓 2, 亡來姓 1, 亡村姓 1 (경기
도, 339쪽)

高原郡 : 臨守鎭 亡姓 2, 亡次姓 9, 亡村落姓 6, 續姓 1 (함길도,
639쪽)

(6) 尙州牧 : (屬縣)靑理姓 3 張 朴 黃, 次姓 1 沈, 來姓 2 黃 朴 (『世
宗實錄地理志』, 경상도, 431~432쪽)

尙州牧 : (任內)靑里縣 土姓 4 張 朴 黃 沈, 來姓 2 黃 朴 (『慶尙
道地理志』[12], 226쪽)

(7) 洪州牧 : 土姓 5 李 洪 韓 宋 白, 亡姓 1 趙, 次吏姓 3 尹 甫 盧, 村
姓 3 張 崔 萬 (『世宗實錄地理志』, 충청도, 379쪽)

洪州牧 : (本州) 洪 李 韓 宋 白 趙, 尹 甫 盧(竝吏), 張 崔 萬(竝
村) (『新增東國輿地勝覽』 권19, 충청도, 323쪽)

사료 나-(4)의 각 사례에서 次姓은 土姓 또는 亡姓 다음의 위치에 있으
며, 사료 나-(5)와 (7)에 보이듯이 次姓 역시 村姓과는 구별되었다. 사료
나-(6)의 尙州牧 靑理縣의 경우 같은 시기에 편찬된 『慶尙道地理志』와
비교해보면, 『世宗實錄地理志』의 次姓이 『慶尙道地理志』에서는 土姓에
포함되어 있다. 즉 次姓은 土姓에 포함되는 姓氏이지만, 면밀히 따져보면
土姓 다음 가는 姓種이었음을 알 수 있다. 이 점은 사료 나-(1)~(3)의 人
吏姓·百姓姓의 관계와 거의 비슷하다.

---

12) 全國地理志 1책, 아세아문화사, 1983년 영인본 인용.

그런데 사료 나-(7)은 次姓이 '吏'와 관계 있음을 시사해준다. 『世宗實錄地理志』의 次吏姓이 『新增東國輿地勝覽』에는 '竝吏'라고 되어 있다. 이때의 次吏姓은 次姓과 동일하다고 생각되므로, 次姓이 鄕吏와 연관되는 姓氏였다고 추정할 수 있다. 즉 '古籍' 이전의 고려사회에서 次(吏)姓은 鄕吏姓으로서 人吏姓 다음가는 토착세력이었다. 百姓姓 역시 人吏姓보다 차등적인 토착세력이었는데, 다만 次吏姓과는 달리 邑司에서 鄕吏職을 맡지 않았던 것으로 보인다.[13] 여기에는 촌락에서 村長·村正을 맡았던 토착세력도 포함될 수 있을 것이다.

13세기경 '古籍'에서 토성으로 정리되기 이전까지 고려의 토착세력은 人吏姓과 次吏姓 또는 百姓姓으로 나뉘어 있었는데, 이들은 모두 향리에 연원을 두고 차등으로 서열화되어 있었다. 특히 人吏姓은 鄕吏職을 맡은 자들로서 최고 계층을 이루고 있어, 토착세력 중에서도 '累世有家風'이었던 戶長層이 아니었나 생각한다.[14] 또한 次吏姓으로 표현된 자들은 '家風不及' 또는 '其次'로 불렸던 자들로서, 이들은 지방사회에서 次吏層을 형성했던 것으로 보인다.

하지만 11세기만 해도 지방사회에서는 姓氏가 그리 중요하지 않았던 것 같다. 현종대의 「淨兜寺五層石塔造成形止記」[15]에 나타난 京山府의 任內 若木郡司에서 戶長 李元敏·戶長 柳瓊·攝戶長 金甫·副戶長 李成·副戶正 李希 등은 『世宗實錄地理志』에서 若木郡의 土姓과 村姓으로 나타나지만,[16] 다수의 戶長層이 성씨를 명기하지 않았다. 이는 14세기 慶州司

---

13) 이러한 예로 許興植, 「淨兜寺五層石塔造成形止記」, 『韓國中世社會史資料集』, 62~65쪽의 '郡百姓 光賢'을 들 수 있다. 그는 현종 22년에 若木郡에 세워진 본 석탑의 발원자였는데, 兄 稟柔가 당시 副戶長이었으므로 戶長層에 속했던 인물이다. 그를 '郡百姓'이라 한 것은 鄕吏職이 없었기 때문으로 보인다.

14) 『高麗史』 권75, 選擧志 3, 鄕職, (中) 654쪽에 文宗五年(1051)十月判에 향리직은 '累世有家風子息' '其次' 또는 '家風不及'에 따라 차등이 있었음을 알 수 있다. 이에 관해서는 강은경, 앞의 논문, 2000 참조.

15) 許興植, 『韓國中世社會史資料集』, 62~65쪽 및 許興植, 『韓國의 古文書』, 64~89쪽.

16) 『世宗實錄地理志』, 慶尙道 仁同縣, 426쪽에 '若木姓 3 李 柳 韓, 村姓 1 金, 續姓 1 白'으로 되어 있어 李·柳氏는 土姓으로, 金氏는 村姓으로 나타난다.

의 戶長層이 성씨만 기록한 것과 대비된다.[17]

12세기 이후 '古籍'이 작성되었던 13세기 이전 사이에 邑司를 중심으로 토착세력의 성씨를 정리할 때, 호장에 오를 수 있던 '累世有家風子息'인 戶長層은 人吏姓으로, 그에 못미치는 '家風不及者' 또는 '其次'는 次吏姓 또는 次姓으로, 토착세력이지만 鄕吏職에 못오르는 지배층은 百姓姓으로 정리된 것으로 보인다.

人吏姓과 次吏姓·百姓姓의 차등은 土姓에서의 비율이나 그 몰락하는 비율에서도 나타난다. 『世宗實錄地理志』의 姓氏條에서 人吏姓과 次吏姓·百姓姓의 흔적이 남아 있는 것으로는 17개 군현뿐이다. 17개의 경우로써 전체를 추론하는 것은 다소 무리이지만, 전체의 윤곽이나마 살펴보고자 人吏姓 또는 土姓, 次(吏)姓 또는 百姓姓의 사례를 분석해보면 다음과 같다.

<표 4-1> 人吏姓·次吏姓의 구성

	現 存	亡 姓	合 計
人吏姓	45	12	57
次吏姓·百姓姓	28	16	44

위의 표에서 人吏姓은 57개, 次吏姓과 百姓姓은 44개로 인리성은 한 군현에 평균 3~4개, 차리성과 백성성은 평균 약 2.5개이다. 각 군현의 토착세력에서 인리성이 차리성과 백성성보다 그 비율이 약간 높다. 그러나 함길도 高原郡의 臨守鎭과 전라도 南原都護府에 차리성과 백성성이 무려 17개나 있으므로, 그밖의 군현에서 차리성의 비율은 훨씬 적은 편이다. 앞의 사료 나-(4)~(7)에서도 대부분의 경우 차리성의 비율이 적고, 심지어 차리성이 없는 군현도 있다.

대체로 각 군현에서는 人吏姓이 次吏姓보다 약 2배 정도 많았으며, 다만 규모에 비해 비정상적으로 토성이 많은 군현은 대부분 차리성이 더 많

---

17) 許興植, 『韓國中世社會史資料集』, 至正二十一年辛丑(恭愍王 10년)正月日 慶州 司首戶長行案, 59~62쪽.

았기 때문으로 보아도 무리가 없을 듯하다.

고려시대 각 군현의 토착세력은 戶長層을 형성한 인리성이 중심이 되었고, 『世宗實錄地理志』의 姓氏條에도 인리성이 다수 남았다. 반면에 차리성·백성성을 형성한 토착세력은 소수만이 남아서, <표 4-1>과 같이 인리성보다 그 비율이 낮았다. 이는 고려 정부의 戶長層과 차리층에 대한 차등화 정책으로 인해 차리층이 토착세력으로서 존속하기 어려웠기 때문이 아닌가 한다. 차리성과 백성성은 '古籍' 작성기에 이미 유력한 姓氏集團으로 인정받기 어려울 만큼 미약한 상태였던 것이다.

人吏姓이 次吏姓·百姓姓보다 우월한 토착세력이었음은 <표 4-1>의 亡姓率에서도 잘 드러난다. 人吏姓 중 亡姓이 된 것은 전체의 약 1/5이고, 次吏姓과 百姓姓이 몰락한 것은 약 1/3이다. 次吏姓의 亡姓率에는 咸吉道 隘守鎭의 亡次姓이 9개나 포함되었는데, 이를 제외하면 人吏姓의 亡姓率과 거의 비슷하다. 일반 군현에서는 人吏姓과 次吏姓·百姓姓의 亡姓率이 비슷하지만, 亡姓이 많은 지역은 次吏姓·百姓姓이 다수 亡姓으로 처리되었음을 짐작할 수 있다. 지역의 조건이 열악하여 망성이 많이 발생할 경우 人吏姓보다는 次吏姓·百姓姓이 지탱하기 어려워 보다 많이 몰락했기 때문이다.

그리하여 하급 토착세력인 차리층이 戶長層보다 훨씬 적게 남았고, 그 결과 지방사회의 향리는 차리층이 점차 감소하는 가운데 戶長層 중심으로 되었다. 따라서 인리성과 차리성의 구별은 차츰 큰 의미가 없게 되었다. 이러한 추세에서 고려후기 '古籍'이 작성될 즈음에는 향리 내부의 차등적인 구별이 없어지고, 토착세력은 모두 토성으로 통합, 정리되었다. 다만 그 일부가 '古籍'에 남아 있었고, '古籍'을 자료로 했던 『世宗實錄地理志』에도 그 흔적이 남았던 것이다.[18] 土姓이라는 용어의 대두는 고려후기 지방 토

---

18) 李樹健, 「土姓研究序說」, 『韓國中世社會史研究』, 1984, 2쪽에서는 『世宗實錄地理志』의 土姓이 고려시대부터 전래된 '古籍'에 쓰여진 용어이고, 그 형성시기는 나말여초라고 보았다. 그러나 濱中昇, 앞의 논문, 1987, 23쪽에서 토성이 12세기 이후의 용어이고 13세기경 처음 성씨 조사를 할 때 읍을 본관으로 하는 토성 중 邑司를 구성하는 성씨가 人吏姓 또는 土姓이고 그렇지 못한 성씨가 百姓姓이며,

착세력 내부의 변화를 반영한 것이었다.

2) 13세기 '古籍'의 土姓과 호장층

고려사회의 토착세력이 '古籍' 이전에는 人吏姓과 次吏姓・百姓姓으로 구별되었지만, 13세기 '古籍'에서는 土姓으로 통합되었다. 특히 土姓은 亡姓・續姓을 비롯해 각 姓種의 기준이 되고 있는데도 『世宗實錄地理志』에서는 土姓에 대한 구체적인 설명이 없다. 이는 13세기경 '古籍' 작성 당시에 이미 공통된 인식이 있었기 때문이다.

고려시대 기록에서는 土姓에 관한 직접적인 사례가 없으므로, 지리지 편찬시기인 15세기경에 쓰인 사례를 통해 추정해 보려 한다.[19] 다음은 조선초 지리지에서 고려후기 土姓에 대한 인식을 짐작할 수 있는 사례를 뽑은 것이다.

다-(1) 金吉元：本新羅大姓 累世居縣 而立功於朝 封永山郡 遂爲土姓[20]

   (2) 平昌郡：洪武二十年丁卯 因土姓宦官李信得寵 陞爲知郡事[21]
       平海郡：忠烈王時 土姓僉議平理黃瑞 隨駕上朝翼戴回還 以功陞

次姓・次吏姓은 百姓姓과 동일하다고 보았다. 사실 고려시대 기록에는 어디에도 '土姓'이란 용어가 보이지 않는다. 따라서 토성을 이루는 성씨가 나말여초에 성립되긴 했으나 '土姓'으로 불리는 것은 고려후기 '古籍'에서부터가 아닐까 한다. 즉 土姓을 이루는 姓氏의 성립과 '土姓'이라는 용어의 성립은 구별되어야 한다고 생각한다. 濱中昇은 人吏姓・百姓姓을 土姓의 내역으로 파악하고 있지만, 본고에서는 土姓과 人吏姓은 시차가 있는 개념으로 파악했다.

19) 李樹健, 「土姓의 형성과정과 내부구조」, 『韓國中世社會史研究』, 1984, 26~27쪽에서는 『慶尙道地理志』와 『世宗實錄地理志』를 편찬했던 세종대부터 토성이란 용어가 비로소 공사 문헌에 노출되고 있는 것은 麗末鮮初 군현제와 신분제의 재편성 과정에서 그만큼 중요한 비중을 차지했기 때문이며, 『新增東國輿地勝覽』에서 土姓이란 용어가 사라지는 것은 士族의 본관이 거주지와 분리되는 현상이 일반화되면서 종래 토착적 의미의 토성이 무의미해졌기 때문이라 했다.

20) 『新增東國輿地勝覽』 권16, 忠淸道 永同縣, 人物 高麗條, 288~289쪽.

21) 『世宗實錄地理志』, 강원도 평창군 건치연혁, 560쪽.

知平海郡事22)

사료 다-(1)은 충청도 영동현의 金吉元의 집안이 어떻게 해서 이 지역의 土姓이 되었는지를 기록한 글이다. 후대의 기록이긴 하지만 고려의 토성에 대한 당시의 인식을 반영하는 것이기도 하다. 이에 따르면 영동현의 토성 金氏는 신라 때부터의 大姓으로 그 지역에서 대대로 거주했던 집안이었고, 나라에 공을 세움으로써 그 지역의 토성이 되었다고 한다.23) 조선 사회에서 토성은 고려 건국초부터 대대로 그 지역에 토착기반이 있는 집안을 가리키며, 그들이 토성이 된 데에는 중앙 정부와 관련 있다고 인식하고 있었던 것이다.

하지만 고려후기의 토성은 이미 지방 토착세력에 머물지 않고 중앙관료로 진출한 자들을 가리키고 있다. 그리하여 중앙 정부를 통해 그 군현의 陞降에 직접적인 영향을 끼칠 수 있는 세력이었다. 사료 다-(2)의 강원도 平昌郡과 平海郡의 경우, 고려후기에 그 지역 土姓 출신의 宦官이나 중앙 관료의 공으로 知郡事로 승격된 바 있다.

조선초 實錄에서도 토성은 군현의 토착세력이나 지방통치와 관련되어 주로 언급되었다.

다-(3) 左政丞 成石璘이 또 知申事 安騰과 더불어 말하기를, "東北面 州郡에 저축한 잡곡이 5, 6만석에 지나지 않는데, 江原道 軍資를 漕運하자는 자도 있고, 그 土姓 중 仕宦하는 자의 곡식과 교환하자는 자도 있어 의논이 한결같지 않으나, 漕運을 하면 水路가 몹시 나빠서 인명을 상할까 두렵고, 만일 교환하면 많아야 수천 斛에 지나지 않으니 결단하기 어렵습니다.……" 하였다.24)

(4) 平安道 監司에게 傳旨하기를 "지금 의논하는 자가 그 道의 防戍對策으로 두어 조목을 올렸는데, 첫째 '평안도 人民은 모두 고려 때

22) 위의 책, 강원도 平海郡 건치연혁, 571쪽.
23) 이러한 사례는『新增東國輿地勝覽』각 郡縣 건치연혁에서 자주 보인다.
24)『太宗實錄』권19, 太宗 10년 6월 庚子, 1책 553쪽.

에 下三道에서 入居한 사람들이고 土姓이 하나도 없으므로 장구한 계획이 없어, 작은 役事가 있어도 모두 도망하여 피하니 下三道 각 고을 土姓들의 鄕風을 아끼는 것과 비교하면 말할 수도 없는 형편입니다. …… 平安道 각 고을 人民을 모두 刷하여 소재관 戶籍에 올리도록 허락해 土姓을 삼고, 戶口를 고쳐주면 실로 편하고 도움이 될 것입니다' 하였다.……"25)

(5) "황원곶의 土姓人吏 18명은 벌써 영암읍내로 이사해서 자리잡고 살고 있으니, 海南에 붙이지 않는 것이 어떻겠습니까."26)

(6) 中樞院使 安崇善이 다음과 같이 上書했다. "……우리나라 郡縣의 땅은 본래 정한 제도가 없어서 처음에 세울 때 鄕吏品官이 서로 다투어 빼앗았으므로, 힘이 있는 자는 많이 점령하고 세력이 없는 자는 적게 얻었습니다. …… 병합할 즈음에 거주하는 백성들은 옛날처럼 안도하고 이사하는 걱정이 없겠으나, 鄕吏品官들이 한갓 官號을 잃지 않으려는 사사로운 계책 때문에 어지럽게 공소하여 쉬지 않으니, 거의 병합되었다가도 다시 나누어져 드디어 積年의 폐단을 됩니다. 뜻을 결단하여 이를 시행하소서." …… 左參贊 鄭甲孫은 다음과 같이 주장했다. "…… 우리 조정이 이보다 앞서 郡縣을 병합하니, 土姓巨族吏民들이 그 병합의 불편한 사유를 호소하여 소란이 그치지 않아 곧 다시 停罷했습니다.……"27)

(7) 留鄕所를 다시 세우는 것을 의논하게 했다. …… 광릉부원군 李克培가 다음과 같이 말했다. "州府郡縣에는 각각 土姓이 있는데, 서울에 살면서 벼슬하는 자를 京在所라 합니다. 京在所에서는 그 고을에 살고 있는 土姓 중에서 강명한 品官을 뽑아 留鄕所를 만들었습니다.……"28)

사료 다-(3)은 실록 기사 중 土姓이 가장 처음 나온 기록으로, 東北面의

25) 『世宗實錄』 권76, 世宗 19년 正月 乙未, 4책 48쪽.
26) 『世宗實錄』 권117, 世宗 29년 9월 甲辰, 5책 37쪽.
27) 『文宗實錄』 권4, 文宗 卽位年 10월 庚辰, 6책 299쪽.
28) 『成宗實錄』 권137, 成宗 13년 正月 辛卯, 10책 291쪽.

軍資를 비축하는 방법을 논의한 내용의 일부이다. 그 가운데 東北面의 土姓 중 관직에 오른 자들의 곡식으로 교환하자는 의견이 있었다. 東北面의 토성 중 중앙 관직자들은 서울에 거주하지만, 동북면 지역에 여전히 토지가 있었고 그 합이 수천 곡에 이르렀다. 조선초의 토성도 고려와 마찬가지로 그 지역에 상당한 경제적 기반이 있으면서 관직자를 배출한 토착세력임을 알 수 있다.

그렇기 때문에 조선초 각 군현을 병합할 때 불편함을 호소하며 반대했던 세력도 사료 다-(6)에 보이듯이 土姓巨族吏民이었다. 여기에는 그 지역의 향리와 품관, 즉 관직자뿐 아니라 향리도 포함되어 있었다. 사료 다-(5)를 보면 향리들은 근거지를 떠나 병합된 지역으로 이동해야 했기 때문에 더욱 반대가 심했다. 전라도 黃原串도 세종 28년에 海南縣에 병합하려 하자, 당시 전라도 감사가 土姓人吏 18명이 이미 영암읍내에 이사했다는 이유로 반대했다. 결국 황원곶은 거리가 가까운 해남현에 부치는 대신에, 土姓人吏의 이주는 자원에 따르도록 결정했다.[29]

이와 같이 鄕吏·品官인 土姓巨族은 각 군현의 이해관계에 밀접히 관련되어 있었다. 따라서 중앙 정부도 지방통치체제에서 이들을 배제할 수 없었고, 병합했던 郡縣을 다시 나누어야 하는 사태도 빈번히 있었다. 조선초의 土姓은 구래의 토착세력으로서 관직자·향리 등 지배계층을 광범하게 포함하며, 지방통치체제에서 그 비중이 큰 존재였다.

세종대에는 土姓이 좀더 확대된 개념으로 사용되기도 했다. 사료 다-(4)에서 고려 때에 入居한 사람들이 있음에도 평안도에 土姓이 없다고 한 것은 토성이 구래의 토착세력을 의미하기 때문일 것이다.[30] 실제로 평안도에서 토성이 있는 군현은 平壤府와 祥原府 두 곳뿐이고,[31] 그밖에 평안도

---

29) 그 결과 『世宗實錄地理志』에서는 황원곶 姓氏가 영암군에 실렸으나(659쪽), 『新增東國輿地勝覽』 권37, 전라도 海南縣 고적조에 '黃原廢縣'이 나와 있음은 물론이고, 姓氏條에도 황원곶의 姓氏가 실려 있다. 결국 문제되었던 土姓人吏도 해남현에 移屬했던 것으로 보인다.

30) 李樹健, 「土姓硏究序說」, 1984, 11~14쪽에서는 土姓이 정해진 기준을 고려 태조 23년으로 보고 있다. 이에 따르면 이후의 것은 편입시기에 따라 加屬姓·來姓 등으로 나누어졌다고 한다.

姓種의 대부분은 下三道 각 지역에서 入居한 入鎭姓이다. 그런데 이주해 온 각 고을의 인민을 所在官의 호적에 올려 토성으로 삼자는 건의가 나온 것이다. 入鎭姓으로 파악되었다면 호적에 올렸음을 의미할텐데, 새삼스레 '許籍'한다는 것은 무엇일까. 그것은 이주지를 본관으로 함을 허락한다는 뜻으로 보아야 할 것 같다. 이 때의 토성은 이주지를 본관으로 삼은 자들 도 포함시킨 확대된 개념이었다.

그러나 일반적으로 조선초의 토성은 토착세력으로서 사료 다-(5)의 土 姓人吏를 비롯해서 사료 다-(6)의 향리·품관, 사료 다-(7)의 在京 관직자 들과 居鄕 品官 등의 士族에 이르기까지 지배층 전반으로 인식되었다. 고 려후기 '古籍'이 작성될 당시의 土姓 역시 이와 크게 다르지 않았으리라 생각한다. 즉 고려후기 사회에서도 토성은 고려초 이래의 토착세력으로서 지방사회의 향리를 담당하거나 또는 중앙 관직자로 진출했던 존재였음을 미루어 짐작할 수 있다.

고려초 이래 각 군현의 토착세력은 향리제로 편제되는 가운데 호장층과 차리층으로 차등, 구별되었으나 고려사회가 진전됨에 따라 이들은 다시 사 족·향리·일반 백성 등으로 분화되었다. 자연히 중앙 관인층을 이룬 사족 들의 비중이 커졌다.[32]

13세기에 土姓은 사료 다-(3)~(7)의 사례와 같이 향리뿐 아니라 사족까 지 포함되는 개념으로 변화하였다. 따라서 '土姓'이라는 개념에서는 人吏 姓·次吏姓 등 鄕吏層 내부의 차등 구별은 없으며, 호장층과 次吏層은 이 제 포괄적인 의미에서 '鄕吏'로 인식되었다. 이렇게 호장층이 土姓으로 통 합된 것은 그만큼 호장층의 독자적인 지위가 더 이상 보장되지 않는 상황 을 나타내는 것이기도 하다.

고려사회가 진전됨에 따라 이미 호장층에서 많은 중앙 관직자가 배출되 었고, 그들이 중앙에서 世居함에 따라 점차 지방사회와 분리되어 중앙 관 인층을 형성했다. 土姓은 그러한 중앙 관인층의 입장에서 정리된 것이었

31) 『世宗實錄地理志』, 평안도 평양부, 594쪽 및 祥原府, 594~595쪽 참조.
32) 사료 다-(2)의 土姓 李信과 黃瑞 역시 高麗後期 禑王과 忠烈王 때의 士族에 속 하는 부류였다.

다. 이 시기 土姓이란 중앙 관인층이 자신들이 출신지역의 토착세력임을
의미하는 바, 그 연원은 이전의 토착세력의 성씨였던 人吏姓과 次吏姓·
百姓姓에 둔 것이었다. 이제는 토착세력 내부의 차등과 관계 없이 다만 토
성 출신 여부만 문제가 되었고, 이러한 '土姓'이라는 시각에서는 토착세력
내부의 차별이 별 의미가 없었다. 그 이면에는 고려초부터 차별적으로 배
려했던 호장층에 대한 중앙 정부의 인식의 변화가 있었을 것이다. 그리하
여 13세기경이면 호장층에 대한 특혜가 점차 소멸되고 '향리'의 직역을 담
당하는 자들로서만 인식되기에 이르렀다.

2. 향리제의 변화와 호장층의 지위

1) 三班制下 호장층의 지위 변화

고려사회에서 戶長層은 각 지방의 토착세력으로서, 실제적인 지방통치
권을 행사했던 주체세력이었다.[33] 하지만 戶長層의 지위는 독자적인 것이
아니라, 중앙과의 관계 속에서 '鄕吏'라는 직역을 통해 성립되는 상대적인
것이었다. 따라서 각 군현에 外官의 파견이 집중되는 고려후기에는 향리의
역할이 어떤가에 따라 그 지위도 달라질 수밖에 없었다. 대개 13세기경이
면 외관 휘하에 詔文記官이 설치됨으로써, 향리제도 首戶長·詔文記官·
將校의 三班體制로 나아가게 된다.[34] 그러한 가운데 戶長 중심의 邑司의
역할과 外官 휘하의 詔文記官의 역할이 변화하게 되는데, 이를 통해 지방
통치체제에서 호장과 외관의 관계가 어떻게 설정되었는지 살펴볼 수 있다.

---

33) 河炫綱, 「지방행정기구와 사회상태」, 1988, 272쪽. 고려시대 지방관의 직능이 '察
   吏治'로서 이는 조선과 다른 것으로, 그만큼 지방행정에서 吏의 행정권한이 비대
   함을 의미한다고 하였다.
34) 詔文記官의 기록은 『高麗史節要』 권16, 高宗 17년 8월, 412~413쪽에 洪州에서
   亂이 일어났을 때 그 책임을 묻는 과정에서 언급된 인근 7개 縣의 '上長·都領·
   詔文'에서 처음 보인다. 이들을 고려말에는 三班으로 불렀다. 三班體制에 관해서
   는 李勛相, 「高麗中期 鄕吏制度의 變化에 대한 一考察」, 『東亞研究』 6, 1985 참
   조.

(1) 邑司 역할의 변화

戶長層의 지위 변화가 가장 잘 나타나는 것은 戶長의 통치기구인 邑司 지위이다. 邑司의 지위는 중앙 정부의 관계 속에서 설정되는데, 그것은 수취체제에서 가장 극명하게 드러난다. 당시 수취체제는 왕권의 대행자로서의 외관과 토지소유자인 지배층, 그리고 租稅收取의 실무를 담당했던 향리 등의 세력관계 속에서 시행, 관철되었다. 다음의 사료는 고려후기 수취체제에서 향리의 위치를 잘 보여준다.[35]

가-(1) (忠烈王 7년 正月) 壬寅 遣知密直司事韓康于忠淸·交州道 以備軍馬草料. 時慶尙道轉輸別監 刻日督飛輓甚急 民皆竄匿 高丘縣吏恐後期抵罪 自縊[36]

忠惠王後四年七月 追徵各道往年貢賦 餘美縣吏不堪其苦 遂自刎[37]

(2) (忠肅王 5년 5월) 下敎 …… 一. 巡訪使所定田稅 每歲州郡據額收租 權勢之家拒而不納 鄕吏百姓稱貸充數 無有紀極 失業流亡[38]

(3) (忠烈王 4년 4월) 嘉林縣人告達魯花赤曰 縣之村落 分屬元成殿及貞和院·將軍房·忽赤·巡軍 唯金所一村在耳 今鷹坊 迷刺里又奪而有之 我等何以獨供賦役[39]

사료 가-(1)과 (2)는 外官의 관리 아래 租稅收取의 실무를 담당했던 향리가 그 실무에 대해 어느 정도 책임지는지를 잘 보여준다. 여기서 향리가

---

35) 고려시대 수취체제에 관해서는 다음의 연구를 참조하였다. 李惠玉,「高麗時代 貢賦制의 一硏究」,『韓國史硏究』31, 1980 ; 朴鍾進,「高麗前期 賦稅의 수취구조」,『울산사학』1, 1987 ; 金載名,「高麗 稅役制度史硏究」, 한국정신문화연구원 박사학위논문, 1994 ; 李貞熙,「高麗時代 徭役制度硏究」, 동아대 박사학위논문, 1995.
36)『高麗史』권29, 世家 29, (上) 603쪽.
37)『高麗史』권78, 食貨志 1, 貢賦, (中) 730쪽.
38) 위의 책, 食貨志 1, 租稅, (中) 727~728쪽.
39)『高麗史節要』권20, 517쪽.

책임져야 했던 상황은 두 가지로 나누어져 있다. 하나는 외관에 대한 책임으로서 외관과의 관계를 반영하고 있으며, 다른 하나는 租稅收取를 둘러싼 토지소유자와의 이해대립으로서 이는 고려후기 농장의 발달을 배경으로 하고 있다. 특히 후자의 문제는 수취구조의 근본을 이루고 있는 것이므로, 우선 이 부분을 검토하고 이를 기반으로 외관과 향리, 즉 국가권력과 지방세력이 어떻게 작용하고 있는지를 살펴보고자 한다.

먼저 사료 가-(2)에 나타난 향리와 토지소유자의 이해대립 문제는, 각 州郡마다 정해진 세액이 있는데 권세가들이 납세를 거부함으로써 초래된 것이다. 이러한 현상은 고려후기 토지지배의 성격이 변화한 데서 비롯된다.

武臣執權期 이래 權勢家는 토지지배에서 종래 국가권력을 매개로 하던 것에서 벗어나 사적 소유지로서의 성격을 강화시켰다.[40] 이러한 현상은 대몽전쟁 이후 거의 폐허화된 토지의 개간을 위해 실시된 賜田을 중심으로 더욱 심화되었다. 無主陳田의 경우는 개간을 통해 소유권을 가짐으로써 私的 所有地로서 토지에 대한 지배력을 강화할 수 있었고,[41] '有主付籍之田'도 賜牌를 빙자하여 빼앗아 적게는 30~40결에서 많으면 2천~3천 結에 이르렀다고 한다.[42] 이렇게 형성된 田莊에는 국가의 부역을 담당해야 할 貢戶를 불러모아 은닉하고 부역을 면제시켜 주기도 하였다.[43] 사료 가

---

40) 金鍾國,「高麗武臣政權の特質に關する一考察 ―私兵集團と經濟的基盤お中心として」,『朝鮮學報』17, 1960, 67~68쪽 ; 李景植,「고려말기의 私田 문제」,『조선전기 토지제도연구』, 1986, 12~16쪽 참조.

41) 朴京安,「高麗後期의 陳田 개간과 賜田」,『학림』7, 1985, 51~53쪽 및 李景植, 위의 논문, 16~27쪽 참조.

42) 『高麗史』권78, 食貨志 1, 田制, 經理, 忠烈王 11년(1285) 3월, (중) 706~707쪽에 '下旨……國家亦以務農重穀之意賜牌 然憑藉賜牌 雖有主付籍之田 竝皆奪之……' 라 하였으며,『高麗史節要』권20, 忠烈王 8년 8월, 534쪽에 '時 鷹坊怯怜口及 內竪賤口 皆受賜田 多至數百結 少不下三四十結' 및『高麗史節要』권21, 忠烈王 15년 9월, 547쪽에 '時 宦官・權貴 皆受賜田 多至二三千結'이라 하였다.

43) 『高麗史節要』권21, 忠烈王 15년 9월, 547쪽. '賜田 多至二三千結 各占良民 皆蠲賦役 ;『高麗史』권79, 食貨志 2, 戶口, 忠肅王 12년(1325) 10월, (中) 732쪽. '下敎……一. 權勢之家 廣置田庄 招匿人民 不供賦役者 所在官司 推刷其民 以充貢戶'

-(3)에 보이듯이 농장의 확대로 부역을 담당할 수 있는 백성이 줄었어도 郡縣別로 정해진 수취액은 감소하지 않았기 때문에, 남아 있는 백성들뿐 아니라 일정 액수를 거두어들여야 했던 향리들에게도 큰 부담이 되었다.

이렇게 군현을 단위로 했던 租稅收取의 액은 외관에 의해서 정해졌다.[44] 외관들이 양전한 결과에 따라 貢賦가 부과되었는데, 원종 10년(1269)에 祿科田 실시를 앞두고 시행한 이후 충숙왕 원년(1314)에 이르기까지 量田이 제대로 이루어지지 않은 것 같다.[45] 이는 자신들이 占匿한 토지를 몰수당할까 두려워한 宰樞들이 방해하기도 했지만, 提察·守令도 그 액수를 조정하려 하지 않았기 때문이다.[46] 사실 부세의 부과뿐 아니라 부세의 수취 역시 일차적으로는 守令 등 外官에게 책임이 있었다.[47] 그래서 유능한 守令은 권농에 힘쓰고 부세를 균등히 하여 정해진 稅額을 채울 수 있었고, 그렇지 못할 경우 파면되기까지 하였다.[48]

그러나 租稅收取의 직접 담당자는 향리였고 수령은 그것을 관리하는 입장이었으므로, 궁극적인 책임을 어느 쪽에서 지느냐는 鄕吏와 守令의 관계 변화에 따라 달라졌다. 다음의 사료는 양자간의 관계를 극명하게 드러낸다.

---

44) 李惠玉, 「高麗時代의 수령제도 연구」, 『이대사원』21, 1985, 70~72쪽 및 朴鍾進, 앞의 논문, 1987, 7~9쪽 참조.

45) 『高麗史節要』권24, 忠肅王 元年 正月, 606쪽에 '上王(忠宣王) 諭田民計定使曰 ……若自己巳(元宗 10년)量宜定額後 提察·守令 固執其額 徵斂不止' 라 하였으며, 같은 해 2월, 606~607쪽에 '量田制賦'한 기사가 보인다.

46) 『高麗史節要』권23, 忠宣王 2년(1310) 11월, 599쪽. '宰樞議 遣採訪使于諸道 更定稅法……宰樞恐其所占田園入官 事遂寢' 및 주48) 참조.

47) 『高麗史節要』권15, 高宗 16년(1229) 10월, 411쪽. "臨陂縣令田承雨 嫉上將軍金鉉甫 廣植田園 盡收田租入官 又以其田與民 鉉甫托按察使崔宗裕 還徵其租 承雨憤患 償以官司銀器 報于法司 法司劾鉉甫及宗裕"라는 기사에는 당시 조세수취 과정이 잘 나타나 있다. 지방에 산재한 농장의 田租를 거두는 것에 縣令이 직접 개입하였고, 縣令이 按察使에게 넘겼음을 알 수 있다.

48) 『高麗史節要』권22, 忠烈王 29년(1303) 2월, 579쪽에 '(韓)康 嘗爲金州防禦副使 金之田賦 常不滿額 守多坐罷……' 라 하여 그 실상을 짐작케 해준다. 朴鍾進, 앞의 논문, 1987, 4쪽 참조.

(禑王 14년 8월) 大司憲趙浚上疏日 近來戶籍法壞 守令不知其州之戶口 按廉不知一道之戶口 當徵發之際 …… 其任徵發者 憤鄕吏欺蔽 痛加酷刑 割耳劓鼻 無所不至 鄕吏亦不堪其苦而矣. 鄕吏百姓流亡四散 州郡空虛者 戶口不籍之流 禍也[49]

守令이나 按廉이 관할지역의 戶口를 모르므로 향리가 속여 징발했는데, 나중에 이 사실을 알고는 향리에게 가혹한 형벌을 가했다는 내용이다. 이 사실은 향리의 수취 권한이 외관의 감독에 의해 압박받고 있음을 나타낸다. 外官의 감독권이 우위를 점하면서 戶長層의 권한은 점차 약화되었다. 이제 지방사회의 지배권이 戶長層에서 차츰 外官으로 전이되고 있었으며,[50] 그 결과 각 군현의 외관들은 부족한 稅額에 대한 책임을 향리에게 전가시킬 수 있었던 것이다. 더욱이 권세가들의 지배력은 지방사회 곳곳에 미쳐 租稅收取를 둘러싸고 그 이해관계가 첨예하게 대립하게 되면서, 호장의 직은 더 이상 지방사회의 강력한 지배자만은 아니었다.

향리에게 조세수취의 책임을 강화시켜 나가는 과정에서 '司戶'라는 향리직이 주목된다. 司戶는 그 기록은 거의 남아 있지 않지만 租稅收取 관계 속에서 구체적으로 거론되었던 향리직이므로, 수취체제의 강화 속에서 압력을 받았던 향리가 구체적으로 어떤 계층이었는지 밝힐 수 있는 좋은 근거가 된다.

司戶에 관한 기록이 나타나는 것은 대체로 13세기 이후의 묘지명에서였다. 이 시기에 '司戶'가 집중적으로 나타나는 것은 당시 상황을 반영한 게 아닌가 생각한다.

나-(1) 權旦爲留守 舊有一庫 賦民綾羅貯之 名甲坊 充貢獻贏余甚多 皆爲 留守所私 旦撤甲坊 以一年所收 支三年貢. 司戶有盜民租者 碎其 腦于庭 觀者股慄[51]

사료 나-(1)은 司戶의 역할을 직접 나타내 주는 유일한 기록으로, 특히 租稅收取와 관련이 있음을 보여준다. 權㫜은 1229년에서 1312년 사이에 살았던 인물로서, 위의 일은 13세기 중반에 일어난 일이다. 그가 경주의 留守였을 때 司戶 중 民租를 훔치는 자가 있어 징계했다는 것이다. 사호는 民租와 관계되는 직책으로, 이를 도용하려면 民租를 거두는 수취체제에서 핵심의 지위에 있었음을 짐작할 수 있다. 그렇지만 사호는 외관 휘하에서 실무를 담당하는 記官은 아니었다.

나-(2) ……君諱闐猷 海州人也 版籍世皆爲州吏 考某爲州副司戶 外祖某 亦其州人也 爲權司戶 君早博學工文詞 越己酉歲(明宗 19) 擧司馬 試中之[52]

(3) 公諱愼 字愼之 全州淳昌郡人也 曾祖諱子口 爲郡司戶 祖諱挺叔 皇四門博士 考諱宣弼皇口校軍器監 母趙氏亦淳昌郡司戶 諱崇口 之女也[53]

(4) ……公諱周鼎 字口 海陽郡人也. 曾祖諱位 皇追封尙書令, 祖諱光 世 皇追封尙書右僕射. 考諱鏡亮 皇朝請大夫 金吾衛大將軍. 公弱 冠喪父 …… 丁巳(高宗 44) 調富城縣尉 口巡問侯韓就 以公政里 爲最而擧之 權補都兵馬錄事 …… 至元元年甲子(元宗 5) 擧春場 擢爲第一 累遷海陽府典籤 遂籍內侍 因口入政事堂 …… 至口庚 寅(忠烈王 16) 63세로 죽음 …… 娶其口 以章德縣司戶張得球之女 爲配 …… 口娶贊成事金璉之女……[54]

(5) ……公姓金 諱方慶 永嘉郡人也. 曾祖司戶義和 贈檢校軍器監, 祖 掌冶署丞兼直史官敏誠 贈銀靑光祿大夫・尙書右僕射, 考正議大

51) 『高麗史』 권107, 列傳 20, 權㫜傳, (下) 359쪽.
52) 『朝鮮金石總覽』上 附26, 吳闐猷墓誌, 584쪽.
53) 『韓國金石全文』中世下, 「薛愼墓誌銘(?~1251)」, 1038쪽.
54) 「金周鼎墓誌銘(1228~1290)」, 『高麗墓誌銘集成』, 401~402쪽.
     그밖에 『光山金氏族譜』(1934) ; 『高麗史』 권104, 金周鼎傳 ; 金龍善, 「新資料 高
     麗 墓誌銘 17점」, 『歷史學報』 117, 1988 참조.

夫兵部尚書翰林學士充史館修撰官知制誥 孝印 贈金紫光祿大夫
中書令, 皆以公故追加. 妣 元興鎭副使郞將宋耆, 本金海府之女也.
雖起自虎官 能於吏幹 以將軍兼給事中 …… 公嘉耦 起居郞知制
誥 朴益旋之女也.[55]

   (6) 夫李其姓 鄕其陜 …… 諱德孫 …… 曾祖諱, 祖益端 爲州司戶, 及
       考淳牧 官至尙書右僕射 …… 妣 河陽郡夫人李氏 文庇之女也 亦
       陜州人.[56]

우선 司戶의 명칭이 사료 나-(2)와 (6)의 州司戶나 사료 나-(3)의 郡司
戶, 사료 나-(4)의 縣司戶 등으로 나타나 있다. 이는 戶長의 집무소인 군
현의 邑司와 밀접한 관계가 있음을 알 수 있다. 군현의 邑司는 앞서 보았
듯이 戶長을 비롯한 鄕吏의 지방통치기구였다.[57] 또한 副司戶・權司戶
등 그 직명이 다양하여, 단순한 직명을 가졌던 正・史級과는 다른 계통이
었다.

사료 나-(2)의 吳闡猷는 海州의 대표적인 토성인데, 版籍에 대대로 모
두 州吏였다고 하며 父가 州副司戶였고 외조도 海州의 權司戶였던 향리
집안이다. 그가 명종 19년(1189)에 司馬試에 합격하여 향리에서 벗어났다.
사료 나-(3)의 薛愼도 淳昌郡의 대표적인 土姓으로, 그의 증조와 외조가
모두 순창군의 司戶였다. 薛愼의 祖 挺叔이 四門博士였고 父 宣弼이 校
軍器監이었으나, 본래는 역시 향리 출신이었다.[58]

---

55) 『高麗墓誌銘集成』, 「金方慶墓誌銘」. 그밖에 『安東金氏大同譜』(1979) ; 『高麗史』
    권104, 金方慶傳 ; 金龍善, 앞의 논문, 1988 참조.

56) 『高麗墓誌銘集成』, 「李德孫墓誌銘」, 413쪽. 그밖에 『韓國金石文追補』, 276~277
    쪽 ; 『韓國金石全文』中世下, 1084~1085쪽 ; 『高麗史』 권123, 權宜傳 附李德孫傳
    참조.

57) 고려시대 호장의 집무소가 邑司로 불린 것은 이미 밝혀진 바이다. 武田幸男, 「淨
    兜寺五層石塔の硏究(1)」, 『朝鮮學報』 25, 1962, 52~53쪽 및 李樹健, 「朝鮮朝 鄕
    吏의 一硏究」, 1974, 68쪽과 李樹健, 「高麗時代 邑司 연구」, 『國史館論叢』 3,
    1989 참조.

58) 『世宗實錄地理志』, 全羅道 淳昌郡 姓氏條에 '土姓五 薛廉林趙邕'이라고 되어 있
    으며, 같은 책, 黃海道 海州牧 姓氏條에 '土姓七 鄭吳閔崔林景任'이라고 되어 있

사료 나-(4)의 金周鼎은 海陽郡 출신으로 曾祖와 祖는 追封職이었으나 그의 父 鏡亮이 金吾衛大將軍이었고, 그도 고종 44년(1257)에 富城縣尉에 임명되고 원종 5년(1264)에 春場에 합격하는 등 이미 관인층에 속했던 것 같다. 그러나 그의 첫 부인이 海陽郡 인근의 章德縣 司戶 張得球의 딸이고, 張得球의 집안은 章德縣의 대표적인 土姓인 것을 보면, 金周鼎 역시 鄕吏 계통이었다.[59] 사료 나-(5)의 金方慶도 永嘉郡의 대표적인 土姓이었고, 사료 나-(6)의 李德孫과 그의 外家도 陜州의 대표적인 土姓이었다.[60]

이와 같이 司戶가 邑司의 일을 맡아보는 職이고, 그 지방의 유력한 土姓으로서 통혼도 司戶끼리 하고 있다면, 이러한 경향은 邑司에서도 戶長과 유사함을 알 수 있다.[61] 즉 司戶는 호장층에서 邑司의 행정실무를 담당하는 어떤 직책이 아닐까. 특히 副司戶·權司戶 등이 사용된 것을 보면, 정부에 임명 권한이 있는 호장직과 연관됨을 알 수 있다. 호장이 지방사회의 통치권자로서 사용되었다면, 司戶는 邑司에서 일을 맡은 자로서 사용된 게 아닐까. 司戶라는 호칭은 三班制에서 邑司의 역할이 강조된 의미로 사용된 것으로 보인다.

어, 이들 司戶가 그 지역 土姓이며 그 서열상 유력한 戶長層이었음을 알 수 있다.

59) 『高麗史』권57, 地理志 2, 全羅道 古阜郡 尙質縣. 원래 백제의 上柒縣으로 古阜郡에 소속되었는데, 후에 章(昌)德으로 고치고 監務를 설치하였으며 忠宣王의 避諱로 興德으로 고쳤다. 『世宗實錄地理志』, 全羅道 興德縣 姓氏條, 494쪽에 張氏는 土姓 5개 중 두번째 서열이다. 또한 金周鼎은 『高麗史』列傳에는 光州人으로 나온다. 『高麗史』권57, 地理志 2, 全羅道 海陽縣條에 따르면 고려 태조 23년에는 光州였으나 후에 海陽縣令이 되었다고 한다. 이후 고종 46년에는 翼州로, 다시 광주목으로, 충선왕 2년에는 化平府, 공민왕 11년에는 茂珍府, 공민왕 22년에는 光州牧으로 변화하였다. 『世宗實錄地理志』, 全羅道 茂珍郡, 509쪽에는 土姓 13개 중 金氏가 세번째로 나타난다.

60) 『高麗史』권104, 列傳 17, 金方慶傳, (下) 281쪽에는 본관이 安東이라 나온다. 『高麗史』권57, 地理志 2, 慶尙道 安東府, (中) 283쪽에 의하면, 고려 태조 13년에 安東府였다가 잠시 성종 14년 이전에 永嘉郡으로 개칭한 적이 있었다. 또한 『世宗實錄地理志』, 慶尙道 陜川郡 姓氏條, 436쪽에 土姓 3개 중 李氏는 첫번째 姓氏로 나온다.

61) 戶長層의 통혼관계는 李樹健, 「朝鮮朝 鄕吏의 一研究」, 1974, 59~60쪽 및 許興植, 「高麗의 國子監試와 이를 통한 鄕吏의 身分上昇」, 1981, 154~155쪽 참조.

사료 나-(1)에서 司戶는 조세수취에 관련되어 있으며 外官의 감독 아래
있었다. 고려후기 외관의 기능이 강화되는 가운데 호장의 邑司는 외관의
감독 아래 맡겨진 일을 해야 했고, 그러한 면에서 읍사에서 그 일을 맡은
호장을 司戶라 했다. 司戶의 책임 중에서 가장 중요한 것은 조세수취였고,
邑司의 기능이 상당히 축소된 조선후기에도 조세수취는 邑司의 책임이었
다.

다-(1) 丁丑十二月日 安東府各色所掌謄錄
　　　戶長色：一. 紅花官基餘地良中 定官奴一名……
　　　　　　　一. 藍草 以房子與各色匠人·別抄皮匠等處……
　　　　　　　一. 使客行次時 驛馬粥米段 自官廳上下定官婢一名 作粥
　　　　　　　　　進排爲彌……
　　　　　　　一. 官奴婢 次知諸干事
　　　　　　　一. 樂工隨闕 次知差出事
　　　　　　　一. 公廨各處 都檢事
　　　　　　　一. 田稅色 每年正月十五日望 報差出事
　　　　　　　一. 客舍正 准朔卽時望 報差出事
　　　吏房色：一. 守令邊將吏任 薦擧單子 每年歲首 各兩件修正 監封
　　　　　　　　　上使事
　　　　　　　一. 農桑……
　　　　　　　一. 戶口……
　　　　　　　一. 學校……
　　　　　　　一. 軍政……62)

위의 사료는 18세기의 기록이긴 하지만, 고려후기 이후 향리제에서 邑司
와 戶長의 지위의 변화를 짐작할 수 있는 단서가 된다. 조선초부터 지방에
도 중앙의 承旨와 마찬가지로 六房이 보이는데, 중앙의 六房 承旨가 왕의
직속으로 왕을 보좌하듯이 지방에도 외관 직속으로 六房을 설치하여 보좌
하게 했다. 이는 외관의 지위가 상승한 것은 물론이고, 지방행정에 관한 장

62)「安東府安逸班謄錄」,『朝鮮後期 鄕吏關係資料集成』, 32~36쪽.

악력이 신장되었음을 의미한다.63)

그래서 위와 같이 吏房 이하 六房의 임무가 별도로 정해져 있는 가운데, 吏房이 農桑·戶口·學校·軍政 등 이전의 邑司에서 맡았던 거의 모든 일을 책임졌다. 반면 戶長의 책임하에 있는 읍사는 使客行次를 대접하는 것이나 官奴婢·樂工 및 公廨各處의 총관리와 아울러 田稅를 담당하도록 하고 있다. 邑司의 역할이 축소되는 가운데서도 조세수취는 여전히 호장의 읍사가 담당하도록 하였다.

이러한 체제의 단초가 고려후기 13세기경에 보이는 司戶가 아니었을까 생각한다. 고려후기의 司戶는 읍사의 호장이 맡되, 조세수취를 책임지는 역할이었던 것으로 추정된다. 그렇기 때문에 고려후기에 조세수취에 대한 향리의 책임이 강화되면서 그 직명이 부각되었다. 이러한 司戶가 民租를 훔쳤다 해서 사료 나-(1)에서와 같이 外官에 의해 죽임을 당한 것은 당시 租稅收取를 둘러싼 외관과 향리, 특히 戶長層과의 관계를 잘 나타내 준다. 지방사회에서 戶長의 職이 그 지위가 상당히 저하되었음을 의미한다.

邑司의 역할이 축소되면서 조선초에 이르면 邑司에서 실무를 맡는 鄕吏 職級도 상향 조정되었다.

다-(2) 太宗 10년 4월 丁巳, 司憲府가 上言하기를 "(前知甫州事)愼以衷이 …… 일찍이 梁州에 재임해 있을 때 使客 支應을 잘못했다고 戶長 鄭春을 杖殺했다……"고 했다. 持平 姜宗德이 청하기를 "愼以衷이 甲申年 10월 11일에 梁州 公須戶長 鄭春이 使客 支應을 잘못했다 하여 곤장을 때렸는데, 그 달 20일에 죽었으니……64)

---

63) 朴宗基, 「14세기 군현구조의 변동과 지방사회」, 『14세기 고려의 정치와 사회』, 1994, 187~188쪽에서는 지방제도에서 12세기 이후 중간기구가 본격적으로 확대되면서 屬官이 감소하는데, 外官의 郡縣支配를 보완하는 屬官의 감소는 外官의 郡縣 지배능력이 신장했음을 의미한다고 보았다. 그러나 屬官이 감소되는 한편으로는 外官 휘하의 鄕吏인 記官의 역할과 지위가 강화되었음에 주목할 필요가 있다. 外官의 郡縣支配는 屬官에 의해서가 아니라, 지방세력을 직접 장악함으로써 신장될 수 있었다.

64) 『太宗實錄』 권19, 1책 544쪽.

사료 다-(2)에서 慶尙道 梁州에서는 使客의 대접을 公須戶長이 담당했는데, 이는 고려시대 公須司에서 담당한 것이었다. 고려시대에는 공수사를 맡은 향리직이 公須正으로 正級이었는데, 조선초에는 호장으로 상향 조정되었다.[65] 더욱이 公須戶長 鄭春은 土姓 출신의 호장인데, 사객의 대접을 소홀히했다 하여 외관에게 맞아죽었으니 호장의 지위가 얼마나 저하되었는지 짐작할 수 있다.

이러한 변화는 중앙에 上京하는 倉正 人吏도 마찬가지였다.

다-(3) 太宗 17年 閏 5 月 癸未, 全羅道 觀察使 鄭耕이 각 고을의 守令・品官의 陳言을 올리니, 議政府・六曹에 내려서 의논했다. "…… 1. 祿轉과 軍資를 押領하여 上京한 倉正人吏를 繕工監에서 함부로 役事시키니, 法官으로 하여금 고찰하여 금지하게 하소서. …… 1. 祿田과 軍資米穀을 각 고을의 倉正・掌吏가 숫자에 의하여 수납하니, 혹 看守하지 못하거나 혹은 자신이 斜用하고서 充納하지 못한 것은 論罪하고 生徵함이 마땅합니다. ……" 임금이 그대로 따랐다.[66]

(4) 世宗 7년 10월 丁丑, 戶曹에서 啓하기를 "各道의 守令들이 倉庫納稅之吏를 잘 가려뽑지 못해서, 어리석고 일에 경험이 없는 자를 보내는 일이 많습니다. 이때문에 잘 보살피고 지키지 못해서 도둑을 맞는 것이 많고, 혹은 뒷일을 생각지 않고 공공연히 이리저리 유용하여 많이 축나서, 나라에 상납할 때에는 자기의 파산뿐만 아니라 一族에게 연루가 미치므로 그 폐가 적지 않습니다. 앞으로는 納稅之吏는 그 고을에서 有實한 見任戶長을 골라 差送하도록 하여, 흠축나는 폐단을 없게 하기를 청합니다." 하니 그대로 따랐다.[67]

사료 다-(3)에서 태종대만 해도 祿轉과 軍資를 押領하여 上京했던 鄕吏

---

65) 이러한 변화는 고려후기 차리층의 대거 몰락으로 邑司의 운영이 戶長層 중심으로 바뀌는 과정이 아니었을까. 이에 관해서는 강은경, 앞의 논문, 1998 참조.
66) 『太宗實錄』 권33, 2책 170쪽.
67) 『世宗實錄』 권30, 2책 695쪽.

는 倉正 人吏로서 鄕吏職에서 正級이었는데, 사료 다-(4)에서 보면 이들은 각 도의 수령들이 뽑아서 보낸 자들이었음을 알 수 있다. 그래서 세종대에는 그 폐단을 지적하고, 경제력이 있는 현직 戶長을 뽑아 담당하도록 했던 것이다.

고려시대의 호장은 군현의 읍사에서 회의체를 구성했고 실무는 그 이하 正級에서 담당했는데, 조선시대에는 각 분야에서 차츰 실무 담당자로 바뀌어갔다. 이와 같이 각 고을에서 호장의 역이 강화되는 추세는 당시 호장층의 약화로 인해 가능했다.

(2) 邑司와 記官·營吏의 관계

고려후기 外官의 지방 통치권이 강화되는 가운데 邑司와 그 구성원인 戶長의 지위가 저하되었다. 외관의 통치권의 강화는 그 휘하의 記官이 갖는 역할과 지위에 잘 나타난다. 후대의 기록이긴 하지만, 이 시기 기관의 지위가 상승하고 있음을 짐작할 수 있는 사례들이 보인다.

라-(1) 我東文憲 皆倣周禮 其置吏 曰府吏鄕史, 設窠坐 曰吏戶者 天官地官之屬, 曰禮兵也刑工也 春秋官冬夏官之屬也. 取秩然有序 而名其居長於公事 而稱其職 奉國事頒朝令 而謂之詔文記官……68)

(2) (世宗 20년 4월 甲寅) 議政府 據禮曹呈啓 …… 高麗舊制 外方鄕吏 比朝官文武班 戶長有大相·中尹·左尹之號 記官有兵正·獄正之號 都軍有都領·別正·校尉之號. 故都軍 至今稱爲將校. 由是大官鄕吏 例用犀帶·象笏·玉瓔·玉環 至本朝 皆禁之.69)

사료 라-(1)은 조선후기에 기록된 『掾曹龜鑑』이지만, 향리들의 직접적인 기록이어서 당시 상황을 짐작할 수 있는 자료이다. 이에 따르면 詔文記官은 公事의 長을 말하며, 그 직책에 맞게 '奉國事 頒朝令'한다고 하므로

---

68) 『掾曹龜鑑』 권1, 李彙寧 跋文(1846)(『朝鮮學報』 97, 天理圖書館所藏, 1980년 영인본)
69) 『世宗實錄』 권81, 4책 139쪽.

외관의 公所에서 행정실무를 책임지는 자를 가리킨다.

고려중기에 처음 記官이 설치될 때만 해도 직무가 단순하여 세부적인 역할이 나누어지지 않았던 것 같다. 외관 휘하에서 실무를 맡는 향리가 記官으로만 표현된 것으로 보아, 별도의 기구 없이 향리에서 차출된 자들이 외관의 행정 업무를 돕는 역할을 했던 것으로 보인다. 이 때는 외관이 파견되었다 하더라도 호장층 중심의 邑司가 실제적인 업무를 여전히 담당하는 체제였기 때문이다. 따라서 고려시대에는 사료 라-(2)와 같이 兵正·獄正 등 鄕吏職에서 正級이 맡는 정도였다. 그러다 보니 正級의 향리직은 그 자체가 記官과 동일시되기도 하였다.

하지만 외관이 군현의 행정실무를 직접 관장하게 될수록 記官의 역할이 다양해지고 그 업무도 분담되기 시작했다. 그러한 가운데 외관의 공소에서 행정 실무를 책임지고 記官을 총괄하는 詔文記官이 등장했다. 조문기관에 관한 기록은 고종 17년(1230) 7월에 洪州에서 일어난 崔珦의 난을 진압할 때 按察使 全懿가 禮山 등 7縣의 上長·都領·詔文 등을 구금하여 국문했다는 데서 처음 보인다.[70]

또한 記官의 역할도 분담되었고, 그 결과 조선초에는 사료 라-(1)과 같이 六房制로 발전하였다. 아울러 記官에 임명되는 鄕吏職의 職級이 상승되었다. 조선초부터 지역에 따라 戸長이 記官에 임명된 예가 가끔 보인다.

라-(3) (太宗 18년 正月 癸亥) 사헌부에서 "(內資寺尹) 權尙溫이 일찍이 安城의 守令이었을 때 斗斛을 파서 깊고 크게 만들어 백성들에게 무겁게 거두어 사사로이 남에게 주었습니다. ……" 라고 아뢰었다. 이보다 앞서 水原府使 朴剛生이 領內 각 고을의 斗斛을 바르게 校正하다가, 安城의 말(斗)이 작다고 하여 그 밑바닥을 파내고 烙印을 고쳤다. 安城吏가 그 말을 가지고 京江 豊儲倉에 왔는데, 倉의 官員이 그 말이 크다고 잡아서 戸曹에 보고하였다. …… 大司憲 朴

---

70) 『高麗史節要』 권16, 高宗 17년 7월, 412쪽. 詔文記官에 관한 연구는 李勛相, 앞의 논문, 1985 참조. 이에 따르면 詔文記官은 上戸長·都領과 함께 고을의 대표적인 鄕吏職이었고, 이로써 鄕吏制가 三班體制로 개편, 운영되었다고 한다.

習 등이 그 사실을 가리지 못하고, 戶房의 戶長記官과 그 兩班을 지나치게 형벌하여 壓膝하는 등 강제로 推鞫하여 供辭를 받았다. 권상온이 冶官을 大廳의 窓 북쪽에 설치하고 冶匠으로 하여금 火印을 위조하여 고의로 말을 크게 만들었다는 죄를 뒤집어 씌웠으나, 安城의 吏가 그 고통을 참지 못하여 마침내 誣伏한 것이다.71)

태종대 京畿道 安城郡에는 戶房이라는 기구가 있었고, 戶長이 記官으로서 임명되어 있었음을 알 수 있다. 이러한 체제가 전국적으로 실시되었는지는 알 수 없으나, 최소한 이 지역에는 지방통치 조직으로 六房이 설치되었고 위 사료의 戶房은 그 중의 하나였다. 外官이 六房을 통해 고을의 실무를 직접 관리하게 되면서 실질적인 外官 중심의 지배체제로 변화되었고, 그에 따라 六房도 이전의 正級이 아니라 戶長이 맡게 된 것이다.72)

이러한 변화는 조선초에 갑자기 일어난 것은 아니었다. 六房이 설치된 것은 조선초이겠지만, 외관 휘하의 기관에 호장이 差定되는 것은 고려말 외관의 기능이 강화되면서부터였을 것이다. 이러한 변화를 중앙집권력의 강화라는 측면에서 이해할 수도 있으나, 또 지방통치구조의 핵심이었던 戶長層의 몰락과 약화라는 배경도 간과해서는 안된다.

그러나 조선초까지는 記官을 총괄하는 詔文記官이 首戶長보다 낮은 지위였다. 현재 남아 있는 기록에는 대개 조문기관을 거쳐 수호장이 되고 있어,73) 아직은 邑司를 대표하는 首戶長의 위치가 보장되었음을 알 수 있다.74)

---

71) 『太宗實錄』 권35, 2책 199쪽.

72) 朝鮮後期의 鄕吏 자료에는 邑司가 外官 중심으로 편제되고 그 휘하에서 실무를 담당하는 六房을 모두 戶長이 맡는 것으로 나타난다.

73) 許興植, 「(경상도)道先生案」. 『韓國中世社會史資料集』, 아세아문화사, 1972 수록. 이후에는 『道先生案』으로 표기함.

74) 「豊基郡司謄錄」, 『朝鮮後期 鄕吏關係資料集成』, 萬曆 30年(1602) 6月 立案에 '前詔文記官嚴仁成 首戶長除授行公. 前戶長安夢成辭遞'라 했고, 萬曆 32年(1604) 2月 立案에 '前首戶長李榮門 首戶長除授行公. 前戶長嚴仁成 差爲詔文記官'이라 했다. 1602년에 前詔文記官 嚴仁成이 首戶長을 맡았는데, 1604년에는 다시 詔文記官이 되었다는 것이다. 外官의 地位가 상승함에 따라 朝鮮後期에는 詔

고려말 외관의 강화와 함께 道制도 많이 보완되었다. 이후 道營에 차정되는 營吏의 성격도 변화하기 시작한다. 이 역시 외관과 호장의 관계가 변화한 것을 반영하는데, 다행히 慶州에는 『(慶尙道)道先生案』에 慶尙道營의 營吏들의 명단이 남아 있다. 그 중 여말선초의 영리 명단을 『慶州戶長先生案』에서 확인하면 다음과 같다.

라-(4) 辛昌立(1388) 我太祖擧義 四年 九月, 都觀察黜陟使 經歷 都事
　　　 營吏 : 崔雲 金臣乙 李應 金仁佐 孫權 崔潜 崔公 金南皐 金朝 金
　　　 言 金稱 李牽 崔淳 李表

　　 (5) 恭讓王立(1389) 10월, 營吏上同 唯以金恪・鄭胥 於崔雲・金臣乙
　　　 除下之本 充定
　　　 辛未(1391) 2월, 營吏上同. 10월, 營吏上同 唯孫權除下
　　　 太祖卽位(1392) 6월, 營吏上同. 唯以朴實・金溫・金皐・金興 於
　　　　 金恪・鄭胥・李應・金朝除下之本 充定
　　　 10월, 按廉副使兼黜陟・安集・監倉轉輸・管學勸農使 營吏上同.
　　　　 唯以金恪・鄭胥 於金溫・金興除下之本 充定
　　　 癸酉(1393) 10월, 都觀察黜陟使 …… 經歷 前奉正大夫 三司右咨
　　　　 議 …… 營吏上同.
　　　　 唯以金興・孫權・崔讀・金朝 於朴實・金皐・李表等 除下
　　　　 之本 充定.
　　　 (1394) 10월, 營吏上同. 唯以金興除下 金枰加定.
　　　　　　　　　　　　　　　　　　　　　　　 (『(慶尙道)道先生案』)

　　 사료 라-(4)는 慶尙道 營吏의 명단이 제대로 적기 시작한 昌王 卽位年의 기록이다. 이 해 9월에 안렴사 대신에 都觀察黜陟使를 파견하고 아울러 經歷・都事 등을 보내는 등 지방지배체제가 道制를 중심으로 강화되기 시작한 때였다.[75] 이 때 營吏 14명이 임명되고 이후는 일부만 교체되는 것으로 보아, 이 때부터 慶尙道營에 營吏가 본격적으로 差定된 것 같다.[76]

　　文記官과 首戶長이 동급으로 서로 자리를 맞바꾸는 예가 많았다.
75) 이인재, 「高麗末 按廉使와 都觀察黜陟使」, 『역사연구』 2, 1993 참조.

營吏 14명 중 崔淳은 1352년 경에 戶長正朝를 지냈고 그 父도 副戶長이었으므로, 초창기의 營吏에는 戶長層 출신의 首戶長도 있었다. 하지만 이 시기 대부분의 경우는 營吏를 거쳐 首戶長을 맡는 게 상례였다. 崔雲・金臣乙・崔公・金言 등은 營吏 이후 자신이 慶州의 首戶長을 맡았을 뿐 아니라 父 또는 子도 首戶長 명단에서 확인된다.[77] 慶州의 首戶長이 되는 집안은 대대로 營吏를 거쳐 首戶長을 맡았다.[78] 특히 金南皐는 1401년 6월에 詔文으로서 戶長正朝 金恪과 함께 肅拜했다는 기록이 있어,[79] 영리를 거친 후 외관의 조문이 되고 그후 수호장이 되었음을 알 수 있다.

아직은 營吏보다 외관의 조문이 상위이며, 외관의 조문보다 수호장이 상위였다. 그 뒤 일부 교체되는 營吏는 거의 모두 이후 경주의 수호장이

---

76) 『高麗史節要』 권21, 忠烈王 19년 正月 기사에 慶尙道 按廉使 휘하에 營吏와 丁吏가 있었다는 기록이 있긴 하다. 또 『慶州戶長先生案』, 「倭寇擊退事實記」(『韓國中世社會史資料集』, 70~73쪽)는 고려말 禑王代에 慶尙道 지방의 지방세력이 자기 지방에 침입한 왜구를 물리치는 과정에서 활약한 내용을 중심으로 서술된 것이다. 그 중 庚申年(禑王 6) 8月 11日의 왜구침입을 물리친 내용이 나오는데, 그 과정에서 발생한 전사자 중에 營記官이 있었다. "賊舡五百餘隻 全羅道鎭浦 到泊爲去乙 京軍舡亦 同浦准到 舡隻盡奪燒破逃漏. 賊兵亦 過嶺 當道沃州・尙州・善州・居昌・咸陽・沙近驛城等處 圍把. 合浦元帥朴修慶・京元帥金用暉・府尹襄 諸兵馬使一同 接戰次 元帥朴修慶・府尹襄敎是 及州本鄕 前中郞將李乙明・鄭巨富 記官金越・崔良・金憲 營記官吉夫 將校李太等 戰亡.……"

77) 『慶州戶長先生案』, 66쪽에는 崔淳은 1352년경 戶長正朝였고 父가 副戶長 兼으로 나오며, 같은 책, 77쪽에는 崔雲이 1400~1401년간 戶長正朝를 하였고, 父 戶長正朝 圭는 여러차례 正朝戶長을 한 것으로 나온다. 같은 책, 81쪽에는 金臣乙의 아들 金四知가 1433년 2월에서 1435년 12월까지 戶長正朝를 했는데, 그의 父 然은 一名 臣乙이라고 하며 戶長이었고 祖가 安逸戶長正朝였다고 한다. 따라서 金臣乙은 父가 安逸戶長正朝였고 그 자신은 營吏를 거쳐 戶長이 되었으며, 아들 金四知도 戶長正朝를 한 집안이었다. 같은 책, 79쪽에 崔公은 1419년 12월부터 1421년 10월까지 戶長正朝를 하였고, 그의 父도 正朝戶長을 하였다고 하며, 같은 책, 82~86쪽에는 그의 아들 崔祥이 여러 차례 戶長正朝를 역임하고 安逸戶長正朝에 이르렀던 것으로 나타난다. 같은 책, 82쪽에 金言은 1436년 4월부터 7월까지 戶長正朝를 한 金三雨의 父로서 戶長正朝를 한 것으로 나오므로, 營吏를 역임한 이후 戶長正朝를 하였고 그의 아들 金三雨도 戶長正朝를 하였던 집안이었다.

78) <표 2-1> 참조.

79) 『慶州戶長先生案』, 77쪽.

되었다. 營吏에 차정되는 향리는 향리층에서도 가장 유력한 戶長層이었으며, 그만큼 營吏가 중요한 지위였음을 알 수 있다.

사료 라-(5)에는 恭讓王이 옹립되었다가 다시 李成桂가 즉위하게 되는 중앙정치의 격변기에 慶尙道 營吏의 변화상이 잘 드러나 있다. 그 중에서 주목되는 인물이 金恪과 鄭胥이다. 金恪과 鄭胥는 恭讓王 즉위년에 교체되어 營吏로 들어갔는데, 태조 즉위 직전 6월에 교체되었다가 즉위 후 10월에 다시 營吏가 되었다. 이 중 金恪은 營吏를 거쳐 太宗初 1401년 4월에 처음 戶長正朝가 되어 1402년 8월까지, 1408년 7월부터 1409년 2월까지, 1410년 5월부터 1411년까지 여러 차례 戶長正朝를 역임하였으며, 후에는 安逸戶長正朝가 되었던 인물이며 鄭胥 역시 그 뒤를 이어 1403년에서 1404년 7월까지, 또 1411년에서 1414년 11월까지 두 차례 戶長正朝를 지냈다.

이들 역시 營吏를 거쳐 首戶長이 되었다. 그 집안이 대대로 首戶長을 역임한 것이나 그 자신이 여러 차례 首戶長을 맡은 것을 보면, 이들 집안은 경주 戶長層에서도 비중 있는 인물들이었다.[80] 이들이 왕조 교체기에 잠시 營吏에서 물러났다가 다시 營吏를 했던 것은 당시 정치적인 상황과 營吏들의 관계를 시사해준다. 戶長層은 중앙정치에서 자유로울 수 없었던 것이다. 鄭胥가 1403년에 太祖王妃 升遐에 肅拜했던 것도 중앙과의 관계를 유지하기 위한 방법이었던 게 아닐까 생각한다.

1392년 6월에서 10월 사이에 金恪과 鄭胥 대신 교체되어 營吏로 들어왔던 金溫과 金皐는 각각 金恪과 鄭胥와 관련이 있는 인물들이었다. 특히 金溫은 金恪의 外祖로 1354년 이전에 이미 戶長正朝를 역임했고 그의 父

---

80) 『慶州戶長先生案』, 77쪽에 金恪은 父가 戶長正朝 騰, 祖가 戶長正朝 珍, 曾祖가 戶長 益純이었고 外祖는 安逸戶長 金溫으로 집안이 대대로 首戶長을 맡았음을 알 수 있다. 그리고 그의 아들 金長善도 1399년 8월에 營吏에 加定되었는데, 같은 책, 81쪽에는 金長善이 1431년 6월부터 1432년 6월까지, 1435년 12월부터 1436년 4월까지 戶長正朝를 역임했다고 한다. 또한 같은 책, 82쪽에 鄭胥는 그 아들 鄭達이 1440년 10월부터 戶長正朝를 역임한 것으로 나오며, 이때 鄭胥는 安逸戶長이었다고 한다. 즉 鄭胥는 營吏를 거쳐 여러 차례 戶長正朝를 역임하였고 安逸戶長에 이르렀던 것이다.

도 副戶長이었던 집안이었다. 왕조 교체라는 변동기라서 40년 전에 戶長
正朝를 역임한 戶長層의 원로가 營吏를 임시로 맡아보았던 것 같다. 그에
비해 金皐는 1392년 6월부터 1393년 10월까지 營吏를 역임한 이후, 1402년
에는 慶州의 戶長正朝 金敏과 함께 詔文으로서 東北面 赴征에 참가하였
고 還國하여서는 肅拜를 했으며, 1403년에는 詔文記官으로서 戶長正朝
鄭胥와 함께 太祖王妃 升遐에 肅拜하였다. 뿐만 아니라 金皐는 전임 營吏
였던 鄭胥가 戶長正朝일 때 詔文記官이어서, 둘의 관계도 무관하지 않은
것으로 보인다.

후에 金皐도 역시 正朝戶長이 되었고, 그의 아들 金坵도 1394년에 父의
뒤를 이어 營吏가 되었고, 1428년 1월부터 1429년 4월까지 戶長正朝로 나
온다.[81] 따라서 金皐는 1392년에는 營吏, 1402년에서 1403년까지는 詔文
記官을 하였고, 이후 首戶長이 되었던 것으로 보인다. 金皐의 집안도 營吏
를 거쳐 首戶長을 맡는 유력한 戶長層이었다. 고려말 이후 조선초까지는
특별한 경우가 아니면 통상적으로 營吏를 거쳐 戶長·首戶長이 되었다.
朝鮮初 慶尙道의 營吏는 다음과 같다.

라-(6) 乙亥(1395) 5월, 營吏上同 唯李秀加定
　　　　丙子(1396) 10월, 營吏上同 唯金審加定
　　　　丁丑(1397) 2월, 營吏上同
　　　　恭靖大王 卽位(1398) 3월, 營吏上同 唯金坵加定
　　　　己卯(1399) 8월, 營吏上同 唯李希·金長善加定
　　　　太宗 卽位(1400) 8월, 營吏上同 唯金貴·孫渭·金浚加定
　　　　辛巳(1401) 4월, 按廉使. 營吏上同 唯鄭忠加定
　　　　　　　　　9월, 營吏上同
　　　　壬午(1402) 정월, 營吏上同 唯金坵加定
　　　　　　　　　10월, 營吏上同 唯金益加定 (『道先生案』)

위에서 1399년의 金長善, 1400년의 金貴, 1401년의 鄭忠, 1402년의 金益

---

81) 『慶州戶長先生案』, 80쪽

등은 營吏 이후에 경주의 戶長正朝를 역임한 것으로 나타난다.[82] 특히 金
益은 1402년에 營吏였고 1408년에는 詔文으로 나타나며. 1414년에는 戶長
正朝가 되었다. 金益은 이후 1419년까지 戶長正朝를 만 5년이나 하였다.
아직은 首戶長의 지위가 營吏보다는 앞서 있었다.

그러나 15세기에는 營吏가 首戶長에 앞서는 것으로 나타난다.

　　라-(7) 戶長 金精 : 丙子(1456) 4월 초3일 差. 초8일 開印行公.
　　　　　　　　同月 19日 營吏當番呈辭[83]

이 때는 營吏를 當番으로 돌아가면서 했고, 營吏를 맡게 되자 首戶長을
맡은 지 15일만에 그만두고 있다. 15세기경이면 그만큼 營吏가 首戶長보
다 우선되고 있음을 시사해준다. 營吏의 지위가 높아졌다는 것은 道 장관
의 지위가 상승했고 상대적으로 首戶長의 지위는 하락했음을 의미한다.
邑司의 대표인 首戶長의 지위가 점차 하락하는 가운데 지방사회에서 戶長
層의 지위도 하락하였다.

결국 鄕吏는 有役者로 파악되기에 이른다.[84]

　　라-(8) (朝鮮 太祖 2년 5월 庚午) 各道上軍籍. 先是 遣南誾·朴葳·陳乙
　　　　　瑞等八節制使 以備倭寇. 寇退 乃命南誾于慶尙道 朴葳于楊廣道

---

82) 『慶州戶長先生案』, 81쪽에 金長善은 1431년 6월 13일에서 1432년 6월 25일까지,
　　1435년 12월 1일에서 1436년 4월 1일까지 戶長正朝를 역임한 것으로 나오며, 같
　　은 책, 80쪽에 金貴는 1429년 4월 23일부터 7월 7일까지 戶長正朝를 역임한 것으
　　로 나온다. 같은 책, 81~82쪽에 鄭忠은 1432년 6월 25일부터 1433년 2월 1일까지
　　戶長正朝를, 1438년 4월 23일부터 1440년 10월 1일까지 安逸戶長正朝를 역임하
　　였다고 한다. 같은 책, 78~79쪽에 金益은 1408년 6월에 詔文으로 太上王이 죽자
　　肅拜하였고, 1414년 12월 1일부터 1419년 12월 12일까지 戶長正朝를 만 5년이나
　　하고 이후 1422년에 다시 復行하였다.
83) 『慶州戶長先生案』, 86~87쪽.
84) 金光洙, 「中間階層」, 『한국사 5』, 1975, 241~245쪽에서 고려의 중간계층을 이루
　　는 胥吏·將校·南班 등은 상하계층으로 나뉘어 있으며 그 중 상층은 '官'으로,
　　하층은 '役'으로 인식되었음을 지적한 바 있다. 이에 따르면 戶長層의 향리직은
　　'官'에 해당한다.

陳乙瑞于全羅道 點軍成籍. 其餘諸道 令按廉使點之. 至是 成籍以
上 京畿左右・楊廣・慶尙・全羅・西海・交州・江陵 凡八道馬・
步兵及騎船軍 摠二十萬八百餘人 子弟及鄕・驛吏 諸有役者 十萬
五百餘人[85]

朝鮮 太祖 2년에 軍籍을 작성하는데 馬・步兵 및 騎船軍 20만 명과 함
께 子弟・鄕吏・驛吏 등 諸有役者 10만 명이 파악되었다. 조선 건국초의
기록이지만 이는 고려후기 이래 '鄕役' '避役' 등으로 표현되었던 변화상을
반영한 것으로, 이제 향리는 군역에 상응하는 역으로서 인식되었다.

그에 따라 다른 有役者들과 마찬가지로 태종 4년의 奉足 규정에서는 3,
4結 이하의 鄕吏에게 同類奉足이 허용되었다. 이후 世宗 22년에는 人吏位
田을 5結로 통일하였고, 세종 27년에 國用田制를 실시할 때 다른 軍役者
와의 형평성을 거론하면서 人吏位田과 兵正・倉正・獄正・客舍正 등의
葦田을 폐지하였다.[86] 향리가 하나의 역으로 인식되었다.

이상에서 戶長이 주도하던 邑司의 지위와 역할의 변화, 호장과 외관 휘
하의 營吏・記官과의 관계 변화 등을 통해 고려사회에서 戶長層의 지위가
어떻게 변화했는지를 살펴보았다. 대개 13세기경이면 외관 휘하에 詔文記
官이 설치되어, 향리제가 수호장・조문기관・장교의 三班體制로 되었다.
그러한 가운데 각각의 역할과 지위도 변하지 않을 수 없었다.

먼저 邑司의 지위가 변화되는데, 이는 戶長이 司戶로 불리는 현상에서
짐작할 수 있다. 고려후기 외관의 역할이 강화되는 가운데 읍사는 외관의
감독 아래 맡겨진 일을 해야 했다. 읍사의 책임 중 가장 핵심이 되는 것은
조세수취였고, 그 일을 맡은 戶長을 司戶라 했다. 호장이 지방사회의 통치
권자로서 사용되었다면, 司戶는 읍사에서 일을 맡은 자로서 사용된 것이
다. 邑司의 역할이 축소되면서 조선초에 이르면 읍사에서 실무를 맡는 향
리 직급도 상향 조정되었다. 고려시대의 호장은 읍사에서 회의체를 구성했

---

85) 『太祖實錄』 권3, 1책 44쪽.
86) 『太宗實錄』 권7, 太宗 4년 5월 癸亥, 1책 298쪽 ; 『世宗實錄』 권88, 世宗 22년 3월
乙丑, 4책 277쪽 ; 『世宗實錄』 권109, 世宗 27년 7월 乙酉, 4책 624쪽.

고 실무는 正級에서 담당했는데, 조선시대에는 호장이 차츰 실무를 담당하게 되었다. 그만큼 호장층의 지위가 저하되었다.

고려후기 외관의 통치권이 강화되는 가운데 그 휘하 記官의 역할과 지위도 변화했다. 外官이 郡縣의 행정실무를 직접 관장하게 되면서 外官의 公所에서 행정 실무를 책임지고 記官을 총괄하는 詔文記官이 등장했다. 또한 기관의 역할도 분담되었고, 그 결과 조선초에는 六房制로 발전하였다. 아울러 記官에 임명되는 향리직의 직급이 正級에서 戶長級으로 상승되었다. 그러나 조선초까지는 기관을 총괄하는 조문기관이 수호장보다는 낮은 지위였다.

외관의 강화와 함께 道制도 많이 보완되었고, 그에 따라 道營에 차정되는 營吏의 성격도 변화했다. 營吏는 호장층에서 差定되었는데, 그만큼 營吏는 중요한 위치였다. 조선초까지는 영리보다 외관의 조문이 상위이며, 외관의 조문보다 수호장이 상위였다. 그러나 15세기경에는 영리가 수호장보다 우선되는 상황이 나타난다. 營吏의 지위가 높아진 것은 道 장관의 지위가 상승했고 상대적으로 수호장의 지위는 하락했음을 의미한다. 邑司의 대표인 수호장의 지위가 점차 하락하는 가운데 지방사회에서 호장층의 지위도 하락했다. 결국 향리는 有役者로 파악되었다.

2) 戶長層의 지위 변화와 향리 공복의 변화

고려의 지방통치체제로 존재했던 향리제에 중앙권력이 점차 개입함에 따라 호장층의 지위도 변화되었고, 향리의 공복에는 이러한 변화상황이 잘 반영되었다. 향리 공복은 향리직에 따른 것이므로, 호장층의 지위를 그대로 드러내는 것은 아니다. 하지만 호장층이 호장을 비롯한 주요 향리직을 거의 독점했고 향리제를 통해 지방사회를 지배하였기 때문에, 향리직의 복제 변화를 보면 고려사회에서 호장층의 지위 변화를 살펴볼 수 있다.

고려후기에는 이미 중앙 진출 관료와의 격차가 서서히 형성되었고, 또 지속적으로 추진되는 외관의 파견으로 인해 읍사 체제도 수령 중심의 군현제로 서서히 개편되었다. 이에 따라 향리제도 변화하지 않을 수 없었으

며, 향리제의 변화는 이를 주도하던 호장층의 지위 변화를 전제로 한다. 조
선 태조 즉위년의 鄕吏 服制는 이러한 상황 변동을 반영해 다시 정비한
것이다.

마-(1) (宣祖朝) 鄕吏疏 : 疏廳公員 慶州崔大智 山淸吳一變 慶尙道慶州
鄕吏李順·孫玉 尙州鄕吏朴文良·朴孟進 大丘鄕吏裵裾·李武元
等 謹百拜上言 于主上殿下. 伏以 …… 卽除方笠一事也. 洪武二十
五年壬申七月 我太祖登寶位 十一月禮曹受敎詳定內 鄕吏戶長 綠
衫·垂角幞頭·黑革帶廣二寸·黑皮靴·木笏 記官·通引 窄袖綠
衫·垂角幞頭·黑帶廣二寸·黑皮靴·無笏 將校 窄袖·黑巾·革
帶·繩鞋. 如有特恩別賜 則黑革珧瑁帶 載在法典……87)

(2) (朝鮮 太祖元年 12월 壬子) 都評議使司啓 自明年元正 始服朝制
冠服 許令禮曹祥定. 禮曹啓 一品紅袍·犀帶 二品至判閤門以上
紅袍·荔枝金帶 三四品靑袍·黑角革帶·象笏 五六品靑袍·黑角
革帶·木笏 七品以下綠袍 帶笏與五六品同 靴皆用皂色88)

(3) (太宗 15년 4월 庚辰) 詳定鄕吏笠制 禮曹與儀禮詳定所同議 依洪
武二十年間(1387, 禑王 13)改衣冠例 參考. 戶長·記官平頂巾 通
引·將校·驛吏頭巾 雨雪日具用油紙帽 官門進退及大小使客迎
接時外 着黑色竹坎頭 簷廣二寸. 從之.89)
(太宗 16년 正月 乙巳) 禮曹啓 前受敎行移內 鄕吏官門進退及大
小使客迎接時 着頭巾 常時坎頭 與各司吏典及平人無異 其漸日趍
於無禮 許令方笠黑漆 依前著持驛吏亦依此例. 從之90)

사료 마-(1)은 宣祖代에 경상도 지역의 향리들이 方笠 쓰는 것을 그만
두게 해달라며 연서로 올렸던 상소문이다. 비록 조선후기의 자료이지만,
조선 太祖 卽位年 11월에 禮曹가 受敎 詳定했다는 향리 복제가 실려 있어

---

87) 『椽曹龜鑑』 권1.
88) 『太祖實錄』 권2, 1책 36쪽.
89) 『太宗實錄』 권29, 2책 58쪽.
90) 『太宗實錄』 권31, 2책 98쪽.

주목된다.『太祖實錄』에도 이와 관련된 기사가 있다.

사료 마-(2)에서는 朝鮮 太祖 元年 12월에 중앙의 冠服을 정비했다고 한다. 이 역시 예조에서 상정한 것으로 보아, 위의 두 자료는 같은 시기의 것임에 틀림 없다. 따라서 사료 마-(1)의 향리 공복은 사료 마-(2)의 중앙의 관복을 기준으로 만들어진 것임을 알 수 있다. 사료 마-(2)의 중앙 공복은 紅·靑·綠袍 체계로 되어 있어, 이전의 의종대와는 판이하게 달라졌으며 원나라 복제와도 다른 체계이다. 禑王 13년 6월에 胡服을 폐지하고 大明制에 의거, 개정했다고 하므로 이후의 공복은 명나라의 영향을 받아 개정된 것으로 추정된다.[91] 태조 즉위년의 복제는 이후 <표 4-2>의『經國大典』이나 <표 4-3>의『攅曹龜鑑』까지도 큰 변화 없이 유지되었으니, 그 골격은 고려말 우왕대에 이미 마련된 셈이다.

사실 사료 마-(1)과 같이 건국 직후 12월에 鄕吏 公服을 제정했음에도 얼마 안되어 태종대에 마-(3)과 같이 笠制를 추가로 정리하는 것을 보아, 태조 즉위년의 공복은 조선의 제도에 맞추어 새롭게 마련된 것이 아니라 고려후기의 변화된 제도를 거의 그대로 옮겨놓은 것이었다. 이는 태종 15년에 향리의 笠制를 상정할 때 우왕 13년의 의관례를 참조했다는 사실에서도 충분히 드러난다. 즉 사료 마-(1)의 태조 즉위년의 향리 공복은 明制에 의거한 중앙 공복에 맞추어 제정함과 아울러, 고려후기 사회에서 통용되던 것을 건국 초기 일시적으로 유지했던 것으로 보인다. 따라서 여기에는 禑王代의 고려후기 변화상이 그대로 반영되었다. 이를 현종 9년의 향리 공복과 비교해보면 고려후기 사회에서 향리의 지위, 나아가서 戶長層 지위의 변화상을 알 수 있다.

사료 마-(1)의 鄕吏 公服에서는 戶長·記官·將校만이 언급되고 하위직의 鄕吏는 보이지 않는다는 점이 주목된다. 戶長·記官·將校는 본래 호장층이 독점하던 향리직이었다.[92] 현종 9년의 향리 공복이 향리 직급의

---

91)『高麗史』권72, 輿服志, 冠服 冠服通制, 辛禑 13년 6월, (中) 567쪽에 '始革胡服依大明制'라 하였다.『元史』권78, 輿服志 1 및 金東旭, 1979,「李朝前期 服飾研究」, 앞의 책, 252~253쪽 참조.

92) 姜恩景,「高麗後期 戶長層의 變動 硏究」, 연세대 박사학위논문, 1997, 18~30쪽

서열에 따른 것이었다면, 조선 태조 즉위년의 공복제는 戶長層 중심의 향리직에만 한정되었다. 여전히 사료 마-(1)의 향리 공복과 사료 마-(2)의 중앙 관료 공복이 따로 제정된 것을 보면, 이 때까지도 향리 공복과 중앙 공복이 구별되어 마련되었음을 짐작할 수 있다.

그 후 <표 4-2>의 『經國大典』에 이르러서야 향리직 중에서도 호장만이 '鄕吏'로서 중앙 관직체계 중 최말단으로 통합, 처리되고93) 그외 향리직은 중앙 정부로부터 고려의 대상이 되지 않았다. 그만큼 조선 성종대에는 독자적인 향리직제에 의한 지방사회의 운영이 제한되었음을 의미한다. 고려후기 사회는 바로 이러한 변화가 시작되던 시점으로, 이후 戶長層이 주도하던 지방사회는 중앙 정부의 집권적인 체제로 편입되어 갔다.

戶長層의 지배력이 제한되는 징표는 戶長 지위의 하락에서 찾을 수 있다. 가장 두드러지는 것은 사료 마-(1)에서 호장의 복색이 고려 최고 관품의 紫衫에서 綠衫으로 변화한 것이다. 이를 같은 시기 사료 마-(2)의 중앙 관료의 복색 체계에서 보면, 7품 이하의 가장 낮은 관품에 해당한다. 帶·笏 역시 그에 상응하는 黑革帶·木笏로 바뀌었다. 전체 관료체계에서 戶長이 하급관리의 지위로 저하되었음을 알 수 있다. 이러한 호장의 지위는 고려후기에 차츰 지방에 파견된 外官의 지위가 승격되면서, 현령과 비슷한 지위를 유지하거나 상대적으로 하위에 처하였다.94)

호장 지위의 저하는 호장이 記官과 점점 비슷한 지위를 갖는 데서도 나타난다. 기관은 수령 휘하에서 실무를 담당하던 향리로서, 이전에는 읍사에서 兵正·倉正 등에 해당하는 자들이 맡았다. 그런데 太祖 卽位年의 鄕吏 公服에서는 호장이 이들 기관과 동일한 복색과 동일한 帶를 하도록 되었다. 記官의 綠衫은 '窄袖'로 무관복에 해당한다는 점이 달랐을 뿐이다. 호장의 지위가 하락하여 기관과의 차별성이 약해졌던 것이다. 이는 三班制

참조.

93) 鄕吏의 服飾 중 木笏이 戶長에게만 허용되는 것이어서, 『經國大典』의 '鄕吏'는 戶長을 가리키는 것으로 보아야 한다.

94) 이전에는 縣令·監務가 7품 이하였는데, 고려말 昌王 때에는 승격되어 5, 6품으로 임명하였다. 『高麗史』 권77, 百官志 2, 外職 諸縣, (中) 701쪽 참조.

에서 외관 휘하 기관의 지위가 상승하는 것과도 맥락이 통한다. 즉 외관 휘하의 記官·將校와 함께 三班을 형성한 호장은 이제 지방통치의 대표자가 아니라, 향리 집단이 구성한 邑司의 대표자에 불과했다.

다만 아직은 記官에게는 笏이 불허되어 일정한 차별을 두었지만, 이미 조선초에는 기관에 호장이 충당되었기 때문에 큰 의미는 없었다. 태종대의 자료인 사료 마-(3)에서 그 일단을 볼 수 있다. 향리의 笠制를 禑王 13년에 개정된 衣冠例에 의거하여 詳定했는데 호장과 기관이 동일하게 平頂巾을 사용하게 하였다. 禑王 13년에 개정된 衣冠制에서 平頂巾은 '諸司胥吏 平頂巾 工商同'[95]이라 하여 胥吏나 工商人이 사용하던 것이었다. 그렇다면 호장의 지위가 7~9품에서 서리의 격으로 하락했던 게 아닐까.[96] 따라서 호장이 기관에 충당되는 상황이 일어날 수 있었다. 결국 이듬해 태종 16년 정월에는 향리들이 공무시에 頭巾을 쓰고 평상시에 坎頭를 쓰면 평인과 구별되지 않는다 하여, 이들에게 黑漆方笠을 씌워 신분을 구별하였고 이것이 사료 마-(1)과 같이 조선후기까지 지속되었다. 사료 마-(1)에서 慶尙道 지역의 향리들이 연서로 상소한 것은 바로 이 黑漆方笠을 除해 달라는 것이었다.

太祖 즉위년의 향리 공복에서는 戶長과 諸正이 겸임했던 將校의 복식도 변화되었다. 將校도 記官과 같이 綠衫의 '窄袖'로 武官服인 것은 동일하나, 冠이나 靴에서는 戶長·記官보다 낮은 지위로 되어 있다. 본래 將校는 고려전기에도 次吏層까지 허용되긴 했지만, 가장 상급의 別將은 戶長·副戶長이 맡았다. 또 조선초에도 장교는 호장·기관과 함께 三班을 형성하여 上京肅拜하는 지위에 있었다. 그러나 고려후기 이래 기관의 지위가 상승함에 따라 상대적으로 將校職이 하락하였다.

다음은 조선초 태종대의 기록이긴 하지만, 고려후기 장교의 지위를 짐작

---

95) 『高麗史』 권72, 輿服志, 冠服, 冠服通制, 辛禑 13년 6월, (中) 567쪽.

96) 위의 책, 輿服志, 冠服, 冠服通制, 恭讓王 3년 正月, (中) 567쪽에 "都評議使司 請定平壤府土官冠服 東西班爲頭各一人 紗帽·品帶 其餘五六品 高頂笠·品帶 七品以下 高頂笠·絛兒 知印·主事 平頂巾"이라 하여, 平頂巾은 土官에서도 胥吏格에게 해당하는 것이었다.

할 수 있다.

　　마-(4) 戶長正朝 金敏 : 壬午(1402) 8月 復行.
　　　　　　　　　　　　與詔文金皐·別將金修 東北面赴征 還國肅拜.

　　　(5) 戶長正朝 鄭胥 : 癸未年(1403) 掌印. 與詔文記官金皐·別將金肖
　　　　　　　　　　　　太祖王妃升遐 肅拜
　　　　戶長正朝 金敏 : 丁亥(1407) 7월 復行. 戊子(1408) 6월 與詔文金益
　　　　　　　　　　　·別將金肖 太上王上天 肅拜.
　　　　正朝戶長金漢順 : 父 首戶長鋥, 祖 正朝戶長緖, 曾祖 正朝戶長肖,
　　　　　　　　　　　　外祖 戶長鄭觀97)

　　사료 마-(4)는 太宗 2년에 慶州의 戶長正朝 金敏이 詔文 金皐 및 別將
金修와 함께 東北面 정벌에 참여하였다는 기록이다. 수호장이 詔文·別將
과 함께 중앙 정부의 전투에 참여한 것이다. 그 지위는 저하되었어도 아직
은 호장·조문과 함께 중앙 정부와 일정한 관계를 유지하는 위치였다. 그
렇기 때문에 아주 드문 사례이긴 하지만, 장교 출신이 正朝戶長이 되기도
하였다.

　　사료 마-(5)에서 金肖는 1403년에서 1408년까지 別將이었는데, 그 曾孫
인 正朝戶長 金漢順의 기록에는 正朝戶長으로 나온다. 그 사이의 正朝戶
長 명단에서는 보이지 않기 때문에 실제로 正朝戶長이 되었는지 의심이
되지만, 최소한 그가 戶長이었던 것은 틀림 없다. 아직은 장교의 최고직인
別將은 戶長層에서 담당하였다.

　　하지만『慶州戶長先生案』에서 고려후기 이래 首戶長 명단에서 詔文記
官은 대부분 首戶長까지 이르는 데 비해, 別將이 수호장에 이르는 예는 거
의 보이지 않는다. 이미 고려후기부터 戶長層 내에서 차별되기 시작했던
게 아닌가 생각한다. 고려전기의 州縣軍은 실질적인 지방군을 형성했지만,
고려후기에는 이러한 지방군 체제가 무너져 그 將校職도 별 의미가 없었

────────────────

97)『慶州戶長先生案』, 77~79쪽 및 95쪽.

다.98) 그에 따라 본래 주현군의 장교직이 차리층에게도 개방되어 있었던 만큼, 次吏層에서 무예 있는 자들에게 차츰 넘어갔던 것 같다. 태조 즉위년의 향리 공복에 나타난 차별성은 그러한 상황을 반영한 것이었다. 이러한 추세 속에서 결국 조선후기에는 戶長層이 장교를 맡지 않게 되었다.99)

그러나 고려시대 오랫동안 유지되었던 호장층에 대한 인식이 조선시대에 와서 갑자기 변화하기는 어려웠다. 태조 즉위년의 향리 공복이 최소한 禑王 13년에 개정된 관복제를 기준으로 정해졌음에도, 이후 정부조차 이를 지키지 않았던 것으로 보인다.

> 마-(6) 戶長正朝 金衡 : 戊辰(禑王 14) 5月日 爲頭戶長受職. 同年 8月日
> (昌 1) 肅拜 賜紅鞓
> 戶長正朝 李宣 : 壬申(태조 즉위년) 7月 初7日掌印. 高麗改朝鮮國
> 王李代 肅拜 賜紅鞓100)
>
> (7) (恭愍王 21년 11월) 敎 象笏・紅鞓・皂鞓・絹羅朝服 皆非本國之
> 産 今後侍臣外 東西班五品以下 用木笏・角帶・紬紵朝服101)

사료 마-(6)은 중앙 정부가 昌王 원년과 조선 太祖 즉위년에 肅拜한 경주의 수호장에게 紅鞓을 하사했다는 기록이다. 이 홍정은 사료 마-(7)에 의하면 恭愍王 21년에 東西班 5品 이하에게는 금지된 것이었다. 이전의 기준에 따르더라도 <표 3-1>에서 보았듯이 仁宗代의 『高麗圖經』에서는

---

98) 權寧國, 「武臣執權期 地方軍制의 變化」, 『國史館論叢』 31, 1992 및 「원간섭기 고려군제의 변화」, 『14세기 고려의 정치와 사회』, 민음사, 1994에서 고려전기의 軍制가 武臣執權期까지는 기본 골격이 유지되나, 원 간섭기에 고려 정권의 독자성 상실과 함께 軍制도 거의 무너졌다고 이해하였다. 다만 宿衛軍 조직은 유지되었는데, 하층 군사는 제대로 충원되지 못하고 상층 장교직도 군사적 기능보다는 관직의 성격만 남았다고 한다. 이와 관련해서는 閔賢九, 「高麗後期의 軍制」, 『高麗軍制史』, 육군본부, 1983 참조.

99) 조선후기의 자료에는 鄕吏의 東班과 西班 중 戶長層은 西班을 맡지 않는 것으로 나타난다고 한다. 李勛相, 앞의 논문 참조.

100) 『慶州戶長先生案』, 74~76쪽.

101) 『高麗史』 권72, 輿服志, 冠服, 朝服, (中) 565쪽.

紅鞓이 卿監服으로 紫色 또는 緋色의 공복에 해당했으며, 毅宗代에도 홍
정은 문관 4품 이상의 자색복이나 常參 6품 이상의 비색복에 해당하는 것
이었다.

물론 '官이 못 미쳐도 特賜者는 예외'라는 부칙이 붙어 있긴 하지만, 홍
정을 肅拜한 수호장에게 내린 것은 정부가 그들을 특별히 고려초의 호장
과 같이 대우했음을 나타낸다. 비록 창왕 즉위와 조선의 태조 즉위라는 특
수한 상황이긴 하였지만, 정부의 이러한 태도에서 당시 지방통치에서 여전
히 이들 首戶長을 배려하지 않을 수 없었던 상황을 짐작할 수 있다.

따라서 제도적으로는 호장 등 향리직 전반의 지위의 하락이 추진되었지
만, 이를 지방사회에 적용하는 데는 시일이 필요했다. 이 점에서 世宗代의
향리 복식에 대한 지적은 검토해 볼 만하다.

바-(1) (世宗 9년 2월 丁丑) 司諫院上疏曰 …… 芝草紅花 雖本國所産 極
　　　爲稀貴 丹木 則全賴倭客興販 以資國用. 今 上自卿大夫 下至賤隷
　　　好著紫色 因此 紫色之價 一匹所染 又直一匹 …… 非惟奢侈相尙
　　　等威無辨 物價騰湧 亦爲可慮. 自今 其紫染 則進上衣襨 及闕內所
　　　用外 一皆痛禁. 紅染衣裏 則文武各品及士大夫子弟外 各司吏典·
　　　外方鄕吏·工商·賤隷 亦令禁著. 限以年月 永斷奢華 以辨等威.
　　　上命 紫色 來庚戌年爲始 禁之.102)

　　(2) (世宗 20년 4월 甲寅) 議政府 據禮曹呈 啓外方各官鄕吏 公服 有
　　　特賜犀帶者 竝皆還收 改賜玳瑁·黑革帶 又有戶長僭用玉環者 竝
　　　皆禁斷. 從之. 高麗舊制 外方鄕吏 比朝官文武班 戶長有大相·中
　　　尹·左尹之號 記官有兵正·獄正之號 都軍有都領·別正·校尉之
　　　號. 故都軍 至今稱爲將校. 由是 大官鄕吏 例用犀帶·象笏·玉瓔
　　　·玉環 至本朝 皆禁之.103)

　　(3) (忠烈王 元年 7월) 定朝官服章. 宰樞以上玉帶 六品以上犀帶 七品
　　　以下黑帶104)

---

102) 『世宗實錄』 권35, 3책 62쪽.
103) 『世宗實錄』 권81, 4책 139쪽.

(恭愍王 21년 11월) 教 象笏・紅鞓・皂鞓・綃羅朝服 皆非本國之産 今後侍臣外 東西班五品以下 用木笏・角帶・紬紵朝服[105]

사료 바-(1)은 세종 9년에 사간원에서 상소한 것인데, 당시 卿大夫로부터 賤隷에 이르기까지 자색을 입기를 좋아하여 자색의 값이 폭등함을 지적하면서 등차의 분변과 물가를 위해 紫染은 進上하는 衣襨와 闕內의 소용되는 외에는 일체 금하고 紅染은 문무 각 품관과 사대부의 자제 외에 각 官司 吏典・外方鄕吏・工商・賤隷들이 입는 것을 금하자는 것이다. 禑王 13년의 복제에 의거하여 태조 즉위년에 이미 관료의 최고 관품은 紅袍로 바뀌었음에도, 여전히 紫染과 紅染을 신분을 막론하고 사용하고 있었던 모양이다. 이에 대하여 자염은 일체 금하고 홍염은 품관과 사대부 자제, 즉 최소한 관인층까지만 허용하자는 것이다.

이 때 홍염 사용의 금지 대상으로 外方鄕吏도 거론되었다. 紫染과 紅染은 비용이 많이 들었는데, 여전히 경제력 있는 外方鄕吏들이 사용하고 있었고 이제 그것을 적극 금하자는 것이다. 紫染은 본래 호장의 공복에 사용했지만, 이제 紅染과 함께 아예 사용이 금지되었다. 사치의 禁斷을 명목으로 내세웠으나, 보다 근본적인 이유는 等差의 분변이었을 것이다. 더욱이 홍염은 사대부의 자제까지 허용되어, 外方鄕吏가 확연히 차별되었음을 알 수 있다. 하지만 당장에 시행하는 것은 여전히 어려웠는지 3년 뒤인 庚戌年, 즉 세종 12년(1430)부터 금하도록 명했다.[106] 이같이 士族과 향리의 신분을 차별하려는 복제 규정은, 장차 향리를 지배구조에서 사족과 구별되는 중인으로 정착시키는 법제적 조처의 일단이었다.

世宗 20년에는 사료 바-(2)와 같이 고려의 호장에게 허용되었던 장신구

---

104) 『高麗史』 권72, 輿服志, 冠服, 冠服通制.
105) 『高麗史』 권72, 輿服志, 冠服, 朝服, (中) 565쪽.
106) 『世宗實錄』 권112, 世宗 28년 5월 壬辰, 4책 676쪽에 議政府가 服色詳定條件을 아뢰자 集賢殿으로 하여금 의논하게 했는데, 내단목에 小紅 물들인 것도 流品朝士와 衣冠子弟 외에는 쓰지 못하게 하자면서 다만 당시에 흉년이므로 이미 만들어진 물건을 졸지에 고치기 어려우니 두어 달로 기한해 금하자고 하였다. 世宗 28년까지도 紅染의 금지가 어려웠음을 알 수 있다.

도 금지되고, 기왕에 特賜했던 犀帶도 환수하고 黑革帶로 바꾸어 내리자는 것이다. 사료 바-(2)의 기록을 보면, 고려의 향리는 중앙의 大官과 마찬가지로 犀帶·象笏·玉瓔·玉環 등을 사용했고, 조선시대에도 일부 지역에서는 여전히 지속되었던 것 같다. 여기서 犀帶·象笏을 갖는 향리란 중앙의 5, 6품 이상에 해당하는 호장을 가리킨다.

사료 바-(3)에 보이듯이 이미 忠烈王代부터 중앙의 6품 이상만이 犀帶를 착용하도록 했으며, 恭愍王代에는 5품 이하에 象笏을 금지하고 있는데도 각 郡縣의 戶長은 계속 犀帶·象笏을 사용했던 모양이다. 이는 高麗後期에도 지방사회에 대한 통제가 제대로 이루어지지 않았다는 반증이기도 하다. 그렇기 때문에 조선 정부는 건국 직후 변화된 향리 복제를 재확인했던 게 아닌가 생각한다. 적어도 戶長이 중앙 고관들과 같은 복식을 하지 못하도록 한 것이다. 사료 바-(3)의 고려후기 기준으로 보면 흑혁대는 중앙의 7품 이하에 해당되며, 목홀은 중앙의 5품 이하에 해당된다.

그러나 犀帶·象笏은 세종 20년까지도 문제가 되는데, 특히 금지된 犀帶는 중앙에서 特賜한 것이었다고 한다. 여전히 호장은 중앙 정부가 회유해야 할 대상이었고, 따라서 이 服制가 자리잡는 데는 꽤 시일이 걸렸던 것 같다. 그만큼 호장층의 오랜 관행을 바꾸기는 매우 어려웠음을 알 수 있다. 태종·세종대의 지속적인 규제와 호장층의 저항 속에서 결국 향리는 중앙의 서리보다는 상위에 위치하게 된다.

조선초 내내 명분상으로는 士大夫와 확연히 차별되는 등 戶長層이 하락했지만 호장에 대해서는 약간의 배려를 하지 않을 수 없었던 것 같다. <표 4-2>는 『經國大典』에 나타난 전체 관료의 공복제인데, 고려시대와는 달리 향리가 포함되어 있다. 향리도 별도의 체계가 아닌 전체 관료사회의 편제에 속했다. 여기서 향리란 木笏이 허용되는 존재이므로 당연히 호장을 의미하는데, 호장은 최소한 중앙 관직체계의 말단으로 대우했음을 알 수 있다.

호장의 공복 중 冠은 幞頭로서 중앙의 관품자에게만 허용되는 것이었으며, 綠袍에 黑角帶·木笏 등 모두 중앙의 7~9품에 해당하는 服飾이 허용

되었다. 호장은 관품이 없음에도 중앙의 錄事・諸學生徒・胥吏와는 구별
되었다. 아직은 지방사회를 운영하는 데 호장의 협조가 필요했기 때문이
다. 이러한 服飾이 크게 변하지 않고 조선후기 『掾曹龜鑑』에 이르렀다.

<표 4-3>의 『掾曹龜鑑』에는 당시 모든 鄕吏에게 幞頭와 綠袍, 黑角帶

<표 4-2> 『經國大典』의 公服制[107]

	冠	服	帶	笏
1품	公服 幞頭	公服 紅袍	公服・常服 犀	公服 牙
2품	公服 幞頭	公服 紅袍	公服 荔枝金	公服 牙
3품	公服 幞頭	公服 正紅袍, 從靑袍	公服 正荔枝金, 從黑角	公服 牙
4품	公服 幞頭	公服 靑袍	公服 黑角	公服 牙
5・6품	公服 幞頭	公服 靑袍	公服 黑角	公服 木
7・8・9품	公服 幞頭	公服 綠袍	公服 黑角	公服 木
錄事	有角平頂巾	團領	條兒	
諸學生徒	緇布巾	團領	條兒	
胥吏	無角平頂巾	團領	條兒	
鄕吏	公服 幞頭 常服 黑竹方笠	公服 綠袍 常服 直領	公服 黑角 常服 條兒	公服 木
別監	紫巾 常服 朱黃草笠	公服 綠袍 常服 直領	條兒	
闕內各差備	靑巾	直領	條兒	
引路	紫巾	靑團領	紫襴	
羅將	皂巾	靑半臂衣	條兒	
皂隷	皂巾	靑團領	條兒	

<표 4-3> 『掾曹龜鑑』의 鄕吏 公服[108]

	原書吏	鄕吏
冠	無角平頂巾	公服幞頭 常服黑竹方笠
服	團領	公服祿袍 常服直領
帶	條兒(原綠事・諸學生徒・書吏)	公服黑角 常服條兒
笏		公服木(原鄕吏)
靴鞋		公服黑皮靴 常服皮鞋(原鄕吏)

---

107) 『經國大典』 권3, 禮典, 儀章, 아세아문화사, 1983년 영인본, 223~240쪽.
108) 『掾曹龜鑑』 권1, 李震興 識, 經國典, 補吏

가 허용되었고 原鄕吏는 木笏과 黑皮靴·皮鞋가 추가되었을 뿐이다. 조선
시대에는 향리직에 필요에 따라 일반 백성, 심지어 官奴까지 충당했기 때
문에 대대로 향리직을 이어온 戶長은 原鄕吏라 불렀다. 따라서 호장은 전
체 관료 체계에서 형식적으로는 지위가 보장되었으나, 실제로는 다른 향리
와 크게 다르지 않았다.

이상에서 고려후기 호장층 변동의 지표가 되는 호장층의 지위 변화를
살펴보았다. 호장층 지위의 변화는 『世宗實錄地理志』 姓氏條의 '土姓'에
나타나는 호장층을 비롯한 토착세력에 대한 인식의 변화, 그리고 그러한
변화가 반영된 향리제와 향리 공복의 변화에 잘 나타나 있다. 이는 이후
전개되는 호장층의 이주와 유망, 在地閑散化와 몰락 등 호장층 변동의 배
경이기도 하다.

고려사회에서 호장층은 중앙 정부의 차별적인 법제를 통해 관직에 나아
갈 수 있는 각종 특혜를 누렸으며, 이로써 기반을 더욱 공고히 할 수 있었
다. 또 그만큼 토착세력 내부의 차등도 심화되었다.

이러한 토착세력의 차등화는 국가가 유력한 성씨를 파악하는 데서도 드
러나, 13세기 '古籍'에서 土姓으로 통합되기 이전에 각 군현의 토착세력은
人吏姓과 次吏姓·百姓姓 등으로 구별되었다. 『世宗實錄地理志』는 13세
기경에 작성된 '古籍'을 기본자료로 했는데, 土姓은 바로 '古籍'에서부터
정리된 것이다. '古籍' 이전에는 토착세력이 인리성과 차리성으로 나뉘었
는데, 인리성과 차리성은 당시 지방 토착세력의 각 계층을 반영한다. 중앙
정부는 특혜의 대상인 戶長層을 별도로 파악할 필요가 있어 이들을 인리
성으로 정리했던 것이다. 그러나 戶長層에서 많은 중앙 관직자가 배출되
고 그들이 중앙에 世居함에 따라 점차 지방사회와 분리되어 중앙의 관인
층을 형성했는데, 土姓은 그러한 중앙 관인층의 입장에서 정리된 것이었
다.

이러한 '土姓'이라는 관점에서는 토착세력 내부의 차별이 별 의미가 없
었다. 그 이면에는 고려초부터 차별적으로 배려했던 戶長層에 대한 중앙
정부의 인식의 변화가 있었다. 그리하여 13세기경이면 戶長層에 대한 특

혜가 점차 소멸되고 '鄕吏'의 직역을 담당하는 자들로서만 인식되기에 이르렀다.

고려후기 호장층의 지위 변화는 향리직제와 향리 공복에서 더욱 분명히 드러난다. 성종대 이후 각 군현에서는 호장 중심의 邑司體制로서 읍사의 관리인 鄕吏制를 매개로 지방통치가 이루어졌고, 그 가운데서도 호장의 통치권이 일정하게 보장되어 있었다. 그러나 外官 파견이 지속적으로 이루어지면서 外官과 邑司의 이중적인 통치체제로 바뀌었고, 읍사의 통치권도 제한될 수밖에 없었다.

이제 읍사는 외관의 감독 아래 맡겨진 일을 해야 했다. 읍사의 책임 중 가장 핵심이 되는 것은 조세수취였고, 그 일을 맡은 호장을 司戶라 했다. 호장이라는 호칭이 지방사회의 통치권자로서 사용되었다면, 司戶는 읍사에서 일을 맡은 자로서 사용되었다. 읍사의 역할이 축소되면서 읍사에서 실무를 맡는 향리 직급도 상향 조정되었다. 正級에서 담당했던 실무를 차츰 호장이 담당하게 되었다. 외관 휘하의 記官·將校와 함께 三班을 형성한 호장은 지방통치의 대표자가 아니라, 토착세력이 구성한 읍사의 대표자에 불과했다.

외관의 통치권이 강화되는 가운데 그 휘하 記官의 역할과 지위도 변화했다. 고려후기에는 외관의 公所에서 행정 실무를 책임지고 기관을 총괄하는 詔文記官이 등장했고, 기관의 역할도 분담되어 조선초에는 六房制로 발전했다. 아울러 기관에 임명되는 향리의 직급이 正級에서 戶長級으로 상승되었다. 외관의 강화와 함께 道制도 많이 보완되어, 道營의 營吏도 변화했다. 영리는 호장층에서 差定되었으며, 고려후기에는 대개 영리를 거쳐 조문·수호장에 이르렀다. 조선초까지는 營吏보다 외관의 詔文이 상위이며, 詔文보다 首戶長이 상위였다. 그러나 15세기경에는 영리가 수호장보다 우선되는 상황이 나타난다. 邑司의 대표인 수호장의 지위가 점차 하락하는 가운데 지방사회에서 호장층의 지위도 하락했다.

지방통치구조의 변화 속에 호장층의 지위도 변화했고, 이는 향리 공복에 반영되었다. 고려초의 공복은 중앙의 관리와 향리의 구별 없이 통용되었는데, 현종 9년에 중앙과 별도로 향리 공복이 마련되었다. 호장은 여전히 중앙 최고의 관품과 같은 복색이었지만, 별도로 제정한 것은 읍사의 호장과 중앙의 관인층을 구별하려는 정부의 의도를 시사해준다. 이후 三班制下에서 邑司의 역할이 축소되면서 호장의 지위도 낮아졌고, 이러한 고려후기의 변화가 고려말 공복에 반영되어 호장의 복색이 가장 하급관리인 7~9품에 해당하게 되었다. 결국 조선초기 관복을 재정비할 때 향리의 관복은 流品朝士 및 衣冠子弟와는 확연히 구별되는 위치로 강등되었다.

중앙 관인층에 비해 상대적으로 지위가 저하됨과 아울러, 고려후기 내외적인 변동 속에서 戶長層에서도 이에 대응하는 흐름이 형성되었다. 고려후기에는 이전에 비해 戶長層의 주거 이동과 신분 분화가 두드러지게 나타났다.

제4장 戶長層의 주거 이동과 지방사회의 변화

고려사회에서 호장층은 각 郡縣의 토착세력으로 지방사회에서 실질적인 지배력이 있었고, 이를 邑司라는 지방통치기구를 통해 공적으로 인정받았다. 정부는 邑司의 향리직을 매개로 호장층에게 특혜를 보장했으며, 이로써 호장층은 그 지위를 유지할 수 있었다. 그러나 고려후기에는 호장층에서 상당수가 이미 관직으로 진출하여 士族을 이루었고, 지속된 外官의 파견과 함께 읍사의 역할과 지위도 낮아졌다. 그에 따라 호장층이 지니는 토착세력으로서의 성격도 변질되었다.

그러한 변화 중의 하나가 고려후기 이래 호장층이 토착기반을 떠나 다른 지역으로 그 주거를 이동하는 현상이었다. 가장 유력한 토착세력이었던 호장층이 대대적으로 이동하자, 당시 이들이 장악했던 지방사회도 변화하게 되었다. 지방사회의 변화는 이후 지방통치체제에도 영향을 끼쳤다.

戶長層의 주거 이동은 크게 두 가지 양상으로 나타난다. 하나는 자의적으로 이주하는 경우이고, 다른 하나는 세력기반을 잃고 流亡하는 경우이다.

호장층의 자의적인 이주는 향리의 신분을 유지한 채 이주하여 이주지에서도 유력한 세력으로 자리잡는 경우와, 鄕吏職에서 벗어나 이주하는 경우로 나누어진다. 전자는 후에 『世宗實錄地理志』에서 鄕吏 續姓으로 파악되는 부류이고, 후자는 일단 散職을 통해 免鄕한 후 개별적으로 이주하다 보니 이주지에서는 세력화하지 못하여 續姓으로 파악되지는 않는다.

반면 고려후기에는 戶長層에서 자신들의 토착기반을 잃어 몰락한 자들도 다수 발생했다. 이 중 일부는 토착기반을 떠나 流移했고, 조선초 『世宗

實錄地理志』에서는 각 군현에서 몰락, 유망한 戶長層을 亡姓으로 처리했
다. 고려후기에는 특정 지역을 중심으로 戶長層의 유망이 집중적으로 나
타나므로, 지역별 망성의 분포를 통해 戶長層의 동향을 짐작할 수 있다.
  이 시기 戶長層의 이주 및 유망의 양상과 원인을 살펴봄으로써, 그러한
현상이 당대에 갖는 역사적 의미와 이후에 끼친 영향을 고찰하고자 한다.

1. 호장층의 이주

1) 호장층의 이주와 『世宗實錄地理志』의 續姓

  조선초 『世宗實錄地理志』의 姓氏條에서 續姓은 '今 鄕吏・鄕役・長役'
등의 註記와 함께 所來處가 밝혀져 있어, 향리의 이주와 연관됨을 짐작할
수 있다. 『世宗實錄地理志』 편찬자는 속성을 다음과 같이 설명하였다.

  古籍所無 今據本道關續錄 後凡言續姓者 倣此[1]

  당시 중앙에서는 各道에서 올린 '關'과 고려후기 자료인 '古籍'을 비교해
姓氏條를 작성했는데, 續姓이란 고려후기 '古籍'에서는 파악되지 않았다가
세종대에 道關에 근거해 續錄한 것이었다. 續姓도 所來處가 있는 '來姓'인
데,[2] 이주성인 내성과 속성을 구별한 것은 시기의 차이가 있었기 때문이
다. 내성은 '古籍'에 올라 있는 이주성이었고, 속성은 조선초 道關에서야
이주성으로 인정된 것이다. 所自來處의 군현명을 보면 고려전기에 이주해
온 듯한 성씨도 있지만, 이주지에서 유력한 성씨집단으로 인정받을 정도로
토착화한 것은 고려후기 '고적'이 작성된 이후였고, 그 때서야 비로소 이주
지를 鄕貫으로 인정받은 것 같다.[3]

---

  1) 『世宗實錄地理志』, 京畿道 楊根郡 迷原庄, 309쪽 (아세아문화사, 1983년 영인본
    인용).
  2) 이는 『新增東國輿地勝覽』에서 '來姓'과 혼용되고 있는 것에서도 잘 드러나는 바
    이다.

　續姓은 새로이 續錄된 것 외에는 기존의 姓種과 다른 점이 없었기 때문
에 별다른 설명이 없다. 따라서 續姓도 土姓과 마찬가지로 鄕吏나 士族의
구별 없이 지배계급을 총망라했고, 그 중에서 鄕役을 맡은 자들은 특별히
'鄕吏'라는 細註를 단 것으로 보인다.

　所來處가 분명하고 이주지에서도 유력한 성씨집단으로 인정받을 수 있
는 향리는 대개의 경우 소래처에서도 戶長層이었을 가능성이 높다. 이 점
은 이들의 이주가 유망과 달리 정부의 허가 아래 이루어졌고,4) 정부도 이
들을 파악하고 있었다는 사실에서 더욱 분명해진다. 속성은 고려후기 이래
戶長層의 이주와 그 성격을 파악할 수 있는 좋은 자료이다.

　당시 續姓에는 이들이 이주지에서 맡은 향리직이 호장이었음을 시사해
주는 기록이 간혹 보인다. 다음은 慶州府와 密陽都護府의 속성에 대한 세
주이다.

　　가-(1) 慶州府5) : 本府　土姓 6, 天降姓 3, 續姓 1(時爲鄕吏)
　　　　　　　　　安康縣- 土姓 5, 續姓 3(皆爲鄕吏)
　　　　　　　　　杞溪縣- 土姓 4, 續姓 1(今爲鄕吏)
　　　　　　　　　慈仁縣- 土姓 4, 續姓 2(皆爲鄕吏)
　　　　　　　　　北安谷部曲- 土姓 3, 續姓 2(皆爲長役)
　　　　　　　　　竹長部曲- 續姓 4(皆爲長役)
　　　　　　　　　省法伊部曲- 續姓 2(皆爲長役)

　　　(2) 密陽都護府6) : ……豊角姓 1, 亡姓 4, 續姓 1(今爲鄕吏)
　　　　　　　　　豆也保部曲 …… 續姓 1(今爲長役)

　3) 朴恩卿,「高麗後期 鄕吏層의 變動」,『震檀學報』64, 1987. ;『高麗時代 鄕村社會
　　研究』, 1996, 200쪽에서는 몇몇 사례를 들어 續姓이 忠烈王代 이전에 성립된 것으
　　로 보았으나, 이를 다른 사례에 모두 적용시키는 것은 무리이다. 이주는 일찍부터
　　있었어도 이주지에서 유력한 토착세력으로 자리잡은 것은 13세기 '古籍' 이후로
　　보아야 한다.
　4) 朴恩卿, 위의 논문, 1987, 202~205쪽.
　5)『世宗實錄地理志』, 慶尙道 慶州府, 396~398쪽.
　6) 위의 책, 慶尙道 密陽都護府, 400~401쪽.

今音勿部曲 …… 續姓 2(今爲長役)

사료 가-(1)에서 慶州府의 續姓은 모두 향리를 맡고 있는데, 그 표현이 '鄕吏'와 '長役'으로 나타난다. 그런데 '鄕吏'로 표기된 곳은 모두 屬縣 이상이고, '長役'으로 표기된 곳은 部曲이었다. 이 점은 사료 가-(2)의 密陽 都護府 역시 마찬가지이다. 屬縣인 豊角縣의 續姓은 '鄕吏'로 되어 있는 데 비해, 두 부곡의 속성은 '長役'으로 표기되었다. 여기서 고려시대 향리의 칭호를 잠시 살펴볼 필요가 있다.

가-(3) (顯宗 13년 4월) 崔士威奏 鄕吏稱號混雜 自今諸州府郡縣吏 仍稱 戶長 鄕部曲津驛吏 只稱長. 從之.[7]

현종대는 향리제가 정비되던 시기였는데, 아직도 향리의 칭호가 혼잡하다는 지적을 하고 있다. 混雜한 칭호를 諸州府郡縣吏는 '戶長'으로, 鄕部曲津驛吏는 '長'으로 하자는 것으로 보아 문제가 되었던 鄕吏 칭호는 戶長級의 鄕吏였음을 알 수 있다. 이러한 건의를 한 崔士威의 의견이 받아들여졌다고 하므로, 諸州·府·郡·縣吏는 호장으로 불리고 鄕·部曲·津·驛吏는 長으로 불렸을 것이다. 사료 가-(1)과 (2)에서 慶州府와 密陽都護府의 部曲의 續姓을 '鄕吏'와 구별하여 '長役'으로 표기한 것은 이와 관련된 게 아닐까. 그렇다면 이 때의 향·부곡·진·역리는 단순한 향리가 아니라 바로 일반 군현의 호장에 해당하고, 제주·부·군·현리 역시 호장으로 볼 수 있다.

토착세력의 다수가 토착기반을 떠나 다른 거주지로 이주하였는데, 그 중 향리 속성으로 오른 자들은 이주지에서 호장을 맡은 자들로 추정된다. 이주한 지역에서 새로운 토착세력으로 자리잡고 호장을 맡았던 자들이라면, 이주 이전에도 호장층이었던 것으로 보인다. 조선초『世宗實錄地理志』의 續姓으로 오른 자들은 이주지에서 토착세력화한 士族과 戶長層이었는데,

---

7)『高麗史』권75, 選擧志 3, 鄕職, (中) 653쪽.

호장층은 이주지에서 다시 호장을 맡았고 그것이『世宗實錄地理志』에 '鄕
吏 續姓'으로 올랐다.

고려사회가 진전되면서 호장층에서도 향리직을 하지 못하는 자들이 다
수 발생하였고, 이들은 사족과 마찬가지로 거주지 이동에 별다른 제한이
없었다. 13세기 '古籍' 이전에도 이러한 상황은 간혹 있었으나, 이주지에서
이들을 굳이 향리로 差定할 필요는 없었다. 그러나 고려후기에는 향리직이
하나의 역으로 인식되면서 이주해온 無役의 호장층도 향리직에 차정했던
게 아닌가 생각한다. 여기에는 당시 향리직 이탈자가 급속히 증가했던 상
황도 작용했을 것이다.『世宗實錄地理志』姓氏條의 향리 속성은 그렇게
해서 정리된 것이다.

그러나 이주한 호장층이 모두 향리로 된 것은 아니었다.

가-(4) 臨津縣 : ……續姓 1 宗(今爲人吏者多)[8]
　　　　 連山縣 : 平川驛 …… 續姓 1 黃(有吏立役)[9]

　　(5) 庇仁縣 : ……續姓 1 方(累代鄕役)[10]

사료 가-(4)와 사료 가-(5)는 續姓에 대한 설명을 부기한 것이다. 京畿
道 臨津縣의 宗氏는 '지금 人吏인 자가 많다'고 하므로 일부는 향리가 아
닌 자들이 있었다는 것이고, 忠淸道 連山縣 平川驛의 黃氏도 '吏가 있어
立役한다'고 하므로 그 중에서는 立役하지 않는 자가 있었음을 말한다. 이
주한 戶長層이 모두 人吏로 鄕役을 한 것은 아니었지만, 그 집안에서 인리
를 하는 자가 있을 경우 일단 '鄕吏'로 부기되었다. 이주한 戶長層이 이주
지에서 향리를 맡은 것은 지리지가 작성된 세종대의 일은 아니었다. 姓氏
조사 당시에 현재 시점이 중시되어 '今'이라는 표기가 자주 등장하긴 하나,
사료 가-(5)에는 이미 누대에 걸쳐 향역을 한 성씨도 있었다.

---

8)『世宗實錄地理志』, 京畿道, 317쪽.
9) 위의 책, 忠淸道, 374쪽.
10) 위의 책, 忠淸道, 372쪽.

戶長層의 이주는 고려전기보다 후기에 더욱 활발히 이루어졌다. 다음
<표 5-1>은『世宗實錄地理志』姓氏條에 나타난 續姓의 현황이다.

<표 5-1> 各道 續姓과 鄕吏姓의 數

	慶尙道	全羅道	忠淸道	江原道	黃海道	京畿道	합계
亡姓	17	72	120	91	83	159	542
來姓	128	38	36	20	51	40	313
續姓	142	98	78	90	47	32	487
(鄕吏)	(99)	(65)	(11)	(57)	(31)	(2)	(265)
鄕吏姓 比率	69.7 %	66.3 %	14.1 %	63.3 %	65.9 %	16.2 %	54.4 %

續姓은 고려후기의 이주성이고, 내성은 고려전기의 이주성이었다. <표
5-1>에서 來姓의 전체 수는 313개, 續姓의 전체 수는 487개이고, 各道의
續姓과 來姓의 수를 비교해 보아도 대체로 내성보다 속성이 훨씬 많다. 경
상도는 속성이 내성보다 약간 더 많고, 전라도·충청도·강원도는 속성이
내성보다 월등히 많으며, 다만 황해도·경기도는 속성이 내성보다 약간 적
다. 현재 남아 있는 고려시대 기록에서 향리나 호장의 성씨 중 내성 출신
은 거의 없는 것으로 보아,[11] 그나마 내성은 土族 또는 無役의 戶長層이
중심이 되었을 것으로 보인다. 또한 전체적으로 來姓보다 續姓이 더 많고
그 중 약 55%가 鄕吏姓이라고 하므로, 고려후기에 와서야 戶長層의 이주
가 활발히 이루어졌던 게 아닌가 생각한다.

고려후기에는 이주 경향도 이전과 달랐다. 경기도와 황해도는 다른 지역
에 비해 來姓이 비교적 많은 편인데 續姓은 매우 적어서, 고려후기에는 수
도 인근인 경기도와 황해도에 이주하는 자들이 매우 적었음을 알 수 있다.
황해도는 고려시대 西海道였던 지역에 속성이 34개가 집중되어 있고, 고려
시대 경기 지역은 13개에 불과하다. 고려전기에는 다른 지역보다 경기도와
황해도에 이주하는 자들이 비교적 많았는데, 후기에 이주자가 줄어든 것은
이 지역의 亡姓率이 높은 것과 연관되지 않을까 생각한다.[12] 亡姓이 戶長

---

11) 李樹健,「土姓의 分化」,『韓國中世社會史硏究』, 1984, 100쪽 참조. 조선시대 향리
에는 來姓 출신이 몇몇 있었다고 한다.

層과 연관된 성씨임을 감안한다면,[13] 亡姓率이 높은 지역은 戶長層에게 좋은 여건이 아니었을 것이고, 그러한 지역에 이주자가 적은 것은 당연한 현상이었다. 이러한 현상은 각 지방에서 보편적으로 나타난다.

<표 5-1>에서 續姓과 亡姓의 수를 비교해보면, 경상도는 속성이 가장 많으면서 망성은 거의 없다. 전라도 역시 망성은 적은 편이고 속성이 많다. 강원도는 망성도 많고 續姓도 많은데, 망성이 많은 지역과 續姓이 많은 지역은 구별된다. 즉 망성이 많은 지역에 續姓이 집중된 것은 아니었다. 충청도·황해도·경기도는 망성보다 속성이 적은 편이다. 특히 경기도는 망성이 가장 많은데도 續姓은 별로 보이지 않는다. 망성이 발생함으로 인해 부족한 향리를 보완하려고 했다면, 당연히 망성이 많은 지역에 속성이 집중되어야 했다. 하지만 오히려 망성이 적은 지역에 속성이 집중된 것은 여건이 좋은 곳으로 이주한 결과가 아니었을까.

또한 <표 5-1>에서 續姓이 많은 경상도·전라도·강원도에는 '鄕吏' 주기가 달린 성씨의 비율이 매우 높아, 거의 70%에 가깝다. 이는 고려후기 이래 이주자의 주요 흐름을 이룬 것은 호장층이었음을 의미한다. 그런데 호장층 이주자들은 경기와 가까운 지역은 피했던 것 같다. 충청도는 망성율이 그다지 높은 편이 아니었고 來姓보다 續姓이 많은데도 향리성의 비율은 약 14%이다. 또 경기도는 續姓이 32개로 가장 적었고 향리성도 2개에 불과하다. 황해도는 續姓 수는 적지만 향리성 비율이 65%가 넘는다. 하지만 續姓의 대부분이 고려시대 西海道 지역에 편중되어서, 전체적인 호장층 이주의 경향과 크게 다르지 않다. 고려후기 호장층의 이주는 생활여건이 유리한 곳으로 이동하는 추세였다.

이상에서 고려후기에는 전기와 달리 호장층의 이주가 많았고, 그것이 조선초에 '鄕吏 續姓'으로 정리되었음을 살펴보았다. 기존의 土姓이 사족과 향리 모두를 포함하였듯이 續姓도 사족과 향리 모두를 대상으로 하였지만, 이제 호장층은 '鄕吏'라는 주기를 달아 土族과는 구별하였다.[14] 또 이와 같

---

12) 강은경, 앞의 논문, 1998 참조.
13) 亡姓과 戶長層의 관계에 대해서는 강은경, 위의 논문 참조.
14) 戶長層일지라도 地理志 작성 즈음에는 이미 官人層인 士族과는 身分的인 차별

이 閑役者의 다수가 이주하여 이주지에서도 호장을 맡았다면, 이들 이주 戶長層은 族勢가 상당히 있는 집안이었을 것으로 보인다. 續姓의 대부분이 본래의 거주지에서 土姓이었던 것이나, 이들의 이주지가 인근 군현이었다는 사실은 이러한 추정을 뒷받침해준다.

2) 호장층의 이주 양상과 그 성격

고려후기에 진행된 호장층 이주의 성격을 이해하기 위해, 戶長層의 所來處 및 이주지의 분석을 통해 이주의 경향을 살펴보려 한다. 소래처에서 어떤 종류의 성씨였는지, 또 이주지와의 거리 등을 분석함으로써 어떤 지역의 호장층이 어느 곳으로 이주했는지를 살펴보고, 이로써 호장층 이주의 원인도 추론해보려 한다.

續姓이 집중된 지역은 본래의 거주지에서 멀거나 환경이 열악한 곳이 아니었다. 鄕吏 續姓이 집중되어 있는 경상도·강원도·전라도의 사례에서 이주 경향을 알아보고자 한다.

(1) 안정된 호장층의 인근 지역으로의 확산

續姓이 가장 많이 집중된 곳은 경상도와 강원도이다. 이 지역 續姓의 所來處를 분석해보면, 주로 인근 지역으로 이주한 경향을 보인다. 이러한 경향이 가장 두드러지는 곳이 경상도이다. 다음은 경상도 속성의 소래처를 도별로 분석한 표이다.

<표 5-2> 慶尙道 主縣·屬縣別 續姓의 所來處 分析

所來處	京畿道	江原道	慶尙道	全羅道	忠淸道	미상	계	鄕吏姓(비율%)
主縣	1	9	39	1		21	71	63 (88.7)
屬縣			22	1	1	47	71	36 (50.7)
계	1	9	61	2	1	68	142	99 (69.7)

을 하려는 움직임이 있었던 것으로 보인다. 장차 이들은 '鄕戶'로 파악되어 조선시대 鄕役의 대상자가 된 게 아닐까 생각한다.

위의 표에서 경상도의 속성의 수는 主縣과 屬縣이 동일하게 나타나고, 주현과 속현 모두 같은 경상도 출신이 많은 것이 두드러진다. 그리고 인근의 강원도 출신이 약간 있을 뿐 다른 지역 출신은 거의 없다. 그만큼 戶長層의 이주가 주로 가까운 지역에서 이루어졌음을 나타낸다.

경상도의 속성 중 소래처가 강원도인 경우는 9개인데, 이 중 酒泉縣은 原州의 屬縣이고 寧越과 平昌은 原州의 속현이었으므로 원주의 任內에서 이주해온 것이 5개이다. 나머지도 春川을 제외하면 旌善·三陟·平海 등 강원도 남부의 군현이다. 타 도에서 이주해온 경우라도 주로 인접 지역에서 이주했던 것이다. 이 점은 소래처가 강원도인 속성이 일정 지역에 집중되어 있는 데서 더욱 잘 알 수 있다. 다음은 경상도에서 강원도 출신의 續姓이 많은 군현을 추출한 것이다.

> 나-(1) 基川縣(基州+殷豊縣) : 土姓 7, 續姓 5 金(寧越來, 三陟來) 李(平昌來) 崔(興海來) 裵(星州來. 皆爲鄕吏)
> 開寧縣 : 土姓 5, 來姓 5, 續姓 5 鄭(慶州來, 東萊來) 金(春川來, 淸道來) 尹(本未詳. 皆爲鄕吏)
> 龍宮縣 : 土姓 3, 來姓 1, 續姓 4 曹(鎭海來) 吳(長耆來) 孫(平海來, 皆爲鄕吏)[15]

위의 군현은 그 위치가 모두 경상도 북부에 위치한 강원도·충청도 경계의 산간지대에 있다. 이 지역의 續姓은 소래처에 강원도·경상도 군현이 섞여 있으며, 3개 군현의 土姓이 모두 존속하는데도 續姓이 모두 향리성으로 되었다. 이들은 대체로 소래처에서 戶長層이었고, 그 이주는 정책적이라기보다 자의적으로 인근 군현 사이에서 이루어졌다.

基川縣은 그 지리적 위치가 강원도와 인접해 있어서인지 續姓 5개 중 3개가 강원도에서 이주해온 성씨이며, 다른 2개도 인근 興海와 星州에서 온 성씨였다. 강원도라 해도 寧越·三陟·平昌 등 비교적 남부지방에 있는 군현이므로, 基川縣의 속성은 인근의 군현에서 이주해온 戶長層이라고 할

---

15) 이상은 『世宗實錄地理志』, 慶尙道, 425~440쪽.

수 있다. 이러한 경향은 龍宮縣·開寧縣도 마찬가지이다. 龍宮縣의 續姓 역시 경상도·강원도 출신이 2개씩 섞여 있다. 開寧縣도 續姓 5개 중 1개 는 本을 알 수 없고 3개가 경상도이다. 나머지 1개는 春川에서 온 것이라 하는데, 춘천에서는 다시 경상도 咸昌에서 온 속성으로 되어 있다. 이들은 경상도의 남부지방인 함창에서 강원도 춘천으로 이주하여 정착했는데, 그 중 일부가 다시 경상도 북부에 있는 개녕현에 이주한 것으로 추정된다. '李 太祖戶籍原本'에도 고려후기 사회의 변동 속에서 남부지방의 戶長層이 강 원도로 이주하는 경향이 있었는데, 이들 역시 그러한 추세를 따랐던 것 같 다.16) 사회가 안정되면서 그 중 일부는 다시 경상도로 내려온 게 아닐까.

이와 같이 경상도의 속성은 어느 특정 지역에 집중되지 않고 여러 군현 에 골고루 분포되어 있으며, 먼 지역보다는 인근에서 이주해온 게 많았다. 경상도의 속성은 주로 인근 토착세력의 이주로 이루어졌다.

그 규모는 다르지만 강원도의 속성도 경상도와 비슷한 유형으로 나타난 다. 다음은 강원도 續姓의 소래처를 도별로 분석한 것이다.

<표 5-3> 江原道 主縣·屬縣別 續姓의 所來處 분석

所來處	江原道	慶尙道	忠淸道	京畿道	全羅道	黃海道	미상	계
主縣	26	17	6	4	2	1	18	74
屬縣	6	2					8	16
계	32	19	6	4	2	1	26	90

위의 표에서 강원도의 속성에는 강원도 자체나 가까운 경상도 출신이 압도적으로 많다. 또 조선시대 기준으로 볼 때 강원도의 속성은 속현보다 는 주로 주현에 집중되었으며, 특히 강원도 출신이 전체 續姓에서 1/3이 넘는다.

소래처가 강원도인 경우를 보면, 32개의 사례 중 13개가 원주 및 그 속 현이었던 평창·횡성·주천현 등이고 정선군도 7개나 되며, 나머지는 평해

---

16) '李太祖戶籍原本'에 나타나는 戶長層의 移住 현상은 姜恩景, 「高麗後期 戶長層 의 變動과 '兩班·鄕吏戶籍'의 整理」, 『東方學志』 97, 1997 참조.

·영월·울진 등 경상도에 가까운 남부 지방의 군현이다. 이는 경상도에 이주했던 강원도의 군현들과 일치하는 것이기도 한다.

강원도 내부의 이주는 내륙에 위치한 金城·伊川·春川 등과 해안에 위치한 江陵·杆城 등에 집중되어 있으며 그 비율은 비슷했다. 이 지역은 주로 續姓이 많은 군현으로, 대부분 강원도 내에서 토착세력이 이주해온 것이었다. 춘천의 경우는 속성 8개 중 원주와 그 속현인 주천현, 고려시대 속현이었던 堤川縣 출신이 5개이고 그밖에 인근의 충주목·정선군 출신이 3개, 경상도 함창현 출신이 1개이다. 주로 인근 군현의 토착세력이 이주해 왔음을 알 수 있다.

강원도의 속성의 소래처에서 강원도 다음으로 많은 것은 경상도이다. 경상도에서도 지리적으로 강원도와 인접한 군현이 5개, 동해 부근의 군현이 6개이고 나머지가 경상도 남부지방 출신이다. 지리적으로 교통상으로 강원도로 이주하기 쉬웠던 지역이 다수를 차지한다. 이는 이동 경향에서도 드러난다. 경상도 북부의 군현에서는 강원도 내륙지방으로, 동해 인근의 군현에서는 강원도 해안지방으로 이동하고 있다. 충청도 역시 지리적으로 가깝기 때문에 강원도로 이주하기 쉬웠다. 6개의 사례 중 고려시대 원주의 任內였던 堤川·永春·丹陽 출신이 4개이며, 그 인근 忠州 출신이 1개이다. 모두 강원도에 가까운 군현이었다. 경기도는 강원도에 인접해 있으나 所來處가 경기도인 경우는 4개밖에 안된다. 廣州 任內였던 川寧縣·楊根縣과 忠州 任內였던 陰竹縣 등으로, 그나마 모두 강원도에 가까운 지역이다.

황해도는 속성의 수는 적지만, 경상도·강원도와 마찬가지로 대부분이 道內에서의 이주였다. 황해도에서도 속성이 많은 지역은 고려시대 西海道에 해당하는 지역이었다.

<표 5-4>에서 황해도의 續姓을 고려시대 경기 지역과 서해도 지역을 분리해서 살펴보면 서해도 지역이 월등히 많다. 亡姓은 경기 지역이 1.5배 정도 더 많은데, 속성은 오히려 서해도 지역에 집중되어 있다.

<표 5-5>를 보면 소래처를 알 수 있는 것은 불과 14개뿐이어서 확언하

<표 5-4> 黃海道의 續姓

京畿	西海道	계
13	34	47

<표 5-5> 黃海道 續姓의 所來處別 分類[17]

京畿	慶尙	全羅	忠淸	江原	黃海	미상
1	1	2	1	1	8	25

기 어렵지만, 황해도가 다수인 것을 보아 자체 내의 이주가 보편적인 경향이었던 것 같다. 그것도 海州 2개, 豊川郡과 그 任內가 2개, 長淵縣과 그 任內가 3개여서 대부분 해안에 위치한 군현에서 내륙으로 이주하는 경향이었다.

황해도에서 속성이 많은 지역으로는 黃州牧 4개, 鳳山郡 3개, 安岳郡 4개, 殷栗縣 5개, 松禾縣 4개, 長連縣의 張命鎭 2개·連豊莊 4개 등을 들 수 있다. 黃州牧과 松禾縣·長連縣의 속성은 군현의 병합으로 이루어졌으므로, 자유로운 이주해 의해 형성된 속성은 鳳山郡·安岳郡·殷栗縣의 것을 들 수 있다. 鳳山·安岳은 내륙에 위치해 있다. 殷栗縣은 해안에 있으면서도 망성이 비교적 적어 2개였는데, 속성이 5개나 되며 4개는 그 소래처도 모르는 것 같다. 그럼에도 續姓 5개 모두 향리의 역을 하게 했던 모양이다.

이와 같이 이주해온 토착세력은 流亡한 자들과는 달랐다.[18] 所來處와 姓氏를 확인해보면 잘 알 수 있다. 같은 시기에 발생한 많은 亡姓 중 다른

---

17) 黃州牧의 鐵和 續姓 4개의 경우는 다른 곳에서 이주해온 것이 아니라, 高麗後期 '古籍'에서 파악되지 않았기 때문에 '續姓'이라 칭한 경우에 해당한다. 그러므로 鐵和 續姓은 所來處가 없어 본 표에서 제외하였다. 鐵島人이 출륙하여 黃州 부근에 우거하다가 忠肅王 후7년에 鐵和縣 감무가 설치되었고, 太宗 8년에 直村으로 된 곳이다. 또 松禾縣의 亡海安縣 續姓의 경우도 海安縣이 폐해져 高麗後期 '古籍' 작성기에 土姓이 파악되지 못한 것 같다. 이제 松禾縣에 그 人吏가 부쳐지면서 비로소 성씨가 파악되어 역시 續姓으로 처리된 듯하다. 따라서 이들은 移住姓에 포함시키지 않았다.

18) 朴恩卿, 앞의 논문, 1987. ; 앞의 책, 1996, 202~205쪽.

지역의 續姓으로 나타나는 사례는 거의 없다. 본관에서 '流亡'으로 처리된 토착세력은 이주지에서 세력화할 수 없었고, 안정된 토착세력이 移住해서도 다시 속성으로 자리잡았다.

먼저 <표 5-2>에서 경상도 속성 142개의 소래처를 검토해보면, 미상이 68개이고 경상도 내에서의 이주가 61개로 가장 많다. 그 중 같은 任內였던 군현에서의 이주가 17개인데, 주현에서 속현으로 이주한 사례가 11개이다. 이러한 같은 임내의 이주는 주현의 토착세력이 속현으로 확산해가는 과정으로 볼 수 있다. 경상도가 소래처인 경우 주현에서 主縣으로 이주하는 것이 30개의 사례로 가장 보편적인 경향이었고, 주현에서 屬縣으로 가는 경우는 16개이다. 主縣이 所來處인 경우 巨邑인 金海・慶州・晋州가 13개나 되므로, 巨邑의 土姓이 확산해가는 추세였다. 반면 속현의 토성이 주현으로 이주한 경우는 9개, 속현에서 속현으로 이주한 경우는 5개에 불과하다. 경상도 속성의 특징은 대체로 주현의 토성이 주현과 속현으로 확산해가는 추세였으며, 주현과 속현의 토착세력은 그 족세의 차이가 있었음을 알 수 있다.

이와 같이 거읍의 안정된 토성이 이주해온 경상도의 속성은 두 갈래로 나뉜다. <표 5-2>에서 續姓 142개 중 鄕吏姓이 99개로 약 70%에 이른다. 이주자 중 다수가 戶長層이었고 나머지 30% 정도가 사족이었다. 특히 주현의 속성 71개 중 鄕吏姓이 63개로 거의 90%이며, 속현의 속성 71개 중 鄕吏姓은 36개로 약 50%에 불과하다. 다수의 戶長層은 경상도 내에서도 거의 모두 주현으로 이주하여 다시 향리가 되었고, 소수의 土族은 대부분 속현으로 이주했던 것이다.

강원도의 續姓 역시 안정된 군현의 안정된 토성들이 이주해온 것이다. 강원도의 속성 91개 중 57개가 향리성이므로, 續姓의 상당수가 다시 향리로 자리잡았음을 알 수 있다. 강원도는 이주집단이 좀더 수월하게 기반을 잡을 수 있었고, 그러한 이주집단에는 戶長層이 상당수 있었던 것으로 보인다.

<표 5-3>에서 所來處가 강원도인 32개의 사례 중 대부분이 원주 및 그

속현과 정선군이었고, 그밖의 平海·平昌·寧越·蔚珍 등은 경상도에 이
주한 속성의 소래처에서도 다수 발견된다. 이 군현들은 주로 내륙에 위치
해 있으며, 소래처 32개 중 주현이 29개이고 망성이 별로 없다. 강원도에서
도 주로 내륙에 위치한 안정된 주현들의 토착세력이 다수 이주했던 것이
다.

　또 이주집단은 대부분 소래처에서 토성이었다.19) 이주집단이 거의 모두
續姓으로 올라 있고 향리를 맡은 것을 보아도, 이들이 소래처의 戶長層이
었음을 짐작할 수 있다. 이는 경상도에 이주했던 강원도 군현의 성씨 사례
와 일치하는 것이기도 하다. 이렇게 강원도 남부의 안정된 군현에서 안정
된 戶長層의 일부가 강원도 내부에서 이주했다는 것이 두드러진 특징의
하나이다.

　강원도의 속성에는 인근 충청도에서 이주해온 사례가 6개인데, 그 중 고
려시대 원주의 任內였던 堤川·永春·丹陽과 忠州 역시 모두 亡姓이 없
는 안정된 군현들이었다.20) 경상도에서 이주해온 속성도 소래처에서는 대
부분이 토성이었고,21) 이들 역시 거의 모두 이주해 와서 향리가 되었다. 경
상도 출신의 속성도 이주 이전에는 대부분 주현의 戶長層이었다가, 북방의
강원도로 이주해와 다시 향리로 정착했음을 짐작할 수 있다. 경기도가 소
래처인 경우는 廣州 任內였던 川寧縣·楊根縣과 忠州 任內였던 陰竹縣
등으로, 모두 소래처의 토성 출신이었다.

---

19) 土姓이 아닌 경우는 3개밖에 없다. 金城縣의 續姓 崔氏가 原州의 亡來姓이었으
　며, 鄭氏는 襄陽의 亡姓이었다. 또 杆城郡의 屬縣인 烈山縣의 金氏는 旌善에서
　왔다고 하나 확인되지 않는다. 이미 원거주지에서는 流亡되었거나 확인되지 않는
　성씨가 이주해 와서는 鄕吏姓이 된 것이다. 그러나 이러한 예는 흔하지 않다.
20) 다만 金城縣의 續姓 李氏가 寧州, 즉 天安郡의 毛山部曲 또는 頓義鄕의 亡姓 출
　신으로 예외에 속할 뿐이다. 『世宗實錄地理志』, 忠淸道, 天安郡 姓氏條, 354쪽 참
　조.
21) 다만 몇 가지는 예외에 속한다. 寧越郡의 續姓 金氏는 榮川郡에서 왔다고 하는
　데, 榮川郡의 姓氏條에서는 續姓으로 '寧越來'라고 되어 있다. 金城縣의 續姓 宋
　氏는 '慶州來'라고 되어 있으나, 慶州府의 姓氏條에서는 竹長部曲의 續姓으로 나
　타난다. 伊川縣의 續姓 鄭氏는 玄風에서 왔다고 하나 玄風縣에서는 보이지 않는
　다.

　그런데 강원도는 <표 5-1>에서 보았듯이 경상도와 달리 망성이 많은
곳이었다. 따라서 이 지역 속성은 부족한 향리를 차정한 것으로 이해하기
쉽다. 다음은 강원도에서 속성이 많은 군현을 추출한 것이다. 사료 나-(2)
는 영서의 교주도에서 속성이 많은 군현이고, 사료 나-(3)은 영동의 東界
지방에서 속성이 많은 군현이다.22)

　　나-(2)　淮陽都護府　：亡姓 1, 續姓 4(皆鄕吏)
　　　　　　　　　　　　　5개 屬縣-亡姓 11, 續姓 2(鄕吏 1)
　　　　　　春川都護府　：亡姓 1, 續姓 8
　　　　　　　　　　　　　2개 屬縣-亡姓 8, 續姓 1
　　　　　　金城縣　　　：亡姓 2, 續姓 5(皆鄕吏)
　　　　　　　　　　　　　2개 屬縣-亡姓 7, 續姓 3
　　　　　　伊川縣　　　：亡姓 8, 續姓 11(皆鄕吏)

　　　(3)　江陵大都護府：亡姓 0, 續姓 3 (皆鄕吏)
　　　　　　　　　　　　　2개 屬縣-亡姓 0, 續姓 2(鄕吏 1)
　　　　　　杆城郡　　　：亡姓 3, 續姓 11(皆鄕吏)
　　　　　　　　　　　　　1개 屬縣-亡姓 2, 續姓 5(鄕吏 4)
　　　　　　高城郡　　　：亡次姓 2, 續姓 5(鄕吏 3)
　　　　　　　　　　　　　2개 屬縣-亡姓 0, 續姓 0
　　　　　　通川郡　　　：亡姓 1, 續姓 5(鄕吏 4)
　　　　　　　　　　　　　3개 屬縣-亡姓 2, 續姓 2
　　　　　　平海郡　　　：亡姓 0, 續姓 4

　사료 나-(2)의 交州道는 산간지대가 대부분으로 墾田이 적고, 春川을
제외하면 인구도 희박하였다. 그런데도 속현에는 亡姓이 매우 많고 續姓
이 적은데, 주현에는 망성이 별로 없고 續姓은 상당히 많다. 또 주현의 續

---

22)『世宗實錄地理志』는 조선시대 道名에 의거한 것인데, 다른 地名은 그대로 사용
　해도 전체 흐름을 파악하는 데 무리가 없으나, 江原道 지역은 본래 嶺東과 嶺西
　가 입지조건이 매우 달랐으며 고려시대에도 변동이 많았던 지역이어서 고려시대
　地名을 사용했다.

姓은 춘천을 제외하고 모두 향리성이라고 한다. 다만 伊川縣은 가장 유력한 호장층을 비롯 토착세력이 거의 모두 유망했고, 11개의 속성이 모두 향리로 차정되었다. 열악한 자연지리적인 조건에서는 아무래도 주현의 토착세력이 좀더 지탱하기 유리했으며, 이러한 지역에 다른 이주집단이 쉽게 정착할 수 있었다.

사료 나-(3)에서 東界의 해안지방은 亡姓이 별로 없고 續姓이 많다. 특히 杆城郡·高城郡·通川郡 등 강원도에서도 북방지역에 續姓이 집중되었고, 소래처가 분명한 성씨는 모두 향리로 되었다. 이 지역은 고려후기 이래 남쪽의 流移民이 집중되었는데, 거기에는 戶長層도 예외가 아니었다.

사료 나-(2)와 (3)의 지역은 몇몇 예외를 제외하면 인구가 적은데도 대단히 많은 續姓이 향리로 차정되었다. 杆城郡의 예만 보아도 그 호구가 227戶, 313口밖에 없는데 이주해 온 杆城郡의 續姓 11개가 모두 향리이며, 屬縣인 烈山縣도 속성 5개 중 4개가 향리이다. 續姓에는 戶長層이 다수를 이루는데, 이들은 이주지역의 호구와 관계 없이 이전의 역이었던 향리로 다시 차정되었다. 따라서 속성은 중앙 정부의 향리 조정책으로 이루어진 것이 아님을 알 수 있다.

마지막으로 황해도는 續姓의 수는 적지만 대부분이 향리성이고, 속성 47개 중 향리성이 31개여서 대부분이 향리로 자리잡았음을 알 수 있다. 속성의 소래처를 확인해본 결과, 소래처가 황해도인 경우는 모두 토성이고 속성 출신이 1개였다.[23] 황해도의 續姓도 안정된 戶長層이 주축을 이루었다고 할 수 있다.

이상에서 續姓이 집중되었던 경상도와 강원도·황해도는 같은 道內에서, 또는 他道라도 인근의 군현에서 이주해온 사례가 대부분이었으며, 주로 亡姓이 없는 여건이 유리한 지역에 집중되어 移住地의 鄕吏姓이 되었음을 살펴보았다. 또한 그 소래처를 살펴보면 이들은 거의 모두 안정된 군현의 안정된 토성 출신으로서, 한 성씨가 여러 곳으로 이주하여 이주지에

---

23) 所來處가 강원도·경상도·전라도인 경우는 姓氏條에서 아예 보이지 않는다. 이들은 土姓 출신이 아니었거나, 또는 고려후기 '古籍'이 작성될 당시에 이미 流亡하여 그 지역에서 누락되었을 가능성도 있다.

서 각각 續姓을 이루었던 것으로 나타난다.

이주지에서 鄕吏姓으로 파악될 정도였다면 이들은 본래 유력한 호장층이었고, 인근 몇몇 지역으로 이주했던 것은 이들의 확산 과정이었던 것으로 보인다. 이 지역 호장층의 이주는 족세가 강성한 호장층에서 향리직을 맡지 않아 이주가 자유로운 자들이 집단으로 인근 지역에 이주한 것으로 보인다. 따라서 이들은 이주 지역에서도 유력한 성씨집단을 형성하여 속성으로 파악되었고, 또 향리로서 邑司에 참여할 수 있었다.

(2) 군소 호장층의 이주와 향리의 확보

경상도와 강원도·황해도의 속성은 주로 지역내에서 이주하였지만, 전라도는 이와 다르게 나타난다. 전라도 역시 유력한 호장층이 인근으로 擴散, 이주한 양상도 보이지만, 조선초에는 호장층 이주의 새로운 양상이 나타난다.

다음은 전라도의 續姓의 所來處를 도별로 나누어 분석한 것이다.

<표 5-6> 全羅道 續姓의 主縣·屬縣別 所來處 분석

	全羅道	慶尙道	忠淸道	開城	미상	계	鄕吏姓(比率 %)
主縣	15	11	12	2	25	65	49 (75.3 %)
屬縣	2	2			29	33	16 (48.4 %)
계	17	13	12	2	54	98	65 (66.3 %)

전라도의 續姓은 전라도를 비롯하여 경상도·충청도 등 인근의 三南에서 온 자들이 골고루 섞여 있고, 主縣의 續姓이 65개로 屬縣의 33개보다 훨씬 많은 게 특징이다. 전체 98개 續姓 중 鄕吏姓이 65개로 66.3%여서, 앞의 사례와 마찬가지로 이 지역도 이주자의 다수는 호장층이었고 나머지 30% 정도가 士族이었음을 알 수 있다.

특히 전체 續姓 98개에서 주현의 속성이 65개여서, 이주자 대부분이 주현에 집중되었다. 더욱이 主縣의 續姓 65개 중 鄕吏姓이 49개로 75%에 이르는데, 屬縣의 속성은 33개 중 향리성이 16개로 50%에 미치지 못한다. 다수의 호장층은 전라도에서도 거의 모두 주현으로 이주하여 다시 향리가 되었고, 소수의 士族이 주로 속현에 이주했다. 호장층의 이주는 여건이 보다 유리한 主縣에 집중되었다.

전라도 續姓의 소래처를 분석해보면, <표 5-6>에 보이듯이 가장 많은 사례는 전라도였고, 경상도·충청도 출신은 거의 비슷하여 역시 인근 지역에서의 이주 경향을 띤다. 所來處가 慶尙道인 경우는 주로 慶州·善山·金海·晉州·密陽 등 거의 모두 남부 해안에 위치한 군현으로서, 전라도에 인접하여 이주하기 쉬웠던 巨邑 출신이다. 또 13개 사례 중 주현 출신이 11개이고, 그것도 주로 거읍의 토성이었다. 이들은 이주지에서 모두 향리를 맡고 있어 호장층으로 짐작된다. 경상도 출신의 이주자는 巨邑의 유력한 호장층이 인근 지역으로 확산해간 경향이었다. 所來處가 충청도인 경우는 12개인데, 이들 역시 전라도에 이주해와서 향리를 맡았다. 소래처가 분명한 속성은 대부분 다시 향리를 할 수 있었던 것 같다. 이들 대부분도 소래처의 토성이었다. 전라도의 속성도 인근의 호장층의 이주로 이루어졌음을 알 수 있다.

그러나 屬縣의 續姓은 매우 적고 그 대부분이 所來處를 모르는데도 鄕吏姓으로 되었으며, 소래처가 전라나 충청도인 경우 몇몇 군현에서 집중적으로 이주해온 예가 거의 없다. 이러한 이주 양상은 유력한 호장층이 인근 지역으로 확산하던 양식과는 다른 방향으로, 인근의 다양한 군소 군현의 군소 戶長層이 이주한 것으로 추정된다. 이는 조선초 전라도 지역의 잦은 군현의 병합과 관련되는 듯하다.

소래처가 전라도인 續姓 17개 중 主縣에서 이주해온 사례가 14개이지만, 최소한 고려후기에 主縣이었던 군현은 務安縣·珍原縣·順天都護府·茂珍郡·長興都護府 등 5개에 불과하며 동일한 所來處에서 이주해온 경우는 거의 없다. 이는 몇몇 巨邑의 土姓이 확산되었던 경상도와는 매우 다른 현상이다. 그밖의 소래처 9개는 속현이었다가 고려후기 이후 주현으로 승격되거나 통폐합된 곳이다. 특히 통합된 군현에서 이주해온 사례가 6개나 된다. 邑司가 통합되면서 독립적으로 유지할 수 없게 되자, 그 구성원인 戶長層이 다른 지역으로 이주하였다. 따라서 이들은 군소 군현의 불안정한 戶長層이었다.

전라도의 속성에서 소래처가 경상도인 13개 중 主縣에서 이주해온 사례가 11개인데, 이들은 주로 전라도에서도 통합된 군현으로 이주하는 경향을 보인다. 扶安縣・礪山縣・茂長縣 등에 8개가 집중되어 있어, 통합된 군현의 필요에 따라 이주하여 향리를 맡았던 게 아닌가 생각한다. 所來處가 충청도인 경우는 모두 주현에서 왔는데, 소래처의 성씨조에서 확인되지 않는 사례가 3개이고 續姓・亡姓도 포함되어 있다. 그렇다면 충청도의 작은 군현에서 이미 기반을 잃은 戶長層의 일부가 전라도로 이주해와 다시 향리가 되었던 게 아닐까.

<표 5-1>을 보면 전라도도 亡姓에 비해 續姓이 많은 편이다. 전라도에 속성이 많은 것은 다른 곳보다 군현 개편이 많이 이루어졌기 때문인 것 같다. 전라도는 조선 태종 9년에 속현을 모두 정리했다고 하는데, 여말선초에 속현에서 주현으로 승격한 사례가 9개이고 속현을 병합한 사례가 9개였다. 태종 7년에 茂松縣・長沙縣을 茂長縣으로 병합하였고, 태종 9년에는 泰仁縣・海珍郡・咸平縣이, 太宗 14년에는 茂朱縣・扶安縣이, 태종 17년에는 康津縣이 병합되었다.

屬縣이 통폐합되면 그 邑司를 이루는 戶長層에도 영향을 끼쳤고, 전라도의 속성에는 당시의 이러한 변화가 반영되었다. 전라도에서 속성이 많은 군현에는 이러한 특징이 잘 나타난다. 전라도는 다른 지역과 달리 특정 지역에 속성이 몰려 있는 경우가 매우 드문데, 다음의 몇몇 군현은 속성이 비교적 많다.[24]

나-(4) 礪山縣(礪良縣+郎山縣) : 土姓 4 續姓 5(皆鄕吏)
          郎山縣 : 土姓 5 續姓 2(鄕吏)
   茂長縣(茂松縣+長沙縣) : 茂松姓 2 亡姓 2

---

24) 全州牧은 土姓이 9개, 續姓이 4개인데 '皆爲鄕吏'라고 되어 있으며, 茂珍郡은 土姓이 13개, 續姓이 4개인데 '皆鄕吏'라고 되어 있다. 土姓의 규모에 비하면 續姓이 그다지 많은 편이 아니어서 제외하였다.

長沙姓 4 續姓 12(皆鄕吏)
龍安縣 : 土姓 4 續姓 5(皆鄕吏)
高敞縣 : 土姓 5 續姓 4(皆爲鄕吏)

위의 사례는 모두 속현에서 주현으로 승격한 경우이다. 礪山縣·茂長縣
은 병합되어 主縣이 되었고, 龍安縣·高敞縣은 본래 所·屬縣이었던 곳
이다. 전라도의 續姓은 이러한 군현의 승격 및 병합과 관련되어 있었다.

礪山縣은 全州 任內였던 礪良縣과 郎山縣을 병합한 것이다. 恭讓王 3
년에 두 현에 監務를 겸하게 했고, 조선 정종 2년에 郎山縣을 礪良縣의 속
현으로 삼았다. 礪良縣과 郎山縣에 이주자들이 몰린 것은 그 이후였던 것
으로 보인다. 礪良縣은 경상도에 가까운 지역이었는데, 續姓 5개 중 인근
경상도의 金海, 晉州의 岳陽, 昆南郡에서 온 것이 3개였다. 礪良縣과 屬縣
인 郎山縣의 續姓은 모두 향리라고 하므로, 이주집단은 대체로 소래처에
서 호장층이었을 것이다. 礪山縣에는 경상도의 호장층이 상당수 이주해와
다시 향리로 정착했다. 여기에는 병합하여 주현으로 승격되어 邑司의 여건
이 좋아진 것도 관련되지만, 한편으로는 병합에 따라 향리가 많이 필요한
상황도 작용한 게 아닐까 생각한다.

전라도에서 續姓이 가장 많은 곳은 茂長縣이다. 茂長縣은 본래 靈光의
任內였던 茂松縣과 長沙縣을 태종 7년에 병합한 것이다. 그 중 長沙縣에
續姓이 12개가 있으며, '모두 鄕吏'라고 되어 있다. 여기에는 경상도 출신
이 4개, 전라도 출신이 3개, 충청도 출신이 4개로서 3개 도 출신이 골고루
섞여 있다. 長沙縣은 고려말 왜구가 설쳐 백성이 흩어져 온통 비었다가,[25]
태종 7년에 茂松縣과 합하여 鎭을 설치하고 兵馬使 兼 縣事를 삼았으며,
세종 5년에 僉節制使로 삼은 곳이다. 특히 所來處 중 태종 9년에 병합된
全羅道內의 泰仁縣과 海珍郡이 보이고 있어, 이들의 이주가 최근에 이루
어졌음을 짐작할 수 있다. 또 5개 姓은 所來處에서 보이지 않아 향리 출신
이 아닌 자들을 鄕戶로 정한 듯하다. 고을을 승격시키면서 향리 수요가 늘

---

25) 『新增東國輿地勝覽』 권36, 全羅道 茂長縣 樓亭條, 아관정에 관한 鄭坤의 기문.

어 인근에서 鄕吏를 충당한 게 아닌가 한다.

龍安縣은 본래 咸悅縣의 銀所였는데 忠肅王 8년에 龍安縣으로 승격되었고, 恭讓王 3년에는 전주 속현이었던 豊儲縣을 내속시켰다. 그러한 영향으로 龍安縣의 續姓 5개에는 豊儲縣에서 온 성씨가 2개 포함되어 있다. 『新增東國輿地勝覽』에서 豊儲縣의 7개의 성씨 중 龍安縣의 續姓이 된 林·金氏는 가장 서열이 낮았다. 이들은 豊儲縣의 次吏層으로 짐작되는데, 屬縣으로 來屬되면서 龍安縣으로 이주하여 戶長層에 편입된 것이다. 次吏層만 이주한 것은 豊儲縣의 戶長層이었던 상위의 성씨는 고려후기 변동 속에서 소멸되었기 때문으로 보인다. 그 결과 豊儲縣이 龍安縣의 屬縣으로 來屬되었던 것 같다.

高敞縣은 古阜郡의 屬縣이었는데, 후에 昌德縣이 監務를 겸했다가 조선 태조 1년에 각각 監務가 파견된 지역이다. 續姓 4개의 所來處에는 전라도·충청도·경상도가 고루 섞여 있고, 역시 모두 향리가 되었다. 主縣으로 승격되면서 향리의 확보가 필요했고, 이주자 중 유력한 성씨집단은 續姓으로 오르면서 향리로 되었다.

전라도는 고려말 왜구의 침입으로 해안의 많은 군현의 인구가 유망했으나, 조선초에는 전국 각도에서 流移民이 가장 밀집했던 지역이다.[26] 다른 지역에서 토착세력이 이주해온 것도 이즈음이었던 것으로 보인다. 전라도 각 군현의 續姓에는 '鄕吏' 주기가 상당수 쓰여 있는데, 이주지에서 다시 鄕吏로 되었다면 대개 이전에도 향리였음이 분명하다. 새로운 토착세력으

---

26) 『世宗實錄』 권29, 世宗 7년 8월 甲申, 2책 688쪽에 全羅道에 떠도는 京畿 壯丁만 총 7,138명이라 했으며, 『世宗實錄』 권82, 世宗 20년 9월 癸未, 4책 161쪽에서 全羅道 감사의 보고에 의하면, 南原府에서 刷出한 流移民이 1,100 여호인데 전체를 합하면 더욱 많을 것이라고 하였다. 조선초 전라도에 이주해오는 流移民의 규모가 어느 정도였는지 짐작할 수 있다. 그밖에도 세종대의 實錄에는 전라도에 많은 流移民이 모인다는 기사가 자주 보인다.
　『世宗實錄』 권27, 世宗 7년 正月 丙戌, 2책 648쪽 ; 권33, 世宗 8년 9월 丁酉, 3책 43쪽 ; 권34, 世宗 8년 10월 辛酉, 3책 45쪽 ; 권34, 世宗 8년 12월 甲申, 3책 54쪽 ; 권40, 世宗 10년 윤4월 壬辰, 3책 128쪽 ; 권51, 世宗 13년 正月 丁卯, 3책 287쪽 참조. 전라도 지역의 流亡과 이주자 상황은 강은경, 앞의 논문, 1998에서 상세히 다루었음.

로서 속성에 올랐던 향리는 대개 호장층이었고, 간혹 龍安縣처럼 次吏層이 이주해와 호장층으로 편입되기도 했다.

고려후기에 들어와 본격적으로 활발히 진행된 戶長層의 이주는 토착세력인 호장층의 변화된 모습 중의 하나였다. 이들이 대개 안정된 군현의 안정된 土姓 출신이었는데, 족세가 강한 호장층의 일부가 여건이 유리한 곳으로 분산, 확장해갔던 것으로 보인다. 고려사회가 진전되면서 호장층에서도 族勢가 강성한 집안에서는 향리직을 하지 않는 자들이 다수 발생하였고, 이들은 거주지 이동에 큰 제한을 받지 않았다. 고려후기에는 이주해온 閑役의 호장층을 향리로서 邑司에 참여하도록 하였다. 이는 향리직이 하나의 역으로 인식되면서 이주하여도 그 이전의 역을 떠날 수 없게 되었기 때문이다.

한편 군소 군현의 戶長層도 일부 이주하는 현상이 나타나는데, 이들의 출신 군현이나 이주한 군현은 여말선초 군현의 개편 과정에서 군현의 병합 등을 겪은 경우가 많았다. 군현의 개편은 호장층에게 불리하기도 했고, 또 군현 개편으로 호장층의 수요가 증가하는 경우도 있었다. 그러한 변동 상황에서 기반이 약한 호장층의 일부가 이주하였다. 이는 고려후기 호장층의 이주와는 성격이 다른 것이다.

하지만 고려후기 이래 호장층의 이주는 기본적으로 호장층이 流亡한 지역이 아니라, 안정된 지역을 중심으로 집중적으로 이루어졌다. 호장층 이주자는 屬縣보다 主縣에 집중되었고, 반면에 屬縣에는 소수의 士族이 이주, 정착하는 경향을 보인다.

따라서 호장층이 다수 몰락한 지역은 다른 지방세력이 자리잡을 수 있었다. 續姓의 또 다른 구성원인 士族이 고려후기 이래 새로운 지방세력으로 자리잡기 시작했다. 경기도와 충청도는 망성이 상당히 있어 다수의 호장층이 유망한 것으로 보이는데, 續姓 중에 향리가 거의 없다. 이주자 대부분이 사족이 된 토착세력임을 말해준다. 호장층이 고려시대 경기 인근 지역을 기피했던 반면, 오히려 士族들은 상당수 이주하여 정착할 수 있었던 것이다.

그 결과 조선시대에는 지역별 지방세력의 구성이 달랐을 것으로 보인다. 속현 및 경기도·충청도 일대는 사족이 지방세력의 중심이 되었고, 토착기반이 안정된 호장층이 여전히 존속하는 주현 및 경상도·전라도·강원도 등에는 새로 이주해온 호장층이 邑司에 대거 편입되어 새로운 지방세력을 형성하였다.

2. 호장층의 在地閑散化와 이주

1) '李太祖戶籍原本'에 나타난 호장층의 閑散化

戶長層 이주의 또 하나의 양상은 호장층이 일단 散職을 통해 향리직에서 벗어난 이후 移住하는 것이다. 고려사회에서 호장층은 敎育과 함께 정상적인 出仕의 통로가 보장되어 있었다. 鄕貢을 통한 科擧 응시의 특혜나 雜科를 통한 진출, 또 三丁一子에게 허용된 중앙의 胥吏職 진출 등 관직 진출에 다양한 경로가 있었다.[27] 그럼에도 대몽전쟁이 끝난 직후 忠烈王代부터 戶長層의 避役求官 현상은 고려후기 사회의 주요문제로 제기되기에 이른다.

이는 戶長層 지위의 변화에 따른 것으로, 外官의 감독권이 우위를 차지하면서 지방통치의 지배권이 戶長層에서 차츰 외관으로 옮겨가고 있었다. 더욱이 권세가들의 지배력은 지방사회 곳곳에 미쳐 租稅收取를 둘러싸고 이해관계가 첨예하게 대립하게 되면서, 호장의 직은 더 이상 지방사회의 강력한 지배자가 될 수 없었다. 따라서 관직을 얻어 향리직에서 벗어나려는 움직임이 있게 되었고, 관직을 얻기 위해서 본래 허용된 경로 이외에 가능한 모든 방법이 동원되었다.

忠烈王代 이후 시행된 納束補官制나 恭愍王代 이후 설치된 添設職은 합법적으로 관직을 얻을 수 있는 주요한 수단이 되었으며, 중앙 권세가와

---

27) 金光洙,「高麗時代의 同正職」,『歷史敎育』11·12合, 1969 ; 金光洙,「高麗時代의 胥吏職」,『韓國史硏究』4, 1969 참조.

결탁하여 중앙의 實職을 얻는 자들도 있었다. 이들은 免役하는 것이 주요 목적이었으므로 일단 관인이 되면 鄕里에 퇴거하여 세력을 형성하였다. 비록 말단 관직이라도 수령이 어쩔 수 없었다는 것은, 이들이 지방사회에서 실질적인 지배세력이었음을 의미한다.

현재 남아 있는 고려말의 戶口單子나 '李太祖戶籍原本'을 보아도 당시 지방사회의 관직자 대부분이 이러한 散職 계통의 관직을 가진 在地閑散임을 알 수 있다. 특히 '李太祖戶籍原本'의 당사자인 戶主는 거의 한결같이 戶長層과 연결되고 있었다. 이는 고려사회의 강력한 토착세력이었던 戶長層이 散職을 수단으로 在地閑散化했음을 나타내는 중요한 자료가 된다.

또한 여기에 나타나는 散職化의 양상은 당시 사회의 일반적인 흐름과 일치되는 면이 많다. 따라서 본 자료를 분석함으로써 고려후기 戶長層이 주로 어떤 관직을 통해 산직화했는지 그 경향과 원인도 파악할 수 있다고 생각한다.

먼저 戶長層의 산직화 경향을 보기 위해 '李太祖戶籍原本'에 나타난 모든 인물의 職役을 살펴보려 한다.[28] 다음은 '李太祖戶籍原本'에서 奴婢戶만 실려 있는 셋째 폭을 제외하고 판독할 수 있는 모든 戶口의 職役을 분석한 것이다.[29]

<표 6-1>을 보면, 戶籍의 대상이었던 戶主는 거의 모두 實職 또는 散

---

28) '李太祖戶籍原本'의 자료인용은 許興植, 『韓國中世社會史資料集』, 아세아문화사, 1972의 차례에 의거하되, 내용은 金東旭 編, 『古文書集眞』, 연세대 인문과학연구소, 1972 및 李基白, 『韓國上代 古文書 資料集成』, 일지사, 1987의 사진판과 대조하여 수정했다. 이하 본문에서 인용할 때 '……'은 생략, ' …… '은 누락의 기호로 통일해 사용했다.

29) 許興植, 「國寶戶籍으로 본 高麗의 社會構造」, 『高麗社會史硏究』, 1981, 88~91쪽에 나오는 職役의 분석을 참조했다. 그러나 職役이 없는 경우 '庶人'으로 한 것은 '無職'으로 표기했다. 고려시대의 '庶人'은 『高麗史』 권63, 禮志 5, 吉禮小祀, 大夫士庶人祭禮, 恭讓王 2년 8월, (中) 412쪽에 '……七品至庶人在官者……'라 하여, '在官者'임에도 불구하고 官人層과 구별되는 신분을 가리키는데, 戶長層을 이 범주에 넣을 수 있는지는 의문이다. 차라리 '職役이 없다'는 의미에서 '無職'으로 표기했다. 여기서 無職은 祖·曾祖·外祖 등의 職役을 입증할 근거가 없는 경우도 포함된다.

職을 가진 관직자이거나 學生으로 나타나는데, 실직을 가진 7명이 모두 前職者이고 그 중에서도 6명은 군 장교직이다. 여기에 과반수가 넘는 '學生'을 '兩班'의 범주에 넣더라도,[30] 단 하나의 사례이긴 하지만 '軍'으로 표현된 호주까지 양반에 포함시키는 것은 무리이다.

<표 6-1> 戶主 直系의 職役 分析

	實職	進士	散職	學生	鄕吏	軍	白丁	無職
戶主	7		2	11		1		
父	1		13	1	1		1	5
祖			15		1		1	5
曾祖	2		10		5			5
外祖		1	6	2	7			6

* 曾祖의 추봉직 1은 散職에 포함

<표 6-2> 戶主의 妻家의 職役 分析

	實職	散職	學生	鄕吏	軍	無職
父	2	10	2	3		5
祖		10	1	6		5
曾祖	1	10		4		1
外祖		7		7	1	6

* 曾祖에서 不准 4, 누락 2

그렇다면 본 戶籍의 대상은 관직을 가진 자뿐 아니라 향리까지 포함하는 좀더 넓은 범주의 지배층으로 보는 게 타당하다.[31] 실제로 戶主 가운데 현직자나 고위 관직자는 전혀 보이지 않고 대부분이 散職이나 하급의 전직자에 불과하며, 호주의 부·조·증조와 <표 6-2>의 처가의 대부분은 同正職이나 檢校職 등의 散職者이다.

---

30) 許興植, 「高麗時代의 社會構造」, 『高麗社會史硏究』, 1981, 353~354쪽에서는 恭愍王 이후의 '學生'은 東西學堂·十學 등에 學籍을 가진 자들로 추정하면서, 身役을 면제받는 하위 양반신분으로 보았다.

31) '李太祖戶籍原本'의 작성 대상에 관해서는 강은경, 「高麗後期 戶長層의 變動과 '兩班·鄕吏戶籍'의 整理」, 『동방학지』 97, 1997 및 「'李太祖戶籍原本'에 나타난 高麗末 鄕吏의 身分變化」, 『실학사상연구』 10·11합, 1999에서 자세히 다루었음.

그런데 戶主의 증조·외조대에는 향리가 간간이 보이고 처의 외조에서는 향리가 다수 있어, 이들이 향리와 연관됨을 짐작할 수 있다. 또한 그 鄕吏職이 戶長·戶長正朝·副戶長 및 鄕職인 大相 등으로, 향리 중에서도 戶長에 이를 수 있는 자들, 즉 호장층과 관련되고 있었다.

戶籍에 나타난 호주와 호장층의 관계를 보기 위해 다시 이들 家系를 개별적으로 분석하면 다음과 같다.

<표 6-3> '李太祖戶籍原本'의 각 戶口에 나타난 戶長 및 副戶長

4폭 1호　外祖 戶長

　　 2호　曾祖 戶長　外祖 戶長

　　 3호　妻의 曾祖 大相　高祖 戶長　外祖 戶長

　　 5호　曾祖 大相 / 妻의 祖 戶長

　　 6호　外祖 戶長 / 妻의 父 戶長　祖 戶長

5폭 4호　父 戶長

　　 5호　妻의 父 副戶長　祖 戶長

　　 6호　外祖 副戶長 / 妻의 外祖 戶長

　　 8호　曾祖 戶長

6폭 1호　妻의 外祖 戶長

　　　　　曾祖母의 父 戶長同正行戶長中尹　祖 郎將行首戶長

　　　　　　　　　曾祖 戶長中尹　　　　高祖 戶長同正

　　 2호　妻의 外祖 戶長

7폭 1호　妻의 外祖母의 父 戶長　曾祖 戶長

　　　　　妻의 外曾祖母의 父 戶長正朝

　　 2호　祖母의 父 戶長　　祖 戶長　曾祖 戶長　外祖 戶長

　　　　　曾祖母의 父 戶長　祖 戶長　曾祖 戶長　外祖 戶長

　　　　　外祖의 曾祖 大相　外祖母의 曾祖 戶長

8폭 1호　妻의 外祖 大相

　　 2호　祖 大相　曾祖 戶長

　　　　　妻의 父 戶長　祖 副戶長　曾祖 戶長　外祖 戶長

　　 3호　外祖 戶長正朝 / 妻의 曾祖 大相

　　 5호　外祖 戶長 / 妻의 外祖 戶長

6호   外祖 戶長
7호   曾祖 戶長 / 妻의 祖 副戶長

이상에서 각 호주의 가계를 거슬러 올라가면 거의 모두 호장과 연결되고 있다. 직계가 散職으로 이어졌더라도 외가와 처가의 선대가 호장이었던 것을 보면, 이들 호주 역시 戶長層 출신이었음이 분명하다. 여기서 제외된 몇몇의 경우는 이미 3, 4대에 걸쳐 散職者로 이어지는 집안이지만, 다른 대다수의 사례로 미루어 보면 戶長層으로서 좀더 일찍부터 산직화한 것이 아닌가 한다. 현재 남아 있는 호적은 戶長層 출신의 前職·散職者 및 學生·軍으로 구성되었음을 알 수 있다.

고려말 외적의 침입이 빈번하고 국가재정은 고갈되어 그만큼 官職이 남발되고 있을 때,[32] 散職과 군 장교직을 戶長層만 독점했을 리 없는데도 호적의 거의 모든 戶口가 戶長層 출신인 것은 무슨 까닭일까. 그것은 우연일 수도 있지만, 당시의 그러한 변화 추세를 戶長層이 주도하고 있음을 나타내는 것이 아닌가 한다. 최소한 현재 전하는 호적의 단편들은 戶長層의 散職化 경향을 잘 드러내고 있다. 이는 고려후기 이래 戶長層의 閑散化 경향과 그 궤를 같이하는 것이기도 하다.[33]

그런데 이들 家系를 보면 당대뿐 아니라 2, 3代 혹은 3, 4代에 이르기까지 散職을 계승하고 있음이 주목된다. 향리나 산직자는 蔭職의 혜택이 없으므로[34] 散職을 계승할 수 없었다. 따라서 戶籍에 보이는 현상은 軍功이나 科擧 등을 통해서가 아니라, 避役을 위해 의도적으로 노력한 결과라고 할 수 있다. 고려후기에는 納粟補官의 관직이나 添設職 등 각종 散職을 冒受할 수 있어, 從軍이나 從仕가 아니더라도 관인의 신분을 이어나갈 수

---

32) 鄭杜熙,「高麗末 新興武人勢力의 成長과 添設職의 設置」,『李載龒博士 還曆紀念論叢』, 1991.

33) 姜恩景,「高麗後期 在地閑散에 관한 研究」, 연세대 석사학위논문, 1989 참조.

34) 물론 戶長層이 其人役을 할 경우 同正職이 보장되긴 했으나, 고려후기에 들어서면 其人役이 苦役化 되었다고 하므로 戶長層은 여기서 이미 제외되었다고 보는 것이 타당하다. 따라서 戶長層이 정상적인 경로를 통해 散職을 얻는 것은 그리 쉬운 일이 아니었다.

있었다.

이렇게 형성된 在地閑散은 여러 대에 걸쳐 지방사회에 자리잡음으로써 새로운 지방세력으로 인식되었는데, 그 중 일부는 자유롭게 다른 지역으로 이주하였다. '李太祖戶籍原本'에 나타나는 다양한 본관의 戶長層도 어느 한 지역의 호적에 올랐는데, 이러한 이주는 산직을 통한 면역으로 가능했다.

2) '李太祖戶籍原本'에 나타난 호장층의 이주 양상과 원인

고려말 내외의 변화속에서 戶長層 역시 변동하고 있었다. 그것은 이전부터 있었던 중앙관직으로 진출하는 등의 일상적인 사례에 그치지 않고, 좀더 근본적인 변화의 모습이었다.[35] 토착세력인 戶長層이 散職化와 아울러 이동하고 있는 것이다.

앞서 살펴본 것처럼 '李太祖戶籍原本'의 직접적인 대상인 戶主는 거의 한결같이 戶長層과 연결되었는데, 이들은 각각 다양한 본관을 가지고 있음에도 이처럼 한 호적에 실리도록 어느 한 지역에 살고 있었다. 이는 고려사회의 강력한 토착세력이었던 戶長層이 이동하고 있음을 드러내주는 사실이다.

'李太祖戶籍原本'에 나타나는 在地閑散의 이주는 일정한 경향을 가지는데, 대체로 세 가지로 나누어진다. 그 이주의 방향에 따라 開京과 東界, 東北面의 사례로 나누고, 각각의 사례를 통해 移動의 原因도 추정해 보려 한다.

본 戶籍은 극히 일부 지역의 사례이긴 하지만, 여기에 나타나는 산직화와 이주 등의 양상은 당시 사회의 일반적인 흐름과 일치되는 면이 많다.

---

35) 고려후기 향리의 변화에 관해서는 다음의 논문을 참조. 許興植,「高麗의 國子監試와 이를 통한 鄕吏의 身分上昇」,『高麗科擧制度史硏究』, 1981 ; 朴恩卿,「高麗後期 鄕吏層의 變動」,『震檀學報』64, 1987/『高麗時代 鄕村社會硏究』, 1996 ; 李惠玉,「高麗時代의 鄕役」,『梨花史學硏究』17・18合, 1988 ; 羅恪淳,「高麗 鄕吏의 身分的 特性과 그 變化」,『史學硏究』45, 1992.

따라서 이로써 고려후기에 전반적으로 이루어졌던 戶長層의 散職化와 이주 경향, 그리고 그 원인을 일반화해도 큰 무리는 아니라고 생각한다.

(1) 實職 진출과 開京 이주

戶長層의 이주 양상에서 가장 많은 사례는 본관이 지방이면서 京戶口에 올라 있는 경우이다. 이동 경로를 확인할 수 있는 17戶[36] 중에서 7戶가 이 경우에 해당하는데, 다른 사례에 비해 좀더 이른 시기에 이주가 시작된 것으로 나타난다.

> 가-(1) 戶學生林平(62세) 本蔚珍. 父散員同正林固 祖大相林宗 曾祖戶長
>   良茂. 母召史 本同村 外祖軍不領散員林溫. 戶妻四德(51세) 本江
>   陵府. 父戶長崔元 祖副戶長崔世 曾祖戶長崔逸. 母召史 本蔚珍 外
>   祖戶長朴成. 幷産壹男成桂(28세) …… 右人矣父母付至正二十四
>   年(1364) 三月 海豊郡事陳省以准. 妻邊口申以施行 ('李太祖戶籍
>   原本' 8폭 2호)
>
> (2) 戶前軍器寺承金英祿(46세) 本金州. 父檢校中郎将益侶 祖檢校護
>   軍金甫 曾祖追封左右衛保勝中郎將君式. 母召史 本黃間縣 外祖學
>   生李仁. 戶妻無斤伊(41세) 本蔚珍. 父檢校中郎將林千年(67세) 祖
>   散員同正林固 曾祖大相林宗. 母召史 本同村 外祖戶長今音伊. 幷
>   産壹男蘭祐(15세) …… 父現付洪武二十年戊午(1378)[37]十二月日
>   京戶口以准 ('李太祖戶籍原本' 4폭 3호)

사료 가-(1)의 林平은 學生이고 그의 부 林固는 散員同正이라는 散職을 가지고 있지만, 증조는 호장이었다.[38] 또 처가는 江陵府에서 대대로 戶長을 맡은 집안이고 처의 외조도 蔚珍의 호장인 것으로 보아,[39] 그 사회적

---

36) 불완전한 기록까지 포함하면 총 25호이다.

37) 무오년은 홍무 11년인데 홍무 20년으로 잘못 기록했거나, 아니면 홍무 20년(1387, 정묘년)에 戊午年 京戶口로 준거한 걸 잘못 옮긴 게 아닌가 한다.

38) 『世宗實錄地理志』, 江原道 蔚珍縣 姓氏條, 572쪽에 林氏는 土姓으로 나타나 있어, 고려초부터 이 지역에 기반을 잡은 토착세력임을 알 수 있다.

지위나 신분은 여전히 戶長層에 속했다. 林平의 처가와 처의 외가가 그 지역의 호장이었다면 이주하기 어려웠을테고, 따라서 林平의 혼인은 本貫인 울진에서 이루어졌을 가능성이 높다. 그 이후 이주하여 恭愍王 13년(1364)에는 부모와 함께 개경 부근의 海豊郡40)에서 살았다. 여기서 역시 이주해 온 사료 가-(2)의 金英祿과 혼인관계를 맺을 수 있었다.

사료 가-(2)는 前職官 金英祿의 호구로서, 증조는 후대에 추봉되었고 조·부가 散職을 얻은 집안이다.41) 金英祿의 처의 조 林固가 사료 가-(1)의 林平의 부 林固와 同一人이므로, 처의 고조는 호장이었다. 처의 외조 역시 울진의 호장임을 볼 때,42) 金英祿의 家系도 戶長層이 아닌가 한다. 또 비록 관직을 가지고 있지만, 당시 사회에서는 여전히 戶長層과 동일한 지위에 있었던 것으로 추정된다.

金英祿은 본관이 金州(金海)이고 그의 모가 黃間縣 출신이므로,43) 부모의 혼인은 늦어도 1340년대에 이루어졌고 그것은 開京으로 이주하기 전일

---

39) 『世宗實錄地理志』, 江原道 江陵大都護府 姓氏條, 556~557쪽에 妻家 崔氏는 土姓으로 나오지만, 蔚珍縣 姓氏條에 妻의 外家인 朴氏는 없다. 이러한 현상에 대해 李樹健, 「朝鮮朝 鄕吏의 一硏究」, 1974, 54~56쪽에서는 非土姓 출신이 호장을 맡게 되는 고려후기의 변화로 이해했고, 金東洙, 「世宗實錄 地理志 姓氏條의 검토」, 1985, 454~461쪽에서는 地理志 자체의 미비 때문으로 보았으며, 濱中昇, 「世宗實錄地理志姓氏條の基礎的考察」, 1984에서는 『世宗實錄地理志』 姓氏條의 고려후기 '古籍' 이전에 그 지역에서 유출되었거나, '古籍' 작성 후에 들어와 그 곳을 本貫으로 칭했지만 地理志 작성시에 실리지 않은 경우로 보았다. 어떻든 고려 말 호장을 지냈던 이 집안은 조선초 蔚珍縣에서는 기록에서 누락될 정도로 미약했다.

40) 『高麗史』 권56, 地理志 1, 王京開城府 貞州條에 '睿宗 3년에 승천부로 승격하여 知府事가 설치되었고, 忠宣王 2년에 海豊郡으로 낮추었다'고 한다.

41) 『世宗實錄地理志』, 慶尙道 金海都護府 姓氏條, 446쪽에 土姓으로 나온다.

42) 妻의 外祖 今音伊는 그 姓을 알 수 없으나, 혹시 今이 金과 같은 音으로 사용되었다면 이 역시 『世宗實錄地理志』, 江原道 蔚珍縣 姓氏條, 572쪽에는 없다.

43) 黃間縣은 『高麗史』 권57, 地理志 2, (中) 282쪽에는 慶尙道 京山府의 屬縣으로 나오며, 『世宗實錄地理志』, 忠淸道 黃間縣 姓氏條, 363쪽에 李氏는 續姓으로 나온다. 고려후기의 '古籍'에는 없었다가 조선 세종대에 비로소 파악되었음을 의미하는데, 고려후기에서 조선초에 걸친 사이에 黃間縣에 이주해와 戶長層으로 정착했던 것으로 추정된다.

수도 있다.[44] 하지만 사료 가-(1)에서 처가가 1364년에 海豊郡에 거주하고
있었던 사실이나 사료 가-(2)에서 자식의 나이를 고려하면, 金英祿의 혼인
은 1375년 이전에 開京에서 이루어졌다고 보아야 한다. 그리하여 禑王 4년
(1378)에는 그의 부가 京戶口에 올라 있었다.

위의 자료에는 戶長層 출신의 두 집안이 散職을 얻게 된 경위나 開京으
로 이주한 이유가 나타나 있지 않다.[45] 하지만 戶籍에 나타나는 인물들이
모두 散職이라도 관직을 갖고 있고, 또 사료 가-(2)의 金英祿이 정7품의
軍器寺丞을 역임한 것을 보면 혹시 관직에 진출하기 위해서가 아니었을까
짐작해 본다. 호주 이전에 이미 2, 3대에 걸쳐 散職을 가지고 있는데,[46] 散
職은 향리역을 벗어날 수 있는 수단이 될 수 있었다.[47] 免役은 관직 진출
의 필수요건이었다.[48]

---

44) 여기서 金英祿의 本貫으로 기록된 金州의 경우 成宗 14년에서 元宗 11년(1270)
　　에 걸쳐 사용되었고 고려후기에는 忠烈王 34년(1308)에서 忠宣王 2년(1310) 사이
　　에 잠시 사용되었을 뿐이다. 본관이 이주해왔을 때의 地名이라고 한다면 이 집안
　　의 이주 시기는 훨씬 그 이전으로 소급할 수도 있다.

45) 사료 가-(1)의 경우 戶主의 本貫이 蔚珍이고 移住 시기도 1360년대여서, 倭寇의
　　침입이 극심한 지역이었던 것도 移住의 요인이 될 수 있다.

46) 이러한 현상은 본 호적에 실린 거의 모든 호구에서 나타난다.

47)『高麗史』권35, 世家, 忠肅王 12년(1325) 12월 乙未, (上) 714쪽에서 '內外兩班·
　　鄕吏·百姓 冒受金印檢校職 結銜避役 甚爲淆濫'이라고 하여, 당시 鄕吏들이 散
　　職인 檢校職을 冒受하는 것은 避役, 즉 免役을 위해서였다고 한다. 대몽전쟁을
　　비롯해서 倭寇나 紅巾賊 등의 침입으로 군사적 수요가 지속되던 시대에 戶長層
　　이 散職을 얻는 것은 그리 어려운 일이 아니었다.

48)『陽村集』권21, 傳類, 司宰少監朴强傳에 보이는 朴强의 曾祖 成節은 忠烈王代
　　寧海府의 上計吏로서 강등되었던 고을을 牧으로 승격시키는 공을 세웠는데, 그
　　고을의 인사로서 관직자나 고향에 있는 사람들이 免役을 허락하자 成節은 "吾今
　　老矣 雖免吾役 不復能爲士矣 請免吾子孫"이라 청하여 그 자손이 免役되었다고
　　한다. 여기서 成節은 직접 都堂에 진정할 수 있는 戶長層에 속했으며, 戶長層이
　　'士'가 되기 위해서는 우선 免役이 필요했음을 알 수 있다. 또한 免役은 당사자만
　　해당하는 경우와 그 자손에게까지 확대되는 경우로 구별되었고, 그 절차도 간단치
　　않음을 보여준다. 이렇게 免役된 朴强의 집안은 아버지 天富가 恭愍王을 호종했
　　고, 朴强이 홍건적 토벌에 참여하여 비로소 정8품의 무관직 散員을 얻는다. 鄕吏
　　의 免役에 관해서는 姜恩景, 앞의 논문, 1989 참조.

戶長層은 散職을 얻음으로써 일단 免役된 후, 實職을 얻기 위해 開京으로 몰렸다. 다음의 조처는 바로 이러한 현상에 제동을 걸고자 한 것이다.

　가-(3) (忠烈王 24년 4월) 王命 撥還外吏之在京者 別將以下 勒還本役.[49]

　　(4) (忠肅王 12년) 敎 本國鄕吏 非由科擧 不得免役從仕. 近者 逋亡附勢濫受京職 又令子弟不告所在官司 投勢免役 內多濫職 外損戶口. 今後 外吏及其子弟 毋得擅離本役 其受京職者 限七品 罷職從鄕.[50]

사료 가-(4)에 보이듯이 향리들이 권세가에 의탁하여 京職을 받는 경우가 많았는데, 이들이 쉽게 얻었던 관직이 사료 가-(3)과 (4)에서 '罷職從鄕'의 대상으로 삼은 7품 이하의 하급 관직이나 정7품 別將 이하의 군 장교직이었던 것 같다.[51] 이러한 관직을 얻기 위해 사료 가-(3)에서와 같이 開京에 거주했다. 고려후기에 진행되었던 개경으로의 이주는 사료 가-(4)의 '京職'을 받는 것과도 관련되는 게 아닌가 한다. 京職을 얻기 위해서는 상당 기간 開京에 정착, 거주해야 했고 그 결과 사료 가-(1)이나 (2), (5), (6)과 같이 京戶口에 실렸다.

하지만 戶長層이 實職으로 진출하는 것은 그리 쉬운 일이 아니었다.

　가-(5) 前左右衛保勝郎將崔得守(56세) 本豊山縣. 父散員崔冲 祖檢校軍器監崔輔 曾祖丞仕郎良醞令同正崔守. 母召史 本龍潭縣 外祖令同正廉宥卿. 戶妻召史(54세) 本龍潭. 父別將同正廉士卿 祖散員同正廉生 曾祖別將同正廉重奇. 母召史 本同村 外祖戶長廉呂. ……
　　(戶祖妻) …… 本比屋縣 …… (戶曾祖) …… 父尙乘副內承旨同正

---

49)『高麗史節要』권22, 567쪽.

50)『高麗史』권75, 選擧志 3, 鄕職, (中) 654쪽.

51) '李太祖戶籍原本'의 4祖의 職役을 조사해 보면, 實職을 가진 자 13명 중에서 軍將校職이 12명이다. 당시 戶長層이 쉽게 진출할 수 있는 實職의 범주를 보여주는 좋은 사례이다. 또 그 중 別將 이하가 6명이고 정6품의 郎將이 4명, 정5품의 中郎將이 2명이어서, 정7품 이하의 하급 장교직이 꽤 많았음을 알 수 있다.

崔文 祖製述業進士崔宥沖 曾祖巡備衛精勇保勝攝郎將崔炎. 母召
史 本同村 外祖製述業進士崔玉. 戶曾祖妻父 戶長同正行戶長中
尹崔琪 父郎將行首戶長崔得成 祖戶長中尹崔引才 曾祖戶長同正
崔永仁. 母召史 本同村 外祖戶長李公世. …… 戶父母同生 次弟司
醞司同正崔得雨 次司醞司同正崔得之 次司醞司同正崔得海 次司
醞司同正崔安發 ……. 祖邊大德十年(1306)十一月日 丙午年京戶
口. 父母現付宣光八年(1376)七月日 龍潭縣令陳省以准 ('李太祖戶
籍原本' 6쪽 1호)

(6) 戶學生廉士道(40세) 本龍潭縣 父令同正有卿 祖令同正臣祐 曾祖
令同正得龍. 母召史 本天安府 外祖令同正全長祐. 戶妻良衣富(43
세) 本麻田 …… 右人矣段妻邊無戶口 口申以施行. 父現付洪武七
年(1374)九月日 丁卯年(1327)京戶口以准 ('李太祖戶籍原本', 8쪽
4호)

　사료 가-(5)의 戶主 崔得守는 慶尙道 安東府의 屬縣인 豊山縣 출신인
데, 그의 曾祖母家가 같은 豊山縣에서 대로 호장을 했고 처의 외조도 全
羅道 龍潭縣의 호장인 것으로 보아, 이 집안 역시 호장층이었다.[52] 祖 崔
輔가 忠烈王 32년(1306) 京戶口에 올라 있는데, 曾祖母의 父가 豊山縣의
戶長이었으므로 빨라야 曾祖나 4代祖 때 開京으로 이주했던 것으로 추정
된다. 하지만 그의 5代祖 崔宥沖이 製述業 進士였고 같은 製述業 進士인
崔玉과 혼인관계를 맺고 있어서, 이미 이 때부터 중앙진출의 발판을 마련
하지 않았나 생각한다.[53]

---

52) 崔得守의 집안과 曾祖母의 집안은 같은 豊山 崔氏인데, 『世宗實錄地理志』, 慶尙
　　道 安東大都護府 姓氏條, 414~415쪽의 豊山姓 5개, 來姓 2개 중에는 崔氏가 보
　　이지 않는다. 曾祖母家가 어림잡아 13세기 초에서 14세기 초에 걸쳐 豊山縣의 戶
　　長職을 맡았음에도 불구하고 조선초에는 기록에서 누락될 정도로 미약했다. 廉氏
　　는 같은 책, 全羅道 龍潭縣 姓氏條, 498쪽에 土姓으로 나타나는 이 지역의 오랜
　　토착세력이었다.

53) 許興植, 「高麗 禮部試의 諸業別 出題와 급제자의 진출」, 『高麗科擧制度史研究』,
　　일조각, 1981에 의하면 製述業은 光宗 때부터 다른 것보다 더 중시되었으며, 製述
　　業 監試에 합격한 자를 '進士'로 통칭했는데 '士'로 대우하고 軍役을 면제해 주었

일단 開京에 올라온 崔得守의 집안은 상당히 오랫동안 開京에 거주했다. 이 섬은 外祖 廉有卿 집안과의 혼인에서 확인된다. 사료 가-(5)의 廉有卿은 사료 가-(6)의 廉士道의 父 廉有卿과 동일인물인데, 사료 가-(6)을 보면 龍潭縣 출신의 이 집안은 적어도 1327년부터 1374년까지는 開京에 거주하였다. 따라서 崔得守의 祖 崔輔가 外祖 廉有卿과 혼인관계를 맺은 것도 開京에서였다.54)

두 집안이 開京에 올라온 지 오래되었지만, 이후의 자손은 實職을 얻지 못하고 모두 散職에 그쳤다. 사료 가-(5)에서 戶主의 父 崔沖이 비로소 정8품의 散員을 얻었고,55) 戶主 崔得守가 左右衛 郞將이라는 군 장교직을 얻었을 뿐이다. 崔得守의 동생 4명은 모두 散職인 司醞司同正이다. 實職을 얻는 것은 그만큼 어려웠다. 또 曾祖 崔守의 文散階인 丞仕郞은 恭愍王 5년(1356)에 개정된 官階인데, 1390년에 54세인 戶主의 曾祖라면 이 文散階는 사후에 贈職되었던지 아니면 70세 넘어서야 받은 것이 된다. 이들이 가진 散職도 얼마나 의례적인 것이었는지 짐작할 수 있다.

한편 崔得守의 부 崔沖은 처가인 全羅道 龍潭縣으로 다시 이주하여, 1376년 7월 龍潭縣에서 그 戶口가 파악되었다. 용담현은 그의 외가와 처가의 토착기반이 있었던 곳이어서 이주할 수 있었다.56)

다고 한다. 따라서 '製述業進士'는 관직에 준하는 지위로 볼 수 있다.

54) 許興植, 「고려시대의 사회구조」, 1981, 419쪽에서는 崔得守의 자녀들의 배우자가 주로 東北面 지방 출신임을 들어 崔得守 본인이 慶尙道 지방에서 咸鏡道 지방으로 이동한 것으로 보았으며, 이 호적을 開京의 것으로 파악하여 이 집안이 그 후 다시 開京으로 이주한 것으로 추정하였다. 이는 8폭 4호에 있는 廉士道의 戶口와 연관시키지 못했기 때문으로 보인다. 자식들의 혼인 대상으로 東北面 출신이 많은 것은 그만큼 그 지역 출신이 開京에 많이 유입된 것으로 보아야 한다.

55) 다른 장교직처럼 소속 중앙군의 구체적인 이름이 없는 것으로 보아, 『高麗史』 권84, 刑法志 1, 職制, 忠烈王 24년 1월, (中) 843~844쪽의 忠宣王 즉위교서에서 지적한 바 향리들이 쉽게 얻었다는 '軍不領散員'이 아닌가 한다.

56) 『高麗史』 권57, 地理志 2, 全羅道 淸渠縣條. 龍潭縣은 본래 進禮縣의 屬縣인 淸渠縣이었는데, 忠宣王 5년(1313)에 龍潭縣으로 바뀌고 縣令이 설치되었다. 崔得守의 外家뿐 아니라 妻家와 妻의 外家도 龍潭縣의 廉氏이며, 특히 妻의 外祖가 龍潭縣의 戶長이었으므로 이 지역에 상당한 기반이 있었다.

이와 같이 고려후기 사회에서 호장층은 鄕吏役에서 벗어날 기회가 많았고, 일단 免役된 많은 호장층이 관직에 진출하고자 개경으로 올라왔으나 대부분은 散職을 얻는 데 그치고 말았다. 일부는 다시 기반이 있는 곳으로 이동하기도 했지만, 당시 개경에는 이러한 散職者들이 많이 거주했다. 14세기에 이루어진 京戶口의 빈번한 작성은 이러한 현실의 반영이었다.[57]

(2) 원간섭기 정부의 東界정책과 東界[58] 이주

戶長層의 이주에서 또 하나 두드러지는 양상은 東界로 이주하는 현상이다.[59] 여기에는 慶尙道・全羅道・東界의 남부지역에서 東界의 북부로 올라오는 경우와, 東北面에서 東界로 내려오는 경우가 구별되어 나타난다. 전자는 원간섭기에 이들 지역에 賦稅 부담이 증가됨에 따라 戶長層의 부담이 컸기 때문이고, 후자는 東北面이 雙城摠管府 지역으로 넘어갔기 때문에 일어났다.

在地閑散이 토착기반을 떠나 이주하는 이유는 각각 다르게 나타나나, 이들이 東界로 이주한 것은 대몽전쟁 후 東界 지방에 대한 정부의 정책적인 배려와 관련되는 것으로 보인다. 먼저 경상도・전라도 및 동계의 남부지역에서 동계의 북부로 이주하는 사례를 살펴보려 한다.

나-(1) 戶前別將朴仁檢(51세) 本蔚州. 父朴文 祖朴桓 曾祖寶全. 母召史

---

57) 본 호적에서 확인되는 사례만 해도 1306년 1321년 1327년 1328년 1354년 1374년 1378년 1381년 등 8차례나 된다.

58) 『高麗史』 권58, 地理志 3, 東界, (中) 305쪽에 고려전기에는 朔方道・東界・東北面・沿海溟州道 등 다양하게 불렸으나, 高宗 45년에 和州 이북이 몽골에 넘어간 이후 元宗 4년부터는 그 이남 지역이 江陵道로 구별되었다. 恭愍王 5년에 이 곳을 되찾은 이후에는 鐵嶺 이북이 朔方道 또는 東北面으로, 그 이남은 江陵道로 분리되었다. 따라서 이 지역은 원 간섭기에는 江陵道로 불러야 마땅하나, 일반적으로 각 資料에서는 東界로 통칭하기 때문에 혼란을 막기 위해 역시 東界라는 地名을 사용했다.

59) 17호 중 확인되는 것으로 6개의 사례가 있다. 하지만 4祖가 확인되는 22개의 戶口 중 32명의 本貫이 이 지역에 해당하는 것으로 보아, 이동경로를 확인할 수 없는 호구 중에서도 지역연고로 이 지역에 이주한 사례가 더 있을 가능성이 있다.

本歙谷縣 外祖申賢. 戶妻召史(45세) 本同村. 父副戶長申屯 祖戶
長申農 曾祖不准. 母召史 本蔚州 外祖軍朴全守. 并産壹女無乙加
伊(23세) 夫申淑(30세) 本歙谷 …… 右人矣戶口其矣族徒以施行
('李太祖戶籍原本' 5폭 5호)

(2) 戶學生朴松(61세) 本長寶. 父散員同正仁己 祖令同正朴龍元 曾祖
前中郞將大龍. 母召史 本同村 外祖戶長正朝朴祐龍. 戶妻召史(58
세) 本谷城. 父禮賓承同正李白 祖別將同正英佐 曾祖大相郭富. 母
召史 本長甫縣 外祖散員同正李環守. 并産壹女召史(37세) …… 右
人矣洪武十二年(1379)十一月日 連谷縣夫妻同籍陳省以准 ('李太
祖戶籍原本' 8폭 3호)

(3) 戶都染令同正林奇(68세) 本蔚珍. 父散員同正林且 祖散員同正公
世 曾祖大相林柱. 母召史 本三陟 外祖散員同正金沖. 戶妻三珍(67
세) 本高城. 父追封奉順大夫司僕寺事朴林 祖戶長得成 曾祖伍尉
秦奇. 母召史 本同村 外祖檢校軍器監李之世. 并産壹男別將同正
林成(45세) 貳男別將同正林甫(40세) …… 參男林乙(29세) 肆男得
春(24세). 戶妻邊傳得故今之婢矣所生奴巨乙金(15세). 洪武十年十
二月日 高城郡夫妻同籍以准 ('李太祖戶籍原本' 4폭 5호)

사료 나-(1)의 朴仁檢의 경우 경상도 蔚州의 土姓이고[60] 처의 부·조가
歙谷縣의 호장인 것을 보면, 그의 집안도 비슷한 지위의 집안, 즉 蔚州의
戶長層이었다. 그 직계가 모두 職役이 없는 것은 鄕役에서 자유롭게 되었
거나, 뒤에서 살펴볼 사료 라-(6)의 경우처럼 戶長層에서 탈락되었기 때문
일 것이다.

어쨌든 鄕役에서 벗어난 이 집안은 東界의 歙谷縣으로 이주해 가서 그
곳의 戶長層인 申氏 집안과 혼인을 하였다. 朴仁檢의 외조가 歙谷縣의 신
씨이고 처의 외조는 蔚州의 박씨이므로, 늦어도 祖 朴桓 때 이주해서 두
집안의 중첩적인 혼인관계가 맺어진 게 아닌가 한다. 朴仁檢의 나이를 고
려하면 祖 朴桓이 이주한 시기는 늦어도 1330년대로 추정된다. 더욱이 23

---

60) 『世宗實錄地理志』, 慶尙道 蔚山郡 姓氏條, 402~403쪽.

살된 큰 딸의 배우자도 歙谷縣의 申氏여서 이 집안은 본 호적이 작성되던 1390년 최근까지 흡곡현에 거주했음을 짐작할 수 있다.

한편 申氏는 흡곡현의 續姓으로서,[61] 이들 역시 다른 지방에서 이주해 와 호장층으로 정착했다. 부·조가 호장인데도 증조를 준거할 수 없었던 것은 이주로 인한 결과가 아닌가 한다. 두 집안은 비슷한 시기에 歙谷縣으로 이주한 집단이었다.

사료 나-(2)의 朴松은 直系가 모두 散職者이지만, 외조가 같은 長寶縣의 호장이었고 처의 증조도 전라도 谷城縣(羅州牧의 屬縣)의 호장이어서[62] 본래는 호장층이었다. 長寶縣은 地理志에서 확인되지 않으나, 妻의 외조도 長寶縣 출신인 것으로 보아 谷城縣과 長寶縣은 그다지 먼 지역이 아니었던 것 같다. 朴松의 외조가 長寶縣의 호장이었으므로 최소한 부모의 혼인이 이루어졌던 1320년대까지 그 곳에 거주했고, 이후에 이동해서 1379년에는 溟州의 속현인 連谷縣의 호적에 올라 있었다. 그러나 그 곳에서 토착세력으로 자리잡는 데는 실패하여, 『世宗實錄地理志』의 連谷姓에는 보이지 않는다.[63]

사료 나-(3)의 林奇의 경우 祖 林公世 이후 자식까지 散職으로 이어지고 있지만, 그 증조가 東界의 가장 남쪽인 蔚珍의 호장이었던 집안이다.[64]

---

61) 위의 책, 江原道 歙谷縣 姓氏條, 580쪽 참조. 이 지역에는 土姓이 없고 續姓 3개와 亡來姓 3개만 있어, 조선시대에는 이주해온 續姓이 주요 지배세력이었다. 歙谷縣은 東北面과의 경계에 있는 지역으로, 新羅 景德王 이래 금양군 관할이었다가 高麗 高宗 35년(1248)에 縣令이 설치된 곳이다(『高麗史』 권58, 地理志 3, 東界 歙谷縣, (中) 308쪽). 고려전기에는 토착세력은 물론 來姓도 정착하기 어려운 여건이었는데, 續姓 3개가 있는 것으로 보아 고려말 이후에는 이주, 정착할 수 있는 여건이 마련된 것 같다.

62) 처의 증조 郭富는 職役이 '大相'으로 되어 있는데, 이러한 鄕職은 주로 鄕吏에게 주어진 것이었다(許興植, 「國寶戶籍으로 본 高麗의 社會構造」, 1981, 84~85쪽 참조). 이는 『世宗實錄地理志』, 全羅道 谷城縣 姓氏條, 503쪽에 李氏가 續姓으로서 鄕吏를 맡고 있다고 한 데서도 잘 나타나 있다. 이 집안은 이미 14세기 초부터 谷城縣의 戶長層으로 자리잡아 조선초 續姓으로 파악된 것으로 보인다.

63) 『世宗實錄地理志』, 江原道 江陵大都護府 姓氏條, 556~557쪽.

64) 위의 책, 江原道 蔚珍縣 姓氏條, 572~573쪽에 林氏는 土姓으로 나타난다.

1377년의 高城郡 호적에 올라 있는 것은 호주 집안이 동계의 북부지방인 高城郡으로 이주했기 때문인데, 큰 아들 나이를 고려하면 늦어도 1345년 이전에 이주해서 高城의 호장층과 혼인한 것으로 보인다. 처의 조가 高城의 호장이었으므로,[65] 林奇의 집안은 이주한 후 妻家의 기반을 바탕으로 정착할 수 있었다.

林氏는 高城郡의 이주성에는 없지만, 이웃한 杆城의 屬縣인 烈山縣에는 蔚珍에서 이주해온 향리로 자리잡고 있다. 고성은 간성의 현령이 겸임한 곳이었다가 恭讓王 1년에서야 나누어진 지역으로,[66] 두 지역은 상당히 밀접한 관계에 있었다. 그런데 간성에는 속성 11개가 모두 향리이고 烈山에는 속성 5개 중 4개가 향리라고 하는데,[67] 그만큼 이 지역에는 이주해와 정착한 집단이 많았음을 나타내준다. 울진의 토착세력이었던 林氏도 간성·고성 일대에 대거 이주해와 정착한 게 아닌가 한다.

이러한 이주가 일어난 시기는 대체로 1320~1340년대로, 몽골과의 전쟁은 이미 끝났고 왜구의 본격적인 침입이 시작되는 忠定王 2년(1350) 이전이었다. 본 호적이 고려말에 작성된 것이어서 그 이전에 호장층의 이주가 어느 정도 일어났는지 잘 알 수 없으나,[68] 적어도 이 시기의 호장층의 이주는 외적의 침입과는 직접적인 관련이 없어 보인다.[69] 忠肅王代에서 忠

---

65) 위의 책, 江原道 高城郡 姓氏條, 578쪽에 朴氏는 土姓으로 나타난다.

66) 『高麗史』 권58, 地理志 3, 東界 杆城縣, (中) 309쪽.

67) 『世宗實錄地理志』, 江原道 杆城郡 姓氏條, 576~577쪽.

68) 忠烈王代부터 이미 鄕吏의 流亡이 지적되고 있었다. 姜恩景, 「'李太祖戶籍原本' 에 나타난 高麗末 鄕吏의 身分變化」, 1999 참조.

69) 許興植, 「高麗時代의 社會構造」, 앞의 책, 1981, 399~402쪽 및 452~453쪽에서 고려후기 '本'을 떠나 거주지를 이동하는 현상을 분석했는데, 대체로 서북부에서 서남부로, 서남부에서 동남부로, 동남부에서 동북부로 진행되었고 주로 外敵의 침입과 관련된 것으로 보았다. 거란·몽골·紅巾賊의 침입통로였던 서북부 지방은 여러차례의 徙民政策에도 불구하고 亡姓이 많으며, 전라도·동남 해안 및 소백산맥 중심의 산간기슭은 몽골의 침입을 피해 이주가 집중되었다고 한다. 또한 東北面은 남부지방에서 동부해안을 따라 이주해온 자가 많았는데, 이들은 고려말 다시 開京으로 진출한 사례가 많다고 한다. 이러한 분석은 고려후기 전 시기를 적용한 것으로, 戶籍에 나타나는 지역별 이주시기를 고려하지 않았다.

穆王代에 걸쳐 있는 이 시기는 元의 간섭에 의해 왕위 교체가 이루어지는
등 원간섭기의 절정기였고, 그에 따른 폐해가 매우 심각했을 때였다.[70] 특
히 전라도·경상도는 원간섭기 초에 三別抄의 난 진압을 위한 征討軍,[71]
그리고 이후 일본정벌을 위한 東征軍이 동원되면서[72] 租稅와 役의 부담이
집중되던 지역이었다. 이러한 부담은 民의 流亡을 초래했고,[73] 그 징발을

---

70) 13세기 후반 이후 몽골과의 관계 속에서 왕실의 親朝·사신 접대 등으로 재정 지
출이 매우 증가했다. 이에 대한 고려정부의 대책은 忠宣王 復位年(1308)의 재정
개혁에 잘 드러나 있는데, 근본적인 문제였던 토지제를 해결하지 않고 재정관서와
賦稅制度 개혁으로 재정을 확보하려는 것이었다. 그것은 결국 民에 대한 수취를
강화하는 방향이었고, 이러한 흐름은 忠肅王·忠惠王代에도 계속 유지되었다. 忠
肅王 元年(1314)에 貢物을 추가 제정했던 것도 그 한 예이다(『高麗史』권80, 食
貨志 3, 賑恤, 災免之制, 禑王 元年 2월, (中) 767쪽). 이상은 다음의 논문을 참조.
朴鍾進, 「忠宣王代의 재정개혁책과 그 성격」, 『韓國史論』9, 1983 ; 朴鍾進, 「고려
후기 재정운영의 변화」, 『14세기 고려의 정치와 사회』, 1993 ; 李惠玉, 「고려 후기
수취체제의 변화」, 위의 책, 1993.
71) 『高麗史』권27, 世家 27, 元宗 13년(1272) 12월 乙未, 원나라에서 제주를 토벌하
기 위해 軍士 6천명, 水手 3천명 징발할 것을 요구 ; 元宗 14년 1월 己未, 慶尙道
에 사신을 보내어 전함 건조를 독려 ; 元宗 14년 4월 庚戌, 金方慶이 全羅道의 전
함 160척, 水·陸軍 1만여 명으로 탐라 공격 등 慶尙道·全羅道가 집중적으로 수
탈 대상이 되었다.
72) 『高麗史』권27, 世家 27, 元宗 15년(1274) 3월 庚戌, 일본정벌을 위한 선박을 건조
하는 데 全羅州道 役徒 3만 5백여 명을 동원 ; 『高麗史』권28, 世家 28, 忠烈王
元年(1275) 10월 壬戌, 元이 다시 日本을 정벌하려고 하므로 김광원을 慶尙道에
파견해서 도지휘사로 삼고 전함을 수리, 건조하게 함. 同王 元年 11월, 元이 軍器
를 만들라 하므로 김제를 慶尙·全羅道에 보내어 민간에서 箭羽·鏃鐵을 거두게
함 ; 『高麗史』권29, 世家 29, 忠烈王 5년 9월 癸丑, 許珙을 慶尙道에, 洪子藩을
全羅道에 보내어 각각 도지휘사로 삼고 전함을 수리, 건조하게 하는 등 東征軍을
위한 전함의 수리·건조, 무기재료의 수취가 全羅道·慶尙道에 집중되었다.
73) 『高麗史』권36, 世家, 忠惠王 元年(1331) 4월, 5道 人民이 元 지배지역인 雙城·
女眞·遼陽·藩陽 등지로 流入되고 있으니 刷還시켜 달라는 高麗의 請에, 元의
世祖가 己未年(高宗 46) 이후 도래인은 모두 귀국시키도록 했다는 기록이 있다.
이는 대몽전쟁이 끝난 이후부터 忠惠王代까지 高麗 流民이 元 지배지역으로 상
당수 넘어갔음을 나타내며, 民에 부과되던 과도한 부담이 그 原因의 하나였다. 이
를 가속화한 것이 1350년대 이후 이 지역에 집중되었던 倭寇의 침략이었다. 이후
고려말 民의 流亡은 더욱 심각했을 것이다.

책임진 戶長層 역시 온전할 수는 없었다.

그에 비해 元에 일부 영토를 잃은 東界 지역은 상대적으로 고려 정부가 안정을 위해 정책적으로 배려한 지역이었다.

> 忠烈王十六年 又以德原・盈德・松生 移隷東界 忠肅王元年 定爲慶尙道[74]
> 忠烈王十六年 以寧越・平昌復來屬.[75]
> (忠烈王 24년 2월) 以慶尙・全羅・忠淸地大事劇 置按廉使副. 東界交州兵餘凋弊 罷東界安集使 以交州按廉兼之. 西海道亦小 道不置副.[76]

高宗 45년(1258)에 東界의 북부, 즉 이후의 東北面 지역이 원나라의 지배로 들어가자, 고려 정부는 이 지역의 안정을 위해 경계를 재조정했다. 우선 忠烈王 16년(1290)에 경상도의 德原・盈德・松生과 충청도의 寧越・平昌을 東界에 편입시켰다. 그 뒤 忠烈王 24년(忠宣王 卽位年)에 元 지배지역의 일부를 복구하였는데,[77] 이후에도 이 지역에 대한 안정책은 지속되었다. 그리하여 忠宣王이 즉위한 직후 단행했던 지방제도 개편이 按廉副使를 설치하는 등 중간기구의 확대를 통해 군현 지배를 강화하는 방향이었는데,[78] 東界는 조폐하다고 하여 오히려 安集使를 파하고 交州按廉使가 겸하도록 배려하였다.

또 한편으로는 이 지역의 경제적 부담도 감해주었다.

> (忠烈王 15년 2월) 遼東饑 元遣張守智等 令本國措辦軍糧十萬石 轉于遼東. 王命群臣出米有差 …… 軍官百姓公私奴婢 以五斗三斗有差 …… 各道輸米有差 唯除東界平壤二道.[79]

---

74) 『高麗史』 권57, 地理志 2, 慶尙道, (中) 270쪽.

75) 『高麗史』 권58, 地理志 3, 東界, (中) 305쪽.

76) 『高麗史節要』 권22, 566쪽.

77) 주83) 참조.

78) 朴宗基, 「14세기 郡縣構造의 변동과 지방사회」, 『14세기 고려의 정치와 사회』, 1993 참조.

(恭讓王 2년 8월) 都堂啓 東西兩界 境連上國 且因水旱 民生艱難 請減
鹽稅. 從之.[80]

忠烈王 15년 2월에 요동지방에 흉년이 들어 元이 군량 10만 석을 요구
하자, 諸王으로부터 公私奴婢에 이르기까지 모두 차등 있게 거두도록 했
는데 오직 東界와 平壤은 제외하였다. 忠烈王 15년이면 東寧府의 회복과
東界의 재조정 이전이어서 아직 불안정한 상황이었고, 또 元과의 경계지역
임이 감안된 것이다.

이와 관련해서 비록 恭讓王 2년의 기록이긴 하지만 東西 兩界의 鹽稅
를 감해주자는 이유를 참고할 만하다. 수재와 가뭄도 문제였지만 아울러
명나라와 인접해 있음이 지적되었다. 더욱이 忠烈王代에는 많은 고려인이
元 지배지역으로 流入되는 문제가 늘 양국 사이에 거론되었던 만큼,[81] 경
계지역의 안정이 무엇보다 시급한 때였다. 그 결과 상대적으로 부담이 컸
던 다른 지역에서 東界로 이주하는 자들이 많았다.

(忠烈王 27년 9월) 信曰 …… 吾歸自皆骨山 見民扶老携幼東界者 絡繹
於道 問其故 皆曰 避朱按廉暴虐也.[82]

경상도 按廉 朱印遠을 그 도의 勸農使로 삼자 宰樞에서 백성을 탐학한
다고 復任을 반대했는데, 위의 사료는 경상도에 가서 진상을 조사한 宦者
李信이 그 실상을 밝히는 말이다. 그 보고에 의하면 朱印遠이 포학하여 경
상도에서 東界로 가는 자들이 줄을 잇는다고 한다. 개골산에서 돌아오는
길이었다고 하므로, 東界의 북부 지방까지 그 행렬이 미쳤음을 알 수 있다.

戶長層이 東界로 移住한 또 다른 양상은 東北面의 남부지역에서 내려
오는 경우이다. 登州를 비롯해서 文州・宜州・龍津 등은 高宗 45년에 원

<hr>

79)『高麗史』권79, 食貨志 2, 科斂, (中) 744쪽.
80) 위의 책, 食貨志 2, 鹽法, (中) 742쪽.
81) 주73) 및 주119) 참조.
82)『高麗史節要』권22, 577쪽.

나라에 귀부했다가 忠烈王 24년경 일부 복구한 지역으로 추정된다.[83] 東北面의 남부 지방은 대몽전쟁 이후 많은 변화를 겪은 곳이었다.

> 나-(4) (高宗 45년 10월) 高和定長宜文登十五州人 徙居猪島. 東北面兵馬使愼執平 以爲猪島城大人少 守之甚難 遂以十五州徙保竹島. 島狹隘無井泉 人皆不欲 執平驅而納之 人多徙散 徙者十二三[84]
> (高宗 45년 12월) 蒙古散吉大王等領兵 來屯古和州之地 愼執平自僑寓竹島 …… 龍津縣人趙暉・定州人卓靑等 與朔方道登文州諸城人 合謨引蒙兵 乘虛 殺執平・登州副使朴仁起・和州副使金宣甫及京別抄等……[85]
>
> (5) 和州：……高宗時沒于蒙古 爲雙城摠管府. 州因合于登州 猶稱防禦使 後倂于通州. 忠烈王時復舊. 恭愍王五年 出師收復 爲和州牧……[86]
> 安邊都護府 登州：……高宗時 定平以南諸城 被蒙兵侵擾 移寓江陵道襄州 再移杆城 幾四十年 忠烈王二十四年 各還本城[87]
> (忠肅王 元年(1314) 正月 甲寅) 王 以江陵道存撫使置司溟州 去塞甚遠 敎以登州 以鎭北方[88]
>
> (6) 文州：……成宗八年 爲文州防禦使 後合于宜州 忠穆王元年 復析置[89]

---

83) 方東仁, 「高麗時代 北界劃定에 관한 硏究」, 경희대 박사학위논문, 1983, 120~125쪽에서 사료 나-(5)의 登州條의 '忠烈王 24년 各還本城' 기사를 和州 이남 지역을 회복한 것으로 보았다. 그 계기가 된 것이 忠烈王 16년 2월의 哈丹賊 침입에 대한 공동 방어였는데, 이후 이 지역에 대한 高麗의 영향력이 증대했고 이 지역이 사실상의 高麗 邊境으로 이해되고 있음을 지적했다. 그러나 이 기사만으로는 영토를 회복했다고 보기 어렵다. 地方官과 戶長層이 존재하는 각 官司의 회복 정도로 보아야 할 것 같다.

84) 『高麗史節要』권17, 456쪽.

85) 위의 책, 456쪽.

86) 『高麗史』권58, 地理志 3, 東界, (中) 306쪽.

87) 위의 책, 地理志 3, 東界, (中) 305~306쪽.

88) 『高麗史』권34, 世家, (上) 698쪽.

89) 『高麗史』권58, 地理志 3, 東界, (中) 307쪽.

사료 나-(4)에서 高宗 45년 대몽전쟁 때 東北面의 15州民을 섬으로 이주시켰는데, 먼저 猪島로 옮겼다가 다시 竹島로 옮겼다. 그러나 竹島는 여건이 좋지 않아서 주민 대부분이 흩어지고 10의 2, 3만이 옮겼다. 高宗 45년 12월에 이 15개의 州가 원나라로 넘어갔는데, 여기에는 龍津縣人 趙暉와 定州人 卓靑이 주도하고 登州・文州人이 가세하였다. 이들은 이 지역의 토착세력으로서 서로 모의해 몽골병을 끌어들였고, 대부분 몽골 지배의 雙城摠管府 지역으로 넘어갔다.

이후 이 지역은 恭愍王 5년까지 雙城摠管府 지배 아래 있었으나,[90] 사료 나-(5)와 (6)에서와 같이 恭愍王 5년 이전에도 和州・登州・文州 등이 고려의 지배영역에서 발견된다. 여기서 사료 나-(4)의 高宗 45년 12월 기사에서 竹島로 피난했을 때 東北面 兵馬使를 비롯해서 和州副使・登州副使가 함께 있었다는 사실에 주목할 필요가 있다. 15개 州가 함께 섬으로 옮겼을 때 그 토착세력과 아울러 지방관들이 함께 이동했고, 이후에 관할 영토는 상실했어도 이들로 구성된 官司가 남아 있어 그 존재가 인정되었다.[91]

하지만 사료 나-(4)에 보이듯이 이 지역의 토착세력 대다수가 원나라에 귀부했으므로, 남은 세력으로 官司를 유지하는 것은 상당히 어려웠다. 따라서 각 주의 통합 및 이동이 몇차례씩 이루어졌다. 사료 나-(5)에서 和州는 그 토착세력 대부분이 원나라로 넘어갔는지 登州에 합쳐졌고, 和州를 합친 登州는 襄州를 거쳐 杆城으로 옮겨졌다. 이는 물론 관사의 이동이었다. 사료 나-(6)의 文州 역시 宜州에 합쳐졌다가 忠穆王 元年(1345)에 분리되었다. 전쟁 직후에는 文州도 和州와 마찬가지로 독자적으로 官司를 유지할 수 없었는데, 忠穆王代에 어느 정도 회복해서 宜州로부터 분리될

---

90)『高麗史』권39, 世家, 恭愍王 5년 7월, (上) 772쪽에 '東北面兵馬使柳仁雨陷雙城摠管趙小生・千戶都卿遁走 收復和登定長預高文宜州 及宣德・元興・寧仁・耀德・靜邊等鎭'이라고, 恭愍王 5년에 회복된 지역의 이름이 구체적으로 언급되어 있다.

91) 方東仁, 앞의 논문, 1983, 117~123쪽 참조. 이러한 사례는 고려말 倭寇 侵入이 극성이었을 때 海岸의 군현에서도 많이 발견된다.

수 있었다. 이러한 변화를 사료 나-(5)의 登州條에서는 '忠烈王 24년 各還本城'이라고 기록한 것이다. 이 지방 본래의 관할지역은 恭愍王 5년에 되찾지만, 그 官司의 일부는 忠烈王 24년에 회복해서 각 城으로 분리될 수 있었다.

근 40년간 지배지역을 잃고 이동하는 사이 토착세력은 그 중심이 되어 여전히 기득권을 유지하기도 했지만, 많은 수가 주로 가까운 東界 일대에 흩어졌다. 그 기반을 잃은 토착세력은 당연히 큰 타격을 받았다.[92] 그것은 다음의 사례에서 구체적으로 살펴볼 수 있다.

> 다-(1) 戶學生金多式(70세) 本登州. 父金仁祐 祖金延 曾祖金公. 母召史 本同村 外祖副戶長金祿. 戶妻四加伊(60세) 本文州. 父朴英立 祖朴松延 曾祖不准. 母福莊 本平昌 外祖戶長李閑有 …… 右人矣段 身矣口申以施行 ('李太祖戶籍原本' 5폭 6호)

> (2) 戶學生全成吉(30세) 本㫋善. 父全桂 祖備巡衛散員同正全哲 曾祖散員同正全甫. 母於蓮 本文州 外祖陳守連. 戶妻無乙德(27세) 本原州. 父元天奇 祖元伯 曾祖不准. 母召史 本同村 外祖李公. 并産壹女無斤伊(8세). 戶父母同生長妹九德(37세) …… 致和元年(1328)十月日 中部上星化九里 辛酉年(1321) 祖全哲付京戶口 及外祖連谷陳省以准 ('李太祖戶籍原本' 5폭 2호)

> (3) 戶前左右衛保勝郎將朴彦(57세) 本龍津. 父檢校郎將朴亮 祖散員

---

92) 그것은 『世宗實錄地理志』에 보이는 조선초 이 지역의 土姓의 현황에서 잘 드러난다.

文川郡(文州)	本郡 入姓 3 亡入姓 35續姓 2
	雲林鎭 亡入姓 13
安邊都護府(登州)	本府 土姓 10 來姓 2 入姓 1
宜川郡(宜州)	本郡 亡土姓 13 亡入姓 3 續姓 1
龍津縣	入姓 4 亡入姓 25

登州·宜州에는 본래부터의 토착세력인 土姓이 있지만, 그 밖의 지역에는 이주해 온 '入姓' '來姓' '續姓' 등이 다양하게 존재하였다. 그러나 이들 대부분은 이 지역에 정착하지 못해 '亡姓'으로 처리되었다. 사라진 많은 亡姓은 移動하는 사이에 몰락했거나 다른 지역으로 다시 移住한 게 아닌가 한다.

同正朴長金 曾祖戶長朴奇. 母小斤伊 本同村 外祖戶長朴蒙吾金. 戶妻栗伊(58세) 本平江. 父學生蔡連 祖兵正仇等金 曾祖都領郞將 其仁. 母無加伊□ 本寧遠 外祖□□金台. 并産壹男朴興順(31세) …… 右員矣 前年九月付火次 戶口作文等乙燒亡 口申以施行 ('李太祖戶籍原本' 4폭 2호)

사료 다-(1)의 戶主 金多式은 學生이지만, 그 直系와 처의 直系가 모두 無職者이고 증조의 이름조차 파악되지 않았다. 金多式과 처의 외조는 각각 부호장·호장이어서, 두 집안 모두 호장층으로서 鄕役에서 벗어났음을 알 수 있다. 金多式의 直系와 外祖가 모두 登州의 土姓이고 외조가 登州의 副戶長이었으므로, 부모의 혼인은 그 지역에서 늦어도 1320년 이전에 이루어졌을 것이다.

그런데 戶主의 처가는 文州의 토착세력이지만[93] 처의 외가가 平昌의 土姓이고 외조가 호장이었으므로,[94] 처가는 文州에서 平昌으로 이주하여 이 지역의 호장층과 혼인한 것으로 보인다. 처의 나이를 고려하면 처의 부모는 늦어도 1330년 이전에 혼인을 했을 것이고, 처가의 이주도 그 이전으로 어림잡을 수 있다. 즉 처가는 文州가 아직 宜州에 합쳐 있을 때 文州를 떠나 平昌으로 이주한 집안이다. 이러한 처가와 혼인을 한 戶主의 집안도 1350년대에는 平昌 부근으로 이주한 것으로 추정된다. 두 집안은 각각 東北面의 登州·文州에서 東界로 내려온 것이다.

한편 호주 및 그 처의 외조가 각각 호장층임에도 불구하고 준거자료가 없어 '口申'으로 본 호적을 작성하였다. 앞서 보았듯이 登州·文州는 이동이 빈번했던 곳이어서, 그러한 이동이 이 집안에도 타격을 준 듯하다. 그

___

93) 『世宗實錄地理志』, 咸吉道 文川郡 姓氏條, 640쪽에 朴氏는 춘주에서 온 本郡入姓 과 續姓으로 나타나고 있다. 文州는 土姓이 없는 지역이고 入姓 중에서도 35개가 亡姓이 된 사정을 감안하면, 이들은 고려 전기나 후기에 다른 곳에서 이주해 와 그 곳에서 상당한 기반을 마련했던 것으로 보인다.

94) 『高麗史』 권58, 地理志 3, 東界, (中) 305쪽에 따르면 平昌은 忠烈王 16년에 忠淸道에서 東界(江陵道)로 편입된 지역이며, 妻의 外家 李氏는 『世宗實錄地理志』, 江原道 平昌郡 姓氏條, 560쪽에 土姓으로 나타난다.

直系 3代가 모두 無職者이고 증조는 준거자료가 없어 '金公'이나 '不准'으로 처리된 것도 이런 맥락에서 이해할 수 있다. 바로 그 증조들의 활동시기가 주의 이동이 진행되었던 1260~1290년대로 추정되어, 이러한 사실을 더욱 분명히 해준다.

　이렇게 이주하는 가운데 그 기반을 유지하는 것은 그리 쉽지 않았다. 사료 다-(2)의 사례를 보자. 全成吉은 강원도 정선군의 토성 출신인데, 그 선조는 일찍이 散職化해서 적어도 忠肅王 8년(1321) 이전에 개경에 올라와 있었다. 본관이 文州인 외조 陳守連과 어떻게 연결되었는지 알 수 없으나, 큰 누이의 나이를 볼 때 늦어도 부모의 혼인은 1353년에는 이루어졌다. 따라서 이즈음에는 외조 陳守連도 개경에 있었던 것 같다.

　하지만 그의 외조에 대한 기록이 開京에 남아 있지 않아서인지 溟州의 屬縣인 連谷縣의 보고에 준거하였다. 자료의 문맥으로 보면 祖 全哲이 개경에 있을 1320년대에 외조 陳守連은 連谷縣에 있었다는 추정이 가능하다. 외가는 사료 다-(1)의 金多式의 처가와 마찬가지로 비슷한 시기에 文州에서 먼저 連谷縣으로 이주했다. 그러나 『世宗實錄地理志』의 連谷姓 중 이주성에는 陳氏가 보이지 않는다.[95] 호주의 외조처럼 일부 개경으로 다시 이동했거나 또는 몰락하여, 連谷縣에서도 지배세력으로 정착하지 못했다.

　한편 이주자 중에는 사료 다-(3)의 경우처럼 중앙으로 이주해 實職을 얻는 데 성공한 집안도 있었다. 戶主 朴彦은 본관이 함경도 龍津인데, 증조와 외조가 그 곳의 호장이었던 호장층이다.[96] 龍津縣은 文州의 속현이

---

95) 『世宗實錄地理志』, 江原道 江陵大都護府, 556~557쪽. 연곡성의 土姓 중에는 陳氏가 있는데, 이들과 어떤 관련이 있는지 모르겠다. 혹시 文州에서 이주, 정착한 陳氏를 土姓으로 잘못 파악한 것은 아닐까.

96) 위의 책, 咸吉道 龍津縣, 646쪽. 龍津縣은 穆宗 9년(1009)에 성을 쌓았고 후에 文州에 속했으며, 禑王 5년(1379)에 나누어 縣令을 설치했다. 姓氏條에 朴氏는 '亡入姓' 25개 중의 하나여서, 조선초에는 그 기반을 잃은 것으로 보인다. 이는 龍津縣의 토착세력 거의 모두에 공통된 현상으로, 결국 龍津縣은 朝鮮 世祖 5년에 廢縣이 된다. 이상은 『新增東國輿地勝覽』 권49, 咸鏡道 德原都護府 고적조, 905쪽 참조.

었으므로 이 역시 문주와 함께 忠烈王 24년에 회복된 지역으로 보인다. 禑王 5년(1379)에 현령이 설치되기 전까지는 文州와 함께 병합 또는 분리되는 조치를 당했다.

호주의 직계는 조 朴亮이 散職을 얻으면서 鄕役에서 벗어났고, 같은 고을의 호장층인 외가와의 혼인이 이루어졌던 1330년대까지는 龍津에 거주했다. 이후 이 집안이 용진을 떠난 시기 역시 사료 다-(1)과 (2)와 같이 文州가 宜州에서 분리되기 이전이 아니었을까. 그리하여 戶主 당대 또는 父가 개경으로 이주하여 중앙군 左右衛의 실직을 가질 수 있었다.

그런데 그의 처는 平江(平康 ; 東州의 屬縣) 사람으로 조 仇等金이 兵正, 증조 其仁이 都領 郞將을 했던 호장층 출신이다.[97] 큰 아들의 나이를 보아 1360년대 이전에 혼인을 했을텐데 이들은 어디에서 만났을까. 혹시 호주의 집안이 개경으로 이동하는 과정에서 平康을 거쳤던 게 아닐까. 이와 같이 東界는 東北面의 호장층이 散職化하여 중앙으로 진출하는 과정에서 일정 기간 거쳐가는 곳이기도 했다.[98]

이상에서 동계로 이주한 호장층의 이주 원인을 살펴보았다. 이주 양상은 경상도·전라도 및 동계의 남부지역에서 동계의 북부로 이주하는 경우와 동북면에서 동계로 이주하는 경우가 구별되며, 그에 따라 이주 원인도 각각 달랐다.

전자는 원간섭기 남부지방을 중심으로 증가된 호장층에 대한 부담을 피하기 위해 우선 散職을 통해 閑散化한 후 동계로 이주한 것으로 보인다. 이는 대몽전쟁 후 東界에 대한 정부의 정책적인 배려로 인해 이 지역이 상대적으로 부담이 적었던 상황과 연관된 것이다. 후자는 동북면이 雙城摠管府 지역으로 넘어간 후 官司를 중심으로 남은 호장층이 이주한 것인데, 자신들의 토착기반인 토지와 백성이 없는 상황에서 관사를 유지하는 데서 오는 부담으로 향리직을 기피한 것 같다. 이들 역시 散職을 통해 免役을

---

97) 위의 책, 江原道 平康縣 姓氏條, 568~569쪽에 蔡氏는 土姓으로 나타난다.
98) 『高麗史』 권58, 地理志 3, 交州道, (中) 298쪽. 고려시대에 平康縣은 交州道에 속했고, 交州道가 東界(江陵道)와 합쳐진 것은 禑王 14년(1388)이었다. 平康은 東界에 바로 인접해 있었고 결국 東界에 합쳐질 정도로 지역의 특성이 유사했다.

하였으나, 군현이 이동하는 사이에 큰 타격을 받아 전자에 비해 불안정한 위치였다. 이들은 자의적으로 東界로 이주했다기보다는 당시 군현의 官司가 동계로 이동하는 상황에서 함께 이주한 것으로 보인다. 이 중 일부는 다시 중앙으로 이주하였다.

(3) 수복후 實職 진출과 동북면 이주

호장층의 이주에서 두드러지는 특징 중 하나는 恭愍王 5년(1356)에 원나라로부터 수복한 東北面 중에서도 和寧 중심의 지역으로 이동한다는 사실이다.

라-(1) 戶前伍尉崔奇(52세) 本淸河 以入寧仁鎭. 父檢校郎將注莊 祖檢校護軍崔剛 曾祖郎將貞庇. 母召史 本羽溪 外祖戶長李都者. 戶妻福加伊 本寧仁. 父戶長金文 祖戶長英之 曾祖占勿伊. 母召史 本同村 外祖金于金 …… ('李太祖戶籍原本' 4폭 6호)

(2) 戶檢校禮賓卿李元(57세) 本牛峯 以入和寧府. 父學生李允暉 祖通仕郎司醞令同正李應時 曾祖檢校禮賓卿李瑞. 母召史 本古阜縣 外祖別將同正李昌. 戶妻召史 本保安. 父令同正徐眞 祖令同正徐毛知伊 曾祖檢校軍器監徐金藏. 母召史 本同村 外祖戶長田奇…… ('李太祖戶籍原本' 6폭 2호)

(3) 戶學生徐福(50세) 本甫安. 父令同正田金 祖令同正毛知 曾祖檢校軍器監金莊. 母召史占勿伊 本同村 外祖戶長天奇. 戶妻金莊(49세) 本甫安. 父學生徐鈞 祖學生徐哲 曾祖令同正徐安吉. 母召史 本尙州 外祖別將同正方世 …… 右人矣段 妻邊戶口無 口申以施行. 洪武七年(1374) 四月日 父母現付和寧弘仁部陳省戶口妻邊件記以准 ('李太祖戶籍原本' 8폭 6호)

(4) 戶□□□丞吳益□ …… □高□ 父令同正吳仁伯 祖令同正吳守 曾祖令同正吳玄升 ……. 戶妻召史(32세) 本洪川以入和州 父檢校中郎將石福來 祖都染令同正石順達 曾祖令同正石道者. 母召史(56

세) 本同村 外祖別將同正張元卿 …… 戶祖妻父戶長沈和尙 本三
陟 祖戶長沈松會 曾祖戶長沈堅 母召史 本江陵 外祖戶長崔玄哲.
戶曾祖吳升玄 父文林郎軍器注夫同正吳順 祖注夫同正永長 曾祖
檢校太子瞻事威吳均 …… 戶曾祖妻召史 本和平 父戶長申玉 祖戶
長申甫 曾祖戶長申丁 母召史 本同村 外祖戶長全順 …… ('李太祖
戶籍原本' 7쪽 2호)

(5) 戶學生金元奇(55세) 本珍山. 父令同正金英 祖檢校中郎將金就 曾
祖檢校軍器監金眞. 母崔莊 本隣蹄縣 外祖戶長崔大. 戶妻个夫(44
세) 本同村. 父令同正吳恕 祖別將同正仁白 曾祖令同正吳英. 母召
史 本巨也縣 外祖戶長金龍戶. 幷産壹男金佐(27세) …… 洪武二十
四年(1391) 八月日 預州陳省夫妻同籍以准 ('李太祖戶籍原本' 8쪽
5호)

사료 라-(1)의 崔奇는 그 자신의 직계는 散職者이지만, 외가와 처가가
호장 집안이어서 그도 戶長層에 속했음을 알 수 있다. 崔奇의 본관은 慶尙
道 淸河縣이다.[99] 외조가 東界 羽溪縣의 호장인 것과[100] 崔奇의 나이를
고려하면, 늦어도 1330년대에 조 檢校護軍 崔剛이 본관을 떠나 먼저 羽溪
縣으로 이주해서 그 곳의 호장층과 혼인한 것으로 보인다. 그리고 처가가
寧仁鎭[101]의 호장 집안이므로, 1360년대 즉 수복 이후에 부 檢校郎將 注
莊이 다시 북쪽으로 더 올라가 처가와 혼인을 한 것으로 추정된다.

처가는 부모 모두 본관이 寧仁鎭이고 부·조가 호장이었던 집안으로,
이 지역에 토착기반이 있었다. 처가가 언제부터 이 곳에 정착했는지 알 수
없으나, 부·조가 호장이었다면 늦어도 1330년대부터는 寧仁鎭에 기반을

99) 『世宗實錄地理志』, 慶尙道 淸河縣, 413~414쪽에 따르면, 淸河縣은 高麗 顯宗 9
년 이래 慶州府의 屬縣이었다가 朝鮮 太祖 1년에 비로소 縣令이 설치된 곳인데,
姓氏 중 崔氏는 보이지 않는다. 다만 같은 屬縣이었던 安康縣의 續姓 崔·李氏
처럼 慶州府에서 屬縣으로 移住한 예가 아닐까 짐작해본다.
100) 위의 책, 江原道 江陵大都護府 姓氏條, 556~557쪽의 羽溪姓에 李氏가 보인다.
101) 『高麗史』 권58, 地理志 3, 東界, (中) 307쪽에 의하면 寧仁鎭은 高宗 45년 東北面
의 趙暉·卓靑이 원나라에 귀부했을 때 함께 넘어가서 恭愍王 5년에 되찾은 지역
이다.

잡았을 것이다. 이러한 처가의 기반을 근거로 崔奇의 집안도 寧仁鎭에 정착할 수 있었다.[102]

사료 라-(2)의 李元도 그 직계와 처가가 모두 散職者이지만, 처의 외조가 호장인 것으로 보아 이 집안 역시 호장층이었다. 李元의 본관은 본래 京畿의 牛峯郡이었는데[103] 和寧府[104]로 편입했고, 처가의 본관은 전라도 保安(甫安)縣[105]이다. 이들은 어디서 만날 수 있었을까. 이와 관련해서 사료 라-(3)의 기록을 참고할 만하다.

李元의 처는 사료 라-(3)의 戶主 徐福과 한 형제로 보인다.[106] 徐福은 처가가 같은 保安縣의 徐氏이고 외조도 保安縣의 호장으로서 함께 保安縣의 戶長層을 이루었던 집안이다.[107] 徐福의 나이를 고려하면 父 田金은 늦어도 1340년대에 보안현에서 호장 집안과 혼인을 했고, 그 뒤 和寧府로 이주하여 恭愍王 23년(1374)에는 和寧府 戶口에 올라 있었다. 사료 라-(2)의 李元이 화녕부로 이주한 배경은 바로 이러한 처가와 관련해서 생각해 볼 수 있다. 和寧府라는 지명은 恭愍王 18년(1369) 이후에 사용되었으므로

---

102) 『世宗實錄地理志』, 咸吉道 永興大都護府 姓氏條, 636~638쪽에 寧仁鎭의 亡入姓 13개 중 金氏는 蔚州와 高州에서 이주해온 것으로 나타나는데, 崔氏는 보이지 않는다. 妻家는 좀더 이른 시기에 이주해 와 寧仁鎭의 戶長으로 정착했고 崔奇의 집안은 뒤에 이주해 왔지만, 조선초에는 두 집안 모두 그 기반을 상실했다.

103) 위의 책, 黃海道 牛峯郡 姓氏條, 544쪽에 李氏는 土姓으로 나온다.

104) 『高麗史』 권58, 地理志 3, 東界 和州, (中) 306쪽. 和寧府는 본래 和州로서 高宗 때(1258) 몽골에 함락되어 雙城摠管府가 설치되었는데, 恭愍王 5년에 수복되어 恭愍王 18년에 和寧府로 승격되었다.

105) 『高麗史』 권57, 地理志 2, 全羅道 古阜郡, (中) 288쪽에서 古阜郡의 屬縣 중에 保安縣이 있다. 본 호적에서 同一人의 이름을 한자로 다르게 표기하는 경우가 가끔 있는데, '甫安縣'의 경우도 마찬가지로 보인다.

106) 李元의 妻와 徐福은 祖·曾祖의 이름이 같고 外祖의 이름도 田奇·天奇로 동일인물인데, 父의 이름은 각각 田金과 眞으로 다르게 나타나고 있다. 田奇(天奇)의 딸이 田金·眞과 각각 혼인한 게 아니라면 田金·眞은 동일인물일 가능성이 크다.

107) 『世宗實錄地理志』, 全羅道 扶安縣 姓氏條, 479~480쪽의 保安姓 중에는 徐氏가 보이지 않는다. 사료 가-(1)의 妻의 外家, 가-(2)의 妻의 外家, 가-(5)의 戶主, 라-(1)의 戶主의 사례처럼 이 지역의 戶長層이긴 했지만 고려말 일부가 和寧府로 이주한 뒤 남은 세력은 몰락한 게 아닌가 한다.

이들의 이주도 그 즈음이 아닐까 한다. 그렇다면 徐福의 집안이 먼저 보안현을 떠나 경기 지방을 경유하면서 李元과 혼인을 했고, 이후 함께 화녕부로 이주했다고 추정할 수 있다.

사료 라-(4)의 호주 吳益□의 직계는 6대조부터, 처가는 증조부터 모두 散職을 가지고 있다. 하지만 戶主의 조모의 집안은 삼척에서 대대로 호장이었으며, 祖母의 外祖도 강릉부의 호장이었다.108) 증조모 집안 역시 和平(化平)의 호장이어서,109) 이 집안도 본래는 호장층이었던 것으로 보인다. 이 자료의 뒷 부분은 거의 누락되어 자세한 내용은 알 수 없다. 다만 증조모·조모의 집안이 각각의 군현에서 호장층이었음을 감안하면, 4대조까지는 和平 등 전라도 지방에서 대대로 살다가 14세기 초반 증조 때 東界 지역으로 이동해 삼척 지방의 호장층과 혼인한 것으로 추정된다. '和平'이라는 지명은 이주할 당시의 지명이었을 것이다.

그런데 그 처가가 東界의 洪川에서 和州로 본관을 옮긴 것으로 보아, 戶主 역시 그 부나 조가 화주로 이주한 것 같다. 특히 처가는 본래 홍천의 토착세력이었는데 화주로 아예 본관을 옮겼다.110) '和州'라는 지명에서 이들의 이주 시기를 和寧府로 승격하는 恭愍王 18년(1369) 이전으로 짐작할 수 있다.

사료 라-(5)의 金元奇 역시 직계가 檢校職이나 同正職의 散職者로 이어지고 있지만, 그의 외조가 麟蹄縣의 호장이고111) 처의 외조도 巨也縣의 호장이어서112) 이 집안 역시 戶長層으로 보아도 무리가 없을 것 같다. 金

---

108) 위의 책, 江原道 三陟都護府 姓氏條, 570쪽 및 江陵大都護府 姓氏條, 556~557쪽에 沈氏는 三陟의 土姓이고 崔氏는 江陵府의 土姓으로 나온다.

109) 위의 책, 全羅道 茂珍郡, 509~510쪽을 보면, 이 지방이 化平府로 불린 것은 忠宣王 원년(1309)에서 恭愍王 11년(1362)에 걸친 짧은 시기에 불과했으며, 申氏는 고흥현에서 이주해온 續姓으로 鄕吏를 맡았다고 한다.

110) 위의 책, 江原道 洪川縣, 564쪽에는 妻家인 石氏가 '亡姓'으로 나타나는데, 같은 책, 咸吉道 永興大都護府의 來姓이나 續姓에는 보이지 않는다. 아마 그 곳에서 세력을 이루지는 못한 것 같다.

111) 위의 책, 江原道 麟蹄縣 姓氏條, 576쪽에서 瑞和姓에 崔氏가 있는데, 屬縣인 瑞禾縣 출신인 것 같다.

112) 위의 책, 全羅道 金溝縣 姓氏條, 476쪽에서 屬縣인 巨野姓에는 金氏가 보이지 않

元奇의 본관은 전라도 珍山(進禮縣의 屬縣)인데,[113] 1391년에는 東北面 豫州(預原郡)의 戶口에 올라 있다. 외조가 隣蹄縣의 호장이고 처가의 본관도 隣蹄縣이었다면, 늦어도 祖 김취가 1330년대에 인제로 이주하여 그곳에서 부 金英과 호주 金元奇의 혼인이 각각 이루어졌다고 생각한다. 호주가 다시 豫州로 이주한 것은 큰 아들의 나이를 볼 때 1360년 이후로 보아야 한다. 豫州는 和寧府와 마찬가지로 고종 45년에 원나라에 귀부했다가 공민왕 5년에 회복된 곳인데, 이주도 이즈음에 이루어졌던 것으로 보인다.[114]

東北面 지역으로 이주한 집단으로는 위와 같이 戶長層에서 散職化한 집안뿐 아니라 戶長層에서 탈락한 집안도 있었다.

　라-(6) 戶學生金德原(49세) 本三陟. 父白丁小明 祖丁白夫莊 曾祖戶長富
　　　三. 母召史 本德原 外祖學生金洪光. 戶妻召史(38세) 本寧仁鎭. 父
　　　檢校中郞將金松(76세) 祖副戶長順長 曾祖別將同正金占伊. 母召
　　　史 本旌善 …… ('李太祖戶籍原本' 8폭 7호)

戶主 金德原은 그의 증조가 삼척의 호장이었지만[115] 부·조는 白丁으로 戶長層에서 탈락해 있었다. 하지만 처가가 戶長層인 것을 보아, 아직은 그 지위를 유지하였다. 호주의 본관이 三陟인데 처가는 寧仁鎭, 외가는 경상도 德原이다. 戶主의 집안과 이 두 집안은 어떻게 연결되었을까.

먼저 德原을 살펴보면 본래 禮州로서 高宗 46년(1259)에 德原小都護府로 승격했다가 후에 禮州牧으로 승격했고, 다시 忠宣王 2년(1310)에는 寧海府로 고쳐졌다.[116] 이렇게 13세기 후반에 일시적으로 쓰인 덕원이라는

는다.

113) 위의 책, 全羅道 珍山郡 姓氏條, 472쪽을 보면, 金氏는 續姓(皆鄕吏)과 屬縣인 猿山姓, 金嚴(所)姓에 있다. 珍山의 金氏는 고려후기에 진산으로 이주했던지 아니면 속현이나 所 출신인지도 모르겠다.

114) 위의 책, 咸吉道 預原郡 姓氏條, 641쪽의 亡來姓에 金氏가 보이므로, 조선초 토착세력으로는 자리잡지 못했다.

115) 위의 책, 江原道 三陟都護府 姓氏條, 570쪽의 土姓 중에 金氏가 있다.

지명을 본관으로 사용한 것은 그 곳을 떠날 때의 지명이기 때문이 아니었을까. 그렇다면 호주의 외가는 바로 그 즈음에 三陟으로 이주했고, 그것은 호주의 증조가 삼척의 호장이었을 때와 비슷한 시기로 추정된다. 호주의 부와 혼인을 한 것도 삼척이었던 것 같다.

한편 처가의 경우 조부가 寧仁鎭의 부호장이었다고 하지만, 이 곳은 본래 토착세력이 없는 곳이므로 이들 역시 사료 라-(1)과 같이 좀더 이른 시기에 이주해온 집안이었다.[117] 처가는 호장 또는 散職을 보유하고 있으므로, 아무래도 戶長層에서 탈락한 戶主의 집안과 본관이 旌善인 처의 외가가 寧仁鎭으로 이주해서 혼인이 이루어졌던 것으로 보인다. 戶主가 學生의 신분을 얻은 것은 바로 寧仁鎭이 아니었나 생각한다.

위와 같이 鄕吏職에서 벗어난 戶長層 출신의 在地閑散이 원나라로부터 회복한 東北面, 특히 和寧府와 그 근처로 이동하였으며, 그 본관은 경상도·전라도·경기도·동계 등 다양하였다. 이러한 이동이 왜 일어났을까. 이와 관련해 당시 이 지역에 대한 정부의 정책이 주목된다.

(恭愍王 4년 12월 辛未) 是歲 我桓祖 以雙城等處千戶來見. ⋯⋯ 雙城地頗沃饒 東南民無恒産者 多歸焉. 國家聞于中書省 奉聖旨差官來 遼陽省差官來. 王遣行省郎中李壽山 往會 區別新舊籍民 謂之三省照勘戶計. 其後 無綏失宜 稍稍流徙. 王命桓祖主之 民由是得安其業[118]

고려 정부가 아직 雙城 이북의 지역을 회복하기 전에 李成桂의 아버지 李子春이 恭愍王을 만났을 때의 기록이다. 여기에는 당시 雙城(和寧府) 지방의 실태가 잘 나타나 있다. 이에 따르면 이 지역은 비옥하여 동남 지방의 일정한 재산이 없는 백성들이 많이 이주해간 곳이었다.[119] 고려 정부

116)『高麗史』 권57, 地理志 2, 慶尙道 禮州, (中) 272쪽.

117) 주102)에서와 같이 寧仁鎭의 亡入姓에 속한 것으로 보인다.

118)『高麗史』 권38, 世家, (上) 768쪽.

119) 특히 몽골과의 전쟁기에 많은 移住民이 雙城 지역으로 넘어갔는데, 李子春의 선조 李安社도 本貫인 全州를 떠나 三陟을 거쳐 宜州로 流民 집단을 이끌고 이주했다가 高宗 45년에 원나라에 귀부한 대표적인 인물이다. 원나라와 관계가 원만

는 원나라의 협조 아래 이 지역의 호구를 나름대로 파악하기도 했지만, 恭愍王 때는 이미 많은 수가 流移하고 있는 실정이었다. 다음은 『世宗實錄地理志』에 기록된 이 지역 토착세력의 상황이다.

永興大都護府　本府(和寧府) 土姓 22, 來姓 2, 續姓 1
　　　　　　　永興鎭　亡姓 17, 續姓 2
　　　　　　　靜邊鎭　土姓 6, 來姓 3, 村落亡姓 9
　　　　　　　寧仁鎭　亡入姓 13
　　　　　　　長平鎭　亡入姓 16
　　　　　　　耀德鎭　亡入姓 16
預原郡　　　　元興鎭　入姓 3, 亡入姓 24
　　　　　　　豫州　　亡土姓 19, 亡來姓 15, 亡村落姓 2
　　　　　　　宣德鎭　入姓 2, 亡入姓 52, 續姓 1

'古籍'에 기록된 土姓이 존재하는 곳은 和寧府와 靜邊鎭·豫州뿐이며, 그나마 豫州의 土姓은 19개 모두 流亡한 것으로 나타난다. 13세기 이전에 이주해 왔던 入姓이나 來姓의 수가 다른 지역에 비해 대단히 많아서, 이 지역은 이주자 중심으로 지방세력이 형성되었음을 알 수 있다. 하지만 和州를 제외하면 거의 모두 망실되어, 이 지역에 정착하는 것이 얼마나 어려운 일이었는지 잘 보여준다.

따라서 恭愍王 5년 7월에 高麗가 이 지역을 수복한 이후의 과제는 되찾은 이 지역을 어떻게 유지할 것인가였다. 이는 다음의 기록에서 확인할 수 있다.

　　(恭愍王 10년 2월 丁酉) 我桓祖以判將作監事 爲東北面兵馬使. 御史臺

해지면서 고려정부는 집요하게 高麗民의 추쇄를 요구했고, 그에 관한 기록이 忠烈王代에 집중적으로 나타나 무려 24회에 이른다. 이에 관해서는 다음의 논문을 참조. 양원석, 「麗末의 流民 문제」, 『이병도박사 화갑기념논총』, 1956 ; 方東仁, 「高麗時代 北界劃定에 관한 研究」, 경희대 박사학위논문, 1983 ; 許興植, 「고려말 李成桂의 세력기반」, 『역사와 인간의 대응 - 한국사편』, 1985 ; 김순자, 「원간섭기民의 동향」, 『14세기 고려의 정치와 사회』, 1993.

上疏以爲 李(桓祖諱)東北面人而又本界千戶也 不可使爲鎭守. 王不允
賜宴慰行 …… 桓祖至北道 未幾馳報 本國人入彼土者 皆順命出來[120]

恭愍王 10년 2월, 李子春을 東北面 兵馬使로 임명하자 어사대에서 '東
北面 千戶'를 그 지역 兵馬使로 임명하는 것은 불가하다고 반대를 했다.
이제까지의 정책은 중앙에서 이 지역을 직접 장악하는 것이 원칙이었다.
하지만 강한 반대에도 불구하고 東北面의 대표적 토착세력인 李子春을 兵
馬使로 임명한 것은 그만큼 이 지역의 안정을 위해 필요했기 때문이다.[121]
그러한 사정은 李子春이 임명되자 여진 지역으로 넘어갔던 고려인이 모두
돌아왔다는 기록에 잘 드러난다. 고려 정부는 이 지역의 회수에 그치지 않
고 인구 확보에도 상당히 관심을 기울였다.

그 결과인지 앞의 사례와 같이 이 지역으로 이주하는 자가 속속 늘었다.
다음은 그러한 이주자들에 대한 정부의 배려이다.

(恭愍王 20년 12월) 下敎 …… 一. 東西兩界 新附人戶 理宜安集 其令都
巡問使 給糧與田 無令失業[122]

恭愍王 20년(1371) 7월에 辛旽을 제거한 뒤 호적의 정비 등 다시 체제를
정비하던 때였다. 연속되는 침입이 있었어도 東西 兩界에 새로 이주한 자
들이 꽤 있었던 모양이다. 그들에게 양식과 토지를 주어 정착할 수 있도록
해주려는 방침이 표방된 것이다. 사료 라-(1)이나 (2), (4)의 경우처럼 아예
本貫을 옮긴 것은 東北面을 수복한 뒤 이 지역에 대한 인구 확보 정책과
관련되지 않을까 생각한다.[123] 특히 和寧府 일대는 租稅와 敎育에서도 특

---

120) 『高麗史』 권39, 世家, (上) 786쪽.
121) 고려정부가 東北面을 직접 장악하는 데 실패한 뒤 새롭게 모색한 제도가 恭愍王
    19년부터 和寧府에 실시되는 土官制이다. 즉 雙城摠管府 지배 아래 세력을 다져
    온 토착세력과 재래의 지배구조를 고려의 지방제도로 수용한 것이라고 한다. 이상
    은 김순자, 「고려말 東北面의 지방세력연구」, 연세대 석사학위논문, 1987 참조.
122) 『高麗史』 권79, 食貨志 2, 戶口, (中) 732쪽.
123) 『高麗史』 권81, 兵志 1, 兵制, 禑王 2년 8월, (中) 786쪽에 각도에 사신을 보내어

별한 배려를 하였다.

마-(1) 我太祖獻安邊之策曰 東北一道州郡 介於山海 地狹且塉 今其收稅
不問耕田多寡 唯視戶之大小. 和寧於道內 地廣以饒 皆爲吏民地祿
而其地稅官不得收 取民不均餉軍不足. 今後道內諸州及和寧 一以
耕田多寡科稅 以便公私.[124]

(2) 置京中五部及東西北面府州儒學敎授官[125]
各道牧府亦置之[126]

사료 마-(1)은 禑王 9년(1383) 8월에 東北面 도지휘사로 임명된 李成桂
가 올린 안변책의 일부이다. 東北面에서도 화령은 땅이 넓고 비옥한데, 모
두 吏民의 地祿이 되어 官에서 地稅를 거두지 못하고 있음을 지적하였다.
吏民의 地祿이란 土官에게 주는 것으로, 수복된 이 지방의 토착세력인 토
관이 점유하고 있던 토지를 그대로 인정해준 것을 의미한다.[127] 이는 정부
의 관여가 그만큼 없었음을 나타낸다. 따라서 남부지방의 토착세력에서 탈
락한 자들이 이 곳으로 모일 수 있는 여건이 되지 않았나 생각한다. 동북
면의 이주자가 화령 일대에 집중되는 것도 이와 관련해서 생각할 수 있다.

군사를 점고한 결과가 다음과 같이 나와 있다.

	기병	보병		기병	보병
양광도	5,000	20,000	경상도	3,000	22,000
전라도	2,000	8,000	교주도	400	4,600
강릉도	200	4,700	삭방도	3,000	7,000
평양도	600	9,000	서해도	500	4,500

여기서 東北面에 해당하는 朔方道의 군사가 全羅道와 같은 수준이고 다른 지역
에 비해 기병이 많음을 알 수 있다. 이는 이 지역의 막강했던 군사력을 나타내기
도 하지만, 다른 한편으로는 이 지역의 인구 집중 현상과 연관해서 생각해 볼 수
있는 기록이기도 하다.

124)『高麗史』 권78, 食貨志 1, 田制, 租稅, 禑王 9년 8월, (中) 729쪽.
125)『高麗史節要』 권34, 恭讓王 2년 2월, 873쪽.『高麗史』選擧志에는 서북면만 언급
되어 있는데, 여기에서는 東北面도 함께 언급되었다.
126)『高麗史』 권74, 選擧志 2, 學校, 恭讓王 3년 정월, (中) 629쪽.
127) 李載龒,「朝鮮初期의 土官」,『朝鮮初期 社會構造硏究』, 1984, 61쪽.

사료 마-(2)에서 恭讓王 2년에 儒學敎授官을 설치할 때 개경과 東北面·西北面이 各道의 牧·府보다 우선했다. 이미 조선 건국세력이 권력을 잡아가던 무렵이지만, 당시 고려 정부가 東·西北面의 변경을 수도와 같은 비중으로 다루었음을 보여준다.

한편 戶長層 출신의 散職者들의 이주는 특히 다음의 정책과도 관련이 깊다.

> 令西北鄙 納粟補官以充軍食 自白身補伍尉者 出米十石·豆五石 自檢校補八品者 出米十石·豆十五石 自八品補七品者 米豆各十五石 自七品補六品者 米豆各二十石[128]

禑王 초기는 北元의 위협과 倭寇의 침입에 매우 시달리던 때였다. 이에 대비하기 위해 수시로 諸道의 軍士를 동원하곤 했다. 특히 禑王 2년(1376) 8월에는 定遼衛 침입에 대비하여 各道에 사신을 보내어 군사를 점검하고, 9월에는 中外의 官職者·吏民·奴婢에 이르기까지 군량을 거두었다.[129] 이 때 서북면 지역에서는 군량을 충당하기 위해 곡식을 받고 관직을 팔았는데, 아무 관직이 없는 '白身'이 '伍尉'에, 또 散職인 '檢校'에서 實職 8品에 임명될 수 있었다. 이 기사는 西北面의 것이지만 같은 변경지대인 東北面 역시 이와 비슷한 상황이 아니었을까.[130] 이러한 기회가 자주 있지는

---

128) 『高麗史』권80, 食貨志 3, 賑恤, 納粟補官之制, 禑王 2년 12월, (中) 774쪽.
129) 『高麗史節要』권30, 禑王 2년 9월, 757쪽.
130) 恭愍王代 위급한 상황에서 李成桂를 비롯한 東北面 군사가 곳곳에 동원되어 공을 세웠다는 기록이 자주 보이는데, 이 역시 관직을 얻을 수 있는 좋은 기회가 되었을 것이다.
　　恭愍王 9년 2월, 東北面 千戶 丁臣桂가 군사 1천 명을 거느리고 홍건적을 물리침
　　10년 10월, 東北面 上萬戶 李成桂가 군사 1,500명을 이끌고 禿魯江 萬戶 朴儀의 난을 진압하는 데 참여
　　11년 1월, 홍건적 10만 명이 침입했을 때 開京을 수복하는 과정에서 李成桂가 군사 2천 명을 이끌고 활약
　　11년 7월, 納哈出 침입 때 李成桂가 활약
　　13년 1월, 덕흥군의 침입 때 李成桂가 기병 1천 명을 이끌고 활약. 그 사이 和州

않더라도 實職을 얻고자 하는 이들에게는 다시 없는 기회가 되었을 것이다. 사료 라-(1)의 崔奇가 말단이지만 伍尉라는 軍의 實職을 가졌던 것도 그 한 예이다.

하지만 앞서 살펴본 각 사례의 성씨집단이 『世宗實錄地理志』의 姓氏條에는 거의 보이지 않는다. 결국 고려말 자신들의 토착기반을 떠난 散職者들이 이주지역에서는 제대로 정착하거나 세력을 형성하지 못했다.

이상에서 고려후기 이래 散職으로 진출한 戶長層이 지방사회에서 在地閑散이라는 새로운 지방세력을 형성하였는데, 그 일부는 開京이나 東界로, 또는 먼 東北面의 변방지대로 이주하였음을 살펴보았다. 재지한산의 이주는 개경과 동북면 등으로 이주한 경우처럼 避役에 그치지 않고 實職에 진출하고자 했던 것이 가장 큰 이유가 되었던 것 같다. 고려말 조선초에 士族이 되었던 집안의 戶口單子를 보면, 대부분 경우 산직을 통해 호장 등 향리직에서 일단 벗어나고 그 이후 실직에 진출했음을 발견할 수 있다. 즉 在地閑散으로 상당 기간 존재하고 그 이후에야 실직에 진출했던 것이다. '李太祖戶籍原本'에 나타나는 이주 경향은 바로 그러한 당시 상황을 반영한 것이라고 할 수 있다.

그러나 在地閑散이라고 해서 모두 유력한 토착세력은 아니었다. 동계와 동북면으로 이주한 사례에서 보았듯이, 자신들의 토착기반이 미약하거나 또는 토착기반을 상실하여 좀더 여건이 좋은 곳으로 이주하는 경우도 있었다.[131] 『世宗實錄地理志』 姓氏條에 없었던 사료 가-(1)과 (2)의 처의 외

이북이 북방족에 함락되자, 같은 해 2월에 李成桂는 和州·咸州를 다시 수복

13년 3월, 倭寇로 漕船이 막히자 東北面의 武士를 동원함

19년 1월, 東寧府 공격에 李成桂가 騎兵 5천 명, 步兵 1만 명을 이끌고 도움.

131) 실제로 黃海道 康翎縣의 來姓인 趙氏의 경우, 朝鮮 太祖 4년에 海安縣이 殘亡해서 都評議使司에 보고하여 康翎縣의 鄕吏로 移入되었다고 한다. 海安縣은 倭寇 침입으로 그 지역을 잃게 되자 禑王 9년에 靑松縣에 부쳐졌고, 太宗 16년에 그 땅이 長淵縣 지경으로 넘어왔다고 하여 長淵縣의 直村으로 삼고, 그 人吏와 奴婢는 松禾縣(靑松縣+嘉禾縣)에 부친 곳이다. 그리하여 海安縣의 鄕吏層은 관할지역을 잃고, 부근의 松禾縣에 합쳐지거나 康翎縣으로 이주하는 등 흩어졌다. 鄕吏層의 移住가 토착기반의 상실과 관련이 깊음을 보여주는 사례이다. 『世宗實錄地

가, 사료 가-(5)와 라-(1) (3)의 戶主의 경우나, 사료 나-(1) (2), 라-(4) (5)
와 같이 고려후기 이후 이주한 것으로 보이는 續姓 출신들은 고려초 이래
의 토착 戶長層이 아니었다.

　따라서 해당 지역에서 호장직을 맡긴 했지만 그 기반이 든든하지 못했
고, 설사 강했다 하더라도 거주지 이동은 세력기반의 상실을 가져왔다. 각
사례마다 『世宗實錄地理志』와 비교해 보았듯이 이주지에서 이들 移住集
團이 토착세력으로 정착하는 데는 실패했다.

3. 호장층의 流亡

1) 호장층의 유망과 土姓의 亡失

　戶長層의 주거 이동에서도 당시 지방사회에 큰 영향을 끼친 것은 가장
유력한 토착세력이었던 戶長層이 토착기반을 잃고 流亡하는 것이었다. 고
려후기에는 戶長層의 지위가 전반적으로 하락하고, 그 토착적인 기반이 약
화되는 가운데 戶長層의 일부가 유망하는 현상이 나타난다. 조선초『世宗
實錄地理志』에는 이를 亡姓으로 정리했다.

　가-(1) 凡稱亡姓 謂古籍所有而今無者 後皆倣此[132]

　地理志 편찬자는 亡姓을 '古籍'에는 있었으나 편찬 당시에는 없는 성씨
라고 부기하였다. 즉 고려후기 '古籍'에는 있었는데 지리지가 편찬된 15세
기 초에는 후손이 없는 성씨이다. 따라서 망성은 '고적'이 작성되던 13세기
경부터 15세기 초 사이에 발생했다.

　『世宗實錄地理志』에는 편찬 당시에 없는 성씨를 표현하는 방법이 여러
가지 나타난다. 가장 대표적인 것이 망성이고, 그밖에 다른 표현이 가끔 보

　理志』, 黃海道 康翎縣・長淵縣・松禾縣 참조.
132)『世宗實錄地理志』, 京畿道 廣州牧, 307쪽.

인다.

　가-(2) 瑞興都護府[133] : …… 亡姓 2 …… 來接姓 趙 盧 朴 權 庾(今無)
　　　　鳳山郡[134] : …… 亡姓 3 …… 外姓 9 崔 金 白 韓 裵 開 黃 郭 車
　　　　　　　　　　(裵以下五姓今亡)
　　　　長淵縣[135] : …… 來姓 李 景 林(今皆無)
　　　　靈山縣[136] : …… 來姓 1 朴(興州來. 今無繼姓人)

　　(3) 海豊郡[137] : 本郡 土姓 4, 亡姓 1, 來姓 1, 亡來接姓 4, 村亡姓 5
　　　　通津縣[138] : 本縣 土姓 2, 亡姓 1, 亡次姓 2, 亡來姓 1, 亡村姓 1
　　　　報恩縣[139] : 土姓 3, 亡姓 2, 亡來姓 2, 亡村姓 1
　　　　龍安縣[140] : 土姓 4, 來接亡姓 1

　사료 가-(2)에는 地理志 편찬 당시에 없는 성씨를 '今亡' '今無'로도 표
기하였다. 이러한 '今亡' '今無'는 사료 가-(2)의 慶尙道 靈山縣條에 기록
되었듯이 '지금 姓을 잇는 사람이 없음'을 의미한다. 이 점은 亡姓도 마찬
가지였다. 그러나 '今亡' '今無'는 주로 사료 가-(2)와 같이 來姓에 쓰였고,
亡姓은 사료 가-(3)과 같이 亡次姓 · 亡村姓 · 亡來(接)姓과 별도로 기록
되어 있다. 이는 망성이 次姓 · 村姓 · 來(接)姓 등을 제외한 姓種, 즉 토성
과 관련되었음을 나타낸다. 망성은 본래 13세기 '古籍'에는 토성으로 올라
있었지만, 지리지 편찬 당시에는 소멸되어 道關에서 빠졌던 성씨이다.
　망성도 본래는 토성이었으므로 이전에는 人吏姓이었거나, 인리성과 次
吏姓 또는 百姓姓으로 구성되어 있었을 것이다. 이는 본고 제3장 제1절의

---

133) 위의 책, 黃海道, 529쪽.
134) 위의 책, 黃海道, 530~531쪽.
135) 위의 책, 黃海道, 538쪽.
136) 위의 책, 慶尙道, 412쪽.
137) 위의 책, 京畿道, 336쪽.
138) 위의 책, 京畿道, 339쪽.
139) 위의 책, 忠淸道, 365쪽.
140) 위의 책, 全羅道, 479쪽.

사료 나-(1)에서 淳昌郡 福興縣의 망성이 인리성·백성성으로 나뉘어 있는 것에서도 확인된다. 비록 구별은 안되었어도 그밖의 토성과 망성 역시 인리성과 차리성·백성성의 서열에 따라 일정하게 정리되어 있었다. 이는 『世宗實錄地理志』와 비슷한 시기에 편찬된 『慶尙道地理志』나 뒤에 편찬된 『新增東國輿地勝覽』과 내용을 비교해 보면 잘 알 수 있다. 『慶尙道地理志』는 토착성씨를 存亡의 구별 없이 모두 토성으로 정리하였고, 『新增東國輿地勝覽』 역시 그 본관 출신의 성씨를 모두 정리하고 있어 전체의 서열을 알 수 있다.

亡姓은 유망한 戶長層과 차리층을 모두 포함한 것으로, 후대에는 두 부류의 토착세력을 구별하지 않았어도 그 서열은 남아 있어 戶長層의 몰락의 정도를 알 수 있는 좋은 자료가 된다.

나-(1)　尙州牧 丹密(屬縣)：人吏姓 1 羅, 村落姓 1 孫 (『世宗實錄地理志』, 慶尙道, 431~432쪽)

　　　　尙州牧官 丹密縣：土姓 3 羅 孫 申 (『慶尙道地理志』, 227쪽)

　　　　尙州牧：(丹密) 羅 孫 (『新增東國輿地勝覽』 권28, 慶尙道, 484쪽)

(2)　星州牧：八莒(屬縣)姓 3 都 玄 任, 百姓姓 2 田 卞 (『世宗實錄地理志』, 慶尙道, 434쪽)

　　　　星州牧官 八莒縣：土姓 5 都 玄 任 田 卞 (『慶尙道地理志』, 237쪽)

　　　　星州牧：(八莒) 都 玄 任 田 卞 (『新增東國輿地勝覽』 권28, 慶尙道, 492쪽)

(3)　巨濟縣：本縣土姓 4 鄭 潘 朴 尹, …… 村落姓 2 朴 白, 百姓姓 2 孫 曹 (『世宗實錄地理志』, 慶尙道, 453쪽)

　　　　巨濟縣：土姓 6 鄭 潘 朴 尹 曹 孫, 村姓 朴 白 (『慶尙道地理志』, 285~286쪽)

　　　　巨濟縣：(本縣) 潘 鄭 朴 尹 孫 曹, 朴 白(並村) (『新增東國輿地勝覽』 권32, 慶尙道, 578쪽)

(4) 南原都護府 : 土姓 11 梁 鄭 晉(爲人吏姓), 尹 楊 甄 皇甫 廉 裵
　　　　　　　　　柳 黃(百姓姓) (『世宗實錄地理志』, 全羅道, 496쪽)
　　　南原都護府 : (本府) 梁 鄭 晉 楊 甄 皇甫 李 尹 黃 廉 裵 柳 (『新
　　　　　　　　　增東國興地勝覽』 권39, 全羅道, 692쪽)

　　사료 나-(1)~(4)는『世宗實錄地理志』의 인리성·백성성이『慶尙道地
理志』및『新增東國興地勝覽』에 어떠한 순서로 정리되었는지를 알 수 있
는 사례이다. 사료 나-(1)의 尙州牧 丹密縣의 경우『慶尙道地理志』의 토
성은『世宗實錄地理志』의 인리성·촌락성을 순서대로 나열한 것이다. 물
론 인리성에 해당하는 羅氏가 선두에 있다. 이러한 순서는『新增東國興地
勝覽』에서도 마찬가지였다.

　　사료 나-(2)나 (3), (4)도 모두 같은 이치이다. 사료 나-(2)의 星州牧 八
莒縣에서『世宗實錄地理志』의 八莒姓은 百姓姓과 대비되는 人吏姓으로
짐작되는데,『慶尙道地理志』에서는 구별 없이 土姓으로 올라 있다. 하지
만 그 순서는『世宗實錄地理志』의 인리성·백성성의 서열 그대로이다. 사
료 나-(3)의 巨濟縣에서도『世宗實錄地理志』에서 인리성에 해당되는 土
姓이,『慶尙道地理志』에서는 구별 없이 토성으로 정리되었지만 역시 내부
의 서열은 있었다. 다만 백성성 안에서 순서가 바뀌었을 따름이다. 사료 나
-(4)의 南原都護府의 인리성·백성성도『新增東國興地勝覽』에서 서열 그
대로 정리되었고, 백성성의 내부에서 순서가 바뀌었을 뿐이다.

　　『世宗實錄地理志』에서 토착세력의 성씨 대부분이 토성으로 통합되었지
만, 그 내부에는 戶長層을 이루었던 인리성이 여전히 앞서 있었다. 이는
차리성과의 관계에서도 마찬가지이다.

　　나-(5) 洪州牧 : 土姓 5 李 洪 韓 宋 白, 亡姓 1 趙, 次吏姓 3 尹 甫 盧, 村
　　　　　　　　姓 3 張 崔 萬 (『世宗實錄地理志』, 忠淸道, 378쪽)
　　　　洪州牧 : (本州) 洪 李 韓 宋 白 趙, 尹 甫 盧(竝吏) (『新增東國興
　　　　　　　　地勝覽』 권19, 忠淸道, 323쪽)

　　(6) 尙州牧 : 靑理(屬縣)姓 3 張 朴 黃, 次姓 1 沈 ……(『世宗實錄地理

志』, 慶尙道, 431쪽)

尙州牧官 靑理縣：土姓 4 張 朴 黃 沈 (『慶尙道地理志』, 227쪽)

尙州牧：(靑理) 土姓 4 張 朴 黃 沈 (『新增東國輿地勝覽』 권28, 慶尙道, 484쪽)

(7) 聞慶縣：加恩(屬縣)姓 4 金 尹 邊 延, 次姓 1 吉 (『世宗實錄地理志』, 慶尙道, 441쪽)

聞慶縣 加恩縣 土姓 4 金 尹 邊 延 (『慶尙道地理志』, 257쪽)

聞慶縣：(加恩) 全 尹 邊 延 吉 (『新增東國輿地勝覽』 권29, 慶尙道, 515쪽)

위의 사료 나-(5)~(7)은 『世宗實錄地理志』의 土姓과 차리성·차성을 『慶尙道地理志』와 『新增東國輿地勝覽』에서 그 서열을 비교한 것이다. 이 때의 토성은 차리성의 상위인 인리성에 해당하는데, 사료 나-(5)의 洪州牧, 사료 나-(6)의 靑理縣, 사료 나-(7)의 加恩縣 등에서 『세종실록지리지』의 토성이 『경상도지리지』 및 『신증동국여지승람』에서 모두 선두에 있다. 『세종실록지리지』의 토성·차리성도 사료 나-(1)~(4)의 인리성·백성성과 마찬가지로 『경상도지리지』와 『신증동국여지승람』에서 서열대로 정리되었던 것이다.

이러한 원리는 본래 토성이었던 망성에도 해당되었다. 다음은 『세종실록지리지』의 망성·망차성이 『신증동국여지승람』에 어떻게 실렸는지 알 수 있는 사례이다.

나-(8) 通津縣：本縣 土姓 2 石 康, 亡姓 1 梁, 亡次姓 2 吉 宗, 亡來姓 1 李, 亡村姓 1 仇

守安縣：姓 3 尹 李 安, 來姓 1 吳, 亡姓 1 陳 (『世宗實錄地理志』, 京畿道, 339쪽)

通津縣：(本縣) 席(一云石) 康 梁 吉 宗, 位(一云仇. 村), 李(來) (守安) 尹 李 安, 陳 吳(並來) (『新增東國輿地勝覽』 권10, 京畿道, 188쪽)

(9) 洪川縣 : 土姓 3 皮 邊 龍, 次姓 辛, 亡姓 1 石, 亡來姓 元 (『世宗
實錄地理志』, 江原道, 564쪽)
洪川縣 : (本縣) 皮 邊 龍 石 辛, 元(來) (『新增東國輿地勝覽』 권
46, 江原道, 858쪽)

(10) 高城郡 : 土姓 3 柳 朴 孟, 亡次姓 2 兪 吳 (『世宗實錄地理志』, 江
原道, 578쪽)
高城郡 : (本郡) 柳 朴 孟 兪 吳 (『新增東國輿地勝覽』 권45, 江原
道, 830쪽)

사료 나-(8)의 通津縣은 『世宗實錄地理志』의 亡姓·亡次姓이 『新增東
國輿地勝覽』에는 구별되지 않았지만 순서는 그대로이다. 이 때의 망성은
亡次姓보다 상위이므로 人吏姓에 해당한다. 또한 『세종실록지리지』의 망
성인 梁氏가 『신증동국여지승람』에서는 망차성인 吉·宗氏보다 앞서 있
다. 通津縣의 토성과 망성은 모두 인리성으로서 여전히 次姓과 구별되었
던 것이다.[141]

사료 나-(9)와 (10)의 경우도 마찬가지다. 사료 나-(9)의 洪川縣의 경우
『세종실록지리지』의 망성인 石氏가 『신증동국여지승람』에서는 차성인 辛
氏보다 앞서 있다. 만일 石氏가 차성이었다면 망성이므로 辛氏보다 뒤에
놓였을 것이다. 따라서 홍천현의 망성은 토성 3개와 함께 人吏姓에 해당하
며, 『신증동국여지승람』에서도 그 서열이 유지되었다. 사료 나-(10)의 高
城郡의 경우 『세종실록지리지』에서는 토성과 망차성으로 나뉘어 있는데,
『신증동국여지승람』에서도 토성·망차성의 순서 그대로이다. 土姓은 인리
성에 해당하기 때문에 망차성보다 앞에 놓인 것이다.

이와 같이 15세기 초 『세종실록지리지』의 亡姓에는 호장층을 비롯한 차
리층이 통합되어 있었지만, 당대의 『경상도지리지』는 물론 후대의 『신증동
국여지승람』까지 유망한 성씨일지라도 그 서열이 남아 있었다. 그렇다면

---

141) 물론 亡姓이라고 해서 모두 人吏姓은 아니다. 通津縣의 屬縣인 守安縣의 亡姓은
『新增東國輿地勝覽』에서는 '並來'라고 되어 있어, 본래는 來姓이었음을 알 수 있
다.

이러한 구별이 없는 그밖의 망성에도 위와 같은 순서가 적용되었던 것으로 보아도 무리가 없을 듯하다.

『世宗實錄地理志』의 망성은 토성, 즉 기존 토착세력의 유망을 나타내는 것으로 모든 망성에는 거의 인리성이 포함되어 있었다. 지리지 편찬 당시 각 군현의 자료 정리를 호장층이 주도했음을 감안하면, 망성의 존재는 적어도 각 군현에 그 성씨의 향리가 전혀 남아 있지 않음을 의미한다. 이 때의 戶長層은 일부 분화되는 정도가 아니라, 그 후손이 파악되지 않을 정도로 몰락했던 것이다. 그렇기 때문에 해당 군현에서 중앙관인으로 진출한 士族이나 지방사회의 散職者는 물론, 鄕吏職을 가진 자조차 없어 망성으로 처리되었다.

『세종실록지리지』의 망성은 '古籍' 이후 토착세력의 몰락을 반영한 것으로, 15세기 당시에는 고려의 토착세력이 이미 士族·鄕吏·百姓 등으로 분화되어 있었기 때문에 인리성으로 구별되었던 戶長層 및 戶長層 출신의 士族,[142] 그리고 하위의 토착세력이었던 차리층까지 다양하게 포함되어 있었다.

戶長層 유망의 정도를 살펴보기 위해 현재 남아 있는 17개 군현의 사례에서 인리성과 차리성의 망성율을 비교하면 다음과 같다.

<표 7-1> 人吏姓·次吏姓의 亡姓率

	'古籍'	亡姓	亡姓率(%)
人吏姓	57	12	21
次吏姓·百姓姓	44	16	40

앞의 <표 4-1>에서 살펴보았듯이 대체로 전체 土姓에서 次吏姓의 비율이 적고 심지어 차리성이 없는 군현도 있는 등 인리성은 차리성보다 유력

---

142) 慶尙道 安東大都護府 豊山姓 沈氏의 경우 『世宗實錄地理志』 姓氏條에는 없었는데, 『新增東國輿地勝覽』에서는 土姓으로 나타난다. 『新增東國輿地勝覽』의 朝鮮朝 人物을 보면, 沈氏는 太宗代의 沈龜齡을 비롯해 조선시대에 비로소 士族으로 진출한 집안이었다(422~424쪽). 土姓에는 이전의 鄕吏뿐 아니라 중앙 관인으로 진출한 집안도 포함되었음을 알 수 있다.

한 토착세력이었다. 이는 몰락의 상황에서도 편차가 드러난다.

몇 안되는 사례이지만 <표 7-1>에서 인리성이 망성으로 처리된 것은 20% 정도인데, 차리성의 망성율은 40%이다. 하지만 함길도 臨守鎭의 亡次姓 9개를 제외하면 평균은 거의 비슷하다. 일반 군현에서는 人吏姓과 次吏姓의 亡姓率이 비슷하게 나타나지만, 亡姓이 많은 지역은 次吏姓이 다수 유망했기 때문임을 알 수 있다. 즉 지역적인 조건이 열악하여 亡姓이 많이 발생하게 될 경우 人吏姓보다는 次吏姓이 지탱하기 어려웠고, 따라서 次吏姓의 몰락이 보다 많이 일어났던 것 같다.

亡姓의 발생율은 지역에 따라서도 큰 편차가 있었다. 다음은 『世宗實錄地理志』 姓氏條에 나타난 道別 亡姓數와 전체 土姓에 대한 亡姓의 비율이다.[143]

<표 7-2> 각 도별 土姓·亡姓數와 亡姓率

도 별	土姓數	亡姓數	전체 土姓에 대한 亡姓의 비율(%)
黃海道	100	83	45.35
江原道	115	91	44.17
京畿道	233	159	40.56
忠淸道	325	120	26.96
全羅道	679	72	9.58
慶尙道	585	17	2.82

위의 표에서 亡姓數는 경기도·충청도가 많으나, 전체 토성 수에 대한 亡姓의 비율은 경기도·황해도·강원도가 40% 이상으로 대단히 높다. 충청도는 亡姓率이 30% 이내로 앞의 지역에 비해서는 낮지만, 역시 적지 않

---

143) 李樹健, 「土姓의 分化」, 『韓國中世社會史硏究』, 1984, 94쪽, <표3-1> 참조. 단 몇 가지 다른 점이 있다. 첫째는 亡姓의 범위이다. 村姓·次姓은 종종 土姓에 포함되므로 亡村姓·亡次姓 등은 亡姓에 포함시켰고, 亡來·亡入姓은 제외하였다. 둘째는 亡姓의 비율을 계산하는 기준을 전체 土姓數로 정한 점이다. 亡姓도 본래는 土姓이었으므로 전체 土姓數에 亡姓을 포함시켰다. 셋째는 평안도·함길도는 고려시대 西北面·東北面으로, 고려초 이래의 토착세력이 거의 없었고 경계의 변동도 심했던 지역이어서 표 작성에서 제외했다.

은 토착세력이 유망한 것으로 보인다. 한편 전라도·경상도는 亡姓의 비율이 매우 낮아 전라도는 10%, 경상도는 3%도 안된다. 토착세력이 대단히 안정되었음을 알 수 있다.[144]

亡姓率이 지역별로 차이가 심한 것은 무엇 때문일까. 고려전기뿐 아니라 무신집권기 이후에도 잦은 정권교체에 따라 몰락하는 가문이 상당수 있었으며, 養子 제도가 활성화되지 않았기 때문에 無子로 인해서 가문의 맥이 끊기는 예도 많았다.[145] 이로 인한 자연적인 亡姓의 발생은 時代와 지역에 상관 없이 늘 있었던 현상이었다. 그러나 亡姓이 골고루 분포되지 않고 일정한 지역에 집중되어 지역별 편차가 나는 것은 일반적인 원인 외에 지역에 따라 또 다른 원인이 있었음을 의미한다. 지역에 따라 토착세력, 특히 그 주도세력인 호장층의 입지조건이 달랐고, 이러한 각 군현 호장층의 편차는 이후 새로운 지방통치체제가 이루어질 수 있는 한 요인이 되었다.

2) 지역별 호장층 유망의 특성

<표 7-2>에서 보았듯이 고려후기 이래 亡姓率은 각 도별로 편차가 심했고, 뿐만 아니라 특정지역에 망성율 높은 군현이 집중되어 나타나기도 한다. 亡姓率 높은 郡縣이 집중된 곳을 추출하고 그 지역별 양상과 원인을 분석하고자 한다.

---

144) 본고는 고려후기 戶長層의 동향을 분석하는 것이므로, 이후 본문에서는 이와 같은 조선시대 道別 구분을 고려시대의 道로 바꾸었다. 황해도·전라도·경상도는 고려시대와 큰 차이가 없으나, 강원도·경기도·충청도는 고려시대에는 교주도·동계·양광도 및 개성부 소속으로 나뉘어 있었으며, 서해도·양광도·교주도의 일부 군현은 소위 文宗 23년에 확대된 '京畿'에 편입되었다. 물론 『高麗史』 地理志에 나오는 이와 같은 道名이 고려 일대에 걸쳐 통일되어 사용된 것은 아니지만, 고려시대 지역별 특성을 고찰하기 위해서는 조선시대 道名보다는 『高麗史』 地理志의 道名을 사용해야 한다고 생각한다. 『高麗史』 地理志의 五道兩界에 관한 검토는 河炫綱, 「後期道制에의 轉成過程」, 『高麗地方制度의 硏究』, 한국연구원, 1977; 『韓國中世史硏究』, 1988, 244~255쪽 참조.

145) 李樹健, 「土姓의 分化」, 1984, 94쪽 참조.

戶長層이 유망한 배경에서 공통으로 나타나는 것은 토착세력의 기반이 되는 民의 동향, 즉 인구의 감소 현상이었다. 그리고 각 도의 인구 감소에는 지역에 따라 달랐던 자연·지리적 조건뿐 아니라, 京畿 지역과 같이 서로 다른 사회경제적 조건도 영향을 끼쳤다. 이러한 점을 고려하여 고려후기 이래 각 지역별 호장층 유망의 특성을 살펴보고자 한다.

(1) 屬縣 및 部曲의 부담과 호장층의 유망

<표 7-2>에서 경상도·전라도는 亡姓이 거의 없으며, 고려시대 楊廣道에 속했던 충청도 지역도 亡姓이 비교적 적다. 他道에 비해 亡姓이 집중된 곳이 드물고 간간히 속현에 亡姓이 집중된 것이 특징이다.

경상도·전라도·양광도는 他道에 비해 고려말 왜구의 침입으로 해안뿐 아니라 내륙까지도 상당한 피해를 입었던 곳이다. 그럼에도 불구하고 亡姓이 거의 없다는 것은 그 지역의 토착세력이 여전히 토착기반을 유지하여, 최소한 향리로서 존속하든지 아니면 관직으로 진출하여 士族으로 성장했음을 의미한다. 이들 지역에서도 작은 속현이나 향·소·부곡 등에서는 토착기반이 미약하여 토착세력이 다수 몰락한 것으로 나타난다. 일반적으로 속현은 주현에 비해 수취구조상 취약했고, 그에 따라 토착세력의 부담이 컸기 때문으로 보인다.[146]

亡姓率이 가장 낮은 곳은 경상도로, 土姓이 585개인데 亡姓이 17개밖에 안된다. 경상도는 왜구의 침입으로 몇몇 군현은 통폐합되기도 했지만, 亡姓이 매우 적고 집중된 지역이 없다. 전라도 역시 亡姓率이 대단히 낮아서, 土姓이 679개인데 亡姓은 72개밖에 안된다. 그 중 主縣에 12개, 屬縣

---

146) 고려시대 속현은 量田과 收稅에서 독자적인 단위로 운영되었지만, 屬縣에 대한 租稅收取는 主縣을 단위로 파악되었다. 따라서 稅制의 收取는 外官이 파견된 主縣을 단위로 운영되었고, 主縣의 任內에 대한 침탈은 예견된 것이었다. 이에 관해서는 다음의 논문을 참조. 朴鍾進,「高麗時代 賦稅制度硏究」, 서울대 박사학위논문, 1993, 59~61쪽 ; 金載名,「高麗 稅役制度史硏究」, 한국정신문화연구원 박사학위논문, 1994, 159~161쪽 ; 李貞熙,「高麗時代 徭役制度硏究」, 동아대 박사학위논문, 1995, 83~89쪽.

에 60개로 그나마 屬縣에 亡姓이 많은 편이다. 전라도에는 亡姓이 많지 않으며, 亡姓이 집중된 곳도 거의 없었다. 유일하게 淳昌郡의 屬縣인 福興縣에 亡姓이 집중되어 있을 뿐이며, 망성이 많은 곳은 주로 鄕·所·部曲이었다.[147]

조선시대 충청도 지역인 楊廣道는 경상도와 전라도에 비하면 亡姓率이 높은 편이다.[148] 경기에 인접해 있긴 하지만 자연지리적인 여건이 좋고 제도적으로 큰 부담이 없어서인지 亡姓이 집중된 지역이 많지 않았으나, 廣州牧과 楊根郡, 그리고 일부 속현에 亡姓이 집중되었다.[149] 양광도는 왜구의 침입이 빈번했던 곳인데, 오히려 내륙에 있는 廣州에 亡姓率이 높은 건 무엇 때문일까. 廣州牧과 楊根郡은 지리적으로 동부 내륙에 치우쳐 交州道에 인접해 있으며, 경기 지역의 바로 외곽에 위치한다. 이는 양광도에서 문종 23년에 경기에 편입된 군현 중 亡姓이 많은 지역과 일치한다. 따라서 이 지역에 亡姓이 집중된 것도 같은 이치였을 것으로 생각한다.[150]

그밖에 양광도에서 亡姓이 집중된 곳은 대부분 水州·公州·洪州의 屬縣이었으며, 특히 水州의 향·소·부곡성은 거의 모두 亡姓으로 처리되었다. 주현의 토착세력은 온존했지만 그에 비해 속현의 토착세력은 상당수 몰락했다. 水原都護府는 2千戶에 이르는 巨邑으로서 조선초까지 7개의 속현이 있었는데, 그 중 亡姓이 없는 곳이 거의 없으며 특히 4개의 속현은 亡姓率이 높다. 대개 남아 있는 土姓은 1, 2개뿐이고 亡姓은 2~4개에 이른다.[151] 또한 수원은 楊廣道에서 향·소·부곡이 가장 많아,『世宗實錄地理志』에 남아 있던 鄕·部曲·處·莊이 15개이다. 여기에도 土姓이 1개씩 남았을 뿐, 亡姓이 없는 곳이 거의 없다.

이러한 사정은 2천여 호가 넘는 公州牧의 속현도 마찬가지였다. 本邑의

147) 亡姓만 있는 17개의 사례도 모두 鄕·所·部曲이다.
148) 高麗 文宗 23년에 京畿로 편입된 지역은 별도로 자세히 다룰 예정이므로 여기서는 제외했다.
149)『世宗實錄地理志』, 경기도 楊根郡, 308쪽 참조. 楊根郡은 廣州牧의 屬縣이었다가 명종 5년에 監務가 파견되었다.
150) 이에 관해서는 京畿 지역의 亡姓에서 자세히 다루었음.
151)『新增東國輿地勝覽』권9, 수원도호부 고적조에 정송현은 廢縣으로 나온다.

토착세력은 유지되었지만, 12개 속현 중에 亡姓率이 높은 곳이 8개 현으로 속현의 토착세력은 거의 얼마 남지 않았다. 洪州牧은 戶數가 1천여 호 정도로 공주에 비해 규모는 작았지만 좀더 나은 상황이었다. 속현 13개 중 亡姓이 많은 곳은 5개 현이며, 여기에는 남은 土姓은 1~2개이고 亡姓이 2~5개이다.

양광도에서 亡姓이 많은 곳은 대부분 주요 巨邑의 속현이었는데, 이 거읍들은 토성의 중앙 진출이 부진했던 지역이었다.152) 관인으로 진출한 기록이 발견되지 않았다면, 그만큼 이들 군현의 戶長層이 미약했음을 의미한다. 미약한 戶長層은 흉년이나 기근, 전란 등의 유사시에 토착기반을 유지하기 어려웠을 것이다. 이는 토착세력이 강했던 忠州·淸州 지방과 비교하면 더욱 명백해진다.153)

바로 이러한 이유로 忠州牧·淸州牧·天安府 등에 비해 水州·公州·洪州의 屬縣에 亡姓이 집중된 게 아닌가 생각한다. 이 지역의 屬縣에 亡姓이 집중된 것은 전반적으로 그 토착세력이 미약했기 때문이다. 主縣의 토착세력이 미약하면 屬縣은 더욱 열악한 조건이었을 것이다. 이 屬縣들의 亡姓에는 대부분 人吏姓이 포함되어 있어, 유력한 호장층을 비롯한 다수의 토착세력이 流亡했음을 알 수 있다. 아무리 大邑이라도 그 토착세력이 미약하면 속현까지 유지하기는 어려웠던 것이다.

특히 경상도 및 전라도와 같이 亡姓이 거의 없는 지역일수록 鄕·所·部曲 등 특수 행정구역이 많았고, 이 지역은 亡姓率이 높았다. 이는 고려의 수취구조상 속현이 주현보다 불리했고, 향·소·부곡 등은 더욱 불리했기 때문이다. 더욱이 고려후기 이래 향리에게 조세·부역의 수취에 대한 책임을 지게 하면서,154) 토착기반이 취약했던 지역에서는 호장층을 비롯하

---

152) 李樹健, 「高麗後期 土姓硏究」, 『東洋文化』 20·21, 1981 ; 「高麗後期 支配勢力과 土姓」, 『韓國中世社會史硏究』, 1984, 266~277쪽 참조.

153) 李樹健, 위의 논문, 283~294쪽.

154) 향리의 수취체제에 관해서는 주147) 및 다음의 논문을 참조. 李惠玉, 「高麗時代 貢賦制의 一硏究」, 『韓國史硏究』 31, 1980 ; 朴鍾進, 「高麗前期 賦稅의 수취구조」, 『울산사학』 1, 1987.

여 다수의 토착세력이 몰락할 수밖에 없었다. 主縣보다 屬縣이, 屬縣보다
鄕·所·部曲의 호장층이 몰락하기 쉬웠고 같은 속현이라도 그 소속 주현
의 토착세력이 약할수록 몰락하기 쉬웠다.

(2) 京畿의 수취체제와 호장층의 유망

　<표 7-2>에서 경기도는 강원도와 함께 亡姓率이 대단히 높다. 토지·
인구에서 강원도보다 여건이 좋았음에도 경기도의 亡姓率이 높은 것은 무
엇 때문일까.

　우선 경기도는 인구에 비해 戸數가 과도하게 계수된 점이 주목된다. 충
청도·경상도는 호당 평균 인구가 4명이 넘고 전라도·황해도는 평균 3~
4명인데, 경기도는 강원도와 함께 평균 2명을 약간 넘는다.155) 호 수가 과
도하게 설정되면 각 호의 부담이 크게 마련이고, 이는 다시 인구의 유망을
초래할 가능성이 컸다.

　또한 亡姓率이 높은 곳이 고려초부터 경기에 속했던 12개 군현이라는
점이다.156) 開城縣을 제외한 11개 현의 亡姓이 57개이고 남은 土姓은 23
개에 불과하여, 이 지역에 亡姓이 집중되었음을 알 수 있다. 이는 수도 開

---

155) 조선시대 京畿道는 高麗의 京畿에 楊廣道·交州道의 일부 郡縣을 더한 것이어
　　서 약간의 차이가 있으나, 그 대략을 알기에는 별 무리가 없다. 다음은 『世宗實錄
　　地理志』의 各道 개관에 나와 있는 人口·戸數를 표로 정리한 것이다.

	한성부	경기도	충청도	전라도	경상도	황해도	강원도
戸	18,794	26,545	24,170	24,073	42,227	23,511	11,084
口		60,745	100,790	94,248	173,759	71,891	29,009

　　물론 이조차 '京畿道' 편에서 다음과 같이 지적했듯이 戸口調査가 제대로 이루
　　어진 것은 아니었다. "本朝의 人口法이 不明하여 戸籍에 올리는 자는 겨우 10의
　　1, 2이다. 국가가 매번 바로잡고자 하다가 거듭 민심을 잃어 지금에 이르렀다. 따
　　라서 各道 各官의 人口數가 이에 그친다. 다른 道도 모두 그렇다."

156) 『高麗史』 권56, 地理志 1, 王京開城府條. 開城府 관할 郡縣은 顯宗 9년에 府를
　　없애고 縣令을 두어 貞州·德水·江陰 등 3개 縣을 관할하고, 長湍縣令이 松林
　　·臨津·兎山·臨江·積城·坡平·麻田 등 7개 縣을 관할하게 하면서 모두 尙
　　書都省에 直屬시켰는데 이를 '京畿'라고 하였다. 文宗 16년에 開城府使를 복구하
　　여 尙書都省 管下 11개 縣을 모두 直屬시켰다.

京에 인접해 있는 상황과 관련 있는 것으로 보인다.

<표 7-3>은 京畿 12縣의 亡姓 현황이다. 開城縣을 제외한 11개 군현 중 江陰縣만 예외이고 모두 亡姓率이 매우 높다.

臨津縣·長湍縣·松林縣 등은 남은 土姓은 1개인데 亡姓은 5, 6개여서, 13세기 초까지 존속했던 토착세력이 그 이후 거의 모두 몰락했음을 알 수 있다. 특히 麻田縣은 고려후기 이래 토착세력이 아예 하나도 남아 있지 않은 상태이다.[157]

경기 12현에서도 亡姓이 가장 많은 곳은 兎山縣으로, 土姓이 2개인데 亡姓이 무려 19개이다. 13세기 초까지는 土姓이 21개였을 정도로 매우 다양한 토착세력이 있었으며, 그만큼 상대적으로 기반이 취약한 次吏層이 다

<표 7-3> 京畿 12縣의 土姓·亡姓의 현황

郡縣名	土姓	村姓	亡姓	村亡	亡來接姓	戶	口	柴地
原平都護府 (瑞原郡+坡平縣)						494	1,316	
坡平縣	2		3					1日程
臨津縣	1		5			274	613	1日程
積城縣	3(2)		3(1~2)			212	380	1日程
長湍縣	1(1)		6			170	467	1日程
臨江縣	2(2)		3			364	878	1日程
(屬縣)松林縣	1(1)		4(1~3)					1日程
麻田縣			5			146	484	1日程
海豊郡	4(1)		1(1)	5	4	792	1,381	1日程
(屬縣)德水縣	2(2)		3					1日程
兎山縣	2		19(2)			376	1,186	1日程
江陰縣	4	1			2(今亡)	146	964	1日程

* ( ) 안의 수는 예측된 人吏姓 수임[158]

---

157) 麻田縣은 남은 土姓이 없고 亡姓만 宋·田·柳·車·於 5개가 있는데, 이중 宋·田·車는 臨江縣에 병합된 松林縣의 亡姓 4개에도 포함되어 있다(『世宗實錄 地理志』, 330~331쪽). 같은 성씨집단이 두 지역의 戶長層으로 나누어 자리잡았다가 고려말에 모두 몰락한 게 아닌가 하는 추정을 해본다.

158) 人吏姓을 예측한 방법은 앞의 사료 나-(1)~(10)에서 본 바와 같이, 비록 土姓·亡姓으로만 기록되어 있지만 그 내부에는 人吏姓·次吏姓의 서열이 지켜지고 있

수였다.159) 이러한 다수 토착세력의 취약성이 亡姓의 발생율과 연관되는 게 아닐까. 그리하여 土姓數가 다른 군현의 거의 두 배 이상임에도 불구하고 토성이 불과 2개만 남은 것이다. 『新增東國輿地勝覽』과 비교해보면 兎山縣의 亡姓에는 人吏姓이 최소한 2개 이상 포함되었을 것으로 추정된다.160) 다수의 次吏層이 몰락하는 가운데 호장층도 몰락하여, 兎山縣에는 가장 유력한 호장층 하나만 남았다.

이 같은 현상은 경기 12현 거의 모두에서 발견된다. 대부분의 군현이 인구에 비해 전체 토성 수가 많은 것으로 보아, 대체로 次吏姓의 비율이 높았다. 따라서 亡姓率이 대단히 높긴 하지만 그 중 人吏姓의 비율이 그다지 높지 않고, 몇 개 존속한 土姓은 대부분 人吏姓이었다. 경기 12현에서는 상대적으로 취약한 次吏層이 다수 몰락하는 가운데 호장층도 일부 포함되었고, 각 군현에는 유력한 호장층만 그나마 존속했다.

경기 12현에서 다수 토착세력이 몰락한 것은 경기에 대한 정부의 정책

음을 전제로 하였다. 『新增東國輿地勝覽』의 姓氏條에서는 亡姓이 분류되지 않고 土姓에 합쳐 전체 서열에 의거, 표기되었기 때문에 『世宗實錄地理志』의 亡姓이 『新增東國輿地勝覽』에서 선두에 있는 경우는 가장 유력한 人吏姓으로 추정이 가능하다. 人吏姓의 예측은 최소한의 수를 택했으며, 『新增東國輿地勝覽』에서의 순서가 土姓·亡姓 순으로 동일하게 되어 있는 경우 따로 표기하지 않았다. 이 경우에는 戶長層이 거의 모두 土姓으로 남아 있어, 亡姓에는 戶長層이 포함되었을 가능성이 별로 없을 것으로 추측된다. 따라서 이 때의 亡姓은 아마 次吏層으로 보아도 무리가 아닐 것이다.

159) 이 점은 <표 4-1>에서 人吏姓과 次吏姓의 비율에서 이미 추정한 바 있다.
160) 다음은 兎山縣의 성씨를 『新增東國輿地勝覽』과 비교한 것이다.
　　* 『世宗實錄地理志』; 土姓 2 金 李, 亡姓 19 胡 皇甫 蒙 吉 程 盧 安 邢 尹 許
　　　　朴 高 崔 林 白 裴 王 南 河 (경기도 토산현, 545쪽)
　　* 『新增東國輿地勝覽』; (本縣) 胡 皇甫 金 蒙 吉 程 盧 安 邢 尹 許 朴 高 崔
　　　　李 林 白 裴 王 南 河 (권42, 경기도 兎山縣, 771쪽)
　　『世宗實錄地理志』의 亡姓 중 선두에 있는 胡·皇甫氏가 『新增東國輿地勝覽』
　　에서도 가장 앞서므로, 이들이 고려후기까지는 가장 유력한 人吏姓으로 보인다.
　　이들이 몰락한 뒤에는 유일하게 남은 2개의 土姓 중 金氏가 주도했던 것 같다.
　　『新增東國輿地勝覽』에서 또 다른 土姓 李氏보다 서열이 앞서는 다른 亡姓 중에
　　도 人吏姓이 있었을 것이나, 현재 남은 기록에서는 확인되지 않는다. 결국 兎山縣
　　은 21개의 土姓 중에 人吏姓 1개, 次吏姓 1개만 남은 것으로 추정된다.

과도 관련된다.[161] 고려초부터 경기에 속했던 군현은 모두 개경 인근에 있어서, <표 7-3>에 보이듯이 고려초부터 관료들에게 지급된 田柴科의 柴地 분급지에서도 가장 가까운 거리였다.[162] 그만큼 중앙 관인층의 수탈이 직접 미쳤던 곳으로, 다른 지역보다 농민들의 부담이 가중되었음에 틀림없다.[163] 이는 토착세력의 기반을 위협하는 요인이 되었다.

이러한 상황이 고려후기에는 더욱 악화되었다. 元宗 13년에 경기 8현에 祿科田을 설치했을 때, 開京 가까운 토지는 校尉·隊正에게 주자는 건의가 있었다.[164] 조세 수취가 용이한 만큼 토지소유가 집중될 수 있는 여지도 많았다. 후에는 공신들의 賜牌田이 집중되어 그 폐단이 심각하다는 지

---

161) 邊太燮, 「高麗時代 京畿의 統治制」, 『高麗政治制度史研究』, 1971, 270~273쪽에서 고려시대 京畿는 王京에 필요한 徭役·貢物·租稅·科斂 등의 부담이 컸으며, 이로 인해 流移하는 자가 많고 군현이 凋弊함을 지적한 바 있다. 流移하는 자가 많으면 그만큼 토착세력에게 부담이 되었기 때문에 戶長層의 유망이 전반적으로 일어났던 것이다.

162) 『高麗史』 권78, 食貨志 1, 田制, 田柴科, (中) 711쪽에 따르면, 田柴科 柴地 1日程으로 開城·貞州·白州·鹽州·幸州·江陰·兎山·臨江·新恩·麻田·積城·坡平·昌化·見州·沙川·峯城·臨津·長湍·交河·童城·高峯·松林·通津·德水縣 등이 있으며, 田柴科 柴地 2日程으로 安州·洞州·鳳州·樹州·抱州·楊州·東州·遂安·土山·唐城·仁州·金浦·梁骨·洞陰(永興,永平)·荒坪(荒壤,豊壤)·僧旨·黃先·道尺·阿等岬·安峽·守安·孔岩 등이 있다. <표 7-3>에 보이듯이 京畿 12縣은 모두 一日程에 해당한다. 京畿의 亡姓의 원인을 京畿의 柴地 설정과 연관은 연구는 李樹健, 「土姓의 分化」, 1984, 95~96쪽에서였다. 이에 앞서 末松保和, 「高麗初期의 兩班について」, 『靑丘史草』 1, 1966 ; 『高麗朝史と朝鮮朝史』(末松保和朝鮮史著作集 5)에 재수록, 39~40쪽에서 文宗 23년에 京畿 소속 郡縣이 12개 縣에서 53개 縣으로 대규모 확대된 것은 文宗 30년의 田柴科 更定의 확실한 기반을 제공했다는 지적을 한 바 있다.

163) 李樹健, 위의 논문, 94~95쪽에서는 京畿에 亡姓이 많은 것은 수도에 인접할수록 토착성이 약하고 중앙통제는 강하며, 또 중앙정계의 와중에 興亡盛衰가 무상하기 때문으로 보았지만, 京畿가 갖는 사회경제적 상황도 고려해야 한다.

164) 『高麗史』 권78, 食貨志 1, 田制, 祿科田, 원종 13년 정월, (中) 713~714쪽. 이에 대하여 오일순, 「고려후기 토지분급제의 변동과 祿科田」, 『14세기 고려의 정치와 사회』, 1994, 274~282쪽에서는 祿科田이 郡縣의 '古來丁田'에 대한 收租權을 지급한 것으로 보았다. 그렇다면 祿科田으로 설정된 京畿 郡縣民의 부담은 가중되었을 것이다.

적도 있었다.165) 恭讓王 3년에는 科田法에 따라 옛 文宗 23년의 경기 지역에 科田이 설치되었다. 조선초에도 京畿 지역은 여전히 다른 군현보다 徭役에 시달리고 백성의 流移도 심했다.166)

경기 12현은 다른 지방보다 항상 농민층의 부담이 많았던 만큼, 유사시에 농민층의 유망이 일어날 가능성이 컸다. 이는 토착세력의 기반을 위협하여 먼저 次吏層의 거의 대부분이 유망했고, 나아가 호장층에게도 영향을 끼쳐 소수의 호장층만이 남았다. 경기 망성의 특성은 '京畿'라는 특수한 지역의 수취구조와의 관련을 간과해서는 안된다고 생각한다.

경기 12현에서 호장층의 몰락은 그 자체의 토착기반이 든든하지 못했던 것도 한 요인이었다. 이는 이 지역 토착세력의 중앙 진출 현황에서 짐작할수 있다. 경기 12현은 수도에 인접해 있던 만큼 중앙진출도 활발했을 것같지만, 개성현을 제외한 11개 군현 중 고려시대의 土族 관계 자료가 전혀보이지 않는 곳이 積城縣·長湍縣·臨江縣·松林縣·麻田縣·江陰縣 등6개 縣이나 된다.167)

중앙 관직 진출이 활발하지 못했다는 것은 관직 진출을 주도했던 호장층이 미약했음을 의미한다. 호장층이 미약했던 만큼, 고려후기 이래 祿科田의 설치와 賜牌田의 확대 속에서 중앙 관인층의 수탈이 직접 미칠 수있었다. 그 결과 다른 지역에 비해 亡姓이 집중된 곳이 많았다.

(3) 交州道의 자연지리적 조건과 호장층의 유망

<표 7-2>에서 江原道는 亡姓率이 약 45%로, 토착세력의 거의 절반이流亡하였다. 江原道는 지형상 嶺東의 해안과 嶺西의 내륙이 매우 달랐으

---

165) 『高麗史』 권78, 食貨志 1, 田制 經理, 忠烈王 24년, 忠宣王卽位敎書, (中) 707쪽.
166) 京畿 백성의 과중한 부담에 관해서는 고려·조선 양 시기에 다 지적한 문제였다.
  『高麗史』 권78, 食貨志 1, 田制, 貢賦, 睿宗 3년 2월 判, (中) 729쪽에서 京畿 州縣이 常貢의 徭役이 번중하여 백성이 괴롭게 여기고 날로 도망자가 증가한다면서 그 대책을 수립한 바 있으며, 『世宗實錄』 권32, 世宗 8년 4월 辛卯, 3책 24쪽의 許稠의 進言에서도 京畿의 백성이 流移하는 자가 없지 않고 이사하지 않으면서 田宅을 방매하는 자도 있으니, 徭役을 견디지 못해서라고 했다.
167) 李樹健, 「高麗後期 支配勢力과 土姓」, 1984, 277쪽.

며, 고려시대에는 영서의 交州道와 영동의 東界로 나누어져 있었다. 이 중
에서 亡姓率이 높은 지역은 交州道로서 亡姓이 없는 곳이 없고 淮陽都護
府·春川都護府·洪川縣·狼川縣만이 예외였다.

다음의 <표 7-4>와 <표 7-5>는 交州道에서 亡姓이 많은 군현을 경기
에 편입된 군현과 그밖의 군현으로 나누어 정리한 것이다.

<표 7-4> 京畿에 편입된 交州道 郡縣別 현황

郡縣名	土姓	次姓	亡姓	戶	口	柴地	墾田(結)	水田比率
鐵原都護府	3(2)		15(2)	351	770	2日程	4,343	1/4
朔寧郡(朔寧縣+僧嶺縣)				233	722		3,845	286結
朔寧縣	2		3(3)					
僧嶺縣	1(1)	1	2(2)					
永平縣(洞陰縣, 永興縣)	3		2	138	419	2日程	2,487	1/8
安峽縣	1(1)		9(1)	140	410	2日程	1,422	6結
漣川縣	6(2)		7(1)	186	360		1,939	2/9

* ( ) 안의 수는 예측된 人吏姓 수임
** 漣川縣은 恭讓王 2년에 京畿 左道에 속했음

交州道에서 亡姓이 가장 집중된 지역은 京畿에 편입된 郡縣이다.[168) 경
기에 편입된 군현은 5개인데,[169) 모두 亡姓이 매우 많다. <표 7-4>의 각

168) 『高麗史』권56, 地理志 1, 王京開城府, (中) 253쪽, 恭讓王 2년 기사의 細註에 나
온 文宗 23년의 京畿 참조. 여기에서는 顯宗 9년의 京畿에 楊廣道의 25개 郡縣,
交州道의 6개 郡縣, 西海道의 10개 郡縣이 추가되었다고 하나, 交州道의 兎山縣
은 顯宗 9년의 京畿에 포함되어 있으므로 총 40개 郡縣이 추가된 셈이다. 또 楊
廣道의 海州와 西海道의 通津縣은 地理志 본 기사에 따라 楊廣道의 通津縣과
西海道의 海州로 바꾸었으며, 交州道의 永興은 永平의 元宗 19년~朝鮮 太祖 3
년 사이의 이름이다. 邊太燮, 앞의 논문, 1971, 250~256쪽에서는 이전의 京畿 12
縣을 原京畿로, 文宗 23년에 확대된 京畿를 大京畿制로 구별하면서, 文宗 23년에
일단 京畿制가 개정된 것은 사실이나 睿宗初부터는 原京畿制로 환원되었을 것으
로 보았다. 그런데도 고려말에 이를 경기로 인식한 것은 文宗 30년에 田柴科 분
급지의 확대를 경기의 확대로 이해한 것으로 추정하였다. 결국 文宗 23년에 확대
된 경기 지역이 田柴科 柴地로서 분급된 사실은 변함 없다.
169) 漣川縣은 京畿에 설정되지는 않았으나, 같은 지역에 있고 그 나타나는 양상이 유
사하여 포함시켰다.

군현은 남은 土姓보다 亡姓이 훨씬 많으며, 亡姓이 총 38개로 군현당 평균 6개가 넘는다. 朔寧縣·僧嶺縣은 대부분의 人吏姓이 亡姓으로 처리되는 등 호장층이 거의 남지 못했다.[170] 특히 鐵原都護府·安峽縣·漣川縣 등은 인구에 비해 전체 土姓數가 과하게 많은데,[171] <표 7-1>에서 살펴보았듯이 전체 土姓數가 많은 경우 그 대부분이 次吏姓이며 이들이 유망할 가능성이 더 많았다. 따라서 亡姓의 대부분이 차리성으로 추정된다.

이 지역은 <표 7-3>의 경기 12현보다 亡姓에서 人吏姓의 비율이 좀더 높다. 鐵原都護府는 亡姓이 15개인데 人吏姓이 최소한 2개 이상이고 나머지는 次吏姓으로 추정되며,[172] 安峽縣은 亡姓이 9개인데 5개가 來姓이고 1개는 人吏姓으로 추정된다.[173] 그에 비해 남은 人吏姓은 鐵原都護府가 2

---

170) 『世宗實錄地理志』姓氏條를 『新增東國輿地勝覽』권13, 京畿道 朔寧郡 姓氏條, 234~235쪽과 비교해보면, 朔寧縣의 亡姓 宋·曺·吳氏는 모두 『新增東國輿地勝覽』에서 朔寧縣의 土姓인 辛·金氏보다 앞서므로 人吏姓으로 짐작되며, 僧嶺縣의 亡姓인 吳·李氏도 『新增東國輿地勝覽』에서 土姓인 崔氏의 전후에 있는 것으로 보아 역시 人吏姓으로 추정된다.

171) 『新增東國輿地勝覽』권47, 江原道 鐵原都護府 및 安峽縣의 건치연혁, 867쪽 및 878쪽에 의하면, 鐵原都護府와 安峽縣은 世宗 16년에 江原道로 移屬되었다고 한다. 그만큼 江原道의 영서지방과 유사한 특성을 지녔다.

172) 鐵原都護府 성씨에 관한 『世宗實錄地理志』와 『新增東國輿地勝覽』의 기록은 다음과 같다.
『世宗實錄地理志』: 土姓 3 崔 宋 柳, 亡姓 15 張 金 鄭 邢 辛 高 韓 曺 盧 安 李 蔡 許 朴 芳 (京畿道, 326쪽)
『新增東國輿地勝覽』: (本府) 崔 宋 張 金 柳 鄭 邢 辛 高 韓 曺 盧 安 李 蔡 許 朴 芳 (권47, 江原道, 867쪽)
두 기록을 비교하면 『世宗實錄地理志』의 土姓 3개 중 崔·宋氏는 『新增東國輿地勝覽』에서도 선두에 있어, 이 지방에서 가장 유력한 人吏姓으로 계속 존속하였음을 알 수 있다. 또 하나의 土姓 柳氏는 亡姓인 張·金氏보다 서열이 뒤인 것으로 보아, 그 이하가 次吏姓이 아니었나 생각한다. 따라서 그 앞에 놓인 亡姓 張·金氏는 人吏姓에 포함되었을 것이다. 亡姓 15개 중 戶長層은 최소한 2개이며 나머지는 群小 次吏層이었던 것 같다.

173) 『世宗實錄地理志』安峽縣의 亡姓을 『新增東國輿地勝覽』의 姓氏條와 비교해 보았다.
『世宗實錄地理志』: 土姓 1 許, 亡姓 9 孫 尹 方 耿 吳(信州) 劉(公州) 裴 柳 徐 (來處不知) (京畿道, 329쪽)

개, 安峽縣이 1개에 불과하다. 鐵原都護府와 安峽縣은 본래의 호장층이 소수였고, 그나마 대부분이 流亡하여 존속한 호장층이 별로 없었다.

<표 7-4>의 군현이 <표 7-5>의 交州道의 다른 군현보다 亡姓率이 높은 것은 경기로 편입되어 柴地로 설정되었기 때문인 것 같다. 그러나 原京畿 12현보다 수도에서 더 멀리 있음에도 너 취약한 것은 무엇 때문일까. 이는 交州道 전체의 亡姓率이 높았던 것과 관련 있는 것으로 보인다.

<표 7-5> 交州道에서 亡姓이 많은 郡縣의 현황

郡縣名	土姓	亡姓	亡來姓	續姓	戶	口	墾田(結)	水田比率
淮陽都護府	5	1		4	222	592		
(屬縣)和川縣	1(1)	1			19	39		
(屬縣)水入縣				2	41	155	4,586	7結
(屬縣)文登縣	1	4(2)			14	28		
(屬縣)嵐谷縣	1(1)	3			11	46		
(屬縣)長楊縣	1(1)	3			104	218		
金城縣	3(1)	2(1)		5	340	759		
(屬縣)通溝縣	2(1)	4(1)		2	72	96	3,938	12結
亡岐城縣		3	2	1				
金化縣	1	15(5)			181	517	3,288	143結
平康縣	3(2)	5(2)			163	212	3,778	58結
亡史丁·新材二所		5						
伊川縣	3(2)	8(1)		11	333	582	3,310	8結
春川都護府	3	1	2	8	1,119	1,950		
史呑鄕	1	8					5,737	1/10
(屬縣)基麟縣				1	108	251		
楊口縣	2	1		2	297	641	1,797	103結
(屬縣)方山縣	1	3(1)			20	50		
隣蹄縣	2	2			125	207	1,233	14結
(屬縣)瑞和縣	1(1)	4			72	191		

* ( ) 안의 수는 人吏姓을 예측한 것임

『新增東國輿地勝覽』:(本縣) 許 孫 尹 方 耿, 吳 劉 裴 柳 徐(並來) (『新增東國輿地勝覽』 권47, 江原道, 878쪽)

安峽縣의 남은 土姓은 許氏 1개뿐이지만 『新增東國輿地勝覽』에서도 서열이 가장 앞선 것을 보면, 이 집안이 가장 유력한 人吏姓으로서 계속 세력을 유지하고 있었던 것 같다. 또한 4개의 亡姓 중 孫氏는 『新增東國輿地勝覽』의 高麗 人物條, 879쪽에 나오는 孫冠의 존재로 보아 戶長層으로 추정된다.

<표 7-5>에서 교주도에서도 淮陽都護府·春川都護府는 자체의 亡姓은 적으나 그 속현에는 亡姓이 매우 많다. 또 고려말까지 淮陽都護府의 속현이었던 隣蹄縣, 鐵原(東州)의 屬縣이었던 金化縣·平康縣·伊川縣 등에도 亡姓의 발생이 집중되어 있다. 亡姓에는 대부분 人吏姓이 상당수 포함되어 있었다. 交州道의 거의 모든 군현에 亡姓의 발생이 집중된 것은 이 지역 자체에 원인이 있었음을 의미한다.

<표 7-4>와 <표 7-5>에서 공통으로 나타나는 현상은 交州道는 전체적으로 호구가 극히 적고 水田率이 지극히 낮다는 것이다.

먼저 호구의 현황을 살펴보면 <표 7-4>에서는 鐵原都護府만 300호가 넘고 다른 군현은 150호 내외이다. <표 7-5>에서도 洪川縣과 春川都護府를 제외하면 대부분의 군현이 300호 내외에 불과하며, 屬縣은 50호가 안되는 것도 6개이다. 이는 조선초 호구조사에서 강원도가 다른 지방과는 달리 계속 감소되는 추세인 것과도 연관되는 듯하다.[174] 인구가 감소하면 그를 기반으로 하는 토착세력 역시 유지되기 어려웠다. 인구의 감소가 어느 특정 지역에 국한되지 않고 교주도 전체에 해당한다면, 그 원인 또한 교주도 전체의 문제였다.

호구의 감소는 교주도의 지리적 위치 및 수전율과 관련 있는 게 아닐까. 교주도는 동부 내륙에 위치해 있어 대부분 산간지대였다. 따라서 평야지대의 군현과는 수전율이 달랐다. 인구에 비해 토지규모는 매우 크나, 전체 墾

---

174) 江原道의 인구는 太宗 9년에는 15,290戶로 나타나는데, 世宗 14년의『世宗實錄地理志』에는 11,084戶로 나타난다. 그 감소 비율이 그리 크지 않으나, 대부분의 다른 지역이 증가추세였음을 고려한다면 상대적인 감소 비율은 컸다. 이를 李樹健,「朝鮮初期 戶口의 移動現狀」,『李瑄根博士 古稀紀念韓國學論叢』, 1974, 159~160쪽에서는 沿海 주민이 왜구를 피해 산곡지대로 운집하여 인구가 증가했다가, 태종 말년부터 흉년·기근으로 流移民은 故土로 돌아가고 원주민도 流移하는 실정이었다고 해석하기도 한다. 이러한 해석은 고려말 沿海 住民이 倭寇를 피해 산곡지대로 운집했다는 기록과(『世宗實錄』권82, 世宗 20년 9월 癸未, 4책 161쪽), 조선초의 인구감소 통계에 근거한 것이다. 하지만 이 상반되는 기록은 시기의 차이가 아니라, 지역적인 편차가 큰 嶺西·嶺東 지방의 차이 때문에 나타난다고 생각한다. 亡姓의 비율이 높은 영서지방은 조선시대 이전부터 인구가 감소했고, 續姓이 많은 영동지방은 고려말부터 流移民 집단이 들어와서 인구가 증가했다.

田에서 水田은 매우 적고 대부분 旱田이었다. <표 7-4>에서 永平縣은 水田率이 1/8이고 朔寧郡은 1/10이 안되며, 安峽縣은 水田이 6結에 불과하다. <표 7-5>에서는 그 정도가 더욱 심하여 淮陽·金城·平康·伊川·隣蹄縣 등은 水田이 거의 없다.

교주도는 전체적으로 토지의 생산성은 그다지 높지 않았으며, 기근에 약했던 지역이었다. 산간지역의 척박한 토지와 낮은 생산성으로 인해 유사시에 쉽게 流亡했다. 교주도의 자연지리적인 조건에서는 次吏層은 물론 戶長層도 그 토착기반을 유지하기 어려웠다.

조선시대에도 특별히 강원도 영서지방의 기근이 자주 거론되었다. 世宗 6년에 강원도 監司 黃喜는 영서지방이 근래 기근으로 인구가 감소하고 토지가 황폐해졌으므로, 淮陽府와 管內 7縣 중 특히 金城·金化·狼川·平康의 잡색 공물을 우선 감면해 달라고 건의하였다.[175] 이 군현들은 바로 <표 7-5>의 군현과 일치한다. 따라서 이듬해인 세종 7년에 경기·강원도인이 전라도·충청도로 옮겨간 자가 매우 많다는 지적[176]도 交州道의 군현과 그 인접한 京畿 지방의 군현들을 말하는 게 아닐까. 世宗 10년에도 여전히 영서지방의 기근이 거론되는 등[177] 강원도 기근과 流移民의 문제는 주로 내륙의 교주도를 중심으로 한 문제임을 짐작할 수 있다.

강원도의 기근과 토지의 황폐화 문제는 세종대에 지속적으로 지적되었다.[178] 강원도의 流移者는 늘 1천여 명에서 수천 명까지 발생하였고, 流移

---

175) 『世宗實錄』 권23, 世宗 6년 3월 甲辰, 2책 590쪽의 江原道 監司 黃喜의 보고에, 이전에는 嶺西地方의 民戶 元數가 9,509戶였는데 근래 기근으로 流亡이 2,567戶이고 時居者는 6,943戶에 불과하며, 土地도 元田이 61,790結이었는데 황폐된 것이 34,430結이라고 한다. 嶺西地方, 즉 交州道의 人口와 土地의 감소는 기근으로 인한 것임을 짐작할 수 있다.

176) 『世宗實錄』 권29, 世宗 7년 8월 甲申, 2책 688쪽.

177) 『世宗實錄』 권39, 世宗 10년 正月 己丑, 3책 106~107쪽에 江原道 監事가 嶺西 각 고을은 가뭄으로 失農했으므로 서울에 올라가서 役에 종사할 자들을 보리가 익을 때까지 면제를 청했다는 기록이 있다. 이 시기 江原道 嶺西의 기근은 일시적인 것이 아니라, 자연지리적인 조건에 따른 상습적인 문제였다.

178) 『世宗實錄』 권34, 世宗 8년 正月 辛卯, 3책 2쪽의 司諫院의 상소에서 江原道는 己亥年 이후로 농사에 실패하고 떠돌아다니는 백성이 완전히 모여들지 못했다고

者의 쇄환은 성종대까지도 논란이 되었다.179) 이렇게 거론되는 강원도의
기근은 주로 내륙에 있는 嶺西地方의 문제였다. 이러한 상황은 고려시대
에도 크게 다르지 않았다고 생각한다. 고려 이래 交州道에서는 기근을 피
해 다른 지방으로 이주하는 流移者가 끊임없이 발생하였고,180) 그에 따라
토착세력도 불안정했을 것이다.

조선시대 사례로서 世宗 13년에 淮陽府의 正軍 洪仁奇 등이 139명과
말과 소 55필을 거느리고 流移한 사건이 있었다.181) 139명이 함께 긴 행로
를 移動했다고 하므로 이들은 正軍 洪仁奇를 戶主로 하는 일가로 추측되
며, 말·소 55필을 거느린 것으로 보아 굶주린 流移者들은 아니었다. 다만
기근이 심하고 살기 어려워지자 집안 전체가 본관을 떠난 듯하다. 『世宗實
錄地理志』의 淮陽府 姓氏條에 洪氏가 없는 것으로 보아 구래의 토착세력

하므로, 世宗 元年부터 이미 江原道에서는 농사에 실패한 流民이 다수 발생했음
을 알 수 있다. 『世宗實錄』 권18, 世宗 4년 閏 12월 말에는 平安·咸吉·江原·
黃海道에 기근이 심해 백성이 살기 어려워서 풍년이었던 慶尙·全羅道로 가는
자들이 길에 끊어지지 않았다고 하며, 『世宗實錄』 권22, 世宗 5년 10월 丁巳, 2책
559쪽의 全羅道 監司의 보고에도 世宗 4년 이래 全羅道에 流移한 총수가 5,848명
인데 그 중 江原道가 1,043명에 이른다고 했다. 당시 가까운 지역인 忠淸道의 流
移者가 2천여 명, 慶尙道가 1천 5백 명 정도였고 또 江原道의 인구가 他道에 비
해 적었음을 감안하면, 1,043명은 상당히 많은 편이다. 또한 『世宗實錄』 권34, 世
宗 8년 11월 庚子, 3책 48쪽에서 왕이 江原道는 지난 해 흉년이 들어 流移者가 많
다는 지적을 하였고, 『世宗實錄』 권36, 世宗 9년 4월 壬午, 3책 69쪽의 江原道 監
事의 啓에서는 世宗 4, 5년의 연속 흉년으로 流移者가 2천여 戶이고 농지 묵은
것이 170여 結이라고 하였다.
179) 『文宗實錄』 권4, 文宗 卽位年 11월 茂辰에 江原道 觀察使 李師元의 啓에서는 壬
寅 및 癸卯年(世宗4·5년) 기근 때문에 발생한 강원도 각 주현의 유망 인물을 아
직 다 쇄환하지 못했는데, 이미 쇄환된 자 중 중도에 도망치거나 숨는 자가 총
2,757戶라고 하였으며, 『成宗實錄』 권211, 成宗 19년 正月 茂午에 근래 강원도내
流移者가 1,200餘戶이고, 他道 流移者가 1,800餘戶라는 지적이 있었다.
180) 『世宗實錄』 권40, 世宗 10년 윤4월 壬辰, 3책 128쪽에 의하면, 이러한 江原道의
流移者들은 주로 남쪽의 평야지대로 흘러들어간 듯하다. 그리하여 '全羅道는 地
多陳荒하나 江原 流民이 徙居한 이후부터 戶口가 번성하고 山林藪澤이 모두 耕
墾되었다'는 기록이 나올 정도였다.
181) 『世宗實錄』 권52, 世宗 13년 4월 庚子, 3책 309쪽.

은 아니었다. 하지만 주모자 洪仁奇가 正軍이었고 또 流移할 때 139명이나 거느렸다면, 지방사회에서 상당한 영향력이 있던 집안임에 틀림없다. 이들이 流移할 정도라면 그 이하의 백성들은 말할 것도 없으며, 그 이상의 호장층도 존속하기 어려웠을 것이다.

이들의 이동 통로였던 金城縣・金化縣・鐵原都護府・永平縣 등은 모두 교주도에 속한 지역으로 亡姓이 많은 郡縣이었다. 이로써 미루어보건대 아마 고려후기에도 교주도 일대에서 토착세력의 流移가 진행되었고, 그 결과 거의 대다수가『世宗實錄地理志』에서는 亡姓으로 처리된 게 아닐까.

위의 사건이 있었던 淮陽都護府는 都護府이면서도 洪川縣보다 호구나 토지의 규모가 작고 속현 5개의 인구도 극히 적다. '古籍'에는 土姓이 和川縣에 2개, 文登縣에 5개, 嵐谷縣에 4개나 있었는데『世宗實錄地理志』에는 3개 현의 인구가 20호도 안된다. 그렇다면 '古籍' 이후 상당한 인구 감소가 있었고, 그로 인해 토착세력이 流亡한 게 아닌가 생각한다. 3개 현에 남은 土姓은 각각 1개이며, 그나마 文登縣에는 호장층이 모두 流亡한 것으로 추정된다.[182) 고을을 유지할 수 없게 되자 결국 뒤에 文登縣은 폐현이 되었다.[183)

方山縣도 이와 비슷한 상황이었다. 고려시대에는 淮陽府의 屬縣으로[184) 인구가 20戶에 불과했으며 土姓이 1개, 亡姓은 3개이고 유력한 人吏姓이 流亡한 것으로 추정된다. 長楊縣・隣蹄縣도 淮陽府의 屬縣이었는데,[185)

---

182) 『新增東國輿地勝覽』의 姓氏條와 비교해보면 和川縣・嵐谷縣・長楊縣의 남은 土姓 하나는 戶長層으로 추정되는데, 文登縣의 경우는 그렇지 않다. 다음은 文登縣의 성씨를『世宗實錄地理志』와『新增東國輿地勝覽』을 비교한 내용이다.
　　『世宗實錄地理志』: 土姓 1 壽, 亡姓 4 辛 楊 邢 信
　　『新增東國輿地勝覽』: 辛 楊 壽 邢 信
　　土姓 壽氏가 亡姓 辛・楊氏보다 서열이 뒤이므로 戶長層이 아니었던 것 같다.
183) 『新增東國輿地勝覽』 권47, 江原道 淮陽都護府 고적, 866쪽에 文登廢縣이 나온다.
184) 위의 책, 江原道 楊口縣 건치연혁, 871쪽.
185) 『世宗實錄地理志』, 江原道 隣蹄縣, 576쪽에 隣蹄縣은 처음에는 춘주의 속현이었는데 나중에 淮陽으로 이속되었다. 恭讓王 1년에 監務가 파견되었고, 조선 태종 13년에는 縣監이 설치되었다.

인구가 200명 내외이고 역시 亡姓이 많다. 長楊縣의 亡姓은 3개, 隣蹄縣의
亡姓은 2개이며 屬縣인 瑞和縣의 亡姓은 4개이다. 각 현에 남은 한 두 개
의 土姓이 유력한 人吏姓으로 추정된다. 대부분의 차리층과 호장층이 몰
락하는 가운데 그나마 유력한 호장층은 존속했다.

金城縣 역시 그 속현에 亡姓이 많다. 金城縣은 고려후기 李穀의 시에서
'山上磽田 賦稅餘莫'이라 하였던 곳으로,[186] 그 토지가 척박하여 조세부담
이 컸던 지역이었다. 더욱이 咸吉道를 왕래하는 요충지여서[187] 이 역시 부
담이 되었다. 그 결과 고려후기 이래 金城縣과 通溝縣은 가장 유력한 호장
층이 몰락한 것으로 추정된다.[188] 통구현은 인구가 100명도 안되는데 亡姓
이 4개이며, 岐城縣은 아예 폐해지고 기존의 土姓이나 來姓은 모두 亡姓
으로 처리되었다.

交州道에서 亡姓이 가장 많이 집중된 지역은 철원의 속현이었던 金化
縣·平康縣·伊川縣 등이다.[189] 세 현은 모두 京畿 가까운 내륙에 위치하
면서 고려말에야 監務가 파견되었다. 金化縣은 남은 土姓이 1개인데 亡姓
이 무려 15개이며, 유력한 호장층으로 보이는 5개의 성씨가 모두 流亡했
다. 平康縣은 남은 土姓이 3개인데 亡所까지 포함해서 亡姓이 10개이고,

---

186) 『新增東國輿地勝覽』권47, 江原道 金城縣, 題詠, 871쪽.
187) 『文宗實錄』권5, 文宗 卽位年 12월 丁亥, 6책 329쪽.
188) 『世宗實錄地理志』와 『新增東國輿地勝覽』에서 金城縣·通溝縣의 姓氏를 비교해
　　　보았다.
　　　『世宗實錄地理志』: 金城縣 土姓 3 孫 盧 劉, 亡姓 2 蘇 申, 通溝姓 李 朴, 亡姓
　　　　4 田 林 尹 朴 (金城縣, 567쪽)
　　　『新增東國輿地勝覽』: (本縣) 蘇 孫 申 盧 劉, (通溝縣) 田 李 朴 林, (所水伊) 尹
　　　　朴 (권47, 金城縣, 870쪽)
　　　『世宗實錄地理志』에서 金城縣의 亡姓인 蘇氏와 通溝縣의 亡姓인 田氏가 『新
　　　增東國輿地勝覽』에서는 가장 선두에 있는 것으로 보아, 이들이 가장 유력한 人吏
　　　姓으로 추정된다.
189) 金化縣은 고려 현종 9년에 東州 任內가 되었으며, 평강현은 신라시기에는 부평군
　　　(金化縣)의 任內였다가 역시 현종 9년에 동주 임내가 되었고, 恭讓王 1년에 監務
　　　가 파견되었다. 伊川縣도 현종 9년에 동주 임내로 되었고 후에 감무가 파견되었
　　　다. 3현은 모두 조선 태종 13년에 縣監이 설치되었다. 이상은 『世宗實錄地理志』,
　　　江原道 金化縣 및 伊川縣, 568~569쪽 참조.

伊川縣은 土姓이 3개인데 亡姓이 8개이다. 두 곳 모두 최소한 가장 유력한 호장층이 流亡한 것으로 보인다.[190]

이상에서 交州道는 자연지리적으로 열악하여 호구가 불안정하였고, 그로 인해 호장층이 성장할 수 없었을 뿐 아니라 여건이 악화되면 쉽게 유망했음을 살펴보았다.

交州道 亡姓의 이러한 특성은 인접한 다른 지역에서도 잘 드러난다. 고려 文宗 23년에 楊廣道를 비롯해서 西海道·交州道에서 경기에 40개 郡縣을 편입시켰는데, 이 중 亡姓이 집중된 군현은 주로 교주도 인근의 동부 산간지역에 위치해 있었다. 이 지역은 같은 道內에서 서부 해안의 군현에 비해 亡姓率이 높았다. 그것은 경기라는 사회경제적 조건보다 교주도와 같은 자연지리적 조건 때문으로 보인다.

西海道에서 경기에 편입된 군현은 10개인데, 대개 1천여 호 내외의 거읍으로 호구 수가 안정되어 있다. 海州牧·延安都護府·瑞興都護府·平山都護府 등 牧·都護府에는 土姓의 대부분이 유지되고 있었다.

서해도에서 경기에 편입된 군현 중 亡姓率이 높은 곳은 다음과 같다.

<표 7-6> 京畿에 편입된 西海道 郡縣別 현황

郡縣名	土姓	亡姓	村落姓	外姓	來姓	戶	口	柴地	墾田 (結)	水田率
鳳山郡	2(1)	3(3)		9(5姓 今亡)		1,564	6,200	2日程	13,343	1,040結
新恩縣 (屬縣)俠溪縣	2 2	3 2	2			808	3,189	1日程	9,256	84結
載寧郡	3(1)	4(1)			5(今亡)	1,293	3,885	2日程	15,726	1/8 少
白川郡	6(2)	4(1)	1(今亡)			996	3,167	1日程	8,477	4/9 強
牛峯縣	1	3				778	2,180		6,820	55結

* 土姓·亡姓의 ( )안은 예측된 人吏姓의 수

---

190) 『新增東國輿地勝覽』의 姓氏條와 비교해보면, 3郡縣 모두의 『世宗實錄地理志』의 亡姓이 선두에 있다. 『新增東國輿地勝覽』 권47, 江原道 金化縣·平康縣·伊川縣, 873~877쪽 참조.

亡姓率이 높은 지역은 <표 7-6>의 6개 군현인데, 인구에 비해 전체 土姓數가 적은 것으로 보아 주로 人吏姓으로 구성되었던 것 같다. 따라서 亡姓에도 人吏姓이 어느 정도 포함되었을 것으로 짐작된다. 특히 鳳山郡의 경우 『新增東國輿地勝覽』에서 가장 유력해보이는 人吏姓이 『世宗實錄地理志』에서는 亡姓으로 기록되었다.[191] 鳳山郡은 亡姓 3개와 남은 土姓 2개 중 1개가 人吏姓으로 추정되는 바, 유력한 호장층이 거의 流亡한 것으로 보인다. 그러나 다른 군현에서는 亡姓의 대부분이 次吏姓이었고, 人吏姓은 일부만 포함되어 유력한 호장층은 존속했다. 亡姓率이 가장 높은 牛峯縣도 유력한 호장층의 성씨는 존속한 것으로 나타난다. 기존의 토착세력이 유망하는 가운데, 鳳山郡과 載寧郡의 外姓·來接姓도 다수 망실되었다. 이주세력 역시 토착기반을 유지하기 어려웠음을 알 수 있다.

이와 같이 서해도의 군현은 내륙 깊숙한 곳에 위치했는데도, 왜구의 침입이 미쳤던 海州牧과 延安都護府보다 亡姓率이 오히려 높다. 이 곳은 교주도에 인접해 있으며 水田이 극히 적었던 것으로 보아, 亡姓의 특성도 교주도와 유사하다고 생각한다.

경기에 편입된 군현이 가장 많은 곳은 楊廣道였다. <표 7-7>은 양광도에서 경기에 편입된 군현 중 亡姓이 많은 지역의 현황이다.

楊廣道에서는 25개 군현이 경기에 편입되었는데, 亡姓率이 높은 곳은 抱川縣·沙川縣·豊壤縣·高峰縣·幸州·通津縣 등 6개 군현에 불과하다. 경기에 편입된 25개 군현의 亡姓은 모두 45개인데, <표 7-7>의 11개 군현에 32개가 집중되었다. 조선의 도읍지로 정해진 楊州都護府와 그 속현인 見州를 제외하면, 각 군현에 대부분 남은 土姓은 1~2개이고 亡姓이 4개 이상이다.

양광도 역시 해안의 교동·강화·인천은 1년에도 몇 차례씩 왜구의 침략을 받았다. 또 경기에 편입된 25개 군현은 거의 모두 고려시대 柴地로 설정되었으며, 몇몇 사례를 제외하면 호 수도 거의 모두 5백 호 미만이고 墾田의 규모도 큰 차이가 없다. 그 조건이 비슷함에도 불구하고 <표 7-7>

---

191) 『新增東國輿地勝覽』 권41, 黃海道 鳳山郡 姓氏條, 753쪽.

의 6개 군현에만 亡姓의 발생이 집중된 것은 무엇 때문일까.

<표 7-7> 京畿에 편입된 楊廣道 郡縣別 현황

郡縣名	土姓	亡姓	亡次	亡村	亡來	戶	口	柴地	墾田 (結)	水田 比率
抱川縣	3(2)	6				371	1,222	2日程	3,948	1/4
楊州都護府	4	2						2日程		
(屬縣)見州	7					1,481	2,726	1日程	15,190	3/10
(屬縣)沙川縣	1(1)	4(1~3)						1日程		
(屬縣)豊壤縣	1(1)	4(1~2)						2日程		
高陽縣(高峰+德陽)	1(1)	4						1日程		
(屬縣)幸州	4(3)	7(4)				679	1,314	1日程	6,326	水田 差少
(屬縣)富原縣	1									
通津縣	2	1	2	1	1			1日程		
(屬縣)守安縣	3	1				458	971	2日程	5,361	水田 差多
(屬縣)東城縣	4							1日程		

* ( ) 안은 예측된 人吏姓의 수

<표 7-7>의 군현은 通津縣을 제외하면 모두 京畿의 동부 내륙에 위치해 있다. 이 역시 <표 7-6>의 西海道의 사례와 마찬가지로 交州道에 인접한 곳이다. 그렇다면 亡姓率이 높은 것도 지리적 위치와 관련되는 게 아닐까. 동부지역은 아무래도 산간지대가 많기 때문에 서해안의 평야지대와는 입지조건이 달랐다.

서해도는 전반적으로 인구가 안정되고 경작지가 많은데도, <표 7-6>의 몇몇 군현에 亡姓의 발생이 집중되고 있다. <표 7-6>의 군현 역시 水田의 비율이 대단히 낮다. 白川郡을 제외하면 水田率이 1/10 내외이고, 심지어 1/100이 안되는 군현도 있다. <표 7-7>의 양광도의 군현은 전체적으로 평야지대여서 亡姓率이 낮은 군현에 비해 수전율에 큰 차이가 없다. 하지만 그 지리적 위치상 <표 7-4>나 <표 7-5>의 군현과 인접해 있어 이 지역의 영향을 받은 듯하다.

<표 7-6>의 鳳山郡, <표 7-7>의 沙川縣·豊壤縣·高陽縣은 유력한 호장층 하나만 남고 모두 몰락한 것으로 나타나며, 沙川縣은 결국 廢縣이 되었다.[192] 邑司를 유지할 戶長層이 존속하지 못했기 때문이다.

이 같은 토착세력이 流移되는 이면에는 이 지역 백성의 流移가 있었다. 실록에는 조선초 경기 지역이 도성건설의 徭役과 기근으로 流移하는 자가 많다는 지적이 자주 보인다. 세종 7년에는 근래 흉년으로 경기·강원도민이 전라·충청도로 옮겨간 자가 매우 많다고 하는데,[193] 경기도 流移者가 강원도와 함께 언급되고 있다. 이들이 바로 강원도에 인접해 있던 <표 7-6>과 <표 7-7>의 경우가 아니었을까. 경기에서도 동부 지역은 교주도 정도는 아니지만 토지의 비옥도가 해안의 평야지대보다는 못했고, 기근일 경우 피해도 심각했다. 백성들의 流移는 당연히 토착세력에 영향을 끼쳤을 것이다.

이 지역 토착세력의 취약성은 중앙진출 상황에서도 잘 드러난다. 交州 道에서는 고려 전 시기에 걸쳐 士族을 낸 곳이 10여 곳밖에 없다. 春川都 護府와 平康縣을 제외하면 亡姓이 적었던 洪川縣·狼川縣까지도 士族을 전혀 배출하지 못했다.[194] 交州道와 인접한 확대된 경기 지역의 土姓도 중앙 관인층으로 진출하지 못한 비율이 상당히 높다. 경기에 편입된 전체 40개 군현 중 10개 군현에서 출신 士族의 기록이 발견되지 않았는데, 그 중 亡姓이 많은 지역으로 西海道의 新恩縣, 楊廣道의 抱川縣·沙川縣·通津縣, 交州道의 朔寧縣·漣川縣 등 6개가 있다.[195] 출신 士族의 기록이 발견되지 않았던 것은 그만큼 戶長層이 미약했기 때문이다.

(4) 西海道 및 東界의 군현 이동과 호장층의 유망

경기 및 교주도와 달리 해안 평야지대에 위치한 東界 및 서해도의 군현은 좀더 유리한 조건이었으므로 亡姓의 양상도 다르다. 이 지역은 기본적으로 비옥한 곳이어서 전체적으로는 亡姓이 많지 않았다. 亡姓率이 높은

---

192) 『新增東國輿地勝覽』 권11, 京畿道 楊州牧 고적조, 191쪽에 '沙川廢縣'이 보인다.
193) 『世宗實錄』 권29, 世宗 7년 8월 甲申, 2책 688쪽에 이로 인해 京畿의 船軍 결원이 732명이라고 하며, 당시 全羅道에 떠도는 京畿 壯丁이 총 7,138명이고 忠淸道에 떠도는 장정이 480명이었다고 한다.
194) 李樹健, 「高麗後期 支配勢力과 土姓」, 1984, 300쪽.
195) 李樹健, 위의 논문, 277쪽.

군현은 역시 일정 지역에 집중되었는데, 東界의 북부와 西海道의 해안지
역이었다. 전자는 대봉전쟁 이후 일부 군현이 元의 지배로 들어가면서 군
현의 이동과 통폐합이 잦았고, 후자는 왜구의 침입으로 군현이 이동하거나
통폐합된 곳이다.

먼저 東界에서 亡姓의 발생이 집중된 지역을 살펴보기 위해 亡姓이 있
는 군현과 없는 군현을 나누어 정리해 보았다.[196]

<표 7-8>과 <표 7-9>의 東界의 군현은 몇몇 속현을 제외하면 인구가
안정되었으며, 墾田은 많지 않으나 水田의 비율이 높다. 따라서 交州道보
다 훨씬 안정된 여건이었다. <표 7-8>은 東界에서 亡姓이 있는 군현을 뽑
은 것인데, 다른 지역에 비하면 亡姓率이 그다지 높지 않다. 또 모두 강릉
이북에 위치하고 있어, 亡姓이 없는 군현과는 지역적으로 확연히 구분된
다. <표 7-8>의 지역은 和州 이북이 몽골의 지배지역으로 넘어간 이후 邑
司의 이동과 통합이 잦았고, 그에 따라 토착세력의 기반과 인구에 변동이
많았다.

<표 7-8>의 襄陽都護府(襄州)와 杆城郡은 亡姓의 비율이 비교적 높은
데, 이는 和州 이북 각 州의 邑司가 거의 40년간 우거했던 것과 관련되지
않을까 추측된다.[197] 제한된 경작지 위에 여러 邑司가 우거했다면 이 지역
의 농민과 토착세력에게는 큰 부담이 되었을 것이기 때문이다. 그래서 襄
陽都護府와 杆城郡은 다른 郡縣에 비해 墾田과 水田 比率, 人口 등의 여

---

196) 고려시대 東界 지방은 그 경계가 유동적이었다. 대개 雙城摠管府가 설치되었던
　　 和州 이북은 東北面 또는 朔方道로 구별되었기 때문에, 이에 속하는 登州·文州
　　 ·預州·高州·宜州·定州 등은 여기서 제외하였다. 또 溟州의 속현이었던 旌善
　　 과, 충렬왕 16년에 동계로 편입된 寧越·平昌은 내륙에 있어 제외하였다.

197)『高麗史』권58, 地理志 3, 東界 安邊都護府 登州, (中) 305~306쪽에 登州는 몽골
　　 의 침입 때 그 소재지를 東界 襄州로 옮겼다가 다시 杆城으로 옮겨 거의 40년간
　　 있었으며, 忠烈王 24년에 각기 해당 城에 도로 소속되었다고 한다. 또한 和州條에
　　 서는 和州가 몽골의 침입 때 登州에 합쳤다가 후에 通州와 합쳤으며, 忠烈王 때
　　 다시 옛 명칭을 회복했다고 한다. 이러한 문맥을 종합해보면 登州·和州 등 雙城
　　 摠管府로 넘어간 지역의 邑司가 처음에는 모두 襄州에 있었던 것으로 보인다. 그
　　 후 忠烈王 때 각기 해당 城에 도로 소속되었다고 하는 것으로 보아, 登州·和州
　　 뿐 아니라 東北面 대부분의 州가 襄州에 임시로 우거했던 것으로 추측된다.

건이 좋은데도 亡姓이 많고, 또 杆城郡의 屬縣인 烈山縣은 결국 廢縣이 되었던 게 아닐까.[198] 襄陽과 杆城은 人吏姓의 일부가 流亡하긴 했으나 가장 유력한 人吏姓이 남아 있다. 대몽전쟁 이후의 부담으로 대부분의 次吏層과 일부 호장층은 몰락했고, 유력한 호장층만 존속했다.

그에 비해 高城郡은 고려말까지 杆城郡에서 겸했지만[199] 사정이 조금 더 나았다. 고성군의 次吏姓 2개는 모두 유망하고 인리성 3개가 남았으므

<표 7-8> 東界에서 亡姓이 있는 郡縣

郡縣名	土姓	亡姓	亡次	亡入	亡來姓	續姓	戶	口	墾田(結)	水田비율
襄陽都護府	2(2)	4				3	857	1,277	1,833	2/5
(屬縣)洞山縣	4	1					125	218		
杆城郡	2(1)	3(1)				11	227	313	1,302	1/2
(屬縣)烈山縣	1(1)	2				5	105	254		
高城郡	3(3)		2			5	375	871		
(屬縣)安昌縣							46	134	1,316	370결
亡象猴縣	3									
通川郡	4	1			1	5	290	1,363	1,810	1/4
(屬縣)臨道縣				2		1	54	212		
(屬縣)碧山縣	1	2(1)								
(屬縣)雲嵒縣					3	1				
歙谷縣					3	3	219	675	623	1/3

* ( ) 안의 수는 人吏姓을 예측한 것임

<표 7-9> 東界에서 亡姓이 없는 郡縣

郡縣名	土姓	賜姓	續姓	戶	口	墾田(結)	水田비율
江陵大都護府	6	1	3	1,025	3,513		
(屬縣)連谷縣	5		1	104	251	5,766	2/6
(屬縣)羽溪縣	4		1	225	755		
三陟都護府	4	1		581	2,613	1,998	1/8
蔚珍縣	5		1	270	1,483	1,351	1/3

198) 『新增東國輿地勝覽』 권45, 江原道 杆城郡 고적조, 830쪽에 '烈山廢縣'이 나온다.
199) 『高麗史』 권58, 地理志 3, 東界 杆城縣, (中) 309쪽에 의하면 恭讓王 元年에 비로소 나누어졌다고 한다.

로, 次吏層만 流亡하고 戶長層은 그대로 존속했다. 속현에도 토착세력이 그대로 남아 豢猊縣은 『世宗實錄地理志』에서 亡縣으로 파악되지만 土姓이 존속했으며, 安昌縣은 후에 廢縣이 되었지만 入姓은 남았다.200) 通川郡과 歙谷縣은 東界의 가장 북방에 위치해 있어, 襄陽・杆城・高城 등보다 더 불안정했을 것으로 보인다.

그러나 通川郡은 戶長層을 비롯한 유력한 토착세력이 모두 土姓으로 존속하고 亡姓이 1개밖에 없다. 通川郡은 <표 7-8>의 군현 중에서 고려시대 사족을 배출한 유일한 군현이었다.201) 그만큼 호장층을 비롯한 토착세력이 비교적 강력했다. 하지만 그 속현인 臨道縣・雲嵓縣・碧山縣까지 유지할 수는 없었다. 벽산현은 유력한 호장층이 유망했으며, 임도현・운암현은 入姓이 모두 유망했고 3개 현은 결국 폐현이 되었다.202) 歙谷縣 역시 來姓 모두가 亡姓으로 처리되었다.

대몽전쟁 이후 東北面 지역이 元의 지배로 들어가면서 <표 7-8>의 東界 북부지역은 북방의 경계선이 되었을 뿐 아니라, 동북면 지역으로 들어간 군현들의 邑司가 우거한 지역이었다. 그에 따라 군현의 병합과 邑司의 이동이 잦았고, 이러한 변화는 인구나 경작지가 그다지 많지 않은 지역에 큰 부담이 되었을 것이다. 따라서 次吏層과 함께 일부 호장층이 몰락하고 유력한 호장층만이 유지되었다.

하지만 東界에서도 江陵 이남에 위치한 <표 7-9>의 군현에는 亡姓이 없고, 江陵・三陟・蔚珍과 江陵의 屬縣인 羽溪縣 등은 모두 土族을 배출한 곳이다. 그만큼 호장층이 강력했는지 14세기 이래 잦은 왜구의 침입에도 토착세력의 流亡이 전혀 나타나지 않았다. 특히 蔚珍縣은 경상도의 해안과 마찬가지로 왜구의 피해가 많았던 지역이다.203) 그럼에도 亡姓이 전

---

200) 『新增東國輿地勝覽』 권45, 江原道 高城郡 고적조, 833쪽에 '安昌廢縣・豢猊廢縣'이 보인다.

201) 李樹健, 「高麗後期 土姓研究」, 『東洋文化』 20・21, 1981 ; 「高麗後期 支配勢力과 土姓」, 『韓國中世社會史研究』, 1984, 300쪽.

202) 『新增東國輿地勝覽』 권45, 江原道 通川郡 고적조, 836쪽에 '臨道廢縣・碧山廢縣・雲嵓廢縣'이 나온다.

203) 『新增東國輿地勝覽』 권45, 江原道 蔚珍縣, 名宦 本朝, 於世麟 및 人物 本朝, 張

혀 없는 것은 호장층의 기반이 든든하여 전라도·경상도와 마찬가지로 그
들이 오히려 방어의 주체로서 존속했기 때문이다.204)

　이상에서 東界는 대몽전쟁과 왜구로 인해 많은 타격을 받았지만 전체적
으로 호장층이 안정되어 있었다. 江陵·三陟都護府와 같이 亡姓이 없는
곳은 물론이고, 亡姓이 4개인 襄陽都護府조차 주요 호장층은 계속 존속하
였다. 이는 생활조건이 유리한 것도 한 요인인 듯하다. 그 결과 東界의 해
안 군현에는 續姓이 많이 집중될 수 있었던 게 아닐까.

　특히 元과의 관계가 안정되고 東界에 대한 정부의 안정책이 실시되면서
杆城·高城·通川郡 등 東界의 북부지방에도 續姓이 대거 집중되었다.
이는 경작지의 확보와 아울러 정책적인 배려도 있었지만, 왜구 때문에 북
부지방이 상대적으로 안전해 보인 때문이기도 했다. 주로 해안을 따라 이
주한 것으로 보이는데, 그로 인해 이 지역에 續姓이 많이 형성될 수 있었
다. 조선 세종대에 고려말 남방민이 왜란을 피해 강원도에 流寓者가 매우
많다는 지적은 바로 이를 가리킨다.205)

　그리고 이들 이주자 대부분이 이 지역에 와서 향리가 되는 것으로 보아,
단순한 이주자가 아니라 所來處에서도 향리였던 자들이었을 것이다. 더욱
이 새로운 토착세력으로 인정받아 續姓으로 올랐다면, 이들은 호장층일 가
능성이 보다 높다.206) 여러 가지 환경의 악화로 토착세력이었던 호장층이
이주해와 이 곳에서도 향리직을 맡았다.

　巡烈, 839쪽에 고려말 倭寇침입으로 人民이 流移하자, 恭讓王 3년에 蔚珍縣의 縣
　令으로 온 於世麟이 城堡를 修葺하고 遺民을 안집하니 流亡한 자들이 사방에서
　몰려왔다고 하며, 조선조의 張巡烈은 太祖 5년에 다시 倭寇의 분탕질이 일어나자
　평지에 있던 蔚珍縣의 古邑城을 산성으로 옮겼다고 한다. 조선초까지 倭寇의 침
　입이 지속된 곳이었다.
204) 『新增東國輿地勝覽』 권44, 江原道 三陟都護府, 樓亭條, 818쪽에 燕謹堂에 대한
　金守溫의 記文에 감독자는 '戶之長 金生麗也'라는 기록이 보인다. 三陟의 4개의
　土姓 중 두번째 서열인 金氏가 여전히 이 지역에서 戶長職을 맡아 일을 주도하고
　있음을 알 수 있다.
205) 『世宗實錄』 권82, 世宗 20년 9월 癸未, 4책 161쪽 참조. 이에 관해서는 주174)에서
　자세히 언급했음.
206) 鄕吏 續姓과 戶長層의 관련성은 본고 제4장 제1절에서 상술했음.

경상도와 전라도 및 양광도에 비하면 경기·동계·교주도·서해도는 토
착세력이 상당수 몰락했고, <표 7-2>에서 亡姓率이 가장 높은 곳은 황해
도였다. 전체 土姓이 183개인데 亡姓이 83개이므로, 13세기의 '古籍' 이후
토착세력의 절반 정도가 소멸한 셈이다. 이밖에 '今亡·今無'인 來(接)姓
·外姓이 44개이므로, 이 지역은 토착세력뿐 아니라 이주하여 정착했던 세
력도 상당수 流亡했다.

조선시대 황해도는 고려시대 경기 군현 11개와 서해도 군현 13개로 이
루어졌는데 경기의 군현은 이미 <표 7-6>에서 살펴보았다. 京畿의 亡姓
은 47개, 西海道는 36개이므로207) 평균적으로는 京畿의 亡姓이 더 많다.
하지만 서해도에서는 13개 主縣 중 4개 縣에 亡姓 26개가 집중되었다.

다음은 서해도에서 亡姓이 많은 군현의 토성과 망성의 현황이다. 전체
토성 수에 비해 망성율이 상당히 높은 편이다.

이 지역은 군현이 병합되었음에도 불구하고, <표 7-10>을 보면 대체로
호구가 적다. 통합되지 않은 文化縣만 1천 戶에 가까울 뿐이다. 이는 이들
군현이 모두 서해안에 밀집되어 있어, 왜구의 침입으로 군현 자체가 이동
하던 사정과 관련이 있지 않나 생각한다.208) 이동 과정에서 인구는 감소하
고 토착세력은 약화되어 많이 몰락했고, 그 결과 군현을 통합하지 않을 수
없었다. 대표적인 사례가 海安縣이다. 海安縣은 고려말 왜구의 침입으로
군현의 이동과 통합, 戶長層의 이속이 이루어지는 과정이 잘 나타난 사례
이다.

<표 7-10>의 松禾縣에는 亡海安縣의 續姓 4개가 기록되어 있는데, 海
安縣은 본래 현령관이 설치되었던 곳이다. 왜구의 침입으로 禑王 9년에 靑
松縣에 속하게 했다가, 조선 태종 16년에 長淵縣의 直村으로 삼고 그 人
吏·奴婢는 松禾縣에 부쳤다.209) 왜구의 침입으로 현을 유지할 수 없게

---

207) 京畿 主縣의 亡姓數는 본래 44개인데, 다른 도에서는 촌락성을 亡姓에 포함시키
　　　므로 白川郡의 촌락성이 '今亡'으로 표기되었으나 '亡姓'에 포함시켰다.
208) 최완기, 「조운과 조창」, 『한국사 14』, 국사편찬위원회, 1993, 413쪽의 지도에 의하
　　　면 이 일대의 해주·연안·옹진·강령·안악 등은 고려말 왜구의 침투지였고, 특
　　　히 豊州(豊川)·長淵縣은 조운 피해지역으로 나타나고 있다.

<표 7-10> 西海道에서 亡姓이 많은 郡縣의 현황[210]

郡縣名	土姓	亡姓	來姓	續姓	戸	口
瓮津縣	2	3		2	327	985
亡萬珍莊		5				
康翎縣(永康縣+白翎鎭)	2	2		2	389	1,068
白翎縣	2	2	2(今亡)			
文化縣	2	6	2	2	950	2,136
松禾縣(靑松縣+嘉禾縣)					685	1,945
靑松縣	2	3	1(今亡)			
嘉禾縣		5	3(今亡)			
亡海安縣				4		

되자, 縣令官이었던 곳을 아예 폐했다. 이렇게 郡縣이 폐해지면 邑司도 폐해지고, 人吏・奴婢는 관할 郡縣에 移屬되었다. 海安縣은 지리적 위치상 長淵縣의 直村으로 흡수되었지만, 人吏・奴婢는 본래 속해 있던 靑松縣, 즉 통합된 松禾縣으로 이속되었다. 續姓 4개는 바로 그 人吏의 성씨였다.

이속되는 상황에서 戸長層은 어떻게 되었을까. 康翎縣의 續姓 중 趙氏는 海安縣에서 왔는데, 이미 조선 태조 4년에 本縣이 殘亡했다고 도평의사사에 보고하고 康翎縣의 鄕吏가 되었다.[211] 강령현의 향리가 되었다면 해안현에서도 향리였으며, 정부의 승인을 받아 이주했다면 향리에서도 戸長層이었을 것이다. 海安縣은 太祖 4년에는 아직 靑松縣의 屬縣이었는데, 왜구의 침입으로 기반을 잃고 靑松縣에 속하게 되자 호장층의 일부가 다른 곳으로 미리 이주하였던 것이다.

일부 호장층의 이동으로 해안현은 더욱 축소되어 결국 直村이 되었고,

---

209) 이에 관해서는 다음의 사료를 참조. 『高麗史』 권58, 地理志 3, 西海道 豊州 靑松縣, (中) 303쪽 ; 『世宗實錄地理志』, 黃海道 長淵縣 古海安, 538~589쪽 ; 『新增東國輿地勝覽』 권43, 黃海道 長淵縣 古蹟條, ‘海安廢縣’, 799쪽.

210) 康翎縣의 續姓은 『世宗實錄地理志』 본문에는 ‘來姓’으로 나와 있으나(539쪽), 그 세주에 ‘위 두 姓은 太祖 4년에 本縣의 殘亡으로 都評議使司에 보고하고 부근으로 移入하여 鄕吏가 되었다’고 하므로, 來姓보다는 續姓으로 보는 게 타당하다. 李樹健, 「土姓의 分化」, 1984, 107쪽 주24) 참조.

211) 주210) 참조

남은 향리들은 松禾縣에 통합되고 말았다. 해안현의 趙氏는 최소한 康翎縣과 松禾縣으로 나뉘어 이주했는데, 이후 호장층이 더욱 약화되었음은 말할 것도 없다. 그 결과 15세기 후반의 『新增東國輿地勝覽』에서는 지리적 조건에 따라 다시 長淵縣으로 이속되었다.212) 태조 4년과 태종 16년에는 戸長層의 이주·병합에서 그들의 의사가 존중되었지만, 15세기 후반에는 정부의 의도대로 재조정된 게 아닌가 한다.

長淵縣이 서해안에 인접해 있고 海安縣은 그 서쪽에 있다고 하므로, 해안현도 해안에 있던 군현으로 추정된다.213) 그렇다면 해안현과 같이 해안에 있던 瓮津縣·康翎縣·松禾縣 등의 호장층도 비슷한 사정이었을 것이다. 군현이 소멸할 정도는 아니었어도 왜구의 피해가 심했으리라 짐작된다.

해안현의 人吏가 이속된 松禾縣은 조선초에 3개 현이 병합된 곳이다. 豊州 任內였던 靑松縣과 嘉禾縣을 합하고, 豊州 任內였던 永寧縣을 直村으로 삼았으며 거기에 海安縣까지 병합하였다.

다음은 松禾縣의 토착세력이 어떻게 구성되었는지 살펴보기 위해 『世宗實錄地理志』와 『新增東國輿地勝覽』의 姓氏條를 비교한 것이다.214)

   다-(1) 松禾縣 : 靑松縣 姓 2 宋 張, 亡姓 3 李 吳 羅, 來姓 1 庾(今亡)
               嘉禾縣 亡姓 5 鶱 李 拓 林 吳, 來姓 3 柳 田 羅(今亡)
               亡海安縣 續姓 4 宋 趙 吳 盧 (『世宗實錄地理志』, 黃海
               道, 548쪽)

   (2) 松禾縣 : (靑松) 宋 李 羅 吳 張
              (嘉禾) 鶱 李 拓 林 吳, 柳 田 羅 洪(並來)

---

212) 『新增東國輿地勝覽』권43, 黃海道 長淵縣 姓氏條, 796쪽에는 廢縣된 海安의 '宋·趙·吳·盧(竝續)'가 실려 있다.
213) 김정호의 '大東輿地圖'(東輿圖註記 첨가·축소판, 1990, 匡祐堂 영인)에도 '海安'이 해변에 위치한 것으로 나타난다.
214) 이러한 분석은 앞의 사료 나-(1)~(10)에서 살펴보았듯이 『世宗實錄地理志』의 人吏姓과 次(吏)姓·百姓姓이 『新增東國輿地勝覽』에서 표면적으로는 구별 없이 土姓으로 통합되었지만, 그 내부에는 서열이 그대로 존재함을 전제로 한 것이다.

(永寧) 陳 田 崔 康 任 (『新增東國輿地勝覽』 권43, 黃海
道, 791쪽)

사료 다-(1)의 『世宗實錄地理志』에서 靑松縣은 土姓이 2개인데 亡姓이
3개이다. 亡姓 李·吳·羅氏가 사료 다-(2)의 『新增東國輿地勝覽』에서는
土姓 張氏보다 앞에 있으므로, 土姓보다 서열이 앞서 있음을 알 수 있다.
따라서 3개의 亡姓은 人吏姓이고, 土姓 張氏가 次吏姓으로 추정된다. 청
송현에서는 戶長層이었던 성씨 3개가 몰락했던 것이다. 사료 다-(1)에서
가화현은 土姓 5개와 來姓 3개가 모두 流亡되었으니, 戶長層이 완전히 몰
락한 상태이다. 直村이 된 영녕현은 『新增東國輿地勝覽』에 있는데 『世宗
實錄地理志』에서는 아예 언급되지 않았다. 永寧縣도 호장층이 전혀 남아
있지 않았던 것 같다.

서로 인근에 있던 이들 군현의 토착세력이 모두 몰락 또는 流亡한 것은
우연한 일이 아니었다. 여기에는 이들 모두에 영향을 끼칠 수 있는 대사건
이 전제되었음에 틀림 없다. 그 계기는 바로 고려말 왜구의 침입과 그로
인한 군현의 이동이 아니었을까. 그렇기 때문에 松禾縣은 3개의 군현이 병
합되었지만 남은 호장층은 거의 없었다. 또 이러한 사정 때문에 海安縣의
人吏들을 海安縣이 直村으로 통합된 長淵縣이 아니라 松禾縣으로 移屬시
킨 것 같다. 물론 이들이 일찍이 靑松縣과 예속관계가 맺어진 연유도 있겠
지만, 아울러 靑松縣을 비롯해 통합된 松禾縣에 호장층이 거의 없었던 것
도 중요한 이유가 되었으리라 생각한다.

이와 같이 왜구가 해안지대를 침입하자 능률적인 방어를 위해 군현이
이동하였는데, 그 과정에서 발생한 호구의 감소와 호장층의 移屬으로 인해
호장층의 몰락이 초래되었으며, 또 한편으로 이러한 호장층의 몰락은 군현
의 통폐합을 촉진시키기도 하였다.

白翎縣 역시 비슷한 사례이다. 남은 土姓이 2개, 流亡한 土姓이 2개이
며 來姓은 모두 流亡했다. 白翎縣은 본래 白翎鎭으로 恭愍王 6년에 倭寇
침입을 自衛할 수 없어 출륙하였다. 文化縣 東村에 우거하던 중 얼마 후
鎭將이 폐지되고 文化縣 任內로 되었으며, 恭讓王 2년에는 文化縣 直村

으로 되었다. 鎭을 폐하면서 人吏와 官奴婢는 文化縣에 합속되었는데, 世宗 9년에 白翎鎭 人吏들이 신설된 永康鎭215)에 移屬되어 그 官號라도 유지하기를 원해서 康翎鎭으로 했다고 한다.216)

白翎鎭이 白翎島에서 나올 때에 '擧邑出陸'했다 하므로, 토착세력을 중심으로 한 邑司와 그에 소속된 官奴婢는 물론 백성들도 함께 이주해 나왔던 것 같다. 그러나 우거하는 곳이 '地窄', 즉 토지가 매우 적어 白翎島에 있을 때처럼 독립적으로 유지할 수 없었기 때문에 결국 文化縣의 直村으로 흡수되고 말았다. 군현의 이주와 통합 속에서 白翎鎭의 호장층도 일부 몰락하였다.

다음은 康翎縣의 토착세력이 어떻게 구성되었는지 살펴보기 위해『世宗實錄地理志』와『新增東國輿地勝覽』의 성씨조를 비교한 것이다.

> 다-(3) 康翎縣 : 土姓 2 康 彭, 亡姓 2 鄭 任
>   白翎縣姓 2 金 盧, 來姓 2 崔 高(今亡), 亡姓 2 庾 李
>   (『世宗實錄地理志』, 黃海道, 539쪽)
>
> (4) 康翎縣 : (永康) 康 彭 鄭 任
>   (白翎) 庾 金 李 盧, 崔 高(並來) (『新增東國輿地勝覽』
>   권43, 黃海道, 795쪽)

사료 다-(3)의『世宗實錄地理志』에서 白翎縣의 亡姓 庾氏가 사료 다-(4)의『新增東國輿地勝覽』에서는 가장 선두에 있는 것으로 보아 가장 유력한 人吏姓이었고, 또 亡姓 이씨도『新增東國輿地勝覽』에서 남은 土姓보다 앞서 있어 역시 人吏姓으로 추정된다. 13세기 초까지는 白翎縣에서 가장 유력했던 호장층이 몰락한 것은 인근의 다른 郡縣과 마찬가지로 역

215)『高麗史』권58, 地理志 3, 西海道 瓮津縣·永康縣, (中) 303쪽 및『世宗實錄地理志』, 黃海道 康翎縣, 539쪽 참조. 永康鎭은 永康縣의 백성을 옮겨 海州 근처의 해안에 새로 설치한 鎭이다.
216)『高麗史』권58, 地理志 3, 西海道 白翎鎭, (中) 303쪽 및『世宗實錄』권35, 世宗 9년 正月 茂申, 3책 58쪽 참조.

시 왜구의 침입 때문이었던 것 같다. 그나마 남아 있던 土姓 金氏만 호장
층의 지위를 유지하였고, 白翎鎭이 이동하는 가운데서도 邑司를 주도하고
永康縣에 다시 이속되게 하여 고을의 칭호를 유지할 수 있었다.

白翎縣에 비하면 독립적으로 이주한 永康縣의 향리는 한결 유리한 상황
이었다. 사료 다-(3)에서 永康縣도 역시 亡姓이 2개이지만, 사료 다-(4)의
『新增東國輿地勝覽』과 비교하면 永康縣의 남은 土姓 2개가 亡姓보다 서
열이 앞서 있다. 永康縣의 유력한 호장층은 존속한 것으로 보인다. 하지만
郡縣의 이동은 영강현의 토착세력에게도 달가운 일이 아니었다. 조선 문종
원년 8월에 康翎鎭을 폐하는 안건이 논의되는데, 永康 백성들은 돌아가고
싶지 않다고 하는데도 海州民 김유린이 향리와 공모하여 永康 백성들이
다시 옮기기를 원한다고 중앙에 보고한 바 있다.[217] 이 일을 주도한 영강
현의 향리들은 바로 土姓으로 남아 있는 戶長層이었을 것이다. 이들이 여
론을 조작하면서까지 다시 본거지로 돌아가기를 기도했다는 사실에서, 토
착기반을 떠나는 것이 이들 호장층에게 얼마나 불리했는지 짐작할 수 있
다.

白翎鎭의 백성을 병합했던 文化縣도 亡姓의 비율이 75%로, 토착세력의
상당수가 유망한 것으로 나타난다. 문화현은 약간 내륙에 위치해 있었으나
고려말 왜구의 침입 지역에 속했다. <표 7-10>에서 문화현의 人吏姓은 고
려후기 이래 여전히 존속했고, 다른 군현과 비교해보면 호구가 비교적 안
정되어 있었다. 그러나 亡姓이 6개나 되는 걸 보면, 여기에는 次吏姓뿐 아
니라 人吏姓도 포함되었을 것으로 추정된다.[218] 토착세력의 대다수가 流

---

217)『文宗實錄』권9, 文宗 元年 8월 丁亥, 6책 424쪽.
218)『新增東國輿地勝覽』의 성씨와 비교하면 다음과 같다.
　　『世宗實錄地理志』: 土姓 2 吳 康, 亡姓 6 盧 仇 羅 表 任 令狐, 來姓 2 柳 金
　　　　(黃海道, 537쪽)
　　『新增東國輿地勝覽』:(本縣) 柳 吳 康 盧 仇 羅 表 任 令狐 (권42, 黃海道, 769
　　　　쪽)
　　두 자료를 비교해보면『世宗實錄地理志』에서는 來姓으로 분류된 柳氏가『新增
　　東國輿地勝覽』에서는 서열이 가장 앞서며, 그 뒤에 있는 吳·康氏는『世宗實錄
　　地理志』에 남아 있는 土姓 2개이다. 이들은 人吏姓에 해당하는 것으로 보인다.

亡한 것은 역시 왜구의 침입 때문인 것 같다. 이로 인해 호장층을 비롯하여 次吏層 모두가 流亡했고 일부 호장층만 남았다. 『新增東國輿地勝覽』에서는 이주성인 柳氏가 가장 선두에 있어, 남은 호장층도 그다지 유력한 집안은 아니었음을 짐작할 수 있다.

甕津縣은 고려시대에 5개의 섬과 長淵縣·永康縣을 속현으로 거느렸지만, 해안에 위치했기 때문에 왜구의 침입에서 온존하기 어려웠다. 本縣의 土姓의 60%가 유망하는 가운데 호장층에 속한 3개의 토성 중 2개가 유망했다.[219] 또 萬珍莊은 모든 토착세력이 모두 유망하여 莊이 소멸될 수밖에 없었다.

이와 같이 서해도에서는 서해안을 중심으로 왜구의 침입과 그로 인한 군현의 이동으로 많은 인구가 유망했고, 그에 따라 군현의 통폐합과 아울러 호장층 역시 이주, 통합해야 했다. 이렇게 호장층이 토착기반을 떠나게 될 때, 이주지에서 정착하기도 하지만 많은 경우에는 호장층조차 몰락의 길을 밟게 되었다. 그 결과 조선초 地理志에는 이 지역의 많은 土姓이 亡姓으로 처리되었고, 호구도 황해도 다른 지역에 비해 매우 빈약하게 나타났다.

하지만 이러한 戶長層의 流亡을 군현 이동이나 인구감소로만 설명할 수는 없다. 같은 서해도·경상도·전라도도 왜구의 침입으로 군현 자체를 다른 지역으로 옮긴 사례들이 많으나, 모두 토착세력이 몰락한 것은 아니었

전체 土姓에서 次吏姓이 차지하는 평균 비율이 그다지 크지 않으므로, 『世宗實錄地理志』의 亡姓 6개는 일부는 次吏姓이었고, 나머지는 人吏姓이었던 것으로 추정된다.

219) 甕津縣의 성씨를 『世宗實錄地理志』와 『新增東國輿地勝覽』에서 비교하면 다음과 같다.
* 土姓 2 李 羅 亡姓 3 全 賀 瞿 / 亡萬珍莊 亡姓 5 羅 李 康 金 黃 (『世宗實錄地理志』, 黃海道, 537쪽)
* (本縣) 李 金 賀 羅 瞿 (『新增東國輿地勝覽』 권43, 黃海道 甕津縣, 790쪽)
『世宗實錄地理志』 甕津縣의 亡姓 3개 중에서 全·賀氏는 『新增東國輿地勝覽』에서 土姓 李氏와 羅氏 사이에 놓여 있다. 亡姓인 全·賀氏가 土姓 羅氏보다 앞에 있으므로 서열이 위였음을 알 수 있다. 여기서 亡姓 全·賀氏는 土姓 李氏와 함께 人吏姓에 속했고, 亡姓 瞿氏는 土姓 羅氏와 함께 次吏姓으로 추정된다.

다. 따라서 호장층이 流亡하여 亡姓이 집중된 지역은 호장층 자체의 약화
라는 또 다른 요인이 있었던 것으로 보인다.

西海道는 고려 전기에는 선진지역으로서 上京從仕한 土姓이 많았는데,
官人을 전혀 내지 못한 6개 군현이 있었다. 亡姓率 높은 군현 중 甕津縣·
殷栗縣·松禾縣·白翎鎭 등이 모두 이에 해당하고 文化縣만 예외였
다.[220] 4개 군현은 고려 일대를 통해 관인을 전혀 내지 못했는데, 그만큼
호장층이 미약했고 유사시에 유망할 가능성이 높았다.

토착세력의 거의 절반이 몰락했다면, 중앙권력의 침투가 한결 쉬웠을 것
이다. 조선초의 군현 개편도 이러한 호장층의 변동을 배경으로 가능했다.
고려후기 戶長層이 대거 流亡한 곳을 중심으로 조선초 군현 개편이 쉽게
이루어질 수 있었다.

이상에서 고려후기에 호장층의 역할과 지위가 저하됨에 따라 호장층이
지니는 토착세력으로서의 성격도 변질되어, 호장층이 토착기반을 떠나 다
른 지역으로 이동하는 현상과 그 역사적 의미를 살펴보았다. 호장층의 주
거 이동을 자의적으로 이주하는 경우와 세력기반을 잃고 유망하는 경우로
나누어 살펴보았다.

먼저 호장층의 자의적인 이주는 鄕吏身分을 유지한 채 이주지에서도 향
리를 맡는 경우와, 향리직에서 벗어나 이주하는 경우로 나누어진다.

고려후기에 들어와 본격적으로 활발히 진행된 호장층의 이주는 대개 안
정된 군현의 안정된 土姓 출신을 중심으로 이루어졌는데, 族勢가 강한 호
장층의 일부가 여건이 유리한 곳으로 분산, 확장해 간 것이다. 이주해온 閑
役의 戶長層을 향리로서 邑司에 참여하도록 하였다. 이는 향리직이 하나
의 역으로 인식되어, 이주해도 그 이전의 역을 떠날 수 없게 되었기 때문
이다. 한편 군소 군현의 호장층도 일부 이주하는 현상이 나타나는데, 이들
의 출신 군현이나 이주한 군현은 여말선초 군현의 개편과정에서 군현의
병합 등을 겪은 경우가 많았다.

---

220) 李樹健, 「高麗後期 支配勢力과 土姓」, 1984, 283쪽 참조. 文化縣은 來姓인 柳氏
가 高麗後期에 중앙으로 진출했다.

이러한 호장층의 이주는 기본적으로 호장층이 流亡한 지역이 아니라, 안정된 지역을 중심으로 집중적으로 이루어졌다. 호장층 이주자는 속현보다 주현에 집중되었고, 반면에 속현에는 소수의 土族이 이주, 정착하는 경향을 보인다. 호장층이 다수 몰락한 지역은 다른 지방세력이 자리잡을 수 있었다. 경기도와 충청도는 亡姓이 상당히 있어 다수의 호장층이 유망한 것으로 보이는데, 續姓 중에 향리가 거의 없다. 이주자 대부분이 土族이 된 토착세력임을 말해준다. 호장층이 고려시대 경기 인근 지역을 기피했던 반면, 오히려 사족들은 상당수 이주하여 정착할 수 있었다.

호장층의 이주에서 또 다른 양상은 散職으로 진출한 후 開京이나 東界로, 또는 먼 東北面의 변방지대로 이주하는 것이었다. 在地閑散의 이주는 개경과 동북면 등으로 이주한 경우처럼 避役에 그치지 않고 實職에 진출하고자 했던 것이 가장 큰 이유가 되었다. 고려말 조선초에 土族이 되었던 집안의 戶口單子를 보면, 대부분의 경우 散職을 통해 호장 등 향리직에서 일단 벗어나고 그 이후 실직에 진출했다. '李太祖戶籍原木'에 나타나는 移住 경향은 바로 그러한 당시 상황을 반영한 것이다.

반면에 호장층에서 자신들의 토착기반을 잃어 몰락한 자들도 다수 발생하였다. 이 중 일부는 토착기반을 떠나 流移하였고, 조선초 『世宗實錄地理志』에서는 각 군현에서 몰락, 유망한 호장층을 亡姓으로 처리하였다. 고려후기에는 특정 지역을 중심으로 戶長層의 流亡이 집중적으로 나타나므로, 지역별 亡姓의 분포를 통해 호장층의 동향을 짐작할 수 있다. 戶長層 流亡의 지역별 특성은 네 가지로 나누어진다.

첫째는 鄕·所·部曲과 屬縣에서 호장층의 流亡이 두드러진다. 고려의 수취체제에서는 속현이 主縣보다 부담이 많았는데, 고려후기에는 유사시에 호장층에게 부담이 전가되곤 했다. 따라서 아무리 안정된 지역일지라도 향·소·부곡과 속현은 예외였다.

둘째는 고려시대 경기 12현의 거의 모든 군현이 亡姓率이 대단히 높다. 경기 12현은 수도에 필요한 물자와 인력을 수취하는 지역이었다. 모든 군현이 田柴科의 柴地에서도 1日程이었고, 고려후기에는 祿科田의 대상이었으며 권세가의 賜牌田이 집중되었다. 더욱이 각종 徭役의 징발이 잦아 流民이 계속 발생했다. 자연히 호장층도 부담이 컸기 때문에, 이 시기 호장층의 이주가 가장 기피되었던 곳이었다.

셋째는 交州道와 그 인접한 지역에 亡姓率이 높았다. 이 지역은 주로 동부 산간지역에 위치해 있어, 척박한 토지와 낮은 생산성으로 인해 유사시에는 쉽게 流亡했던 것 같다. 특히 교주도에 인접한 楊廣道·西海道의 몇몇 군현은 왜구의 침입이 극심했던 서부 해안지역보다 亡姓率이 높다. 이는 경기라는 정치적·경제적 조건보다 이 지역의 자연지리적 조건 때문으로 보인다.

넷째는 해안에 위치한 東界 및 西海道의 군현 중 군현 이동이 있었던 지역에 亡姓率이 높았다. 이 지역은 비옥하여 전체적으로는 亡姓이 많지 않으나, 망성율이 높은 몇몇 군현이 동계의 북부지역과 서해도의 해안지역에 집중되어 있다. 전자는 대몽전쟁 이후 일부 군현이 元의 지배로 들어갔기 때문에, 또 후자는 왜구의 침입 때문에 군현의 이동과 통폐합이 잦았던 곳이다. 군현이 통폐합되면 호장층 역시 이주, 통합해야 했고, 이렇게 토착기반을 떠나게 될 때 호장층조차 流亡했다.

이와 같이 토착세력의 거의 절반이 몰락하자, 지방사회에도 큰 변화가 일어났다. 우선 중앙권력의 침투가 한결 쉬워지면서 군현 개편이 추진되었다. 조선초의 군현 개편은 고려후기 호장층이 대거 유망한 곳일수록 쉽게 이루어졌다. 또한 기존의 토착세력이 몰락한 곳은 새로운 지방세력이 형성될 수 있었다. 조선시대에는 지역별 지방세력의 구성이 달랐다. 속현 및 경기도·충청도 일대는 士族이 지방세력의 중심이 되었고, 토착기반이 안정된 戶長層이 여전히 존속하는 主縣 및 경상도·전라도·강원도 등에는 새로 이주해온 戶長層이 邑司에 대거 편입되어 새로운 지방세력을 형성하였다.

제5장 戶長層의 신분 분화와 지방세력의 재편

고려의 지방통치체제는 外官을 모든 군현에 파견하지 않고 향리를 매개로 하여 지방 토착세력에게 일정 부분을 위임하는 형식이었다. 따라서 전국 각 군현에 호장층이 형성되었고 또 정부로서도 이들이 필요했다. 그러나 외관 파견으로 점차 이들의 비중이 약화되었으며, 고려후기부터 나타나는 三班制는 守令 휘하의 향리가 중시되면서 일어난 변화였다. 이러한 변화를 중앙집권화의 결과라고 하지만, 간과할 수 없는 것은 고려후기 戶長層을 비롯한 토착세력 자체의 변동이다.

고려후기 이후 밖으로는 몽골과 왜구 등 외적의 침입이 잦았고, 안으로는 농장이 확대되고 수취체제가 강화되는 가운데 戶長層은 그 토착기반을 유지하기 어려운 상황이었다. 일부는 중앙 관직에 진출하여 士族으로,[1] 또 일부는 散職을 얻어 일단 鄕役에서 벗어나 在地閑散으로 상승하였고 반면에 상당수는 유망, 몰락하는 등 戶長層의 신분이 다양하게 분화하였다.

1. 호장층의 散職 진출과 在地閑散化

1) 호장층의 避役과 散職 진출

고려사회에서 戶長層은 실제적인 지방통치권을 행사했던 주체세력이었

---

1) 朴敬子, 「高麗時代 鄕吏硏究」, 숙명여대 박사학위논문, 1986, 145~163쪽에서는 이를 신흥사대부의 성장으로 보았다.

으며, 거의 전 시기에 걸쳐서 이들에게는 학교교육과 함께 정상적인 통로를 통한 出仕가 보장되어 있었다.[2] 그럼에도 대몽전쟁이 끝난 직후 忠烈王代부터 戶長層의 避役求官 현상은 고려후기 사회의 주요문제로 제기되기에 이른다. 이는 당시 호장 지위의 저하와 관련된 현상이었다.

호장층의 지위는 독자적인 것이 아니라 중앙과의 관계 속에서 성립되는 상대적인 것이었는데, 중앙에서 파견된 外官의 감독권이 우위를 점하면서 戶長의 권한은 점차 약화되었다. 이제 지방사회의 지배권이 戶長層에서 차츰 外官으로 전이되고 있었다.[3] 더욱이 권세가들의 지배력은 지방사회 곳곳에 미쳐 조세수취를 둘러싸고 그 이해관계가 첨예하게 대립하게 되면서, 호장의 직은 더 이상 지방사회의 강력한 지배자만은 아니었다.

가-(1) 朴强寧海府人也 世爲本府吏. …… 時强之曾祖成節 適爲上計吏如京 遂訴于都堂 聞于內 陞爲禮州牧 復還甫城 鑄州牧印以賜 …… 州之人士 仕于朝者及居鄉者 皆歸功于成節 聽其免役 成節曰 吾今老矣 雖免吾役 不復能爲士矣 請免吾子孫. 衆皆曰然 ……[4]

　　 (2) 崔氏靈巖郡士人仁祐之女 適晉州戶長鄭滿 …… 辛禑五年 倭寇晉州. 時滿如京 賊闌入所居里 …… 崔抱樹拒奮 …… 賊遂害之 …… 後十年 都觀察使張夏以事聞 乃命旌其閭 蠲習(鄭滿의 子)吏役[5]

2) 고려정부는 국초부터 지방세력의 교육과 등용에 많은 노력을 기울였다. 金光洙, 「羅末麗初 地方學校問題」, 『韓國史硏究』 7, 1972, 126~130쪽에서는 성종 2년에 이미 있었던 지방 토착세력 중심의 지방학교를 폐쇄하고, 중앙의 통제하에 움직일 수 있는 博士를 12牧에 파견하는 등 재정비했다고 한다. 다음의 논문을 참조. 金鍾國, 「高麗時代に鄉吏について」, 『朝鮮學報』 25, 1962, 113~115쪽 ; 朴敬子, 「高麗 鄕吏制度의 成立」, 『歷史學報』 63, 1974, 82~84쪽 ; 李基白, 「高麗 貴族社會의 形成」, 『한국사 4』, 국사편찬위원회, 1974/『高麗貴族社會의 形成』, 일조각, 1990, 62~66쪽 ; 許興植, 『高麗科擧制度史硏究』, 일조각, 1981.
3) 李惠玉, 「高麗時代의 守令制度 硏究」, 『이대사원』 21, 1985, 67~68쪽에 의하면, 守令의 기능이 고려전기 察吏治에서 점차 農桑·收取·獄訟 등의 실질적인 지방사무에 주력하는 방향으로 이행한 것으로 이해하고 있다.
4) 『陽村集』 권21, 傳類, 司宰少監朴强傳.
5) 『高麗史』 권121, 列傳 34, 烈女, 鄭滿妻崔氏, (下) 653쪽.

사료 가-(1)은 忠烈王代에 寧海府의 上計吏 成節이 강등되었던 고을을 牧으로 승격시키자, 그 공으로 자손들의 鄕役을 면하게 해주었다는 내용이다. 당시에 牧으로의 승격이나 甫城의 재귀속은 어느 누구도 시도해보지 못할 만큼 매우 어려운 일이었다.[6] 그런데 上計吏 成節은 직접 都堂에 진정하여 이를 성공시켰다. 成節이 都堂과 직접 통할 수 있는 위치에 있었다는 것은 그가 戶長層이었음을 의미한다.[7] 그런데도 成節은 공을 세운 보답으로 免役시켜주려 하자, 자신보다는 자손의 鄕役을 면해 달라고 청했던 것이다. 戶長層에 대한 免役이 하나의 혜택으로 받아들여졌음을 알 수 있다.

이러한 상황은 사료 가-(2)에서도 확인된다. 晉州戶長 鄭滿의 아들 習은 어머니 崔氏가 禑王 5年에 왜구가 晉州에 쳐들어왔을 때 賊에게 저항하다 죽임당했는데, 그 후 어머니가 烈女로 旌表되고 鄭習은 吏役을 면하게 되었다. 비록 호장일지라도 鄕役의 면제는 하나의 특혜로 인식되었던 것이다. 따라서 고려후기 중앙에서 문제되었던 향리의 避役은, 戶長層까지 포함하는 향리 전반의 문제였다.

고려후기 외관의 파견과 그 권한의 강화로 인해 호장의 지배력이 점차 약화되자, 避役을 위한 다양한 방법이 모색되었다. 그것은 향리의 지위에 따라 다양하게 전개되었다.

> 나-(1) (忠肅王 5년(1318) 5월) 下敎 …… 一. 巡訪使所定田稅 每歲州郡 據額收納 權勢之家拒而不納 鄕吏百姓稱貸充數 無有紀極 失業流 亡[8]
>
> (2) (恭愍王 5년(1356) 6월) 下敎 鄕驛吏及公私奴隷 規逃賦役 擅自爲

---

6) 『高麗史』 권57, 地理志 2, 慶尙道 禮州, (中) 272~273쪽에 寧海府는 高宗 46년 衛社功臣 朴松庇의 內鄕이라고 德原小都護府로 승격되었고, 후에 다시 禮州牧으로 승격되었다. 忠宣王 2년에 전국의 牧을 없애면서 寧海府로 하였다. 그 소속 부가 甫城府였다.

7) 戶長과 都堂의 관계는 본고 사료 라-(4) 참조.

8) 『高麗史』 권78, 食貨志 1, 租稅, (中) 727~728쪽.

僧 戶口日蹙 自今 非受度牒者 毋得私剃[9]

(3) (恭讓王 元年(1389) 12월) 趙浚上言 比年以來 紀綱陵夷 爲鄉吏者
或稱軍功冒受官職 或憑雜科謀避本役 或托權勢濫升官秩者 不可
勝紀 州縣一空 八道凋弊. 願自今 ①雖三丁一子三四代免鄉而無的
實文契者 ②軍功免鄉而無特立奇功受功牌者 ③雜科非成均典校・
典法・典醫出身者 自添設奉翊・眞差三品以下 勒令從本 以實州
郡. 今後鄉吏 不許明經雜科出身免役 以爲恒式[10]

위의 사료에 보이는 향리의 避役 현상은 세 가지 방법으로 나누어진다.
첫 번째 방법은 사료 나-(1), (2)와 같이 일단 그 자리를 피하는 것이다. 사
료 나-(1)에 보이는 도망 현상은 일반적으로 백성들이 부세의 부담을 못이
겨 취하는 방법인데, 고려후기에는 향리의 경우에도 나타난다. 이 방법을
택할 수밖에 없었던 향리는 기반이 미약한 토착세력이었을 것이다. 앞서
살펴보았던 戶長層의 流亡이 이 방법에 속한다. 여기에는 戶長層보다 열
악했던 次吏層이 다수 포함되었을 것으로 보인다.

또 사료 나-(2)처럼 승려가 되기도 하였는데, 이렇게 공식적으로 도첩을
받지 않고 승려가 되는 鄉吏들의 상황에 대하여 당시의 기록이 남아 있다.

己巳(昌王 1)之春 兵馬使朴候文富寔來 …… 吏之私度而剃者還之 佚其
勞 賑其饑……[11]

私度를 받아 승려가 되었다는 것은 사료 나-(2)에서 금지했던 '私剃'의
경우인데, 이들 역시 流亡했던 다른 향리들처럼 다른 방법을 택할 수 있는
처지가 못되었기 때문에 승려가 되었던 것 같다. 兵馬使 朴文富가 이들의
굶주림을 진휼했다고 하는 것으로 보아, 이들은 굶주릴 정도로 어려운 처
지였음을 짐작할 수 있다. 따라서 이 방법도 미약한 戶長層을 비롯하여 次

---

9) 『高麗史』 권85, 刑法志 2, 禁令, (中) 866쪽.
10) 『高麗史』 권75, 選擧志 3, 鄉職, (中) 654~655쪽.
11) 『陽村集』 권11, 記類, 寧海府西門樓記.

吏層이 주로 이용했을 것으로 보인다.

두 번째의 방법은 사료 나-(3)의 ①과 ③처럼 본래 향리에게 허용된 出仕 경로를 통하는 것이었다. 이 기록은 趙浚이 그의 개혁론에서 鄕吏의 避役 양상과 함께 제시한 그 방지책인데, 본래 鄕吏에게 허용된 경로가 그들의 지위에 의해 남용되자 문제로 제기되었다. ①의 三丁一子 免鄕은 重房이나 繕工寺 등 중앙의 胥吏職을 지방의 鄕吏職을 맡은 자의 자식에게 개방함으로써 중앙진출이 가능하게 했던 제도였는데,[12] 三丁一子에 해당되지 않는 자들도 이를 핑계로 免鄕했던 모양이다. 이와 관련된 문서는 향리가 맡았으므로 조작할 수 있었던 것 같다. 당시 중앙 정부는 향리들의 현황 파악조차도 향리가 작성한 보고에 근거하고 있는 처지였기 때문에,[13] 향리가 免役하고자 하면 비교적 간단하게 가능했다. 조선 세종대에도 이 방법이 여전히 문제되고 있는 것을 보면,[14] 가장 보편적인 避役 방법이 아니었나 생각한다.

사료 나-(3)-③의 雜科 역시 향리들이 出仕할 수 있는 합법적인 기회였는데, 향리들의 免役이 범람하자 규제의 대상이 되었다. 잡과 출신에 대한

---

12) 『高麗史』 권106, 列傳 19, 嚴守安傳, (下) 348쪽에 '嚴守安 寧越郡吏……國制 吏有子三 許一子從仕 守安例補重房胥吏' 라 하였고, 『世宗實錄』 권7, 世宗 2년 閏正月 己卯, 2책, 369쪽에 '前朝 凡三丁免役之法 令戶曹據各郡申省 分遣重房·繕工等司 充役' 이라는 기록이 있어 鄕吏의 3丁 1子에게 허용된 중앙의 胥吏 중 최소한 重房·繕工寺 등이 포함되었음을 알 수 있다. 金光洙, 「高麗時代의 胥吏職」, 1969, 20~26쪽에서 고려초 科擧制가 미비했을 때 胥吏職을 통한 관리등용이 지속되었는데, 그 대상은 蔭敍 子弟나 鄕吏 子弟가 주류였다고 한다. 아울러 이는 호족세력을 중앙 관인지배층으로 흡수하는 통로였으며, 당시 胥吏는 品官과 별개의 계층이 아니라 일반 관인과 같은 범주였는데 후기에는 品官으로의 진출이 점차 어려워졌음을 지적한 바 있다.

13) 『世宗實錄』 권43, 世宗 11년 2월 戊子, 3책 167쪽에 '各官其人 謀避其役 人吏之數 不以悉報 故取實詳定爲難'이라 하여 人吏의 수를 그들의 보고에 의해 파악하고 있음을 보여준다. 조선시대에도 이러했다면, 고려시대에는 더욱 심했을 것이다.

14) 『世宗實錄』 권7, 世宗 2년 閏正月 己卯, 2책 369쪽에 '……近年以來 稱三丁受申省者 身無差役 任意投閑……' 이라 하여, 같은 방법이 이때까지도 존속했음을 시사해준다.

규제는 공민왕대부터 이미 행해졌다.

恭愍王十二年五月 教 比年 外吏規免本役 多以雜科出身 以致鄕邑彫廢
自今 只許赴正科 毋令與於諸業15)

恭愍王 12년(1363)의 교서에 요즈음 外吏들이 本役을 면하려고 雜科로
나아감이 많아 고을이 조폐하므로, 앞으로는 正科에만 응시하도록 하겠다
는 것이다. 잡과 출신을 규제했던 것은 향리들이 이를 避役의 수단으로 사
용했기 때문임을 알 수 있다. 사료 나-(3)의 ①과 ③의 避役 방법은 향리의
직을 이용한 것으로, 사료 나-(1)의 流亡이나 사료 나-(2)의 私剃의 경우
보다는 훨씬 우월한 조건의 戶長層이 해당되었을 것이다. 당시 지방사회
의 행정을 파악, 관할하고 있었던 실제 세력은 호장층이었기 때문이다. 설
사 다른 부류라 할지라도 이들의 협조 없이는 불가능했을 것이다.

免役하기 위한 또 하나의 방법은 사료 나-(3)-②의 경우처럼 관직을 冒
受하는 것이었다. ②의 방법은 恭愍王 3년 이후 軍功者에게 添設職으로
포상했던 것을 이용한 방법이다.16) 고려시대 호장층은 중앙군이나 지방군
장교의 주요 구성원이었기 때문에17) 무공을 세울 기회는 많았다. 문제는
군공을 세우지 않고도 이를 빙자할 수 있었던 모양이다. 당시 지방의 防戍
유공자에 대한 포상은 外官에게 맡겨 있었는데,18) 戶長層은 외관과 결탁
하여 쉽사리 군공을 빙자할 수 있었던 것 같다. 그래서 趙浚은 특별한 軍
功을 세워 功牌를 받지 않았으면 實職이라도 3품 이하는 本役으로 돌려보

---

15) 『高麗史』 권75, 選擧志 3, 鄕職, (中) 654쪽.
16) 위의 책, 選擧志 3, 添設職, 恭愍王 3년(1354) 6월, (中) 649쪽, '……謂之賞軍功
    添設之職 始此.'
17) 鄕吏의 地方軍 將校 겸임에 관해서는 李基白, 「高麗 州縣軍考」, 『高麗兵制史硏
    究』, 일조각, 1968, 220~226쪽 참조. 한편 洪元基, 「高麗 京軍內 上層軍人의 검
    토」, 『東方學志』 77·78·79合, 1993, 157~159쪽에서는 중앙군에서도 六衛의 特
    殊領의 주요 구성원은 양반과 향리층이었다고 하였다.
18) 『高麗史』 권81, 兵志 1, 兵制, 恭愍王 12년 5월, (中) 784~785쪽, '下敎……庚寅
    以來防戍有功者 存撫·按廉·體察 申聞錄用'.

내자는 주장을 하였던 것이다.

이와 같이 고려후기 이래 향리역이 강화되어 감에 따라, 이전의 지방통치자로서 지배했던 향리가 다양한 양상으로 避役하였다. 피역은 향리의 계층에 따라 여러가지 방법으로 전개되었는데, 토착기반이 취약한 일부 戶長層과 다수의 次吏層은 도망하거나 승려가 되는 방법을 이용했고, 유력한 호장층은 그 직을 이용하거나 권세가에 의탁하여 합법적인 免役을 하거나 관직을 冒受하기도 했다. 그 과정에서 호장층의 신분도 분화되어, 流亡하거나 승려가 된 자들은 이제 일반 백성과 다를 바 없게 되었고, 관직을 얻어 지방에 거주하는 자들은 호장보다 상위의 지위에 있었다.

戶長層의 신분이 분화되는 가운데 중앙 정부가 가장 경계를 한 것은 향리들이 중앙의 관직을 얻어 避役하는 것이었다. 고려후기 사회에서는 대몽전쟁 후 재정궁핍 때문에 시행된 '納銀拜官' 혹은 '納粟補官'의 제도와 恭愍王代의 添設職이 있어, 散職을 비교적 쉽게 얻을 수 있는 여건이었다.

納粟補官制가 실시된 것은 忠烈王代부터였다.

다-(1) 忠烈王元年(1275)十二月 都兵馬使 以國用不足 令人納銀拜官 白身望初仕者 白銀三斤 未經初仕望權務者五斤 經初仕者二斤 權務·九品望八品者三斤 八品望七品者二斤 七品望參職者六斤 軍人望隊正·隊正望校尉者四斤 散員望別將者二斤 別將望郎將者四斤[19]

　　 (2) 忠穆王四年(1348)二月 …… 其補官輸米者 白身入從九品者米五石 正九品十石 從八品十五石 正八品二十石 從七品二十五石 正七品三十石而止. 或有前職 輸米一十石者 陞一等 四品至三品以上 不拘此例[20]

　　 (3) (忠烈王 24년 4월) 王命 撥還外吏之在京者 別將以下 勒還本役[21]

19)『高麗史』권80, 食貨志 3, 賑恤, 納粟補官之制, (中) 773쪽.
20) 위의 책, 食貨志 3, 賑恤, 納粟補官之制, (中) 773~774쪽.
21)『高麗史節要』권22, 567쪽.

(4) (忠肅王 12년) 敎 本國鄕吏 非由科擧 不得免役從仕. 近者 遝亡附
勢濫受京職 又令子弟不告所在官司 投勢免役 內多濫職 外損戶
口. 今後 外吏及其子弟 毋得擅離本役 其受京職者 限七品 罷職從
鄕[22]

納粟補官이 실시된 것은 忠烈王 元年이었고 이후 여러차례 실시되고
있었는데도, 같은 시기의 기록인 사료 다-(3)과 (4)에서는 鄕吏의 濫受京職
이 문제되고 있다.

당시에 納粟補官으로 얻을 수 있는 관직은 사료 다-(1)에서는 6품 이하
에 한정되어 있고, 사료 다-(2)에서는 관직이 없는 자가 얻을 수 있는 관직
이 정7품까지로 제한되었다.[23] 그런데 사료 다-(3)에서는 外吏之在京者
중 別將 이하를 本役으로 돌려보내라고 하였으며, 사료 다-(4)에서도 역시
7품에 한해 '罷職從鄕' 하라고 하였다. 사료 다-(1)과 (2)에서 언급되었던
納粟補官의 관직은 사료 다-(3)과 (4)에서 규제대상이 되는 鄕吏의 관직
과 대체로 일치되었음을 알 수 있다.

이는 당시 향리들이 상경하여 권세가에 의탁해 除授받았던 京職이 바로
納粟補官의 관직과 관계됨을 보여준다고 생각한다.[24] 중앙 정부는 納粟補
官을 실시하면서 향리를 그 대상에서 제외하고자 했지만,[25] 향리 중에서

---

22) 『高麗史』 권75, 選擧志 3, 鄕職, (中) 654쪽.

23) 여기서 장교직만 언급된 것은 당시 쉽게 얻을 수 있는 관직이 주로 장교직이었음
을 보여준다. 權寧國, 「원간섭기 고려 군제의 변화」, 『14세기 고려의 정치와 사
회』, 1994, 140~141쪽에서도 14세기에는 宿衛軍 조직이 장교만 남아서 隊正 이상
은 군사적 기능과 관계 없이 관직으로서의 성격만 갖게 되었다고 지적하였다.

24) 당시 향리들이 구했던 관직이 모두 納粟補官한 것이라고는 할 수 없다. 실제로 권
세가에 의탁하여 다른 사람의 관직을 빼앗은 경우도 있어, 實職도 그 대상일 수
있었다. 그러나 在地閑散은 散職을 가진 지방거주자를 의미하므로, 이러한 實職
을 가진 부류는 논의의 대상에서 제외하였다.

25) 『高麗史節要』 권17, 高宗 43년(1256) 7월, 447쪽. 白銀 60, 70斤으로 參職을 받을
수 있는 대상으로 樞密堂後官・門下錄事・權務 八祿 이상, 衣冠子弟, 5軍 3官 7
品의 우두머리 된 자 등을 꼽고 있는 것으로 보아, 賣官이라 할지라도 적어도 在
京兩班 이상을 대상으로 했음을 짐작할 수 있다. 비록 工商賤隷까지도 冒受官職
하는 현상이 지적되기도 하지만 이는 특수한 예였고, 일반적으로 경제력만 있으면

경제력 있는 자들은 중앙 권세가와 결탁하여 이를 얻었다.

이렇게 그 수의 제한규정도 없이 除授한 관직이 과연 實職이었을까도 문제지만, 權務·九品 이전의 '初仕'라는 것은 관직이 없는 자가 처음 거치는 단계로서 初入仕職인 同正職과도 관련되는 것으로 보인다.26) 이렇게 '初仕'를 받으면 일단 향리직에서는 벗어날 수 있었다. 이들이 品階의 진급을 원하지 않고 그대로 지방사회에 머물 경우, 지방사회의 새로운 散職者 집단인 在地閑散을 형성하게 된다.27)

納粟補官이 경제력을 바탕으로 얻을 수 있는 관직이었는데, 恭愍王代에는 군공으로 얻을 수 있는 관직으로 添設職이 설치되었다.

> 다-(5) 恭愍王十二年五月 判密直事吳仁澤·密直副使金達祥建議 除臺諫·吏兵部外 添設東班三品以下·西班五品以下職額 …… 然請謁大盛 賄賂公行 …… 而官爵遂大濫28)

> (6) 恭愍王十二年五月 下敎 …… 庚寅以來防守有功者 存撫·按廉·體察 申聞錄用29)

> (7) 辛禑四年(1378)八月 憲司上言 添設官職 只爲賞軍功也 無功閑居者 亦或夤緣冒得使名器至賤 自今 除從軍立功外 勿授添職30)

신분을 막론하고 官의 대상이 된 것은 아닌 것 같다.

26) 金光洙, 「高麗時代의 吏胥職」, 『韓國史研究』 4, 1969, 19쪽 ; 「高麗時代의 權務職」, 『韓國史研究』 30, 1980, 47쪽 참조. 이에 따르면, '初仕'는 胥吏 중에서도 入仕職에 해당하는 主事 이하, 記官 이상의 胥吏를 말하며 權務職은 胥吏와 品官의 중간 단계로서 胥吏職을 통해 權務로 나가는 경우와 그렇지 않은 경우로 나누어진다고 한다. 어떻든 權務·初仕는 品階 있는 實職에 나가기 전 단계임을 알 수 있다.

27) 金光洙, 「중간계층」, 1975, 232~235쪽에서 고려 文宗代에 이르면 이미 文班貴族勢力이 형성되어, 胥吏 출신은 물론 及第者도 문벌이 한미하면 同正職에 그쳤고 이들이 中間階層을 형성했다고 하였다. 及第者까지 포함되는지는 의문이나, 胥吏나 同正職만 가진 자들은 중앙관인층과 구별되었을 것으로 짐작된다.

28) 『高麗史節要』 권27, 706쪽.

29) 『高麗史』 권81, 兵志 1, 兵制, (中) 784~785쪽.

30) 『高麗史』 권75, 選擧志 3, 添設職, (中) 649쪽.

(8) 辛禑六年六月 諫官李崇仁等言 近年官爵 眞添相雜 其謝牒 但有堂
後署而無印信 恐後日必有假濫[31]

添設職은 恭愍王 3년에 재정궁핍으로 軍功에 대한 상을 관직으로 대신
주려는 목적에서 설치하였다.[32] 添設職은 그 제수과정에서부터 문제된다.
사료 다-(5)는 添設職이 설치된 얼마 후의 기록인데, 벌써 請謁이 크게 성
하고 賄賂가 공공연히 행해지고 있다는 내용이다. 이는 같은 시기의 기록
인 사료 다-(6)과도 관련된다. 防守有功者를 錄用하는 권한이 각 지방의
存撫·按廉·體察 등에게 맡겨지고 있다는 사실은, 해당 지역 外官과 결
탁하여 관직을 얻는 것이 가능했음을 의미한다. 더욱이 사료 다-(8)에서처
럼 그 謝牒이 단지 堂後官의 서명하에 印信도 없이 발급되었기 때문에, 사
료 다-(7)의 아무리 군공이 없는 閑居者라도 직첩을 받을 수 있었다.

이들 無功閑居者는 왜 뇌물로 청탁을 하면서까지 添設職을 얻으려 했
을까.

다-(9) (恭愍王十年十月) 募兵榜曰 凡應募者 除私賤外 士人·鄕吏官之
公私奴隸良之 或賞錢帛 隨其所願[33]

(10) 忠肅王十二年(1325) 十二月乙未 敎曰 …… 一. 內外兩班·鄕吏·
百姓 冒受金印檢校職 結銜避役 甚爲淆濫[34]

사료 다-(9)는 恭愍王 10년(1361) 募兵을 위한 榜文인데, 여기서 '官'이
라는 것은 그 당시 軍功者나 從軍者에게 주었던 添設職이었다.[35] 고려 정

---

31) 위의 책, 選擧志 3, 銓注 選法, (中) 634쪽.
32) 위의 책, 選擧志 3, 添設職, 恭愍王 3년 6월, (中) 649쪽.
   添設職에 관해서는 浜中昇,「麗末鮮初の閑良について」,『朝鮮學報』42, 1967, 93
   쪽 ; 鄭杜熙,「高麗末期의 添設職」,『震檀學報』44, 1977, 42쪽 ;「高麗末 新興武
   人勢力의 成長과 添設職의 設置」,『李載襲博士 還曆紀念韓國史學論叢』, 1991
   참조.
33)『高麗史節要』권27, 694쪽.
34)『高麗史』권35, 世家 35, (上) 714쪽.

부는 士人이나 향리에게 添設職을 주어 군에 동원하려고 했는데, 이러한
중앙의 의도는 이들 사인이나 향리들의 필요성을 의식한 것이었다. 사료
다-(10)을 보면, 관직이 없는 내외 양반과 향리가 역을 피하고자 散職인
檢校職을 冒受했다고 한다.[36] 그렇다면 添設職은 避役하고자 관직을 필
요로 하는 士人 및 향리에게 從軍이라는 조건과 함께 제시된 관직이라 할
수 있다.

添設職이 從軍 혹은 軍功을 조건으로 士人·鄕吏에게 제시된 관직이라
고 한다면, 사인과 향리는 본래 종군하지 않아도 되는 신분이었고 대신 본
래의 역이 있었음을 짐작할 수 있다. 그리고 사료 다-(7)에서 군공 없이 받
는다고 비난받는 자 역시 이들 士人·鄕吏가 아닐까 생각한다. 사인과 향
리는 종군하지 않고도 뇌물과 청탁으로 첨설직을 얻어 避役하려 했던 것
이다.

이와 같이 納粟補官에 의한 관직이나 添設職을 지방의 향리들이 중앙
과 어떻게 연결되어 冒受할 수 있었으며, 이러한 향리들은 어떠한 지위에
있었을까.

　　라-(1) 忠烈王十一年(1285)三月 下旨 外方人吏等 以所耕田 賂諸權勢 干
　　　　　　請別常 謀避其役者 有之[37]

　　　(2) (忠穆王二年 冬十月) 初 陝州吏李績避役 托鷲城君辛裔求官 裔奪
　　　　　　人官授之[38]

향리가 비록 지방사회에서는 지배층이었지만, 정상적인 통로를 통하지

---

35) 鄭杜熙, 앞의 논문, 1977, 42~43쪽.

36) 金光洙, 「高麗時代의 同正職」, 『歷史敎育』11·12合, 1969, 173~174쪽에서는 고
　　　려말의 檢校職이 同正職과 같은 의미로 쓰이게 되었다고 하였으며, 최종택, 「여
　　　말선초 地方品官의 성장과정」, 『학림』15, 1993에서는 檢校가 주로 無官者에게
　　　제수되는 冗官的 성격이라고 해석하고 있다. 檢校職의 의미 변화에 관해서는 金
　　　東洙, 「朝鮮初期의 檢校職」, 『震檀學報』51, 1981, 59쪽 참조.

37) 『高麗史』권85, 刑法志 2, 禁令, (中) 863쪽.

38) 『高麗史節要』권25, 657쪽.

않고 중앙의 관직을 얻는 것은 쉬운 일이 아니었다. 그래서 중앙의 권세가나 중앙에서 파견된 別常에 의탁할 필요가 있었고, 사료 라-(1)과 같이 所耕田까지 바치면서 중앙과의 연결을 시도했다.

그 구체적인 사례가 사료 라-(2)이다. 忠穆王代에 陝州吏 李績은 避役하기 위해 鷲城君 辛裔에게 求官을 청탁하였고, 이에 辛裔는 다른 사람의 관직을 빼앗아 주었다는 것이다. 辛裔가 다른 사람의 관직을 빼앗아서 줄 정도였다면, 李績이 그에게 상당한 뇌물을 주었음을 짐작할 수 있다. 또한 陝州吏 李績은 그 정도의 경제기반을 갖춘 자로서 중앙과 연결될 수 있는 위치에 있었음을 알 수 있다. 비록 '陝州吏'라고 표현되었지만 李績은 戶長層이었고, 避役을 위해 관직을 구하였다. 당시 戶長層의 避役求官 현상을 그대로 잘 보여주는 사례이다.

이렇게 중앙과 연결될 수 있었던 향리는 호장층에 속했던 것으로 보인다. 고려시대 호장층은 外官에 의한 일방적인 통제의 대상이 아니라, 여러 경로를 통해 중앙과 연결되고 있었다.

라-(3) (神宗 3년 4월) 晉州公私奴隸 羣聚作亂 屠燒州吏家五十餘 延熱倉正鄭方義家. 州吏告 牧官追捕之. 方義手弓矢 入謁司錄全守龍 守龍詰曰 何爲持弓矢拜乎 汝必作亂也. 卽加栲問方義 款無他 釋之. 牧使李淳中聞之 枷鏁方義下獄 …… 方義弟昌大突入庭 脫去枷鏁 扶出之 因嘯聚羣不逞 驒突州里 殺素所仇怨者六千四百人. …… 旣而方義多斂邑內銀瓶 賂京中權貴 規免其罪. 按察副使孫公禮行部 至州按問 吏民多畏方義 皆曰無罪. …… 淳中竟坐流草島.[39]

(4) ……然後 郡民之散而四方者 悉復 他邑之民無所於歸者 亦樂就焉. 歲戊辰 朝廷下令諸道 刷往時流亡丁戶 發還元籍. 於是 郡民在行者一百有四戶 安業旣久 其重遷無異新徙 今知郡事同僉節制使竹山朴候弘文 爲政於玆 逎四年矣. 慨然曰 郡之居民戶僅二百 所與出賦稅奉期約者 大率流亡羈寓者也. …… 豈可重爲之擾 …… 是

---

39) 『高麗史節要』 권14, 368~369쪽.

> 不可不言于朝 卽命首戶長賈稱 遣郡人前副司正李熟·戶長賈宅
> 等 面授辭指 聞于都堂 獨郡一境 得安堵如故.[40]

사료 라-(3)에서 晉州의 倉正 鄭方義는 公私奴隷의 亂으로 집이 불탔
는데 司錄과 牧使가 그를 투옥하자, 동생 昌大가 鄭方義를 구하고 무리를
모아 평소에 원한이 있던 자 6,400여 명을 죽였다. 그런데도 倉正 鄭方義
는 邑內의 銀瓶을 거두어 중앙의 權貴에게 뇌물을 주어 그 죄를 면했고,
오히려 晉州牧使 李淳中이 유배되었다. 倉正은 兵正과 함께 鄕吏職에서
도 호장층에게 제한된 것이었다. 그렇기 때문에 倉正 鄭方義는 지방통치
구조상 牧使와 司錄 등 지방관에게 당할 수밖에 없는 처지였지만, 晉州에
서는 무리를 모아 수천 명을 살해했어도 吏民이 이를 발설하지 못하게 하
는 강력한 세력이 있었다.

뿐만 아니라 그 죄를 면하고자 邑內의 銀瓶을 거두어 중앙에 뇌물을 주
었다고 하므로, 그 경제기반도 든든했던 것 같다. 이러한 토착기반을 바탕
으로 중앙의 權貴와 연결되어 있었고, 결국 晉州牧使 李淳中을 유배시킬
수 있었다. 당시 戶長層은 지배체제에서의 지위는 하위였으나, 토착세력으
로서의 기반을 바탕으로 실제적인 세력은 여전히 유지하고 있었다.

사료 라-(4)는 비록 조선초 기록이긴 하지만, 流民의 安集을 위해 元籍
으로 돌아가게 했을 때, 泰安郡에서는 이들을 돌려보내지 않기 위해 首戶
長 賈稱으로 하여금 郡人 前副司正 李熟과 戶長 賈宅 등을 都堂에 직접
보내어 허가를 받도록 하였다. 이 일을 지시한 것은 知郡事 同僉節制使
朴弘文이었지만, 前副司正과 戶長을 보낸 것은 首戶長이었다. 즉 그 고을
의 직접적인 이해관계가 달린 문제는 外官보다 지방세력이 직접 관여하였
던 것이다. 그러나 전직관과 호장이 직접 都堂에 올라갔다고 해서 泰安郡
만 예외가 적용될 수는 없었을 것이다.

이 때에 前職官과 함께 都堂에 파견된 戶長 賈宅은 首戶長 賈稱과 같
은 집안으로 보이는데, 수호장은 중앙에 자신들의 의견을 관철시킬 수 있

---

40) 『東文選』 권82, 泰安郡壁記.

는 고위 관직자들과 연결되어 있어서 같은 집안의 호장 賈宅을 보낸 게 아닐까 생각한다. 知郡事 朴弘文은 그러한 사정을 잘 알았기 때문에 首戶長으로 하여금 문제를 해결하도록 했던 것이다. 고려후기 사료에 빈번히 나오는 향리와 권세가의 결탁은 바로 이들 호장층을 중심으로 이루어졌다.

이렇게 관직을 얻은 호장층은 지방사회에서 폐단의 원인으로 지적되곤 하였다.

라-(5) (忠烈王 24년 1월)忠宣王卽位下敎曰 …… 一. 州府郡縣鄕吏百姓 依投權勢 多授軍不領散員 或入仕上典 侵漁百姓 陵冒官員 宜令 按廉使及所在官員 收職牒充本役……41)

(6) 辛禑九年(1383)二月 左司議權近等言 …… 比年以來 外方州縣吏 輩 規免本役 稱爲明書業·地理業·醫律業 皆無實才 出身免役 …… 諸業出身者 退坐其鄕 恣行所欲 守令莫之誰何. 是以 州縣僅 存之吏 皆生覬覦之心……42)

사료 라-(5)의 중앙군 장교직을 얻은 경우나 라-(6)의 諸業出身者들의 경우 모두 官階에서는 비교적 하위에 속하는 관직이며,43) 사료 라-(5)의 '軍不領散員'은 實職이 아닌 散職으로 생각된다. 이들은 관직을 얻어 免役하는 것이 주요 목적이었으므로, 일단 관인이 되자 그 직무에 종사하지 않고 鄕里에 퇴거하여 하고 싶은 대로 자행하였다. 비록 말단 관직이었지만 수령도 어쩔 수 없었다는 것은 그만큼 이들의 지방사회에서의 실질적인 세력이 컸다는 사실을 시사해준다.

향리들의 관직 진출이 매우 다양하게 진행되어 사료 나-(3)에서처럼 첨설직이나 실직을 막론하고 상당한 고위직까지 진출했다고 해도, 지방사회

---

41) 『高麗史』 권84, 刑法志 1, 職制, (中) 843~844쪽.
42) 『高麗史』 권75, 選擧志 3, 鄕職, (中) 654~655쪽.
43) 위의 책, 選擧志 3, 限職, 仁宗 3년 正月 判文, (中) 642쪽에서 雜類 子孫이 科擧를 본 경우에 그 官品의 한계가 製述·明經科 출신보다 醫·卜·地理·律·算業 출신이 더 낮은 것을 보아도, 後者가 前者보다 하위의 官職에 제한되었음을 알 수 있다.

에 돌아와 在地閑散을 형성한 것은 바로 위와 같은 말단 관인들이 아니었을까 생각한다. 또 이들이 관계의 고저에 상관 없이 기존의 재지기반을 바탕으로 지방사회에서 세력을 형성할 수 있었던 것은 이들이 본래 戶長層이었기 때문에 가능했던 것이다.

이상에서 고려후기에 들어서면서 향리제의 변화 속에서 호장층이 다양한 경로를 통해 避役의 방법으로 散職을 획득하였고, 이렇게 산직을 가진 자들은 중앙으로 진출하기보다는 여전히 지방사회에서 그 세력을 유지하고 있음을 살펴보았다. 현재 남아 있는 고려말 戶口單子나 '李太祖戶籍原本'을 보아도 당시 지방사회의 관직자 대부분이 이러한 散職 계통의 관직을 가진 在地閑散임을 알 수 있다.

앞서 제4장 제2절에서 살펴보았듯이 '李太祖戶籍原本'에서 판독할 수 있는 모든 호구의 職役을 보면, 호주는 거의 모두 實職 또는 散職을 가진 관직자이거나 學生으로 나타나는데, 實職의 職衛을 가졌더라도 現職者나 고위 관직자는 전혀 보이지 않고 하급의 前職者에 불과하며 그나마 대부분이 군 장교직이다. 또 '學生'이 과반수가 넘고 '軍'까지 포함되어 있다.

또한 호주의 부·조·증조와 처가의 대부분은 同正職이나 검교직 등의 散職者이며, 호주의 증조·외조대에는 향리들이 간간이 보이고 처의 외조에서는 향리가 다수 있다. 그 향리직이 호장·戶長正朝·부호장 및 향직인 大相 등으로 호장층에 해당되었다. 각 戶主의 가계를 거슬러 올라가면 거의 모두 호장층과 연결되고 있었다. 直系가 散職으로 이어졌더라도 외가와 처가의 선대가 호장이었던 것을 보면, 이들 戶主 역시 호장층이었음에 분명하다. 여기서 제외된 몇몇의 경우는 이미 3, 4대에 걸쳐 散職者로 이어지는 집안들이지만, 다른 대다수의 사례로 미루어보면 호장층으로서 좀더 일찍부터 散職化한 것으로 보인다. 현재 남아 있는 호적은 호장층 출신의 前職·散職者 및 學生·軍으로 구성된 것이다.

고려말 외적의 침입이 빈번하고 국가 재정은 고갈되어 그만큼 관직이 남발되고 있을 때, 散職과 군 장교직을 호장층만 독점했을 리 없는데도 호적의 거의 모든 호구가 호장층 출신인 것은 무슨 까닭일까. 그것은 우연일

수도 있지만, 당시의 그러한 변화 추세를 호장층이 주도하고 있음을 나타
내는 것이 아닌가 한다. 최소한 현재 전하는 호적의 단편들은 호장층의 산
직 진출의 경향을 잘 드러내준다. 이는 고려후기 이래 戶長層의 閑散化 경
향과 같은 궤이다.

그런데 이들 가계를 보면 당대뿐 아니라 2, 3대 혹은 3, 4대에 이르기까
지 散職者로 이어지고 있음이 주목된다. 鄕吏나 散職者가 어떻게 해서 散
職을 대대로 유지할 수 있었을까. 그것은 避役을 위해 의도적으로 노력함
으로써 가능했을 것이다. 즉 이들은 鄕貢을 통한 科擧 응시의 특혜나 雜科
를 통한 진출, 또 三丁一子에게 허용된 중앙 胥吏職 진출 등 정상적인 出
仕뿐 아니라, 본래 허용된 경로 이외에 가능한 모든 방법을 동원하였다. 忠
烈王代 이후 시행된 納粟補官制나 恭愍王代 이후 설치된 添設職은 합법
적으로 관직을 얻을 수 있는 주요한 수단이 되었고, 중앙 권세가에 결탁하
여 중앙의 實職을 얻는 자들도 있었다. 각종 散職의 冒受는 從軍이나 從
仕가 아니더라도 관인의 신분을 이어나갈 수 있는 주요 수단이 되었다. 대
몽전쟁이 끝난 직후 忠烈王代부터 호장층의 避役求官 현상은 고려후기
사회의 주요문제로 제기되기에 이른다.

이는 호장층의 지위 변화에 따른 것으로, 당시 지방사회의 지배권이 호
장층에서 차츰 외관으로 전이되고 있었다. 더욱이 권세가들의 지배력은 지
방사회 곳곳에 미쳐 그 이해관계가 첨예하게 대립하게 되자, 戶長의 職은
더 이상 지방사회의 강력한 지배자만은 아니었다. 그에 따라 호장층에서는
관직을 얻어 향리직에서 벗어나려는 움직임이 있게 되었다. 이들은 免役하
는 것이 주요 목적이었으므로 일단 관인이 되면 鄕里에 퇴거하여 하고 싶
은 대로 자행하였다. 비록 말단 관직이었지만 守令도 어쩔 수 없었다는 것
은 그만큼 이들의 지방사회에서의 실질적인 세력이 컸다는 사실을 시사해
준다. 이렇게 형성된 在地閑散은 여러 대에 걸쳐 지방사회에 자리잡음으
로써 하나의 지방세력으로 인식되기에 이르렀다.

한편 戶長層에서 많은 수가 在地閑散으로 분화되어 나가자 戶長의 지
위는 더욱 하락되어 점차 행정 실무를 담당하는 記官을 맡는 경우도 있었

다.[44] 이러한 상황에서 비록 호장일지라도 그것을 면해주는 것은 하나의 특혜가 되었다.

고려후기 사회의 제반 변화 속에서 호장층의 산직 진출이 두드러졌고, 이들은 실직을 위해 각 지역으로 이동하기도 했지만, 다수는 지방사회에 그대로 남아 새로운 지방세력을 이루었다.

2) 지방사회에서 在地閑散의 지위

(1) 閑良品官과 在地閑散

앞에서 살펴본 바와 같이 고려후기에는 戶長層의 散職 진출이 두드러졌다. 이들은 다른 지역으로 이주하기도 했지만, 다수는 지방사회에 그대로 남아 새로운 지방세력을 이루었다. 이들 在地閑散은 당시 지방사회에 자리잡기 시작한 기존의 관인층과 함께 현직에 있지 않는 無職事官으로서 고려후기에 새로운 지방세력으로 부각되기 시작했다. 이들은 같은 無職事官이었지만, 중앙 정부에 의해서 구별되는 존재로 나타난다. 다시 말해서 기존 관인층으로서의 閑良品官과 호장층 출신의 在地閑散은 서로 다른 범주를 형성한 것으로 보인다.

고려후기 왜구와 홍건적의 끊임없는 침입 속에서 중앙 정부는 수도경비를 위한 군사 동원체제를 강화했는데, 無職事官 역시 군사 동원의 주요 대상으로 자주 언급되었다.[45]

---

44) 李勛相, 앞의 논문, 1985, 333쪽에서 고려 현종 9년의 鄕吏公服과 조선 태조 원년의 公服을 비교한 결과 戶長과 記官의 지위가 비슷해져 감을 지적한 것 역시 戶長의 지위 저하를 나타내는 주요 사례라 할 수 있다.

45) 비상시에 散官을 軍에 동원하는 것은 이전부터 있었으나,『高麗史』편찬자는 이를 비정상적인 것으로 보았다.『高麗史』권81, 兵志의 서론에서 숙종 때 別武班에 散官・吏胥를 편입시킨 것이나, 明宗 이후 위급시에 文武散職・白丁雜色까지 포함하게 되었음을 지적하였다. 이상은 權寧國,「高麗後期 軍士制度硏究」, 서울대 박사학위논문, 1995 및 尹薰杓,「麗末鮮初 軍制改革의 推移」, 연세대 박사학위논문, 1996 참조.

마-(1) 恭愍王十六年(1367)二月 諸道閑散官隷五軍 尋罷之[46]

(2) 恭愍王十六年八月 令諸道散官 赴京宿衛[47]

(3) 恭愍王十八年十二月 各司各愛馬 五部閑良品官 皆分屬五軍 旗幟
衣服 隨方色有別[48]

(4) 辛禑十四年(1388)七月 大司憲趙浚等上書日 …… 一. 口分田 在內
諸君及自一品以至九品 勿論時散 隨品給之. 其添設職者 考其實職
給之 皆終其身. 其妻守節 亦許終身. 現任外前衝與添設受田者 皆
屬五軍. …… 其在外者 只給軍田充役.[49]

(5) 恭讓王三年(1391) 省前軍·後軍 只置中軍·左軍·右軍 爲三軍都
摠制府 統中外軍士以受田散官及居新舊京坼者 四十二都府各成衆
愛馬分屬焉[50]

(6) 恭讓王三年正月 以受田品官 并屬三軍[51]

(7) 恭讓王三年五月 都評議使司上書 請定給科田法. 從之 …… 京畿
四方之本 宜置科田以優士大夫 凡居京城衛王室者 不論時散 各以
科受[52]

(8) 憲司上書 在外品官 居京侍衛 已有定日 前門下府使崔濂·前和寧
尹朴天祥·前密直全子忠·孫光裕等 皆不及期 請依敎旨 收奪職
牒 籍沒財産. 王從之[53]

無職事官을 五軍(또는 三軍)에 속하게 하려 했던 것은 사료 마-(1)~(3)

---

46) 『高麗史』권81, 兵志 1, 兵制, (中) 785쪽.
47) 『高麗史』권82, 兵志 2, 宿衛, (中) 795쪽.
48) 『高麗史』권81, 兵志 1, 兵制, (中) 785쪽.
49) 『高麗史』권78, 食貨志 1, 田制, (中) 717쪽.
50) 『高麗史』권77, 百官志 2, 諸司都監各色 三軍都摠制府, (中) 691쪽.
51) 『高麗史』권81, 兵志 1, 兵制, (中) 792쪽.
52) 『高麗史』권78, 食貨志 1, 田制, 祿科田, (中) 723쪽.
53) 『太祖實錄』권11, 太祖 6년 6월 壬午, 1책 107쪽.

에 보이듯이 이미 恭愍王代부터 시도되어온 사항이었으며, 이러한 입장은
사료 마-(4)에서처럼 고려말 토지개혁안에도 반영되어 이후 科田法 안의
조항으로 수렴되었다.[54] 사료 마-(7)의 科田法 규정에서 '居京城衛王室者'
는 時散을 물론하고 品에 따라 科田을 주었으며, 이 중 無職事官으로서
科田을 받은 자들은 사료 마-(5)와 (6)과 같이 三軍에 속하게 하여 宿衛의
의무를 지게 하였다. 또 비록 在外하는 無職事官이라 할지라도 科田을 받
은 자는 사료 마-(8)에서처럼 赴京宿衛하게 하였다.

여기서 科田을 받고 宿衛의 의무를 지는 無職事官이 동일한 범주라고
한다면, 前衛及添設·受田品官·受田散官·在外品官 등은 같은 뜻으로
사용된 용어라고 할 수 있다.[55] 또 科田法 이전이긴 하지만 사료 마-(1)~
(4)의 五軍 숙위 역시 같은 맥락으로 볼 때에, 散官이나 閑良品官도 앞의
용어들과 같은 범주에 속한다. 따라서 이 범주에 해당하는 無職事官을 閑
良品官으로 통일해서 사용하고자 한다.

고려사회에서 품관은 京外品官·時散文武品官 등 '時'와 '散'의 관직을
가진 이들을 통칭하는 용어였고, 閑良品官은 그 중에서 '散'에 해당하는 범
주였다. 그러나 대몽항쟁 이후 재정 고갈로 인해 많은 관직이 實職이 아닌
虛職으로 제수되면서 '散'의 의미가 확장되었으나, 중앙 정부는 이에 대한
나름대로의 기준이 있었던 것으로 보인다.

고려후기 사료에 나타나는 '閑良品官'의 구체적인 사례를 살펴보자.

> 바-(1) 辛禑二年(1376)九月 都評議使司 以各道軍資 無數日之費 令各道
> 在外品官 又煙戶各里 差等抽斂 以補軍須. 宰樞議曰 近因軍征 軍
> 糧乏少 宜令京外品官 大小各戶 出軍糧有差 兩府以下通憲以上
> ……七八品一石 權務十斗 散職·鄕史十斗 百姓·公私奴 則量其
> 戶之大小 徵之.[56]

---

54) 韓永愚, 「麗末鮮初 閑良과 그 地位」, 『朝鮮前期 社會經濟研究』, 1969, 263쪽 참
조.

55) 사료 마-(4)에서 '其添設職者 考其實職 給之'라 하여, 科田을 받은 添設職者는
散職인 添設職뿐 아니라 實職을 아울러 가진 자만 해당됨을 알 수 있다. 즉 添設
職만 가지고 있을 경우 科田 지급 대상에서 제외되었던 것으로 보인다.

(2) 忠烈王九年(1283)三月 令諸王・百官及工商・奴隷・僧徒 出軍糧
   有差 諸王・宰樞・僕射・承旨米二十石 致仕宰樞・顯官三品十五
   石 致仕三品・顯官文武四五品十石 文武六品・侍衛護軍八石…
   … 南班九品四石 正雜權務隊正三石 東西散職・業中僧一石…
   …57)

(3) 忠烈王十五年(1289)三月 又令群臣 加出米有差 諸工・宰樞・承旨
   ・班主十三石 致仕宰樞・顯官三品十石 散官宰樞四石 …… 散官
   四品二石 …… 散官五六品一石 東西九品・參外副使一石 權務・
   隊正八斗 有官守散職五斗……58)

사료 바-(1)은 禑王 2년에 왜구가 공주를 함락시키는 등 그 침입이 빈번
하고 심각해지면서 군비가 부족하자, 전국적으로 추렴하도록 조치를 취한
내용이다. 추렴의 대상은 各道의 在外品官을 비롯해 宮司의 노비에 이르
기까지 총망라되었다. 여기서 각 도 在外品官 또는 '京外品官'은 중앙 및
지방에 거주하는 모든 관직자를 가리키는 것이므로, 현직뿐 아니라 전직자
들도 포함된 것이다. 또 그 구체적인 대상에서 가장 말단으로 散職을 언급
하고 있는데, 이러한 산직은 동일한 형식의 사료 바-(2), (3)에도 東西散職
・有官守散職 등으로 나타난 바 있다.

이 때는 元의 요구에 의해 東征軍 준비를 하던 때로서 전국적으로 군량
미를 거두어야 했다. 그 대상이 세세히 드러난 사료 바-(3)에서 현직뿐 아
니라 散官도 포함된다. 그리고 '有官守散職'이라 했으므로, 이 때의 산직은
관직대기 상태로서 初入仕職인 동정직 등 散職만을 가졌음을 의미하는 것
으로 보인다. 따라서 品官이란 前職官뿐 아니라 散職만을 가진 자도 포함
된, 상당히 포괄적인 의미의 관인층이라고 할 수 있다.

고려의 관직체계는 正職(實職)과 散職으로 되어 있으며, 實職을 가지고
있지 않더라도 散職 그 자체로서 관인층에 포함될 수 있었다.59) 散職은 모

---

56) 『高麗史』 권82, 兵志 2, 屯田, (中) 813~814쪽.
57) 위의 책, 兵志 2, 屯田, (中) 812쪽.
58) 『高麗史』 권79, 食貨志 2, 科斂, (中) 744~745쪽.

든 官人에게 여러 형태로 주어졌는데, 특히 登科者·蔭敍者·胥吏 등 아직 實職에 나가기 전인 거의 모든 初入仕者들에게 우선 散職을 제수함으로써 實職보다 훨씬 많은 수의 관인을 확보하였다. 이러한 初入仕의 길은 거의 모두 중앙의 관인층이 독점하다시피 했고,[60] 蔭敍制는 관인층으로서의 신분을 계속 유지할 수 있는 제도적 장치였다.[61] 따라서 初入仕의 散職者에게도 현·전직관과 마찬가지로 경제기반이 제공되었으며,[62] 동시에 관인층에게 부과되는 여러 가지 의무도 부과되었다. 사료 바-(1)에서처럼 고려후기 재정 궁핍으로 인해 잦은 科斂의 대상으로 파악되는 것도 그 한 예였다.

무신집권기 이래 제반 변화 속에서 이러한 관인층이 지방사회에 자리잡기 시작했고, 이들이 앞서의 사료에서 보았던 지방거주 無職事官인 散官 또는 閑良品官 등으로 나타났던 것이다.

그런데 고려후기 지방사회에서는 散職까지 포함한 '品官'과도 구별되는 일군의 無職事官의 존재가 보인다.

---

59) 金光洙, 「高麗時代의 同正職」, 1969, 176~177쪽 ; 李成茂, 「兩班과 官職」, 『朝鮮初期 兩班研究』, 1980, 138~140쪽 ; 文喆永, 「閑人과 閑人田」, 『韓國史論』 18, 서울대, 1988, 131~141쪽 참조.

60) 『高麗史』 권73, 選擧志 1, 科目 1, 文宗 2년 10월 및 仁宗 18년 閏2月. 許興植, 「高麗의 科擧와 門蔭과의 비교」, 『高麗科擧制度史研究』, 1981에 의하면, 科擧나 胥吏職을 통한 관직진출은 鄕吏 중에서도 戶長層에게나 개방된 정도였다고 한다. 특히 科擧를 통한 진출은 중앙관인층에 비하면 그 비중이 작은 편이었다고 한다. 戶長層의 중앙진출 경로에 관해서는 강은경, 앞의 논문, 2000 참조.

61) 『高麗史』 권75, 選擧志 3, 銓注, 蔭敍, 仁宗 12년 6월에 致仕·見任宰臣에서 正·從 5品에 이르는 官人에게 蔭敍의 혜택을 주는데, 그 범위가 直子에서 內外甥姪에 이르기까지 광범하게 적용되었다. 실제로는 이보다 더 넓게 적용되기도 하여 '……承高祖之父功臣張元之蔭 始報中書吏部'(『韓國金石全文』 中世下, 張忠義墓誌, 582쪽)의 예처럼 高祖의 父까지도 소급되고 있다. 蔭職에 대해서는 다음의 논문을 참조. 金毅圭, 「高麗朝 蔭職小考」, 『柳洪烈 華甲紀念論叢』, 1971, 101~102쪽 ; 朴龍雲, 「高麗時代의 蔭敍制의 실제와 그 기능(上)」, 『韓國史研究』 36, 1982, 30~34쪽.

62) 『高麗圖經』 권16, 官府, 倉廩條에 '……散官同正無祿給田又一萬四千餘員'이라 하였으며, 『高麗史節要』 권26, 恭愍王 원년 6월 기사에 '……授檢校官食祿者 太多……'라 하여 散職者에 대한 경제적 혜택의 실상을 짐작할 수 있다.

바-(4) 禑曰 四方盜賊未息 軍政當時所急. 今後 每當興師之際 令各道都
巡問使兼元帥・軍目 道官員兼兵馬使・知兵馬使 與各道元帥・各
軍目・道兵馬使・知兵馬 同帥各道曾屬品官˙・軍人 上京 大小品
官幷及子弟・閑散兩班・百姓・諸宮司倉庫私奴漢・才人・禾尺・
僧人・鄕吏中 擇便弓馬者 各備兵器及冬衣戎衣・二朔料・麤末乾
飯 以待如緩急 元帥・各軍目道兵馬使 及期來會63)

위의 기록은 禑王 2년 7월, 왕이 倭寇 침입과 北元의 위협 속에서 수도
경비를 위한 군사 동원준비를 지시했던 내용이다. 동원대상자 중에는 각도
의 大小品官과 '閑散兩班'이 보인다. 앞서 이미 각도에 소속된 品官이 있
었다고 한 섯으로 보아, 이들은 모두 無職事官이었다. 大小品官이나 閑散
兩班은 모두 지방 거주자이면서 관직을 가졌고, 또 그 관직이 現任이 아닌
無職事官이라는 점도 공통된다.

그런데 이미 살펴보았듯이 品官이 관인층을 통칭하는 용어라고 한다면,
사료 바-(4)의 지방의 大小品官은 지방에 거주하는 前職 및 散職者를 포
괄하는 無職事官, 즉 閑良品官이라고 할 수 있다. 더욱이 그 子弟까지 포
함되었으므로 관인층 전부를 의미한다. 그렇다면 이러한 閑良品官과 구별
되었던 또 다른 散職者인 閑散兩班이 바로 在地閑散이었다.

在地閑散은 지방거주 散職者 중에서도 중앙 정부에 의해 기존의 관인
층과는 구별되었다. 그것은 이들이 정상적인 경로를 통해 관직에 진출한
것이 아니기 때문이 아닐까. 특히 이들이 대부분 戶長層으로 향리직을 담
당해야 했는데, 불법적인 방법으로 散職을 얻어 避役의 수단으로 삼았기
때문이 아닌가 한다.

在地閑散에 대한 정부의 차별 대우는 이들의 役 문제에서 더욱 잘 드러
난다.

바-(5) 忠肅王十二年(1325) 冬十月乙未 敎曰 …… 一. 內外兩班・鄕吏・
百姓 冒受金印檢校職 結銜避役 甚爲淆濫. 司憲府・各道存撫・提

---

63) 『高麗史』 권81, 兵志 1, 兵制, 辛禑 2년 7월, (中) 786쪽.

察使 竝皆收職 各從本役 如有不從條令 不納職牒者 嚴行斷罪.[64]

(6) 恭愍王十年(1361) 十月 募兵榜曰 凡應募者 除私賤外 士人・鄕吏
官之 宮司奴隷良之 或賞錢帛 隨其所願[65]

사료 바-(5)는 內外兩班과 鄕吏 및 百姓이 役을 피하고자 散職인 檢校
職을 冒受한다는 지적이다.[66] 이 때의 內外兩班은 관직이 없고 役이 부과
된 존재임을 알 수 있다. 그래서 鄕吏・百姓과 마찬가지로 役을 피하고자
散職인 檢校職을 冒受했던 것이다. 더욱이 司憲府와 各道 存撫・提察使
에게 직첩을 거두고 각각 本役에 따르게 하라는 것에서, 이는 일반적으로
百姓이 지는 徭役은 아니었던 것 같다. 본래부터 져야 하는 本役이 있었던
內外兩班이라면, 고려사회의 官人層은 아니었음을 알 수 있다. 이들은 官
職이 있음에도 忠烈王代 이후 내내 '還本役'의 대상이 되는 호장층 출신의
在地閑散이 아니었을까.

바로 이러한 內外兩班을 대상으로 한 것이 사료 바-(6)의 添設職이 아
닌가 한다. 恭愍王 10년에 募兵을 하는데, 군역이 부과되지 않은 계층을
대상으로 하였다. 그렇기 때문에 士人과 향리에게는 관직을, 公私奴隷에
게는 錢帛을 포상으로 약속하였다. 따라서 士人과 향리는 군역을 지지 않
는 존재로서 본래의 역이 있었음을 알 수 있다.

士人과 향리에게 주겠다는 관직은 당시 軍功者나 從軍者에게 주었던
添設職이었을 것이다. 정부는 士人이나 鄕吏에게 散職인 添設職을 주어
군에 동원하려고 했는데, 이러한 정부의 의도는 이들 士人이나 향리들의
필요성을 의식한 것이었다. 즉 避役하고자 관직을 구하는 士人 및 향리에
게 종군이라는 조건과 함께 관직을 제시한 것이라 할 수 있다. 여기서 사
인은 사료 바-(5)의 內外兩班과 마찬가지로 본래의 역이 있는 자들로, 避
役을 위해 官職을 필요로 하는 존재가 아니었을까.[67]

---

64) 『高麗史』 권35, 世家, (上) 713~714쪽.

65) 『高麗史節要』 권27, 694쪽.

66) 앞에서 이미 지적했듯이 高麗末의 檢校職이 同正職과 같은 의미로 쓰였으며, 주
로 無官者에게 제수되는 冗官의 성격을 띠고 있다.

고려말 관직제도가 문란할 때는 중앙 관인층은 '襁褓幼子'까지도 관직을 얻는 실정이었다. 설사 관직이 없더라도 관인층의 자제에게 軍役을 부과하지는 않았던 것 같다.

바-(7) (恭讓王 元年 12월) 大司憲趙浚等上疏曰 學校風化之源 國家理亂
    政治得失 莫不由斯. 近因兵興 學校廢弛 鞠爲茂草 鄕愿之托儒名
    避軍役者 至五六月閒 集童子讀唐宋絶句 至五十日乃罷 謂之夏課
    爲守令者 視之泛然 曾不介意如此.[68)]

(8) 余自少有志於儒名者久矣 今按部公并錄於軍籍 作詩以自寬[69)]

(9) 裴爲興海郡籍 有名晉者 始登第 受田世食之. 晉生永寬 永寬生得
    儒 卽尙謙之父也. 得儒 …… 乙巳 出刺沃州 政績以著 及代退居于
    鄕 …… 一鄕敬而憚之 …… 尙謙稍知書避倭喪父 家産如盡 田又革
    制歸于公 甚窮寒……[70)]

사료 바-(7)에서 趙浚 등이 근래에 兵興으로 인해 學校가 廢弛해지자 鄕愿 중 儒名을 빙자하여 군역을 피하는 자가 5, 6월간 아이들을 모아 唐宋 絶句를 읽은 후 이내 파한다고 비판하였다. 당시에 유학자로서 교육에 종사하는 자들은 군역의 대상에서 제외되었기 때문에, 鄕愿 중 儒名에 의탁하여 군역을 피하는 자가 있었던 것이다. 그 구체적인 사례는 사료 바-(8)과 (9)에서 확인할 수 있다.

사료 바-(8)은 元天錫의 시인데 그는 과거 출신의 진사였고, 사료 바

---

67) 고려시대 양반에게 徭役이 있었는지는 논란의 대상이다. 今堀誠二, 「高麗賦役考
   嚴」, 『社會經濟史學』 9-3·4·5, 1939에서는 고려 熙宗代부터 兩班에게 徭役이
   부과되기 시작되기는 하였으나, 이는 役價를 받기 위한 것이었고 高麗後期에는
   대체하지 못할 경우 직접 해야 했다고 한다. 姜晉哲, 「農民의 負擔」, 『高麗土地制
   度史硏究』, 1980, 296~299쪽에서는 有職品官은 役 부담이 없었으므로, 役을 져
   야 했던 兩班은 그 가족이거나 지방 勢戶였을 것으로 추정하였다.

68) 『高麗史』 권74, 選擧志 2, 學校, (中) 629쪽.

69) 『耘谷詩史』 권1, 詩, 280쪽. 高麗名賢集 5. 성균관대 대동문화연구소, 1987 영인.

70) 『陽村集』 권21, 傳類, 儒生裴尙謙傳.

-(9)의 裴尙謙은 유생이었으므로 이들은 모두 사료 바-(7)의 儒名을 가진
자에 해당한다. 사료 바-(8)은 元天錫이 恭愍王代에 쓴 시인데, 儒名에 뜻
을 둔 지 오래라고 하면서 軍籍에 오른 것을 뜻밖의 일로 받아들이고 있
다. 이는 공민왕대 이후 끊임없이 군을 징발해야 했던 外患의 상황에서도
儒名을 가진 자는 군역에서 제외되었음을 의미한다. 또 사료 바-(9)의 裴
尙謙은 父 得儒가 沃州刺史였지만, 자신은 家産을 탕진하고 관직도 없는
상태에서 학문을 일삼는 유생으로 지냈다.

하급 관인층으로서 蔭職의 혜택이 없는 자라도 그들의 子弟는 儒生으로
서 일정한 대우를 받았음을 알 수 있다. 물론 유사시에는 사료 바-(4)에서
와 같이 관인층일지라도 前職·散職者들이 총동원되기도 했지만, 평상시
에는 관직이 없는 儒生도 軍役에서 자유로웠던 것으로 보인다.

따라서 내외 양반이나 士人이 本役을 피하고자 散職을 冒受했다고 하
므로, 이들은 일반적인 徭役이 아니라 신분에 따른 본래의 역이 있었던 자
들이었다. 內外兩班이나 士人은 기존의 관인층과는 차별되었음을 알 수
있다. 이들 역시 閑良品官과는 구별되는 在地閑散이 아니었을까. 在地閑
散은 당대에는 散職으로써 避役할 수 있었지만, 그 자손들은 여전히 호장
층으로서 本役이 있었을 것이다. 비록 지방사회에서는 內外兩班 또는 士
人으로 불렸지만, 避役을 위해 다시 散職을 冒受해야 했다. 이들이 散職을
얻어 在地閑散이 됨으로써, '李太祖戶籍原本'에서처럼 몇 대에 걸쳐 계속
散職者로 이어질 수 있었다.[71)]

(2) 在地閑散의 지위와 역할

散職을 통해 관인이 되고 또 散職만으로 신분계승을 해갔던 在地閑散

---

71) 무신집권 이래 중앙의 관인층이 지방사회에 근거를 마련하기 시작하였음은 이미
몇몇 연구에서 밝혀진 바 있다. 본고에서는 이들을 '閑良品官'으로 통칭하였다. 이
에 관해서는 金光洙, 「高麗 官班體制의 變化와 兩班戶籍整理」, 『歷史敎育』 35,
1984 ; 朴恩卿, 「고려 후기 地方品官勢力에 관한 연구」, 『韓國史硏究』 44, 1984 ;
姜恩景, 앞의 논문, 1997 및 「'李太祖戶籍原本'에 나타난 高麗末 鄕吏의 身分變
化」, 1999 참조.

은 지방사회에서 어떤 위치였으며, 또 중앙 정부는 이들을 어떻게 취급했는가를 고찰해보고자 한다. 이들이 고려후기 강화되어 가는 향리역을 피해 산직을 구했다고 하면, 중앙 정부는 이들을 鄕役으로 다시 되돌려보내는 노력 외에 또 어떤 조치를 강화했는가를 살펴봄으로써, 당시 지방사회에 새롭게 자리잡아 갔던 기존의 관인층과는 어떻게 달랐는지도 규명하려 한다.

> 사-(1) 辛禑元年二月 敎曰 …… 閑散之人 托名各愛馬 稱爲通粮 規避徭役 致使齊民勞逸不均 今後 司憲府·巡問·按廉·所在官司 盡行推刷[72]

위의 사료는 禑王 때 지방의 閑散之人이 요역을 피하기 때문에 백성들의 勞逸이 고르지 못하다고 지적하면서, 이들을 모두 推刷할 것을 지시하는 敎書이다. 이는 閑散之人이 요역을 피하고자 各 愛馬에 이름을 칭한다든지 通粮을 칭한다고 되어 있다. 여기서 閑散이란 관직자일텐데 일반 백성들과 똑같이 요역의 대상으로 파악되었다. 무언가 實職이 있어야 徭役을 면할 수 있었음을 의미한다.

고려사회에서 관인층이 과연 徭役의 대상에서 제외되었는지 논란이 되고 있으나,[73] 다음의 기록을 보자.

> 敎曰 …… 一. 內外兩班·鄕吏·百姓 冒受金印檢校職 結銜避役 甚爲淆濫.[74]

---

72) 『高麗史』 권85, 刑法志 2, 禁令, (中) 866쪽.
73) 『高麗史』 권79, 食貨志 2, 農桑, 高宗 43년 2월 기사에 '又令文武三品以下 權務以上 出丁夫有差'라는 기록을 비롯하여, 『高麗史』 권83, 兵志 3, 工役軍, 忠惠王 元年 3월 및 忠惠王 後 4년 5월 기사에 나타났듯이, 대몽항쟁 이후 노동력 동원이 어려워지자 관인층에게는 각 品階에 따라 丁夫를 차등하게 내도록 한 일이 있었다. 그러나 이것은 徭役의 성격이라기보다는 이 시기 관인층에게 부과되곤 했던 科斂의 일종으로 해석되어야 한다.
74) 『高麗史』 권35, 世家, 忠肅王 12年(1325) 12月 乙未.

위의 기록은 내외 양반과 향리·백성 등이 避役을 위해 檢校職을 冒受하는 현상이 범람하였는데, 免役하고자 檢校職을 冒受한 이들에게 일반백성과 같이 徭役을 부과하는 것이 가능했는지 의문이다. 散職이라도 官階만 있으면 免役이 될 수 있었기 때문에 위와 같은 일들이 벌어진 게 아닐까 생각한다.[75] 따라서 사료 사-(1)에서 散職을 가진 閑散에게 徭役을 부과하려 했던 것은 在地閑散이 기존의 관인층과는 구별되는 대우를 받았음을 시사해주는 것이다. 고려후기 이래 시도되었던 閑散軍의 징발도 在地閑散에 대한 역의 부과를 위한 구체적인 노력의 하나였다.

고려후기 지방의 재지한산은 산직을 가지면서도 요역의 대상으로 파악되는 등 기존의 관인층과는 차별되어 그 지위가 구별되었음을 알 수 있다. 그러나 사료 사-(1)에서처럼 중앙 정부가 그 폐해를 지적할 만큼 이들이 지방사회에서 차지하는 비중은 컸다. 이들은 본래 戶長層 출신이었기 때문에 지방사회에서 戶長보다 상위에 위치하였고, 전직관·호장층과 함께 지방사회의 주요 지배세력으로 자리잡아 갔다. 당시 지방사회에서 문제가 생겼을 때도 이들은 함께 주도적 역할을 담당하였다.

사-(2) (恭愍王 10년 12월) 金長壽鹽州人 紅賊陷京城 所在充斥 長壽以檢校中郎將家居 自稱萬戶 率州人……[76]

(3) (恭愍王 23년 正月) 檢校中郎將李禧上書言 今倭寇方熾 …… 臣生長海邊 稍習水戰 願率濱海居民慣於操舟者 …… 王慨然曰 草野之臣如禧者 尙獻計如此 百官衛士之中曾無一人如禧者也[77]

---

75) 姜晋哲, 앞의 논문, 1981, 298~299쪽. 사실 官階가 없더라도 지배층에게 徭役이 부과되었다고 보기는 어렵다. 『高麗史』 권79, 食貨志 2, 市佑, 恭讓王 3년, (中) 740쪽의 房士良의 上書에서 '……竊觀本朝 農則履民而稅 工則勞於公室 商則旣無力役又無稅錢'이라고 하여 당시 賦役 부담자인 피지배층을 분류할 때 士 계층이 제외되었으며, 같은 시기 進士에 불과했던 元天錫 역시 백성들의 賦役의 고달픔을 대신 읊어준다는 다음의 詩를 남겼다. '生涯寒似水 賦役亂如雲 悉抄築城卒 兼抽鍛鐵軍 風霜損禾稼 縷雲弊衣裙 未忘妻孥養 心煎火欲焚'(『耘谷詩史』 권5, 詩, 代民吟, 355쪽)

76) 『高麗史』 권113, 列傳 26, 金長壽傳, (下) 498쪽.

(4) (朝鮮 太祖 1년경) …… 役之方興也 聞于節度使金公用貂曰 役夫
無兵器近海 請撥軍官衛不然 金公差二十員來 …… 府人之督役者
前承奉郎宋元庇 郎將高迪 散員申得貴・金乙寶・邢方彦 檢護軍
高天景・曹漢貴・高仲鶴 令同正任寶・魏彦・吳甫萬・曹生哲・
張龍世・金成奇・魏宜・姜仁德 戶長申奉閈 供給 爲頭戶長吳因
教文記官曹修 摠其事功[78]

사료 사-(2)와 (3)의 檢校中郎將은 '家居'하거나 '草野之臣'으로 불리는
散官이었다. 이러한 檢校中郎將은 忠肅王代에 지적된 바 있는 避役을 위
해 冒受한 檢校職으로 생각된다. 즉 중앙 관인층으로서 散階를 가진 게
아니라 지방세력이 避役을 위해 획득한 散職이었던 것 같다. 이것은 두 사
람의 행적을 보면 더욱 분명해진다.

사료 사-(2)의 金長壽는 홍건적이 수도를 함락시킬 때는 '家居'하고 있
었으나, 자기 소재지로 쳐들어오자 州人을 이끌고 싸움에 임하였다. 金長
壽가 스스로 萬戶를 칭했다든지 州人을 이끌었다는 것은 그가 지방사회에
서 상당한 지위를 가지고 있었음을 나타내준다. 관직은 비록 檢校職에 불
과했지만 자신의 토착기반을 바탕으로 州人을 이끌고 방어에 나설 수 있
었던 것이다. 사료 사-(3)의 李禧는 해변에 사는 관계로 왜구의 피해를 많
이 입게 되자, 자신이 水戰에 능하다고 하면서 해변가 居民 중 操舟에 익
숙한 자를 이끌 수 있도록 해달라는 건의를 하였다.

金長壽와 李禧가 활동하던 시기는 恭愍王代로, 앞서 사료 마-(1)~(8)
에서 본 바와 같이 閑良品官의 赴京宿衛가 시도되기 시작한 때였다. 하지
만 이들은 홍건적이나 왜구의 침입 속에서 중앙의 군사 동원에는 별다른
활동을 보이지 않고, 다만 지방 방어에 대한 활동이나 대책에 관심을 두고
있다. 그것은 이들이 閑良品官에 해당하는 자들이 아니었기 때문에 가능
했다. 특히 金長壽가 州人을 이끌고 홍건적을 방어한 것이나 李禧가 해변
가 居民 중에서 水軍을 조성하려고 했다는 것은, 이들이 단순한 散職者가

77) 『高麗史節要』 권29, 744쪽.
78) 『東文選』 권76, 中寧山皇甫城記, 李穡.

아니라 지방사회에 토착기반이 있는 존재임을 짐작하게 해준다.

이들은 戶長層 출신의 在地閑散으로서, 중앙의 募軍 과정에서는 피하려 했지만 중앙군이 미비할 때는 지방자위대를 주도했던 위치에 있었다.[79] 중앙에서 파견된 外官 휘하의 군대는 '賊破州郡 而方鎭無所畏憚 擁兵養威 坐視而不戰'[80]한다고 비판받을 정도로 무기력했던 상황에서, 자신들의 재지기반을 지키기 위해서는 이들 지방세력을 중심으로 한 지방자위대의 구성이 불가피했을 것이다.

在地閑散이 지방자위대를 구성할 수 있었던 것은 그들이 본래 戶長層에서 분화된 것과도 관계된다. 이들은 본래 지방사회에서 호장으로서 그고을의 역 동원을 관장했었기 때문에, 향리직에서 물러났어도 군사동원 또는 역 동원에 여전히 영향력을 가지고 있었던 것 같다. 사료 사-(2)와 (3)에서 檢校中郎將인 金長壽와 李禧가 자체 군사를 거느릴 수 있었던 것도 그 한 사례이며, 무엇보다도 사료 사-(4)의 고을의 役 동원체제에 잘 드러나 있다.

사료 사-(4)는 朝鮮 태조 원년에 완성된 長興府의 中寧山城 축조에 관여한 인물을 기록한 것인데, 그 중 府人으로서 공사를 감독한 인물들이 나열되어 있다. 여기서 前承奉郎 宋元庇 정도가 前職者로서 관인층에 속하며, 그밖에 장교직이나 散職을 가진 자들은 在地閑散에 속하는 것으로 보인다. 장교직인 郎將이나 散員도 절도사가 파견한 군관 20명과는 구별되면서 또 府人이라는 점을 고려할 때, 이들은 사료 라-(5)의 향리들이 권세가와 결탁하여 얻어 폐단으로 지적되었던 '軍不領散員'과 같은 장교직이 아니었을까. 비록 實職을 가지고 있기는 하지만, 전혀 근무하지 않고 자기 鄕里에서 지방세력으로 존재한다는 점에서 在地閑散에 포함될 수 있을 것

---

79) 姜晋哲, 「蒙古의 침입에 대한 항쟁」, 『한국사 7』, 국사편찬위원회, 1974 및 金塘澤, 「武臣政權時代의 軍制」, 『高麗軍制史』, 1983, 311~315쪽 참조. 이에 의하면 무신정권 아래서 私兵化의 진전으로 중앙군이 극도로 약화되었고, 중앙군도 수도 중심의 방어에 치중하고 있어서 각 지방은 地方別抄 등 지방세력 중심의 자위대에 의해 방어해야 했다고 한다. 이러한 지방자위대에는 在地閑散뿐 아니라 前職官이나 戶長層도 함께 주도세력이 되었을 것이다.

80) 『高麗史節要』 권33, 辛禑 14년 7월, 大司憲 趙浚等上書, 831쪽.

이다. 실제적인 공사책임자는 공급을 맡은 호장을 비롯해서 爲頭戶長과
敎文記官이었음에도 불구하고 이러한 장교들이 다수의 檢護軍·令同正
등과 함께 공사의 감독자로 되어 있다는 것은, 그만큼 이들 在地閑散이 長
興府의 役 동원에 큰 영향력을 가졌음을 의미한다.

이상에서 戶長層에서 분화되어 고려후기에 새로운 지방세력으로 등장
하는 在地閑散이 어떻게 형성되었으며, 지방사회에서 어떤 지위에 있었는
지를 살펴보았다. 고려후기에는 호장층이 다양한 방법으로 散職을 얻어,
鄕吏役을 免하고 있었는데, 이는 外官의 파견으로 戶長의 지배력이 약화
됨에 따라 향리직을 피하기 위해서였다. 따라서 散職을 얻는 방법은 정상
적인 경로를 이탈하는 것이 많았고, 또 散職者 대부분이 지방에 在地閑散
으로 남아 새로운 세력을 형성하기 시작했다. 이들은 지방사회에서 기존의
관인층인 閑良品官과는 구별되었다.

고려후기 在地閑散은 鄕吏職뿐 아니라 徭役·軍役에서도 벗어났고 정
부에서는 이들을 還本시키거나 徭役을 부과하려고 애를 쓰지만 별 효과는
없었던 것 같다. 그러나 지역방어나 築城 등 지역사회의 중요한 일에는 적
극 참여하였다. 이는 그들의 기반이 지방사회에 있는 것과도 관련된다. 즉
자신들의 기반인 지방사회가 동요될 때 그들의 기반 역시 무너지게 되므
로, 그러한 일에는 적극 참여하였다. 또한 이러한 과정을 통해 지방사회에
서 자신들의 기반을 더욱 공고히 하려 했다.

2. 호장층의 몰락과 그 영향

1) 호장층 몰락의 성격

고려후기에는 戶長層의 지위가 전반적으로 하락하고, 그 토착적인 기반
이 약화되는 가운데 호장층의 일부가 몰락, 流亡하는 현상이 나타난다. 기
존 토착세력의 流亡은 조선초 『世宗實錄地理志』에서 亡姓으로 정리되었
는데, 거의 모든 지역의 亡姓에는 人吏姓이 포함되어 있었다. 이 때의 人

吏姓은 호장층뿐 아니라, 호장층 출신의 士族까지 포괄한 것이다. 하지만 지리지 편찬 당시 각 지방의 자료 정리가 각 邑司 주관 아래 이루어졌음을 감안하면, 亡姓이라는 것은 적어도 각 군현에 그 성씨의 향리가 남아 있지 않음을 의미한다.

호장층이 토착기반에서 亡姓으로 처리되었다는 것은 다른 곳으로 이주했거나 그 후손이 파악되지 않을 정도로 몰락했음을 의미한다. 그렇기 때문에 해당 군현에서 중앙관인으로 진출한 사족이나 지방사회의 산직자는 물론, 향리직을 가진 자조차 없어 亡姓으로 처리되었다.

제4장의 제3절에서 『世宗實錄地理志』의 亡姓을 각 지역별로 분석함으로써, 토착세력에서도 가장 유력한 호장층이 어느 정도 流亡했으며 그 원인은 무엇인지를 살펴보았다. 각 도에서 대개 亡姓率이 높은 군현은 특정 지역에 집중되어 있는데, 그 流亡의 원인은 각 지역별로 특성을 갖는다. 여기서 드러난 戶長層 流亡의 네 가지 양상을 통해 호장층 몰락의 성격을 몇 가지로 정리해볼 수 있다.

이 시기 호장층의 몰락에서 큰 특징으로 나타나는 것은 우선 고려후기 수취구조와의 관련성이었다. 鄕·所·部曲과 屬縣의 호장층이 流亡하는 경우와, 경기 12현의 거의 모든 군현에서 호장층이 流亡한 경우가 이에 해당한다. 고려의 수취 구조에서는 일반적으로 屬縣이 主縣보다 부담이 많았고, 일반 군현보다 경기의 부담이 훨씬 많았던 것으로 나타난다. 이러한 부담을 군현 백성이 감당할 수 있을 때에는 별 문제가 없겠으나, 고려후기 수취체제에서 邑司의 책임이 강화되고 부담을 진 백성의 유망이 진행되자 그 부담은 호장층에게 전가될 수밖에 없었다. 결국 호장층도 유망하거나 몰락의 길을 밟게 된 것이다.

먼저 고려후기 속현의 수취구조를 살펴보면, 속현은 量田과 收稅에서 독자적인 단위로 운영되었지만[81] 속현에 대한 조세수취는 主縣을 단위로 파악되었다.[82] 따라서 세제의 수취는 외관이 파견된 主縣을 단위로 운영

---

81) 朴鍾進, 『高麗時代 賦稅制度硏究』, 1993, 59~61쪽.

82) 金載名, 『高麗 稅役制度史硏究』, 1994, 159~161쪽 및 李貞熙, 『高麗時代 徭役制度硏究』, 1995, 83~89쪽 참조. 그 사례로 『世宗實錄』 권66, 世宗 16년 12월 庚戌

되었고, 主縣의 任內에 대한 침탈은 예견된 것이었다. 즉 主縣에 대한 租稅收取의 액수만 정해졌을 뿐, 이를 主縣에서 징수하는지 아니면 屬縣에서 징수하는지는 守令의 임의에 맡겨져 있었다. 경상도 密城의 속현이었던 玄豊縣의 백성은 100리나 되는 길을 오가며 徭役을 징발당했다고 하며,[83] 충청도 청주의 속현인 德平縣은 州에서 80여 리 떨어져 있는데, 徭役의 징발을 비롯해 일이 있으면 식량을 가지고 가 숙박도 해야 하니 그 폐단이 많았다고 한다.[84] 收取額의 均・不均을 떠나 屬縣과 主縣의 거리가 멀리 떨어져 있다는 자체가 이미 屬縣人에게는 불이익이었다.

속현의 백성은 주현보다 부담이 컸고, 그 부담이 과도할 때에는 유망할 가능성이 매우 많았다. 따라서 그 수세를 책임진 속현의 戶長層은 주현에 비해 부담이 컸고, 역시 몰락할 가능성이 많을 수밖에 없었다. 여기에 主縣 州吏의 임의적인 침탈도 있었다. 尙州의 屬縣인 比安縣의 縣吏를 尙州의 州吏가 욕보이고 縣民에게 독을 끼쳤다는 기록으로 보아,[85] 屬縣의 호장층은 主縣의 호장층에 대하여 독립적으로 존재하기 어려웠음을 알 수 있다. 이는 당시 수취체제가 주현을 중심으로 운영되었던 것과 관련되는 일로서, 그러한 상황에서는 속현의 향리가 주현에 대하여 자유로울 수 없었다.

이러한 사정 때문에 亡姓率이 낮은 안정된 지역일지라도 속현은 예외로 亡姓이 많은 경우가 간혹 보인다. 전라도의 경우 亡姓率이 대단히 낮아서 土姓이 679개인데 亡姓은 72개밖에 안된다. 그 중에서 屬縣의 亡姓이 60개로, 그나마 屬縣에 亡姓의 발생이 집중되어 나타난다. 그만큼 안정된 지역에서도 속현의 戶長層은 불안정한 지위였음을 알 수 있다.

속현 중에서도 鄕・所・部曲 등은 더욱 열악하였다. 부곡민은 고려의

日에 戶曹에서 咸興의 屬縣이었던 홍원에 守令을 두게 되었으니 이제 貢物을 분리해 정하자는 건의를 듣고 있다.

83) 『新增東國輿地勝覽』 권27, 慶尙道 玄豊郡 樓亭 仰風樓.
84) 『世祖實錄』 권41, 世祖 13년 3월 戊寅. 8책 65쪽. '忠淸道觀察使宋文琳 據德平縣人趙無去里等狀告啓 淸州屬縣德平 在全義・木川・燕岐三縣之西 自作一區 距州八十餘里 居民之告糶徭役 訴訟于州者 贏粮經宿 弊固不貲……'
85) 『新增東國輿地勝覽』 권25, 慶尙道 比安縣 樓亭.

수취구조에서 일반 군현인과 같이 국가에 대해 租稅와 力役을 부담하면서
도 부가적으로 국가 직속지의 경작과 같은 특정의 역에 집단적으로 동원
되는 등[86] 그 부담이 더욱 컸다. 따라서 일반 屬縣보다 더욱 인구의 유망
이 쉽게 일어날 수 있었고, 호장층 역시 유지되기 어려웠다. 경상도 및 전
라도와 같이 亡姓이 거의 없는 지역일수록 향·소·부곡 등 특수 행정구
역이 많았는데, 예외없이 亡姓이 많이 나타난다.[87] 이는 고려의 수취구조
상 屬縣이 主縣보다 불리했고, 鄕·所·部曲 등은 더욱 불리했기 때문이
다.『世宗實錄地理志』姓氏條에서 亡姓率이 높은 지역의 가장 보편적인
공통점은 속현이나 향·소·부곡 등이라는 점이다.

경기 지역도 고려의 수취구조에서 일반 군현과 다른 부담을 진 곳이었
다. 開城府는 별다른 대우를 받지 못하면서도 王京 주위에 있음으로 해서
필요한 徭役·貢物·租稅·科斂 등의 부담을 모두 져야 했다. 京畿의 모
든 군현은 田柴科의 柴地에서도 가장 가까운 1日程이었고, 다른 지역보다
가장 부담이 큰 것은 徭役이었다. 더욱이 고려후기에는 다른 지방보다 科
斂이 심했고,[88] 權貴들의 祖業田이 대대로 世傳되고 있는 데다 元宗代 이
후 祿科田까지 설치되어 조세의 수탈도 대단히 심각했다. 일찍부터 경기
민의 부담과 流亡에 대한 지적이 있어 왔으나, 특히 고려후기 이래 호장층
이 대거 몰락한 것은 바로 이러한 이유 때문이다. 그렇기 때문에 경기는
같은 시기 戶長層의 이주가 가장 기피되었던 곳이기도 하다.[89]

흔히 고려지방제도에서 監務와 같은 외관의 파견은 유민을 안정시키고
자 했다고 하나,[90] 경기 12현에서 開城縣과 海豊郡은 主縣이었고, 정부가

---

86) 朴宗基,「高麗의 收取體制와 部曲制」,『高麗時代 部曲制研究』, 1990, 142~151쪽
   ; 오일순,「고려전기 부곡민에 관한 일시론」,『학림』7, 1985, 24~33쪽 참조.
87) 全羅道에서 亡姓이 많은 곳은 주로 鄕·所·部曲으로, 亡姓만 있는 17개의 사례
   도 모두 鄕·所·部曲이다.
88) 특히 元 간섭기 이후 元과의 관계에서 드는 비용을 5部 坊里와 京畿 8縣의 民戶
   에게 부담시킨 경우가 잦았다.『高麗史』권79, 食貨志 2, 科斂, 忠肅王 15년 12월
   및 邊太燮,「高麗時代 京畿의 統治制」,『高麗時代政治制度史研究』, 1971, 270~
   272쪽 참조.
89) 본고 제4장 제1절 참조.

일찍부터 監務를 파견하여 麻田縣·松林縣·坡平縣·積城縣·兎山縣
·江陰縣 등은 睿宗代에 監務가 파견된 곳이었다.[91] 그럼에도 경기 12현
거의 모든 지역에서 대다수 戶長層이 몰락한 것으로 나타난다. 이는 이 시
기 監務의 파견이 조세 수취와 民戶의 징발과 관련된 데서도 짐작된다.[92]
즉 경기의 郡縣에 대한 監務의 파견은 오히려 중앙의 수취의 강화와 연결
되었던 것으로 보인다.

이와 같이 고려후기 가장 일반적인 호장층의 몰락은 고려사회의 수취구
조라는 근본적인 문제와 관련하여 초래되었다. 따라서 수취구조와 지방제
도 등 전반적인 조정을 하지 않고는 방지하기 어려운 일이었다.[93] 결국 몇
몇 유력한 호장층을 제외하고는 거의 모든 호장층이 몰락하기에 이르렀던
것이다.

고려후기 호장층의 몰락에서 드러나는 두 번째 특징은 자연지리적 조건
과 관련된 문제로서, 결국은 흉년과 기근에 정부가 어떻게 대처할 수 있었
느냐 하는 정책의 문제이기도 했다. 그 특성은 交州道와 그 인접지역의 戶
長層이 流亡한 사례에서 볼 수 있다. 교주도의 군현은 거의 모두 亡姓率
이 높고, 楊廣道·西海道에서 교주도에 인접한 군현도 왜구의 침입이 극
심했던 서부 해안지역보다 오히려 亡姓率이 높게 나타난다. 이 지역은 주
로 동부 산간지역에 위치해 있어, 척박한 토지와 낮은 생산성으로 인해 호

---

90) 『高麗史』 권12, 世家, 睿宗 元年 4월 庚寅, (上) 249쪽.
91) 위의 책, 世家, 睿宗 元年 4월 庚寅, (上) 249쪽 및 睿宗 3년 7월 辛酉, (上) 257쪽
    참조. 몇몇 논란의 대상이 되는 곳에 대해서는 元昌愛, 「高麗 中·後期 監務增置
    와 지방제도의 변천」, 『淸溪史學』 1, 1984, 12쪽의 <圖 2>를 참조했음.
92) 元昌愛, 위의 논문, 1984, 12~13쪽에서 睿宗 元年과 3년의 대대적인 監務의 파견
    이 北界로의 운송이 수월한 交州道·西海道, 그리고 漕運이 용이한 남양만 연안
    및 한강 하류지역에 집중된 것은 여진족에 대비하는 과정에서 이루어진 것으로
    추정한 바 있다. 따라서 전쟁에 대처해가는 동안 監務에게 租稅收納와 民戶徵發
    의 임무가 부과된 것으로 보았다.
93) 朴宗基, 「14세기 군현구조의 변동과 지방사회」, 『14세기 고려의 정치와 사회』,
    1994, 164~170쪽에 의하면 14세기 郡縣改編은 전기 군현체제의 모순과 폐단을
    극복하기 위한 것으로, 당시의 군현병합은 수취의 불균형을 해소할 수 있었다고
    한다.

장층이 아예 성장하기 어려웠던 것으로 보인다. 특히 이 중에서도 鐵原都
護府·金化縣·平康縣·伊川縣·安峽縣
·漣川縣 등은 인구에 비해 본래의 土姓이 대단히 많고 그 중 80~90%가
亡姓으로 처리되었다.[94] 이는 이 지역에 본래 호장층보다 군소 次吏層이
많았고, 그나마 유력한 호장층이 별로 없었음을 시사해준다. 더욱이 고려
말·기근과 흉년 등 유사시에 정부가 이 지역에 대한 대책을 제대로 세우지
못할 때 지역 주민은 물론 호장층까지 쉽게 몰락할 수밖에 없었다.

　고려후기 호장층 몰락에서 나타나는 세 번째 특징은 고려말 군현의 이
동과 관련된 문제로서, 토착세력인 호장층이 자신들의 토착기반을 떠나 타
지에서 어느 정도 유지할 수 있는가에 달렸다. 외적의 침입으로 인해 해안
에 위치한 東界 및 西海道 군현의 호장층이 流亡한 사례로, 이 지역들은
기본적으로 비옥한 곳이어서 전체적으로는 亡姓이 많지 않으나 亡姓率이
높은 몇몇 군현이 일정 지역에 집중되어 있었다. 亡姓의 발생이 집중된 지
역은 東界의 북부지역과 서해도의 해안지역인데, 전자는 대몽전쟁 이후 일
부 군현이 元의 지배로 들어가면서 군현의 이동과 통폐합이 잦았고, 후자
는 왜구의 침입으로 역시 군현이 이동하거나 통폐합된 곳이다. 군현이 통
폐합되면 호장층 역시 이주, 통합해야 했는데 이렇게 토착기반을 떠나는
가운데 일부 호장층이 流亡 또는 몰락하였다.

　이상에서 살펴본 고려후기 호장층 몰락의 특징들은 사실 人口 流亡이라
는 하나의 현상으로 귀결된다. 인구의 유망은 인구 감소를 가져오고, 그 결
과 토착세력인 호장층의 토착기반을 약화시켜 결국 그 몰락을 초래했던
것이다. 하지만 호장층의 몰락을 위와 같은 인구 감소의 결과로만 설명할
수는 없다. 같은 西海道에서도 海州·延安 등은 고려말 왜구의 침입이 자
주 있었던 곳이고, 경상도·전라도의 경우에도 왜구의 침입으로 군현 자체
를 다른 지역으로 옮겨 인구 감소가 예견되지만 호장층이 심각하게 몰락
한 것은 아니었다. 따라서 亡姓率이 높은 군현과 같이 한 군현의 호장층이
대거 몰락한 것은 호장층 자체의 취약성이라는 또 다른 요인을 생각해볼

---

94) <표 7-4>와 <표 7-5> 참조.

수 있다. 바꾸어 말하면 그러한 외부 조건에도 불구하고 토착세력이 그대로 유지될 수 있었던 것은 그만큼 재지기반이 강했음을 의미한다. 대표적인 예가 경상도와 전라도였다.

경상도·전라도·양광도는 타 도에 비해 고려말 왜구의 침입으로 해안뿐 아니라 내륙까지도 상당한 피해를 입었던 곳이다. 그럼에도 불구하고 亡姓이 거의 없다는 것은 그 지역의 토착세력이 여전히 세력을 유지하여, 최소한 향리로서 존속하든지 아니면 관직으로 진출하여 士族으로 성장했음을 의미한다.

亡姓率이 가장 낮은 경상도의 경우 土姓이 585개인데 亡姓이 17개밖에 안된다. 경상도는 왜구의 침입으로 몇몇 군현은 통폐합되기도 했지만, 亡姓이 매우 적고 집중된 지역이 없다. 眞寶縣은 '倭寇로 館舍는 燬盡되고 居民은 하나도 남지 않았다'고 했지만 土姓 5개가 그대로 남았으며, 南海縣·巨濟縣·溟珍縣 등은 왜구로 인해 아예 邑司를 육지로 옮겼지만 남해현에만 亡姓이 있을 뿐이다. 거제현은 일찍부터 왜구의 침입이 있어 元宗 12년(1271)에 육지로 나왔는데, 거제현과 그 屬縣인 鵝州縣은 居昌의 加祚縣에,[95] 溟珍縣은 晉州의 永善縣에 각각 우거했다고 한다. 조선 세종 4년(1422)에야 舊島에 다시 거제현을 복구하여 거제현의 人吏 15명과 官奴婢 30여명이 돌아갔으나, 溟珍縣은 복귀 못하고 우거했던 江城縣에 병합되어 珍城縣이 되었다.

이러한 군현의 이동은 邑司의 人吏가 중심이 된 것이며, 이들이 존속하는 한 그 군현은 다시 복구될 수 있었다. 비록 소수의 人吏지만 거제현이 복구되기까지 150여 년이 걸렸는데도 타 군현에 우거하면서 그 세력을 유지하였다.

당시 巨濟縣의 人吏가 15명이라고 하는데,『世宗實錄地理志』에서 巨濟縣의 인구가 423口이므로 300丁 이상의 고을의 鄕吏 인원에 비추어보면 戶長 5명, 副戶長·兵倉正·副兵倉正 각 2명만 해도 15명이 된다. 그렇다

---

95)『新增東國輿地勝覽』권31, 慶尙道 居昌郡 古蹟條에 '鵝州村'이 있어, 巨濟縣이 이 곳에 우거할 때 그 屬縣도 그대로 유지했음을 잘 보여주고 있다.

면 巨濟縣의 인리 15명은 호장층에 속하는 상급의 鄕吏職者였을 것으로 추측된다. 그러나 邑司를 이동하는 사이에 戶長層은 존속할 수 있었지만, 그 예하에서 실무를 담당했던 하급의 향리, 즉 次吏層은 거의 유망했던 것 같다. 세종 9년(1427)에는 '수가 적어 그 역을 감당할 수 없다'는 호소와 함께 거제현에 도망해온 타관의 인리·관노비를 번성할 때까지는 還本하지 말아달라는 건의가 있었다.[96] 당시 巨濟縣에는 土姓이 4개, 續姓이 2개 있었는데 續姓은 모두 향리였다고 한다.[97] 그럼에도 불구하고 향리 수가 적어 역을 감당할 수 없다는 것은 그 이하 次吏層이 없었음을 의미하는 게 아닐까. 그렇다면 본래 還本의 대상이 되었던 '도망해온 他官의 人吏'도 실무를 맡은 하급의 향리, 즉 次吏層이었던 것으로 보인다.

또 이러한 건의가 일부 받아들여지는 것으로 보아 巨濟縣의 人吏들은 상당히 유력한 戶長層이었음을 짐작할 수 있다. 불과 얼마 후 文宗 元年(1451)에 巨濟縣의 읍성을 옮기려 하자, '本邑의 人吏·官奴婢가 모두 토착해 번성한데 다시 옮기려 하니……'[98] 하는 저항이 있게 된다. 그 짧은 기간에 번성할 수 있었던 것은 바로 호장층이 중심이 되어 다른 고을의 인리·관노비를 정착시켰기 때문이다.[99] 이와 같이 군현이 이동하는 사이에 邑司를 중심으로 군현을 유지한 주도세력은 호장층이었음을 알 수 있다.

전라도 역시 亡姓率이 대단히 낮은 지역이었다. 고려후기 전라도 속현의 상황을 잘 알려주는 것으로는 신종 4년(1199) 경 李奎報가 全州牧의 속현을 돌아다니면서 쓴 글이 있다. 여기서 伊城縣은 '民戶가 凋殘하고 아전이 4~5명'이라고 하였지만,[100] 『世宗實錄地理志』의 姓氏條에는 伊城縣

---

96) 『世宗實錄』 권35, 世宗 9년 正月 壬寅, 3책 57쪽.
97) 『世宗實錄地理志』, 慶尙道 巨濟縣, 453쪽. 이에 의하면 巨濟縣의 續姓 2개는 辛·李氏인데, 辛氏는 靈山 土姓 출신이고 李氏는 固城 土姓 출신으로 모두 鄕吏가 되었다고 한다. 그러나 이 두 續姓은 같은 시기의 기록인 『慶尙道地理志』나, 이후의 기록인 『新增東國輿地勝覽』의 姓氏條에서는 보이지 않는다.
98) 『文宗實錄』 권7, 文宗 元年 5월 癸卯, 6책 385쪽.
99) 따라서 巨濟縣은 본현의 土姓 4개와 촌락성 2개, 百姓姓 2개뿐 아니라 '人物皆亡 今爲直村' 했다는 2개의 屬縣 鵝州縣과 송변현까지도 그 土姓이 모두 남아 있었다.

의 土姓 5개가 그대로 남아 있다. 또 馬靈縣도 '古縣으로 산 밑에 있는데 士族은 없고 村胥만 대한다'고 하였으므로,[101] 12세기 말까지는 관인층은 없고 村胥라 불리는 토착세력만 있었던 모양이다.『世宗實錄地理志』의 姓氏條에는 亡姓이 1개, 土姓이 4개로 나타나는데 이들이 바로 村胥였을 것이다. 전라도에서는 열악한 조건의 속현이지만, 호장층을 비롯한 토착세력이 民戶가 凋殘하거나 입지 조건이 좋지 않아도 계속 유지되었음을 알 수 있다.

조선시대 병합된 茂長縣도『新增東國輿地勝覽』기록에는 '前朝末 해적이 설쳐 백성이 흩어져 온통 비었다[102]'고 하지만, 병합되기 이전의 茂松縣에는 亡姓이 2개, 土姓이 2개이며 長沙縣에는 土姓만 4개이다. 기록으로 보아 왜구의 침탈이 심각했음에도 불구하고 亡姓이 별로 없다. 이는 백성이 흩어지는 가운데서도 邑司를 유지할 수 있었기 때문인데, 그만큼 전라도의 戶長層이 안정되어 있음을 의미한다. 그렇기 때문에 전라도에는 亡姓이 많지 않으며, 亡姓의 발생이 집중된 곳도 거의 없다. 유일하게 淳昌郡의 屬縣인 福興縣의 亡姓率이 높을 뿐이다.

이와 같이 경상도와 전라도는 다른 지역과 마찬가지로 왜구의 침입과 군현의 이동 등 토착세력에 불리한 여건이 있었음에도, 戶長層의 流亡이 거의 없고 안정되었다. 이는 두 지역의 호장층 자체가 강력하여, 설사 인구가 流亡하더라도 邑司를 유지했기 때문에 가능했던 것이다. 호장층의 안정된 기반은 중앙 진출의 발판이 되었다. 이 지역의 土姓은 무신집권기를 거쳐 고려말에 이르는 동안 중앙 진출이 대단히 활발했는데,[103] 고려전기

---

100) 『東國李相國集』 권23, 記, 南行月日記에 '明日入伊城 民戶凋耗 籬落蕭條 客館 亦草覆之 吏之來者 不過纍纍四五人而已……'라 하였다.

101) 위의 책, 南行月日記, '……十一月己巳 始歷行屬郡 則馬靈·鎭安 山谷間古縣也' 『東國李相國集』 권9, 古律詩, 十一月二十日 出宿屬郡馬靈客舍에 '蕭條古縣枕山 根 只對村胥貌似猿……'

102) 『新增東國輿地勝覽』 권36, 全羅道 茂長縣, 누정 아관정조에서 鄭坤의 기문 참조.

103) 李樹健,「高麗後期 支配勢力과 土姓」, 1984, 343~344쪽, <표 6-8>에서 고려후기에 성장한 姓貫으로 京畿道가 28개, 忠淸道가 36개인데 全羅道는 48개, 慶尙道는 91개에 이른다. 또한 慶尙道는 조선초 成俔이 작성한 75개의 鉅族 중 26개를 차

에 경기·서해도·양광도 등 중부권보다 중앙진출이 미미했던 것과는 대
조적인 현상이었다.

고려사회에서 호장층은 각 분야에서 관직에 진출할 수 있는 통로가 법
적으로 보장되어 있었다. 따라서 관인 진출이 활발했다는 것은 그 지역의
호장층이 강력하고 안정되었음을 의미한다. 바꾸어 말하면 관인 진출이 거
의 없는 지역은 호장층이 미약했고, 그만큼 외부의 조건에 따라 몰락할 가
능성이 많았다.

먼저 亡姓率이 높았던 경기 12현의 경우 호장층의 일부만 남게 된 가장
큰 요인은 이 지역 수취구조의 문제였지만, 호장층 자체의 토착기반이 그
다지 든든하지 못했던 것도 한 요인이었다. 이는 이 지역 토착세력의 중앙
진출 현황에서 짐작할 수 있다. 경기 12현은 수도에 가장 인접해 있던 만
큼 중앙 진출도 활발했을 것 같지만, 개성현을 제외한 11개 군현 중 高麗
時代에 士族 관계 자료가 전혀 보이지 않는 곳이 積城縣·長湍縣·臨江
縣·松林縣·麻田縣·江陰縣 등 6개 縣이나 된다.104) 그만큼 중앙관직 진
출이 활발하지 못했으며, 이는 관직 진출을 주도했던 호장층이 미약했음을
의미한다. 호장층이 미약했던 만큼, 고려후기 이래 祿科田의 설치와 賜牌
田의 확대 속에서 중앙 관인층의 수탈이 직접 미칠 수 있었다. 그 결과 다
른 지역에 비해 호장층의 몰락이 대거 일어나 亡姓의 발생이 집중되었던
것이다.

이러한 사정은 亡姓率이 높았던 交州道와 그 인접 지역 역시 마찬가지
였다. 이 지역도 자연지리적인 조건으로 인해 호장층이 성장, 유지할 수 없
었다고 했는데, 이러한 호장층의 미약함은 관인 진출 현황에서도 잘 드러
난다. 교주도에서는 고려 전 시기에 걸쳐 士族을 낸 곳이 10여 곳밖에 없
다. 春川都護府와 平康縣을 제외하면 亡姓이 적었던 洪川縣·狼川縣까지
도 士族을 전혀 배출하지 못했다.105) 호장층이 얼마나 취약했는지 잘 알
수 있다. 交州道와 인접한 확대된 경기 지역의 土姓도 중앙 관인층으로 진

지할 정도로 士族 진출이 대단히 활발했다.
104) 李樹健, 위의 논문, 277쪽.
105) 李樹健, 위의 논문, 300쪽.

출하지 못한 비율이 상당히 높다. 경기에 편입된 전체 40개 군현 중 10개 군현에서 출신 士族의 기록이 발견되지 않았는데, 그 중 亡姓이 많은 지역으로 西海道의 新恩縣, 楊廣道의 抱川縣·沙川縣·通津縣, 交州道의 朔寧縣·漣川縣 등 6개가 있다.106) 출신 士族의 기록이 발견되지 않았던 것은 그만큼 이 지역의 호장층이 미약했기 때문이다.

西海道는 고려전기에는 선진지역으로서 上京從仕한 土姓이 많았는데, 관인을 전혀 내지 못한 6개 군현이 있었다. 亡姓率이 높은 군현 중에서는 甕津縣·殷栗縣·松禾縣·白翎鎭 등 모두 이에 속하고 文化縣만 예외였다.107) 4개 군현은 고려 일대를 통해 관인을 전혀 내지 못하였다. 관인으로 진출한 기록이 발견되지 않았다면, 그만큼 이들 군현의 호장층은 미약했고 유사시에 流亡할 가능성이 많음을 의미한다.

이와 같이 고려후기 수취구조와 자연지리적 조건, 그리고 군현 이동 등 토착기반의 상황에 따라 호장층이 몰락한 군현이 지역별로 집중되었고 또 그 몰락의 정도도 달랐다. 그러나 여기에는 각 지역의 호장층 본래의 강약도 관련되었는데, 그 실상으로 드러나는 것이 지역별 호장층의 중앙 관인으로의 진출이었다. 중앙진출이 활발했던 경상도와 전라도는 여건이 좋지 않을 때도 戶長層이 邑司를 중심으로 유지되었으며, 그밖에 호장층 몰락이 집중된 지역은 역시 중앙진출이 거의 없다시피했다. 따라서 호장층이 미약한 지역은 관인 진출이 어려웠고, 이들은 유사시에 쉽게 몰락하여 亡姓의 발생이 집중되었다.

2) 호장층의 몰락과 지방세력의 재편

고려후기에는 밖으로는 몽골과 왜구 등 외적의 침입이 잦았고, 안으로는 농장이 확대되고 수취체제가 강화되는 가운데 호장층은 그 토착기반을 유지하기 어려운 상황이었다. 일부는 중앙 관직에 진출하여 사족으로 상승하

---

106) 李樹健, 위의 논문, 277쪽.
107) 李樹健, 위의 논문, 1984, 283쪽 참조. 文化縣은 來姓인 柳氏가 高麗後期에 중앙으로 진출했다.

고 또 일부는 散職으로 진출하여 일단 鄕役에서 벗어났으나, 상당수는 流亡되어 『世宗實錄地理志』에서 亡姓으로 처리되는 등 호장층이 다양하게 분화되었다. 『世宗實錄地理志』의 亡姓은 13세기경 작성된 '古籍'에서는 파악되었는데, 『世宗實錄地理志』가 작성되었던 15세기 초까지 불과 100~200년 사이에 流亡된 것이다. 경상도와 전라도를 제외한 지역의 亡姓率이 평균 40% 내외이므로 상당히 많은 토착세력이 유망 또는 몰락했음을 알 수 있다. 그 중에는 호장층도 상당한 비율을 차지했다.

戶長層이 流亡, 몰락한 결과 각 지방에는 호장층의 분포가 달라질 수밖에 없었다. 그 중에서도 호장층의 유망과 몰락이 심각하게 일어난 지역에서는 이전의 방식대로 군현제와 향리제를 유지할 수는 없었다. 다수의 호장층이 몰락한 이후 향리제에는 어떤 변화가 생겼는지, 또 그러한 변화가 당시 군현제에는 어떠한 영향을 끼쳤는지 등을 살펴보고자 한다.

우선 본관에서 亡姓으로 처리된 호장층은 아주 몰락했거나 아니면 다른 지방으로 流移했던 것 같다.[108] 忠烈王代에는 이미 避役을 위해 고을을 떠나는 향리들이 있었고, 이에 대해 정부는 '還本'을 지시하지만 향리의 流移는 禑王代 말까지 지속되었다. 구체적인 대책이 없는 상태에서 '還本'은 효과가 없었다. 향리들이 오랫동안 토착기반이었던 본관을 떠나는 것이 당시의 추세였고, 忠烈王 22년 5월에는 이미 人吏가 1호도 없는 곳이 많다는 지적이 나올 정도였다.

정부가 다른 대책을 세우지 못하는 가운데 조선시대에도 향리의 유망은 계속되고, 還本은 여전히 변함 없는 원칙이었다.

> 가-(1) 世宗 5년 8월 乙丑, 兵曹에서 아뢰기를, "……요사이 흉년으로 각
> 도의 사람들이 많이 流移되어 군대의 定員이 날로 줄어드니, 그 폐
> 단이 적지 않습니다. 그 流移한 사람을 推刷하는 조목을 다음과 같
> 이 열거합니다. …… 1. 각도의 流移한 인물로 이미 잡힌 자는 모두
> 本貫으로 돌아가게 하는데, 그 중에 농사를 짓지 못한 것이 심하여
> 즉시 本貫으로 돌려보내지 못할 자로 江原·黃海·平安道의 인물

---

108) 강은경, 앞의 논문, 1998 참조.

은 본래 거주하던 州名·里號·姓名·年歲·前役과 새로 도착한 곳에서 보증 받은 사람의 성명을 상세히 명부에 올려 다시 도망할 계책을 막게 하고, 本貫으로 돌아가기를 자원한 자는 원대로 따르게 한다. 鄕吏·津吏·驛吏와 公私賤口는 그 괴수되는 사람을 가두고, 본래 거주하던 고을과 본 주인에게 알려서 친히 와서 거느리고 本貫으로 돌아가게 하고, 京畿에서 옮겨 온 鄕吏·津吏·驛吏는 이주지에서 그대로 役을 정하게 한다.……"하니 그대로 따랐다.109)

(2) 世宗 6년 9월 乙未, 戶曹에서 아뢰기를, "근년에 흉년이 들어 각도의 人物이 많이 流移해서 全羅道와 慶尙道·忠淸道로 먹을 것을 구하러 갔는데 이내 差役히니, 全羅道에는 敬差官을 專委하여 보내어 監司와 함께 流移한 인물들을 찾아내게 하고, 忠淸道와 慶尙道는 監司로 하여금 찾아내게 하여, 戊戌年(世宗 즉위) 이전의 이주자 중에 이주지에서 이미 差役을 정한 것과 정하지 않은 것이 몇 戶인가를 조사하고, …… 鄕吏·津吏·驛吏·公處奴婢 등은 스스로 本貫으로 돌아가기를 원하는 자는 모두 驛으로 傳送해서 돌아가게 하라. 本貫으로 돌아간 자는 前日에 점유하였던 田地에서 수확된 곡식의 수량을 계산해 현 거주지의 國庫에 바치고, 原籍地로 각기 돌아간 뒤에 그 고을의 국고 곡식으로 수량에 따라 상환하여 생계가 되게 하라.……"하니, 그대로 따랐다.110)

위의 사료를 보면 조선 세종대에는 각도의 流移人物을 쇄환하는 문제가 지속적으로 제기되었다. 일반 流移 백성은 물론 鄕吏·驛吏·津吏·公奴婢 등도 本貫으로 쇄환하는 게 원칙이었으나, 사료 가-(1)의 세종 5년에는 경기의 流移 鄕吏에 한해 이주지에서 役을 정하도록 예외 규정을 두기도 했다. 사료 가-(2)의 세종 6년에는 원하는 자들은 본관으로 돌아갈 수 있도록 편의를 봐주게 하였다. 바꾸어 말하면 원하지 않는 자들은 還本하지 않을 수도 있게 되었다.

---

109) 『世宗實錄』권21, 2책 553쪽.
110) 『世宗實錄』권25, 2책 624쪽.

流移한 향리를 어느 정도 쇄환했는지 알 수 없으나, 적어도 本貫에서 亡姓으로 처리된 자들이 이주지에서 향리로 다시 差定되는 경우는 거의 없었다. '古籍' 이후 이주한 향리들이 이주지에서도 다시 향리로 差定되면 『世宗實錄地理志』에 續姓으로 올랐는데, 續姓의 所來處를 추적해보면 亡姓 출신은 거의 없고[111] 대부분이 亡姓이 없는 안정된 군현의 土姓 출신이었다. 안정된 토착세력은 이주지에서도 향리 또는 사족을 형성하여 다시 續姓으로 자리잡았고, 반면에 流亡한 亡姓은 다른 곳에서도 정착하지 못했음을 알 수 있다. 설사 다른 지역에서 향리로 差定되었어도, 流亡한 향리가 續姓으로 인정받을 수는 없었다.

조선초 부족한 향리의 충원은 다양한 방법으로 이루어졌다.

> 가-(3) 世宗 11년 正月 癸丑, 忠淸道 監司가 보고하기를 "각 고을에 鄕吏가 혹은 스스로 구하기도 하고 혹은 鄕吏의 수효가 적기 때문에 자기 外孫으로 定役하기도 하고, 혹은 다른 고을 사람을 거주하는 관계로 定役하기도 하나 모두 장구한 것은 아닙니다.……"[112]

세종 11년에 향리 충원책을 의논하던 중에 忠淸道 監司가 각 고을의 향리가 다른 고을 사람을 향리에 定役하였음을 문제삼았다. 이렇게 각 고을의 향리가 임의로 定役한 자가 호장층에 편입될 리는 없고, 아마 邑司의 雜役에 충당되었을 것으로 추정된다. 또한 충청도에서 續姓 78개 중 鄕吏姓은 불과 8개뿐인 것을 보면, 이렇게 定役시킨 향리 이주자들은 續姓에 오르지 못한 것 같다.

戶長層에서 亡姓으로 처리된 자들은 流移하던 중 이주지에서 향리역에 차정될 수는 있겠으나, 이는 續姓에 오를 정도의 지방세력으로서가 아니라 단순히 立役者로서였다고 볼 수 있다. 그리하여 호장의 지위가 점차 낮아져 記官에 差定되기도 하고, 고려말 조선초에는 일반 백성 대신 각종 役事

---

111) 續姓은 현직 鄕吏뿐 아니라 士族으로 현달한 경우도 포함되었기 때문에 '鄕吏' 또는 '長役' 등의 세주를 달아 놓은 것에 한해 鄕吏姓으로 파악하였다.

112) 『世宗實錄』 권43, 3책 161쪽.

에 동원되는 향리도 있었다. 조선 태조 3년의 기록인 '延安府鄕校記'에서는 州吏들이 延安府의 향교를 짓는 役事에 직접 동원되었음을 볼 수 있으며,[113] 태종 2년의 기록인 '利川新置鄕校記'에서도 利川에 향교를 새로 짓는 데 백성들의 힘을 빌지 않고 吏卒을 役事시켰다고 한다.[114]

결국 향리의 流移는 이후 향리제와 지방사회의 지배세력에 큰 변화를 가져왔다. 고려후기 이래 정착된 三班制의 향리제에는 이러한 호장층의 변화가 반영되었다.

앞의 <표 4-1>과 <표 7-1>에서 보았듯이 일반적으로 土姓에는 人吏姓이 次吏姓보다 비율이 더 높았는데, 亡姓 비율은 次吏姓이 더 높았다. 고려후기 격동 속에서 상대적으로 취약한 次吏層이 다수 몰락하여 각 군현에서 남은 次吏層은 별로 없었던 것으로 보인다. 人吏姓이라고 해서 모두 향리직에 있는 것은 아니겠으나, 대개 그 일부는 戶長層에서 벗어나지 않았을 것으로 본다. 따라서 이후의 향리제는 남은 戶長層을 중심으로 운영하게 되었으며, 그 세력은 상당히 약화된 상태였다.

이전에는 兵正·倉正 등 正級이 담당했던 守令 휘하의 記官에 戶長이 差定되는 등 邑司의 중요한 일을 모두 戶長級에서 처리하게 되었다. 이는 각 군현에서 수령에 비해 호장의 지위가 저하되기도 했지만, 또 한편으로는 차리층의 몰락으로 읍사를 호장층 중심으로 운영했기 때문이 아닌가 생각한다.

고려후기 이래 진행된 戶長層의 몰락은 지역에 따라 편차가 심했다는 점이다. <표 7-3>의 경기 12현을 비롯한 그 일대와 <표 7-4>와 <표 7-5>의 교주도는 亡姓率이 거의 70%에 이르러 전체적으로 남은 土姓이 얼마 없었다. 그런데 亡姓率이 높은 지역에는 대체로 향리 이주자도 거의 없어 續姓 역시 별로 보이지 않았다. 다음은 各道 續姓과 그 중 鄕吏姓으로 差定된 성씨를 통계한 표이다.

---

113) 『陽村集』 권12, 記類, 延安府鄕校記, '(太祖 3년, 1394) 每以衙日 點閱州吏及里長 于鄕校 就役其人'
114) 『陽村集』 권14, 記類, 利川新置鄕校記, '(太宗 2년, 1402) 役以吏卒 不借編珉'

<표 8-1> 各道 續姓의 분포

	慶尙道	全羅道	江原道	黃海道	忠淸道	京畿道
主縣	71 (63)	65 (49)	74 (50)	38 (21)	33 (5)	13 (1)
屬縣	71 (36)	33 (16)	17 (7)	1 (1)	45 (3)	19 (1)
합계	142 (99)	98 (65)	90 (57)	39 (22)	78 (8)	32 (2)

* ( )안의 수는 '鄕吏' 주기 달린 것임

<표 8-1>에서 續姓이 가장 많은 곳은 경상도와 전라도인데, 두 도는 續姓의 양상도 비슷하여 主縣의 續姓은 약 70%가 鄕吏姓이며 屬縣은 약 50%가 鄕吏姓이다. 강원도 역시 續姓이 많긴 하나 주로 東界의 해안 군현에 집중되었고, 亡姓이 많았던 교주도에는 상대적으로 續姓이 적었다.

수도와 가까운 충청도와 경기도는 亡姓보다 續姓이 적으며 鄕吏姓이 거의 없는 게 특징이다. 충청도는 續姓 중 鄕吏姓은 겨우 8개이며, 경기도는 2개뿐이다. 특히 土姓의 70% 정도가 流亡한 경기 지역과 교주도에는 續姓이 거의 없다. 이들 지역에는 호장층이 얼마 남아 있지 않았는데 새로 이주해오는 호장층도 거의 없었던 것이다.

亡姓이 많은 지역은 그만큼 새로운 토착세력이 정착하기에 부적합했기 때문이다. 또 한편으로는 경기·충청도 지역은 수도에 인접한 지역으로서 중앙권력이 직접 미칠 수 있었기 때문이기도 했다. 특히 충청도는 새로운 이주세력이 상당히 있었는데도 향리는 거의 없었다. <표 7-2>에서 亡姓이 120개인 데 비해 續姓은 많은 편이 아니고, 그 중 鄕吏姓은 11개에 불과하므로 流亡한 향리를 보충하지 못했음을 알 수 있다. 그것은 이 지역이 중앙집권화가 추진되기에 유리했던 사정과 연관되는 것으로 보인다. 조선시대에는 이 지역 지방세력의 구성이 달라졌다.

이미 살펴보았듯이 續姓이 모두 향리는 아니었고, 그러한 경향은 경기에 가까운 지역인 경기도와 충청도에서 확연히 드러난다. 續姓이 향리와 관인층을 아우른 것이라고 한다면 그밖의 續姓은 士族이었을 것이다. 즉 경기 인근 지역은 호장층이 기피했던 반면에 士族이 상당수 이주해왔던 것이다.

<표 8-1>에서 충청도는 亡姓에 비하면 續姓이 적은 편이다. 所來處가

쓰인 사례는 3개뿐이고 대부분은 쓰지 않았는데, 소래처를 쓰지는 않았어
도 몇몇 사례는 主縣의 성씨집단이 그 속현으로 확산된 것으로 보이는 경
우도 있다.115) 하지만 충청도의 續姓은 姓氏條에 오를 정도로 유력한 가문
이기는 하나, 대부분 所來處를 밝힐 수 있는 근거를 가지고 있지 않은 듯
하다. 이는 그만큼 이전 지역에서의 지위가 土姓이 아니었거나 불안정했음
을 의미한다. 이주 이후 중앙 관인층으로 진출하여 사족을 이루었고, 비로
소 이 지역의 유력한 성씨집단으로 인정받은 것으로 보인다. 따라서 충청
도의 續姓을 이루는 이주세력은 所來處에서는 비록 향리보다도 세력이 못
했지만, 충청도로 이주한 이후에는 다수가 土族이 되어 續姓으로 오른 듯
하다.

충청도 續姓의 특징은 전체 78개 중 主縣이 33개, 屬縣이 45개로 屬縣
에 續姓이 많다는 점이다. 屬縣에서도 驛·部曲·所에 續姓이 37개이며,
이 중에는 土姓이 없고 續姓만 있는 곳도 23개나 된다.116) 그러나 所·部
曲·驛의 續姓은 향리인 사례가 4개에 불과하다. 續姓은 고려후기의 '古
籍'에 없었던 것이므로, 이들 지역은 古籍 작성기에 이미 향리층이 소멸
또는 流亡했던 것 같다. 그 뒤 사회가 안정되면서 새로운 이주자들이 유력
한 성씨집단을 형성하였고, 그들은 대개 土族이 아닌가 생각한다.

亡姓이 많았던 경기도는 續姓이 가장 적은 지역이다. 主縣의 續姓 13개
중 鄕吏姓은 1개뿐이며, 鄕·所·部曲 등의 續姓 13개 중 鄕吏姓도 1개뿐
이다. 屬縣의 續姓 6개에는 鄕吏姓이 보이지 않는다.

---

115) 忠州牧의 翼安縣 續姓 2개와 廣反石部曲 續姓 2개는 모두 忠州의 土姓이거나
外村姓이며, 永春縣의 於上川所 續姓 1개는 永春縣 土姓과 동일하고, 淸州牧의
椒子所 續姓 2개 역시 淸州牧의 土姓과 일치한다. 이러한 경우 主縣에서 그 屬縣
으로 동일 성씨 집단의 일부가 이주해간 게 아닐까. 이상은 『世宗實錄地理志』, 忠
淸道, 347쪽·352쪽·353쪽 참조
116) 다음은 忠淸道에서 續姓만 있는 사례이다.
淸州牧 : 背音所 2, 新昌縣 : 昌德驛 1, 黃澗縣 : 金化部曲 1, 林川郡 : 古多只所
1, 懷德縣 : 貞民驛 2. 禮山縣 : 文石所 1, 大興縣 : 居邊所 2, 文義縣 : 德留驛 2,
瑞山郡 : 亡福平鄕 1 亡廣地鄕 1 亡安眠所 1 亡禾邊所 2 亡仁政部曲 1 亡助立部
曲 1 亡聖淵部曲 2, 沔川郡 : 續驛姓 3

'李太祖戶籍原本'에는 고려말에 향리역에서 벗어난 많은 호장층 출신의 在地閑散이 개경과 그 인근으로 이주한 것으로 나타나는데,[117] 결국『世宗實錄地理志』가 작성되던 시기까지 유력 가문을 형성하지는 못했던 것 같다. 이들은 관직을 얻으려고 왔던 만큼 이들은 호장층일 가능성이 높다. 하지만 경기 지역에서 토착기반을 마련하여 續姓으로 성장하지 못했다면, 그만큼 경기도는 이주자가 정착하기 어려운 조건이었다고 보인다. 양반 관료가 科田을 바탕으로 기반을 형성하고 있었기 때문에, 實職에 오르지 못한 戶長層 출신의 散職者들이 기반을 마련하기는 쉽지 않았다.

경기도도 충청도와 거의 비슷하게 續姓의 所來處가 밝혀지지 않았으며, 鄕吏姓도 거의 없다. 더욱이 충청도보다 亡姓이 매우 많았음에도 그를 보충하는 향리 差定이 거의 이루어지지 않은 듯하다. 이는 경기도가 科田의 대상으로 양반 관료의 직접 수취가 이루어지면서 향리의 역할이 축소되었기 때문인 것 같다.

조선초에 流移한 향리를 還本시킬 때 경기 향리는 예외였다. 사료 가-(1)에서 세종 5년에 경기에서 이주한 향리·津吏·驛吏는 이주지에서 그대로 역을 정하도록 했다. 당시 특별한 경우를 제외하면 향리는 물론 일반 백성들도 還本하는 게 원칙이었는데, 향리·진리·역리 등을 새 이주지에서 역을 정하도록 한 것은 그만큼 경기에서 그들이 필요하지 않았기 때문이었을 것이다. 따라서 다른 지역에서 이주해온 향리라 할지라도 굳이 이지역을 본관으로 하여 다시 향리역을 지게 하지 않았던 게 아닐까.

경기도 續姓의 두드러진 특징은 충청도와 마찬가지로 鄕·所·部曲·莊·處 등에 집중되었다는 점이다. 향·소·부곡의 속성 13개 중 水原都護府에만 11개가 있으며, 속현의 속성 3개까지 포함하면 수원에는 속현 이하에 14개의 속성이 집중되었다.[118] 또 향·소·부곡·장·처 등은 대개 土姓이 없고 續姓만 있는 곳이 많다. 수원의 五朶莊은 유일한 土姓 1개는 流亡하고 續姓 1개가 있었으며, 富平都護府의 亡黃魚鄕에도 土姓·來姓

117) 姜恩景, 앞의 논문, 1997 참조.
118)『世宗實錄地理志』, 京畿道 水原都護府 姓氏條, 320쪽

은 모두 流亡하고 續姓 1개가 향리를 맡고 있었다.[119]

그밖에 楊根郡의 迷原庄이나 水原의 廣德縣·奢井處·楡梯處·楊干處·新永莊 등은 土姓이 아예 없고 續姓만 있다. 이 역시 충청도와 유사한 특성으로서 고려후기 '古籍' 작성기에 이미 토착세력은 모두 流亡했고, 조선초에야 새로운 이주집단이 士族으로 정착했던 것이다.

이와 같이 고려후기 이래 호장층이 대거 몰락한 곳에는 정부가 호장층을 還本하거나 새로이 差定하지 않았고, 오히려 사족이 이주해와 새로운 지방세력을 이루어 갔음을 알 수 있다.

한편 조선초에는 경기도와 강원도, 충청도의 일부 지역은 호장층이 다수 몰락했는데도 새로운 향리가 별로 유입되지 못했다. 그만큼 토착세력이 축소된 지역이었다. 따라서 이 지역은 중앙 정부가 개입해도 저항이 그다지 클 수 없었다. 그렇기 때문에 조선초에 빈번하게 군현을 개편할 수 있었다.

특히 경기는 亡姓이 가장 많고 사족과 향리의 이주는 가장 적었음에도, 조선초에 流移 향리를 還本할 때 예외였다. 사료 가-(1)에서 세종 5년에 경기에서 이주한 鄕史·津吏·驛吏는 이주지에서 그대로 역을 정하도록 했다. 당시에 특별한 경우를 제외하면 還本이 원칙이었는데, 경기의 향리를 예외로 한 것은 더 이상 경기에서는 향리 충원이 필요하지 않았기 때문으로 보인다. 그것은 고려전기와 같이 많은 향리를 필요로 하는 지방통치체제가 변화되었음을 의미한다.

이러한 지역은 가장 대표적인 토착세력인 호장층이 축소, 약화되어 있는 상황이었으므로, 속현을 主縣化하는 과정에서도 다수의 군현을 병합시키거나 屬縣의 이속을 자주 변경할 수 있었다. 태종 14년에는 이 지역의 交河·原平, 朱溪·陽智, 處仁·龍駒, 臨江·長湍, 麻田·漣川, 安峽·朔寧, 衿川·果川, 陽川·金浦 등 16개 현을 일제히 통폐합하려 했다가 몇 차례 번복했다.[120] 결국 세종대까지 병합에 성공한 경우는 대부분 亡姓이 집중

---

119) 위의 책, 京畿道 水原都護府 및 富平都護府 姓氏條, 320쪽·332쪽.

120) 『太宗實錄』 권28, 太宗 14년 8월 辛酉, 2책 32~33쪽 및 같은 해 9월 戊寅, 2책 35쪽에 의하면, 34개의 小縣을 병합시켰는데 이 중 京畿道의 小縣이 16개, 忠淸道가 8개, 西海道가 4개이다.

된 지역이었다. 즉 고려후기 호장층이 대거 몰락한 곳을 중심으로 조선초 군현 개편이 쉽게 이루어질 수 있었다.

亡姓率이 가장 높았던 경기 12현은 거의 모든 군현이 병합과 분리를 거듭했다. 臨津縣·長湍縣·臨江縣이나 麻田縣·積城縣이 상호 병합·분리를 거듭했고, 松林縣은 臨江縣에, 德水縣은 海豊郡에, 坡平縣은 瑞原郡에 속하게 되었다. 후자의 경우 한편이 다른 편의 속현으로 되었지만 이 과정에서도 몇 번씩 반복되었다.

확대된 경기에 편입된 楊廣道·交州道의 군현에서도 경기 12현만큼은 아니지만 역시 같은 상황이었다. 楊廣道에서는 豊壤·抱川이 移屬을 번복했고, 幸州와 高峰縣이 병합되었으며, 守安縣과 童城縣은 通津縣에 합속되었다. 이들 군현은 모두 亡姓率이 높았다. 또 楊廣道의 果川·衿川·陽川·金浦와 交州道의 朔寧郡·僧嶺縣·安峽縣이 서로 병합 또는 분리되곤 했는데, 楊廣道의 果川과 交州道의 郡縣은 亡姓이 많았던 곳이다.

호장층의 다수가 流亡하면서 그 세력이 약화되자, 이와 같이 군현을 개편할 수 있었다. 군현의 개편은 이주를 해야 하는 戶長層에게는 매우 불리했다. 이는 중앙 정부도 우려하는 바여서, 人吏·官奴婢 등이 새로 옮겨서 失業하는 것을 고려해야 한다는 건의도 있었다.[121] 군현의 개편은 그만큼 그나마 남아 있던 人吏에게 큰 타격을 주었던 것이다. 세조 2년에 경기의 두어 군을 병합하니 吏는 싫어하나 백성은 즐거워한다는 기록이 있다.[122] 이때의 吏는 군현 병합의 직접적인 이해관계자였던 土姓巨族吏民, 즉 戶長層이었다.[123]

---

121) 『世祖實錄』 권2, 世祖 元年 11월 甲戌, 7책 93쪽.

122) 『世祖實錄』 권5, 世祖 2년 11월 己丑, 7책 58쪽.

123) 『世祖實錄』 권6, 世祖 3년 2월 庚子, 7책 176쪽을 보면, 臨江·長湍·臨津縣을 병합하여 臨津을 治所로 하자, 臨江·長湍의 官奴婢·人吏가 옮겨 객지에 우거하고 두 縣의 人吏가 식량을 싸가지고 내왕해야 한다면서 세 고을의 중앙에 새로운 治所로 옮기기를 건의했다. 郡縣이 병합되면 人吏들도 새로운 治所로 이주하거나 그 곳에 왕래하면서 고을의 일을 해야 하므로, 戶長層에게는 불편한 일이었다. 3개 縣을 병합했어도 여전히 이 지역이 안정되지 않아, 成宗 12년에도 人吏·奴婢의 폐단이 매우 심하니 성하게 할 조건이 필요하다는 건의가 있게 된다. 이상

이러한 양상은 충청도와 서해도에도 마찬가지로 나타난다. 조선시대 충청도에서는 군현이 병합된 사례가 모두 5개인데, 이 중 3개가 <표 8-2>와 같이 亡姓이 많은 군현으로 이루어졌다.

<표 8-2> 병합된 忠淸道 郡縣의 亡姓 현황

郡縣名	土姓	亡姓
延豊縣(長延縣+長豊縣)		
長延縣	3	2
長豊縣	1	4
靑安縣(靑塘縣+道安縣)		
靑塘縣	3	2
道安縣	2	3
恩津縣(德恩縣+市津縣)		
德恩縣	2	3
市津縣	3	2
彩雲鄕 (市津 屬縣)	1	4

長延縣과 長豊縣이 병합되어 延豊縣이 되었으며, 靑塘縣과 道安縣이 靑安縣으로, 德恩縣과 市津縣에 彩雲鄕을 합쳐 恩津縣으로 병합했다. 또한 西海道에서 통합된 군현은 康翎縣과 松禾縣 뿐인데, 모두 호장층이 다수 몰락하여 亡姓率이 높다.[124] 고려후기 수취구조와 자연지리적 조건, 그리고 군현 이동 등 토착기반의 상황에 따라 호장층이 몰락한 군현이 지역별로 집중되었고 또 그 몰락의 정도도 달랐다. 각 지역 호장층의 토착기반의 상황은 지역별 호장층의 중앙 관인으로의 진출 정도에서도 잘 드러난다. 중앙 진출이 활발했던 경상도와 전라도는 여건이 좋지 않을 때도 戶長層이 邑司를 중심으로 유지되었으며, 그밖에 호장층의 몰락이 집중된 지역은 역시 중앙 진출이 거의 없다시피했다.

이상에서 고려후기 이후 호장층이 그 토착기반을 유지하기 어려운 상황

은 『新增東國輿地勝覽』 권12, 京畿道 長湍都護府 건치연혁, 215쪽 및 『成宗實錄』 권127, 成宗 12년 3월 戊寅, 10책 197쪽 참조.

124) 長連縣도 黃州에 속해 있던 長命鎭과, 安岳郡에 속해 있던 連豊莊을 통합한 것이지만 郡縣이 아니므로 제외하였다.

에서, 호장층이 중앙 관인층으로 상승하는 외에도 在地閑散으로서 새로운 지방세력이 되거나 流亡, 몰락하는 등 다양하게 신분이 분화되는 모습과 이러한 호장층의 신분 분화가 이후 지방사회에 어떠한 영향을 끼쳤는지를 살펴보았다.

고려후기에는 戶長層이 다양한 방법으로 散職을 얻어, 향리역을 免하고 있었는데, 이는 外官의 파견으로 호장의 지배력이 약화됨에 따라 향리직을 피하기 위해서였다. 따라서 散職을 얻는 방법은 정상적인 경로를 이탈하는 것이 많았고, 또 散職者 대부분이 지방에 在地閑散으로 남아 새로운 세력을 형성하기 시작했다. 이들은 지방사회에서 기존의 관인층인 閑良品官과는 구별되었다. 在地閑散은 鄕吏職뿐 아니라 徭役·軍役에서도 벗어났고, 정부는 이들을 還本시키거나 役을 부과하려고 애쓰지만 별 효과는 없었다. 그러나 지역방어나 築城 등 지역사회의 중요한 일에는 적극 참여하였다.

한편으로는 호장의 상당수가 몰락하였는데, 유망의 네 가지 양상을 통해 호장층 몰락의 성격을 몇 가지로 정리하고, 호장층의 몰락이 당시 사회에서 어떤 의미가 있었는지를 살펴보았다.

이 시기 호장층의 몰락에서 큰 특징으로 나타나는 것은 고려후기 수취 구조와의 관련성이었다. 일반적으로 속현이 主縣보다 부담이 많았고, 일반 군현보다 경기의 부담이 훨씬 많았다. 따라서 鄕·所·部曲 및 속현과 경기 12현은 고려후기 수취체제에서 邑司의 책임이 강화되고 부담을 진 백성의 유망이 진행되자, 그 부담이 호장층에게 전가되어 결국 호장층도 유망하거나 몰락의 길을 밟았다.

또한 고려후기 戶長層의 몰락은 자연지리적 조건과 관련된 문제로서, 결국은 흉년과 기근시에 정부가 어떻게 대처할 수 있었느냐 하는 정책의 문제이기도 했다. 그 특징은 交州道와 그 인접지역의 호장층이 유망한 사례에서 볼 수 있다. 이 지역은 주로 동부 산간지역에 위치해 있어, 척박한 토지와 낮은 생산성으로 인해 호장층이 성장하기 어려웠다. 고려말 기근과 흉년 등 유사시에 정부가 이 지역에 대한 대책을 제대로 세우지 못할 때 지역주민은 물론 호장층까지 쉽게 몰락하였다.

호장층의 몰락은 고려말 군현의 이동과 관련된 문제이기도 했다. 이것은 호장층이 자신들의 토착기반을 떠나야 했던 상황에서 어느 정도 기반을 유지할 수 있는가에 달렸다. 東界의 북부지역과 西海道의 해안지역에 亡姓의 발생이 집중되어 있는데, 대몽전쟁과 왜구의 침입 등으로 군현이 이동하거나 통폐합된 곳이다. 군현이 통폐합되면 호장층 역시 이주, 통합해야 했고 이렇게 토착기반을 떠나는 가운데 일부 호장층이 유망 또는 몰락하였다.

이와 같이 고려후기 수취구조와 자연지리적 조건, 그리고 군현 이동 등 토착기반의 상황에 따라 호장층이 몰락한 군현이 지역별로 집중되었고 또 그 몰락의 정도도 달랐다. 여기에는 가 지역의 호장층 본래의 강약도 관련되었는데, 그것은 지역별 호장층의 중앙 관인으로의 진출 정도에서 잘 드러난다. 중앙진출이 활발했던 경상도와 전라도는 여건이 좋지 않을 때도 호장층이 邑司를 중심으로 유지되었으며, 그밖에 호장층 몰락이 집중된 지역은 역시 중앙 진출이 거의 없다시피 했다.

호장층이 몰락한 결과 경상도와 전라도를 제외한 지역의 亡姓率이 평균 40% 내외에 이른다. 토착세력의 거의 절반이 몰락하자, 중앙권력의 침투가 한결 쉬워졌다. 조선초의 군현 개편은 이러한 호장층의 몰락을 배경으로 한다. 그 대표적인 예가 고려후기 호장층이 대거 몰락한 경기에서 군현 개편이 쉽게 이루어질 수 있었던 것이다. 또한 호장층이 다수 몰락한 지역은 다른 지방세력으로 대체되기도 하였다. 경기도와 충청도는 다수의 호장층이 몰락하였는데 續姓 중에 향리가 거의 없다. 이는 이주자 대부분이 이미 士族이 된 지방세력임을 말해준다. 호장층이 고려시대 경기와 그 인근 지역을 기피했던 반면, 오히려 士族들은 상당수 이 지역으로 移住하여 정착하였다. 지방세력이 再編되고 있음을 의미한다.

아직은 지방지배체제에서 향리를 배제할 수 없음에도 불구하고 戶長層이 流亡하거나 향리직을 기피하게 되자, 이에 대한 대책을 세우지 않을 수 없었다.

제3부 戶長層 변동에 대한 대책

제6장 정부의 대책과 성과

1. '還本' 정책과 그 성과

1) 還本政策의 추진

고려사회에서 향리는 외관과 함께 지방사회 운영에 중요한 세력으로서 행정뿐 아니라 군사적으로도 일정한 역할을 했던 자들이었다. 따라서 중앙 정부로서는 이들의 동태에 관심을 갖지 않을 수 없었다. 때로는 鄕吏役의 충원을 위해, 때로는 군사력의 동원을 위해 필요했기 때문이다. 그런데 고려후기에는 사회의 변동 속에서 향리의 중추를 이루고 있던 戶長層까지도 鄕吏職에서 벗어나 거주지를 대폭 옮기고 있었고, 또 일부는 몰락, 流亡하기도 하였다.[1]

향리 중 거주지를 떠나 流移하거나 散職이라도 얻어 避役하는 자들이 많자, 이들을 還本하여 本役에 충당하는 것이 정부의 기본방침이었다. 그러나 당시 고려 정부의 상황에서는 호장층을 중심으로 한 관직 진출을 제어하기 어려웠다. 그에 따라 還本이라는 기본 방침은 천명되고 있지만, 실제로는 이들의 현실을 인정하는 방향에서 정리되었다.

(1) 流移鄕吏의 還本

고려후기 戶長層의 변동에 대한 정부의 대책은 대체로 두 가지 방향으로 나타난다. 이른바 '流移鄕吏'에 대한 것과 관직을 통해 避役하는 향리

---

1) 姜恩景, 앞의 논문, 1997 및 1998에서 자세히 밝힌 바 있다.

에 대한 것이다. 이미 몇 대에 걸쳐 散職을 얻은 자들과 散職을 얻어 移住한 자들이 후자에 해당하겠고,[2] 관직도 없이 본관을 떠나 결국 조선초『세종실록지리지』에서 '亡姓'으로 처리되었던 자들이 전자에 해당한다.[3]

忠烈王 초부터 줄곧 지적되어온 향리 문제는 향리의 流移 현상이었다.

가-(1) (忠烈王 3년 4월 庚辰) 各道州郡吏民來匿京城 付勢避役 悅·葰承宰樞牒 推勘勒還.[4]

(2) (忠烈王 7년 1월) 壬寅 遣知密直司事韓康 于忠淸交州道 以備軍馬草料. 時慶尙道轉輸別監 刻日督飛輓甚急 民皆竄匿 高丘縣吏恐後期抵罪 自縊.[5]

(忠肅王 5년(1318) 5월) 下敎 …… 一. 巡訪使所定田稅 每歲州郡據額收租 權勢之家 拒而不納 鄕吏百姓稱貸充數 無有紀極 失業流亡.[6]

忠惠王後四年(1343)七月 追徵各道往年貢賦 餘美縣吏不堪其苦 遂自刎.[7]

(禑王 14년 8월) 大司憲趙浚上疏曰 近來戶籍法壞 守令不知其州之戶口 按廉不知一道之戶口 徵發之際 鄕吏欺蔽 招納賄賂 富壯免而貧弱行 貧弱之戶 不堪其苦而逃 …… 其任徵發者 憤鄕吏欺蔽痛加酷刑割耳劓鼻 無所不至 鄕吏亦不堪其苦而逃. 鄕吏百姓 流亡四散 州郡空虛者…….[8]

사료 가-(1)은 忠烈王 3년(1277)에 人物推考都監 錄事인 裵悅과 朴葰을 유배보내면서 그 당시 정황을 설명한 글이다. 일반 백성뿐 아니라 향리도 避役을 위해 京城으로 도망치고 있었으며, 고려 정부는 이들을 돌려보

---

2) 姜恩景, 앞의 논문, 1997 참조.
3) 姜恩景, 앞의 논문, 1998 참조.
4)『高麗史』권28, 世家, (上) 575쪽.
5)『高麗史』권29, 世家, (上) 603쪽.
6)『高麗史』권78, 食貨志 1, 租稅, (中) 727~728쪽.
7) 위의 책, 食貨志 1, 貢賦, (中) 730쪽.
8)『高麗史』권79, 食貨志 2, 戶口, (中) 732~733쪽.

내기 위해 人物推考都監을 설치하였음을 알 수 있다. 당시 향리에게 부담이 된 것은 사료 가-(2)의 지적에서 보이듯이 주로 조세 수취와 관련된 것이었다. 忠烈王代에는 東征軍을 위한 군마 사료의 준비나 田稅 및 貢賦의 收取, 그리고 徵兵・調役의 징발 등에 대한 책임이 향리에게 부과되고 있었다. 그 독촉이 심하고 책임을 가혹하게 묻자, 향리들은 도망가거나 심지어 스스로 목을 매기도 했다는 것이다. 이러한 사정은 이후 원간섭기 내내 크게 변하지 않아, 충혜왕대에 餘美縣吏는 자결하기에 이르렀다.

이와 같이 독촉을 받았던 향리는 조세 수취의 책임을 진 자들이었고, 또 사료 가-(1)과 같이 중앙세력에게 의탁하여 避役했다. 따라서 이들 향리는 말단이 아니라 각 군현 책임자인 호장일 가능성이 보다 높다. 위의 사례는 원간섭기에 수탈이 심각해지고 이로 인해 고을이 피폐화하면서, 징수의 책임을 지고 있던 戶長層마저 몰락, 流移하던 상황을 잘 나타내고 있다.

이들에 대한 정부의 대책은 '還本'이 원칙이었다. 還本은 '歸鄕'으로도 표현되는 것으로 보아, 本貫을 떠나 流移하는 향리를 그들의 본관과 本役으로 귀환시키는 것이었다.

> (忠烈王 11년 3월) 辛卯 下旨 一. 流移鄕吏 不拘年限 已曾還本 今百姓
> 之流移者 亦宜刷還. 然流移已久 安心土着 若皆還本 則彼此還徙 必失
> 農業 依前庚午年(元宗 11)以上例 已訖還本人外 竝皆不動 使之安業[9]
> (忠烈王 22년 5월) 洪子藩條上便民事 …… 一. 諸州縣及鄕所部曲人吏
> 無一戶者 多矣. 外吏依勢避役者 悉令歸鄕 丁吏亦令減數歸還[10]

避役을 위해 고을을 떠나는 향리에 대하여 還本政策을 표방하기 시작한 것은 기록상으로는 향리의 流移가 지적되기 시작한 忠烈王代부터였다. 이전 庚午年(1270, 元宗 11) 이상의 예를 든 것으로 보아 이전에도 還本의 방침이 시행되었음을 알 수 있다. 그리고 충렬왕 11년(1285)이나 충렬왕 22년에도 '還本'과 '歸鄕'의 방침은 일관되어 변함이 없었다.

---

9) 『高麗史』 권30, 世家, (上) 613쪽.
10) 『高麗史』 권84, 刑法志 1, 職制, (中) 843쪽.

이는 백성 流移者에 대한 탄력적인 정책과는 다른 방향이었다. 충렬왕 11년에 백성 流移者도 還本이 원칙이긴 하나, 流移한 지 너무 오래된 경우 還本은 오히려 失農할 위험이 있으므로 현 거주지에서 정착시키도록 하였다. 이러한 정책은 원종 11년(1270) 이후 실시되어온 것으로 보인다. 반면 향리는 年限에 관계 없이 還本시켰다. 그만큼 향리의 還本은 거의 절대적인 정책이었다.

그럼에도 향리의 流移는 사료 가-(2)에서 보이듯이 禑王代 말까지 지속되었다. 근본적인 대책이 없는 상황에서 무조건의 '還本'은 그 효과를 기대하기 어려웠다. 결국 이들이 오랫동안 토착기반이었던 본관을 떠나는 것이 당시의 추세였고, 충렬왕 22년 5월의 기사처럼 이미 人吏가 1戶도 없는 곳이 많다는 지적이 나올 정도였다.

고려후기에는 避役을 위해 본관을 떠난 향리가 상당히 많았다. 본관에는 그 일족이 전혀 남아 있지 않아『세종실록지리지』에서 亡姓으로 처리되었다. 流亡한 鄕吏는 새로운 이주지에서도 제대로 정착하기 어려웠던 것 같다.『世宗實錄地理志』에서 고려후기 이래의 移住姓인 續姓에서 所來處의 亡姓 출신인 경우는 거의 없다.[11] 이는 몰락한 戶長層이 流亡하여 이주했더라도 이주지에서 다시 토착세력화하지는 못했음을 의미한다.

그렇다고 해서 流移 향리가 제대로 還本된 것도 아니었다. 충렬왕 이후 고려말까지 내내 문제가 되고 있는 것으로 보아, 流移하는 향리를 연한에 상관없이 還本하겠다는 정부의 정책은 별 효과가 없었던 것 같다. 정부도 이들에 대해서는 더 이상 근본적인 대책은 마련하지 못했다.

(2) 관직 진출자의 還本

이에 비해 고려후기 내내 정부가 집요하게 관심을 가졌던 대상은 향리 중에서도 관직을 얻어 鄕役을 떠나는 자들이었다. 고려 전 시기를 통해 향리의 관직 진출은 늘 있던 일이었다. 새삼 이를 지적하며 제한하려는 것은

---

11) 姜恩景,「高麗後期 戶長層의 變動 硏究」, 연세대 박사학위논문, 1997, 94~107쪽 참조.

이것이 통상적인 관직진출이 아니었음을 의미한다.

流移 향리가 몰락한 토착세력의 문제였다고 한다면, 향리의 관직 진출은 유력한 戶長層이 중심이 되는 문제였다. 따라서 정부도 이에 대해서는 근본적인 대책을 세우지 않을 수 없었다. 특별히 '流移鄕吏'보다 관직에 진출한 향리에 관심을 갖는 것은 이들이 보다 안정된 호장층으로서 지방통치체제에 유용한 존재였기 때문이 아닌가 생각한다.

향리의 관직 진출이 문제되기 시작한 것도 流移 향리와 마찬가지로 충렬왕대부터였다. 그리고 이에 대한 정부의 기본 방침 역시 '還本役', 즉 還本이었다. 還本은 本貫으로 귀향시키는 데 그치지 않고 본래의 鄕吏役에 다시 差定하겠다는 뜻이다.

나-(1) (忠烈王 24년 1월) 忠宣王卽位下敎曰 …… 一. 州府郡縣鄕吏百姓 依投權勢 多授軍不領散員 或入仕上典 侵漁百姓 陵冒官員 宜令 按廉使及所在官 收職牒 充本役. 又領府隊尉·隊正 無功招授軍 不領散員 謀避本領職役 付托勢家 橫行外方 濫乘驛馬 侵擾貧民 亦令有司 收職牒 充本役.[12]

(忠烈王 24년 4월) 王命 撥還外吏之在京者 別將以下 勒還本役.[13]

(忠宣王 4년 11월) 禁鄕吏之子 冒受伍尉.[14]

(2) 忠肅王十二年 敎 本國鄕吏 非由科擧 不得免役從仕. 近者 逋亡附勢 濫受京職 又令子弟 不告所在官司 投勢免役 內多濫職 外損戶口. 今後 外吏及其子弟 毋得擅離本役 其受京職者 限七品 罷職從鄕.[15]

향리들의 불법적인 관직 진출이 문제되었던 초기에는 사료 나-(1)에 보이듯이 향리들은 주로 군대를 이끌지 않는 '軍不領散員'을 비롯해서 伍尉·別將 등의 군 하위 장교직을 통해 향리역에서 벗어난 것 같다. 이에 대

---

12) 『高麗史』 권84, 刑法志 1, 職制, (中) 843~844쪽.

13) 『高麗史節要』 권22, 567쪽.

14) 『高麗史節要』 권23, 602쪽.

15) 『高麗史』 권75, 選擧志 3, 鄕職, (中) 654쪽.

하여 정부의 대책은 단호했다. 정7품의 別將 이하를 本役으로 돌려보낼 것을 명하고 있다. 그럼에도 향리의 불법적인 관직 진출은 더욱 다양해져, 사료 나-(2)와 (3)에서처럼 권세가에 의탁하거나 군공을 빙자해서, 또는 잡과를 통해 중앙관직으로 진출하였다.[16]

뿐만 아니라 忠肅王代에 이르면 향리의 避役은 당대의 관직 진출에 그치지 않고 그 자제의 불법적인 免役까지 기도하는 추세였다. 사료 나-(2)에서는 所在官司에 알리지 않고 향리의 자제들이 면역되고 있음을 지적하고 있다. 이러한 현상은 향리의 空洞化를 초래할 가능성이 있었기 때문에 적극적인 대응책이 필요했다. 근본적으로 外吏와 그 자제가 本役을 마음대로 떠나지 못하게 하되, 이미 관직을 얻어 免役된 자들은 京職者라도 7품 이하는 '罷職從鄕'시킬 것을 명하였다. 관직을 가지고 있는 鄕吏들을 본향으로 보냄은 물론 그들이 받았던 관직조차 파하게 한 것이다.

조선 건국을 주도했던 세력이 정권을 잡으면서 이러한 입장은 더욱 강화되었다.

> 나-(3) 恭讓王元年十二月 趙浚上言 比年以來 紀綱陵夷 爲鄕吏者 或稱軍功 冒受官職 或憑雜科 謀避本役 或托權勢 濫升官秩者 不可勝紀 州縣一空 八道凋弊. 願自今 雖三丁一子三四代免鄕而無的實文

---

16) 위의 자료에서는 포괄적으로 '鄕吏' 또는 '外吏'라고 하고 있지만, 위 현상을 주도한 것은 鄕吏 중에서도 戶長層이었다. 조선초 경주지방 首戶長의 先代를 조사해 보면, 고려말의 인물로 추정되는 자들 중에서 軍 將校職이나 중앙 관직을 가진 자들이 가끔 눈에 띈다. 이는 중앙의 장교직은 鄕吏와 교류될 수 있었으며, 따라서 지방사회에서 그들의 지위도 달라지지 않았음을 의미한다. 다음은 이와 관련된 자료이다.

戶長 金瑩(1447.7 戶長, 1451.1 戶長正朝, 1453.11 및 1456.7 安逸戶長正朝)은 父가 戶長, 祖가 副戶長, 曾祖가 安逸戶長, 外祖 金萬興이 左右衛 保勝別將.

攝戶長 金石柱(1458.7)는 金瑩과 형제. 外祖 金萬興이 左右衛 別將.

戶長 鄭自良(1461.5)은 祖 賢이 興威衛 精勇 中郎將.

戶長 李佶(1461.12)은 祖 思實이 威勇將軍 豆毛赤浦萬戶, 曾祖 膺이 奉常大夫 內侍副令.

正朝戶長 李長恭(1498.2)은 父 佶이 安逸戶長, 曾祖 思實이 威勇將軍 豆毛赤 萬戶, 外祖 李可種이 幼學. (이상은 『慶州戶長先生案』, 84~93쪽)

契者 軍功免鄕而無特立奇功受功牌者 雜科非成均典校・典法・典
醫出身者 自添設奉翊・眞差三品以下 勒令從本 以實州郡. 今後鄕
吏 不許明經雜科出身免役 以爲恒式.[17]

(4) 元六典 洪武二十五年(1392, 太祖1)九月日 頒降條劃內 州郡鄕吏
免役之法. 除製述業及第進士生員出身者 特立軍功事績現著曾受
功牌者 由雜科出身曾歷所任都目去官者 三丁一子選上申省免鄕者
考其文案 依例免鄕外 無故避役及冒受官職者 其身及子孫 今朝通
政以下 前朝奉翊以下 勒令從本 以實州郡.[18]

(5) 凡鄕吏中 文武科生員進士者 特立軍功受牌者 三丁一子中雜科及
屬書吏去官者 竝免子孫役.[19]

사료 나-(3)에서 공양왕 원년에 趙浚은 당시 향리들이 관직을 얻는 방
법을 조목조목 열거한 후 添設職은 종2품인 奉翊[20] 이하, 實職은 3품 이
하를 本役으로 보내자고 건의하였다. 물론 이러한 건의는 恭愍王代 이후
添設職이 확대되고 그것이 사회문제로 부각된 상황을 배경으로 한다.[21]
添設職뿐 아니라 實職도 3품 이하 本役으로 돌려보내려는 것에서 당시
정부의 입장을 짐작할 수 있다. 그것은 향리들이 避役하는 바람에 '州縣이
모두 비고 八道가 凋弊했다'는 표현에도 잘 나타나 있다. 향리의 확보는
그만큼 절실한 문제였다.

그러나 이제는 사료 나-(1)과 (2)의 지시처럼 무조건적인 鄕吏의 추쇄가
아니라, 호장층이 가능했던 免役과 出仕의 모든 통로에 대한 전반적인 대
책으로서 보다 합리적이고 실현 가능한 대책을 세워야 했다. 사료 나-(3)
에서 趙浚은 鄕吏 출신의 관직자 중 3丁 1子의 사례로 免鄕된 자는 이미

---

17) 『高麗史』 권75, 選擧志 3, 鄕職, (中) 654~655쪽.
18) 『世宗實錄』 권47, 世宗 12년 正月 丙午, 3책 212쪽.
19) 『經國大典』 권1, 吏典, 鄕吏.
20) 『高麗史』 권77, 百官志 2, 文散階條, (中) 702~703쪽에 의하면 奉翊大夫는 忠宣
    王 2년에 개정되면서 나타났으며 그 뒤 恭愍王代 수차례 개정이 번복되었다.
21) 『高麗史』 권75, 選擧志 3, 添設職, 恭愍王 3년 6월, (中) 649쪽.

3, 4代가 되었더라도 '的實한 文契'를, 軍功을 세워 免鄕된 자는 특별한 공을 세워 받은 功牌를, 또 잡과 출신자는 성균관의 典校·典法·典醫 출신임을 요구하고 있다. 즉 '別將 이하'나 '7품 이하'의 무조건적인 추쇄에서, 합법적인 조건을 갖춘 자들은 인정해주는 방침으로 돌아선 것이다. 물론 요구된 조건을 갖추지 못하면, 향리직을 떠난 지 3, 4代가 되었거나 實職 3품에 이르렀어도 모두 本役으로 돌려보낼 것을 주장하였다.

뿐만 아니라 이제부터는 明經·雜科 출신으로 免役하는 것을 아예 금하자는 주장이다. 고려사회에서 향리는 과거를 비롯해서 군공·잡과 등 다양한 통로를 통해 관직에 진출할 수 있었는데, 사료 나-(3)의 방침은 이제 그러한 가능성을 최대한 제한하겠다는 것이다. 그것은 鄕吏의 확보를 위해서이기도 하지만, 관인층과 향리의 차별성을 전제로 한 것이기도 하다. 이러한 입장은 그대로 조선 정부의 방침으로 이어졌다.

사료 나-(3)의 趙浚의 건의는 사료 나-(4)의 『經濟六典』에 정리되어, 그 입장이 변하지 않고 세종대까지 여러 차례 강조되었다.[22] 향리 중 免役이 가능한 자는 製述業에 급제한 進士와 生員 출신자, 특별히 軍功을 세워 그 사적이 현저하고 이미 功牌를 받은 자, 잡과 출신으로 이미 소임을 다하여 去官한 자, 三丁一子로 選上되어 免鄕한 자들이다. 반면에 그 문안을 보아 무고하게 避役한 자나 관직을 冒受한 자는 조선의 通政 이하, 고려의 奉翊 이하는 당사자와 그 자손을 本役으로 돌아가게 하라는 것이다.

사실 세종 12년 정월에 이 법 조항이 거론되었던 것은 좀 다른 이유에서였다. 당시 7品 去官者는 刑曹에서 律學을 공부시켜 京外에 訓導官으로 파견했다. 그런데 7品 뿐 아니라 8, 9品 受職人과 權知에 이르기까지 訓導官을 軍役을 免하는 수단으로 이용할 뿐이고, 향리 출신자 역시 免役에 만족하여 일을 돌보지 않는다는 지적이 있었다. 그 과정에서 향리의 면역

---

22) 연세대 국학연구원 편, 『經濟六典輯錄』, 1993, 해제(3~4쪽) 및 吏典(85쪽)에 따르면, 『經濟六典』은 趙浚의 책임 아래 高麗 禑王 14년 위화도 회군 이후부터 朝鮮 太祖 6년 12월까지 공포한 受敎를 대상으로 정리한 것인데, 이 조항은 定宗 1년 7월 戊寅, 太宗 17년 1월 丙午, 世宗 2년 윤1월 己卯, 世宗 18년 9월 乙巳 기사에도 나온다.

법이 거론되었고, 이 때에는 조선조에서 받은 정3품 堂上官인 通政大夫
이하까지 '勒令從本' 하자는 내용이 추가되었다. 이는 사료 나-(3)에서 還
本하자고 했던 '眞差 3品 이하'와 일치하는 것이다.

충렬왕대 이래 지속되었던 鄕吏에 대한 還本政策은 사료 나-(5)의 『經
國大典』에서 최종 정리되었다. 이 때에는 기존의 관직 진출자에 대한 還本
은 더 이상 언급되지 않고, 그 동안의 향리 면역에 대한 규제가 법으로 정
리되었다. 공식 과거인 문·무과를 통한 자, 특별한 軍功을 세운 자, 三丁
一子로서 雜科 또는 書吏로서 去官한 자는 이전과 같이 免役되었으나, 향
리들이 쉽게 나갈 수 있었던 잡과도 三丁一子로 제한하여 향리 면역을 대
폭 규제하였다.[23]

恭讓王 2년에 실시된 양반·향리의 호적 정리는 이러한 흐름 속에서 추
진된 것으로, 고려후기 이래의 향리의 관직 진출에 대한 기본 방침이 반영
된 게 아닌가 짐작된다. 그 일부로 남아 있는 '李太祖戶籍原本'은 戶長層
출신의 전직자나 산직자 등만 실려 있어, 전체 대상자 중 특정부분을 모아
놓은 것인 듯하다. 특히 戶主 중 대다수가 학생이고, 前職者라도 정6품 이
하의 무반직이나 종6품 이하의 문반직이며, 散職者 역시 종3품 이하였다.
이는 사료 나-(3)의 방침에 의거하면 조건이 갖추어져 있지 않을 경우 '勒
令從本', 즉 還本의 대상이었다. 따라서 이 자료의 분석을 통해 당시에 還
本의 대상자를 어떻게 분류, 처리했는지를 추정해볼 수 있다.

현재 남아 있는 戶籍은 두 가지 형식으로 나뉜다. 복잡하게 추심된 戶
와, 문건이 없어 '口申'으로 작성된 것까지 포함한 4祖로만 이루어진 戶이
다. 먼저 추심된 戶를 살펴보자.

> 다-(1) 前左右衛保勝郞將崔得守(56세) 本豊山縣. 父散員崔沖 祖檢校軍
> 器監崔輔 曾祖丞仕郞良醞令同正崔守. 母召史 本龍潭縣 外祖令同
> 正廉宥卿. 戶妻召史(54세) 本龍潭. 父別將同正廉士卿 祖散員同正

---

23) 金皓東, 「朝鮮前期 京衙典 '胥吏'에 관한 연구」, 『慶南史學』 1, 1984에서는 여말
선초 三丁一子 免役은 이전의 三丁一子 入仕와는 다른 것으로 보았다. 후자는 향
리에 대한 우대 정책의 일환으로 실시된 것이라고 한다.

廉生 曾祖別將同正廉重奇. 母召史 本同村 外祖戶長廉呂. ……
(戶祖妻)…… 本比屋縣 …… (戶曾祖)…… 父尙乘副內承旨同正崔
文 祖製述業進士崔宥沖 曾祖巡備衛精勇保勝攝郞將崔炎. 母召史
本同村 外祖製述業進士崔玉. 戶曾祖妻 ……. 戶外祖廉宥卿 …….
戶妻矣外祖廉呂□□□ ……. 戶父邊傳來奴金三(50세) 所生婢金德
(23세). 祖邊大德十年(1306)十一月日 丙午年京戶口. 父母現付宣
光八年(1376)七月日 龍潭縣令陳省以准.24)

(2) ……(外祖)…… 同正思才 祖散員光賴 曾祖得呂下軍刑佐. …… 戶
外祖禹仁迪妻召史 本江華 ……. 戶妻父洪丞貴 父滿矩 祖繼暉 曾
祖追封中顯大夫興威衛尹洪益. 母咸安郡夫人李氏 本同郡 外祖中
正大夫三司左尹李沐. 戶妻矣外祖金之祐 ……. 戶妻矣外祖金之祐
妻 ……. …… 戶妻父邊奴蒙古大(45세) 所生奴上左(□□세)……
□所生婢錄德(17세).   右員矣祖現夫妻同籍及至正十五年(1354)京
戶口 及父母現付洪武十四年(1381)京戶口 及妻邊戊午年(1378)25)
和州防禦使陳省以准.26)

'李太祖戶籍原本'의 6폭과 7폭에는 비록 앞뒤가 잘려 있지만, 다른 호구
와는 달리 戶의 直系 6代祖, 祖·曾祖·高祖·外祖의 妻家, 그리고 戶主
의 妻家도 부모의 直系 3代 및 각각의 妻家까지 추심된 戶가 각각 2개씩
실려 있다. 준거자료가 나와 있는 위의 두 예를 보면, 신분을 입증하기 위
해 얼마나 노력했는지를 알 수 있다.

사료 다-(1)의 戶主 崔得守는 본이 경상도 豊山縣이고 증조모의 집안도
대대로 풍산현의 호장이었지만, 호주의 외가와 처가가 전라도 龍潭縣에 있
는 관계로 용담현으로 이주했던 모양이다. 그의 부모는 1376년 현재 용담
현의 호적에 올라 있어, 이 집안의 호구 작성에는 용담현령의 보고가 필요

---

24) '李太祖戶籍原本', 6폭 1호.
25) 三司左尹은 恭愍王 11년(1362)에 설치된 관직이고(주27) 참조), 妻家의 本貫 和
   寧府는 恭愍王 18년에 설치된 것을 볼 때 戊午年 戶口는 그 이후의 것으로 보아
   야 한다.
26) '李太祖戶籍原本', 7폭 1호.

했음은 분명하다. 용담현은 외조 廉宥卿뿐 아니라 처의 부 廉士卿과 외조
廉呂의 본관이므로, 縣令의 보고를 통해 이들의 가계를 상세히 파악할 수
있었다. 그럼에도 본 호구에는 1306년에 작성된 祖의 京戶口도 준거하여,
호주의 6대조까지 소급하여 기록하고 있다.

이 집안은 戶長層 출신으로 散職에 진출한 다른 집안과 별로 다를 바
없지만, 다만 5대조 崔宥冲과 고조모의 부 崔玉이 製述業 進士였던 것이
특기할 만하다. 製述業 進士는 정상적인 과거를 통한 것으로 사료 나-(4)
의『經濟六典』에서도 免鄕者로 명시된 바 있다. 고조의 혼인은 바로 이러
한 製述業 進士끼리 맺은 셈이다. 그 뒤로는 散職이나 군 장교직으로 이
어졌지만, 다른 호구와 달리 이렇게 복잡하게 추심한 것은 바로 이를 입증
하기 위함이 아니었을까 생각한다.

사료 다-(2)에서도 비슷한 양상이 보인다. 앞부분이 누락되어 이 戶主와
그 직계는 이름과 본관을 알 수 없다. 다만 祖는 1354년의 京戶口에, 부모
는 1381년 현재 京戶口에 올라 있는 것으로 보아 그의 직계는 개경에서 상
당 기간 거주하였음을 알 수 있다. 그런데 처가는 和州에 기반을 둔 집안
이었는지 본 戶口 작성에는 和州防禦使의 보고도 준거가 되었다.

호주의 외가가 散職者 또는 軍이고 妻父 洪丞貴의 直系도 無職으로서
사료 다-(2)의 戶主의 집안도 대체로 특별한 집안은 아닌 것으로 보인다.
그러나 호주의 처부 洪丞貴의 모가 咸安郡夫人이고 외조 李沐이 中正大
夫 三司左尹[27]이라는 종3품의 관직자였음이 눈에 띈다. 그렇다면 이 戶口
역시 이를 입증하기 위해 조부와 부모의 戶口에 대한 준거자료에다가 처
의 외조의 처가가 호장으로 있는 和州의 보고까지 준거로 삼았음을 알 수
있다.

이 사례들은 추심을 통해 科擧 출신 또는 實職의 고위 관직자 출신임을
보여주고 있는데, 이미 直系가 여러 대에 散職으로 이어져 그 신분을 인정

---

27)『高麗史』권76, 百官志 1, 三司, (中) 660쪽에 의하면, 三司는 恭愍王 5년에 파해
   졌다가 恭愍王 11년에 복구되었다. 이 때 비로소 종3품의 左右尹을 두었다고 한
   다. 이와 함께 주어진 文散階 中正大夫도 그 변화 시기가 같다(『高麗史』권77, 百
   官志 2, 文散階, (中) 702~703쪽).

받기 어렵게 되자 이로써 정상적인 경로를 통한 免鄕이었음을 입증하려
했다.[28] 그것은 사료 나-(3)이나 (4)에서 보았듯이 고려말 개혁파가 관직
자로서 免鄕한 경우 的實한 文契를 요구했기 때문이다. 그만큼 '兩班'의
입증이 까다로웠음을 반영하는 사례이다.

반면에 四祖로만 이루어진 戶는 준거자료를 갖춘 것도 있지만 '口申'에
만 의거한 것도 있다.[29] 口申까지 포함한 것으로 보아 이들에게는 엄격한
준거자료를 요구하고 있지 않음을 알 수 있다. 그렇다고 해서 이들을 다시
本貫의 鄕吏로 보내는 것 같지는 않다. 이들은 다양한 本貫 출신임에도 불
구하고 한 지역의 호적에 올라 있어, 현 거주지를 인정받고 있었다. 현 거
주지의 인정은 최소한 이들이 '勒令從本'의 대상이 아니었음을 나타낸다.

사실 왜구와 북방 이민족의 끊임 없는 침입에 시달렸던 고려말에 '的實
한 文契'를 갖추는 것은 쉬운 일이 아니었다.

> ……各人들의 오래된 明文에 붙어 있는 玄遠祖上은 당신으로부터 子孫
> 에 이르기까지 宗派를 職名과 열거하고 …… 的實한 明文이 없음으로 조
> 상 本鄕人과 他人의 인지를 못받는 사람들은……[30]

恭讓王 2년에 있었던 호적 작성 방침의 일부이다. 당시 전래된 호적이
없어 오래된 것만 남아 있는 경우도 있고, 아예 그런 것조차 없는 경우도
있었음을 알 수 있다. 이러한 사정을 감안하여 본 호적정리에서는 일정한
조건을 갖춘 戶長層 출신의 散職者들을 구별하여 모아 놓은 것 같다. 이들
은 추심호처럼 '兩班'의 신분을 인정받지는 못했지만, 그렇다고 해서 향리
로 다시 '勒令從本' 되지도 않았다.

고려후기 이래 戶長層이 이주와 유망, 그리고 散職 진출과 避役 등으로

---

28) 이들 사례는 다른 호구와 달리 노비를 소유하고 있다. 그것도 사료 다-(1)의 경우
　　는 父邊의 전래노비이고, 사료 다-(2)의 경우는 妻의 父邊의 전래노비이다. 몇 안
　　되는 이 노비들은 '進士'나 '三司左尹'이었던 先代와 연관되는 게 아닐까.
29) '李太祖戶籍原本'의 4폭 2호, 5폭 1호·6호·7호, 8폭 2호·4호 등이 이에 해당한
　　다.
30) '李太祖戶籍原本', 2폭.

변동하고 있었다. 특히 流亡과 散職 진출로 인한 향리의 감소가 문제로 부
각되자, 이에 대한 대책을 세우지 않을 수 없었다. 충렬왕대 이후 표방되는
정부의 대책은 '還本'으로 일관되어, 戶長層을 본관에 돌려보내 향리직을
수행하게 하려 했다. 하지만 이미 流亡한 자들을 還本하는 것은 그 성과가
없었고, 주로 戶長層의 散職을 비롯한 관직진출에 대하여 강력하게 還本
政策을 추진하였다. 散職者는 물론이고 實職者라도 7품 이하는 모두 本役
으로 還本하도록 하였다. 이제 향리직은 하나의 '役'으로 인식되어 鄕吏職
을 떠나는 자들은 '避役者'로 불리고, 따라서 당연히 本役으로 돌려보내야
한다는 논리가 성립되어 있었다. 본래 향리직은 지방세력에게 지방지배의
전부 또는 일부를 인정해 주었던 것인데, 이제 고려후기 사회에서는 향리
층이 의무로서 수행해야 하는 役으로 바뀌어 있었다.

그러나 정부의 還本政策이 의도했던 성과를 거두지는 못했다. 戶長層은
여전히 각종 경로를 통해 관직진출을 하여 합법적으로 향리직을 면할 수
있었지만, 정부는 이를 저지할 방법이 아직은 없었다. 그 결과 고려말 지방
사회에는 중앙의 實職에 나가지 못한 호장층이 在地閑散이라는 또 하나의
지방세력으로 자리잡게 되었던 것이다. 사실 지방사회에서 여전히 在地閑
散으로서 그 지위를 누리고 있는 토착세력을 모두 本役에 돌려보낸다는
것은 어려운 일이었다.

고려말 개혁파 세력에 의해 나온 還本策은 좀더 합리적인 방향으로 전
환되었다. 본래 호장층에게 허용되어 남용되었던 관직 진출의 통로 자체를
엄격하게 규제하자는 것이었다. 그리고 이미 在地閑散으로 자리잡은 세력
에게는 本貫과 本役으로 還本하지 않고 거주지역과 획득한 관직을 그대로
인정해주는 방침을 정했던 것 같다. 공양왕대의 '兩班·鄕吏戶籍'은 그 정
책의 시도였던 것으로 보인다.

2) 고려말 양반·향리호적의 정리

(1) 공양왕 2년 양반·향리호적의 작성과정

고려후기 사회의 변동 속에서 향리 중 거주지를 떠나 유리하거나 散職

이라도 얻어 避役하는 자들이 많자, 이들을 還本하여 本役에 충당하는 것이 정부의 기본방침이었다. 恭讓王 2년에 실시된 兩班·鄕吏戶籍의 정리는 이러한 흐름 속에서 추진된 것으로, 고려후기 이래 정부의 기본방침이 반영되었다.

당시 『高麗史』기록에 '兩班戶口'의 작성이라고 되어 있어, 양반 신분을 정리한 것으로 이해되어 왔으나, 그 일부로 남아 있는 '李太祖戶籍原本'에는 호주의 대부분이 現職者가 아니라 前職者 또는 散職者이며, 그 선조는 거의 모두 호장층이었다.[31] 또 그 본관이 다양하여 이들이 본관을 떠나 이주지의 호적에 올라 있음을 알 수 있다. 즉 호장층 출신의 향리가 본관을 떠나 관직을 얻어 면역한 경우에 해당한다. 이와 같이 특정 부류를 대상으로 호적을 작성한 의도는 무엇이었을까.

'李太祖戶籍原本' 중 둘째 폭은 그 작성 과정과 호적의 대상을 나타내는 기록이 남아 있어 일찍부터 주목되었다.

라-(1) ① 右戶口成籍爲臥乎事叱段 洪武貳拾參年(恭讓王 2)捌月初八日 兵馬都節制使出納內 洪武貳拾肆年□□ 都評議使出納內使所申 ② 巳前京外大小兩班矣戶口 三年壹遞以成籍 一件乙良官上爲遣 一件乙良各藏是乎矣 …… 各邊傳來奴婢 宗派及子息所生 年歲花名至亦 載錄爲齊 …… 近年巳來 戶口之法□ …… 兩班矣世系置 推尋難便爲齊 微弱兩班及各戶奴婢沙余良 …… ③ 今年元叱 三年壹遞 以大小兩班鄕吏等矣戶口成籍乙 式爲使內乎矣. 今年巳後 無戶口爲在兩班乙良 受職爲良置 不許出謝齊 屬從公狀是良置 不許

---

31) 초창기 연구는 주로 호적 자체와 가족제도면에서 연구되었으나, 戶籍의 戶主가 대부분 전직자 또는 散職者라는 데 착안하여 이후 고려말 신분구조의 변화까지 관심이 확대되었다. 그 중에서도 지배신분층의 변화에 초점을 맞춘 연구에는 許興植, 「國寶戶籍으로 본 고려말의 사회구조」(『韓國史研究』16, 1977 ; 「국보호적으로 본 고려의 사회구조」, 『高麗社會史研究』, 1981 재수록)의 본 戶籍이 開京 중심으로 작성된 것이고 이를 통해 신분재편 과정에서 불확실한 奴婢와 兩班의 身分을 변정한 것으로 보는 견해와, 金光洙, 「高麗 官班體制의 變化와 兩班戶籍 整理」, 『歷史敎育』35, 1984의 본 戶籍이 高麗의 豪族官班體制에서 朝鮮의 兩班 중심의 체제로 전환되는 가운데 추진된 것으로 파악하는 견해가 있다.

入屬齊 …… ④ 右副代言・正順大夫・經筵參贊官兼判典客寺事
・知制敎・知工曹事 臣李芳遠 洪武貳拾參年七月初四日 別本由
以后如敎事是去有等以……32)

(2) 恭讓王二年七月 都堂啓 舊制 兩班戶口 必於三年一成籍 一件納
於官 一件藏於家 …… 近年以來 戶籍法廢 不唯兩班世系之難尋.
或壓良爲賤 或以賤從良 遂致訟獄盈庭 案牘紛紜. 願自今 倣舊制
施行 其無戶籍者 不許出告身立朝 且戶籍不付奴婢 一皆屬公. 王
納之. 然竟未能行.33)

사료 라-(1)은 戶籍의 제일 마지막에 붙인 호적 작성의 경위와 그 지침
을 밝힌 문서로 추정되며,34) 사료 라-(2)는 『高麗史』기록의 일부이다. 사
료 라-(2)에서 都堂이 건의한 내용은 사료 라-(1)-②에서 兵馬都節制使와
都評議使司가 심의 결정(出納)한 내용과 거의 같아, 이 두 자료는 같은 사
건을 기록한 것임을 알 수 있다. 그런데 사료 라-(2)에서 본 호적이 시행되
지 못했다고 하므로, 전국적인 호적 작성은 이루어지지 않은 듯하다. 다만
사료 라-(1)의 문서가 붙어 있던 호적은 어느 지역인지 몰라도 호적 작성
이 완료된 지역의 것으로 보인다.35)
　두 자료를 비교해 보면 호적 작성을 건의한 시기와 그 주체에 약간의 차

---

32) '李太祖戶籍原本', 2쪽.
33) 『高麗史』 권79, 食貨志 2, 戶口, (中) 733쪽.
34) 許興植, 앞의 논문, 1977 ; 『高麗社會史研究』, 1981, 47쪽.
35) 호적 작성의 시행에 관해서 기존의 연구에서는 대체로 인정하는 추세이며, 다만
　金光洙, 앞의 논문, 1984에서는 실행의 한계 때문에 사료 라-(2)와 같은 언급이 있
　었지만 그것은 이후 신분질서 회복의 한 기준이 되었음을 지적하였다. 그러나 恭
　讓王 4년 4월에 沈德符・裴克廉의 건의로 人物推刷都監・戶口成籍 등을 파했다
　는 기사(『高麗史節要』 권35, 912쪽)가 있는데, '……戶口成籍……等法'을 파했다
　면 이미 이루어진 戶口成籍을 파한 것이 아니라 戶口成籍의 법을 파한 것으로 보
　인다. 그밖의 파한 내용이 관찰사를 파하고 按廉使를 복구한 것처럼 일시적인 방
　침에서 시행된 것이라면, 戶口成籍 역시 같은 선상에서 이해해야 하지 않을까 생
　각한다. 즉 鄭道傳・李芳遠 등이 추진하고 있던 '兩班・鄕吏'를 대상으로 하는 戶
　口成籍이 당시 크게 저항을 받자 일단 중단되었고, 현재 전하는 戶籍의 일부는
　이미 작성이 완료된 어느 한 지역의 것이 아닌가 한다.

이가 있다. 같은 내용을 사료 라-(1)-①의 '李太祖戶籍原本'에서는 恭讓王 2년(1390) 8월 8일에 兵馬都節制使가 심의 결정(出納)하고 恭讓王 3년에 都評議使司가 심의 결정한 것이라 했고, 사료 라-(2)의 『高麗史』에서는 恭讓王 2년 7월에 都堂이 건의한 것이라고 한다. 또 사료 라-(1)-④에 의하면 이 호적 작성은 恭讓王 2년 7월 4일에 李芳遠이 별본으로 시행하도록 했던 일이라고 한다.

이를 시간 순서대로 정리해보면 恭讓王 2년 7월에 都堂이 호적 작성을 건의했고 그 달 4일에 李芳遠이 호적 작성의 세부사항을 정하여 시행했으며, 8월 8일에 兵馬都節制使가 심의했고, 恭讓王 3년에 都評議使司가 심의했다.[36] 그리고 『高麗史』에 의하면 결국 그것이 완성되지 못하였다는 것이다. 이는 당시 조선 건국세력의 정치적 상황과 연관시켜 생각해볼 수 있다.

昌王을 몰아내고 恭讓王을 세우는 데 성공한 李成桂 일파는 그 해 12월에 李穡 父子를 유배시키는 등 반대파 제거 및 권력 장악에 전력을 다하였다. 이듬해인 恭讓王 2년 1월에는 李成桂가 8道의 軍馬를 거느리고 軍權을 장악했으며, 給田都監을 통해 田籍을 반포함으로써 토지개혁의 주도권도 차지하였다. 그러나 恭讓王을 둘러싼 구세력의 대응도 만만치 않았다.

　　恭讓王 2년 3월 甲申, 禮曹判書 尹紹宗을 錦州로 추방. 庚寅, 李成桂가
　　　　병으로 사직.
　　恭讓王 2년 4월 甲午, 왕이 李成桂의 집에 中官을 보내어 문병하고 다시
　　　　공무를 보도록 함. 9명의 功臣(李成桂・沈德符・鄭夢周・池湧奇・偰
　　　　長壽・成石璘・朴葳・趙浚・鄭道傳)을 포상.
　　恭讓王 2년 윤4월 甲子, 知申事 李行과 右代言 趙仁沃을 파직. 丙寅, 9명
　　　　의 功臣이 사직을 청함. 庚午, 왕이 9명의 功臣에게 출근할 것을 명함.

---

36) 許興植, 앞의 논문, 1977 ; 『高麗社會史硏究』, 1981, 37쪽, 주18)에서는 병마도절제
　　사가 심의하기 시작한 시기를 『高麗史』 편찬자가 잘못 기록한 것으로 이해하고
　　있다.

李行을 淸州로 流配. 己卯, 鄭道傳을 政堂文學에, 李芳遠을 右副代
言에 임명.37)

전후 사정은 자세히 알 수 없으나, 恭讓王 2년 3월에 개혁을 주장하던
대표적인 인물 중 하나인 尹紹宗이 李成桂를 비판했다는 이유로 축출된
것을 비롯해서,38) 李行·趙仁沃은 파직된 끝에 李行이 유배되는 등 개혁
파에 대한 압박이 가해지고 있었다. 이에 李成桂를 비롯한 9명의 功臣이
사직하는 사태가 일어났다. 결국 왕은 이들에게 포상을 내리고 다시 공무
를 보도록 회유해야 했다. 이 때 李芳遠이 우부대언에 임명된 것도 이러한
맥락에서 이루어진 것 같다. 게다가 연이어 5월에 일어났던 이른바 '尹彝
·李初 사건'을 계기로 구세력에 다시 큰 타격을 입힐 수 있었다.39)

호적 작성은 이 사건이 서서히 마무리되면서 7월초부터 적극 추진된 게
아닌가 한다. 田籍 반포에 이은 후속조처였다. 따라서 이미 都評議使司를
장악한 개혁파의 주장대로 전격 시행될 수 있었다.40) 이 사실과 관련된 鄭

---

37) 『高麗史』 권45, 世家, (上) 876~880쪽.

38) 『高麗史』 권120, 列傳 33, 尹紹宗傳, (下) 320~331쪽에 의하면, 尹紹宗은 李成桂
가 回軍했을 때 스스로 그 軍營으로 찾아갔다고 하며, 恭讓王이 즉위하자 趙浚의
추천으로 左常侍經筵講讀官에 임명되었다. 趙浚이 일찍이 尹紹宗의 학문을 따랐
기 때문에 그의 상소문은 모두 尹紹宗이 기안한 것이라고 하여, 개혁파 안에서의
尹紹宗의 위치를 짐작하게 한다. 그 자신도 끊임없이 상소를 올려 恭讓王이 대단
히 싫어했고, 예조판서로 임명한 것도 그 탄핵이 그치지 않았기 때문이라고 한다.
따라서 尹紹宗이 李成桂를 비판했다는 것은 축출하기 위한 구실이었던 것 같다.

39) 恭讓王 2년 5월, 명나라에 사신을 갔다온 王昉·趙胖 등이 "尹彝·李初가 명나라
에 가서 恭讓王은 宗室이 아니라 李成桂의 인척이며, 이들이 명나라를 치려다가
반대하는 李穡·曹敏修·權近 등을 죽이거나 유배보냈는데, 그 재상들이 자신들
을 보내어 원병을 요청했다고 하여, 명나라에서 그 진상을 조사하라고 했다"고 보
고함으로써, 그 명단에 있는 사람들에 대한 대대적인 옥사가 일어났던 사건이다.
李相佰, 『李朝建國의 硏究』, 을유문화사, 1949 참조.

40) 『高麗史』 권45, 世家, 恭讓王 1년 11월 庚辰日, 恭讓王 卽位初에 李成桂는 바로
守門下侍中이 된 바 있고, 2년 11월 甲午日에 侍中을 잠시 사직할 때까지 계속
이 직위에 있었다. 사직한 것도 잠시였고, 11월 戊午日에는 다시 門下侍中에 올라
'李太祖戶籍原本'의 첫째폭에는 '洪武 23년 12월……門下侍中判都平議司事……
李成桂'라 되어 있다.

道傳의 발언이 주목된다.

> (恭讓王 3년 1월)上箋辭日 …… 戶口成籍 堂臣言之 殿下可之 其事出於 臣在中原之時也. …… 無籍冒名之徒 怨戶籍之不便於己者日 道傳之所 爲也 …….41)

恭讓王 3년 1월에 개편된 3군 도총제부의 우군총제사로 임명되자, 鄭道 傳이 사양하면서 올린 글의 일부이다. 鄭道傳에 의하면 戶口成籍은 자신 이 명나라에 있을 때 정해진 일인데도 '無籍冒名'한 무리들이 鄭道傳이 한 것으로 알고 자신을 원망한다는 것이다.

그렇다면 호적 작성을 건의하여 이를 결성한 것은 鄭道傳이 명나라에 갔던 恭讓王 2년 6월 丙子日에서 11월 辛亥日 사이의 일이었다. 또 호적 작성을 건의한 이들은 '堂臣'이었다. 따라서 공양왕 2년 7월에 '都堂'에서 호적 작성을 건의했다는 『高麗史』의 기록은 사실임에 틀림 없음을 알 수 있다. 이 일이 진행될 동안 鄭道傳은 명나라에 있었음에도 당시 원망하는 자들이 그를 지목했던 것은, 그 역시 정당문학으로 都堂의 判事였고 개혁 주장의 주도자였기 때문이다.

호적 작성의 건의는 『高麗史』의 기록처럼 일차적으로 恭讓王 2년 7월에 都堂에서 했다고 보는 게 합리적이다. 그리고 시행과정에서는 사료 라-(1) 의 '李太祖戶籍原本'에서 '李芳遠의 別本에 의해 시행한 것'이라는 기록처 럼 李芳遠이 적극 개입했던 것 같다.42) 당시에 호적 작성을 원망하는 자들 이 있다고 하므로, 호적 작성이 개혁파와 이에 반대하는 세력간에 상당한 이해관계가 걸려 있는 문제였고 그만큼 이를 둘러싼 갈등이 심각하였음을 짐작할 수 있다.

---

41) 『高麗史』 권119, 列傳 32, 鄭道傳傳, (下) 617쪽.
42) 許興植, 「국보 131호 고려말 호적의 자료비판」, 『한국의 古文書』, 1988, 185~186 쪽에 나오는 조선시대의 『北關邑誌』 永興府(『邑誌』 13, 咸鏡道, 아세아문화사, 1986 영인), 339쪽 및 '龍興聖蹟'(奎章閣圖書, 청구번호 1790)에서도 이 문서를 李 芳遠이 건의한 戶口事目으로 이해하고 있다.

그 원망이 나오는 시기가 恭讓王 3년 1월이므로, 호적 작성은 이미 그 이전에 시작되었음을 알 수 있다. 그리고 일부 지역은 완성되었던 모양이다. '李太祖戶籍原本'도 그 중 하나였다. 이 호적은 恭讓王 2년 8월 8일에 兵馬都節制가 심의할 수 있도록 일단 취합된 것 같다.

이렇게 개혁파가 호적 작성과 아울러 9월에는 '公私田籍'을 시가에서 모두 태우는 등 개혁정책을 거세게 밀어붙이자, 9월에 恭讓王은 비결을 내세워 한양 천도를 단행하였다. 당시 개혁에 대한 恭讓王의 입장은, 田籍이 며칠간 타는 것을 보고 왕이 '祖宗의 私田制度'가 자신대에 와서 혁파됨을 탄식하며 눈물을 흘렸다는 것에서[43] 짐작해볼 수 있다. 그러한 입장이었기 때문에 尹紹宗의 동생 刑曹 총랑 尹會宗이 지적했듯이 秋耕秋收의 시기에 무리하게 遷都를 해야 했던 것이 아닌가 한다.[44]

당시 한양 천도는 개혁파의 반대를 무릅쓰고 이루어졌다. 한양 천도를 위해 궁궐을 수축할 때 左獻納 李室이 비결을 믿고 한양으로 천도하는 것은 마땅하지 않다고 상소한 것이나,[45] 천두한 날 큰 바람과 낙뢰, 번개가 있었다는 기록[46] 등은 한양천도를 바라보는 개혁파의 불편한 심기를 잘 드러내고 있다. 12월에 개경으로 환도할 때까지 개혁파는 잠시 수세에 몰린 듯하다. 11월에 李穡·禹玄寶 등이 유배에서 풀린 것은 이러한 추세를 반영하는 일련의 사건들이었다.[47] 이러한 와중에서 호적 작성도 원만하게 이루어질 수 없었다.

　라-(3) 右員은 前年(恭讓王 2) 9월에 불났을 때 戶口作文 등을 소실했으므로, 口申으로 시행했다.[48]

　　(4) 右人의 戶口作文등을 庚午年(恭讓王 2) 11월 21일 밤중에 賊人이

---

43) 『高麗史』 권78, 食貨志 1, 田制, 祿科田, 恭讓王 2년 9월, (中) 723쪽.
44) 『高麗史』 권120, 列傳 33, 尹紹宗傳.
45) 『高麗史』 권45, 世家, 恭讓王 2년 7월 癸丑, (上) 883쪽.
46) 위의 책, 世家, 恭讓王 2년 9월 丙午, (上) 884쪽.
47) 위의 책, 世家, 恭讓王 2년 11월 壬辰, (上) 885쪽.
48) '李太祖戶籍原本', 4폭 2호.

훔쳐갔기 때문에, 里의 臨文으로 살펴보고 言告로 작성했다.[49]

(5) 洪武 24년(恭讓王 3) 8월, 預州에서 아뢴 夫妻同籍을 참조했다.[50]

사료 라-(3)과 (4)를 보면 우선 恭讓王 2년 9월에서 11월 사이에 이 지역 戶口作文(戶口질문)들은 이미 작성되어 모여 있었다. 그런데 그것이 우연한 일인지 불에 타기도 하고 또는 賊人에 의해 탈취되었다. 일반 도둑이 문서를 훔쳐갔을 리는 없겠고, 아마도 이 호적 작성을 반대하던 이들이 저지른 일이 아니었나 생각된다. 특히 이 일들이 恭讓王 2년 9월에서 11월 사이에 일어났다는 점에서 그렇게 추측할 수 있다. 이 기간은 한양으로 천도했던 시기로 개혁 반대파들이 잠시 득세하던 때였다. 따라서 호적 작성도 위협을 받았던 것 같다.

사료 라-(5)에서처럼 恭讓王 3년에 분실된 戶口作文을 다시 작성할 수 있었던 것은 이후 반전된 정국을 배경으로 하고 있다.

恭讓王 2년 11월 辛卯, 李成桂가 사직 요청.

恭讓王 2년 11월 甲午, 李成桂가 侍中을 사직하자 領三司事에, 鄭夢周를 守門下侍中에, 池湧奇를 判三司事에, 裴克廉과 偰長壽를 門下贊成事에 임명.

恭讓王 2년 11월 辛丑, 李成桂가 京外軍士를 통솔하므로 諸元帥의 인장을 거두고, 각도의 장수를 파하고 군사들을 돌려보냄.

恭讓王 2년 11월 戊午, 李成桂를 다시 門下侍中으로 삼음.

恭讓王 2년 12월, 開京으로 還都.

恭讓王 3년 1월, 도총제부로써 京外軍士를 통솔하도록 함. 李成桂를 都摠制使, 裴克廉을 中軍摠制使, 趙浚을 左軍摠制使, 鄭道傳을 右軍摠制使로 삼음.

恭讓王 3년 5월, 科田法 시행.

---

49) ‘李太祖戶籍原本’, 5폭 1호.
50) ‘李太祖戶籍原本’, 8폭 5호.

恭讓王 2년 9월 이후 구세력에 의한 반격이 지속되자, 李成桂는 거듭 사직을 요청함으로써 이 사태를 되돌릴 수 있었다. 결국 다시 李成桂가 京外軍士를 통솔하도록 일련의 조처가 취해짐과 아울러 開京으로 還都했으며, 이로써 공양왕 3년 1월에는 개혁파가 군권을 완전 장악할 수 있었다. 호적 작성의 재개는 이후에야 다시 진행될 수 있었던 게 아닌가 한다. 따라서 사료 라-(1)에서 보았듯이 이 지역의 호적을 최종 都評議使司에서 심의하는 것은 공양왕 3년으로 넘어갈 수밖에 없었다.

고려말 공양왕대에 이루어진 양반·향리 호적의 작성은 고려시대 통상적인 호적과는 그 의도가 달랐다. 鄭道傳·李芳遠 등이 주도 인물로 나타나는데, 공양왕 2년 7월부터 공양왕 3년 5월 사이에 진행된 구세력과의 정치적 공방 속에서 진행되다가 결국 완성되지 못했던 모양이다. 그만큼 본 호적은 조선 건국세력의 정치적인 의도가 담긴 호적이었음을 의미한다.

(2) 양반·향리호적 정리의 의미와 성과

구세력의 강력한 저항 속에서 개혁파가 본 호적을 작성했던 것은 정치적 의도 때문이었다. 恭讓王 2년에 호적 작성의 대상은 사료 라-(1)의 '兩班戶口'와 사료 라-(2)-②의 '京外의 大小兩班戶口'에 공통으로 나타났듯이 '兩班戶口'였다. 이를 좀더 구체적으로 표현한 것이 사료 라-(1)-③의 '大小兩班과 鄕吏'이다. 호적 작성의 대상에는 京外의 관직자인 양반뿐 아니라 향리까지 포함하는 당시 지배층이 총망라되었다. 아울러 각 집안에 전래된 노비의 宗派와 所生의 이름 및 나이까지 자세히 적도록 하였다.

……各邊에 傳來된 奴婢는 宗派와 子息, 所生의 나이와 이름까지 기록하라. 婢夫와 奴妻는 良賤을 아울러 기록하라. 近年에 오면서 戶籍法이 무너져서 兩班의 世系도 推尋하기 어려운 微弱한 兩班이 있을 뿐만 아니라 各戶의 奴婢라도 婢夫·奴妻의 良賤을 알 수 없으므로, 어떤 자는 良人이면서 억압되어 賤人이 된 자와 또는 賤人이면서 從良된 자들이 만약 靜訟하여 群衆을 이루면 主掌官은 며칠을 두고 辨別해도 다 처리하지 못하고 …… 戶籍에 실리지 않은 奴婢로 발각되면 公奴婢로 속하게 하라……51)

이는 지배층이 소유한 노비를 '壓良爲賤'된 자나 '賤人으로 良人이 된 자'를 구별하여 변정하겠다는 의도도 포함된 것으로 보인다. 더욱이 호적에 실리지 않은 노비가 발각되면 公奴婢로 삼겠다는 방침은, 그만큼 지배층의 노비를 철저히 파악하겠다는 정부의 의지를 알 수 있게 한다. 따라서 본 호적 작성은 지배층의 이해관계가 밀접히 연관되어 있는 사안이었다.

조선 건국세력은 이렇게 작성한 호적을 장차 신분의 정리 과정에서 준거자료로 사용하려고 했던 것 같다.

> 금년부터 3년에 한번씩 大小兩班과 鄕吏들의 戶口를 작성하는 것을 법으로 하되, 금년 이후 無戶口한 兩班은 受職하여도 出仕를 불허하고 公狀에 따라 入屬했더라도 불허함.[52]

恭讓王 2년에 있었던 호적 작성 방침의 일부이다. '금년 이후 無戶口한 양반은 受職하여도 출사를 불허하고 公狀에 따라 入屬했더라도 불허한다'고 함으로써, 호적이 없는 양반에 대해서 엄격히 규제할 것을 정하였다.

이는 모든 양반과 향리를 호적에 올려 정부가 파악하려는 의도도 있었지만, 한편으로는 양반의 자격조건을 엄격히 하려는 의도가 엿보인다. 그럼으로써 향리의 양반 진출을 규제하고 향리와 양반을 차별화하려 했던 것 같다. 이 호적이 '大小兩班과 鄕吏'를 대상으로 하면서도 실제로는 '兩班'의 자격에만 관심을 보이는 것은 바로 이러한 이유 때문으로 보인다. 이때 가장 타격이 큰 것은 양반으로 신분 상승을 주도했던 戶長層이었다.

이와 같이 兩班 자격을 엄격히 하려는 방침은 고려말에는 강력히 추진하기 어려웠으나, 그 시행주체들이 그대로 조선왕조에 이어졌기 때문에 조선시대에는 시행되었으리라 본다. 그리하여 고려후기 이래 호장층이 주도했던 관직 진출은 저지되고 양반과 향리 신분이 분리되면서 이후 호장층은 향리 신분으로 정착할 수밖에 없었을 것이다.

한편 이렇게 엄격히 구별된 '兩班' 이외에 '호장층 출신의 관직자'들은

---

51) '李太祖戶籍原本' 2쪽.
52) '李太祖戶籍原本' 2쪽.

어떻게 처리되었을까가 문제된다. 이런 점에서 앞의 지침대로 작성되었을 것으로 추정되는 본 호적의 구성 내용을 주목할 필요가 있다. 현재 전하는 것이 극히 일부에 불과하지만, 호적 작성의 직접적인 대상이었던 戶主의 職役이 하급 전직관과 散職者 및 學生으로 이루어졌고, 전직관도 대부분이 향리들이 쉽게 진출할 수 있는 군장교였다. 더욱이 이들의 선대는 거의 모두 戶長層과 연결되었다.

향리들이 진출했던 관직이 散職이나 하급 관직만이 아니었고 또 戶長層만 관직을 가진 게 아니었을텐데, 이들만 모여 있는 것은 무엇 때문일까. 그것은 혹시 어떤 목적으로 같은 부류의 사람들을 모아 놓았기 때문은 아닐까. 사실 恭讓王 2년의 호적 작성은 고려후기 일반 호구 조사와는 성격이 달랐다. 다음은 충렬왕 이후『高麗史』와 '李太祖戶籍原本'에 나오는 호적이 작성된 시기와 그 내용이다.

	『高麗史』食貨志	'李太祖戶籍原本'
忠烈王	5년 諸道에 計點使를 보내어 戶口를 파악	忠烈王 32년
	18년 諸道의 戶口와 田土를 계정	
忠肅王	12년 開城의 僞造戶籍을 조사	忠肅王 8년
		15년
恭愍王	20년 舊制에 따라 良賤生口를 구별하여 戶籍을 작성, 式年에 따라 民部에 올릴 것을 명함	恭愍王 4년
		13년
		23년
禑 王	4년 東北面 · 全羅道 · 陽廣道 · 西海道 · 交州道에 사람을 보내어 호적 작성	禑 王 2년
		3년
	14년 趙浚, 호적법의 문란을 지적	4년
		5년
		7년
恭讓王	2년 兩班戶籍 작성 건의	恭讓王 2년
		3년

위의 기록은 극히 일부에 불과하겠지만, '李太祖戶籍原本'의 기록을 보면 호적 작성이 恭愍王 후반기 이후 빈번히 이루어졌음을 알 수 있다.[53] 恭愍王 20년에는 恭愍王 10년의 파천으로 옛 문서를 잃어버림에 따라 다시 戶口法을 철저히 시행하도록 지시한 바 있다.[54] 禑王代에도 해를 이어 빈번히 호적이 작성되고 있음에도 禑王 14년에 趙浚은 '戶籍法이 무너져 守令·按廉使 등이 戶口를 제대로 파악 못함'을 지적하면서, 戶籍을 작성하여 '徵兵과 調役'의 근거자료로 삼자고 건의했다.[55] 즉 계속되었던 戶口 파악이 사실상 제대로 되지 않았으며, 여전히 징병과 조역의 근거자료가 필요했던 것이다. 禑王 14년의 趙浚의 건의는 위화도 회군 직후의 일이었다. 이후 昌王代에 量田이 실시된 것으로 보아 일반 호적은 그와 함께 진행되었을 것이다.[56]

공양왕 2년에 있었던 양반 호적 작성의 건의는 이와는 다른 측면에서 이루어졌다. 그것은 호적이 작성되는 과정에 兵馬都節制使가 관여하는 데서도 엿볼 수 있다. 본래 고려의 호적 작성은 州郡에서 戶部로 직보하게 하였으나,[57] 후기에는 관제의 개편으로 절차가 약간 변하였다.

　　大司憲趙浚上疏曰 …… 良賤生口分揀成籍 守令貢于按廉 按廉貢于版
　　圖朝廷 凡徵兵調役有所憑依.[58]

禑王 14년에 趙浚은 수령이 按廉使에게, 按廉使는 版圖司(戶部)에 올

----

53) 許興植, 앞의 논문, 1977, 9쪽에서 고려시대 戶籍의 작성은 3년마다 시행하도록
　　되어 있지만, 실제로는 전국적으로 철저히 시행된 戶籍을 기준으로 지역별 徵兵
　　·調役을 정하고 이를 답습하는 예가 많으며, 세밀한 변화는 지역별로 조정하는
　　편법이 일반적이었을 것으로 보고 있다.
54) 『高麗史』 권79, 食貨志 2, 戶口, 恭愍王 20년 12월, (中) 732쪽.
55) 위의 책, 食貨志 2, 戶口, 禑王 14년 8월, (中) 732쪽.
56) 許興植, 앞의 논문, 1977, 37쪽의 주20) 및 38~39쪽에서 戶籍과 量田은 통일신라
　　이후 같은 시기에 작성되었을 것으로 보고, 토지개혁과 함께 戶籍 정리도 신분제
　　정리를 위한 과정에서 실시되었을 것으로 추정했다.
57) 『高麗史』 권79, 食貨志 2, 戶口, (中) 732쪽.
58) 위의 책, 食貨志 2, 戶口, 禑王 14년 8월, (中) 732~733쪽.

리게 할 것을 건의하였고, 실제로 호적이 작성된 사례를 보아도 戶部를 거
치지 않았을 뿐 절차는 이와 비슷했다.

> 至大戊申(1308) 忠烈王上昇 德陵卽位 分遣大臣諸道 計點民俗 欲成戶
> 籍 以公爲楊廣水吉道計點使行水州牧使. 諸道牒報僉議司 承受條□ 僉
> 議無所定議回文□ 當依楊廣水吉 諸道定禮施行 故皆遣僚佐來取法
> 焉.59)

위의 사료는 충선왕 즉위초에 실시되었던 호적 작성의 과정이 잘 나타
나 있다. 호적 작성을 위해 金台鉉이 水州牧使와 楊廣·水吉道 計點使를
겸하여 파견되었는데, 諸道의 計點使가 첨의사로 보고하면 僉議司에서 최
종 검토를 했다.60) 그 과정에서 楊廣·水吉道의 예에 따라 다른 지역도 하
게 했다고 한다. 이러한 사실들을 볼 때, 各道에 計點使를 파견하여 그들
이 중앙 僉議司에 보고하는 절차를 밟았는데, 지역에 따라 시행 시기가 달
랐고 또 실시 방법은 計點使에 따라 다소 다를 수도 있음을 알 수 있다.

그런데 공양왕 2년의 양반·향리호적의 작성 과정에서는 사료 라-(1)에
서처럼 兵馬都節制使, 都評議使司의 순서를 밟았다. 이미 그 기능이 확대
된 都評議使司가 僉議司 대신 최종 검토를 할 수 있다고 해도,61) 兵馬都
節制使의 개입은 특별한 경우로 보인다.

---

59)「金台鉉 墓誌銘」,『高麗墓誌銘集成』, 478쪽 (한림대 아시아문화연구소, 1993).

60)『高麗史』권76, 百官志 1, 門下府條, (中) 656~657쪽. 忠烈王 元年에 尙書省과
中書門下省을 합하여 僉議府를 설치했고, 忠烈王 19년에 도첨의사사로 개편했으
며, 恭愍王 5년에 中書門下省으로 복귀했다. 따라서 이 시기 정확한 이름은 도첨
의사사였을 것이다.

61) 都兵馬使가 忠烈王 5년 3월에 都評議使司로 개편된 이후 그 기능이 더욱 확대
강화되어, 모든 國事를 의논하는 합의기관일 뿐 아니라 행정기관의 성격도 띠게
되었다. 중앙에서 諸道 存撫按廉使에게 보내는 모든 공문을 반드시 都堂을 통하
게 하고 있으며(『高麗史』권84, 刑法志 1, 職制, 恭愍王 20년 12월), 지방에서 올
라오는 공문도 諸道 存撫按廉使가 직접 都堂에 올리게 되어 있었다(刑法志 1, 職
制, 忠穆王 元年). 이상은 邊太燮,「高麗都堂考」,『歷史敎育』11·12合, 1969;
『高麗政治制度史』, 1971, 90~107쪽 참조.

이 시기 兵馬都節制使의 사례는 그리 많이 나타나지 않으나, 공양왕 2
년 12월에 韓尙質을 西北面都觀察黜陟使 兼兵馬都節制使로 삼았다는 기
록이 있다.[62) 都觀察黜陟使는 창왕 즉위년(1388) 8월에 양광도·경상도·
전라도·交州江陵道·서해도 등에 설치되었다. 이것이 공양왕대에는 西北
面과 東北面으로도 확장된 듯하다.[63) 여기서 兵馬都節制使는 도관찰출척
사와 대비되는 군사적인 기능을 담당했던 것으로 보인다.[64) 이러한 北界
지방의 兵馬都節制使가 南道에는 어떠한 모습으로 존재했는지는 알 수
없으나, 임시직이든 상설직이든 역시 군사적인 역할을 담당하지 않았을까
생각한다. 이들이 호적 작성에 관여했다는 것에서 이 호적에 군사적인 목
적이 강하게 반영되었음을 짐작할 수 있다.

고려말 사회는 군사력 동원이 절실하던 때였고, 군사 동원도 이전의 시
기와는 달리 가능한 모든 군사력을 총동원하는 체제로 운영되고 있었다.
宰樞조차 무장하고 궁궐을 수비해야 했던 때였다.[65) 散職者 역시 大小品
官·閑散兩班을 물론하고 향리·백성과 함께 수도 경비를 위해 동원되고
있었다.

禑王 2년에는 各道 都巡問使로 하여금 各道에 이미 속해 있는 品官과
軍人을 인솔하여 上京하도록 함과 아울러 그밖에 이에 속하지 않은 자들

---

62) 『高麗史』 권45, 世家, 恭讓王 2년 12월 癸未, (上) 887쪽.

63) 末松保和, 「高麗兵馬使考」, 『東洋學報』 39-1, 1956 참조. 邊太燮, 「高麗兩界의
    支配組織」, 『高麗政治制度史』, 1971, 231~234쪽 참조. 고려의 양계에는 州鎭과
    중앙을 연결하는 중간기구로서 兵馬使가 설치되었으나 몽골 침입 이후 무너졌고,
    공민왕 5년에 이 지역을 회복한 뒤에는 民政的인 성격이 강화되어 갔다고 보았다.
    河炫綱, 「지방행정구조와 사회상태」, 『韓國中世史硏究』, 1988, 276~278쪽에서 兵
    馬使가 東·西北面에 배치된 3품의 관료였으나, 南道에서는 權設職으로서 외적
    의 침입에 대비하여 일시 설치한 것임을 밝힌 바 있다.

64) 邊太燮, 위의 논문, 1971, 233~234쪽 참조. 韓尙質은 이 당시 平壤尹을 겸하고 있
    어(『牧隱文藁』 권15, 韓脩墓誌), 東北面에서도 和寧尹이 도관찰출척사와 병마도
    절제사를 겸한 것으로 추측하였다.

65) 恭愍王 이후 고려의 상황은 외적의 침입으로 매우 어려웠다. 충정왕 2년(1350) 2
    월에 시작된 왜구의 침입은 이후 끊임없이 계속되었고, 恭愍王 8년(1359)에는 홍
    건적 4만의 침입, 10년에는 홍건적 10만의 침입, 11년에는 조소생·나하추의 침입,
    13년에는 덕흥군의 침입 등이 연이어지고 있었다.

중에서 弓馬에 능한 자들을 뽑으라는 지시가 있었다.[66] 중앙 정부는 各道에 이미 속해 있는 品官을 파악하고 있었는데, 이제 아직 파악되지 않은 각 지방에 거주하는 '大小品官'과 '閑散兩班' 중 능력 있는 자들을 추가로 모집하게 되었다.[67] 이 때부터 정부에서는 군사적 목적에서 품관뿐 아니라 在地閑散에도 관심을 갖기 시작한 게 아닌가 한다. 정부는 이듬해 우왕 3년에 이들을 다시 馬兵으로 소집했으나 의도대로 되지 않아 결국 돌려보냈다.[68]

이러한 의도가 구체적으로 시도된 것이 현재 남아 있는 散職者 중심의 호적이 아닌가 추정된다. 그러나 군사적인 목적에서 散職者들을 모으는 일은 여전히 쉽지 않았고, 본 호적을 작성하는 데는 많은 우여곡절을 겪었던 것이다.

이상에서 보면 공양왕 2년에서 3년 사이에 진행된 양반·향리 호적의 작성은 개혁파의 정책이 반영된 것으로, 양반과 향리 신분의 정리와 아울러 그 소유 노비의 辨正을 위해 시행되었다. 그러나 현재 남아 있는 호적의 일부는 양반을 입증하는 데 필요한 的實한 文契가 없는 戶口가 대부분이다. 본 호적에서 일부 추심한 몇 개의 호구는 양반으로 인정되었겠지만, 증빙 문서가 없는 대다수 戶長層 출신의 前職者나 散職者의 戶口도 양반으로 인정했는지는 의문이다. 이들은 고려 정부의 기본 방침에 의거하면 모두 '還本役'의 대상으로 鄕吏役으로 돌아가야 했다.

하지만 다양한 본관의 산직자인 이들이 한 지역의 호적에 올라 있는 것은, 이들을 본관과 본역으로 還本하지 않고 최소한 거주지역과 免鄕을 그대로 인정해주었기 때문으로 보인다. 공양왕대의 '兩班·鄕吏戶籍'은 戶長層의 변동에 대하여 還本政策을 추진했던 그간의 방침에서 현실 인정으로 돌아선 가운데 작성되었다.

이와 관련하여 고려말에는 군사력을 총동원하는 체제였고 禑王代부터

66) 『高麗史』 권81, 兵志 1, 兵制, 辛禑 2년 7월, (中) 786쪽.
67) 姜恩景, 앞의 논문, 1989에서 이들 '閑散'을 관인층인 大小品官과 구별되는 것으로 보고, 鄕吏 출신의 새로운 散職者層으로 추정한 바 있다.
68) 『高麗史』 권81, 兵志 1, 兵制, 辛禑 3년 6월, (中) 787쪽.

는 이미 파악된 閑良品官뿐 아니라 在地閑散까지 파악, 동원하려는 시도
가 있었음이 주목된다. 본 호적이 兵馬都節制使의 주도로 이루어진 것은
바로 이러한 상황을 반영한 게 아닐까 생각한다. 즉 지방사회에서 유력한
지배세력인 이들을 無役層으로 남겨둘 수는 없었다. 禑王代부터 여러 차
례 閑散軍의 동원이 시도되었는데, '李太祖戶籍原本'에 나타난 散職者도
그러한 의도에서 파악된 게 아닌가 한다.

하지만 호적정리가 완성되지 못하고 중단되었기 때문에, 散職者의 전체
적인 파악이 되지 않은 가운데 科田法을 시행하게 되었다. 따라서 科田法
에서는 중앙에 거주하는 관인층에게는 '居京城 衛王室'의 조건으로 科田
을 지급할 수 있었으니, 그밖에 각 지방에 흩어져 있는 散職者들, 즉 在地
閑散은 막연히 六道의 閑良官吏로서 軍田의 대상으로 언급되었다. 이들을
정작 外方軍役에 충당시키는 것은 조선초의 과제로 남았다. 또한 본 호적
정리의 방침은 향후 조선사회가 안정되면서 다시 추진되어 『世宗實錄地理
志』의 姓氏條로 정리되었던 것으로 보인다. 그 결과 각 군현에서 현 거주
지를 중심으로 토착세력을 파악하게 된 것이다.

2. 在地閑散에 대한 정부의 대책과 그 결과

1) 고려말 閑散軍의 편성

고려후기 지방사회에서는 본래는 호장층이었으나, 散職을 통해 鄕役을
벗어난 在地閑散이 새로운 지방세력을 형성하기 시작했다. 이들은 간혹
지방에서 자체 방어에 참여하긴 했지만, 근본적으로 無役者層으로서 국가
의 역 체계에서는 빠져 있었다. 우왕대에 이르면 이들을 국가 역 체계에
편제하려는 시도가 나타난다. 그 구체적인 노력의 하나가 閑散軍의 징발
이었다.

가-(1) 禑曰 四方盜賊未息 軍政當時所急. 今後 每當興師之際 令各道都

巡問使兼元帥・軍目 道官員兼兵馬使・知兵馬使 與各道元帥・各
軍目・道兵馬使・知兵馬 同帥各道曾屬品官・軍人 上京 大小品
官幷及子弟・閑散兩班・百姓・諸宮司倉庫私奴漢・才人・禾尺・
僧人・鄕吏中 擇便弓馬者 各備兵器及冬衣戎衣・二朔料・麤末乾
飯 以待如緩急 元帥・各軍目道兵馬使 及期來會.[69]

위의 사료는 禑王 2년 7월에 禑王이 왜구 침입과 北元의 위협 속에서
수도경비를 위한 군사동원준비를 지시했던 내용이다. 당시에 이미 각도에
소속된 品官 외에 추가로 弓馬에 능한 자들을 뽑아 동원하려고 했는데, 그
중에는 각 지방의 大小品官과 아울러 閑散兩班이 있었다. 大小品官과 구
별된 閑散兩班이 바로 在地閑散으로서, 이 때는 百姓・諸宮司倉庫私奴漢
・才人・禾尺・僧人・鄕吏 등 다양한 계층과 함께 동원하려고 하였다. 이
들은 弓馬에 능해야 했으므로 일단 馬兵의 대상자였던 것 같다. 더욱이 각
자 兵器와 冬衣・戎衣, 그리고 二朔料와 麤末乾飯까지 준비해야 했다. 따
라서 경제적으로 상당히 여유 있는 자들이었음을 알 수 있다.

이듬해에는 이들만으로 馬兵을 만들려는 시도를 하였다.

가-(2) 都評議使 閱各道所調閑散軍. 先是 各道抄軍使等 抄閑散子弟 慶
尙道六百 全羅道一千三百四十 楊廣道七百 無馬者畏刑 至有鬻子
易馬・盡賣家産 又賣已耕之田 以求馬匹 雖名閑散 其實農民及戍
邊鎭者居半 至是 皆令放歸.[70]

禑王 3년에 都評議使司에서 各道 抄軍使가 뽑아 만든 閑散軍을 사열하
였는데, 비록 閑散이라고 하지만 농민과 戍邊鎭者가 대부분이어서 모두
돌려보냈다는 내용이다. 이를 통해 도평의사사에서 생각했던 閑散과 실제
로 뽑혀온 閑散이 다르다는 사실이 발견된다. 바꾸어 말하면 閑散에는 고
려 정부가 馬兵으로 뽑아도 넉넉히 준비할 수 있는 자들과, 자식을 팔거나

---

69) 『高麗史』 권81, 兵志 1, 兵制, 辛禑 2년 7월, (中) 786쪽.
70) 위의 책, 兵志 1, 兵制, 辛禑 3년 6월, (中) 787쪽.

경작하는 토지 등 가산을 다 팔아서 간신히 말을 준비했던 자들이 있었는데, 후자와 같은 閑散은 농민과 크게 다르지 않았다.

정부가 閑散軍의 대상으로 생각한 것은 경제력 있는 閑散으로서,[71] 各道에 散在한 새로운 지방세력인 在地閑散이었다. 그러나 이들은 뽑히지 않고 능력이 안되는 농민들만이 징발되자 해산시키고 말았다. 결국 閑散軍을 동원하여 이들을 역 체계에 편제하려던 정부의 시도는 실패했다. 하지만 이러한 시도는 중앙 정부가 在地閑散에 관심을 가지기 시작했다는 점에서 의의가 있다.

禑王代는 왜구의 침입이 극성을 이루던 시기로, 재위 14년간 378회나 되었다.[72] 이에 고려 정부는 戌所와 邑城 등 방어시설을 갖추고 아울러 軍役制度의 재정비를 위한 갖가지 노력을 기울이던 때였다.[73] 그 과정에서 閑散軍은 馬兵으로 징집되었다. 당시 중앙의 방어체제를 위해 馬兵이 필요하긴 했지만, 다음의 사료를 보면 그 시기에 이미 다른 馬兵들이 존재했음을 알 수 있다.

가-(3) 選諸道良家子弟 補充八衛 輪番宿衛 楊廣道八千五百人 全羅道五千五百人 慶尙道九千人 交州道三千人 江陵道一千人 分屬五軍 屯于京城各門.[74]

(4) 慶尙·楊廣·全羅各道 募軍號翊衛軍 屯東西江.[75]

(5) ……衛京闕 遠來別家鄉 …… 驅迫到畿甸 鍛翮困低翔 固圉旣無備 淸塞風塵揚 阿誰送供費 所携惟空囊 …… 駑馬放前壟 疲病行欲

---

71) 閔賢九, 「高麗後期의 軍制」, 『高麗軍制史』, 1983, 336~337쪽에서는 이들을 官人閑散軍이라 하여 五軍에 속하게 하여 宿衛하게 했던 관직자들과 동일시하는데, 兵制의 宿衛와 外方의 軍役은 차이가 있다고 생각한다.

72) 신석호, 「麗末鮮初 왜구와 그 대책」, 『국사상의 제문제』 3, 1959, 107쪽.

73) 閔賢九, 「高麗後期의 軍制」, 앞의 책, 1983, 333~337쪽 및 權寧國, 앞의 논문, 1995, 150~160쪽 참조.

74) 『高麗史』 권82, 兵志 2, 宿衛, 恭愍王 원년 7월, (中) 795쪽.

75) 위의 책, 兵志 2, 鎭戌, 禑王 원년 9월, (中) 797쪽.

僵.76)

(6) 遣使諸道點兵 楊廣道騎兵五千・步卒二萬 慶尙道騎兵三千・步卒
二萬二千 全羅道騎兵二千・步卒八千 交州道騎兵四百・步卒四千
六百 江陵道騎兵二百・步卒四千七百 朔方道騎兵三千・步卒七千
平壤道騎兵六百・步卒九千 西海道騎兵五百・步卒四千五百77)

사료 가-(4)와 (5)는 禑王 원년 9월에 京都 수비를 위해 東西江에 주둔
시켰던 翊衛軍에 관한 기록이다. 사료 가-(5)는 禑王 6년경 權近이 그 군
사 중 한 명을 만나 그의 말을 옮겨적은 글로서 당시 익위군의 상황을 잘
나타내준다. 그에 따르면 익위군은 수도경비를 위해 농민들을 징집했는데,
馬兵으로서 그 비용을 각자 해결했다고 한다. 사료 가-(6)도 우왕 2년에
點兵했던 기록으로 각도에 騎兵이 있었음을 보여준다. 이렇게 마병이 있
었음에도 우왕 3년에 마병으로서 閑散子弟를 초출하였고, 그들이 실제로
는 농민이거나 邊鎭을 지키는 자여서 돌려보냈다고 한다. 이들은 농민의
馬兵이 아니었던 것이다. 우왕 3년에 있었던 閑散軍의 모집은 당시 일련
의 馬兵들과는 다른 계통으로 이루어졌음을 알 수 있다.

閑散軍이 당시 동원되었던 타 군과는 그 성격이 다르다는 것은 군액과
대상지역에서도 나타난다. 먼저 사료 가-(2)의 閑散軍과 가-(3)과 (6)의 군
액을 비교해보면 가-(3)의 양가 자제는 양광도와 경상도의 군액이 월등히
많고, 사료 가-(6)의 일반 기병도 양광도가 월등히 많고 경상도가 그 뒤를
잇는다. 그에 비해 사료 가-(2)의 閑散軍은 전라도의 군액이 타 도의 배나
된다. 이는 閑散軍이 良家子弟 및 일반 기병과는 다른 계층을 대상으로
했기 때문이다. 또 良家 자제와 일반 기병은 그 대상이 전국적인데, 閑散
軍은 전라・경상・양광도 세 지역에만 제한되어 있다. 이 세 지역은 他道
에 비해 토착세력의 기반이 든든하여 호장층의 流亡이 적었던 곳이다. 호
장층이 안정된 만큼 在地閑散도 지방세력으로 자리잡고 있었던 것 같다.

---

76) 『陽村集』 권4, 詩, 錄翊衛軍語.
77) 『高麗史』 권81, 兵志 1, 兵制, 禑王 2년 8월, (中) 786쪽.

본래의 閑散軍은 바로 이러한 자들을 대상으로 한 것이었다.

閑散軍은 당시 징집되고 있던 일반 馬兵과는 다른 의도에서 소집되었던 바, 총동원 체제에서 이미 동원되고 있었던 각 지방의 品官이나 농민 중 어디에도 포함되지 않았던 在地閑散을 대상으로 한 것이었다. 이들은 馬兵으로서 능력과 경제력을 갖추고 있었으며, 禑王 3년의 閑散軍의 소집은 바로 그러한 자들을 편제하려 했던 것이다. 이는 호장층 출신의 강력한 지방세력인 在地閑散을 軍으로서 이용할 필요성도 있었겠지만, 避役하는 그들을 役의 체계로 편제하려는 의도에서 이전과 다른 새로운 軍 편성을 시도한 게 아닌가 생각한다.

그러나 이들을 다시 국가 役 체계에 편제하는 것은 쉽지 않았다. 閑良品官은 三軍府에 편제하여 王室宿衛를 하도록 했지만, 그에 비해 전국에 흩어져 있는 在地閑散은 편제하기 이전에 파악하기조차 힘들었을 것이다. 더욱이 時散의 관직자들에게 토지를 보장해주는 科田法體制를 추진하려고 할 때, 전국적으로 흩어져 있는 이들 在地閑散이 문제가 아닐 수 없었을 것이다. 그리하여 이들을 파악하기 위해 그 기초작업으로 추진될 것이 '李太祖戶籍原本'으로 불리는 공양왕 2~3년간의 兩班·鄕吏 戶籍의 정리가 아닌가 한다.

'李太祖戶籍原本'은 모든 지배층을 대상으로 작성하되, 양반 신분의 변정과 아울러 군사적인 의도도 있었음을 살펴보았다. 현재 남아 있는 문서에는 양반 신분을 인정하기 어려운 자들도 상당수 있었는데, 이들을 별도의 호적으로 작성했던 것은 다른 의도가 있었던 것으로 보인다. 그 의도는 우왕대부터 시작된 한산군의 편제와 관련되는 게 아닐까. 하지만 호적 작성이 완성되지 못한 채 과전법이 실시되었고, 따라서 미처 파악되지 못한 재지한산에게는 과전을 줄 수 없었다. 따라서 本田에 따라 5결 또는 10결을 군전으로 준다는 막연한 방침만 세웠던 것이다.

2) 과전법체제에서의 在地閑散과 軍田 지급

고려후기 호장층을 중심으로 避役의 방안으로 散職 진출이 활발했고,

이들은 중앙으로 진출하기보다는 대부분 지방사회에서 유력자로서 존재하였다. 이들은 본래 호장층이었으므로 지방사회에 여전히 토착기반이 있었고, 따라서 그 지위와 영향력도 지속되었다. 중앙 정부는 이들을 本役으로 돌려보내는 것을 원칙으로 하였으나, 그것이 여의치 않자 이들만으로 馬兵을 구성하려는 시도도 하였다. 하지만 그 역시 실패하였고, 각 지방사회에 산재해 있는 이들 유력한 無役者들을 어떻게 다시 중앙의 역 체계로 편입시키느냐는 하나의 과제였다.

지방에 있는 散職者들이 다시 언급되는 것은 이른바 고려말 개혁론자들의 토지개혁 논의에서였다. 時散의 관직자들에게 토지를 보장해주는 科田法體制를 추진하려고 할 때, 전국적으로 흩어져 있는 이들 在地閑散이 문제가 아닐 수 없었다. 호적 작성을 통해 이들을 파악하고자 했으나, 이를 제대로 마무리짓지 못하고 科田法을 실시하게 되었다. 과전법에는 이들이 '六道의 閑良官吏'로 나타난다.

> 나-(1) 辛禑十四年七月 大司憲趙浚等上書曰 ⋯⋯ 一. 口分田 在內 諸君及自一品以至九品勿論時散 隨品給之. 其添設職者 考其實職 給之皆終其身. 其妻守節 亦許終身. 現任外前衛與添設受田者 皆屬五軍. ⋯⋯ 其在外者 只給軍田充役.[78]

> (2) 恭讓王三年五月 都評議使司上書 請定給科田法. 從之 ⋯⋯ 畿四方之本 宜置科田 以優士大夫 凡居京城衛王室者 不論時散 各以科受 ⋯⋯ 外方王室之藩 宜置軍田以養軍士 東西兩界 依舊充軍需 六道閑良官吏 不論資品高下 隨其本田多少 各給軍田十結或五結.[79]

고려말 토지개혁론자들은 散職者에게도 토지를 보장하는 것을 원칙으로 하였다. 대신 散職者는 모두 五軍에 소속시켜 王室宿衛를 담당하게 하자는 의견이었다. 사료 나-(1)에서 禑王 14年(1388) 7月에 大司憲 趙浚 등

---

78) 『高麗史』 권78, 食貨志 1, 田制, (中) 717쪽.
79) 위의 책, 食貨志 1, 田制, (中) 723~724쪽.

은 중앙에 있는 이른바 '在內者'는 現任 외에 前銜과 添設職者도 관품을 따라 토지를 지급하되, 添設職者는 그 實職을 고려하여 주고 그렇게 受田한 자는 모두 五軍에 속하게 하자고 주장하였다. 그렇게 할 경우 添設職者 중에서도 實職이 없었던 자는 受田의 대상에서 제외된 것으로 보인다. 고려말 호장층에서 아무런 實職 없이 첨설직만 가진 자들이 다수 있었는데, 이들 모두가 과전의 대상은 아니었던 것이다.

또 '在外者'는 다만 군전을 지급하여 '充役'하자고 주장하였다. 이들 在外者가 사료 나-(2)에서 공양왕 3년의 과전법 시행과정에서는 六道의 閑良官吏로 표현되었고, 역시 군전을 5결 또는 10결을 지급한다고 되어 있다. 6도의 한량관리에게 군전을 지급하는 대신 부과되는 의무규정이 구체적으로 명기되지 않았지만, 사료 나-(1)에서 在內의 受田散官이 五軍에 속했다면 이들 在外者에게도 어떤 役이 부과되었을 것으로 추정할 수 있다.

그런데 조선초 기록에는 在外者 중에도 赴京侍衛를 해야 했던 散職者가 있었다. 즉 산직을 가진 지방 거주자의 의무사항은 두 가지로 나타나는데, 하나는 赴京侍衛이고 다른 하나는 外方軍과 관련해서였다. 다음은 이와 관련된 사료이다.

나-(3) 上如壽昌宮　命趙琪　點考諸節制使所領軍官及閑良人受田者　其在外不衛王室者　罪之.[80]

(4) 都評議使司奉王旨　移牒各道　六品以上年七十以下閑良官　除鄕校訓導及騎船軍官外　一皆訪問　具錄以聞.[81]

(5) 憲司上書　在外品官　居京侍衛　已有定日　前門下府使崔濂・前和寧尹朴天祥・前密直全子忠・孫光裕等　皆不及期　請依敎旨　收奪職牒　籍沒財産. 王從之.[82]

---

80) 『太祖實錄』 권5, 太祖 3년 1월 乙丑, 1책 54쪽.
81) 『太祖實錄』 권8, 太祖 4년 11월 辛未, 1책 86쪽.
82) 『太祖實錄』 권11, 太祖 6년 6월 壬午, 1책 107쪽.

(6) 命都堂 點考赴京品官 下前判書鄭寓·金乙生等四人于巡軍獄 不
   及期也.[83]

　사료 나-(5)와 (6)은 太祖 6년의 기록인데, ‘在外品官’이나 ‘赴京品官’이
정해진 날짜에 赴京侍衛하지 않았다는 이유로 직첩을 빼앗기고 재산을 적
몰당했으며, 심지어는 하옥까지 당했다. 그 구체적인 대상이 되었던 ‘在外
品官’ 또는 ‘赴京品官’으로는 前門下府使를 비롯하여 모두 고위의 전직관
이었다. 前職者는 비록 지방에 거주하더라도 일정한 날짜에는 赴京해야
할 의무가 있었기 때문이다.[84]

　그 이전의 준비단계가 사료 나-(3)과 (4)로서 태조 3년과 4년에 걸쳐 각
지방에 있는 ‘閑良人 受田者’ 또는 閑良官을 조사하게 한 바 있다. 태조 3
년 정월에 諸節制使가 거느린 軍官과 閑良人 受田者를 점고하여, 지방에
거주하면서 왕실 시위를 하지 않는 자를 처벌하도록 하였다. 그러나 절제
사가 거느린 군관과 閑良人 受田者 외에도 파악되지 않은 閑良官이 있었
던 모양이다. 사료 나-(4)에서 태조 4년 11월에는 都評議使司가 各道에 6
品 이상, 70세 이하의 閑良官을 조사하여 이름을 올리도록 하였다. 그 중
에서 鄕校訓導 및 騎船軍官은 제외되는 것으로 보아, 이 閑良官에는 騎船
軍官도 포함되었음을 알 수 있다.

　이상의 사료 나-(3)과 (4)의 기록을 보면, 지방에 거주하는 散職者 중에
는 군관의 직을 가진 자와 閑良人 受田者 또는 閑良官이 있었음을 알 수
있다. 이 중 ‘閑良人受田者’는 赴京宿衛해야 했던 사료 나-(5)와 (6)의 전
직관들을 가리키는 게 아니었나 생각한다. 사료 나-(3)의 절제사 휘하의
군관은 閑良人 受田者와 함께 지방에 있으면서 왕실 시위를 하지 않을 경
우 처벌하도록 한 대상이었으며, 사료 나-(4)의 騎船軍官에는 6品 이상의
閑良官도 포함되어 있었다. 이들 외방군에 속한 군관은 散職을 가진 자들

83) 『太祖實錄』 권12, 太祖 6년 10월 丙午, 1책 111쪽.
84) 『太祖實錄』 권11, 太祖 6년 4월 乙巳, 1책 105쪽에 ‘命兩府以下 前衛品官 常居
　　京衛王室 兩府各六月初一日 嘉善刻八月初一日’이라 하여 그 날짜가 정해져 있
　　었다.

로서, 중앙에서 점고하는 대상으로 파악되고 있었다.

지방거주 閑良官 중에는 赴京侍衛를 해야 했던 전직자들이 있었던 한편, 또 일부 외방군의 군관에 포함된 자들도 있었다. 아울러 사료 나-(4)에서 정부가 모든 閑良官이 아니라 6품 이상에 한하여 파악하려 했던 것을 보면, 특별히 赴京宿衛의 의무를 진 자나 外方軍 軍官에 속해야 했던 지방의 散職者는 적어도 6품 이상이 아니었나 생각한다.[85]

그렇다면 赴京侍衛의 의무와 外方軍의 軍官은 같은 성격의 役이었을까. 만일 아니라면 이들은 각각 어떤 존재들이었을까. 赴京侍衛의 의무를 진 '在外者'에 관련된 자료를 보자.

다-(1) 太祖七年二月癸巳 慶尙道都觀察使李至上書 道內大小品官 名載居京之籍者 往還之際 馬多困斃 今後有令 刻日赴京 故有傾家買馬者.[86]

(2) (太宗 4년 6월 戊寅) 申嚴閑良官宿衛之法 承樞府上言以爲 田制閑良官 除父母喪葬疾病外 無故不赴三軍府宿衛 滿百日者 其田許人陳告科受. 今京牌屬大小人員居於外方 代以子壻弟姪 甚者 代之以奴 妄稱弟姪 宿衛虛疎 尊卑混雜. 其受田在外人員 八月初一日 不及赴京者 各於所居處充軍 所受田地 令給田司 其子壻弟姪可當宿衛者 依科遞給 其餘田及無子壻弟姪人所受之田 給於新來從仕者 牒呈本府 分屬三軍京牌 以實宿衛.[87]

(3) 太宗六年五月壬辰 申受田侍衛之法. 議政府啓 受田品官 全爲居京城衛王室 載在六典. 無識之徒 不顧立法之意 累年在外 以致侍衛虛疎 又憑受田 不肯應當外方軍役……[88]

---

85) 몇 개 안되는 사례이지만 사료 나-(5)와 (6)에서 赴京宿衛를 하지 않아서 처벌된 전직관은 모두 高位 官職者였다.
86) 『太祖實錄』 권13, 1책 116쪽.
87) 『太宗實錄』 권7, 1책 299쪽.
88) 『太宗實錄』 권11, 1책 356쪽.

위의 사료 다-(3)은 太宗 6년에 受田品官이 몇 년 동안 지방에 거주하면서 왕실시위를 제대로 하지 않고, 도리어 '受田'을 빙자하여 外方軍役에 나가려 하지 않는 세태를 비판하는 글이다. 여기서 '受田'은 外方軍役을 회피할 구실이 될 정도로 특권으로 인식되고 있었으며, 상대적으로 외방군역은 그만큼 열등한 조건의 役이었음을 짐작할 수 있다. 따라서 이들 지방 거주 품관이 受田한 토지는 外方軍役者에게 주는 토지와는 달랐던 것으로 보인다. 그것은 외방 군역자에게 주었던 군전이 아니라, 산관에게 주었던 또 하나의 토지인 과전이었던 것이다.

이러한 사실은 같은 시기의 기사인 사료 다-(2)에서 더욱 분명히 잘 드러난다. 이는 태종 4년에 제시된 閑良官의 宿衛를 엄격히 하기 위한 방안인데, 京牌에 속한 대소 인원이 지방에 거주하면서 숙위를 하지 않으므로 이들을 각 거주지에서 '充軍'하자는 것이다. 거주지에서의 充軍은 赴京侍衛를 하지 않는 것에 대한 견책의 의미로 사용되고 있어, 역시 赴京侍衛는 거주지에서 充軍하는 것보다 우월한 조건의 역이었음을 알 수 있다. 또 의무를 지키지 않는 자의 토지는 '依科遞給'하자고 함으로써 이들에게 지급된 토지가 科田임을 명시하고 있다.

이와 같이 6도의 한량관리와 같이 지방에 거주하면서도 外方軍役보다 상대적으로 우월한 조건의 赴京侍衛의 의무를 지는 자들이 있었고, 이들은 6도의 한량관리와 달리 5결 내지 10결의 군전 대신에 관품에 따라 지급되는 과전을 받았다.

지방거주 無職事官이 과전을 받은 이유에 대해서는 사료 다-(1)에 언급되어 있다. 사료 다-(1)에 나오는 '刻日赴京'의 날짜가 사료 다-(2)의 날짜와 같다면, 이들 도내 대소 품관이 서울로 왕복할 수밖에 없었던 것은 그 이름이 '居京之籍'에 올라 있었기 때문이다. 고려시대 지방에서 중앙으로 진출하면 그 적도 중앙으로 옮겼는데,[89] 설사 고향으로 退居한다고 해도 籍은 그대로 중앙에 두어 중앙과의 관계를 유지하였다.[90] 중앙 관인층에

---

89) 李佑成, 「閑人・白丁의 신해석」, 『歷史學報』 19, 1962, 71쪽 및 李基白, 「고려 귀족사회의 형성」, 『한국사 4』, 국편위, 1984, 190~193쪽에 의하면 고려시대 중앙관리가 되면 率家, 上京하여 살면서 점차 지방호족과는 다른 신분이 된다고 한다.

속해 있다가 고려말 여러가지 사정으로 귀향했던 前職者는 여전히 '居京之籍'에 올라 있었기 때문에, 科田法 실시 때에 자연히 科田의 대상이 될 수 있었던 것이다. 즉 在地散官 중에서도 科田을 받고 赴京侍衛를 해야 했던 부류는 중앙 관인층의 자격으로서였다.[91]

그렇다면 중앙 관인층이 기피했던 外方軍役은 어떤 것이며, 상대적으로 열악한 조건의 외방군역을 해야 했던 六道의 閑良官吏는 어떤 존재들이었을까. 우선 외방군역은 바로 사료 나-(3)과 (4)에 나오는 외방군의 군관과 연관되는 것으로 보인다. 조선초 외방군은 중앙에 상번하는 각 節制使 휘하의 侍衛牌를 비롯하여 陸守軍, 즉 營鎭軍과 守城軍 및 騎船軍으로 이루어졌는데,[92] 사료 나-(3)의 節制使 휘하의 군관은 侍衛牌에, 사료 나-(4)의 騎船軍官은 騎船軍에 각각 속하는 것으로 보인다. 이러한 外方軍은 기본적으로 양인농민으로 구성되었기 때문에,[93] 散官이 外方軍役에 충당된다면 그 지위는 外方軍에서도 군관일 가능성이 크다.[94]

---

90) 『高麗史』 권100, 列傳 13, 慶大升傳, (下) 222쪽에 '(명종 8년 3월) 淸州人與州人係京籍而退居者構隙 捕殺幾盡 其黨之在京者聞之 欲爲報仇……'라 하여 淸州人 중 京籍에 속해 있으면서 퇴거하여 청주에 사는 자들이 있었다. 이들이 계속 청주에 거주했던 자들과 알력이 생겨 죽임을 당하자, 在京者들이 군사를 모아 청주로 내려가 대대적으로 싸웠다는 기록이다. 당시 중앙 관인층은 退居하였어도 여전히 京籍에 올라 있었으며, 在京者와 긴밀히 연결되어 있었음을 알 수 있다.

91) 처음 三軍府가 설치되었을 때 宿衛를 맡겼던 자들에 대해서는 『三峰集』 권7, 拾遺 箋, 恭讓朝辭右軍摠制使箋(恭讓王 3년 ; 1391)에 나오는 鄭道傳의 글이 시사해주는 바가 있다. 恭讓王 3년 1월 군사 최고기관으로 三軍都摠制府가 설치되면서 鄭道傳이 右軍 摠制使를 맡았는데, '…… 舊家世族 無其役而食其田久矣 一日 名屬軍籍 役加於身 臣恐大小歸怨於臣也 …… 果有謗之者曰 道傳回自中原而三軍之府遽設 此以五軍都督之法而爲之也 舊家世族 自此皆服賤役矣'라 하여, 舊家世族이 役 없이 수입만 먹은 지 오래되었는데 이제 그 이름을 軍籍에 올려 役을 지게 하면 반발이 심할 것이라는 우려를 하고 있다. 이를 통해 科田을 받고 王室宿衛를 맡아야 했던 散職者들은 舊家世族, 즉 오랜 세월 官職을 누려온 관인층 집단으로 三軍府가 설치되면서 이에 속하게 되었음을 알 수 있다.

92) 閔賢九, 「鎭管體制의 確立과 地方軍制의 成立」, 『韓國軍制史 -近世朝鮮前期編-』, 1968, 115쪽.

93) 閔賢九, 「五衛體制의 확립과 中央軍制의 성립」, 위의 책, 1968, 56쪽 및 『高麗史』 권81, 兵志 1, 兵制, 恭讓王 2년 12월, (中) 792쪽.

이와 같이 外方軍役을 담당했던 6도의 閑良官吏는 토지나 役에서 赴京侍衛者보다 열악한 조건이었음을 볼 때, 지방사회에서 기존의 관인층보다 차별적 대우를 받았던 在地閑散과 연관되는 계층으로 추정된다. 따라서 사료 나-(3)과 (4)의 군관은 在地閑散이 軍田을 받은 대신 져야 했던 외방군역이었던 것으로 보인다.

공양왕 원년에는 都巡問使·元帥를 각각 都節制使·節制使라는 전임관으로 임명하기 시작한 바 있는데,[95] 이들 節制使는 각도의 軍籍을 장악하고 있었기 때문에 그 휘하의 군관은 절제사가 직접 거느리는 私兵의 성격이 강하다.[96] 따라서 節制使 휘하의 軍官이 되는 것은, 중앙 정부보다는 節制使와 직접 관련되는 문제였다.

> 다-(4) ……以地爲全羅道按撫使 禧爲楊廣道按撫使 竝兼倭人追捕萬戶
> …… 謂宰相曰 今爵禧等 卿等勿以爲異 冀其成功 激人心耳 他日
> 無功 亦當不赦. 又授地麾下士八十五人·禧麾下士六十七人添設
> 職 令密直司給地·禧 千戶空名帖二十·百戶牒二百.[97]

> (5) 都評議使司狀啓曰 各道都節制使率行軍官 宜定其數 兵馬使·知
> 兵馬使·副使各一 判官·伴倘各三 從之.[98]

---

94) 李喜寬, 「高麗末·朝鮮初 前銜官·添設官에 대한 토지분급과 軍役 부과」, 『高麗末·朝鮮初 土地制度史의 諸問題』, 1987, 112~114쪽 참조. 이에 의하면 侍衛軍의 軍官은 侍衛軍의 起送, 즉 징발하여 防戍地 혹은 접전지로 보내는 역할을 맡고 있었다.

95) 『高麗史』 권77, 百官志 2, 外職, 節制使 참조.

96) 閔賢九, 「軍令軍政機關의 정비」, 앞의 책, 1968, 191~192쪽 참조.
『高麗史』 권81, 兵志 1, 兵制, 恭讓王 2년 2월, '各道節制使 爭先下牒 使道內郡縣及京畿農民 雖無事時 累朔居京……'이라 하여, 이들 節制使가 임의로 농민을 징발하고 있으며, 그것은 바로 '私兵'으로 인식되었다. 또한 『陽村集』 권31, 上書類, 請罷私兵狀에서 權近은 '外方各道軍馬 分屬諸節制使 或稱侍衛 或稱別牌及私伴倘 番上之煩 徵發之擾 其弊甚多'라고 私兵의 폐단을 지적하고 있는데, 농민뿐만 아니라 私伴倘(즉 軍官)도 私兵으로 취급하였다.

97) 『高麗史』 권113, 列傳 26, 鄭地傳, (下) 495쪽.

98) 『太祖實錄』 권5, 太祖 3년 3월 乙巳, 1책 60쪽

(6) 使司稟旨 定諸道節制使道受料之數 軍官伴倘十五・從人十五 大
小馬各十五匹 留營軍官五十・從人五十 大小馬各五十匹 軍器打
造工匠三十七名.99)

(7) ……水軍萬戶千戶 以所管軍籍之中富强者 私自放還 多取賄賂 惟
以貧寒老雉留防値有賊兵…….100)

사료 다-(4)는 공민왕대의 기록으로 私兵의 성격이 강했던 麾下士 또는
伴倘의 존재를 잘 나타내는 자료이다.101) 공양왕 23년에 倭人追捕萬戶를
겸한 全羅道 按撫使 鄭地와 楊廣道 按撫使 李禧에게 그 麾下士 152명에
게는 添設職을 주었고, 그것도 부족하여 空名의 千戶・百戶牒을 무려 220
개나 주었다는 사실에서, 이들의 휘하로 들어가 군관이 되는 것은 전적으
로 이들에게 달려 있음을 알 수 있다.

사료 다-(5)와 (6)을 보면, 조선시대에 들어와서 군관의 수를 제한하고
자 하였으나, 태조 7년에 오히려 증가시키고 있다. 이는 여전히 節制使 휘
하의 군관에 대해서 거의 통제하지 못하고 있음을 반증한다. 사료 나-(3)
과 (4)의 군관 역시 같은 위치였음을 전제한다면, 절제사 휘하 在地閑散
출신의 군관은 절제사와 결탁하여 외방 군역에 종사하는 것으로 하고 군
전을 받을 수 있었다.

在地閑散이 각 도 節制使 휘하의 군관이 될 수 있었던 것은 그들의 재
지 기반을 전제로 한다. 그렇기 때문에 사료 다-(7)에서처럼 水軍의 萬戶
・千戶가 소관하는 군적 중에서 부강자를 사사로이 放還하는 것도 가능했
다.102) 이러한 在地閑散과 각 지방의 軍籍을 장악하고 있던 諸節制使의

---

99)『太祖實錄』권15, 太祖 7년 9월 戊戌, 1책 138쪽.
100)『太祖實錄』권13, 太祖 7년 2월 癸巳, 1책 116쪽.
101)『高麗史』권83, 兵志 3, 船軍, 恭愍王 23년 正月, (中) 831쪽의 같은 기사에는 麾
下士가 '伴倘'으로 표현되어 있다. 伴倘의 私兵的 성격에 관해서는 주96)의 權近
의 글과 鄭杜熙,「高麗末期의 添設職」,『震檀學報』44, 1977, 45~46쪽 및 浜中
昇,「麗末鮮初の閑良について」,『朝鮮學報』42, 1967, 101쪽 참조.
102) 같은 시기 기록인『太祖實錄』권14, 太祖 7년 윤5월 辛卯, 1책 126쪽에는 '設水軍
官職 萬戶三品以上 千戶四品以上 百戶六品以上 皆以武資差 國家 以騎船軍官

결탁은 자연스러운 것이었다. 그리고 在地閑散은 관직을 冒受할 정도의 경제기반을 가지고 있었는데, 군전은 바로 이들의 本田의 다소에 따라 지급된 게 아닐까 생각한다.

지방사회 지배층의 일부를 이루고 있던 在地閑散에게 그들 토지에 대한 조세를 일부 면제해주는 대신, 그들을 각도 節制使 휘하에 끌어들이려 했던 것이다. 이는 外方軍의 강화라는 의미와 함께, 조선초 미약했던 중앙정부의 재지기반을 보강하려는 의도도 있었을 것으로 생각한다.

이러한 의도는 군전 폐지론에서도 확인할 수 있다.

> 議政府上各品陳言可行事宜 一. 廣興倉使柳蒙等陳言 軍田折受者 皆老無用 而從戎者則皆未受田 願各道軍田 皆屬軍資 公收其租 以給水軍.[103]

정종 2년 4월에 私兵이 혁파되고 태종이 집권하면서 그 해 12월에 甲士의 復立이 이루어진다.[104] 이렇게 甲士 위주의 禁軍 체제가 성립되면서 節制使 휘하의 侍衛牌의 중요성이 상실되어 갔다.[105] 따라서 節制使 휘하의 軍官으로 존재했던 軍田 대상자들도 武才가 있는 자는 중앙군으로 흡수되고, 위의 사료에서처럼 '늙고 쓸모 없는' 자들만 남게 되었다.

軍田을 지급한 지 10년 만에 그 대상이 늙고 쓸모 없다 하여 모두 軍資田으로 속하게 하자는 것은, 科田의 경우처럼 代役者에게 遞受시키면서까지 군전을 유지할 필요성이 없었음을 의미한다. 군전의 지급은 科田法 제정상황에서 마련한, 특정계층을 위한 일회적 대처방식이었던 것 같다. 태

寄命水上 勞苦終身 特設之'라 하여 水軍의 萬戶·千戶는 사료 나-(3)과 (4)의 軍官과 동일함을 알 수 있다. 또한 이들에게는 특별히 관직을 주었다고 하므로, 水軍 軍官에 편입된 閑良官은 前職官이 아니라 添設職과 같은 散職者였음을 짐작할 수 있다.

103) 『太宗實錄』 권18, 太宗 9년 7월 己丑, 1책 499쪽.
104) 『定宗實錄』 권6, 太宗 즉위년 12월, 1책 187쪽. '復立甲士二千 一千充諸衛之職 一年相遞爲式'
105) 李喜寬, 앞의 논문, 1987, 118~119쪽 참조.

종대를 기점으로 왕권이 강화되면서, 규제와 회유의 대상이었던 在地閑散 중 實職으로 나간 나머지는 더 이상 규제할 필요가 없었다.

더욱이 태종 5년 3월에 檢校·添設職 등을 모두 혁파했기 때문에,106) 在地閑散은 이제 정상적인 경로를 통해서만이 신분의 유지가 가능하게 되었다. 이러한 상황이 조성되자 군전을 없애자는 논의가 타당하게 받아들여지게 된 것이다. 그대신 外方軍役을 하는 在地閑散에게는 敍用의 길을 열어주었다.

> 工曹參議張友良上書曰 …… 一. 口傳赴防軍官 皆以前銜 久戌邊圍 或十年或二十年 甚者幾至三十年 役身勤勞 不顧家事 其情可惜 其功可賞 敍用之法 雖在令典 未有實效 徒爲文具而已……107)

위의 사료는 세종대의 기록으로, 지방군의 군관은 모두 前銜인데 10년 또는 20년, 심지어 30년씩 지방수비에 매달려 있어도 敍用하지 않고 있음을 비판하고 있다. 이들은 일정 기간 역을 마치고 나면 서용하도록 되어 있었기 때문이다. 따라서 여기서의 前銜은 前職者가 아니라 無職事의 散職者를 의미하는 것으로 보인다. 이미 태조 7년에 부담이 컸던 수군 군관에게 관직을 주기로 했는데, 그 뒤 일반 군관도 서용의 길을 열어주는 방침이 섰다.

이제 在地閑散은 문·무의 정상적인 경로를 통하지 않고는 신분의 지속적인 계승이 어려워졌는데, 외방 군역으로서 군관을 하는 자들에게는 敍用해주려 했다.

하지만 이 역시 지켜지지 않아, 조선시대에 들어와서 在地閑散은 토지의 지급이나 敍用에서 차츰 소외되기 시작했다. 이들은 더 이상 '閑散'이 될 수는 없었으나, 지방사회에서 無役子弟로서 존재하여 세종대 이후 前職者와 구별되는 '閑良'이라는 신분으로 나타나는 게 아닐까 생각한다.108)

---

106)『太宗實錄』권9, 太宗 5년 3월 辛亥, 1책 321~322쪽. '司諫院上疏 請革女官及檢校·添設職等……從之'
107)『世宗實錄』권64, 世宗 16년 4월 丁卯, 3책 559쪽.

3) 조선초 無受田牌의 성립과 해체

고려말에 개정된 과전법 체제에서는 散職者에게도 토지를 분급하고 그
에 상응하는 의무를 부과하였다. 고위의 전직자는 지방에 거주할지라도 과
전을 받고 반드시 赴京宿衛하게 했는데,[109] 軍田의 대상자인 이른바 '六道
의 閑良官吏'는 일부만이 외방군의 군관을 하였을 뿐이다. 당시 軍田이 전
국적으로 광범하게 산재한 在地閑散에게 그 本田에 따라 인정해준 것이라
면, 이러한 다수의 지방세력을 그냥 방치했는지가 의문이다.

이와 관련하여 조선초 無受田牌가 주목된다. 受田牌가 과전을 받은 전
직관의 赴京宿衛를 조직화한 것이었는데, 無受田牌는 상대적으로 '토지를
받지 못한 자'들로 이해해 왔다.[110]

---

108) 韓永愚,「麗末鮮初 閑良과 그 地位」,『朝鮮前期 社會經濟研究』, 1969 참조. 이에
　　의하면 閑良을 無職事官과 無役子弟로 나누는데, 在地閑散은 조선전기 지방사회
　　에서 無役子弟로 나타나는 이들과 관련된 것으로 생각한다. 이 범주의 閑良은 無
　　戶籍者로서 軍役을 불법석으로 모면하려는 것에서나, '卜三道閑良人……幷年壯
　　富居(『世祖實錄』권15, 世祖 5년 3월 丙辰)'라 하여 경제력 있는 부류라는 점에서
　　在地閑散과 맥락이 같다.
109) 앞의 사료 나-(5)와 (6) 참조. 이들이 太宗代에는 受田牌로 조직된 것 같으며, 科
　　田을 받은 受田牌는 지방에서도 발견된다. 이는 太宗 17년(1417)에 戶曹가 올린
　　分田法의 受田牌 物故者의 처리에서 "戶曹上分田之法 啓曰……京中則漢城府
　　外方則都觀察使 各具其受田物故者名數 移文本曹 本曹考其品前受多少給之
　　……願自今每月季 受田牌屬員物故者 牌內掌務 傳報兵曹 守信寡婦之嫡他及物
　　告者……(『太宗實錄』권33, 太宗 17년 3월 丁未, 2책 154쪽)"라 하여 이전까지의
　　陳告를 금하고 受田者 중 物故者는 해당 지방관청이 파악해 줄 것을 건의하고 있
　　다. 戶曹에서 파악하려는 受田者는 受田牌에 속해 있는 사람과 守信田을 받은 자
　　인데, 이들은 京中뿐 아니라 地方에도 거주하고 있음을 알 수 있다.
110) 受田牌·無受田牌에 대한 이해는 科田法에서 散官에게 지급되는 科田·軍田의
　　지급대상과 토지의 성격을 어떻게 보느냐에 따라 달라진다. 이에 관해서는 千寬
　　宇·浜中陞·韓永愚·李喜寬의 연구가 있다. 千寬宇,「麗末鮮初의 閑良」,『李丙
　　燾博士 回甲紀念論叢』, 1956, 125쪽에서는 前官者로서 지방사회에 근거를 갖는
　　品官이나 그 자손을 閑良이라 하며 이들은 軍田을 받고 赴京宿衛의 의무를 겼는
　　데, 신규로 赴京宿衛하는 閑良에 대해서는 軍田을 지급하지 못했기 때문에 無受
　　田牌라 부르게 되었다고 했다. 浜中陞, 앞의 논문, 1967에서는 閑良이 前銜을 가
　　리키긴 하나 좀더 구체적으로 奉翊大夫 이하에 해당하며 添設職者도 포함된다고
　　봄으로써, 중앙과 지방의 閑良을 모두 동일한 범주로 설정했다. 이 중 京畿의 科

조선초 기록에서 無受田牌는 受田牌와 함께 한량관으로서 王室宿衛의 의무를 가지고 있었던 것으로 나타난다. 그렇다면 無受田牌는 토지를 받지 못하고도 王室宿衛를 해야 했는데, 受田牌와 같은 부류의 한량관으로 이해할 수 있을 것인가가 의문이다.

無受田牌에 대한 직접적인 자료는 그리 많지 않고 그것도 태종·세종대에 한정되어 있지만, 이를 통해 無受田牌의 실체에 접근해 보려고 한다. 이는 고려후기 지방사회에서 광범하게 형성되었던 在地閑散에 대하여 결국 조선 정부가 어떻게 처리해 갔는지를 볼 수 있는 좋은 사례가 될 것이다. 이를 통해 고려후기 이래 鄕役에서 벗어나 無役者로 존재하던 호장층을 이렇게 국가 役 체계에 편제시켜 가느냐를 살펴볼 수 있으리라 생각한다.

(1) 無受田牌의 성립과 그 대상

조선초 無受田牌는 無職事의 한량관으로서 受田牌와 함께 王室宿衛와 관련되어 언급되고 있다. 이에 관한 기록은 태종대에 처음 보인다.

라-(1) 上命知申事朴錫命傳旨曰 經濟六典一款內 閑良官 除父母喪葬疾病外 無故不赴三軍府宿衛滿百日者 其所受田 許人陳告科受. 受田牌及無受田牌革罷 愛馬人內 各從所願 擇其强壯可仕者 閑良子弟 自願入仕者 依前朝愛馬之例 分爲四番 定其額數[111]

田을 받은 자는 삼군총제부 宿衛에 참여하고 軍田을 받은 자는 宿衛의 의무가 없으며, 宿衛에 참여할 경우 科田을 받았다고 해석했다. 韓永愚,「麗末鮮初 閑良과 그 地位」, 1969에서는 閑良을 無職事官으로 규정하면서 이들에 대한 科田의 지급은 浜中陞과 마찬가지로 경성에 와서 侍衛를 하는 것에 달려 있다고 보았다. 無職事官 중 科田을 받은 자는 受田牌를 구성하고, 軍田이나 科田 어느 것도 받지 못한 자는 無受田牌를 구성하며, 軍田을 받은 자는 馬兵의 의무와 함께 京侍衛牌에 소속되는 것으로 보았다. 특히 軍田은 고려말 대토지 소유자 또는 끝까지 신왕조를 거부하고 지방에 퇴거해 있는 부류에게 최소한의 회유책으로 설정된 것으로 보고 있다. 李喜寬, 앞의 논문, 1987에서는 前衛·添設官은 居京者나 居外者 모두 宿衛의 의무가 있는데, 居京者에게는 科田 5결·10결을 주었고 居外者에게는 같은 성격의 軍田을 주었다는 견해이다.

태종 4년(1404)에 왕이 傳旨한 내용으로『經濟六典』에 나오는 한량관의 三軍府 숙위 규정을 언급하면서, 受田牌와 無受田牌를 혁파하고 愛馬人이나 閑良子弟로 이를 대체할 것을 지시하고 있다. 이때 이미 受田牌와 無受田牌의 혁파가 논의되었으나 이후에도 상당 기간 존재하였으며, 無受田牌와 受田牌는 모두 현직을 갖지 못한 한량관으로 삼군부 숙위와 관련되는 존재임을 짐작할 수 있다.

또한 無受田牌는 受田牌와 함께 都城衛에 속해 있었다.

라-(2) 改受田牌 爲都城衛[112]

(3) 兵曹啓 都城衛所屬無受田牌及京侍衛牌等 分爲八牌 …… 每月 無
受田牌及京侍衛牌各二牌番上 周而復始 每當吹角時 四面分登守
城 …… 從之.[113]

태종 4년에 이미 無受田牌가 있었는데도 사료 라-(2)의 太宗 9년의 기록에서는 受田牌를 고쳐 都城衛로 삼았다고 한다. 이 都城衛에 無受田牌가 속하게 된 것은 그 뒤의 일인 것 같다. 세종대의 기록인 사료 라-(3), (5)에서야 無受田牌와 都城衛 관계 기사가 보인다. 사료 라-(3)은 兵曹의 건의로 都城衛 소속의 無受田牌와 京侍衛牌를 8牌로 나누어 도성의 방비에 대비하게 했다는 기록이다. 정확한 시기는 알 수 없지만 적어도 세종대에는 無受田牌도 都城衛에 속하여 도성의 방비를 담당했음을 알 수 있다.

그러나 受田牌가 먼저 都城衛로 된 것으로 보아 無受田牌는 受田牌와 동일하게 취급되지 않았으며, 오히려 사료 라-(3)과 (5)는 같은 한량관이면서도 無受田牌가 京侍衛牌와 함께 취급되었음을 보여준다. 따라서 그것이 과연 동일한 대상을 단순히 토지분급의 유무 때문에 구별한 것인지 의문을 남긴다.

---

111)『太宗實錄』권8, 太宗 4년 8월 丁酉, 1책 305쪽.
112)『太宗實錄』권18, 太宗 9년 12월 壬戌, 1책 522쪽.
113)『世宗實錄』권39, 世宗 10년 正月 丁酉, 3책 107쪽.

다음은 無受田牌와 受田牌가 都城衛에 부과되었던 도성 방비를 위한 吹角令에서 어떻게 취급되었는지 알 수 있는 자료이다.

라-(4) 申嚴吹角令. 議政府上言 建旗吹角 則甲士與時散大小臣僚 奔走詣 闕宜矣 …… 前衡宰樞於本府 東班各其仰屬 西班及當番受田牌・義興府成衆愛馬 各其所屬告狀後出入……114)

(5) 兵曹啓 無時吹角時事目 一. 都城衛牌二十四字 …… 一. 京中恒居 無受田牌四百四十八 別牌七十四 共五百二十二 自天至荒八字 分屬作牌 …… 令都城衛節制使 每月初一日 輪點……115)

사료 라-(4)는 太宗 11년에 議政府에서 올린 吹角令에 대한 사항으로, 角을 불면 甲士와 時職・散職의 대소 신료가 모두 참여하도록 하였다. 만일 어떤 사정이 있어 참석하지 못할 경우에는 각 소속에 알려야 하는데, 이에 관하여 前衡宰樞116)를 비롯해서 東班・西班 및 當番 受田牌・義興府・成衆愛馬 등 중앙 관인층이 총망라되어 언급되고 있지만 여기서 無受田牌는 빠져 있다.117)

반면에 사료 라-(5)는 세종 5년에 병조에서 일정한 시각 없이 角을 불 때의 사목을 올린 것으로, 都城衛牌 24字 중 8字인 無受田牌와 別牌를 어떻게 나누어 吹角令에 임하게 할 것인가를 밝혔다. 여기서 無受田牌는 受田牌가 속해 있는 散職의 대소 신료와 어떤 차이가 있음을 알 수 있다. 더

---

114) 『太宗實錄』 권22, 太宗 11년 12월 辛丑, 1책 614쪽.

115) 『世宗實錄』 권19, 世宗 5년 正月 辛卯, 2책 519쪽.

116) 『太宗實錄』 권11, 太宗 6년 6월 丁卯, 1책 360쪽에 의하면, '…前衡三品以下受田人員 竝令居京侍衛 而兩府以上 竝無擧論…'이라 하여, 전직관은 2품 이상의 前衡宰樞와 그 이하로 구별되어 後者가 受田牌로 구성되었던 것 같다. 前衡宰樞는 受田牌에 비해 자유로웠으나, 太宗 12년 12월에 前衡宰樞所가 설립되면서 이들에게도 '居京'이 강력히 요구되고 이를 어길 경우 科田을 몰수하는 사례도 보인다 (『太宗實錄』 권24, 太宗 12년 12월 辛酉, 1책 657쪽).

117) 『太宗實錄』 권26, 太宗 13년 7월 戊寅, 1책 676쪽에 吹角할 때 나오지 않은 사람들을 처벌하는 데에도 內侍衛・別侍衛・受田牌만이 언급되고 있다.

욱이 사료 라-(5)는 無受田牌가 別牌와 같은 부류로 취급되었음을 시사해
준다. 당시 정부는 無受田牌를 受田牌보다는 각도에서 番上하는 京侍衛
牌나 別牌와 같은 지위로 보았음을 짐작할 수 있다.[118]

無受田牌와 受田牌의 차별성은 다음의 기록에서 더욱 확실히 드러난다.

> 라-(6) 左議政李原等陳言 …… 一. 受田牌屬人員 百日後一度上直 或京
> 或外安閑營業 而其無受田牌及京別牌人等 引每朔親着 未得出入
> 營生 誠爲可憫……[119]

좌의정 李原 등이 陳言한 글로서 受田牌에 소속된 사람들은 100일 후에
한번 上直했다가 서울이나 지방에서 한가롭게 생업에 종사하는데, 無受田
牌와 京別牌는 매월 친히 와야 하므로 나들면서 생업을 돌보지 못하고 있
다는 것이다. 즉 無受田牌는 受田牌보다 불리한 조건의 役을 담당하고 있
었다. 그리고 그것은 受田牌보다는 京別牌에 가까운 성격이었던 것이다.

無受田牌는 같은 한량관인데도 受田牌와는 달리 취급되었으며, 토지를
받은 受田牌보다 더 불리한 의무를 지고 있었다. 양자의 차이는 단순히 토
지지급의 유무에 있는 것이 아니라 보다 근본적인 문제가 있었던 것이다.
사실 受田牌·無受田牌를 토지지급의 有無만을 기준으로 나누면, 受田牌
를 기피하여 토지를 몰수당하거나 宿衛를 꺼려 科田을 반납한 자[120]들의

---

118) 조선초 각 지방에서는 別牌와 侍衛牌가 번상했는데 이들을 '外牌'라 했다(『太宗
實錄』권12, 太宗 6년 9월 己未, 1책 375쪽 및 『世宗實錄』권46, 世宗 11년 10월
辛巳, 3책 201쪽 참조). 따라서 '京牌'라 함은 實錄에 자주 보이는 '京中別牌'
'京侍衛牌' 등 京城 거주자를 대상으로 한 侍衛牌·別牌를 가리키는 말이며, 京
別牌는 이 중 京中別牌에 해당한다고 할 수 있겠다. 뒤의 기록이긴 하지만 『經國
大典』권4, 兵典, 中央官職, 五衛條를 보면 各道 侍衛牌·別牌와 함께 수도의 군
사가 언급되고 있다. 한편 受田牌는 京城 거주를 조건으로 한것이므로 '京牌'로
불리기도 한 것 같다(『太宗實錄』권12, 太宗 6년 8월 戊寅). 無受田牌도 후에는
경성 거주자를 중심으로 이루어졌는지 '無受田京牌'로 불리기도 했다. 앞에서 본
사료 라-(5)의 '京中恒居 無受田牌'도 그 한 예이다.
119) 『世宗實錄』권28, 世宗 7년 6월 辛酉, 2책 675쪽.
120) 『世宗實錄』권46, 세종 11년 10월 丙子, 3책 201쪽.

사례가 이해하기 힘들다. 왜냐하면 이들은 오히려 토지를 받지 못한 無受田牌에 속하여 더 불리한 의무를 감당해야 하기 때문이다.

조선초 無受田牌가 문제되었던 것은 지방사회에서였다.

> 마-(1) 籍軍額 所以揀精銳而備不虞也 近因改籍 爲守令者 不念國家大體 溺於干請 以前籍之實軍 或稱老病 或爲他人奉足 皆以新丁單弱者充額. 至於曾屬無受田京牌者 亦爲日守兩班與鄕吏之奉足 …… 請丙戌年以上前籍及無受田京牌記 考其姓名 除衆所共知老病外 並充本役.[121]

태종 10년 司憲府에서 올린 시무 8가지 중 하나이다. 근래에 각 守令들이 군액을 올린 籍을 고치면서 이미 無受田京牌[122]에 속해 있던 사람도 日守兩班[123]이나 향리의 奉足으로 삼고 있으니 丙戌年(태종 6) 이상의 전적과 無受田京牌記를 가져다가 검토하여 늙고 병든 자를 제외하고는 모두 本役에 채워야 한다는 내용이다.

여기서 우선 조선초 지방에서는 일반 군적에 올린 군사와 無受田京牌記에 올린 사람들이 주요 군사력을 이루고 있음을 알 수 있다. 그런데 無受田京牌에 속한 사람들이 수령을 통해 지방사회의 말단 행정을 맡고 있던 日守兩班과 향리의 奉足이 됨으로써 本役에서 빠져나가는 실정이었다.

본래 태종 4년에 정해진 奉足 지급기준을 보면, 日守兩班은 奉足을 주

韓逖라는 자가 숙직하기를 꺼려 받은 科田을 納公하려고 병조 참의 閔義生에게 부탁하여 陳告하였는데, 宗簿少尹 卞孝文이 이를 알지 못하고 한수의 성명의 수결을 위조해서 호조에 바치고 대신 받으려다가 일이 발각되어 처벌받은 사건이 있었다.

121) 『太宗實錄』 권19, 太宗 10년 1월 乙未, 1책 526쪽.
122) 無受田牌와 京侍衛牌로 보기도 하나, 이 시기부터 나타나는 都城防備의 兵種으로 '京中恒居 無受田牌'(世宗 5년 正月 辛卯)를 가리키는 것으로 보아야 될 것 같다.
123) 『世宗實錄』 권28, 世宗 7년 4월 庚申, 2책 666쪽의 日守兩班에 '各官各驛給事於前者 國俗謂之日守兩班'이라는 세주가 있어, 조선시대 日守兩班은 각 驛에 소속되어 심부름하던 下隷라고 할 수 있다.

지 말도록 했으며 향리는 1, 2결 이하에게만 同類 奉足을 주도록 했다.[124] 그럼에도 無受田京牌에 속한 사람들이 本役을 피하여 奉足이 될 수 있었 던 것은, 지방사회에서 그만한 세력과 지위를 가지고 있었음을 나타낸다. 無受田牌는 한량관으로서 비록 도성방비에 동원되고 있었지만 그 기반이 지방사회에 있던 토착세력이었다. 그렇다면 이들은 지방에 거주하며 군전 의 대상이었던 바로 6도의 한량관리가 아니었을까.

조선초에 지방 거주 閑良官이라도 受田牌에 속한 자와 無受田牌에 속 한 자로 나뉘어 있었는데, 과전을 받았던 受田牌와 달리 無受田牌는 토지 를 받지 못했음에도 그 役의 조건이 더 불리했다. 이는 無受田牌의 사회적 지위가 受田牌와는 달랐기 때문으로 보인다. 이와 관련하여 당시 지방사 회에는 군전의 대상이었던 또 다른 부류의 한량관, 즉 在地閑散이 있었음 을 살펴본 바 있다.[125]

이른바 六道의 閑良官吏가 받는 군전은 직품의 고하 없이 '本田의 多 少'에 따라 지급하도록 되어 있어, 같이 지방에 거주하면서 受田牌에 속한 閑良官들의 과전에 비해 매우 불리한 조건의 토지였다.[126] 이 軍田은 본래 '充役'을 전제로 지급된 것으로, 과전과 같이 정치적 배려가 아니라 군사 적인 필요도 함께 고려된 것으로 보인다.[127] 이러한 군사적 필요성은 이들 의 등장과정과 관련되어 있다.

---

124) 『太宗實錄』 권7, 太宗 4년 5월 癸亥, 1책 297~298쪽 참조. 모든 奉足戶는 2, 3結 이하의 사람을 쓰고 4, 5結 이상은 쓰지 말도록 되어 있다.

125) 강은경, 앞의 논문, 1989.

126) '受軍田者 赴京從仕 則許以科受京畿之田'(『高麗史』 권78, 食貨志 1, 田制, 祿科 田, 恭讓王 3년 5월) 및 '受科田自願居外方者 依外方軍田例折給 其餘田 許於京 中恒居各品未受田者給之'(『太宗實錄』 권9, 太宗 5년 4월 甲戌, 1책 324쪽)를 근 거로 科田과 軍田이 교환할 수 있는 土地로 간주되기도 하는데, 앞의 것은 赴京 從仕할 경우의 혜택을 말하는 것이고, 뒤의 것은 科田을 받고도 지방에 살기를 원 하는 자에 대한 규제로써 더 열악한 분급 조건인 軍田例로 기준 삼으려는 것으로 이해해야 한다.

127) 『太祖實錄』 권2, 太祖 元年 12월 壬戌, 1책 37쪽에서 당시 左侍中 趙浚이 올린 箋 중의 '……置科田於京畿 以優士大夫 置軍田於州郡 以養師徒……'라는 귀절 에서도 軍田이 군사적인 목적으로 설치되었음을 알 수 있다.

在地閑散은 본래 지방토착세력으로, 고려후기 이래 심각한 사회변동 과정에서 實職이 아닌 관직을 얻어 한량관이 되었던 부류였다. 특히 지방토착세력인 士人과 향리가 그 중심세력이었으며, 이들은 군공을 통해 또는 避役의 수단으로 이러한 관직을 얻었다. 따라서 이들은 당시 '文學·武科·吏科·門蔭'의 정식과정[128]을 통해 관직을 얻은 관인층과는 구별되었다.

조선 건국을 주도했던 세력은 지방 군사력의 근간을 이루는 이들 6도의 한량관리를 일정하게 확보할 필요가 있었고, 그것이 과전법에서 군전의 지급으로 나타났다.[129] 이에 따라 같은 한량관인데도 과전과 군전의 대상으로 차별적인 토지의 지급이 이루어질 수 있었다. 受田牌와 無受田牌의 차별적 대우 또한 이러한 상황이 전제된 것이 아니었을까 한다. 無受田牌의 한량관은 바로 군전의 대상으로 파악되었던 부류에 속하였기 때문에 같은 한량관이면서도 受田牌와는 다른 길을 밟았다.[130]

군전 대상의 한량관은 군제가 아직 정비되지 않은 조선초에 더러는 지방의 군관으로, 더러는 중앙의 주요부대로 진출하여 군사력에서 일정한 역할을 담당했다.

　마-(2) 上如壽昌宮 命趙琪 點考諸節制使 所領軍官及閑良人受田者 其在
　　　外不衛王室者 罪之.[131]

---

128) 사료 바-(1) 참조.

129) 이들처럼 無職事의 散職者들에게는 科田이 분급되지 않았다.『太祖實錄』권4, 太祖 2년 12월 己丑, 1책 52쪽에서 戶曹 給田司가 '冒受官爵者'에게 科田을 주지 말자고 건의하고 있는데, 이는 당시 사람들의 添設職者에 대한 인식을 기초로 하고 있다.『世宗實錄』권46, 世宗 11년 12월 乙亥日에 刑曹가 賤妾子孫贖身法에서 前朝의 添設受職人을 구별하지 않았음을 비판하면서 그들의 贖身을 금할 것을 청하고 있는 것에서도 알 수 있다.

130) 조선초 受田牌에는 科田이, 甲士·侍衛軍·別牌·騎船軍·鄕吏 등 지방에서 役을 부담하는 거의 모든 계층에는 奉足이 주어지는데(太宗 4년 5월 癸亥), 無受田牌만이 빠져 있다. 또 侍衛軍·船軍 등에 대한 배려가 자주 언급되고 있는 데 비해 '토지지급이 안된 것'으로 이해되는 無受田牌에 대한 경제적 배려는 전혀 보이지 않는 것 역시 이러한 입장에서 해석되어야 한다.

(3) 都評議使司 奉王旨 移牒各道 六品以上年七十以下閑良官 除鄕校
訓導及騎船軍官外 一皆訪問 具錄以聞.132)

앞서 보았듯이 사료 마-(2)와 (3)은 조선초 태조대에 한량관을 정부에서
조사, 파악하려 했던 기록이다. 먼저 사료 마-(2)의 태조 3년에는 절제사
휘하의 군관과 閑良人 受田者를 점고했고, 사료 마-(3)의 태조 4년에는 鄕
校訓導와 騎船軍官을 제외한 6품 이상, 70세 이하의 閑良官을 조사하도록
하였다. 태조 3년의 閑良人 受田者로서 王室宿衛를 했던 자들이 受田牌
에 해당한다. 이들은 과전을 지급받았던 만큼 일단 제대로 파악되었을 것
이다.

그러나 외방 군역에 있던 군관은 잘 파악되어 있지 않아, 태조 4년에 다
시 이들을 조사하도록 했다. 태조 4년의 조사는 절제사 휘하의 군관과 閑
良人 受田者, 그리고 鄕校訓導와 騎船軍官 등 그동안 정부에서 파악했던
지방 거주 한량관을 제외한 그밖의 한량관을 대상으로 하였다. 그만큼 지
방 거주 閑良官 중에는 군관 등의 외방 군역에서 빠져 있는 자가 많았다.

이렇게 파악된 한량관도 王室宿衛를 하도록 했고, 과전 지급자인 受田
牌와는 별도로 조직되었다. 원칙대로 하면 이들에게도 군전을 보장해주어
야 했으나, 과전법 실시 초기 이후 더 이상 군전 지급은 어려웠던 것 같다.
그에 따라 無受田牌로 불렸던 게 아닌가 생각한다.

無受田牌에게 부과된 이러한 의무에 대하여 군전이 일일이 지급되었는
지는 확실하지 않으나, 그렇지 않은 자에 대해서 제재를 가하는 것을 보면
王室宿衛는 일종의 역이었던 것 같다. 하지만 이는 동시에 혜택이기도 했
다. 그리하여 無受田牌는 당시 지방사회에서 외방의 군역을 피하기 위해
서도 이용되었다.

마-(4) ……人之有奴婢家計豊實者 謀避外方之役 求屬無受田京牌 只應
春秋親點退居田莊者頗多 願令上項人 差定其鄕軍役 右條京中戶

---

131)『太祖實錄』권5, 太祖 3년 1월 乙丑, 1책 54쪽.
132)『太祖實錄』권8, 太祖 4년 11월 辛未, 1책 86쪽.

籍付 有漢城府明文外 一依所啓[133]

　태종 13년에 충청도 都觀察使 李安愚가 올린 시무 몇가지 중 하나다.
그 지방에서 노비와 가계가 풍족한 사람이 외방의 역을 피하려고 無受田
京牌에 속하여 봄과 가을의 親點에만 응하고 田莊에 물러가 있는 폐단이
있으니, 이런 사람들을 본향의 군역에 差定하게 해달라고 요구하고 있다.
외방의 군역을 담당해야 할 자들이 無受田京牌에 속함으로써 이를 피할
수 있었다는 것은 무수전경패에게는 지방의 군역이 부과되지 않았음을 의
미한다. 바꾸어 말하면 무수전패에 속한 자는 외방의 여러가지 역에서 벗
어날 수 있었다. 반면에 무수전패에 편성되어야 할 사람이 이를 피할 경우
외방군역이 부과될 것이고, 그것은 역의 부담의 문제도 있지만 사회적 신
분문제와도 관련이 있게 된다. 無受田牌는 지방의 일반농민들이 부담하는
外方軍役과도 일정하게 구별이 되는 兵種이라 할 수 있다.
　이렇게 無受田牌는 受田牌와 같이 無職事의 한량관으로서 지방사회에
서 주요한 군사력을 형성하고 있으며 또 일정한 영향력도 가지고 있었지
만, 受田牌나 일반 시위군과는 일정한 거리를 두는 위치였다.

(2) 無受田牌의 성격

　조선 건국초에 외방 한량관이 어떤 모습으로 존재했는지 잘 나타나 있
지 않으나, 앞의 사료 라-(1)과 사료 마-(2)에서 보았듯이 受田牌와 함께
한량관으로 三軍府의 '居京宿衛'를 담당했다. 이는 고려말 이들에 대한
대책에서 이미 논의된 것이었다.

　바-(1) 王謂公曰 今欲罷僞朝添設職 (按辛禑 以添設職 償軍士 自奉翊通
　　　　憲 至七八品無數時人 有車載斗量之譏) 其術何由. 對曰 古之用人
　　　　之法有四 曰文學 曰武科 曰吏科曰門蔭 …… 別置宮城宿衛府 而
　　　　爲密直奉翊者 爲提調宮城宿衛事 三四品 提擧宮城宿衛事 …… 在

---

133)『太宗實錄』권26, 太宗 13년 9월 丁丑, 1책 686쪽.

京城者 處之如此 則在外者 爭來赴衛王室矣.[134]

고려말에 添設職은 위의 기록에서처럼 군사들에게 상으로 주어 奉翊·通憲으로부터 7, 8품에 이르기까지 수없이 많았다. 그러나 이후 添設職은 군공 표상뿐 아니라 士人·향리 등 지방세력의 避役의 수단으로 이용되면서 많은 문제를 발생시켰다. 역을 부담해야 할 향리나 농민이 관직을 대량 가지게 되어, 위의 표현대로 '수레로 싣고 말로 되어야 할 지경'이었다.[135] 그 결과 恭讓王 2년(1390), 왕이 鄭道傳에게 禑王代의 添設職을 어떻게 처리할 것인가를 의논하게 되었다.

이에 대하여 鄭道傳은 宮城宿衛府를 설치하여 密直·奉翊에서 3, 4품에 이르는 秩이 높은 자를 提調나 提擧로 삼으면, 지방에 거주하는 사람들도 다투어 서울에 와서 왕실을 호위할 것이라고 대답하고 있다. 조선 건국세력은 처음부터 이들을 서울로 불러들여 王室宿衛를 하는 데 이용하려는 의도를 가지고 있었던 것이다. 이는 군사적인 의미도 있지만, 다른 한편으로는 지방세력을 통제할 수 있는 방법이기도 했다.

지방 한량관의 입장에서 보면, 정부의 강제적인 규정도 있긴 하지만 어떻든 이러한 서울행은 중앙관직에 진출하기 위한 수단이 될 수 있었다. 과전법에서는 이를 권장하기 위해 '受軍田者 赴京從仕 則許以科受京畿之田'[136]이라는 조항도 만들어 놓았다. 그러나 관직으로의 진출은 쉽지 않았

---

134) 『三峰集』 권8, 부록, 事實, 恭讓王 2년 1월.

135) 이에 대해서는 『高麗史』 권75, 選擧志 3, 添設職, 恭愍王 3년 6월 및 鄭杜熙, 「高麗末 新興武人勢力의 成長과 添設職의 設置」, 『李載龒博士還曆紀念 韓國史學論叢』, 1991, 281~283쪽 참조. 添設職은 恭愍王 3년(1354) 6월, 원나라의 요청으로 군대를 파병할 때 재정 능력이 없었던 고려정부가 임시 궁여지책으로 軍功 표상을 위해 설치한 것이었다. 군공표상이었기 때문에 농민들도 해당되었겠지만, 지급 대상은 원칙적으로 士人과 鄕吏로서 지방토착세력이었다. 고려정부는 添設職의 혜택으로 이들의 군사적 능력을 동원하려 했던 것이다. 물론 軍田 대상인 閑良官의 관직이 모두 添設職은 아니었다. 添設職 외에도 實職 없이 받는 檢校職 등의 모든 散職이 포함된다. 다만 대표적인 사례로서 添設職을 통해 당시 無職事官의 상황을 살펴보려는 것이다.

136) 『高麗史』 권78, 食貨志 1, 田制, 祿科田, (中) 723쪽.

다. 다음의 기록을 보자.

바-(2) 外方閑良官 以孝廉茂才居京者 不見敍用 淹延歲月 弊固不細 願擇
　　　可用者用之 其餘各還鄕里.[137]

　태조 7년(1398) 9월, 諫官이 외방 한량관 중 서울 거주자를 敍用 안한
지 많은 세월이 지나 그 폐단이 적지 않으므로, 쓸 만한 자는 택하고 나머
지는 각각 향리로 돌아가게 하자는 건의를 하고 있다. 여기서 외방 한량관
이란 앞서 살펴보았던 군전 지급의 대상과 동일한 존재로 보이는데, 이들
이 중앙 관직으로 진출하기 위해 居京했지만 서용되지 못한 채 서울에서
많은 시간을 보내고 있었던 모양이다. 이후 정종대에는 이들에 대한 대책
으로 '軍士之有才者'에게는 前職(散職)에 따라 實職으로 中郞將·郞將
등을 제수하기도 했으나[138] 그런 혜택이 모두에게 해당되는 것은 아니었
다. 그밖의 사람들에게도 어떠한 조처를 취해야 했다.

　정종대 및 태종 즉위초에는 사병 혁파와 아울러 甲士의 復立[139] 및 각
종 특수병의 제도화를 통해 중앙의 군사력이 차츰 그 체계를 세워가던 때
였다. 고려말 이래 이루어졌던 한량관의 왕실 숙위도 이 무렵에 차츰 제도
적으로 구체화되었다. 과전법에서는 受田散職者인 한량관에게 막연히 삼
군부 숙위가 의무로 부과되었으나, 태종 즉위를 전후하여 우선 과전 절수
자를 대상으로 受田牌가 만들어졌다. 이 때 군전 지급 대상이었던 외방 한
량관의 宿衛도 조직화할 필요가 있었다.

　그러나 조선초에도 添設職을 비롯한 無職事官은 여전히 양산되고 있었

---

137)『太祖實錄』권15, 太祖 7년 9월 庚寅, 1책 138쪽.
138)『定宗實錄』권6, 定宗 2년 12월, 1책 188쪽. 이에 의하면 前職 3품에게 實職 中郞
　　將을, 4품에게는 郞將을 제수하고 나머지 別將·散員도 다 그렇게 한다고 되어
　　있어, '前職'이라는 표현이 散職임을 알 수 있다.
139) 車文燮, 「鮮初의 甲士에 대하여」, 『史叢』4·5, 1959·1960.
　　千寬宇, 「朝鮮初期 五衛의 兵種」, 『史學硏究』18, 1964, 67~69쪽.
　　閔賢九, 「五衛體制의 확립과 중앙군제의 성립」, 『韓國軍制史-近世朝鮮前期編』,
　　1968 참조.

지만,140) 과전도 부족한 상황에서 이들에게 군전을 계속 배려할 수는 없었다. 이 점에 관해서는 태종대에 이미 지적이 있었다.

> 바-(3) 議政府上各品陳言可行事宜 一. 廣興倉使柳蒙等陳言 軍田折受者
> 皆老無用 而從戎者 則皆未受田 願各道軍田 皆屬軍資 公收其租
> 以給水軍.141)

태종 9년(1409), 조선이 건국된 지 불과 20년도 안되었는데 건국초에 軍田을 받았던 자들은 이미 다 늙어 쓸모 없게 되었고, 군인으로 종사하는 자는 모두 토지를 받지 못하고 있으니 각 도의 군전을 모두 거두자는 건의가 있었다.

여기서의 군인은 토지를 받을 대상으로 인식되고 있는 것으로 보아, 군전의 대상인 한량관이었던 것 같다. 그런데 이들은 모두 과전법 초기에 주었던 군전을 받지 못하였다고 한다. 군전을 받은 자들이 이제 모두 늙어버렸다면, 아마 군전은 과전법 초기에만 주어졌을 뿐이고 이후의 외방 한량관은 그 혜택을 받지 못했던 모양이다. 이는 지방군제가 점차 정비되어 番上 侍衛軍 체제가 자리잡으면서 초래된 결과이기도 하다.

군전의 지급은 없었지만 王室宿衛의 의무는 여전히 남아, 이들 외방 한량관을 중심으로 無受田牌(無受田京牌)가 조직되었다.142) 사료 라-(1)의 無受田牌는 바로 이렇게 성립되어 왕실 숙위의 임무를 맡았다. 이들을 혁파하는 대신에 '可仕者' 및 '自願入仕者'를 고려시대 '愛馬'의 예에 의해 숙위를 맡기려고 하는 것에서, 無受田牌 역시 왕실 숙위를 하는 가운데 '可仕'의 보장이 있었음을 짐작할 수 있다.143) 더욱이 이미 태종 4년에도

---

140) 太祖 3년 11월 壬戌에 '添設職無定數 多有買濫者 …… 令各道都觀察使 考覈徵之'라 하여, 조선초에도 添設職이 대량으로 買職되었고 도관찰사가 조사할 정도로 그 범위가 전국적이었다.

141) 『太宗實錄』 권18, 太宗 9년 7월 己丑, 1책 499쪽.

142) 太宗 10년 1월 乙未 및 太宗 13년 9월 丁丑의 기사에 나오는 지방사회의 無受田京牌는 이렇게 일단 '居京'했던 자들이 속해 있다가 다시 鄕里로 돌아간 경우일 것이다.

無受田牌의 왕실 숙위는 잘 지켜지지 않아서 원하는 자에 한할 것을 지시하고 있는데, 실제로 無受田牌는 이렇게 관직 진출을 원하는 자원자에 의해 구성되었을 것으로 생각된다.[144]

그 뒤 사료 라-(2)와 (5)에서 보았듯이 태종 9년에 受田牌가 都城衛로 되었고, 뒤이어 無受田牌 역시 都城衛에 속하게 되어 도성방비를 맡게 되었다. 이들은 본래 지방사회에서 주요 군사력을 이루었던 만큼, 아직 군사제도가 자리잡지 못했던 조선초에 無受田牌의 도성방비는 상당한 비중이 있었던 것 같다.

> 右條京中戶籍付 有漢城府明文外 一依所啓[145]

이는 태종 13년 忠淸道 都觀察使 李安愚가 외방의 역을 피하려고 無受田京牌에 속해 있던 사람들을 그 본향의 군역에 차정하자는 건의를 올린 것에 대한 정부측의 입장으로서,[146] 京籍과 대조하여 거기에 올라 있지 않은 자만 그렇게 하자는 결정을 하였다.

無受田京牌에 속하려면 경적에 올라 있어야 하는데, 이는 재산이 넉넉한 사람에게는 그다지 어려운 문제가 아니었던 것 같다. 더욱이 중앙 정부는 이들을 지방 군역에 차정하자는 도관찰사의 건의에 대해 정부가 京籍을 기준으로 삼는 것은, 그만큼 중앙에서 無受田京牌가 필요했던 이해관계를 드러내는 것이라 할 수 있다.[147] 사료 라-(5)에서 도성방비를 맡은 것

---

143) 閔賢九,「近世 朝鮮前期 軍事制度의 成立」,『韓國軍制史-近世朝鮮前期編』, 1968, 52~53쪽에 의하면, 고려시대 成衆愛馬는 王室宿衛를 맡은 특수부대로서 일정한 기간 근무를 마치면 다른 관직으로 진출할 수 있었다고 한다.

144) 이 점은 사료 바-(2)에도 잘 나타나 있다.

145)『太宗實錄』권26, 太宗 13년 9월 丁丑, 1책 686쪽.

146) 사료 마-(4) 참조.

147)『世宗實錄』권34, 世宗 8년 12월 庚申, 3책 51쪽의 기록은 한성부와 의정부 諸曹에서 戶口成籍時의 미진했던 조건을 올린 것인데, '外方出使及下番甲士 受田無受田牌屬人有家舍 可以付京籍者 戶口單字文案 令各道監司 督從上選. 從之.' 라 하여 受田牌 및 無受田牌에 속한 사람 중에서 비록 지방에 거주하더라도 서울에 집이 있어서 京籍에 올릴 수 있는 사람은 戶口單子文案을 각도 감사가 감독하여

으로 보이는 都城衛의 '京中恒居 無受田牌'는 이렇게 해서 형성되었다.
또한 無受田牌가 京侍衛牌나 京中別牌 등 수도경비와 관련되었을 이들과
함께 다루어지는 것도 이와 같은 이유에서였다.

그러나 세종·세조대를 거치면서 중앙의 군제가 甲士나 번상시위군에
의해 정비되어 가자, 조선초 아직 군사체제가 갖추어지지 않았을 때 왕실
숙위, 특히 도성수비에서 일정한 역할을 담당했던 無受田牌는 차츰 그 필
요성을 잃었다.

　사-(1) 黃海道觀察使啓 今新置海州鎭 其鎭軍三百人 分定于州郡 然本無
　　　 閑役人 難以充定無受田牌 但春秋點閱而已 無他軍役 請簽爲鎭軍.
　　　 上王從之. 仍命他道無受田牌 恒居外方避役者 竝依此例充軍.[148]

황해도 관찰사의 건의에 따라 軍籍에 등록되지 않은 無受田牌를 해주진
의 鎭軍을 삼도록 하는 한편, 다른 도에도 無受田牌로서 외방에만 있는 자
는 지방군에 보충하도록 지시하고 있다. 즉 '京中恒居 無受田牌'처럼 필
요한 자들 외에는 지방 군역을 담당시키려고 하는 것이다. 이러한 사정은
閑良官을 대상으로 한 無受田牌와 평민들이 담당하는 일반 兵種의 하나
인 京侍衛牌를 동일시하기에 이른다.[149]

　사-(2) 兵曹據都城衛節制使手本啓 無受田牌等 皆以前衝留京三朔 相遞
　　　 立番 四仲朔點閱使臣時侍衛 及講武時巡綽等事 竝依京侍衛牌例
　　　 爲之 請上項無受田人 依京侍衛牌例 習射取才敍用 受田牌內自願
　　　 者 竝許試取. 從之.[150]

　뽑아올리도록 하였다.

148)『世宗實錄』권11, 世宗 3년 2월 丙辰, 2책 424쪽.

149) 韓永愚, 앞의 논문, 1968에서 京侍衛牌가 閑良官으로 구성된 無受田牌와 함께 다
　　 루어지는 것으로 보아 이들 역시 閑良官으로 이루어진 것으로 추측해 놓고 있다.
　　 즉 지방에 거주하면서 軍田을 받았던 자들로 이루어졌다고 하였다.『世宗實錄』
　　 권41, 世宗 10년 9월 甲戌에 '兵曹啓 新白丁 以如平民例論 許屬侍衛牌……'라 하
　　 여 侍衛牌가 평민으로 이루어진 것임을 말해준다. 따라서 서울의 侍衛牌, 즉 京侍
　　 衛牌의 구성원도 평민으로 추정된다.

(3) 兵曹啓 …… 一. 無受田・京侍衛牌 本是一般軍士而各別稱號 似
爲猥瑣 合爲一牌 稱京侍衛牌 …… 從之.[151]

사료 사-(2)에서 세종 12년에 都城衛 節制使의 건의에 따라 無受田牌
가 담당하는 일이 京侍衛牌와 동일하므로 無受田牌에게도 京侍衛牌처럼
활쏘기로 재주를 가려 敍用하기로 했다고 한다. 이에서 더 나아가 사료 사
-(3)의 세조 3년에는 無受田牌가 본래 京侍衛牌처럼 일반군사였으므로 합
하여 1패로 만들자는 건의가 받아들여졌다. 이같이 無受田牌가 京侍衛牌
에 합속됨으로써, 無受田牌라는 독립된 兵種은 없어지고 京侍衛牌로 통일
되었다. 이는 이들이 여전히 '居京侍衛'를 담당하고 있긴 하지만, 일반군
사 취급을 받고 있음을 드러내주는 사실이다.

이보다 앞서 이미 無受田牌의 혁파가 제기되었는데, 그것은 그 역의 폐
지가 아니라 無受田牌에 해당하는 無職事의 한량관 전체를 군에 흡수하려
는 방향에서 제기되었다.

사-(4) 集賢殿副校理梁誠之 上備邊十策 …… 二曰 選士卒 …… 於是 外
方則受田有蔭人及前銜品官東班六品・西班四品以上 與文武科出
身生員進士教導等戶 稱守城衛. 鄕吏驛子 津干牧子 稱守城軍. 此
外 上品官子弟年壯生徒 下至白丁良民 皆抄爲軍 擇强壯者 爲之
戶首 又烟戶雜色 旣稱守城戶矣. 前日良人之爲守城軍者 額數不多
別無定役 竝罷之 分屬騎船鎭軍書員曰守 …… 京中則文武百官・
受田有蔭・成衆愛馬・前銜各品・生員・進士等戶 稱都城衛. 各司
吏典・諸色匠人・公私賤口等雜戶 稱都城軍. 此外閑良子弟年壯
生徒 皆抄爲兵 又革京侍衛牌・無受田牌 分屬甲士防牌……[152]

위의 사료는 세종 32년에 梁誠之가 변방수비를 위한 10가지 방책을 제
시한 것 중 군사를 충당하는 방책이다. 이제까지 유지해 왔던 지방의 守城

150) 『世宗實錄』 권50, 世宗 12년 12월 壬申, 3책 276쪽.
151) 『世祖實錄』 권7, 世祖 3년 3월 己巳, 7책 180~181쪽.
152) 『世宗實錄』 권147, 世宗 32년 正月 辛卯, 5책 157쪽.

軍이나 都城의 無受田牌 및 京侍衛牌를 폐지하는 대신에 좀더 포괄적인
군액 증강의 방법을 제시했는데, 이 때 비로소 受田牌는 물론 無受田牌에
해당하는 자들에 대해서 京中 및 외방의 거주지역에 따른 군사동원 체제
가 제시되었다.

먼저 외방의 受田有蔭人이나 京中의 문무백관 및 受田有蔭은 과전의
대상인 중앙의 관인층으로, 현직에 있는 문무백관 외에도 과전을 계속 유
지하는 자들이 포괄되어 있다. 여기서 受田有蔭人이 바로 受田牌에 해당
하는 자들이며,153) 이들과 구별되는 外方의 '前銜品官'과 京中의 '前銜各
品'이 바로 無職事의 閑良官으로서 無受田牌의 대상이 되었던 자들이다.
따라서 이 건의는 受田牌 및 無受田牌에 해당하는 모든 관직을 가진 자와
생원 진사까지 포함한 중앙 및 지방의 광범한 지배층을 모두 그 거주지에
따라 '守城衛'나 '都城衛'로 편제하자는 것이다.

이 건의에 따르게 되면 無職事의 한량관 중 無受田牌나 군관 등 어떠한
군역도 지지 않고 있던 자들까지 모두 중앙 및 지방의 군사체계에 포함시
키게 된다. 특히 외방의 前銜品官은 그 대상이 東班은 6품 이상, 西班은 4
품 이상으로 제한되는 것을 볼 때, 그 이하에게는 '衛'에 편제되는 혜택을
주지 않고 일반군으로 편입시키겠다는 차별적인 의도도 있었음을 짐작할
수 있다.

梁誠之의 이 제안은 바로 시행되지 않았지만 無受田牌를 포함한 無職
事의 모든 한량관을 당시의 군사체계로 편제하려는 노력은 지속되었다. 이
러한 노력은 세조대에 직전법이 추진되면서 더욱 구체화되었다. 受田牌에
속한 한량관의 숙위가 강화됨과 아울러 無受田牌에 속한 한량관의 역도
강화되었다.

　사-(5) 傳旨兵曹曰 諸道大小閑散三品以下 除付籍讀書者·年六十以上者
　　　·篤廢疾者外 竝屬正兵侍衛.154)

---

153) 주156)의 사료 참조.
154) 『世祖實錄』 권25, 世祖 7년 7월 丙辰, 7책 474쪽.

(6) 兵曹啓 京外住居閑散三品以下朝士及有蔭子弟內 有科田者稱奉忠
衛 無科田者稱拱宸衛 依受田牌例作統…….155)

이 두 기사는 세조 7년(1461)과 8년에 전국의 3품 이하의 閑散에 대하여
당시 정비되는 군제와 관련하여 취한 조치에 관한 것이다. 사료 사-(5)를
보면 세조 7년에 전국의 閑散 3품 이하에서 '讀書者의 籍에 올린 자'를 제
외하고 건장한 한량관은 모두 正兵에 속하게 해놓고, 이듬해에는 사료 사
-(6)에서처럼 다시 閑散 3품 이하를 과전 소유를 기준으로 각각 奉忠衛와
拱宸衛로 나누었다.

여기서 세조 7년에 '付籍讀書者'가 아니어서 正兵에 속하도록 한 3품 이
하의 閑散은, 세조 8년에 구성되는 奉忠衛와 拱宸衛의 3품 이하의 閑散과
는 별개의 부류였다. '付籍讀書者'를 구체적으로 표현한 것이 세조 8년의
'朝士 및 有蔭子弟'라고 할 수 있다면, 세조 7년에 正兵으로 속하게 된 3품
이하의 閑散은 과전의 분급과는 상관이 없는 존재로 보인다. 따라서 이 두
조치는 각기 다른 두 계열의 한량관(閑散), 즉 受田牌와 無受田牌에 대한
정리과정이 아닐까 생각한다.

이렇게 볼 때 먼저 사료 사-(6)의 서울과 지방에 사는 閑散 3품 이하의
朝士 및 有蔭子弟는 현직에 있지 않은 중앙 관인층과 그 자식을 말한
다.156) 이전에는 중앙관인층은 '受田者'만을 강조했는데, 이제는 과전을 받
지 못한 '無科田者'도 포함하여 총망라하였다. 더구나 '有科田者'나 '無科
田者'를 모두 受田牌 예에 따라 작통하게 한 것으로 보아, 受田牌는 이미
해체되었거나 유명무실해진 상태에서 이들에 대한 군역이 상당히 강화되
었음을 의미한다.

---

155) 『世祖實錄』 권28, 世祖 8년 7월 壬寅, 7책 541쪽.
156) 이는 『成宗實錄』 권261, 成宗 23년 1월 癸巳, 12책 137쪽의 受田牌에 대한 인식
에서도 잘 나타나 있다. "祖宗朝 大小朝臣 歲抄錄啓 受點給之 名曰科田 …… 國
家 以守信田恤養田 爲無事而食 給受田牌 俾直警守里門等處 世祖革此制 給從
仕人員 謂之職田"이라 하고 있다. 즉 受田牌란 大小朝臣의 경우 實職이 없어도
(無事) 科田을 이어받을 수 있도록 만든 것임을 알 수 있다. 여기에는 職事 없는
閑良官 본인 뿐 아니라 그의 자식까지 恤養田이라는 명목으로 배려되고 있었다.

이러한 조치는 無受田牌가 속해 있는 한량관 또는 大小閑散에 대해 먼저 있었다. 사료 사-(5)에서 '付籍讀書者'는 儒學을 하는 사대부를 가리키므로,[157] 이들과 그밖의 사람들을 제외하면 正兵侍衛에 속할 대상은 '武'에 종사하는 건장한 지방 한량관을 말한다. 이들은 일반군사인 正兵에 속하는 것으로 보아, 이들은 이미 일반군사로 취급되고 있던 無受田牌가 속한 한량관이었을 것이다. 이전에는 이들 중 원하는 자들이 無受田牌로 되었는데, 세조 7년에는 이들 모두를 正兵으로 삼는 강력한 조치를 취하였다. 세조 3년에 이미 無受田牌를 京侍衛牌에 합속한 후 여기에 해당하지 않는 지방 한량관 모두를 正兵으로 삼았다.

이는 지방 토착세력인 지방 한량관에게 이제는 일괄적으로 일반 군역을 부과하게 되었음을 나타낸다. 無職事의 한량관에 대한 이러한 조치는 세조대에 추진된 군액확장 시책과 병행되어 이루어졌다. 이후 지방의 無職事의 한량관에게 일반 군역을 부과하는 것은 지속되었다.[158]

이상에서 고려후기 이래 진행되어온 호장층의 유망과 향리직의 기피에 대한 정부의 대책으로서 향리직 이탈자에 대한 還本政策과 유력한 在地閑散을 국가 역 체계에 다시 편제하는 문제, 이러한 정부의 정책이 초래한 결과와 그 의미를 살펴보았다.

---

157) 『世宗實錄』 권27, 世宗 7년 2월 甲寅, 2책 653쪽의 기사에서 司憲府가 올린 啓를 보면, "各官敎導 皆以生員除授 故競求敎導 就職出仕後 托故辭避 媚於鄕曲 稱 爲儒戶 不兵不農 又不隷業 ……"이라 하고 있다. 각 고을의 敎導를 生員으로 임명하니까 다투어 敎導가 되려고 하고, 또 일단 되면 피한 후 儒戶로 일컬으면서 軍役을 면제받고 있음을 비판하는 글이다. 이에서 儒戶에게는 軍役이 면제됨을 알 수 있다.

158) 『成宗實錄』 권199, 成宗 18년 正月 庚午, 11책 184쪽 및 『成宗實錄』 권200, 成宗 18년 2월 甲申, 11책 189쪽의 기사를 보면, 承文院 校理 柳陽春이 去官하여 散官이 된 軍士는 따로 衛의 이름을 세워서 籍을 만들고 正兵에 속하지 말도록 하기를 청했으나, 의논한 결과 이루어지지 못했다고 한다. 고려후기 사회에서 관직이 남발되었음을 비판했지만, 조선시대 역시 賞職으로서의 관직 除授가 계속 이어지고 있었다. 그 결과 『世宗實錄』 권62, 세종 15년 12월 戊午, 3책 531쪽의 기록에는 군사는 물론 '武工·樂工·齋郞·皂隷의 무리들까지 去官할 때 관직을 받고 있는' 실정이었다. 이렇게 양산된 閑良官에게 더 이상 배려할 필요가 없었고, 따라서 이들을 일반 군사로 편입시킬 수 있었던 것 같다.

고려후기부터 정부는 향리직을 떠난 호장층을 '還本'하도록 했는데, 그 의도했던 성과를 거두지는 못했다. 오히려 고려말 지방사회에는 중앙의 實 職에 나가지 못한 호장층이 새로운 지방세력인 在地閑散으로 자리잡았다. 결국 고려 정부는 이들을 본관과 본역으로 還本하지 않고 거주지역과 획 득한 관직을 그대로 인정해주는 방침을 정했으니, 공양왕대의 '兩班·鄕吏 戶籍'은 그 정책의 시도였다.

여말선초에 추진된 閑散軍의 편성, 軍田의 지급, 그리고 無受田牌의 편 성 등 일련의 정책도 還本政策에서 한 걸음 물러난 것으로, 在地閑散을 국가 역 체계에 편제하려 했던 노력의 일환이었다. 閑散軍은 在地閑散으 로만 구성된 馬兵의 편제였으니 실패했고, 과전법에서는 이들 在地閑散, 즉 6도의 한량관리에게는 과전과는 차별적인 군전을 주고 외방 군역에 충 당하도록 하였다.

조선초 태조·태종대에는 지방 거주 전직관들에게 赴京宿衛를 강조하 던 시기로 受田牌가 편성되는 것도 그즈음이었다. 그에 비해 상대적으로 열악한 토지와 군역이 부과된 在地閑散은 無受田牌로 편성되었다. 이후 세종·세조대를 이어 시행된 군제의 강화 및 정비과정을 거치면서 無受田 牌의 필요성이 감소되었고, 無受田牌의 役에도 변화가 일어나 마침내 해 체되기에 이르렀다.

이와 같이 無受田牌는 단순히 토지를 받았는가의 여부를 떠나서 과전법 이 마련되었던 고려말 사회를 반영한 것이었다. 이 시기의 정치적 변동으 로서의 왕조교체는 당시 중앙 정치세력의 변동뿐 아니라, 그 이면에 광범 위하게 진행된 지방세력의 변화를 반영한 것이기도 하다.159)

호장층에서 분화된 在地閑散을 대상으로 조선정부는 無受田牌를 편성

---

159) 새로운 중앙정치세력으로서 신진사대부가 주목되면서, 그와 함께 지방사회의 주 요 지배세력으로 등장한 품관층에 관심이 모아지기 시작했다. 科田法의 閑良을 高麗後期 이래 지방사회에 자리잡기 시작한 품관층으로 보고, 그들의 형성배경에 관심을 갖게 된 것은 다음 몇몇 연구에서였다.
   朴恩卿, 「高麗後期 地方品官勢力에 관한 研究」, 『韓國史研究』 44, 1984.
   金光洙, 앞의 논문, 1984.
   최종택, 앞의 논문, 1993.

하지만, 이들을 국가 역 체계에 편제하는 것은 그리 쉽지 않았다. 물론 제도상으로는 세조대에 평민의 京侍衛牌에 합속한 후, 여기에 속하지 않는 자는 모두 일반 군사인 正兵으로 삼는 것으로 일단락되었다. 하지만 호장층보다 상위에 존재했던 자들을 실제로 일반 군역에 편제할 수 있었는지는 의문이다.

오히려 在地閑散은 향리역이나 일반 군역 모두에서 벗어난 無役者로 존재하지 않았을까. 조선전기에 지방사회에서는 여전히 '無戶籍者로서 軍役을 불법적으로 모면하려던 자'들이 있음이 지적되는데, 이들이 바로 '無役子弟'로서 세종대 이후에 보이는 '한량'과 연관되지 않을까 생각한다.160)

이후 在地閑散은 조선시대 지방사회에서 새로운 지방세력으로 정착하였다. 곧 조선전기 지방사회에서 散職을 가진 토착세력으로서, 중앙의 土姓品官과 구별되는 留鄕品官으로 서서히 자리잡았다.161)

---

160) '下三道閑良人……幷年壯富居(『世祖實錄』 권15, 世祖 5년 3월 丙辰)'라 하여 경제력 있는 부류라는 점에서 在地閑散과 맥락이 같다.

161) 金武鎭, 앞의 논문, 1990, 89~100쪽에서 조선초 지방사회에서 在地士族과 구별되는 品官이라는 존재가 있음을 밝힌 바 있다. 고려후기 이후 사료에 나오는 모든 品官을 무차별로 포함하여 다소 논리의 무리가 있긴 하지만, 이들을 향리 중심의 添設職 등의 官品을 받은 자로 이해하고 있어 고려후기 이후 조선초에 이르기까지 지방사회의 지방세력의 변화를 이해하는 큰 틀은 동일하다. 이와 관련하여 조선후기의 기록이지만 「人吏諸官屬記過」를 분석한 金炫榮, 「17세기 안동지방의 惡籍 '人吏諸官屬記過'에 대하여」, 『古文書硏究』 1, 1991에서도 조선후기 지방사회에는 士族과 鄕族(品官)이 구별되었음을 지적하였다. 또한 朝鮮王朝實錄에도 土姓品官과 留鄕品官이 구별되어 나타난다. 그밖에 金武鎭, 앞의 논문, 1991 참조.

결 론

본고는 전형적인 중세국가였던 고려사회에서 分權的 정치구조의 토대를 이루는 호장층이 고려의 체제발전과정에서 어떻게 형성되어 성장, 변화해 갔는지를 고찰하였다. 먼저 신라말의 지방호족이 어떠한 과정을 거쳐 고려의 호장층이 되었으며 고려국가는 그들에게 사회적·정치적 지위를 어느 정도 보장해 주었는지를 보고, 강력한 지방토착세력이었던 호장층이 고려후기 사회가 변동하는 가운데 어떻게 변화했는지 살펴보았다. 이를 위해 제도에 나타나는 변화상을 비롯해서 관직 진출의 경향, 이주와 流亡, 몰락 등의 현상을 분석하고, 호장층의 변동이 당시 지방통치체제와 지방세력의 재편에 끼친 영향을 추론해 보았다. 그리고 마지막으로 이러한 변동에 대한 정부의 대책과 그 결과를 고찰하였다.

이제까지 고려시대 지방세력에 관한 연구는 중앙정부의 관점에서 정리되는 경향이 많았는데, 본고는 중앙정부의 정책과 이에 대한 호장층의 대응이라는 상대적인 관계를 충분히 고려하고자 했다. 이를 위해 지방에서 작성된 자료를 이용하여 호장층의 형성과 변동의 모습을 좀더 능동적인 면에서 보려고 하였다.

제1부에서는 고려의 지방통치체제가 정비되는 가운데 호장층이 형성되는 과정과 고려사회에서 그들의 지위와 역할을 살펴보았다.

제1장에서는 호장층의 형성과정을 보기 위해 먼저 성종 2년 戶長制가 정비되기 이전에 고려초 지방통치체제를 살펴보았다. 통일 이전의 각 지방세력의 존재형태와 그들의 통치기구, 또 통일 이후 지방통치기구로서 州官의 형성과정과 그 구조를 분석해 보았다.

꾸준히 지방통치체제가 정비되는 가운데 지방세력이 하나의 제도로 편제되는 것은 성종 2년의 吏職 改編을 통해서였다. 이는 이전의 堂大等·大等 체제가 戶長·副戶長 체제로 변화한 것인데, 정부는 향리직의 최고직인 戶長에 대해서 중앙 관리와 동일하게 우대했다. 향리직에는 家風에 따라 그 初職과 승진 과정에 차등이 있었으며, 戶長까지 오를 수 있는 집안은 제한되었다. 이러한 戶長職이 몇몇 가문에 세습되면서 戶長層이 형성되었다. 호장층은 科擧·其人·軍人 등에서 차별적인 법제를 통해 중앙 진출이 보장되었다. 이로써 기반을 더욱 공고히 할 수 있었으며, 그만큼 토착세력 내부의 차등도 심화되었다. 이러한 토착세력의 차등화는 국가가 유력한 姓氏를 파악하는 데서도 드러난다.

제2장에서는 고려초 제도가 정비되는 과정에서 중앙 관인층과 대비되어 나타나는 호장층의 상대적인 지위를 분석하였다. 호장층은 지방사회 유력자로서의 지위와 향리직을 담당하는 관리로서의 지위를 동시에 갖고 있었다. 전자를 밝히기 위해 本貫制의 시행과정에서 변화하는 事審官과 호장층의 지위를 추적, 대비해 보았으며 후자를 밝히기 위해서는 公服制度의 정비과정에서 변화하는 鄕吏 公服의 지위를 분석하였다. 이는 전체 관료 체제에서 호장층의 지위를 알 수 있는 지표가 되었다.

특히 현종 9年에 시행된 향리 공복의 제정은 이전까지 중앙의 관리와 향리의 구별 없이 통용되었던 공복과는 달리 중앙의 공복과는 별도의 체계로 마련된 것이었다. 호장은 여전히 중앙 최고의 관품과 같은 服色이었지만, 이러한 체계를 통해서 邑司의 호장과 중앙의 관인층을 구별하려는 정부의 의도를 짐작할 수 있다. 호장층은 국가의 필요에 따라 때로는 중앙 관인층과 동일한 지위를 인정받기도 하였지만, 차츰 중앙 관인층과 분리되어 별도의 지위를 부여받게 되었던 것이다.

호장층은 고려후기 사회의 변동과 함께 커다란 변화를 겪게 된다. 제2부 제3장에서는 고려후기 호장층 변동의 지표가 되는 호장층 지위의 변화를 살펴보았다. 이는 이후 전개되는 호장층의 이주와 流亡, 在地閑散化와 몰락 등 호장층 변동의 배경이기도 하다. 호장층 지위의 변화를 살피기 위해『世宗實錄地理志』성씨조의 '土姓'에 나타나는 호장층을 비롯한 토착세력에 대한 인식의 변화, 그러한 변화가 반영된 향리제와 향리 공복의 변화를 분석하였다.

제1절에서는『世宗實錄地理志』'古籍'에서 비롯된 土姓의 성격을 통해 호장층에 대한 중앙의 인식의 변화를 살펴보았다.『世宗實錄地理志』는 13세기 경에 작성된 '古籍'을 기본자료로 했는데, 土姓은 人吏姓과 次吏姓·百姓姓으로도 표기되어 있어 이전에는 지방 토착세력이 인리성과 차리성·백성성으로 구별되었음을 알 수 있다. 인리성과 차리성·백성성은 지방 토착세력의 각 계층을 반영한 것으로, 人吏姓은 당시 유력한 토착세력인 호장층에 해당한다. 중앙정부는 특혜의 대상인 호장층을 별도로 파악할 필요가 있었고, 그것이 인리성으로 정리되었던 것이다. 그러나 13세기경에는 이미 인리성과 차리성·백성성의 구별이 사라지고 극히 일부 지역에만 그 흔적이 남았다.

이미 호장층에서 많은 중앙 관직자가 배출되었고 그들이 중앙에서 世居함에 따라 점차 지방사회와 분리되어 중앙 관인층을 형성했는데, 土姓은 그러한 중앙 관인층의 입장에서 정리된 것이다. 이제는 토착세력 내부의 차등과 관계 없이 다만 土姓 출신 여부만 문제가 되었고, 그 이면에는 고려초부터 차별적으로 배려했던 호장층에 대한 중앙정부의 인식의 변화가 있었다. 13세기경이면 호장층에 대한 특혜가 점차 소멸되고 호장층은 '鄕吏'의 役을 담당하는 자들로서 인식되기에 이르렀다.

이러한 호장층의 지위 변화는 제2절의 향리제와 鄕吏 公服 등 제도적인 면에서 구체화되었다. 우선 각 군현의 邑司를 중심으로 일정하게 보장되었던 호장의 통치권이 지속적인 外官 파견의 확대와 함께 새로운 국면을 맞게 되었다. 읍사의 역할이 점차 축소되면서 읍사에서 실무를 맡는 鄕吏 직급도 상향 조정되어, 正級에서 담당했던 실무를 호장이 담당하게 되었다. 호장은 외관 휘하의 記官·將校와 함께 三班의 하나가 되었고, 그 지위는 토착세력이 구성한 읍사의 대표자에 불과했다.

외관의 통치권이 강화되는 가운데 그 휘하 記官의 역할과 지위도 변화했다. 고려후기에는 외관의 公所에서 행정 실무를 책임지고 記官을 총괄하는 詔文記官이 등장했고, 記官의 역할도 분담되어 조선초에는 六房制로 발전했다. 아울러 記官에 임명되는 향리의 직급이 正級에서 戶長級으로 상승되었다. 외관의 강화와 함께 道制도 많이 보완되어 道營의 營吏도 변화했다. 營吏는 호장층에서 차정되었으며, 고려후기에는 대개 營吏를 거쳐 詔文·首戶長에 이르렀다. 15세기경에는 營吏가 수호장보다 우선되는 상황이 나타난다. 읍사의 대표인 수호장의 지위가 점차 하락하는 가운데 지방사회에서 호장층의 지위도 하락했다.

호장층 지위의 변화는 鄕吏 公服에도 반영되었다. 호장의 服色이 가장 하급관리인 7~9품에 해당하게 되었고, 조선초기 冠服을 재정비할 때 향리의 冠服은 流品朝士 및 衣冠子弟와는 확연히 구별되는 위치로 강등되었다.

중앙 관인층에 비해 상대적으로 지위가 점차 저하되자, 호장층에서도 이에 대응하는 흐름이 형성되었다. 각 군현에서 호장층이 지니는 토착세력으로서의 성격이 변질되어, 호장층이 토착기반을 떠나 다른 지역으로 주거를 이동하는 현상이 두드러졌다. 제4장에서는 『世宗實錄地理志』의 續姓과 亡姓, '李太祖戶籍原本' 등에 나타나는 호장층의 이주와 流亡을 통해 호장층 변동의 구체적인 모습을 살펴보았다.

호장층이 이동하는 양상은 크게 자의적으로 이주하는 경우와 토착기반을 잃고 流亡하는 경우로 나눌 수 있다. 호장층의 자의적인 이주는 이주지에서도 향리를 맡는 경우와, 향리직에서 벗어나 閑散化하여 이주하는 경우로 나뉜다. 전자는 후에 『世宗實錄地理志』에서 鄕吏 續姓으로 파악되는 부류이고, 후자는 일단 散職을 통해 免鄕한 후 實職을 얻기 위해 이주하는 부류이다.

제1절에서는 『世宗實錄地理志』의 續姓을 분석함으로써, 호장층의 이주 양상과 그 성격을 살펴보았다. 續姓에는 '鄕吏·鄕役·長役' 등의 註記와 함께 所來處가 밝혀져 있는데 이는 호장직을 가리키는 것으로 추정되며, 이들은 대부분 본 거주지에서도 호장층이었다. 즉 鄕吏 續姓은 '古籍'이

작성된 이후에 이주해온 호장층이었다. 호장층의 이주는 고려후기에 본격적으로 이루어졌던 것이다.

호장층의 이주는 대개 안정된 군현의 안정된 土姓 출신을 중심으로 이루어졌는데, 族勢가 강한 호장층의 일부가 여건이 유리한 곳으로 분산, 확장해 간 것이다. 이제는 향리직이 하나의 역으로 인식되어 이주해도 그 이전의 役을 떠날 수 없게 되었다. 또한 호장층의 이주는 호장층이 流亡한 지역이 아니라, 안정된 지역을 중심으로 집중적으로 이루어졌다. 호장층 이주자는 속현보다 主縣에 집중되었고, 반면에 속현에는 소수의 士族이 이주, 정착하는 경향을 보인다.

제2절에서는 호장층의 주거 이동에서 閑散化와 함께 이주하는 경향을 다루었다. 현재 남아 있는 '李太祖戶籍原本'을 비롯해서 각 족보에 실려 있는 戶口單子를 보면, 호주 당사자는 모두 전직자 또는 散職者인데 그들의 先代에는 호장직을 띤 자가 많이 나타난다. 즉 여말선초 관직자나 산직자를 배출했던 모태는 호장층이었다. 그런데 이들의 이주지는 대체로 여건이 안정된 지역이나 實職을 얻을 수 있는 지역이었다. 고려말 개경이나 東北面은 實職을 얻으려는 산직자들이 다수 모였다. 이는 散職을 통해 일단 향리에서 벗어났지만, 실직을 통해 실질적인 관인층이 될 필요가 있었기 때문이다. 그만큼 정부에서 호장층이 산직을 통해 免役하는 것을 강력히 제어하려 했다는 증거이기도 하다.

고려후기에는 호장층에서 자신들의 토착기반을 잃어 流亡한 자들도 다수 발생했고, 조선초『世宗實錄地理志』에서는 '古籍' 이후 亡失된 土姓을 亡姓으로 처리했다. 제3절에서는『世宗實錄地理志』의 亡姓을 분석하여 호장층 流亡의 정도와 지역별 특성을 살펴보았다. 대개 亡姓率이 높은 군현은 특정 지역에 집중되어 있으므로, 집중된 지역을 중심으로 호장층 流亡의 특성을 고찰하였다. 호장층 流亡의 지역별 특성은 네 가지로 나눌 수 있다.

첫째는 향·소·부곡과 속현에서 호장층의 流亡이 두드러지게 나타난다. 고려의 수취체제에서는 속현이 主縣보다 부담이 많았는데, 고려후기에

412

는 유사시에 호장층에게 부담이 전가되곤 했다. 따라서 아무리 안정된 지역일지라도 향・소・부곡과 속현은 예외였다.

둘째는 고려시대 경기 12현의 거의 모든 군현이 亡姓率이 대단히 높게 나타난다. 경기 12현은 수도에 필요한 물자와 인력을 수취하는 지역이었다. 모든 군현이 田柴科의 柴地에서도 1日程이었고, 고려후기에는 祿科田의 대상이었으며 권세가의 賜牌田이 집중되었다. 더욱이 각종 徭役의 징발이 잦아 流民이 계속 발생했다. 자연히 호장층의 부담도 컸던 지역이다.

셋째는 交州道와 그 인접한 지역에 亡姓率이 높게 나타난다. 이 지역은 주로 동부 산간지역에 위치해 있어, 척박한 토지와 낮은 생산성으로 인해 유사시에는 쉽게 流亡했던 것 같다. 특히 交州道에 인접한 楊廣道・西海道의 몇몇 군현은 왜구의 침입이 극심했던 서부 해안지역보다 亡姓率이 높다.

넷째는 해안에 위치한 東界 및 西海道의 군현 중 군현 이동이 있던 지역에 亡姓率이 높았다. 이 지역은 비옥하여 전체적으로는 亡姓이 많지 않으나, 亡姓率이 높은 몇몇 군현이 東界의 북부지역과 西海道의 해안지역에 집중되어 있다. 전자는 대몽전쟁 이후 일부 군현이 元의 지배로 들어갔기 때문에, 또 후자는 왜구의 침입 때문에 군현의 이동과 통폐합이 잦았던 곳이다. 군현이 통폐합되면 호장층 역시 이주, 통합해야 했고 이렇게 토착기반을 떠나게 될 때 호장층조차 流亡했다.

고려후기에는 밖으로는 몽골과 왜구 등 외적의 침입이 잦았고, 안으로는 농장이 확대되고 수취체제가 강화되는 가운데 호장층은 그 토착기반을 유지하기 어려운 상황이었다. 일부는 중앙 관직에 진출하여 士族으로 상승했고, 또 일부는 散職을 얻어 일단 鄕役에서 벗어났으나 상당수는 流亡, 몰락하는 등 호장층의 신분이 다양하게 분화되었다. 제5장에서는 호장층의 신분이 분화되어 이후 지방사회에 어떠한 영향을 끼쳤는지를 살펴보았다.

제1절에서는 고려후기에 새로운 지방세력으로 등장하는 在地閑散이 어떻게 형성되었으며, 지방사회에서 어떤 지위에 있었는지를 살펴보았다. 고려후기에는 호장층이 다양한 방법으로 散職을 얻어 향리역을 免하고 있었

는데, 散職者 대부분이 지방에 在地閑散으로 남아 새로운 세력을 형성하기 시작했다. 이들은 지방사회에서 기존의 관인층인 閑良品官과는 구별되었다. 在地閑散은 향리직뿐 아니라 요역·군역에서도 벗어났고, 정부에서는 이들을 還本시키거나 役을 부과하려고 애를 쓰지만 별 효과는 없었다. 그러나 지역방어나 築城 등 지역사회의 중요한 일에는 적극 참여하였다. 이는 자신들의 기반인 지방사회가 동요될 때 그들 역시 불안정하게 되므로, 적극 참여함으로써 지방사회에서 자신들의 기반을 더욱 공고히 하려 했던 것이다.

제2절에서는 호장층의 신분 분화 중에서도 몰락하는 사례를 다루었다. 流亡의 네 가지 양상을 통해 호장층 몰락의 성격을 몇가지로 정리하고, 호장층의 沒落이 당시 사회에서 어떤 의미가 있었는지를 살펴보았다. 『世宗實錄地理志』에서 거의 모든 지역의 亡姓에는 상당수의 人吏姓이 포함되어 있다. 지리지 편찬 당시 각 지방의 자료 정리가 각 邑司의 주관 아래 이루어졌음을 감안하면, 중앙관인으로 진출한 士族이나 在地閑散은 물론, 향리직을 가진 자조차 없어 亡姓으로 처리되었음을 알 수 있다. 13세기 '古籍'에서 파악되었던 호장층이 그 후손이 파악되지 않을 정도로 몰락했던 것이다.

이 시기 호장층의 몰락에서 큰 특징으로 나타나는 것은 고려후기 수취구조와의 관련성이었다. 향·소·부곡 및 속현과 경기 12縣의 경우가 이에 해당한다. 고려의 수취구조에서는 일반적으로 屬縣이 主縣보다 부담이 많았고, 일반 군현보다 경기의 부담이 훨씬 많았다. 수취체제에서 邑司의 책임이 강화되는 가운데 백성의 流亡이 진행되자 그 부담은 호장층에게 전가되었다. 결국 호장층도 流亡하거나 몰락의 길을 밟게 된 것이다.

또한 호장층의 몰락은 자연지리적 조건과 관련된 문제로서, 이는 흉년과 기근에 정부가 어떻게 대처할 수 있었느냐 하는 정책의 문제이기도 했다. 交州道와 그 인접지역의 경우 주로 동부 산간지역에 위치해 있어, 척박한 토지와 낮은 생산성으로 인해 호장층이 성장하기 어려웠다. 고려말 기근과 흉년 등 유사시에 정부가 이 지역에 대한 대책을 제대로 세우지 못할 때 지역주민은 물론 호장층까지 쉽게 몰락하였다.

호장층의 몰락은 군현의 이동과도 관련되었다. 東界의 북부지역과 西海道의 해안지역에는 亡姓이 집중되어 나타나는데, 대몽전쟁과 왜구의 침입 등으로 군현이 이동하거나 통폐합된 곳이다. 군현이 통폐합되면 호장층 역시 이주, 통합해야 했고 이렇게 토착기반을 떠나는 가운데 일부 호장층이 流亡 또는 몰락하였다.

이와 같이 고려후기 수취구조와 자연지리적 조건, 그리고 군현 이동 등 토착기반의 상황에 따라 호장층이 몰락한 군현이 지역별로 집중되었고 또 그 몰락의 정도도 달랐다. 각 지역 호장층의 토착기반의 상황은 지역별 호장층의 중앙 관인으로의 진출 정도에서도 잘 드러난다. 중앙진출이 활발했던 경상도와 전라도는 여건이 좋지 않을 때도 호장층이 邑司를 중심으로 유지될 수 있었다. 반면에 호장층이 미약한 지역은 관인 진출이 어려웠고, 이 지역 호장층은 유사시에 쉽게 몰락하여 亡姓의 발생이 집중되었다.

호장층이 몰락한 결과 경상도와 전라도를 제외한 지역의 亡姓率이 평균 40% 내외에 이른다. 토착세력의 거의 절반이 몰락하자 지방사회에도 큰 변화가 일어났다. 우선 중앙 권력의 침투가 한결 쉬워지면서 군현 개편이 추진되었는데, 호장층이 대거 流亡한 곳일수록 쉽게 이루어졌다. 또한 기존의 토착세력이 몰락한 곳에는 새로운 지방세력이 형성되었다. 屬縣 및 경기도·충청도 일대는 士族이 지방세력의 중심이 되면서 지방세력이 재편되고 있었다.

아직은 지방지배체제에서 鄕吏를 배제할 수 없음에도 호장층이 流亡하거나 향리직을 기피하게 되자, 이에 대한 대책을 세우지 않을 수 없었다. 제3부 제6장에서는 이러한 호장층 변동에 대한 정부의 대책에서 향리직에서 이탈해간 자들에 대한 還本政策과, 그 중에서도 유력한 在地閑散을 국가 役 체계에 다시 編制하는 문제, 그리고 그러한 정부의 정책이 초래한 결과와 그 의미를 살펴보았다.

제1절에서는 호장층의 변동을 해결하는 방침으로 고려후기부터 조선초까지 정부가 지속적으로 내세웠던 還本政策의 추진과 성과를 살펴보았다.

정부는 향리직을 떠난 호장층을 '還本'하도록 했는데, 本貫에 돌려보내 다시 향리직을 수행하게 한다는 것이다. 여기에는 향리직이 하나의 '役'으로 인식되어, 향리직을 떠나는 자들은 '避役者'이므로 당연히 本役으로 돌려보내야 한다는 논리가 성립되어 있었다.

그러나 정부의 還本政策은 의도했던 성과를 거두지 못했다. 호장층은 여전히 각종 경로를 통해 관직진출을 하여 합법적으로 鄕吏職을 면할 수 있었지만, 정부는 이를 저지할 방법이 없었다. 그 결과 고려말 지방사회에는 중앙의 實職에 나가지 못한 호장층이 在地閑散이라는 새로운 지방세력으로 자리잡았다. 결국 고려정부는 이들을 本貫과 本役으로 還本하지 않고 거주지역과 획득한 관직을 그대로 인정해주는 방침을 정했으니, 공양왕대의 '兩班·鄕吏戶籍'의 정리는 그 정책의 시도였다.

제2절에서는 고려말 조선초에 추진된 閑散軍의 편성, 軍田의 지급, 그리고 無受田牌의 편성 등 일련의 정책을 在地閑散에 대한 대책으로 보았다. 이는 還本政策에서 한 걸음 물러난 것으로, 호장층에서 분화된 在地閑散을 國家 役 체계에 편제하려 했던 노력의 일환이었다. 閑散軍은 在地閑散으로만 구성된 馬兵의 편제였으나 실패했고, 과전법에서는 이들 在地閑散, 즉 六道의 閑良官吏에게는 科田과는 차별적인 軍田을 주고 外方軍役에 충당하도록 하였다.

朝鮮初 太祖·太宗代에는 지방 거주 前職官들에게 과전을 받은 대신 赴京宿衛를 강조하던 시기였다. 前職官들로 이루어진 受田牌가 편성되는 것도 그즈음이었다. 그에 비해 상대적으로 열악한 토지와 군역이 부과된 在地閑散은 無受田牌로 편성되었다. 이후 세종·세조대를 이어 시행된 軍制의 강화 및 정비과정을 거치면서 無受田牌의 필요성이 감소되었고, 無受田牌의 役에도 변화가 일어나 마침내 해체되기에 이르렀다. 그러나 이들은 조선 전기 지방사회에서 여전히 토호로서 존재하여, 土姓品官과 구별되는 留鄕品官으로 자리잡고 있었다. 이와 같이 無受田牌는 단순히 토지를 받았는가의 여부를 떠나서 科田法이 마련되었던 고려말 사회를 반영한 것이었다.

　고려사회에서 호장층은 지방통치체제의 가장 말단에서 鄕吏職의 실무를 담당하는 계층이면서, 동시에 전체 관료체제에서 일정한 지위가 보장되는 호장직을 독점적으로 세습했던 강력한 지방 토착세력이었다. 고려의 지방통치체제는 이러한 지방세력에 대한 일방적인 통제기구가 아니라, 이들을 인정하는 가운데 형성된 타협점에서 정비되었다. 그 결과 나타난 屬縣과 향리제의 존재는 중앙 집권화의 불완전한 모습이라기보다는 강력한 지방세력과 중앙 권력의 조화 속에서 이루어진 고려국가의 특성이라고 할 수 있다.

　하지만 호장층은 고려후기 내외적인 변동기에 대응하여 다양하게 분화되었다. 일부는 중앙의 관인층으로 상승하였고 일부는 散職을 통해 鄕役에서 벗어날 수 있었다. 또 한편으로는 다수의 호장층이 토착기반을 잃고 이주하거나 流亡, 몰락했으며 여전히 토착기반을 유지한 채 호장층의 지위를 계속 지키고 있는 부류도 있었다. 호장층에서 분화한 다양한 지방세력이 존재하는 조선의 지방사회는 이제 새로운 통치체제가 필요하게 되었던 것이다.

참고문헌

1. 자료

『(校勘) 三國史記』(민족문화추진회, 1973 영인)

『三國遺事』, 崔南善 편, 서문문화사, 1983.

『高麗史』(연세대 동방학연구소, 1961 영인)

『高麗史節要』(아세아문화사, 1983 영인)

『高麗圖經』(아세아문화사, 1983 영인)

『朝鮮王朝實錄』(국사편찬위원회, 1986 영인)

『慶州戶長先生案』『(慶尙道)道先生案』;許興植 편, 『韓國中世社會史資料集』,
        아세아문화사, 1972.

『世宗實錄地理志』(아세아문화사, 1983 영인)

『慶尙道地理志』(아세아문화사, 1983 영인)

『新增東國輿地勝覽』(아세아문화사, 1986 영인)

『掾曹龜鑑』(『朝鮮學報』97, 1980, 天理圖書館所藏本 영인)

『錦城日記』(『朝鮮學報』53, 1969 영인)

『安東先生案』(『大丘史學』19, 1981 영인)

「人吏諸官屬記過」(『古文書研究』1, 1991 영인)

『經國大典』(아세아문화사, 1983 영인)

『耘谷詩史』(『高麗名賢集』5, 성균관대 대동문화연구소, 1987 영인)

『益齋集』

『東國李相國集』

『陽村集』

『三峯集』

『東文選』

金東旭 편, 『古文書集眞』, 연세대 인문과학연구소, 1972.

金龍善 편, 『高麗墓誌銘集成』, 한림대 아시아문화연구소, 1993.

연세대 국학연구원 편,『經濟六典輯錄』, 1993.

영남대 민족문화연구소 편,『朝鮮後期 鄕吏關係資料集成』, 1990.

李基白 편,『韓國上代古文書資料集成』, 일지사, 1987.

朝鮮總督府 편,『朝鮮金石總覽』, 1919 ; 아세아문화사, 1976 영인.

田鳳德 편,『經濟六典拾遺』, 아세아문화사, 1989.

許興植 편,『韓國金石全文』, 아세아문화사, 1984.

古山子 校刊, '大東輿地圖'(東輿圖註記 첨가·축소판), 1990, 匡祐堂 영인.

『新唐書』

『宋史』

『元史』

『遼史』

『金史』

2. 저서

姜晋哲,『高麗土地制度史硏究』, 고려대 출판부, 1980.

姜晋哲,『韓國中世土地所有硏究』, 일조각, 1989.

金甲童,『羅末麗初의 豪族과 社會變動 硏究』, 高大 민족문화연구소, 1990.

金塘澤,『元干涉下의 高麗政治史』, 일조각, 1998.

金東旭,『韓國服飾史硏究』, 아세아문화사, 1979.

金日宇,『고려초기 국가의 地方支配體系 연구』, 일지사, 1998.

金昌賢,『高麗後期 政房 硏究』, 고대 민족문화연구원, 1998.

金泰永,『朝鮮前期土地制度史硏究』, 지식산업사, 1983.

南仁國,『高麗中期 政治勢力硏究』, 신서원, 1999.

都賢喆,『高麗末 士大夫의 政治思想硏究』, 일조각, 1999.

朴京安,『高麗後期 土地制度 硏究』, 혜안, 1996.

박경자,『고려시대 향리연구』, 국학자료원, 2001.

朴龍雲,『高麗時代史』上·下, 일지사, 1986.

朴龍雲,『高麗時代 蔭敍制와 科擧制硏究』, 일지사, 1990.

朴恩卿,『高麗時代 鄕村社會硏究』, 일조각, 1996.

朴益煥,『朝鮮 鄕村自治社會史』, 삼영사, 1995.

朴宗基,『高麗時代部曲制硏究』, 서울대학교출판부, 1990.

박종기,『고려의 지방사회』, 푸른역사, 2002.

박종진,『고려시기 재정운영과 조세제도』, 서울대학교출판부, 2000.

邊太燮,『高麗政治制度史硏究』, 일조각, 1971.

宋俊浩, 『朝鮮社會史研究』, 일조각, 1987.

오일순, 『高麗時代 役制와 身分制 變動』, 혜안, 2000.

劉承源, 『朝鮮初期身分制研究』, 을유문화사, 1987.

尹薰杓, 『麗末鮮初 軍制改革研究』, 혜안, 2000.

위은숙, 『高麗後期 農業經濟研究』, 혜안, 1998.

李景植, 『朝鮮前期土地制度研究』, 일조각, 1986.

李基白, 『高麗兵制史研究』, 일조각, 1968.

李基白, 『新羅政治社會史研究』, 일조각, 1974.

李基白, 『高麗貴族社會의 形成』, 일조각, 1990.

李基白, 『韓國史上의 政治形態』, 일조각, 1993.

李相佰, 『李朝建國의 研究』, 을유문화사, 1949.

李成茂, 『朝鮮初期兩班研究』, 일조각, 1980.

李成茂, 『朝鮮兩班社會研究』, 일조각, 1995.

李樹健, 『韓國中世社會史研究』, 일조각, 1984.

李樹健, 『朝鮮時代地方行政史』, 민음사, 1989.

李佑成, 『韓國中世社會研究』, 일조각, 1989.

李載龒, 『朝鮮初期社會構造研究』, 일조각, 1984.

李貞信, 『高麗 武臣政權期 農民·賤民 抗爭 研究』, 高大 민족문화연구소, 1991.

이정희, 『고려시대 세제의 연구』, 국학자료원, 2000.

李存熙, 『朝鮮時代 地方行政制度研究』, 일지사, 1990.

李泰鎭, 『韓國社會史研究』, 지식산업사, 1988.

李勛相, 『朝鮮後期의 鄕吏』, 일조각, 1990.

李熙德, 『高麗儒敎政治思想의 研究』, 일조각, 1984.

全基雄, 『羅末麗初의 政治社會와 文人知識層』, 혜안, 1996.

鄭杜熙, 『朝鮮初期政治支配勢力研究』, 일조각, 1983.

鄭淸柱, 『新羅末高麗初 豪族研究』, 일조각, 1996.

車文燮, 『朝鮮時代軍制研究』, 단국대 출판부, 1973.

蔡雄錫, 『高麗時代의 國家와 地方社會』, 서울대학교출판부, 2000.

千寬宇, 『近世朝鮮史研究』, 일조각, 1979.

河炫綱, 『高麗地方制度의 研究』, 한국연구원, 1977.

河炫綱, 『韓國中世史研究』, 일조각, 1988.

韓永愚, 『朝鮮前期社會經濟研究』, 을유문화사, 1969.

許興植, 『高麗科擧制度史研究』, 일조각, 1981.

許興植, 『高麗社會史研究』, 아세아문화사, 1981.

洪承基, 『高麗貴族社會와 奴婢』, 일조각, 1985.

黃善榮,『高麗初期 王權研究』, 동아대학교출판부, 1993.
14세기 고려사회 성격 연구반,『14세기 고려의 정치와 사회』, 민음사, 1994.
연세대학교 국학연구원 편,『한국근대이행기 중인연구』, 신서원, 1999.
연세대학교 국학연구원 편,『고려-조선전기 중인연구』, 신서원, 2001.

谷川道雄,『中國中世社會と共同體』, 國書刊行會, 東京, 1976.
旗田巍,『朝鮮中世社會史の研究』, 法政大學出版局, 東京, 1972.
梅原郁,『宋代官僚制度研究』, 同朋舍, 京都, 1985.
浜中昇,『朝鮮古代の經濟と社會』, 法政大學出版局, 東京, 1986.
柳田節子,『宋元鄕村制の研究』, 創文社, 東京, 1986.
有井智德,『高麗李朝史の研究』, 國書刊行會, 東京, 1985.
周藤吉之,『高麗朝官僚制の研究』, 法政大學出版局, 東京, 1980.

3. 연구논문

姜恩景,「高麗後期 在地閑散에 관한 研究」, 연세대 석사학위논문, 1989.
姜恩景,「朝鮮初 無受田牌의 性格」『東方學志』77・78・79合, 1993.
姜恩景,「高麗後期 戶長層의 變動 研究」, 연세대 박사학위논문, 1997.
姜恩景,「高麗後期 戶長層의 變動과 '兩班・鄕吏戶籍'의 정리」,『東方學志』97, 1997.
姜恩景,「高麗後期 戶長層의 變動과 '世宗實錄地理志'의 土姓・亡姓」,『東方學志』99, 1998.
姜恩景,「高麗初 州官의 形成과 그 構造」,『한국중세사연구』6, 1999.
姜恩景,「高麗時期 鄕吏 公服制」,『한국사상과 문화』4, 1999.
姜恩景,「'李太祖戶籍原本'에 나타난 高麗末 鄕吏의 身分變化」,『실학사상연구』10・11합, 1999.
姜恩景,「高麗 戶長制의 成立과 戶長層의 形成」,『한국사의 구조와 전개』, 혜안, 2000.
姜恩景,「고려후기 辛旽의 정치개혁과 이상국가」,『한국사학보』9, 2000
姜恩景,「고려 戶長層의 형성과 本貫制」,『한국중세사연구』12, 2002.
姜晋哲,「蒙古의 침입에 대한 항쟁」,『한국사 7』, 국사편찬위원회, 1974.
具山祐,「高麗 成宗代 향촌지배체제의 강화와 그 정치・사회적 갈등」,『한국문화연구』6(부산대 한국문화연구소), 1993.
具山祐,「高麗前期 鄕村支配體制 研究」, 부산대 박사학위논문, 1995.
具山祐,「高麗前期 村落의 존재형태와 隣保組織」,『한국중세사연구』3, 1996.

權寧國, 「원간섭기 高麗軍制의 변화」, 『14세기 고려의 정치와 사회』, 민음사, 1994.

權寧國, 「高麗後期 軍士制度硏究」, 서울대 박사학위논문, 1995.

權寧國, 「高麗後期 軍役制의 변화」, 『史學硏究』 52, 1996.

權兌遠, "高麗史" 輿服志考」, 『고려사의 제문제』, 삼영사, 1986.

金甲童, '高麗初'의 州에 대한 고찰」, 『고려사의 제문제』, 1985.

金甲童, 「高麗建國期의 淸州勢力과 王建」, 『한국사연구』 48, 1985.

金甲童, 「高麗時代의 都領」, 『韓國中世史硏究』 3, 1996.

金光洙, 「高麗時代의 同正職」, 『歷史敎育』 11·12合, 1969.

金光洙, 「高麗時代의 胥吏職」, 『韓國史硏究』 4, 1969.

金光洙, 「羅末麗初 地方學校問題」, 『韓國史硏究』 7, 1972.

金光洙, 「高麗太祖의 三韓功臣」, 『史學志』 7, 1973.

金光洙, 「中間階層」, 『한국사 5』, 국사편찬위원회, 1975.

金光洙, 「羅末麗初의 豪族과 官班」, 『韓國史硏究』 23, 1979.

金光洙, 「高麗時代의 權務職」, 『韓國史硏究』 30, 1980.

金光洙, 「高麗 官班體制의 變化와 兩班戶籍整理」, 『歷史敎育』 35, 1984.

金光洙, 「新羅 官名 '大等'의 속성과 그 史的 展開」, 『歷史敎育』 59, 1996.

金琪燮, 「高麗의 田丁制에 관한 硏究史 檢討」, 『韓國中世史硏究』 2, 1995.

金塘澤, 「武臣政權時代의 軍制」, 『高麗軍制史』(육군본부), 1983.

金東洙, 「朝鮮初期의 檢校職」, 『震檀學報』 51, 1981.

金東洙, 「世宗實錄地理志 姓氏條의 검토」, 『東亞硏究』 6, 1985.

金東洙, 「朝鮮初期 郡縣制 개편작업-군현병합 및 直村化 작업을 중심으로」, 『全南史學』 4, 1990.

金東洙, 「朝鮮初期 郡縣의 昇·降 및 名號의 개정」, 『全南史學』 5, 1991.

金東洙, 「朝鮮初期 郡縣制의 개편-主縣化 및 屬縣化, 任內의 移屬作業 및 越境地의 정비작업을 중심으로」, 『許善道先生 停年紀念韓國史學論叢』, 1991.

金東洙, 「朝鮮初期 郡縣治所의 移設」, 『全南史學』 6, 1992.

金東洙, 「世宗實錄地理志에 대한 再論」, 『배종무총장 퇴임기념사학논총』, 1994.

金東洙, 「高麗時代의 界首官制 小論」, 『李基白先生 古稀紀念韓國史學論叢』 上, 1994.

金武鎭, 「朝鮮初期 鄕村支配體制 硏究」, 연세대 박사학위논문, 1990.

金武鎭, 「朝鮮前期 星州鄕村社會의 構造와 지배층 동향」, 『한국학논총』 18, 1991.

金美葉, 「高麗前期 鄕職·武散階의 重複支給硏究」, 『성신사학』 9, 1991.

金成俊, 「其人의 성격에 대한 고찰 (上) (下)」, 『歷史學報』 10·11, 1958·1959.

金世潤, 「高麗後期의 外居奴婢-소위 '李太祖戶籍'을 중심으로」, 『한국학보』 18,

1980.

金壽泰, 「高麗 本貫制度의 成立」, 『震檀學報』 52, 1981.

金壽泰, 「고려초기의 本貫制度」, 『한국중세사연구』 8, 2000.

金順子, 「高麗末 東北面의 地方勢力研究」, 연세대 석사학위논문, 1987.

김순자, 「원간섭기 民의 동향」, 『14세기 고려의 정치와 사회』, 민음사, 1993.

金順子, 「麗末鮮初 對元·明關係 研究」, 연세대 박사학위논문, 1999.

김아네스, 「고려초기 지방지배와 使」, 『국사관논총』 87, 1999.

김영미, 「나말여초 연구와 금석문」, 『譯註 羅末麗初 金石文(上)』, 한국역사연구회
    편, 혜안, 1996.

金龍善, 「新資料 高麗 墓誌銘 17점」, 『歷史學報』 117, 1988.

金龍善, 「高麗時代의 家系記錄과 '族譜'」, 『李基白先生 古稀紀念韓國史學論叢』
    上, 고대편·고려시대편, 1994.

金容燮, 「高麗時期의 量田制」, 『東方學志』 16, 1975.

金潤坤, 「高麗郡縣制度의 研究」, 경북대 박사학위논문, 1983.

金毅圭, 「高麗朝 蔭職考」, 『柳洪烈 華甲紀念論叢』, 1971.

김인호, 「이규보의 현실이해와 정치경제 개선론」, 『學林』 15, 1993.

金日宇, 「高麗初期 郡縣의 主屬 관계 형성과 지방통치」, 『민족문화』 12, 1989.

金日宇, 「高麗 太祖代 지방지배질서의 형성과 국가지배」, 『史學研究』 52, 1996.

金載名, 「高麗 稅役制度史研究」, 한국정신문화연구원 박사학위논문, 1994.

金載名, 「高麗時代 役의 收取와 戶等制」, 『靑溪史學』 12, 1996.

金周成, 「新羅下代의 地方官司와 村主」, 『한국사연구』 41, 1983.

金泰永·徐廷相, 「朝鮮初期 軍役編制의 推移와 개혁방향」, 『경희사학』 19, 1995.

金炫榮, 「17세기 안동지방의 惡籍 人吏諸官屬記過에 대하여」, 『古文書研究』 1,
    1991.

金皓東, 「朝鮮前期 京衙典 '胥吏'에 관한 연구」, 『慶南史學』 1, 1984.

羅恪淳, 「高麗 鄕吏의 身分變化」, 『國史館論叢』 13, 1990.

羅恪淳, 「高麗 鄕吏의 身分的 特性과 그 變化」, 『史學研究』 45, 1992.

都賢喆, 「麗末鮮初 新·舊法派 士大夫의 政治 改革思想 研究」, 연세대 박사학위
    논문, 1996.

文喆永, 「閑人과 閑人田」, 『韓國史論』 18(서울대), 1988.

閔賢九, 「五衛體制의 확립과 中央軍制의 성립」, 『韓國軍制史-近世朝鮮前期篇』
    (陸軍本部), 1968.

閔賢九, 「近世 朝鮮前期 軍士制度의 성립」, 『韓國軍制史-近世朝鮮前期篇』,
    1968.

閔賢九, 「鎭管體制의 확립과 地方軍制의 성립」, 『韓國軍制史-近世朝鮮前期篇』,

1968.

閔賢九, 「軍令軍政機關의 整備」, 『韓國軍制史-近世朝鮮前期篇』, 1968.

閔賢九, 「高麗後期의 軍制」, 『高麗軍制史』(陸軍本部), 1983.

朴敬子, 「高麗 鄕吏制度의 성립」, 『歷史學報』 63, 1974.

朴敬子, 「高麗時代 鄕吏硏究」, 숙명여대 박사학위논문, 1986.

朴敬子, 「淸州豪族의 吏族化」, 『원우논총』 4, 1986.

朴敬子, 「高麗 鄕吏의 경제적 기반」, 『國史館論叢』 39, 1992.

朴龍雲, 「高麗時代의 음서제의 실제와 그 기능(上)」, 『韓國史硏究』 36, 1982.

朴恩卿, 「高麗後期 地方品官勢力에 관한 연구」, 『韓國史硏究』 44, 1984.

朴恩卿, 「高麗後期 鄕吏層의 변동」, 『震檀學報』 64, 1987.

朴恩卿, 「高麗時代 事審官의 성격」, 『인하사학』 3, 1995.

朴宗基, 「14세기 郡縣構造의 變動과 鄕村社會」, 『14세기 고려의 정치와 사회』, 1993.

朴鍾進, 「忠宣王代의 財政改革策과 그 性格」, 『韓國史論』 9, 1983.

朴鍾進, 「高麗前期 賦稅의 수취구조」, 『蔚山史學』 1, 1987.

朴鍾進, 「高麗後期 재정운영의 변화」, 『14세기 고려의 정치와 사회』, 민음사, 1993.

박창희, 「高麗後期의 身分制 動搖」, 『國史館論叢』 4, 1989.

朴天植, 「高麗士族의 형성·발전과 계층구조 (上)(下)」, 『國史館論叢』 26·29, 1991.

方東仁, 「高麗時代 北界劃定에 관한 연구」, 경희대 박사학위논문, 1983.

白承鍾, 「高麗後期의 '八祖戶口'」, 『韓國學報』 34, 1984.

浜中昇, 「新羅 末期·高麗 初期의 城主·將軍에 대하여」, 『李佑成敎授 停年紀念 論叢』 上, 1990.

신석호, 「麗末鮮初 倭寇와 그 對策」, 『국사상의 제문제』 3, 1959.

申虎澈, 「高麗 光宗代의 公服制定」, 『高麗光宗硏究』, 1981.

申解淳, 「中人」, 『한국사 25』, 국사편찬위원회, 1994.

梁元錫, 「麗末의 流民 문제」, 『李丙燾博士 華甲紀念論叢』, 1956.

오일순, 「高麗前期 部曲民에 관한 一試論」, 『學林』 7, 1985.

오일순, 「高麗時代의 役制構造와 雜色役」, 『國史館論叢』 46, 1993.

오일순, 「高麗後期 토지분급제의 변동과 祿科田」, 『14세기 고려의 정치와 사회』, 1994.

오일순, 「高麗時代 役制의 變動과 雜色役」, 연세대 박사학위논문, 1999.

吳宗祿, 「高麗末의 都巡問使」, 『震檀學報』 62, 1986.

元昌愛, 「高麗 中·後期 監務增置와 地方制度의 變遷」, 『靑溪史學』 1, 1984.

尹京鎭, 「高麗 太祖代 郡縣制 개편의 성격」, 『역사와 현실』 22, 1996.

尹京鎭, 「고려전기 鄕吏制의 구조와 戶長의 직제」, 『한국문화』 20, 1997.

尹京鎭, 「고려전기 戶長의 기능과 外官의 성격」, 『국사관논총』 87, 1999.

尹京鎭, 「高麗 郡縣制의 構造와 運營」, 서울대 박사학위논문, 2000.

尹京鎭, 「고려 군현제의 운영원리와 주현」, 『한국중세사연구』 10, 2001.

尹薰杓, 「麗末鮮初 軍制改革의 推移」, 연세대 박사학위논문, 1996.

尹熙勉, 「신라하대의 城主와 將軍」, 『한국사연구』 39, 1982.

李慶喜, 「高麗時代 郡縣支配構造와 鄕吏制度」, 영남대 박사학위논문, 1994.

李慶喜, 「高麗時代 鄕吏制度에 관한 硏究史的 檢討」, 『釜山女大史學』 12, 1994.

李慶喜, 「高麗初期 尙州牧의 郡縣編成과 屬邑統治의 실태 -若木郡內 鄕吏組織의 운영실태를 중심으로」, 『韓國中世史硏究』 2, 1995.

이기동, 「나말여초 近侍機構와 文翰機構의 확장」, 『역사학보』 77, 1978.

李基白, 「大等考」, 『歷史學報』 17·18合, 1962(『新羅政治社會史硏究』 일조각, 1974 재수록)

李基白, 「高麗末期의 翼軍」, 『李弘稙博士 回甲紀念韓國史學論叢』, 1969.

李基白, 「高麗 貴族社會의 形成」, 『한국사 4』, 국사편찬위원회, 1974.

李相泰, 「朝鮮初期 地理志 編纂의 再檢討」, 『金甲柱敎授 華甲紀念史學論叢』, 1994.

李成茂, 「朝鮮初期의 鄕吏」, 『韓國史硏究』 5, 1970.

李樹健, 「朝鮮初期 郡縣制 整備에 대하여」, 『영남사학』 1, 1971(『한국중세사회사연구』, 일조각, 1984 재수록)

李樹健, 「朝鮮朝 郡縣制의 一形態 越境地에 대하여」, 『東洋文化』 13, 1972(『韓國中世社會史硏究』, 일조각, 1984 재수록).

李樹健, 「朝鮮朝 鄕吏의 一硏究 -戶長에 대하여-」, 『文理大學報』 3(영남대), 1974.

李樹健, 「朝鮮初期 戶口의 移動 현상」, 『이선근박사 고희기념한국학논총』, 1974.

李樹健, 「直村考-조선전기 촌락구조의 일단면」, 『大丘史學』 15·16合, 1978(『韓國中世社會史硏究』, 일조각, 1984 재수록).

李樹健, 「古文書를 통해 본 朝鮮社會史의 一硏究」, 『한국사학』 9(정신문화원), 1987.

李樹健, 「高麗時代 邑司 硏究」, 『國史館論叢』 3, 1989.

李樹健, 「麗末鮮初 土姓吏族의 成長과 分化 -安東權氏를 중심으로」, 『李基白先生 古稀紀念韓國史學論叢』 上, 1994.

李純根, 「高麗初 鄕吏制의 成立과 實施」, 『金哲埈博士 華甲紀念史學論叢』, 1983.

李純根, 「高麗時代 事審官의 기능과 성격」, 『高麗史의 諸問題』, 삼영사, 1986.

李佑成, 「麗代 百姓考」, 『歷史學報』 14, 1961.

李佑成, 「高麗朝의 '吏'에 대하여」, 『歷史學報』 23, 1964.

李佑成, 「閑人・白丁의 新解釋」, 『歷史學報』 19, 1962.

李益柱, 「高麗・元關係의 構造와 高麗後期 政治體制」, 서울대 박사학위논문, 1996.

李仁在, 「高麗末 按廉使와 都觀察黜陟使」, 『역사연구』 2, 1993.

이인철, 「신라 중고기의 지방통치체제」, 『신라정치제도사연구』, 1993.

이인철, 「8・9세기의 신라의 지배체제」, 『한국고대사연구』 6, 1993.

李載龒, 「朝鮮前期 土豪의 실태와 성격」, 『國史館論叢』 68, 1996.

李貞熙, 「高麗時代 徭役制度研究」, 동아대 박사학위논문, 1995.

李泰鎭, 「'東國輿地勝覽'의 역사적 성격」, 『震檀學報』 46・47, 1979.

李泰鎭, 「高麗後期의 인구증가 요인 생성과 鄕藥醫術 발달」, 『韓國史論』 19, 1988.

李泰鎭, 「14~16세기 한국의 인구증가와 新儒學의 영향」, 『震檀學報』 76, 1993.

李弼相, 「高麗時代 服制의 研究」, 『韓國史論』 2, 1975.

이현숙, 「新羅末 魚袋制의 성립과 운용」, 『史學研究』 43・44合, 1992.

李亨雨, 「高麗 禑王代의 政治的 推移와 政治勢力 研究」, 고려대 박사학위논문, 1999.

李惠玉, 「高麗時代 貢賦制의 一研究」, 『韓國史研究』 31, 1980.

李惠玉, 「高麗時代 稅制研究」, 이화여대 박사학위논문, 1985.

李惠玉, 「高麗時代의 守令制度 研究」, 『梨大史苑』 21, 1985.

李惠玉, 「高麗時代의 鄕役」, 『梨花史學研究』 17・18合, 1985.

李惠玉, 「高麗前期의 軍役制」, 『國史館論叢』 46, 1993.

李惠玉, 「高麗後期 수취체제의 변화」, 『14세기 고려의 정치와 사회』, 민음사, 1994.

李勛相, 「高麗中期 鄕吏制度의 變化에 대한 一考察」, 『東亞研究』 6, 1985.

李喜寬, 「高麗末・朝鮮初 前銜官・添設官에 대한 토지분급과 軍役 부과」, 『高麗末・朝鮮初 土地制度史의 諸問題』, 1987.

李義權, 「高麗의 郡縣制度와 地方統治政策 － 主・屬縣 考察을 중심으로」, 『高麗史의 諸問題』, 1986.

李熙德, 「高麗 祿俸制의 研究」, 『李弘稙博士 回甲紀念韓國史學論叢』, 1969.

任先彬, 「朝鮮初期 外官制度 研究」, 한국정신문화연구원 박사학위논문, 1997.

林容漢, 「朝鮮初期의 守令制 연구」, 경희대 박사학위논문, 1998.

全基雄, 「羅末麗初의 지방사회와 知州諸軍事」, 『경남사학』 4, 1987.

鄭敬淑, 「新羅時代의 將軍의 성립과 변천」, 『한국사연구』 48, 1985.

鄭杜熙, 「朝鮮初期 地理志의 編纂」, 『歷史學報』 69, 1976.

鄭杜熙, 「高麗末期의 添設職」, 『震檀學報』 44, 1977.

426

鄭杜熙, 「高麗末 新興武人勢力의 成長과 添設職의 設置」, 『李載龒博士 還曆紀念 韓國史學論叢』, 1991.

鄭淸柱, 「弓裔와 豪族勢力」, 『전북사학』 10, 1986.

趙榮濟, 「高麗初期 鄕吏職의 由來에 대한 小考-鄕吏職名의 변화를 중심으로」, 『釜大史學』 4, 1980.

趙榮濟, 「高麗前期 鄕吏制度에 대한 一考察」, 『釜山史學』 6, 1982.

車文燮, 「鮮初의 甲士에 대하여」, 『史叢』 4·5, 1959·1960.

蔡尙植, 「淨土寺址 法鏡大師碑 陰記의 分析」, 『韓國史研究』 36, 1982.

채웅석, 「고려전기 사회구조와 本貫制」, 『고려사의 제문제』, 삼영사, 1985.

蔡雄錫, 「高麗時期 '本貫制'의 시행과 지방지배질서」, 서울대 박사학위논문, 1995.

千寬宇, 「朝鮮初期 5衛의 兵種」, 『史學研究』 18, 1964.

千寬宇, 「麗末鮮初의 閑良」, 『李丙燾博士 回甲紀念論叢』, 1956.

최완기, 「조운과 조창」, 『한국사 14』, 국사편찬위원회, 1993.

崔貞煥, 「權務官祿을 통해 본 高麗時代의 權務職」, 『國史館論叢』 26, 1991.

최종택, 「麗末鮮初 地方品官의 성장과정」, 『學林』 15, 1993.

崔種鐸, 「麗末鮮初 鄕村支配勢力 研究」, 연세대 박사학위논문, 1998.

崔弘基, 「韓國 戶籍制度史 研究」, 『서울대논문집(인문사회계)』 18, 1973.

河日植, 「신라 정치체제의 운영원리」, 『역사와 현실』 20, 1996.

河日植, 「新羅統一期 王室 直轄地와 郡縣制」, 『東方學志』 97, 1997.

河日植, 「新羅 官等制의 起源과 性格」, 연세대 박사학위논문, 1998.

河炫綱, 「지방세력과 중앙통제」, 『한국사 5』, 국사편찬위원회, 1975.

河炫綱, 「고려왕조의 성립과 호족연합정권」, 『한국사 4』, 국사편찬위원회, 1977.

河炫綱, 「지방 통치조직의 정비와 그 구조」, 『한국사 13』, 국사편찬위원회, 1993.

韓㳓劤, 「고대국가 성장과정에 있어서의 대복속민시책」, 『歷史學報』 12·13, 1960.

韓㳓劤, 「麗初의 其人選上規制」, 『歷史學報』 14, 1961.

韓㳓劤, 「勳官 '檢校'考」, 『震檀學報』 29·30合, 1966.

한희숙, 「朝鮮初期 軍役과 농민경영에 관한 연구」, 『國史館論叢』 61, 1995.

許興植, 「金祉의 選粹集·周官六翼과 그 가치」, 『奎章閣』 4, 1981.

許興植, 「高麗末 李成桂의 세력기반」, 『역사와 인간의 대응-한국사편-』, 1985.

洪淳權, 「高麗時代의 柴地에 관한 고찰」, 『震檀學報』 64, 1987.

洪承基, 「高麗時代의 雜類」, 『歷史學報』 57, 1973.

洪承基, 「高麗後期 事審官 제도의 운용과 鄕吏의 중앙진출」, 『東亞研究』 17, 1989.

洪承基, 「신분제도」, 『한국사 15』, 국사편찬위원회, 1996.

洪元基, 「高麗 京軍內 上層軍人의 검토」 『東方學志』 77·78·79合, 1993.

洪元基,「高麗前期 軍制 研究」, 연세대 박사학위논문, 1998.
黃善榮,「高麗初期 公服制의 成立」,『釜山史學』12, 1987.
黃善榮,「高麗 始定田柴科의 再檢討」,『釜山史學』10, 1986.

今堀誠二,「高麗賦役考覈 一・二・三」,『社會經濟史學』9-3・4・5, 1939.
吉田光男,「李朝初の地方支配について」,『社會經濟史學』44-5, 1979.
金鍾國,「高麗武臣政權の特質に關する一考察 - 私兵集團と經濟的基盤お中心と
　　　　して」,『朝鮮學報』17, 1960.
金鍾國,「高麗時代の鄕吏について」,『朝鮮學報』25, 1962.
茶谷十六,「高麗時代の長吏について」,『北陸史學』13・14合, 1965.
末松保和,「高麗初期の兩班について」,『靑丘史草』1, 1966(『高麗朝史と朝鮮朝
　　　　史』, 末松保和朝鮮史著作集 5 재수록).
武田幸男,「淨兜寺五層石塔造成形止記の研究」,『朝鮮學報』25, 1962.
武田幸男,「高麗時代の百姓」,『朝鮮學報』29, 1962.
武田幸男,「高麗・李朝時代の屬縣」,『史學雜誌』72-8, 1963.
武田幸男,「高麗・李朝の邑吏田」,『朝鮮學報』39・40合, 1966.
北村秀人,「高麗末・李朝初期の鄕吏」,『朝鮮史研究會論文集』13, 1976.
北村秀人,「高麗初期の在地支配機構管見」,『人文研究』36-9, 1984.
浜中昇,「麗末鮮初の閑良について」,『朝鮮學報』42, 1967.
浜中昇,「高麗末期田制改革について」,『朝鮮史研究會論文集』16, 1979.
浜中昇,「'世宗實錄'地理志姓氏條の基礎的考察」,『東洋史研究』43-2, 1984.
浜中昇,「高麗時代の姓氏の記錄,'古籍'について,'世宗實錄'地理志 姓氏條の史料
　　　　的性格」,『朝鮮學報』12, 1987.
深谷敏鐵,「高麗初期の鄕吏について」,『鈴木俊教授還曆紀念東洋史叢』, 1964.
有井智德,「高麗の鄕吏について」,『東洋學論集』3, 1954.
有井智德,「李朝初期の戶籍法について」,『朝鮮學報』39・40合, 1966.
田川孝三,「錦城日記について」,『朝鮮學報』53, 1969.
田川孝三,「朝鮮前期 地方의 自治的 組織과 民政」,『東洋學』8, 1978.

ABSTRACT

Hojang Class in Goryeo Dynasty

Kang, Eun-Kyeong

Hojang(戶長), the highest officials in *Hyangni* system(鄕吏制) was first established in the reign of *Seongjong*(成宗代). The local administrative system had not been unified before that. Because the local group(地方勢力) in each district, *Gunhyeon*(郡縣) managed their various self-governing bodies, one of which was named *Jugwan*(州官). There were *Dangdaedeung*(堂大等) and *Daedeung*(大等), the official posts in *Jugwan,* which were succeeded to *Hojang* and *Buhojang*(副戶長) in the end. So it is said *Hyangni* system was originated from *Jugwan*. But it was changed in quality.

Although *Hojang* was local administrative body, it was directly supervised by the central government, and a few clans with suitable background exclusively inherited the post. Therefore, only a few families could formulate *Hojang* class(戶長層) in each district. *Hojang* class was the core of local administration and was guaranteed to advance to such central governmental posts as *Gonggeo*(貢擧) and *Giin*(其人).

Hojang class was the influential group in each regional origin of family genealogy, *Bongwan*(本貫), with *Sasim*(事審) in the early Goryeo. *Sasim* was the post given to the meritorious retainers in their *Bongwan.* who took part in the war for the unification of the country. Besides We can confirm the status of *Hojang* class by the official uniform of *Hyangni*(鄕吏 公服). *Hojang*'s uniform was the same as that of the highest officials in the central government.

However, as political centralization progressed, *Hojang* class experienced significant changes. First of all, in official relationship with the state, the status of *Hojang* declined. It clearly appears in the sphere of *Toseong*(土姓 : indigenous family name), *Hyangni* system, and official uniform system(公服制).

　　Toseong, which is listed in *Sejongshillok Jiriji*(『世宗實錄地理志』), is known as the family names of powerful indigenous clans. This name-group was drawn from the list of the 13th century Old Register, *Gojeok*('古籍'). Prior to *Gojeok*, the family names were largely divided into *Illi*(人吏姓), *Chari*(次吏姓) and *Baekseong* family names(百姓姓). Among these name groups, *Illi* was the family names of *Hojang* class. However, in *Gojeok* all these family names were incorporated into one group, under the name of *Toseong*. It means that *Hojang*, now listed as *Toseong*, lost the previous privileges as a distinctive local power. Consequently, *Hojang* class was, from then on, recognized as mere runners in the local administration. The decline of *Hojang* status also appears in the *Hyangni* system. As the political centralization extended, *Hojang*'s role was reduced only to be the head of *Eupsa*(邑司), one of three local administrative body(三班制：*Samban*) that served the district magistrate who was delegated from the central government.

　　The changes in the official uniform of *Hyangni* also demonstrate the decline of *Hojang* class. *Hojang*'s uniform was degraded into the same one as that of the 7th~9th degree officials during the later Goryeo period. The decline of *Hojang*'s status inevitably produced the fall of *Hojang* group.

　　The most notable change in *Hojang* class during the late Goryeo period can be found in its migration. There were two types of migration：the voluntary migration and the wandering which was the result of being uprooted from their own ground. The wandering group of *Hojang* could be traced in *Sejongshillok Jiriji* under the name of *Hyangni Sokseong*(續姓：newly registered name). On the other hand, some *Hojang* members migrated to find a post in public service.

　　In *Sejongshillok Jiriji* the family names of uprooted migrating *Hojang* group were listed in the category of *Mangseong*(亡姓：extinct family name). A few specific localities demonstrate high rate of *Mangsung*. *Hyang*(鄉), *So*(所), *Bugok* (部曲), *Sokhyeon*(屬縣：sub-district) and the twelve districts of Gyeonggi(京畿) were the areas where local official personnels usually experienced heavy burden in tax-collecting. Gyoju province(交州道) in the eastern mountain and the surrounded areas were known for low productivity. Also, the northern area of Eastern County(東界) and the coastal area of Suhae province(西海道) went through problems from the frequent merging in *Gunhyeon* system.

Some members of *Hojang* class resigned from the local runner posts. This deviation occurred mostly through the acquisition of *Sanjik*(散職 : empty post). The appointees of *Sanjik*(散職層) remained in the locality and formulated new local group. However, the most of *Hojang* group fell. About 40% of *Hojang* class, except for Gyeongsang(慶尙道) and Jeolla provinces(全羅道), seems to decline. As a result, the Joseon dynasty could carry out the rearrangement of *Gunhyeon* system with far lesser resistance than one could expect. Gyeonggi, and Chungcheong provinces(忠淸道), where most of the *Hojang* class declined, witnessed the emergence of new local powers.

To the changes of *Hojang* class, the government primarily responded with the policy of *Hwanbon*(還本 : return to the locality and the post). However, this policy was transformed into "*Yangban Hyangni HoJeok*(兩班·鄕吏戶籍)" which authorized the newly settled locality and the acquired post. Also, for the *Sanjik* group(在地閑散 : empty post holders), the government launched such policies as the formulation of *Hansan* forces(閑散軍), distribution of military land(軍田), and organization of *Musujeonpae*(無受田牌) to incorporated in levy-system(役 體制).

As a result of these changes in *Hojang* group, Joseon could have variety of local powers. Also, to deal with these various local powers, new governmental system was required. However, *Hojang*, which was later called *Jung-in*(中人), still remained as an important group throughout the whole Joseon period.

찾아보기

438

446

지은이 강은경은 연세대학교 문과대학 사학과를 졸업하고, 같은 대학원에서 문학석사와 문학박사 학위를 받았다. 현재 연세대학교에서 강의하고 있다.
주요 논저로 「朝鮮初 無受田牌의 性格」(1993), 「高麗後期 戶長層의 變動과 ‘世宗實錄 地理志’의 土姓·亡姓」(1998), 「高麗初 州官의 形成과 그 構造」(1999), 「高麗 戶長制의 成立과 戶長層의 形成」(2000) 등이 있다.

高麗時代 戶長層 硏究

강은경 지음

2002년 12월 21일 초판 1쇄 인쇄
2002년 12월 26일 초판 1쇄 발행

펴낸이 · 오일주
펴낸곳 · 도서출판 혜안
등록번호 · 제22-471호
등록일자 · 1993년 7월 30일

⑫ 121-836 서울시 마포구 서교동 326-26번지 102호
전화 · 3141-3711~2 / 팩시밀리 · 3141-3710
E-Mail hyeanpub@hanmail.net

ISBN 89 - 8494 - 172 - 7 93910
값 23,000 원